21世纪法学系列教材

刑事法系列

英美刑法

郭自力 著

图书在版编目(CIP)数据

英美刑法/郭自力著. —北京：北京大学出版社,2018.3
(21 世纪法学系列教材·刑事法系列)
ISBN 978-7-301-25731-9

Ⅰ.①英… Ⅱ.①郭… Ⅲ.①刑法—英国—高等学校—教材 ②刑法—美国—高等学校—教材 Ⅳ.①D956.14②D971.24

中国版本图书馆 CIP 数据核字(2018)第 010296 号

书　　　名	英美刑法 YING-MEI XINGFA
著作责任者	郭自力　著
责 任 编 辑	郭瑞洁
标 准 书 号	ISBN 978-7-301-25731-9
出 版 发 行	北京大学出版社
地　　　址	北京市海淀区成府路 205 号　100871
网　　　址	http://www.pup.cn
电子信箱	law@pup.pku.edu.cn
新 浪 微 博	@北京大学出版社　@北大出版社法律图书
电　　　话	邮购部 62752015　发行部 62750672　编辑部 62752027
印 刷 者	北京富生印刷厂
经 销 者	新华书店 730 毫米×980 毫米　16 开本　35.5 印张　676 千字 2018 年 3 月第 1 版　2019 年 5 月第 2 次印刷
定　　　价	78.00 元

未经许可，不得以任何方式复制或抄袭本书之部分或全部内容。
版权所有，侵权必究
举报电话: 010-62752024　电子信箱: fd@pup.pku.edu.cn
图书如有印装质量问题，请与出版部联系，电话: 010-62756370

作者简介

郭自力,北京大学教授、博士生导师。1978年7月,本科毕业于北京大学法律系。1978年—1981年,中华人民共和国最高人民法院办公厅研究室干部。期间,在北京大学法律系带薪留职攻读硕士学位研究生,毕业后留校任教至今。1984年—1986年,美国纽约大学法学院访问学者。1997年以后,担任北京大学法学院刑法教研室主任和刑法学科召集人。主要著作有:《生物医学的法律和道德问题》《生物医学法律关系的刑法调整》《中国刑法论》《危害国家安全罪研究》等。

序

　　本书的初衷是为北京大学法学院的本科生、研究生以及全校性通选课编写一本教科书,介绍一点英美刑法的基础知识,重点在于概念的解释和对刑法基本结构的理解。但是,在写作过程中,也引起了我对英美刑法中一些重要问题的兴趣和思考,并对此进行了谨慎和细致的探讨,书中的议论力求公允和清晰,不以自己的理论偏好来强行解释英美刑法的多样性和复杂性,希望不会因此而引起读者的困惑。

　　在过去,通常认为罪刑法定原则仅是大陆法系的一个刑法原则,英美的传统是判例法,讲究遵循先例,而具有追溯力的司法判例本身就是英美法律的一个组成部分,这就不可避免地和罪刑法定原则相冲突。对于这个问题,我觉得应从精神实质上理解罪刑法定原则的含义,罪刑法定原则的核心是防止司法专断和保障基本人权,而美国的宪法和一系列宪法修正案也体现了这一精神。英美刑法中禁止制定追溯既往的法律和剥夺公权的法案、正当程序条款、禁止使用残酷和非常的刑罚、禁止强迫认罪和禁止一案再审等法律,就是罪刑法定原则在英美刑法中的特殊的表现形式。

　　合法辩护在英美刑法中具有至关重要的地位,涵盖的范围也非常广泛。在紧急避险情况下,常常使人类社会陷于两难境地。当两个人或者更多的人面临灾难的袭击时,能不能牺牲少数人的生命,以挽救多数人的生命?传统的观点是不能,因为不存在抛弃人类生命的法则。英美刑法的一些判例,显示了一定程度的现实性和灵活性,允许为了挽救两个以上的人而牺牲一个人的生命,或者虽然定罪但判刑较轻,甚至仅具有象征性意义。紧急避险问题,说到底是个人利益应当在多大程度上服从公众利益,如何在两者之间保持平衡。刑法的任务,是将这种冲突降低到最低限度,如果说这样做也会产生某种消极影响,这也是我们在追求公平正义的过程中不得不付出的代价,人类社会也许要永远面对这些难题。

　　过去,妻子是丈夫的附属品,丈夫对妻子具有生杀予夺的权利,更不用说虐待自己的妻子了,英国法律甚至允许丈夫用皮鞭或不粗于拇指的棍棒殴打妻子,而妻子如果进行反抗或者杀死了丈夫,就会受到谋杀罪的指控。受虐妇女综合症的出现,为苦难深重的妇女带来了新的希望。它不是将受虐妇女看做一个普通的人,而是将她们看成是长期处于暴力的环境当中,精神状态和认知能力都与正常人不同的个体。如果要真正理解受虐妇女的行为,就必须站在她们的角度,设身处地了解她们的生存环境和遭受的非人折磨和待遇,当受虐妇女长期处于

"创伤的紧张性刺激"的情况下,不能期待她们作出所谓的、恰如其分的反应。这些都反映了刑法在合法辩护领域中的最新发展。将精神错乱以外的染色体异常和一些生理性疾病作为合法辩护的理由,也是一个值得注意的动向。

英美刑法中最复杂和最令人迷惑的就是共谋罪领域。根据一般的刑法理论,一个人仅有犯罪意图,但没有客观行为,就不是犯罪。但是,英国法律很久以前就认为,如果两个或者两个以上的人,达成准备犯罪的协议时就已经构成犯罪。共谋罪法律最初可能是用来对付秘密结社的,由于其具有特别的危险性,即使几个人聚在一起商量一个犯罪的协议,也可能会受到刑事指控。但在现代社会中,共谋罪受到越来越多的批评,主要是有违宪操纵司法的嫌疑,可能对公民的个人自由构成侵犯,过度地干预社会生活。这种担心也不是空穴来风,历史上和现实中的一些判例,也出现了一些令人担忧的倾向,这些都是值得警惕的。

对于刑法分则的写作,本书没有采用面面俱到的写法,而是针对一些日常生活中常见的多发性犯罪进行详细的论述,以便将问题引向深入。在体例的安排上,考虑到英美刑法的特点,没有将放火罪和抢劫罪归入侵犯财产罪,而是将它们和侵犯人身罪联系在一起,主要是因为在这些犯罪中,行为人抢劫或点燃的虽然是财物,例如,钱包、建筑物和林地等,但在每一例放火罪和抢劫罪中,都对人的生命安全构成了巨大的、潜在的危险。这一点和其他的刑法教科书的排列顺序有所不同。不管怎么说,对于人身权利的保护,都应放在优先考虑的位置,人的生命安全是第一位的,其他的都应放在次要的位置。

关于杀人罪的分析,特别注意现代生物医学的最新发展,指出了脑死亡定义对人类社会和刑法的深远影响,通过对脑死亡的质疑与批评能使所有关于死亡和死亡标准的错误观念得到修正,从而使新的标准更加深入人心。尽管如此,也不能一味地扩大脑死亡的标准,甚至以大脑皮质死亡来代替全脑死亡的概念,这也许是走向野蛮的开始。因为什么是"高级大脑"功能?什么是"低级大脑"功能呢?是指左大脑或者右大脑,还是左右两个大脑?他们之间有肯定的诊断标准吗?纳粹医生的倒行逆施时时警醒着我们。胎儿是否具有生命能力,也是一个敏感的话题。在早期的普通法中,也许将胎动作为生命的开始,这可能是受到阿奎那思想的影响,将"有动作"作为生命的一个重要特征,其他学者也接受了这一观点,并在普通法中找到了一席之地。美国最高法院并未将胎儿的生存能力和生命的起点联系在一起,而是将难题推给了在医学、哲学和神学方面训练有素的人们。胎儿不是一个独立的"人",但却有着独特的道德地位,他是人类生命,但又是不具有人格的生命,即不是社会意义上的人。尽管如此,胎儿毕竟与成人之间有连续性,正在逐渐发育成人,胎儿的权利也应当受到尊重。对于这些问题的论争,不仅有助于了解英美刑法的严谨性和详密性,而且有助于了解宗教观念对刑法的影响。

英美刑法中有些罪名是从普通法中流传下来的,具有独特的含义。例如,"夜盗罪",就不能从字面上予以理解,因为它不是指夜间盗窃,而是指夜间破门而入,企图犯重罪。构成夜盗罪,要求具有破门和进入两个条件,缺一不可。对于这些问题的考察,有助于了解英美刑法的特点和历史轨迹。

刑法分则部分还涉及叛国罪、诽谤和侵犯隐私权、淫秽言行、侮辱和侵犯他人的言论、集会、游行、示威和广告等问题。这些法律有共同的主题,但每一种法律都是依据各自特殊的法律范围以及当时的法律、政治、社会实况和传统形成的。久远的普通法中,有所谓的煽动性诽谤罪,而在当代社会,根本没有煽动性诽谤可言,那不过是由于人们批评政府而遭受的惩罚。

总之,英美刑法中几乎所有的犯罪问题都得到了详细的考察和分析,也许现有的大学教材都没有如此广泛的涉猎和研究,本书因此为广大读者提供了可供选择的阅读空间。为了使本书具有可以期望的代表性,特别注意借鉴英美等国学者的最新研究成果,从这些已经出版的著作和文章中寻找解决问题的答案。本书对于权威性著作和经典案例的引用,是目前同类书籍中最为广泛的,通过对这些案例的分析,说明英美的法官是如何判案和说理的,信守一些什么基本原则;同时,也让读者窥视到英美刑法中一些更为深层的东西,所有的论据和争执,都因法官们充满同情心和想象力的描绘而跃然纸上。书中的注释也尽可能的详细和具体,但愿能在前人的基础上有所超越。

毋冰、李然、乔远、孙晶晶、周明、张为易、贾元和邓超博士为本书的写作提供了资料和排版等技术支持。北京大学教务部和副教务长关海庭教授,北京大学出版社都对本书的出版发行付出了大量心血和辛勤劳动。

最后要说的是,我是一个极其懒惰的人,缺乏毅力和进取心。如果不是北京大学教务部的督促和北京大学出版社郭瑞洁编辑的提醒,这本书仍可能遥遥无期。尽管如此,我还是以喜悦的心情看待本书的艰难问世,它就像一个初生的婴儿,它是站在海岸遥望海中已经看得见桅杆尖头的一只小船,它是立于高山之巅远看东方已见光芒四射喷薄欲出的一抹朝霞。

谨以此书纪念难忘的教学生涯。

郭自力
2017 年 10 月 27 日写于北京大学法学院陈明楼 311 室

目　　录

第一章　民法法系和普通法法系 (1)
第一节　一般概述 (1)
第二节　两大法系的历史沿革 (4)
第三节　民法法系和普通法法系的区别 (9)

第二章　西方刑法学派 (14)
第一节　刑事古典学派 (14)
第二节　刑事人类学派 (18)
第三节　刑事社会学派 (22)
第四节　新旧刑法学派的对立 (24)

第三章　刑事司法管辖权 (28)
第一节　刑事管辖权的原则 (28)
第二节　英美两国的刑事管辖范围 (33)
第三节　美国的法院体系 (43)
第四节　英国的法院体系 (52)

第四章　犯罪原因和分类 (66)
第一节　犯罪原因 (66)
第二节　犯罪分类 (73)

第五章　英美普通法罪 (79)
第一节　一般概述 (79)
第二节　英国的普通法罪 (82)
第三节　美国的普通法罪 (83)

第六章　英美刑法中的罪刑法定原则 (88)
第一节　一般概述 (88)
第二节　禁止追溯既往的法律和禁止剥夺公权的法案 (89)
第三节　正当程序条款 (91)
第四节　其他和罪刑法定原则相关的规定 (92)

第七章　刑法的渊源和定义 ……………………………………… (102)
　　第一节　刑法的渊源 ……………………………………………… (102)
　　第二节　英美刑法的定义 ………………………………………… (109)

第八章　犯罪行为 …………………………………………………… (113)
　　第一节　行为要件 ………………………………………………… (114)
　　第二节　不作为 …………………………………………………… (119)
　　第三节　因果关系 ………………………………………………… (122)

第九章　犯罪意图 …………………………………………………… (137)
　　第一节　一般概述 ………………………………………………… (137)
　　第二节　英国刑法中的犯罪意图 ………………………………… (141)
　　第三节　美国刑法中的犯罪意图 ………………………………… (159)
　　第四节　严格责任 ………………………………………………… (168)

第十章　合法辩护 …………………………………………………… (178)
　　第一节　精神错乱 ………………………………………………… (178)
　　第二节　醉酒 ……………………………………………………… (190)
　　第三节　紧急避险 ………………………………………………… (194)
　　第四节　正当防卫 ………………………………………………… (205)
　　第五节　胁迫 ……………………………………………………… (219)
　　第六节　安乐死 …………………………………………………… (224)
　　第七节　警察圈套 ………………………………………………… (234)
　　第八节　受虐妇女综合症 ………………………………………… (241)
　　第九节　未成年人 ………………………………………………… (245)
　　第十节　错误 ……………………………………………………… (252)

第十一章　共同犯罪 ………………………………………………… (258)
　　第一节　一般共同犯罪 …………………………………………… (258)
　　第二节　有组织犯罪 ……………………………………………… (269)
　　第三节　恐怖主义犯罪 …………………………………………… (276)

第十二章　未完成罪 ………………………………………………… (281)
　　第一节　教唆 ……………………………………………………… (281)
　　第二节　共谋 ……………………………………………………… (287)
　　第三节　未遂 ……………………………………………………… (306)

第十三章　杀人罪……………………………………………………（326）
　　第一节　杀人罪——谋杀罪……………………………………（326）
　　第二节　非预谋杀人罪和过失杀人罪…………………………（351）
　　第三节　堕胎罪…………………………………………………（363）

第十四章　侵犯人身罪………………………………………………（370）
　　第一节　企图伤害罪、殴击罪和相关犯罪……………………（370）
　　第二节　绑架罪…………………………………………………（374）
　　第三节　抢劫罪…………………………………………………（381）
　　第四节　放火罪…………………………………………………（389）

第十五章　性犯罪……………………………………………………（395）
　　第一节　强奸罪…………………………………………………（395）
　　第二节　重婚罪…………………………………………………（409）
　　第三节　猥亵罪…………………………………………………（410）
　　第四节　违反自然的性交罪……………………………………（414）
　　第五节　乱伦罪…………………………………………………（416）

第十六章　侵犯财产罪………………………………………………（418）
　　第一节　偷盗罪…………………………………………………（418）
　　第二节　侵占罪…………………………………………………（428）
　　第三节　欺诈罪…………………………………………………（433）
　　第四节　夜盗罪…………………………………………………（440）

第十七章　妨碍公共秩序罪…………………………………………（447）
　　第一节　暴乱罪…………………………………………………（447）
　　第二节　骚动罪…………………………………………………（449）
　　第三节　互殴罪…………………………………………………（449）
　　第四节　非法集会罪……………………………………………（451）
　　第五节　引起种族仇恨罪………………………………………（452）
　　第六节　滥用毒品罪……………………………………………（454）
　　第七节　诽谤罪…………………………………………………（456）

第十八章　交通肇事罪………………………………………………（463）
　　第一节　一般概述………………………………………………（463）
　　第二节　疏忽驾驶罪……………………………………………（464）
　　第三节　危险驾驶罪……………………………………………（466）

第十九章　危害国家安全的犯罪 ……………………………… (469)
第一节　英国刑法中的危害国家安全罪 …………………… (469)
第二节　其他危害国家安全的犯罪 ………………………… (476)
第三节　美国刑法中的危害国家安全罪和叛国罪 ………… (479)
第四节　与叛国罪相关的其他犯罪 ………………………… (496)

第二十章　刑罚制度 ……………………………………………… (502)
第一节　英国的刑罚制度 …………………………………… (502)
第二节　美国的刑罚制度 …………………………………… (506)

第二十一章　假释和缓刑制度 …………………………………… (517)
第一节　假释 ………………………………………………… (518)
第二节　缓刑 ………………………………………………… (524)

附录　保安处分 …………………………………………………… (535)

参考文献 …………………………………………………………… (554)

第一章 民法法系和普通法法系

第一节 一般概述

一、比较法的研究对象

比较法学是指对不同的社会制度、不同的法系、不同的国家和地区的法律制度进行比较研究的科学。在过去一个相当长的历史时期内,比较法学主要是西方两大法系之间的比较研究,包括对同一法系之间的不同国家的法律制度的比较研究和同一个联邦制国家里,各州之间法律制度的比较研究。[①]

在比较法学的发展过程中,对同一社会制度的法律之间的可比性似乎从未发生过怀疑,但对不同社会制度的法律之间的可比性,却长期存在着争论。在第二次世界大战以前,西方比较法学著作中谈不到社会主义法律的地位,甚至第二次世界大战后一段时间内出版的比较法学著作,也主要限于论述西方两大法系的差异。直至20世纪50年代以后,由于社会主义国家的大量涌现,才使得不同社会制度之间的法律可以进行比较研究的观点得到承认。

事实上在不同的社会制度的国家里,有许多共同的法律现象。诸如婚姻、租赁、借贷、损害赔偿以及刑法中的故意杀人罪、伤害罪、强奸罪、抢劫罪、盗窃罪、诈骗罪等等,世界各国都会对这些法律进行比较研究。瑞典法学家博丹(M. Bogden)提出,关于这两种法律之间的可比性,"关键问题是在社会主义国家和西方国家是否发生一样的生活情况并且都受法律调节,如果这种条件具备,那么就可以对有关同样生活情况的社会主义和西方这两种法律规则加以比较,并确定它们的同异。"[②]世界各国的立法实践表明,无论是社会主义国家还是资本主义国家,在立法时都要借鉴其他国家的法律,不仅借鉴相同社会制度的法律,而且也借鉴不同社会制度的法律。

比较法学既是一门科学,也是一种方法。认为比较法仅仅是研究法律的一种方法的代表人物是新西兰的萨蒙德(J. W. Salmond)。认为比较法是一门独立学科的代表人物是法国的萨莱伊(R. Saleilles)和朗贝(E. Lambert)。实际上,方法是指科学研究的手段,学科是指科学研究对象的一定领域。比较法有自己

[①] 也有法学家认为,对本国法之间的比较研究不属于比较法学的范围。
[②] 〔法〕M.博丹:《不同经济制度和比较法》,载《比较法年鉴》,尼泽霍夫公司1978年版,第95页。

的研究对象和领域,即不同国家、不同法系的法律,因此应视为一门学科。①

二、比较法学的历史和现状

比较法学的发展大致可以划分为三个时期:

(一)19世纪以前。一般来说,比较法学在19世纪以前还未形成一门完整的学科,但作为一种研究方法,则可以追溯到公元前6世纪。当时的雅典执政官梭伦(Solon)在制定法律时,就收集地中海各城邦国家的法律进行比较研究。历史上所谓"十人团"在制定法律时,也对各国的法律进行比较研究。古希腊的思想家亚里士多德(Aristotle,公元前384—公元前322年)在《政治篇》中,收集了100多部宪法进行比较研究。据说亚里士多德在比较研究方面的著作有158本,但迄今为止流传下来的仅《雅典政制》一本。

中世纪的欧洲大陆有罗马法、教会法和习惯法,有些法学家也对此进行了比较研究,但他们的兴趣主要集中在对罗马法的注释上。

17—18世纪资产阶级革命时期,比较法研究有了比较大的发展。英国的弗朗西斯·培根(Francis Bacon)是西方法学史上第一个提到比较法的人。法国的孟德斯鸠在《论法的精神》一书中,对很多国家的法律进行了比较研究,是国际上公认的比较法学的奠基人之一。

特别应当提到的是,我国战国时期的法学家李悝在"法经"中,曾对当时各诸侯国的法律进行比较研究。近代中国沈家本修改法律时,也邀请许多法学博士和律师,对各国的法律进行比较研究。

当然,严格地说,19世纪以前还不能说已经有了比较法学,只是采用了一种比较研究的方法。

(二)19世纪30年代以后,资本主义得到较大规模的发展,商业往来、交通运输的增多,使地球相对变小,各地区、各国家间的交往日益频繁。特别是当时欧洲大陆各国开展的法典编纂活动,增强了彼此之间相互了解法律的可能性和必要性,也为比较法学的发展提供了一个良好的社会条件。

1831年,法兰西学院第一次设立了"比较法讲座";1846年,法国巴黎大学设立了"比较刑法讲座"。

1869年,英国牛津大学开设了"比较法学讲座";法国设立了比较立法学会。

1900年,在法国巴黎召开了第一次国际比较法学大会,出席大会的代表提交了70多篇学术论文,就比较法学的内容和作用等问题进行了探讨和交流,并要求制定一些国际性法典。出席这次大会的代表主要来自欧洲大陆的民法法系国家,普通法系只有英国牛津大学的一位教授出席。

---

① 沈宗灵:《比较法总论》,北京大学出版社1987年版,第8页。

这个时期,比较法正逐渐由一种单纯的方法,转变为一门完整的学科,但尚处于酝酿阶段,还没有得到世界大多数国家的公认。

(三)比较法学空前发展的时期。在第一次世界大战以后,特别是第二次世界大战以后,随着国际形势的巨大变化和现代科学技术、文化交流的急剧增加,极大地推动了比较法学的发展。这个时期比较法学的主要特点是:

1. 将比较法的重点放在不同国家的法律进行比较研究,以便增进相互之间的了解和借鉴。对刑法、宪法、民法、商法和经济法的研究日益扩大。

2. 比较法研究的范围从民法法系扩大到普通法法系国家,对苏联和第三世界的各国法律也进行比较研究。

3. 关于比较法学的国际会议和学术交流增多。1924年在日内瓦成立了国际比较法科学院,每四年开一次会。20世纪70年代共开过三次会议。1960年欧美的法学家成立了国际比较法学协会。美国、法国、德国、土耳其、卢森堡都相继设立了比较法研究中心。英美等国还出版专门的比较法杂志。法国有《法国和外国的立法年鉴》《刑法和诉讼法丛刊》等。美国著名的比较法学家为美国刑法学会会长J. H. 威格摩尔和大卫·勒内等人,出版了《世界法系纵览》的三卷本巨著。战后最有影响的比较法学著作,为"国际法律科学协会"发起编写的《国际比较法百科全书》。该书共分17卷,由世界各国的几百名法学家参与编写。

4. 欧美国家的比较法学家以西方为中心,认为西方的法律文明是文明国家的高峰,只有符合西方的标准,比较法学才算发达。事实上他们对世界上其他国家的法律了解甚少,也不积极从事研究工作,这也在某种程度上制约了比较法学的发展。

三、比较法学的主要作用

(一)促进国际合作和国际交流

随着国际合作和国际交流的增加,就必须了解有关国家的法律知识,以便正确处理出现的国际纠纷、签订条约和对外贸易等等问题。作为一名法律工作者,在代表公司和外商与外国律师进行谈判时,首先就要通晓对方国家的法律和法律术语。如果不具备这方面的专业知识,或者用自己思考问题的方式去推断谈判对手,甚至用自己对本国法律的理解去理解对方的法律术语,那一定不会取得令双方满意的结果。类似这样的问题很多,环境污染问题、税收问题、建立公司的问题、劫持飞机的问题、跨国犯罪和犯罪管辖权问题,都应当通过比较研究的方法加以解决。

(二)推动本国的立法工作

通过对不同国家法律的比价研究,可以对本国的立法工作起到借鉴和推动作用。列宁曾经指出,凡是西欧各国文献和经验中所有保护劳动人民利益的东西,都一定要吸收。美国在草拟联邦刑法典时,也广泛征求比较法学家的意见,并且参考了苏联的《刑事立法纲要》,进行了详细的对比研究。我国在制定专利法、商标法、海洋环境保护法、税法、公司法、破产法、民事诉讼法、反不正当竞争法时,也借鉴了外国的立法经验。

(三) 发展本国的法学教育和法学理论

比较法学有助于本国法律和法学研究的发展。它使法学研究人员达到了一个前所未有的新境界,即本国法以外的广阔研究领域。通过对外国法律的研究,可以开阔视野,不断丰富和发展本国的法学教育和法学理论。自20世纪50年代以来,世界各国一些重要的法学院都设有比较法研究机构和专职的比较法教授,专门从事对世界各国法律的研究。例如,美国的哈佛大学和哥伦比亚大学就设有中国法研究中心,在高年级还开设介绍中国法和比较法的课程,对中美两国的法学教育和交流作出了积极的贡献。

第二节 两大法系的历史沿革

一、民法法系的历史沿革

世界上有众多的民族和国家,也有各式各样的法律。这些法律,按其历史渊源可以分为几个法系。其中最主要的是民法法系和普通法法系,世界上几乎所有的法都可以按照这两大法系来加以区别。从历史上看,民法法系起源于罗马法,普通法法系起源于英国法,最早还可以追溯到日耳曼法。

民法法系的形成经历了漫长的历史过程。它最早起源于古代罗马法,是以《民法大全》所规定的概念和原则作为基础,吸收了日耳曼的习惯法和寺院法发展而来的,以拿破仑法典和德国民法典为代表的法系。所以,有些西方学者倾向于称这个法系为罗马—日耳曼法系(Roman-German legal System)或现代罗马法系。由于民法法系是以罗马法中的《查士丁尼法典》为主,在欧洲大陆首先出现和发展的,故又称为成文法法系或大陆法系。民法法系的最终形成大体上经历了几个发展阶段:

(一) 古罗马时期。我们知道,古罗马是一个高度发展的奴隶社会,是一个简单商品生产高度发展的社会。自由民和罗马人的商业往来,需要有一个比较稳定的国家制度。这就为罗马法的发展提供了经济基础。马克思曾经指出:罗马法是我们所知道的以私有制为基础的、最完备的法律形式。罗马法所规定的一些概念和原则,至今在世界范围内仍具有重大影响。我国的法律也采用了罗马法的一些概念。古罗马造就了五大法学家,即保比尼安、乌尔比安、保罗、盖尤斯和莫特斯蒂努斯。当今的陪审制度在这个时期就形成了一个雏形。这个时期最重要的事情之一,就是制定了查士丁尼法典、学说汇编、法学阶梯和新律(查士丁尼去世后出版),这四部分结合在一起,统称为《民法大全》。

(二)日耳曼人入侵时期。罗马帝国灭亡之后,罗马法的地位大大衰落,随着日耳曼人的入侵,罗马法中断了一个时期。这时社会上出现了一些封建的生产关系,贸易额有所增长,基督教开始在欧洲传播。当时的日耳曼法都是一些不成文的习惯法,后来日耳曼国王在罗马法的影响下,开始制定成文法典,例如《欧里克法典》《伦巴第法令集》等等。这个时期虽然日耳曼法处于优势地位,但寺院法中还带有很多罗马法,罗马法并没有被完全抛弃。

(三)罗马法的复兴时期。从11世纪开始,西欧大陆经历了罗马法的复兴时期。这个时期出现了注释法学派,专门对《查士丁尼法典》进行注释。罗马法的复兴有几个重要条件:

第一,罗马法的重新发现。大约在1135年左右,意大利比萨人攻陷阿马尔菲城时,获得《学说汇编》的手抄本。15世纪时,这个手抄本又转归佛罗伦萨城,并由劳伦廷图书馆珍藏。《学说汇编》作为《民法大全》的一个重要组成部分,在埋没几个世纪后又被重新发现,为罗马法的复兴创造了重要的外部条件。

第二,当时的注释法学派对罗马法的研究,也加速了罗马法的复兴。

第三,罗马法的复兴符合当时社会发展的需要,这是一个重要的内部条件。在当时的历史情况下,为了削弱封建割据势力,促进民族统一,需要加强君主的权力,以促进资本主义经济的发展。罗马法在形式上代表了统一的罗马帝国的法律,《民法大全》又包含了君主拥有的绝对权力,这就为罗马法的复兴创造了社会条件。

第四,罗马法在立法技术上已远远超出同一时代的其他法律,反映相当高的法律文化,这也有助于罗马法的复兴。

(四)罗马法的演变时期。欧洲中世纪,教会法曾经兴盛过一个时期,对15—19世纪罗马法的演变和民法法系的最终形成,产生过重大影响。当时,罗马法和教会法既相互竞争又相互渗透,一些大学则分别授予罗马法和教会法两种法学学位。但是,随着资本主义生产关系开始在封建社会内部出现,宗教改革运动使得欧洲的宗教势力发生分裂,教会法和宗教法庭的势力日益削弱,罗马法趁机得到进一步的发展。

近代资产阶级革命,特别是1789年法国大革命,进一步推动了民法法系的形成,并使法国成为民法法系的主要代表之一。19世纪初,拿破仑在罗马法的基础上,对罗马法的概念和原则加以改造,制定了《法国民法典》,即著名的《拿破仑法典》,在欧洲产生了巨大影响。随后,德国在1896年制定了《德国民法典》,成为继《法国民法典》之后最重要的一部民法典,并且影响了瑞士、奥地利、意大利、葡萄牙、西班牙等国,最终形成了比较完整的民法法系。民法法系不仅影响了欧洲大陆、中南美各国、非洲、亚洲的日本、中东的土耳其以及希腊,甚至美国的路易斯安那州、加拿大的魁北克省、英国的苏格兰均属于民法法系。可见,民法法系在世界范围内具有广泛影响。

二、普通法法系的历史沿革

普通法法系是以英国 11 世纪以来的法律,特别是在普通法的基础上,逐渐形成的一种法律制度,所以也称为英美法系或判例法系。也有人认为,严格地讲,英美法系的提法不确切,因为英国和美国的法律有很大差别。事实上,美国法律虽然有许多不同于英国法的特征,但从整体上仍应当属于普通法法系。与民法法系一样,普通法法系也具有久远的历史和广泛的影响。

我们知道,普通法法系以英国法为基础,故又名英国法系。但是应当注意,英国法(English Law)这一用语,现在可以泛指大不列颠及北爱尔兰联合王国,即包括英格兰、苏格兰、威尔士和北爱尔兰四个地区法律的总称。但从比较法学角度讲,英国法一词应作狭义解释,仅指英格兰和威尔士的法律,而不包括苏格兰,甚至也不包括北爱尔兰的法律。因为"英格兰法和苏格兰法在形式和实质方面有很大差别……尽管在现代,苏格兰已受英格兰法很大影响,它仍然以罗马法或民法的原则以及教会的、封建的和习惯法渊源的规则作为基础。虽然英格兰和苏格兰共同的议会已存在了 250 多年,但法律制度并没有同化。可是在英格兰和威尔士之间,由于后者在中世纪的臣服,已经发生了法律的融化。北爱尔兰的法律,虽然作为一个单独的体系在执行,但许多基本方面与英格兰法相似"[①]。

普通法的历史究竟从何时开始呢?常有普通法自远古以来就有的说法,事实上这是不可能的。依目前对普通法的理解,大致可以将其历史划分为四个阶段:

(一) 11 世纪以前,具体地说,是指 1066 年以前的盎格鲁撒克逊时期。古代英国原为不列颠人居住。公元 43 年英国被罗马帝国所征服,历时四百余年,罗马法律的传入,奠定了英国法律的基础。大约在公元 5、6 世纪,盎格鲁撒克逊人入侵英国,驱逐当地的土著居民,建立了几个部落国家,这就是现代英国人的祖先。盎格鲁撒克逊人大肆扫荡罗马文化,以不成文的日耳曼法律调整人们之间的相互关系,维持社会秩序,随着时间的推移,这种不成文的法律逐渐成为公认的法律,即现在的英国普遍法。

由于当时尚处于原始社会解体和封建制度逐步形成时期,封建领主各自为政,并没有统一的刑事法律。对犯罪的概念没有清楚的认识,也没有规定各种具

---

① 沈宗灵:《比较法总论》,北京大学出版社 1987 年版,第 160 页。

体犯罪的名称,只是认识到应将杀人、伤害、盗窃、强奸和通奸作为犯罪加以处罚。在司法审判方面,普遍盛行神明裁判和司法决斗,以此解决他们之间的讼争。审讯犯人时,往往将犯人抛入河中,以征询神的意见,如果犯人是逆着河水方向沉没的,就是有罪。或者让当事人手持武器进行决斗,直至分出胜负,负者为有罪的一方。

这个时期留传下来的法律很少,对以后的普通法没有太大的影响。但为使前后衔接,我们也将其作为一个发展阶段来看待。

(二)1066年以后,是普通法的形成时期。1066年,诺曼公爵威廉征服英国,建立了诺曼王朝,开创了普通法时代。诺曼人是日耳曼人的一个分支,他们的文化对普通法系的最终形成,产生了全面的影响。威廉征服初期,还没有一套现成的法律,为了维护中央集权制,他们迫切需要创造一种全新的法律。威廉首先从整顿和改革司法制度入手,建立了"国王法庭",扩大国王的审判权,将法院牢牢控制在自己手中。国王还打破传统,亲自审理案件,受理私人之间的诉讼。不论是在威斯敏斯特,还是在巡幸途中,国王所在的地方,就是行使正义的地方。同时,国王还常常派遣一些使者到全国各地巡视,这些使者起初兼管行政、财务和司法等方面的事情,最后形成专管司法审判的巡回法官。他们以国王的名义行使审判权,有权撤销地方法院的判决。在处理民刑事案件的过程中,他们常常相互商量和交流看法,彼此承认对方的判决,形成了英国历史上最早的判例法。

伴随着中央集权化的过程,盎格鲁撒克逊人的习惯法,渐渐成为全国通用的法律,以后又逐渐确立了重罪、轻罪的概念,以及陪审团制度。14世纪中叶爱德华三世统治时期,每郡都设立了治安法院,负责处理破坏治安的轻微犯罪案件。治安法官在审理这类案件时,可以不经起诉,也不需要陪审团参加,但如果是重大案件,则需移送刑事法院进行审理。这个时期,罗马法和教会法对普通法也有一定影响,但从内容到范围都很小。

(三)15世纪末—19世纪中叶,是衡平法发展的时期。当时的英国正从封建社会转向资本主义社会,人们日益发现自己的一些权利无法通过普通法院来实现,因而就转向英王或国会寻求解决,要求他们主持正义,采取补救措施。国王和国会收到申诉以后,往往交枢密院中负责司法事务的大法官去处理这类案件。

到了15世纪后半期,由于这类案件不断增多,最终形成了与普通法法院平行的衡平法法院。在实践中,如果案件当事人觉得在普通法法院中得不到正义,就转而寻求衡平法法院的支持。衡平法法院在诉讼中,采取了有别于普通法的原则和诉讼程序,这在相当大的程度上参考了罗马法和教会法的原则。所谓衡平,用我们习惯的表达就是平衡,即公平、正义和良心。法官凭良心办案,所以衡平法院也叫良心法院(Court of Conscience)。衡平法院不实行陪审制,由大法官独自进行审理,自由裁量的余地很大,每个法官的判决也有很大差别。因此,有人说衡平法法院的判决,是由大法官脚的长短来决定的。衡平法法院在长期的实践中,也形成了一套判例,即我们所说的衡平法。因此,所谓衡平法并不是抽象的公平和正义,而是指衡平法法院的全部司法判例。衡平法曾得到相当的发展,一度曾和普通法分庭抗礼。衡平法和普通法的区别主要体现在以下几个方面:

第一,衡平法所采取的原则和普通法不同。普通法是法院在各地习惯法的基础上,通过判例所宣示的法律原则;衡平法不是以习惯法为原则,而是凭公平、正义和良心来判案,实际上也就是所谓凭大法官的公正和良心来判案。衡平法重实质,不重形式。实际上是在普通法之外,将罗马法和教会法适用到法律中,以弥补普通法的不足。

第二,衡平法的救助方式和普通法不同。普通法中最主要的救助方式是损害赔偿,例如恢复原状等。衡平法则强调禁止命令,并且可以预先采取一些措施,可以事先禁止被告人实施某种行为,以防止不法行为和损害的发生。衡平法法院可以对被告人采取监禁措施,也可以对普通法中的某些概念进行扩大解释。例如威胁这一概念,普通法中原来仅指暴力胁迫,但国王解释为包括精神上和道义上的胁迫,扩大了这一概念的范围和含义。

由于衡平法法院的救助方式不同,就涉及对一些特殊案件的管辖。例如,普通法中的信托和契约法,契约在普通法中规定得比较严格,例如,衡平法法院认为这个契约的形式合乎契约原则,尽管可能契约本身有缺陷,也可以要求承认这个契约。反之,也可能宣布这个契约无效。值得一提的是,罗马法中也有一些关于衡平法的规定,如执行法官按照公平原则发布的一些告示,但这并不能说明衡平法是从罗马法中发展而来的。

第三,衡平法的诉讼程序和普通法的诉讼程序不同。衡平法法院由大法官独立审判案件,不采取陪审制,也可以不要求原被告出庭;而普通法则不行,除采取陪审制以外,当事人一定要到庭参与诉讼。另外,衡平法法院的诉状可以用比较通俗的语言书写,提倡书面审理,而普通法法院的诉状则一般用拉丁文,提倡口头辩论。

在衡平法时期,除了衡平法院以外,英国国王还建立了一些特权法院,以利于国王直接干涉司法案件。当时的星法院(Court of Star Chamber),实际上是国王设立的特别刑事法院,管辖一些政治性比较强的案件。最初主要受理伪造和诽谤性质的案件,后来发展成为迫害清教徒和反对派的法院,受到人民的抵制,于1641年被国会下令废除。此外,还有海事法院和教会法院。海事法院主要适用罗马法的一些原则,教会法院则适用寺院法。当时,英国牛津大学开始培养一些懂得罗马法的人,到衡平法法院和星法院工作,这些人主张在英国系统地照搬罗马法,但未获成功。英国历史上著名的法官和法学家爱德华·科克(Edward Coke,1552—1634)是普通法坚定的维护者,曾因管辖权问题多次和英王发生冲突。1613年,科克调任主要审理刑事案件的王座法院的首席法官后,与当时的衡平法院首席法官埃利斯米尔(Lord Ellesmere,1540—1617)发生了激烈冲突,不准执行以欺诈手段而取得的一项普通法院的判决。科克坚决反对衡平法法院对普通法法院干涉,认为普通法是至高无上的。后由于英国接受总检察长(Attorney-General)培根(Francis Bacon)的建议,使衡平法法院获得胜利,从而确立了衡平法法院的管辖权和衡平法效力上优先的地位。1873年,两个系统的法院实行合并,结束了相互独立的局面。

第四,19世纪以后,是现代的立法时期。英国自1688年的光荣革命以后,就确立了议会在国家政治生活中的优势地位,王权趋于衰落。在随后的立法改革中,对众多的法律进行综合整理,将传统的普通法变为制定法,并且大规模地改变了民事和刑事诉讼程序。19世纪制定的重要的单行刑事法规,主要有《盗窃法》(Larceny Act)、《侵犯人权法》(Offences Against the Person Act),1878年国会曾讨论过《刑法典》草案,但未获通过。这个时期制定的重要法律,还有1882年的《票据法》(Bills of Exchang Act)、1890年的《合伙法》(Part-nership Act)、1893年的《货物销售法》(Sale of Good Act)等等。

20世纪以后,英美国家的成文法更是大量涌现。在美国,由于政府的活动大大增强,联邦政府的行动涉及日常生活的范围越来越广,规章条例也以创纪录的速度增加,以《联邦法典》这部登录新颁布法律的专书为例,近年来,每年都要新增加8万多页,简直到了泛滥成灾的地步。规矩越定越多,造成了当代美国"无事不言法"的奇特景观。代表各种政治势力的协会和组织,成为伸张正义的一种后盾。选民集团的发言人、精神病院里的病人,都纷纷聘请律师到法院争取公道。于是,一时间美国出现了一场"权利爆炸",使人们降低了对法律的信任,不再认为法律是什么永恒真理的反映,而法院也成了争取一时一事之利的角逐场,而未必在于伸张正义。这是当代美国应当解决的社会问题之一。

第三节 民法法系和普通法法系的区别

现代民法法系和普通法法系在西方国家主要服务于资本主义的生产方式,对法律概念和法律原则的解释,掌握在法官和律师手中,他们提倡所谓的公平和正义,实质上在于维护自由市场经济和私有制,尽管他们也提倡一定程度的国家干涉。这是民法法系和普通法法系的基本点。但是,他们从内容到形式上还是有很大区别的,主要体现在两个方面:

（一）两大法系形式上的不同，与三方面的情况有关

1. 两大法系发源国的情况不同，法学和法学界形成的历史不同。英国从11世纪开始，就和法国的封建等级制度不同，它是在军事征服以后，建立起的比较强大的中央集权的国家机构。这就使得它有可能在各地习惯法的基础上，形成一套适用全国的普通法。当普通法不能完全适应社会需要时，就形成衡平法，用衡平法来缓和法的严厉性和社会矛盾。当普通法和衡平法还不够用时，又通过制定法来实行改革。这些可以说是普通法法系发展的一个规律。

但是，在法国开始建立的是一种等级森严的封建制。国王、大领主、小领主、陪臣，地位各不相同。各个封建主在相当长的时期内享有司法权，法律本身极不完备、极不准确，随意性很大。在法国向资本主义社会发展时，没有形成一套适用全国的法律。

2. 英国革命的特点是和封建阶级的妥协，资产阶级革命的过程比较缓慢，本身没有经过重大变革，统治阶级比较谨慎和保守，它的法律制度是逐渐适应资产阶级的需要的。而法国资产阶级大革命则比较彻底的铲除了封建制度，工人阶级的力量也比较强大。在建立资本主义国家时，没有一套现成的法律可以遵循，基本上是新的创造。

3. 英国教会中的一些人对罗马法不熟悉，英国的法律起初是从实践中训练出来的，没有经过系统的法律理论学习，带有行会的性质，整套的法律知识就垄断在这些人手中；而法国的法律界人士主要是从大学培养出来的，他们系统地学习了罗马法。这批人和城市资产阶级关系比较密切，在资产阶级取得政权的过程中，发挥了极其重大的作用。从这个意义上讲，两大法系在形式上的主要区别，就是民法法系受罗马法影响小，主要适用习惯法。

（二）两大法系的内容上的不同，体现在两个方面：

1. 法律构成不同。民法法系和普通法法系虽然都包括判例法和制定法，但判例法和制定法在两大法系中所起的作用有很大区别。民法法系虽然也定期发布系统的判例，将其作为一个法源，但是，基本的、起主要作用的法源是成文法典和其他制定法，判例作为解释法典或制定法的例子，是补充性的法源，处于次要地位。普通法法系虽然也有制定法和成文的法典，而且有日益膨胀的趋势，但主要是对判例的部分修改和综合性整理，内容庞杂，未能形成一个完整的体系。因此可以说，在普通法法系中，起主要作用的是判例法，而不是制定法。

在英美法律中，强调遵循先例的原则。一般来说，上级法院的判决对下级法院都有约束力，凡与先例相同的案件，应当作出同样的判决。所谓判例，主要是指判决书中的判决理由，而不是它的处置意见。法官在案件判决前作的总结性提示，如果是权威性的，也具有法律效力，而陪审团主要是将事实部分作出判断，

在英国,所谓上级法院的判例,以上议院的判例最高,具有最大的约束力①,其次是上诉法院和高等法院的判例。郡法院和刑事法院的判决没有多大的约束力。一般来说,下级法院不准改变上级法院的判决,同级法院也不准改变判决。但在司法实践上改判的情况也不少见,这并不等于是完全改变原来的判例,而是认为原来的判例不太合适,进行重新判决。在这方面,美国的做法比较开明,英国则比较保守。在英美国家的成文法中,议会的法律最重要,行政机关授权发布的法规、条例、地方性的规章也比较重要。一个海港、一个公园,都可以发布这样的行政法规。

从上述可以看出,普通法法系的法律结构有几个特点。首先,多数是单行法规,概括性的法典较少。单行法规中同名的很多,如侵犯人身法、盗窃法和刑事审判法都有好几个。所以研究英国的法律,首先应注意该法规是哪一年颁布的;其次,实体法和程序法的界限不清,混合规定在一起,其中还有一些行政性的规定;再次,英国的法律不是按照内部的有机联系,形成一部系统的法律,而是将许多习惯法规定为一个法律,甚至常常就是引用判例中的一些语言;最后,法律的解释以判例为准,如果仅有制定法,没有判例加以解释,这些法律形同废纸。

2. 两大法系法律部门的划分不同。

第一,民法法系有公私法之分。罗马法学家乌尔比安说:"公法是关于罗马国家的法律,私法是关于个人利益的法律。"根据这一原理,民法法系将宪法、行政法和刑法视为公法;将民法和商法视为私法。普通法法系从历史上看没有公私法之分。从普通法一出现,英国王室就垄断了中央司法权。法院审理的案件和判例都被认为与王室利益有关,也就谈不上公私法之分。现代的英美国家,许多学者倾向有公法私法之分,但具体的划分标准却众说纷纭。一般承认宪法是公法,也有人将宪法、行政法和刑法都视为公法。至于财产法、契约法和侵权法则属于私法的范围。

第二,民法法系对实体法和程序法的划分非常明确,民事诉讼法、刑事诉讼法和行政诉讼法,属于程序法的范畴。民法、刑法和行政法则属于实体法的范畴。普通法法系实体法和程序法的划分,不像大陆法系那样明确,它非常注重程序,是否合乎程序,往往影响案件的处理结果。这是因为普通法在其起源中是由许多诉讼程序——"诉讼形式"构成的,在完成程序后才下判决,尽管作为判决基础的实体原则本身可能还不明确,普通法并不是以规定个人权利和义务的实体规则为基础的。这种重程序的传统,体现在刑事诉讼方面,就是将遵守严格的刑事诉讼程序,作为诉讼当事人的一项宪法权利。美国宪法修正案中,规定当事人享有不受无理搜查和扣押的权利,不自证其罪的权利,不得因同一罪名而再次受

---

① 现为英国最高法院的判例最高,具有最大的约束力。

审的权利,取得律师帮助的权利,公开审理的权利,由陪审团审理的权利。此外,对证人提供证据的方式和按哪一个罪名起诉都有严格要求,往往直接影响到整个案件的成败。例如,1995年美国审理的橄榄球明星辛普森杀人案,因提供证词的白人警察有种族歧视的言论,在很大程度上导致辛普森的无罪释放。

第三,两大法系的司法组织和诉讼程序不同。民法法系一般都有比较统一的司法体系,法院、检察院和司法部的职责比较明确。普通法法系则不同,英国在司法组织和诉讼程序上保留的封建东西比较多,用旧瓶装新酒,整个法律的发展比较保守。英国没有司法部,虽有检察机关,但职责和民法法系不同。民法法系的公诉案件归检察机关,英国主要由警察局起诉,检察长和个人也可以向法院起诉。英国原来的审判机关是上议院,直到2009年才成立最高法院,美国虽有联邦最高法院,可是权力也和民法法系国家不同。美国的司法部和检察机关没有明确界限,司法部长兼任总检察长。

在诉讼程序上,民法法系对民事案件的审理不实行陪审制,只有刑事案件才实行陪审制,由陪审官和法官共同审理案件。普通法法系实行严格的陪审制,有大陪审团和小陪审团之分,通常所讲的陪审团是指的小陪审团,一般由12人组成。英美国家的陪审团不是合议庭的成员,他们只负责案件的事实部分,法律部分留给法官解决。①

在审判方式上,民法法系采用讯问式,即由法官向被告人提问,法官扮演审判者的角色。普通法法系则采用辩论式,由检察官和律师在法庭上相互对抗,盘问当事人和对方的证人。陪审团成员在法庭上不发言,只是倾听双方及其证人的发言,然后就案件事实进行裁决。法官在整个开庭期间也不主动提问和开展调查,而是扮演一个仲裁人的角色。由于实行严格的陪审制和辩论制,英美国家在审理案件时,更为重视证据法,将其视为诉讼程序中的一个重要组成部分。

第四,两大法系法典的编纂方式不同。民法法系非常重视法典的编纂工作,自1804年的《法国民法典》颁布之后,欧洲大陆国家相继开展广泛的立法活动,特别是编纂综合性的法典,这些立法活动对民法法系的最终形成,起了重要的推动作用。民法法系注意对法律基本问题、基本原则的研究,对法典的总则部分予以高度重视,规定得非常详细和具体。

普通法法系受功利主义以及实用主义的影响,对法典总则部分重视不够,有的法典甚至没有总则部分。它们的所谓法典,往往是一些单行法规和判例的综合,没有形成一个完整的体系,也缺乏内在联系。英国的刑事法律中甚至找不到完整的有关刑种的规定,英国法律中的追诉时效也不一致,没有统一的规定。一般认为,相对民法法系而言,普通法法系的理论研究不够,实务的东西多一些。

---

① 现在已有所改变,在英国,陪审团已退出民事审判领域,由法官审理案件。

当然也有不同观点,认为普通法法系也非常重视对理论问题的研究,在某些方面甚至超过了民法法系。

关于两大法系的发展前途有争论。一些学者认为,随着社会和科学的发展,两大法系呈现一种相互影响,彼此渗透,取长补短的态势,旧有的差异正在逐步消融和变迁,两大法系终归要融合在一起。随着冷战的结束和 21 世纪的来临,事情也许正在悄悄地起着某种变化,由一两个超级大国主宰世界命运的时代已经一去不复返,人类正朝着多极化、多元化的方向发展。这种社会政治生活的变化,必将对两大法系,乃至世界其他国家的法律产生深远的影响。可以预言,未来各国的法律可能会有折中、融合的一面,但更多的是呈现一种多样性的特点,世界各国将在保留自己的文化传统和法律制度的民族性、独立性的前提下,以更加积极的姿态迈向新世纪。

第二章 西方刑法学派

第一节 刑事古典学派

自公元16世纪以后,资本主义生产关系在封建制度范围内发展起来。封建制度日益瓦解,资本主义工商业蓬勃兴起,随着对外贸易的发展以及对殖民地人民的掠夺,给新兴的资产阶级带来了丰厚的利润。资本主义经济的发展,使资产阶级在政治地位上也取得了相应的进展,封建的专制君主制度,已成为资本主义经济进一步发展的障碍。17、18世纪,西欧各国先后爆发了资产阶级革命,经过反复斗争,终于推翻了封建制度,确立了资产阶级的统治地位。为了巩固已经取得的斗争成果,还必须将自己的阶级意志上升为法律,刑事古典学派就是在这样的历史背景下应运而生的。

刑事古典学派的代表人物是意大利的切萨雷·贝卡利亚(Cesare Bonesana,Marchese Beccaria,1738—1794)。他出生于意大利米兰的一个贵族家庭,曾在帕尔玛神学院学习了8年,然后进入帕维亚大学,于1758年获得学位。贝卡利亚大学毕业以后回到米兰,结识了当地有名的启蒙思想家彼德罗·韦里(Pietro Verri)兄弟。他们经常在一起聚会,阅读和讨论卢梭、孟德斯鸠、伏尔泰、休谟等人的著作。在韦里兄弟的帮助和敦促下,贝卡利亚潜心研究,于1764年7月16日写下了《论犯罪与刑罚》的小册子。这篇6万字的论文一经问世,即引起了知识界的广泛关注,受到人们的热烈欢迎,先后被译成20多种文字在世界各国发行,这也奠定了贝卡利亚在刑法学界的地位。贝卡利亚在这篇论文中主要阐述了下列思想:

(1) 社会契约论。贝卡利亚受卢梭的社会契约论的影响,认为个人只有经过自己的同意才受社会的约束,社会应对个人负责,个人也应对社会负责。从社会契约论出发,法律的目的就是使最大多数人获得最大的幸福,为了维护社会全体成员的幸福,每个人就必须牺牲一部分个人自由,刑罚权应在这一契约范围内行使,并与犯罪相均衡。

(2) 罪刑法定的思想。贝卡利亚认为,法律必须以文字的形式加以规定,而且要尽可能的详细和具体,使每个人都能理解刑法的意义。他反对法官的自由裁量权,认为刑事法官根本没有解释刑事法律的权利,因为他们不是立法者。在贝卡利亚看来,人们的知识和观念是相互联系的,知识和观念愈是复杂,人们获得它们的途径以及考虑问题的出发点就愈多。每个人都有自己的观点,在不同的时间内,会从不同的角度看待事物。因此,如果法律的精神取决于一个法官的逻辑推理是否良好,对法律的领会如何,取决于他感情的冲动,取决于一切足以使事物的面目在人们波动的心中改变的、细微的因素。那么,公民的命运就会经常因法庭的更换而变化。不幸者的生活和自由成了荒谬推理的牺牲品,或者成了某个法官情绪一时冲动的牺牲品。所以,当一部法典业已厘定,就应逐字遵守,法官唯一的使命就是判定公民的行为是否符合成文法律。①

(3) 客观主义的理论。贝卡利亚认为,衡量犯罪的唯一和真正的标尺是对国家造成的损害。定罪量刑时,重点考虑行为人的客观行为,对其行为进行刑法上的评价。他认为,将意图作为衡量犯罪的标尺是错误的,因为意图在每个人身上的表现都各不相同。如果那样的话,就不仅需要为每个公民制定一部特殊的法典,而且需要为每次犯罪制定一条新的法律。② 但是,贝卡利亚也不完全排斥人的主观心理状态,提出应当区别对待故意、严重过失、轻微过失和完全无辜等四种情况。③

(4) 废除死刑的思想。贝卡利亚认为,死刑是不公正的,用死刑来向人们证明法律的严峻是没有益处的。他说:"对人类心灵发生较大影响的,不是刑罚的强烈性,而是刑罚的延续性。因为,最容易和最持久地触动我们感觉的,与其说是一种强烈而暂时的运动,不如说是一些细小而反复的印象。……处死罪犯的场面尽管可怕,但只是暂时的,如果把罪犯变成劳役犯,让他用自己的劳苦来补偿他所侵犯的社会,那么,这种丧失自由的鉴戒是长久的和痛苦的,这乃是制止犯罪的最强有力的手段。"④

基于上述理由,贝卡利亚主张用终身监禁取代死刑。他说:"一种正确的刑罚,它的强度只要足以阻止人们犯罪就够了。没有哪个人经过权衡之后还会选择那条使自己彻底地、永久地丧失自由的道路,不管犯罪能给他带来多少好处。因而,取代死刑的终身苦役的强度足以改变任何决意的心灵。"⑤

(5) 罪刑均衡的思想。贝卡利亚认为,刑罚与犯罪应对称。他说:"如果对于无穷无尽,暗淡模糊的人类行为组合可以应用几何学的话,那么也很需要有一个相应的、由最强到最弱的刑罚阶梯。……有了这种精确的、普通的犯罪与刑罚的阶梯,我们就有了一把衡量自由和暴政程度的潜在的共同标尺。"⑥如果赏罚

---

① 〔意〕切萨雷·贝卡利亚:《论犯罪与刑罚》,黄风译,中国方正出版社2004年版,第13页。
② 同上书,第19页。
③ 同上书,第80页。
④ 同上书,第60页。
⑤ 同上书,第61页。
⑥ 同上书,第18页。

不当,就会引起犯罪。贝卡利亚还反对封建社会的等级特权,主张对贵族和平民处以同等的刑罚,相同的行为,必须给予相同的刑罚,所有的案件都必须以不徇私情、不偏不倚的司法尺度来衡量。

贝卡利亚的刑法思想,对当代西方国家的刑法理论和刑法实践均产生了深远影响。他被称为现代刑法学之父。

德国哲学家康德(Kant,Immanuel,1724—1804)对刑事古典学派的形成也作出了有益的贡献。他以公民权利和意志自由为基础形成了完整的刑法论体系。康德认为,人的自由是天赋人权,所谓自由也包括意志自由。人类有纯粹理性就有纯粹自由;有实践理性就有实践自由。纯粹理性是认识真理的理性;实践理性体现在自由方面,是选择的自由。也就是说,人的行为是基于自由意志,自己选择的结果。如果人基于自由意志,选择了违法犯罪,就应当受到刑法处罚。[①]

康德认为,犯罪是违反社会契约和国家法规的行为,国家之所以对行为人处以刑罚,归根结底是以他的犯罪行为为根据的。刑罚的绝对性质,只可以在同态复仇法中去寻找,即以牙还牙,以恶报恶,刑罚同犯罪相抵消,犯罪人尽到了服罪的责任,他才能恢复到具有正常人格的状态。[②] 康德是典型的绝对主义的报应刑论者,他所主张的"等量报应",实质上是原始社会的血仇报复思想的延续。

黑格尔(Hegel,Geory W. Friedrich,1770—1831)试图以辩证法的观点来阐述犯罪和刑罚问题。他认为犯罪是对法的否定和侵害,刑罚的任务是完成否定之否定,使法、正义得到恢复和维护。由法的建立过渡到犯罪,再过渡到对犯罪的否定,这是一个自我辩证运动的过程。刑罚是一种报复,是对侵害行为的否定,然而刑罚的报复不同于复仇,复仇是一种原始的无休止的进程,并不能使正义得到恢复,而刑罚则是正义的恢复,是正义的化身。

黑格尔反对康德的"等量报应",而主张"等价报应"。"等量报应"是指对犯罪行为给予侵害事实等量的或均等的刑罚,即以牙还牙,以血还血;而"等价报应"则具有质的规定性,即立法从报应机能,司法从贯彻、宣传法制机能,行刑从教育改造机能出发,将犯罪人和犯罪行为联系成一个整体,作价值上的、非等量的估计。[③]

黑格尔承认刑罚具有报复性的意义。根据价值的论断,人的生命是无价之宝,杀人者必须被剥夺生命。但同时他又表示,死刑毕竟是一种极刑,应该尽量减少适用,而实际上也是越来越少见了。[④] 可见,黑格尔是主张限制适用死刑的。

[①] 甘雨沛:《比较刑法学大全》,北京大学出版社 1997 年版,第 370 页。
[②] 〔日〕大塚仁:《刑法中的新旧两派的理论》,外国政法学术资料,1965 年第 1、2 期合刊,第 3 页。
[③] 甘雨沛:《外国刑法》,北京大学出版社 1984 年版,第 101 页。
[④] 同上书,第 381 页。

刑事古典学派的另一位重要代表人物,是德国的刑法学家费尔巴哈(Feuerbach, Paul A. von, 1775—1833)。他将国家对犯罪分子施加的刑罚看做是物理强制,并在此基础上提出了心理强制的学说。心理强制的任务,就是使刑法起到事先警告犯罪分子,从而使人们产生疏远犯罪的心理强制力。一般来说,犯罪分子都从犯罪中获得了某种满足感,而要防止侵害行为的发生,就必须使刑罚的痛苦,略高于克服想要犯罪的心情的痛苦。行为人在反复权衡利害得失之后,在心理上发生一种抑制力量,从而起到防止犯罪的作用。从心理强制说出发,费尔巴哈认为,应排除刑罚越重越有效的思想,应把刑罚限制在能够发生抑制作用的最低限度以内。国家以法律告诉大家什么是犯罪和犯罪以后要承担怎样的刑事责任,使社会大众对犯罪产生足够的戒心,从而达到一般预防的目的。[①]

费尔巴哈的心理强制说没有建立在正确的科学认识的基础上。实践中大多数想要去实行犯罪的人,并不预先估计利害轻重,判断对自己有利以后才去犯罪,而往往从侥幸心理出发,认为自己的犯罪行为不会为他人察觉。对于激情犯罪,也不能用心理强制说加以解释,可见,这种理论还是有很大局限性的。

费尔巴哈对刑事古典学派的另一个重要贡献,就是在1801年的《刑法教科书》中,第一次将罪刑法定思想,作为一种法律规范,在刑法中加以正确的描述,即"法律没有明文规定不为罪,法律没有明文规定不处罚"。这一著名的刑法格言,不是出自罗马法,而是费尔巴哈的创造。

刑事古典学派后期的主要代表人物是德国的宾丁(Binding, Karl, 1841—1920)、毕尔克迈耶(Birkmeyer, Kanwn, 1847—1920)、迈耶(Mayer, Max Emst, 1875—1923)、贝林格(E. Beling, 1866—1932)等人。宾丁将刑法规范和刑法法规加以区别,创立了刑法规范的理论。他认为只有刑法规范才能向公众宣示什么行为是犯罪、什么行为不是犯罪,并发出法律禁止和命令。刑法法规只规定具体的犯罪构成要件和应当受到的处罚。所谓犯罪,是指侵害刑法规范,依照刑法法规应当受到刑罚处罚的行为。刑罚是对否定规范的犯罪行为的否定,是一种特殊的法律后果。

毕尔克迈耶认为人的自由意志是刑事责任的基础,刑罚是对事实及体现于事实之责任的报应,以有责任的犯罪事实作为刑罚的基础。刑罚的第一使命是对犯罪行为的处罚,处罚的分量应依照事实及犯人的人格而定。所以,刑罚是对犯罪的否定,它应该对事实及体现于事实的责任,保持着比例。刑罚虽有预防作用,但它的本质是报应。

贝林格主张罪刑法定,致力于犯罪行为定型论的研究。他在进一步完善古典体系的基础上,建立了犯罪构成理论的现代体系,即犯罪成立三要素理论体

[①] 〔日〕藤木英雄:《刑法的争论点》,载《法学译丛》1980年第1期。

系:行为符合法律规定的构成要件是犯罪成立的第一要素。把违法性和有责性从古典体系的广义构成要件中分离出来,分别作为犯罪成立的另两个要素。"构成要件"被视为刑法所规定的犯罪行为的"客观轮廓",后来又被看做犯罪成立的"观念上的指导形象"。贝林格的构成要件理论,至今仍被大陆法系刑法理论界所重视。

迈耶在1915年出版的《刑法总论》一书中,详细阐述犯罪构成的理论,主张将行为概念纳入构成要件之中,作为构成要件中的一个基本要素。迈耶之后,经过了三十余年的历史演变,终于产生了以侵害性、违法性和有责性构成的犯罪要素三分法理论。

刑事古典学派的理论,是在反封建的资产阶级革命中逐渐形成和发展起来的。这个学派提出的罪刑法定原则、罪刑相适应原则、刑罚人道主义原则和法律面前人人平等的原则,包含着许多革命先驱的思想结晶,是资产阶级革命的经验总结和胜利成果。

刑事古典学派强调根据客观上的犯罪行为,以及这种行为所造成的实际危害来定罪量刑,主张讲究犯罪构成,并给刑罚概念以明确规定,提出了一整套完整的刑法学新体系,为现代西方国家的刑法奠定了坚实的理论基础。

第二节 刑事人类学派

刑事人类学派的创始人是意大利的龙勃罗梭(Cesare Lombroso,1835—1909)。龙勃罗梭和他同时代的另外两位犯罪学家菲利(Enrico Ferri,1856—1929)、加罗伐洛(Raffaele Garofalo,1852—1934)都是意大利人,所以刑事人类学派也被人们称为意大利刑法学派。

龙勃罗梭出生于意大利的一个犹太人家庭,早年在帕维亚大学学医,后成为犯罪学家和精神病学专家,曾长期担任意大利都灵大学教授和精神病院院长。1905年首创犯罪人类学讲座,1876年出版其代表作《犯罪人论》,1899年出版《犯罪的原因和救治》,在欧洲大陆和美洲英语国家具有广泛影响。

1870年龙勃罗梭被任命为一个地方的精神病院院长。他利用当地的一个大型监狱,对犯罪进行人类学方面的研究。1871年龙勃罗梭在解剖著名盗匪维里拉(Vilella)的尸体时,发现维里拉的后脑骨同普通人的不一样,倒是和动物的和原始人的比较相似。接着,又有一个案件引起了龙勃罗梭的注意,一个名叫密斯蒂的士兵为了一件区区小事,突然开枪射杀了8名军官和士兵,之后即进入酣睡状态,12个小时醒来之后就像任何事情没有发生一样。后来他以监狱里的犯人为对象,有组织地进行解剖学与人类学的调查和研究。他对383个犯人的头盖骨的研究表明,有58.2%的人眉拱骨凸出,32.5%的人智齿发育异常,28%的人前额塌陷，16%的人后脑凹陷，而未开化人的头盖骨也恰好具有类似特征。后来，他又对1279名意大利罪犯进行人体测量和相貌特征分析，发现不少犯罪人同普通人在人体相貌方面有较大差异。小头畸形最多出现在盗窃犯中，其次为杀人犯和抢劫犯；强奸犯常常前额后缩，眼歪且斜视，塌鼻子，颌骨很大。杀人犯目光冰冷，好像是石头人，经常头发卷曲，女杀人犯的嘴很宽，嘴唇左侧经常收缩。许多罪犯鼻子是歪的，或者向左歪，或者向右歪，许多人瞳孔放大或缩小，边侧眼球震颤。有的罪犯表现出佝偻病的症状。① 根据这些调查和分析，龙勃罗梭提出了以"返祖现象"为基础的"天生犯罪人"的概念。

龙勃罗梭认为，"天生犯罪人"是低级生物，几乎是类人猿。这些人缺乏道德，具有过分的虚荣心，生性残忍和喜欢文身。他试图将犯罪现象同生理因素，首先是同人的机体的外部构造结合在一起，否认犯罪是一种社会现象。他认为，犯罪不是基于自由意志选择的后果，而是"天生的犯罪人"和生理上具有某些缺陷的人，在一定条件下所必然从事的犯罪活动。因此，他主张采用社会隔离的刑事政策，将所有具有犯罪倾向的"天生犯罪人"统统流放到荒岛上，使之永远与世隔绝，无法再危害社会。

龙勃罗梭的这一观点在当时即受到广泛批评，后来他通过对《犯罪人论》一书的多次修改，逐步修正了自己的观点。他认为犯罪原因也包括气候、谷物价格、性和婚姻传统、刑法、政府结构、教会组织、宗教信仰等等。在《犯罪人论》第5版中，他将天生犯罪人在全部犯罪人的比例从原来的66%降为40%；在《犯罪的原因和救治》一书中，又进一步降低为33%。尽管如此，他还是将犯罪人分为天生犯罪人、精神病犯人、激性犯人和偶发犯人。龙勃罗梭的研究方法备受批评，特别是现代科学的发展，他的理论更显得简单和天真。例如，人类学的兴起和发展，使得犯罪人乃隔代遗传的说法变得毫无意义，精神病学家和心理学家提供的证据表明，犯罪和心神丧失之间的关系远比龙勃罗梭想象的要复杂。尽管如此，龙勃罗梭的思想仍对西方国家产生了深远影响，他首先以自己的学术活动开辟了一条研究犯罪原因和预防犯罪的新道路——把抽象地分析犯罪行为变为具体地研究犯罪人，这种实证主义的研究方法，奠定了龙勃罗梭在刑法学界，特别是犯罪学界的地位。

自20世纪以来，在英美等国出现了新龙勃罗梭主义，美国的艾尔尼斯·胡顿对10个州的13000名犯人进行人类学的调查，他得出的结论是，一般来讲，对于机体不发达的人讲，有些情况是天生的，他们经受不住灾难和周围环境的引诱，因而发生反社会的行为。胡顿的研究，从一个侧面反映了龙勃罗梭理论的影响力。

---

① 〔意〕切萨雷·龙勃罗梭：《犯罪人论》，黄风译，中国法制出版社2000年版，第43页。

2000年美国《综合精神病档案》杂志上,一位科学家发表文章指出,强盗或杀人犯的前额大脑灰质总量平均比正常人低11％左右。研究发现,那些具有暴力倾向的人,他们大脑前额部位的脑组织活性明显较正常人弱。美国南加州大学精神病学教授阿德里安·瑞恩从洛杉矶临时职业介绍所征募了21名被认为具有严重暴力倾向的成年男子,这些人共同的特点是藐视法律,并带有极强的攻击性。瑞恩使用核磁共振成像设备仔细观察实验对象的三维大脑图像,注意到一个具有共性的现象,那就是这些人大脑灰质总量平均比正常人少两汤匙左右。灰质量是人体中枢神经系统的一部分,瑞恩把灰质的功能比作火车上的紧急制动装置,在人们因愤怒而情绪失控时,这些物质起着约束自我意识的作用。而大脑灰质不足的人,因控制情绪冲动的能力相对较弱,故而对个人的行为缺乏自我约束能力,因而容易产生过激行为,甚至实施暴力行为。[①]

    心理学研究也表明,当普通人打算做某些不符合道德规范的事情时,通常会感到脸部发烧、呼吸加快,不由自主地冒冷汗。但在接受实验的特定对象中,却很难发现上述特征。他们在准备做坏事时,往往表现得异常冷酷,并不会像正常人那样产生窘迫、不安或内疚感。这也就是为什么人们常用"冷血杀手"来形容这些人的原因。

    受到这些研究的影响,近些年来,国外一些科学家也在尝试用一些新的方法来预防和减少犯罪。如有的针对强奸犯性欲强的特点,研制成所谓"灭罪餐",让他们大量摄入某种物质,来压制他们的性欲;有的通过"锂疗法",使罪犯大脑中的几种化学物质得到平衡,让他们好斗、冲动和怪异的性格逐渐消失;有的通过基因疗法,注入所谓的健康基因,来改变人的性格。凡此种种,都可以说是龙勃罗梭思想在现代社会的翻版。尽管科学家可以通过科学手段,使一个人由"坏"变"好",尽管人类的前额部分可能存在某种控制和规范个人社会行为的物质,但脑灰质少并不能作成某些人习惯使用暴力的唯一解释。事实上,人类的思维方式和行为习惯受到多种因素的影响,社会环境恶劣、生活状况不佳乃至个人遭遇不幸,都可能使人产生以暴力手段报复社会的念头。如果我们不是从社会生活中,而是从生理上寻找犯罪的原因,就可能走上"基因决定论"的危险道路,这是特别值得警惕的。

    意大利的菲利和加罗伐洛继承和发展了龙勃罗梭的思想。菲利出生于意大利的曼杜省,学生时代对统计学,特别是犯罪统计学发生了浓厚的兴趣,后师从龙勃罗梭,在都灵大学研究犯罪学。在菲利活跃的一生中,他从来不采取超自然力量的说法来解释人类行为,也避免采用刑事古典学派的"人可以做任何他想要做的事"的陈词滥调。针对刑事古典学派的自由意志论,菲利从哲学、神学和法

[①] 张静宇:《罪犯的大脑与众不同》,载《环球时报》2000年3月3日。

学三方面进行了驳斥。在哲学上,他认为自由意志说与凡果必有因的因果关系相矛盾;在神学上,他认为自由意志说与上帝万能说有悖;在法学上,他认为自由意志说不能解释为什么过失犯罪,尤其是不作为形式的过失犯罪还要承担刑事责任的问题。

在《杀人犯罪之研究》和《犯罪社会学》两本书中,菲利将犯罪人分为四大类,即心神丧失犯罪人、天生犯罪人、偶然性犯罪人和激情犯罪人。[①] 主张对天生犯罪人和心神丧失者采取与世隔绝的社会政策,对偶然性犯罪人则重点给予教育改造,对于激情犯罪人则给予损害赔偿处分。他将犯罪原因分为三种,第一种是物质原因,即种族、气候、地理位置、季节变化等。他认为这些因素虽不能直接产生犯罪,但通过与其他因素的结合,就能够促使犯罪行为的产生并影响犯罪现象的变化;第二种是人类学的原因,即年龄、性别、心理状况等。他认为仅仅是人类学因素不足以解释犯罪原因,它必须与其他因素相互影响、相互作用,才能对犯罪有影响,而且这种因素也只适用于天生犯罪人和偶然性犯罪人;第三种是社会因素,按照菲利的说法,"社会因素是指能够促使人类生活不诚实、不完满的社会环境",即包括人口密度、习俗、宗教、政府组织、经济和工业情况等,并据此创立了社会责任论,即对犯罪人适用刑罚要考虑犯罪人的个人因素,考虑的重点应放在导致产生犯罪的社会条件上,在社会环境中寻找产生犯罪的原因,社会对犯罪人负有教育和改造的作用。所以,菲利认为预防犯罪的根本在于革除社会弊病,改善人们的就业状况、居住条件和文化教育状况直至社会制度等,这样才可以标本兼治,防患于未然。

加罗伐洛是人类学派的第三位著名理论家。他出生于意大利那不勒斯的一个西班牙后裔的家庭,在大学期间主修法律。在非常年轻时,他即成为一名法官,曾经在那不勒斯大学担任刑法学教授,并被任命为意大利王国的参议员。1903年他应当时的司法部长的邀请,主持刑事诉讼法的编写工作,这项计划后因某种政治原因而搁浅。加罗伐洛的代表作是1885年出版的《犯罪学》一书,这本书曾经修订和再版多次,也被翻译成英文、法文、西班牙文和葡萄牙文,最新的中文版也于1996年问世。

受龙勃罗梭思想的影响,加罗伐洛也否定自由意志,主张以实证的方法研究犯罪原因。他将犯罪分为两大类,一类为法定犯,即法律有明文规定的犯罪;另一类为自然犯,即违反人类社会所具有的最基本的正直感和同情心的犯罪。

加罗伐洛虽然属于人类学派,但他主要不是从生理学角度探讨犯罪原因,而

---

① 激情犯罪人,指基于憎恶、嫉妒、复仇、性欲等目的而实施的犯罪行为。这类激情犯罪人同天生犯罪人形成明显对照,匀称的身材、优美的灵魂、神经过敏、情绪激动。在犯罪动机方面常常是高尚和强有力的。例如为了政治和爱情而实施的反社会的行为。然而这类人的过度行为、冲动、突发和健忘的倾向又与癫痫病人具有某种相似之处。

是偏重于心理学的方向。他以"心灵和道德异常"的概念来解释犯罪行为。所谓道德异常是指生理上的缺陷而缺乏情感或利他感。它是一种存在于低等种族,通过遗传而来的心灵力量,迫使人易于犯罪。他认为外在环境虽然对犯罪有很大影响,但这种心灵的内在力量才是最重要的。

加罗伐洛认为刑罚的目的不是去替代私人复仇,而是保护社会免受犯罪人的进一步侵害,方法便是改变他的动机以引导他的行为,使其不再具有威胁性。正如他本人所说:"我们努力的方向……不是计算对犯罪人所施加的伤害强度,而是确定哪种限制最适合他的特殊品质。"他的主要贡献在于发展了这样一种思想,即驱使人犯罪的动机是需要考虑的最重要因素之一。发现这一动机并确定将会改变这一动机的治疗方法是我们改变犯罪人,使其不再危害社会的第一步。

加罗伐洛认为刑罚应该只有一个目标,即解除社会敌人的武装,以使他停止对社会的侵害——这是所有刑罚均应得到的结果,而达到这一目标的方法是确定符合每个犯罪人需要的刑罚强度和种类,以便使所有犯罪人所承受的刑罚都不超过他的个人应该承受的限度。[①] 由此可见,加罗伐洛反对一味地强调刑罚的惩罚性,主张帮助犯罪人中那些能够适应诚实生活的人,以便使他们重新回归社会。

刑事人类学派以自然科学的方法探讨犯罪原因,并讲求犯罪对策,这一点对于刑事古典学派的理论来说具有划时代的意义。但是,这个学派,尤其是龙勃罗梭的观点往往趋于极端和过分简单化,具有相当大的片面性。就犯罪原因而言,我们既不否认遗传的规律,也不否认遗传学,只是不承认这种规律对犯罪现象的影响。因为犯罪首先不是生理现象或心理现象,而是一种社会现象。寻找犯罪产生的根源,只能从社会生活本身去考察,而不是相反,或者忽视这个根本性的问题。否则只能是本末倒置,也就不可能正确地解释纷纭复杂的犯罪原因和日益上升的犯罪现象。

第三节 刑事社会学派

刑事社会学派和刑事人类学派,同属新派刑法学。这个学派的主要代表人物是德国刑法学家李斯特(Franz von liszt 1851—1919)、比利时刑法学家普林斯(A. D. Prins 1845—1919)和荷兰刑法学家哈默尔(G. A. Hamel 1842—1917)。李斯特出生于奥地利的维也纳,先后在德国的吉森、马尔堡、哈勒和柏林大学担任教授,并开办刑法学研究所。主要著作有《德国刑法教科书》《刑法的目的观念》《德国和外国执行刑法的比较情况》《从比较法律说明现代的刑事法制》

---

① 〔意〕加罗法洛:《犯罪学》,耿伟、王新译,中国大百科全书出版社 1996 年版,第 4 页。

和《国际公法的系统说明》。他一生致力于传播新派刑法学思想,曾经以"刑罚的目的观念"和"报应刑和保护刑"为题,在德国的大学发表演讲,批判以毕克尔迈耶为代表的刑事古典学派的思想。他于 1881 年创办《刑法学杂志》,于 1889 年发起创立国际刑法学会,对刑法学的研究和交流起到了积极的推动作用,是享有杰出声誉的刑法学家。

在犯罪原因上,李斯特主张将犯罪原因分为社会原因和个人原因,但更侧重犯罪的社会原因。他认为生物学因素虽然对人的行为有重要影响,但在犯罪形成过程中起决定作用的是社会原因,诸如失业、贫困、恶劣的居住条件、酗酒、生活必需品价格昂贵、工资收入低等。因此,"犯罪是实施犯罪行为当时行为者的特征,加上周围环境的影响产生的",主张犯罪原因的"二因论"。

在刑事处罚上,李斯特反对刑事古典学派建立在自由意志基础上的报应刑观点。他认为意志自由不自由是一个哲学上的问题,科学的观点应当是探究犯罪人意志形成的原因,并针对这种原因讲求社会防卫的方法。刑罚应从单纯的报应,转向教育刑和目的刑。他强调刑罚应与个人情况相适应,要根据犯罪人的特点,即个人因素采取多样化的刑罚方法和处置方法。在这一思想的指导下,他将犯罪人分为偶犯、惯犯、可以改造和不可以改造几种类型。对可以改造的人处以自由刑,对不可以改造的人则采取社会隔离的措施,以实现刑罚的个别化。

李斯特十分重视刑事政策在教育改造罪犯和防卫社会中的作用。他认为好的刑事政策和行刑政策比最好的刑罚还要有实效。他认为,消除犯罪的个人原因是刑事政策固有的任务,消除犯罪的社会原因是一般的社会政策的任务。"最好的刑事政策就是最好的社会政策。"①他还认为:改善劳动阶级生活环境是最好的和最有效的刑事政策。

李斯特在刑法理论上的另一个重大贡献,就是以"行为人说"来对抗刑事古典学派的"行为说"。他明确指出:"应受惩罚的不是行为而是行为人。"刑事责任和量刑的根据不是犯罪行为的性质,而是犯罪人的主观危险性,这种主观危险性同已经实施的或估计可能实施的犯罪行为无关。在有些情况下,只要某人处于犯罪前的"危险状态",就可以对其采取预防性措施。为此,他积极倡导保安处分和不定期刑,主张对累犯采取严厉的刑罚措施。

李斯特之后,刑事社会学派有了犯罪表征说和教育刑论的新发展。他们认为犯罪行为是犯罪人的反社会性的表征,犯罪人的社会危险性已表现为犯罪行为时,应适用保安处分。李斯特的学生李普曼等人认为,刑罚必须尽量对受刑者和全国公民作为一种教育来进行,刑罚就是教育,否则刑罚即无存在的理由。刑罚不是对过去的犯罪行为实行报应,而是为了防止将来重新犯罪,强调犯罪的预

---

① 马克昌、杨春洗:《刑法学全书》,上海科学技术文献出版社 1993 年版,第 873 页。

防。特别应当指出,刑事社会学派认为,刑法不是永恒不变的理性,是可以改变的,它随着社会的发展而发展。到今天为止,刑法已从奴隶社会、封建社会的专横统治的神权、君权,发展为启蒙的罪刑法定主义,进而前进到以教育改造为目的的教育刑。这一切均表现了刑事社会学派的新特点。

第四节 新旧刑法学派的对立

新旧刑法学派的对立,主要体现在以下几个方面:
(1) 刑事古典学派在启蒙主义的影响下,以法治国思想为基础,立足于非决定论[①],认为人是有理性的和能对自己行为负责的高级动物,人能自由选择守法和违法行为。所谓犯罪是具有自由意志,即能控制自己行为能力和辨别是非善恶能力的人,在权衡利害得失之后,判断对自己有利而自由选择的结果。古典学派的理论重心是犯罪行为,认为应当根据已经发生的犯罪行为来决定刑罚的尺度,主张行为主义和客观主义。

刑事人类学派和刑事社会学派则立足于决定论,否认人的自由意志,认为犯罪是天生犯罪人和生理上、心理上有缺陷的人,即没有辨别是非善恶能力,从而也就失去自我规律的人,在一定条件下所必然从事的反社会行为。犯罪对于这些人是生来注定的现象。新派刑法学家强调个人素质和社会环境对犯罪的影响。认为"应受处罚的不是行为,而是行为的人",即根据人的主观危险性来决定刑罚的轻重和尺度,倡导行为人主义和主观主义。

(2) 就刑事责任而言,刑事古典学派从抽象的人性论出发,主张伦理责任和道义责任。也就是说,既然犯罪是自由意志的产物,是具有辨别是非善恶、有自我约束的人经过深思熟虑,判断对自己有利而实施的,就应对其行为和造成的危害后果承担道义上的责任。

新派刑法学提倡社会责任论,认为不诚实、不完满的社会环境,其中包括经济、政治、道德及文化生活中的各种不安定因素,是导致犯罪的重要条件。既然如此,社会就对犯罪人负有教育和改造的责任。为了使社会成员改正易于犯罪的倾向,重新回归社会,就必须受到以矫正危险性为内容的社会防卫处分。

(3) 在刑罚处罚上,刑事古典学派从罪刑法定的思想出发,主张罪刑等价和报应刑。但是,为了使作为报应而进行的刑罚符合正义,除了要求刑罚的内容本身符合人道主义的标准以外,刑罚的轻重也必须和犯罪的轻重相一致,不应对行

---

① 哲学上的决定论,是承担一切事物和现象之间具有规律性、必然性和因果制约性;非决定论是唯心主义用来反对决定论的学说,强调"意志自由",否认事物之间有任何规律性。

为人采取与其行为分量不相称的残酷报复。报应刑的理论基础之一是自然法①,认为自然法具有普遍的约束力,而作为自然法的报应刑可以给一般公众心理上的满足,达到惩罚犯罪的目的。这些将最终导致绝对主义的观念。

新派刑法学站在相对主义的立场上,认为刑罚的本质是教育和改造犯罪人,消除其犯罪倾向和危险性,使之重新回归社会,达到预防犯罪的最终目的。根据这种观点,刑罚不是对过去的犯罪行为进行报应,而是为了防止将来再犯和进行教育改造,主张目的刑和教育刑。为此,新派刑法学倡导刑罚个别化,主张采用不定期刑,扩大法官的自由裁量权,并且认为刑罚和保安处分的性质相同,是可以相互替代的,即所谓的刑罚和保安处分的一元论。

(4) 在犯罪的一些具体问题上,新旧刑法学派也存在着不同程度的对立。刑事古典学派对未遂犯的处罚,原则上轻于对既遂犯的处罚,因为未遂犯在客观上未造成实际危害;而新派刑法学则主张对未遂犯和既遂犯一视同仁,因为未遂犯的主观危险性并不比既遂犯小,在有些情况下可能比既遂犯更危险。

关于共同犯罪的问题,刑事古典学派原则上将共同犯罪联系成一个整体,有主犯和从犯之分,教唆犯从属于实行犯,只有实行犯实施了犯罪行为,才处罚教唆犯;而新派刑法学则主张共犯独立说,各个共同犯罪人之间的主观危险性不同,帮助犯的主观恶性不一定比实行犯的主观恶性小,教唆行为本身就是其主观恶性的表现,和由自己亲自去实施犯罪行为是一样的,即使没有实行犯,教唆犯也要受到处罚。

19世纪中叶以前,以贝卡利亚为代表的刑事古典学派占据着主导地位,他们的思想一直是影响法哲学和刑事政策的重要力量。古典学派提出的罪刑法定原则,罪与刑相适应原则、刑罚人道主义原则,为西方多数国家所采纳。1789年法国革命的人权宣言(Declaration of the Rights of man)曾经指出:"法律仅有权禁止对社会有危害的行为……除非法律事先规定犯罪,而且可适用于当时的情况,否则无人可被法律所惩罚。"②美国宪法也禁止规定"残酷和非常的刑法方法""未经正当程序,不得剥夺任何人的生命、自由 和财产"。这些显然都受到刑事古典学派的影响,是罪刑法定原则在欧美国家法律中的具体表现。

刑事古典学派的突出特点,是针对封建刑法的专横和擅断,提出了一套完整的刑法学体系和易于操作的司法程序。以刑法典的形式规定什么行为是犯罪和应当给予什么样的惩罚,法官只是执行法律的工具,不能随意解释法律,这就有力地保证了当事人的人权,最大限度地避免枉法裁判。但是,由于刑事古典学派

---

① 自然法,针对实在法而言,指所谓凌驾于实在法,并指导实在法的法,西方一些学者将自然法解释为人类的理性的表现,是永恒存在的、永恒不变的、一切人共同具有的行为规范。

② Ysabel Rennie, *The Research for Criminal Man*, Lexington Books, 1987, p. 22.

采取客观主义的立场,主张相同的行为应给予相同的刑罚,不考虑社会环境和个人因素对犯罪的影响,也存在着很大的局限性。

19世纪中叶以后,以刑事人类学派和刑事社会学派为主的新派刑法学开始崛起,他们批判意志自由和报应刑的刑法观念,主张教育刑和社会防卫政策,吹响了刑法改革的号角。他们的特点在于主张对犯罪原因进行科学分析,认为犯罪既有个人因素,也有社会因素,强调对犯罪人进行教育和改造。但是,新派刑法学简单的、不加分析地反对自由意志,认为犯罪对于某些人来说,是"生来注定的现象"等等,这些均令人难以接受。的确,人是动物之一,受自然法则的支配,人的行为受到限制,社会生活决定着人的行为。然而人又不是完全被动的,他们既依赖于客观现实,也积极运用自然法则,通过自由创造的意志活动,发挥主观能动性,改变着现实世界。人是这样一种生物,即能够在现实生活中,自觉遵守由人的智慧创造出来的规则,并克制自己内心的冲动和欲望。人受制于自然,而同时也是自由的,如果他主动选择了犯罪行为,就应当受到处罚。新派刑法学忽视人是自由意志的主体,忽视人可以独立自主地按照自己的意志进行决断和选择,将人看做是一个简单的生物,也就不可能完整地、科学地解释犯罪现象,特别是白领犯罪的问题(白领犯罪多是在权衡利害得失,判断对自己有利以后才去实施犯罪行为)。这可以说是新派刑法学在理论上的一个重大缺陷。

第二次世界大战以后,新旧刑法学派日趋走向妥协和统一。出现这种趋势并非偶然,主要原因在于新旧两派的对立,并非真理和谬误之争,实际上是观念论和实证论之争。尽管他们的哲学基础不同,但理论观点却是你中有我,我中有你,存在着可以妥协的因素。例如,刑事古典学派主张限制死刑的适用,这和新派刑法学废除死刑的主张,有近似的地方。在保安处分问题上,刑事古典学派主张二元论,即刑是刑罚问题,保安处分是刑事政策问题,二者不能混同,新派刑法学则主张一元论,即刑罚和保安处分可以相互代替。这种争论发展到今天,古典学派由反对保安处分到不反对保安处分,也表明具有调和的可能性。另外,关于一般预防和特殊预防,本身就是相互包含的,一般预防包含着特殊预防,特殊预防又寓于一般预防之中,两者不是截然对立的。最后,刑事古典学派提出了人权保障问题,而新派刑法学重视刑事政策、重视对犯罪的教育和改造,这本身就是保障人权、尊重人权的具体表现。所有这些均表明,新旧刑法学派之间确实具有可以相互妥协的思想基础,这一点已经被西方国家的理论和实践所证实。

20世纪中期,新派刑法学的教育刑思想曾经风行一时,大有取代报应刑之势。特别是随着犯罪率的不断上升,西方国家的监狱人满为患,难以容纳大量的犯罪分子。因此,许多西方国家纷纷采取措施,设立了许多开放性的管教场所,大量适用缓刑和假释,增加监外执行和社区劳动的数量,尽量减少监狱里的犯人,以减轻政府的压力。但是,这样做的结果也产生了一些副作用,许多罪恶重大的犯罪分子往往借此逍遥法外,逃避法律的严厉制裁,造成了新的社会问题。① 面对这种局面,许多国家又逐渐借重刑事古典学派的思想,对刑事政策进行调整,减少不定期刑、缓刑和假释的适用,恢复死刑等等。在经过多年的教育刑实践以后,又转向刑事古典学派的理论中寻求出路,可以说是一种无奈之举,但也为新旧刑法学派的妥协和统一提供了重要的社会基础。

在这种情况下出现的新古典学派和新社会防卫论、现代实证学派,可以说是新旧两派相互妥协和调和的产物。新古典学派是在旧派的基础上融合新派的思想,而现代实证学派则是在新派的基础上融合旧派的思想。例如新古典学派对自由意志的理论提出修正,承认人的自由意志可以受疾病、无责任能力和精神失常的影响;同意对精神病人、智力低下的人和未成年人减轻处罚。新古典学派在英美仍有很大的影响力。

以法国刑法学家安塞尔(Marc Ancel 1902—1990)②为代表的新社会防卫论,对新派刑法理论也进行了修正。例如,在主张法官自由裁量权的同时,承认罪刑法定原则;在刑罚体系上,既采取"报复性的法定刑,也执行预防犯罪为最终目的的非惩罚方法","将刑罚与保安处分统一于一个刑事制裁的完整体系里"。对于刑罚的目的,主张在刑罚效果上注重教育和改造,在量刑轻重上强调报应和惩罚,使教育刑和报应刑相互融合;在行刑上,主张限制使用不定期刑、缓刑和假释。由此可见,新社会防卫论也采取了折中调和的"中庸之道"。至于新实证学派,在坚持对犯罪人研究的基础上,增加了不少犯罪生物学的因素,将互动理论、社会控制理论融入犯罪学的概念。一些新实证学派的学者也不再坚持"天生犯罪人"的概念,他们认为,虽然有一部分人比另一部分人更具有暴力或犯罪的倾向,但社会环境则是导致其犯罪的诱因。新实证学派的这些观点,似乎更符合人们的日常生活经验。

展望 21 世纪的刑法学,新旧刑法学派相互影响、相互渗透、相互取长补短的趋势将会得到进一步的发展,旧有的差异会逐步消融或变迁。但是,即使在倡导人权,强调教育和改造的今天,刑罚的报应功能也不会完全消失,甚至可能会在一定的历史时期占据主导地位。看看西方国家的刑法改革运动,以及人们纷纷要求改造不定期刑,恢复死刑的呼声,就不难得出自己的结论。

---

① 1988 年美国总统大选,民主党候选人杜卡基斯由于对犯罪过于宽容,引起选民的不安,输给了共和党候选人乔治布什。杜卡斯基在担任马萨诸塞州州长期间,签署了一项法令,允许一级谋杀犯,可以向狱方请假外出度周末,时间不超过 48 个小时。但是一名叫霍顿的杀人犯在外出期间,又袭击一名男子,并强奸了他的未婚妻。这次事件导致了杜卡斯基竞选的失败。

② 曾任法国最高法院院长,1988 年 5 月访问过中国。

第三章 刑事司法管辖权

第一节 刑事管辖权的原则

刑事司法管辖权是国家主权的重要组成部分,任何一个国家都要在刑法中对刑事司法管辖权的范围作出规定。由于世界各国社会政治情况、历史传统习惯的差异,在解决刑事司法管辖权范围问题上所持的原则也不尽相同。概括起来,主要有以下几种:

一、属地原则

属地原则是以地域作为划分司法管辖权的标准。凡是在本国领域内犯罪,无论是本国人还是外国人,一律适用本国刑法。属地原则得到世界各国的广泛承认,几乎所有国家的刑法典都有属地管辖的规定。国际法院在1927年"荷花号"案的判决中就曾经指出:"在法律的所有制度中,刑法所具有的以领土为特征的原则是最基本的。"

当时,法国轮船"荷花号"与一艘土耳其轮船在公海上发生碰撞,导致土耳其轮船沉没,死亡8人。"荷花号"驶抵君士坦丁堡后,土耳其扣押了"荷花号"上的一名法籍船员,并将其判刑入狱。这个案件引起了法国政府的抗议,后经双方同意,将此案交国际法院审理。国际法院认为,由于危害结果发生在土耳其船上,就视为在土耳其领域内犯罪,故土耳其对该案具有刑事司法管辖权。[①]

孟德斯鸠、卢梭、贝卡利亚等启蒙思想家都坚持属地原则在刑事管辖权中的重要地位。贝卡利亚说,由于各国法律不同,一个人只有在他违反法律的地方受到惩罚才是公正的,刑罚的地点就是犯罪的地点;另外,犯罪是对社会契约的违反,只有根据签约地的法律进行处罚才是公正的。[②]

属地原则的优点是:(1)便于收集证据,节约司法资源,减少浪费;(2)可以更好地保护被告人的诉讼权利,身处自己的国家和居住的地方,对刑法和刑事诉讼法比较了解,而且可以用自己熟悉的语言参与诉讼,能够较好地维护自己的基本权利;(3)属地原则与国家主权联系在一起,超越领土管辖,往往会对一个国

---

① 〔英〕詹宁斯·瓦茨修订:《奥本海国际法》,王铁崖等译,中国大百科全书出版社1995年版,第337页。
② 〔意〕切萨雷·贝卡里亚:《论犯罪与刑罚》,黄风译,中国方正出版社2004年版,第67页。

家的主权构成侵犯。

属地原则的局限性。根据属地原则,只有当一项罪行的所有构成要素都发生在本国领域内时,才不会出现争议。例如,当行为和结果都发生在一国领域内时,一般不会出现管辖权问题。但是,如果行为和结果有一项发生在本国领土之外,就可能导致管辖权冲突。例如,一个人站在美国领土一侧,向加拿大境内开枪,打死了一个加拿大人,就可能出现美国和加拿大之间的管辖争议。对此,有的国家采取行为地主义,有的采用结果地主义。当采取行为地主义时,要求犯罪行为发生在本国领域内,而且这个行为与该国之间还需要一种"真实的和实质的联系"。例如,被告人在英国通过电话诈骗一个法国人,而受骗的法国人按照骗子的指示将钱汇往第三国,但这些钱最终还是落入行为人手中,英国就有管辖权。采取结果地主义时,要求犯罪结果发生在本国领域内,给本国或他国利益造成损害。例如,"荷花号"案,行为发生在法国船只上,但结果发生在土耳其船上,视为在土耳其领域内犯罪,土耳其法院有管辖权。结果地原则的前提是危害结果发生在一个国家的领土之内,这个原则有可能与保护原则相冲突。美国法院甚至认为,一种行为只要直接对美国经济产生影响,美国就有权行使管辖权。但是,这样做有可能侵犯或者忽视了其他国家的利益。

二、属人原则

属人原则,是以人的国籍作为划分司法管辖权的标准。凡是本国人犯罪,无论行为发生在本国领域内还是领域外,都适用本国刑法。

属人原则的优点:(1)凡是本国人,无论身在国内还是国外,都要遵守本国的法律,不管当地的法律是如果规定的,这有助于增强公民意识和法律意识;(2)在某些情况下有利于保护本国公民,特别是在行为地国家要求引渡的情况下,可以依据属人管辖拒绝引渡。大陆法系国家的法律传统是拒绝引渡本国公民。

这里有一个国籍确定的时间问题。当依据国籍行使管辖权时,是从行为开始时起算,还是从提起刑事诉讼的时间来计算?有的国家要求从行为时就具有本国国籍算起,多数国家认为任何时间具有国籍都可以,这样可以扩大属人管辖的范围。特别是对于犯有国际罪行的人,可以有效行使管辖权。例如,对于第二次世界大战的战犯,行为时是德国人,但战后逃到南美洲一些国家,加入了阿根廷、巴西、智利等国的国籍,希望得到这些国家的庇护。如果任何时间都可以追究,这些人就不会因为取得新的国籍而免受追溯。

英国1991年通过一项法案,其中规定,对于在第二次世界大战中犯有战争罪行的人,无论他们实施犯罪行为时的国籍是什么,只要自1990年3月8日起是英国公民或者臣民的,就可以对他们提起法律诉讼。这个法律的目的就是防止某些人试图通过改变国籍或者居住地来逃避法律的追究。澳大利亚、加拿大等国也有类似的规定。

由于恐怖主义的泛滥,有的国家甚至主张以被害人的国籍来确定管辖权,以保护本国公民不受侵害。但是,根据被害人国籍行使管辖权有一个条件,就是根据行为地法律和受害人国家的法律,都认为是犯罪。否则,不仅无法处罚,而且可能无法引渡。因为根据被害人国籍原则,由于犯罪人在国外,受害人所在国不得不寻求引渡,如果对方不认为是犯罪,引渡和处罚都无从谈起。

另外还有一个问题,当一个人的行为根据所在国的国内法不认为是犯罪,而根据国际法的原则和规定认为是犯罪的,应该如何处理呢?假如一个人是第二次世界大战时期的战犯,以后逃到阿根廷并加入该国的国籍,受害国以色列要求引渡,阿根廷是否可以说本国刑法没有战争罪而拒绝引渡呢?因为引渡可能违反了罪刑法定的原则。对于这个问题,国际上并没有统一的规定,在国际法实践中,第一次世界大战结束后德国威廉皇帝逃到荷兰,当国际法庭请求引渡时,荷兰就拒绝引渡。理由是根据荷兰的国内法,威廉皇帝不构成犯罪。但是,阿根廷曾经将一些第二次世界大战时期的战犯,引渡给西班牙政府。阿根廷法院认为,被告人受到的是战争罪的指控,而这个罪行是国际上公认的犯罪,尽管阿根廷刑法没有这样的规定,仍然可以引渡。这样做,也可能被认为削弱了本国的国家主权。

被害人国籍原则虽然和普遍管辖原则有冲突,但在某些方面是对普遍管辖原则的补充。因为在有些案件中,主张管辖权的国家既不是行为地国家,也不是行为人国籍所在国,而且根据普遍管辖原则也不能行使管辖权(普遍管辖主要针对国际刑事犯罪),要想主张对案件的管辖,只能按照被害人国籍的原则来行使管辖权。

三、保护原则

保护原则,以保护本国国家利益和公民利益作为刑事管辖权的标准。根据这一原则,凡侵害本国国家利益和公民利益的,不论行为地在哪里,也不管行为人的国籍,都适用本国刑法。例如艾希曼案件,被告人在第二次世界大战时期参与集中营大屠杀,战后逃到阿根廷,后来被以色列特工绑架回去,被控以战争罪和反人类罪。艾希曼辩称,他的犯罪行为地和结果地都在德国,本人现在为阿根廷公民,更重要的是二战时还没有以色列这个国家(以色列1948年建国),因此,以色列无权管辖他的案件。以色列最高法院认为,这个案件涉及以色列的国家利益,当整个犹太民族被灭绝的情况下,以色列就拥有无可争辩的管辖权。

在国际法的实践中也有一些类似的案件,例如,一个西班牙公民在西班牙从事针对法国的间谍活动,法国认为他构成间谍罪。

四、普遍管辖原则

普遍管辖原则，以保护国际社会的共同利益作为刑事管辖权的标准，其法律基础不是本国刑法，而是有关的国际公约。只要发生国际公约所规定的犯罪，不论犯罪人的国籍，也不论犯罪的行为地，都可以行使管辖权。例如，凡是参与缔结和承认关于劫持航空器国际公约的国家，都可以依照《东京公约》《海牙公约》和《蒙特利尔公约》，对劫持航空器的犯罪行为，行使管辖权。

普遍管辖原则，最初是针对海盗犯罪的，17世纪以后逐渐确定为习惯国际法。海盗是一种国际刑事犯罪，对海上自由航行构成巨大威胁，任何国家都可以将参加海盗行为的嫌疑人加以逮捕和审判，不受国籍和行为地的影响。为什么这样做呢？这主要和海盗犯罪的性质相关，海盗一般活动在公海领域和国际水域，侵犯的是各国的过往船只，行为地不固定，针对的人和国家非常广泛。如果依照以前的属人原则、属地原则，都很难将海盗绳之以法。另外一个很重要的原因，现代国际法是由历史上的海上强国制定的，比如英国、西班牙、葡萄牙和荷兰等，他们为了保护自己的海上利益不受侵犯，很早就将海盗行为作为一种重罪，规定在国际刑法当中。

第二次世界大战以后，普遍管辖原则又被适用于其他国际罪行，例如战争罪、侵略罪、反人类罪、酷刑罪等，对于侵犯国际社会普遍价值的行为，予以处罚，后来又扩大到恐怖主义犯罪。上面探讨的艾希曼案件，以色列最高法院不仅将保护原则，而且也将普遍管辖原则作为自己行使管辖权的主要依据。现在的欧洲国家，如西班牙、比利时、德国和奥地利都有类似的规定。他们认为，考虑到这些犯罪的严重性和国际保护的需要，应当使普遍管辖原则适用于战争罪、侵略罪、灭绝种族罪、酷刑罪等，以维护全人类的共同利益。

普遍管辖原则又分为狭义普遍管辖原则和广义普遍管辖原则。狭义的普遍管辖原则，是指只有关押被告人的国家才能起诉被告人，即所谓关押地原则。1949年的《日内瓦公约》、1984年的《禁止酷刑国际公约》，还有关于恐怖主义的国际公约都采用了这个原则，并且要求有关国家承担义务，或者选择性地将被告人引渡到相关国家。德国和奥地利也采用狭义的普遍管辖原则。

广义的普遍管辖原则，也称为绝对管辖原则，即任何国家都可以逮捕、起诉被控告实施国际犯罪的行为人，不论行为人的国籍、犯罪地点、被害人的国籍，甚至不论被告人是否已经被逮捕，或者已经受到法庭的审判。多数国家不允许进行缺席审判，比如说法国和欧洲其他一些国家。因此，实际上，被告人在一国领土上的存在，是开始审判的前提条件。根据普遍管辖原则，有关国家只要收到与国际犯罪有关的信息，就可以着手开展刑事调查和收集证据。这样就不要求被告人必须首先在这个国家，哪怕是暂时住在这个国家。但是，当行为地国家或者国际刑事法院已经行使管辖权,其他国家就不应再进行审判了。如 1998 年的智利前总统皮诺切特案,西班牙法院认为,普遍管辖原则不应当服从领土管辖原则。一般认为,国际条约的效力高于一国的国内立法。因此,根据 1948 年灭绝种族国际公约,被控实施了灭绝种族的人必须由其所在国(领土国)法院或者国际刑事法院审判,这就使得普遍管辖成为一个补充性的原则(皮诺切特卸任多年后到英国治病,西班牙请求英国将其引渡到西班牙接受审判,英国政府最终没有同意西班牙的引渡请求)。

西班牙法院坚持认为,西班牙对皮诺切特在智利犯下的灭绝种族罪和酷刑罪拥有管辖权,而且在这个案件中,西班牙还有合理的利益,因为有 50 个以上的西班牙人在当时的智利被杀或者失踪了,他们是那些镇压行为的受害人。而且,皮诺切特不能引用与国家元首有关的豁免权,因为他已经不再拥有国家元首的身份了。英国法院和外交部最终未将皮诺切特引渡给西班牙,而是将其遣返回智利。

和普遍管辖权有关的是"或引渡或起诉"原则。所谓"或引渡或起诉",是指对于国际公约规定的犯罪,被请求引渡的国家,要么将犯罪嫌疑人引渡给请求国,要么将其移交本国司法机关进行审判。适用这一原则的前提是被引渡人犯有国际公约所规定的可以引渡的罪行,如果被请求引渡的国家存在不引渡的理由,才可以依照本国法律进行起诉。

可见,这一原则的设定是为了解决管辖权冲突问题。当实施了国际公约所规定的严重刑事犯罪行为的犯罪分子,在某国领域内被发现时,犯罪地国家可以依照属地管辖,犯罪人的国籍国可以依照属人管辖,受害国或者受害人所属国可以依照保护原则,分别提出引渡的要求。根据权利优先的原则和国际法实践,当出现管辖权冲突时,应当优先适用属地管辖、属人管辖和保护管辖,只有在不存在引渡或存在不能引渡的情形时,才能根据普遍管辖原则,依照本国的国内法进行审判。所以,不引渡是适用普遍管辖的前提条件。1979 年的《反对劫持人质国际公约》就规定了"或引渡或起诉原则"。

普遍管辖权和"或引渡或起诉原则"虽然扩大了缔约国的刑事管辖范围,但也有一定的局限性。(1)普遍管辖只规定各缔约国有管辖权,而没有规定放弃管辖权的责任问题。由于复杂的国际关系和政治原因,有关当事国不愿意依照相关规定对罪犯提起起诉和审判,也拒绝将罪犯引渡给有管辖权的国家。这种不履行国际条约义务的行为,在一定程度上影响了普遍管辖权的效力。(2)调查取证困难,诉讼成本巨大,这也是有些国家放弃管辖的原因之一。(3)有可能被滥用。比利时法院曾经向许多国家的领导人发出过通缉令,例如前以色列总理沙龙、前美国总统小布什和前国防部长拉莫斯菲尔德。此外,还对一个非洲国家的现任外交部长发出逮捕令,结果引起了两国的外交纠纷。如果所有国家都像西班牙和比利时一样，各国作出相互矛盾的决定的风险就大大增加，如果发生纠纷，实际上也难以解决优先管辖的问题。国际刑事法院也曾经对苏丹总统发出逮捕令，调查所谓的达尔富尔问题，实际上都仅仅具有象征性意义，根本无法履行。到目前为止，还没有一个在任的国家元首因所谓的国际刑事犯罪而受到审判，因为这与国家元首享有的刑事豁免权有冲突。西班牙法院就曾经为自己辩解，他们不能对当时的古巴领导人菲德尔·卡斯特罗实施的所谓犯罪行为行使普遍管辖权，因为这个原则不适用于现任国家领导人。普遍管辖权适用不当，有可能沦为大国间国际政治斗争的工具，从而丧失其公信力。（4）普遍管辖只是一个补充性的原则，它只能适用于国际公约规定的犯罪，而不适用于普通的刑事犯罪。

第二节 英美两国的刑事管辖范围

一、英国的刑事管辖范围

英国刑法实行严格的属地原则，兼采属人原则、保护原则和普遍管辖原则，管辖的范围非常广泛，这似乎是一个世界性趋势。

（一）关于领域的解释

英国人和外国人在英国领域内犯罪，均适用英国刑法。所谓领域，指英国的领土、领海和领空。

英国领土，指英格兰、威尔士和马尔维纳斯群岛，苏格兰和北爱尔兰不包括在内。整个联合王国包括苏格兰和北爱尔兰6个郡，归英国管辖，属英国领域。还有一些英联邦国家，如加拿大、澳大利亚等，英国女王是形式上的国家元首，总督是女王的代表，实际权力掌握在总理手上。英国的法律经当地议会通过以后，对法院也有效力。这些实际上独立的国家也制定了一套自己国家的法律，有不少借鉴了英国的判例。当事人如不服这些国家最高法院的判决，可以上诉到英国上议院下设的枢密委员会，枢密委员会的判决是终审判决。

领海，英国原来一直主张3海里领海权，从低潮线起算。但是，1964年对关于大陆架的问题有争议（对大陆架是否有法律效力），英伦三岛的北海发现大油田后，附近的一些案件就由英国法院管辖。一些单行的法规规定的领海比较宽，如无线电法，领上渔业法等等。英国之所以长期主张3海里领海权，而不是12海里领海权，是历史原因所决定的，因为英国20世纪以前曾经是海上强国，各国的领海越小，公海的面积越大，就越有利于英国的对外扩张政策，特别是有利于维护英国的海上霸权的地位。1987年英国已经将3海里改为12海里领海权。简易程序审理的案件，除非法律有规定，一般不涉及领海问题，但通过起诉程序审理的案件,则有可能涉及领海问题。

英国曾经是海上帝国,对船舶的管辖权规定的非常严格。凡是英国船只上的公民和臣民,在船只内犯罪,无论船只行使在公海上或者停泊在外国的港口里,英国法院均有管辖权。根据属人原则,对于英国臣民在外国船只上的犯罪,英国法院有管辖权,即便这些外国船只行驶在公海上或停泊在港口内。另外,在外国船只内,无论英国人还是外国人,只要犯罪前3个月,曾经是英国船只上的雇员,英国都有管辖权。

根据英国法律,在英国飞机内犯罪,视为在英国领域内犯罪。根据1967年《关于劫持航空器的东京公约》,凡是飞机内的犯罪,均由飞机所有国行使管辖权。对于停泊在英国航空港内的飞机上的犯罪,英国也主张管辖权。但是按照相关的国际公约,只有该犯罪危及所在国的国家安全时,所在国才有管辖权。英国1971年的《空中劫持法》《恐怖活动法》都尽量扩大刑事管辖权。

(二) 犯罪地问题

对于犯罪地的解释有不同的理论观点,主要有两种,即结果地主义和行为地主义。前者指法律规定的犯罪的要件中包括犯罪结果的;后者指法律规定的犯罪要件中不需要犯罪结果的。对于结果罪,一定要求犯罪结果发生在英国国内,才认为是在英国犯罪。例如在苏格兰作伪证,而结果在英格兰骗到一笔钱,按英国法律判处诈骗罪。对于行为罪,任何一个行为发生在英国境内,就认为是在英国犯罪。又例如从苏格兰开枪,打到英格兰境内,如将人打死构成谋杀罪,如未能击中任何人,则构成谋杀未遂。英国法院认为,一个行为虽然发生在国外,但是持续地在英国产生结果,英国也可以行使管辖权。例如被告人被控与他人共谋向英国输入毒品,虽然共谋行为发生在国外,但其结果持续发生在英国,英国就有管辖权。

敲诈勒索不是结果罪,如果从英国到国外去敲诈,不论是否有犯罪结果,都是犯罪既遂,例如在英国寄出敲诈勒索的信件,在其寄出信件时,行为就开始了,英国就有管辖权;诈骗罪要求结果发生在英国,如果行为人在英国开始实施诈骗的共谋行为,双方商定到国外诈骗,即便最终受损失的是英国人,由于犯罪结果没有发生在英国境内,也不是一个可以在英国起诉的案件。

这种行为罪和结果罪的划分,在现代的英国刑法中的重要性大大降低。英国刑法中有所谓保护管辖权的趋势,只要某项行为是针对英国的,不管行为是否发生在英国,英国都有管辖权。例如2000年颁布的《恐怖主义法案》(The Terrorism Act 2000)就规定,英国政府认定的恐怖组织,即使在国外实施的恐怖主义行为,英国也有管辖权。

还有一种状态罪,如为了危及他人生命而持有枪支,尽管尚处在持枪的状态下,没有进一步的行为和结果,也要认定为犯罪。对于持续的状态罪,只要有一段持续在英国境内,就由英国法院进行管辖。

（三）刑法的域外效力

英国的臣民在国外犯了某些法律规定的罪行,也适用英国刑法。如叛国罪、谋杀罪、泄露国家秘密罪、伪证罪和重婚罪等。重婚指已婚夫妇在国外举行第二次婚礼,但原配偶下落不明7年以上的不属于重婚。

英国臣民如受雇于英国政府的机构、企业,在国外工作或者服兵役期间犯罪,适用英国刑法。例如在英国的远征军内实施杀人行为,由英国法院管辖。

所谓臣民,指无论是否英国公民,只要在英国居住过,并在英国留下家属和财产的,都是英王的臣民,应当效忠于英国。

对于外国人在英国以外犯罪,英国一般不行使管辖权,但是对于针对英国的叛国罪,则享有管辖权。

（四）刑事豁免问题

英国用英王名字代表国家,英王历来可以豁免任何刑事案件。英国1950年颁布了《国际组织豁免与特权法》,1964年颁布了《外交特权法》,1976年颁布了《领事关系法》。外国国家元首和其他国家驻英国的外交使节,国际组织的代表,都享有外交豁免权。这种外交特权不是赋予外交官个人的,而是赋予国家的特权。因此,外国也可以放弃这种外交豁免权。享有外交豁免权的人,一般是指大使、公使、参赞、武官、一等秘书、二等秘书、三等秘书和随员以及他们的配偶和未成年子女。

根据《维也纳外交关系公约》的规定,使馆馆舍不受侵犯。使馆馆舍包括使馆和馆长寓所使用的建筑物及其附属土地,接受国官员未经允许不得进入,也不得搜查、征用。但在极其特殊的情况下,也有例外。例如,在使馆内藏匿大量武器弹药,有的国家也曾强行进去搜查,但这样做往往会演变为激烈的外交纠纷。

驻外使馆享有众多的外交特权,但使馆的外交人员不能从事与其身份不符的活动。这种活动分为三类:一是庇护活动,不得在使馆内藏匿接受国正在追捕的逃犯。目前有些南美洲的国家承认这些庇护权。例如,维基解密朱利安·阿桑奇案件,当英国2012年试图对其采取法律行动时,他逃入尼加拉瓜驻英国大使馆,至今已经好几年。二是不能在使馆内拘留人。1896年在英国从事反清活动的孙中山先生,被清政府的人员绑架,关押在驻英国使馆内。后来,当时的清政府迫于强大的外交压力将其放出。三是不能从事普通的违法犯罪行为、间谍活动或者干涉驻在国内政的行为。对于普通的刑事犯罪,如酒后驾车等,接受国一般不能对其行使管辖权,可以要求派出国将其召回国,或者要求派出国宣布放弃此人的外交豁免权。由于涉及国家主权和尊严,一般国家都不会这样做,也有一些小国如毛里求斯驻法国大使,格鲁吉亚驻美国的一个武官,因交通肇事致人死亡而被本国放弃外交豁免权,接受驻在国的刑事管辖和审判。这样的例子比较少见。使馆人员从事间谍活动,也是违反国际公约的行为,实际上比较常见。如前些年英国和俄罗斯曾经因间谍活动问题,两国政府相互驱逐对方的外交人员,导致两国关系恶化。

(五) 刑法的时间效力

英国的教科书没有专门讨论溯及既往的问题,一般是不溯及既往。英国刑法中的时间效力,和中国刑法中的时效差不多。英国对某些犯罪有追溯时效,例如对于叛国罪知情不举的,追溯时效为3年,3年以后不追溯;偷税漏税的追溯时效为4年;与不满16岁的未成年性交,追溯时效为1年;根据1952年的《治安法院法》,凡是简易程序审理的案件,追溯时效为6个月,6个月之后不再追溯;有些交通事故的犯罪,如超速行驶、酒后开车等,追溯时效为2个星期。

二、美国的刑事管辖权

(一) 联邦政府的刑事管辖权

美国刑法也实行严格的属地管辖,一般不处罚美国领域以外的犯罪行为。但是,对于行为发生在美国以外,结果发生在美国领域内的犯罪行为,美国享有管辖权。例如,某国船只在公海上与美国船只发生碰撞,导致美国的船只损毁或船员的死伤,虽然犯罪行为发生在公海,但结果却发生在美国的船只上,就等于在美国领域内犯罪。

美国联邦政府有权管辖首都华盛顿哥伦比亚特区和准州波多黎各以及美国政府控制下的美国以外的其他地区。在这些地域内的犯罪,包括从谋杀罪到轻微犯罪,联邦政府均有管辖权。

联邦飞地。美国政府对联邦拥有的这些岛屿和位于各州之内的由联邦政府控制的土地具有管辖权。包括军事基地、海军船坞、军事学校、军械库、邮局、联邦法院大楼、国家公园和湖泊。在这些飞地内犯罪,无论是谋杀罪还是轻微犯罪,联邦都有刑事管辖权。

船舶和飞机。美国原来也一直主张3海里领海权。[①] 1988年,当时的美国总统布什发布5928号总统行政命令,宣布美国也主张12海里领海权。[②] 美国联邦政府有权管辖发生在美国船只和飞机内的犯罪。当这些船只和飞机在美国领域内和空中,甚至在外国水域或者港口,无论是美国公民还是外国人,美国都

[①] In brief, a strip three nautical miles from the shore. For a more accurate definition. Restatement (second) of the Foreign Relations Law of the United States § 13(1965).

[②] Under the traditional view, this was, in brief, a strip three nautical miles from the shore. For a more accurate definition, see Restatement(Second) of the Foreign Relations Law of the United States 14, 15(1965). More recently, this area of federal criminal jurisdiction has been expanded to 12 nautical miles (about 13.8 common miles)by 901(a) of the Antiterrorism and Effective Death Penalty Actof 1996, reprinted follow 18 U.S.C. 7. See United States v. One Big Six Wheel, 166 F. 3d 498(2d Cir. 1999.)

有管辖权。另外,美国联邦政府对于发生在美国领水和管辖的海域内的犯罪有管辖权,这些水域都不在州的管辖之内。

尽管一个国家对其领土和领空享有管辖权,但由于美国是联邦制国家,这就涉及联邦政府和州政府的管辖权问题。美国国会已经明确表示,发生在船舶和飞机内的下列犯罪行为,都处在美国联邦海事管辖的范围,如谋杀罪、非预谋杀人罪、企图伤害和殴击罪、强奸罪(包括法定强奸罪)、重伤罪、偷盗罪、收受盗窃财物罪、欺诈罪、抢劫罪、放火罪、轮船职员非法行为致人死亡罪、海员引诱女性乘客罪。

犯罪地点。有些时候,对于联邦犯罪实行的是属地管辖,但有些犯罪行为部分发生在联邦领域内,部分发生在联邦领域外,这就提出了犯罪地点和场所的问题。由于受到普通法属地管辖的限制,有些问题就变得非常重要。每一个犯罪都有一个或不止一个犯罪地点,总的来说,所谓犯罪地点,是指被告人实行行为发生的地点,尽管也有一些行为发生在其他地方,或者最终的结果发生在其他地方。例如,一个谋杀者在哥伦比亚特区的街上向被害人开枪,而受害人稍后死在新泽西州,哥伦比亚特区联邦法院对谋杀者享有管辖权。再比如,A向停泊在外国港口的美国船上的B开枪,联邦法院对A的谋杀行为具有管辖权,但是假如C在同一个港口的同一只船上向站在附近的外国船只上的D射击,联邦法院就没有管辖权,因为犯罪的一个地点是在外国船只上。类似的问题还有,假如A在街上开枪,杀死邮局里的B,或者A在马里兰州向哥伦比亚特区的B实施同样的行为。毫无疑问,美国国会规定,对于部分行为发生在联邦领域,部分行为发生在联邦领域之外的犯罪,联邦具有管辖权,而不考虑犯罪的一个地点。

国家以外犯罪行为的联邦权力——国民。国家对于本国公民在国外的犯罪享有管辖权,但这涉及执行法律的权力问题。美国仅有少数几个法律处罚其公民在国外的犯罪。外国人在国外针对美国人的犯罪行为,例如,一个英国人在英国或者法国谋杀美国人,和其他国家不同,美国不主张在这种情况下的管辖权。①

根据保护管辖的原则,对于在外国领土上的外国人,实施的危害美国国家安全和政府功能运转的行为,美国有刑事管辖权。例如,伪造国家的印玺、货币或者伪造官方文件的行为。美国有时通过联邦法律来行使保护管辖原则,无论在国外的外国人还是本国公民,在外交和领事官员面前作伪证,也构成犯罪。但是,大多数联邦刑事法律仅将领土管辖作为处罚的根据。

普遍管辖。联邦政府(像其他任何国家)对海盗行为行使管辖权(基于国际法)。无论海盗行为发生在什么地方,甚至一个外国人实施的针对另一个在公海

---

① 现已有所改变,特别是对恐怖主义犯罪,美国主张管辖权。

上的外国船只上的外国人,也可以行使管辖权,作为国际法的一个特别的问题。这种权力是基于普遍管辖原则,而不是属地管辖和保护管辖原则。但是,这个规则,似乎仅适用于海盗犯罪和对土著(原住民)的侵略行为。可以肯定的是,美国并不是对任何人任何地点的犯罪行为都有管辖权。①

美国联邦政府有权制定发生在美国国内的成文法犯罪,不考虑联邦的领域和国籍,美国宪法已经明文赋予国会这项权力。美国宪法还赋予控制国内商业活动、建立邮局、税收、和宣告战争的权力。自从国家建立以来,各种实体刑法逐步和稳定的增长,现在在已经具有了相当规模的联邦刑事法律。

根据一份报告,适用这一类型的联邦刑法,有三种不同的方法。第一,用来惩罚主要对联邦政府造成损害的反社会行为。这类犯罪包括叛国罪、间谍罪、贿赂联邦官员罪、收买联邦陪审员罪、藐视联邦法院罪、不支付联邦税收罪、盗窃国家银行罪、盗窃联邦财产和谋杀联邦执法人员罪。第二,适用于针对地方政府的反社会行为,而这些行为是当地警察部门不能或者无法处理的案件。例如,运输盗窃的机动车穿越州界就是一种联邦犯罪,尽管盗窃的是地方上的汽车,但穿越州界的行为就构成了联邦犯罪。联邦法律也处罚为避免起诉而逃离州界的行为。使用邮件进行欺诈、或者传播淫秽物品、寄送彩票等等,都是联邦犯罪。但是,进行欺诈、传播淫秽物品和邮寄彩票,都是在当地实施的,使用邮局可能仅仅是偶然的,这是该罪的构成要件。联邦法律也处罚涉及税收、麻醉剂、赌博等反社会行为,尽管这些行为也涉及地方上的事务和地方上的税收。第三,联邦刑法用来保障联邦行政规章的实施。这些犯罪称之为行政犯罪。新起草的联邦刑法典对于发生在州内的行为的管辖权采取了不同的观点。现在要求适用联邦法律时,要说明各种犯罪的要件。例如,使用邮局欺诈,在各州之间运输盗窃的运输工具等。根据这些新的法典,州政府行使刑事管辖权,是根据普通法规定的属地管辖原则,州政府对于行为或者结果发生在州内的案件拥有管辖权。州政府宣布某种行为构成犯罪,主要考虑两点,一是行使警察权想要达到的目标是什么;二是州法律涵盖的领域范围。州政府对公共事务行使管理权,其目的是为了保护和促进公共健康、安全和道德,或者概括一点说,是为了保护和促进社会的幸福和安宁。

(二)属地管辖的适用

假如州政府依据属地管辖行使警察权力,也会遇到一些具体的问题。例如,加利福尼亚州能够规定谋杀行为是犯罪,但是,它能对一个加州居民在德拉威州犯下的谋杀罪进行处罚吗?或者说它仅有权对发生在加州的谋杀罪行使管辖权?假如它仅对加州境内的谋杀罪有管辖权,就会遇到有些谋杀罪是分别发生

---

① Wayne R. LaFave, *Criminal Law*, West A Thomson Reuters Business, 2010, p.222.

在两个州的情况,例如,A 站在加州境内开枪射击,子弹穿过州界杀死了正好站在俄勒冈州的 B。或者这些犯罪发生在州的界河之上。另外的问题是在多大程度上,加州有权对本州居民在州外实施的犯罪行为适用加州刑法,或者还涉及非加州居民在加州外针对加州居民实施的犯罪行为的案件。

对于犯罪的地点。按照普通法的观点,犯罪的管辖范围有很大的局限性,甚至比通常意义上的属地管辖的范围还要小。确定各种犯罪中的每个犯罪的行为地点,对于州的管辖权至关重要。每一个犯罪仅有一个犯罪的地点,仅有发生在这个地点的行为,州才有管辖权。换句话说,普通法挑选出一个特定的作为、不作为或者作为、不作为的结果,作为确定各种犯罪中每一个犯罪的行为地,并且赋予重大行为和结果发生的州以刑事司法管辖权。也可以说,普通法中的犯罪地点是作为和不作为的地点,如果犯罪的定义包括了结果,结果发生的地点也可以作为犯罪发生的地点。① 例如,谋杀罪(通过射击或者通过邮寄有毒糖果的方式实施的杀人)实施犯罪的地点,是致命武力侵害受害人身体的地点(子弹击中受害人的地点或者服用毒药的地点),而不是致命武力最初开始的地点(射出子弹和邮寄毒药的地方)。实施重婚罪的地点是举行非法结婚仪式的地点,而不是此后两人同居的地点。实施欺诈罪的地点是获得财物的地点,而不是实施欺诈的地点。实施伪造罪的地点是制作假文件或者篡改文件的地点,而不是使用伪造文件的地点。相反,使用伪造文件罪的地点是提供文件的地点而不是制作文件的地点。实施抢劫罪的地点是从受害人那里抢走财物的地点,而不是他最初袭击和恐吓受害人的地点。收受盗窃财物罪的地点是接受货物的地点,而不是财物被偷的地点。诽谤罪的地点是诽谤材料散播的地点,而不是书写材料的地点。遗弃家庭罪的地点是被告人遗弃家人时,他们的家居住的地方,而不是家庭后来搬迁的地方。基于不作为的犯罪地点是应当履行这种责任的地点。例如,不赡养家庭罪的地点是他应当履行责任的地点,即家庭生活的地点。总之,对所有的犯罪来说,每一种犯罪仅有一个基本行为或者结果发生的地点。

但是,在一些州,有一种与偷盗罪有关系的特殊情况。根据权威性的解释,起诉偷盗罪的地点并不仅是货物被偷盗的地点(最初拿走或者带走财物的地方),货物后来被带到的地点也可以进行起诉,其理论根据是"每一次的带走都是一次新的拿走"。② 例如,货物在 A 州被偷,然后带到了 B 州,B 州具有起诉偷盗罪的管辖权。但是,也有少部分州认为 B 州没有管辖权。③

另外一些特殊的情况是,在州外煽动、鼓励或者雇佣其他人在州内实施犯罪

---

① Restatement of Conflict of Laws § 428(1934); J. Beale, Conflict of Laws § 428.5(1935).
② E. g. Worthington v. State, 58 Md. 403, 409(1882).
③ E. g. Brown v. United States, 35 App. D. C. 548(1910); State v. Eagle Speaker, 300 Mont. 115, 4 P. 3d 1(2000).

行为。假如这个在州内的犯罪是重罪,不在现场的这个人在普通法中是事前从犯,普通法规则认为,由于事前从犯的所有协助行为都在州外,没有在州内实施犯罪行为,因此,不受这个州的刑事管辖。同样的规则,有时候用这样的词汇表述:所有州以外的人,通过一个州内的代理人实施的犯罪,不属于州的管辖范围。这个规则在许多司法管辖区通过制定法得到改变。

另外一种情况刚好与一个州外的人雇佣一个无辜代理人的案件相区别。例如,A 在俄亥俄州对他在纽约州的无辜代理人撒谎,他的代理人又傻傻地将这个谎言重复给受害人 B,B 在纽约将钱交给这个代理人,然后代理人又将钱转寄给在俄亥俄州的 A——这里,A 就犯有在纽约通过欺诈手段获取 B 财产的犯罪行为,尽管 A 那时实际上不在纽约的犯罪现场。[①] 法院的经验表明,确定未完成罪的犯罪地点会有一定的困难,例如,未遂罪和共谋罪。对于未遂罪,有相当多的观点认为,未遂和既遂的犯罪地点是一样的。例如,谋杀未遂,也是被害人受害的地点,而不是被告人行为的地点。但是,也有相反的观点认为,未遂罪有它实际发生的地点,尽管这个犯罪实际上是在另外一个司法区完成的。

对于共谋罪,假如协议在 A 州达成,而在 B 州实施,至少是一个协议行为加上一个公然行为。公然行为在 B 州发生,B 州是共谋罪的犯罪地点。[②] 但是,对于不要求公然行为的共谋罪,达成协议的地点,就是这个共谋罪的犯罪地点。在有些情况下,共谋罪作为一个连续的犯罪,它的犯罪地点可能就不止一个。犯罪地点也许是最初协议的地点和以后为进一步促进协议而实施的其他行为的地点。

最后一个问题,是在跨越两州边界的河流上的犯罪问题。根据美国国会的法案,两州对于河流任何部分的犯罪行为拥有共同管辖权,不考虑实际的界限,通常是以主航道的中心一侧作为河流的边界。例如,一个州通常以违反自己的法律为由,处罚发生在邻州境内一侧的犯罪行为。但是,被告人的行为,尽管根据起诉州的法律是犯罪,而根据邻州的法律又不构成犯罪,这个行为又发生在邻州境内一侧,那么,前面的州就没有管辖权。例如,在一个案件中,被告人在华盛顿州的哥伦比亚河上,持华盛顿州颁发的执照用渔网捕鱼,俄勒冈州以用渔网捕鱼为由判被告人有罪,这个判决被推翻,俄勒冈州对此案没有管辖权。

(三) 关于不作为行为

尽管大多数犯罪是以积极的行为实施,有些则是负有法律责任而消极不履行的不作为构成。假如有作为的责任而不履行这个责任,从司法管辖的目的来

[①] Wayne R. LaFave, *Criminal Law*, West A Thomson Reuters business, 2010, p.226.
[②] International Harvester Co. of America v. Commonwealth, 124 Ky. 543, 99 S. W. 637(1907; Carter v. State, 418 A. 2d 989(Del. 1980).

说,就等同于一个行为。假如在一个州内有法律责任而没有履行这个责任,导致结果在另外一个州内发生,后者对案件拥有管辖权。

尽管一个州对发生在其州外的犯罪没有管辖权,但假如一个人离开本州的唯一目的是从事违反这个州的犯罪行为,例如,A 和 B 为了躲避 X 州的决斗和赌博法律,穿越州界进入 Y 州,在 Y 州进行决斗和赌博。X 州有管辖权吗?在一个偶然发生的案件中法官认为,X 州对发生在州的领土之外的案件拥有管辖权。例如,从肯塔基州到田纳西州,赌一场选举的胜负。[①]

(四)关于属地管辖的制定法范围

第一种州的制定法原则上也采取属地管辖,必须是行为和行为的结果都发生在州内,州才有管辖权。但是也有一些州通过制定法律,扩大了州的管辖范围。例如,有些州的法律规定,对于行为发生在州内,但结果发生在州外的情况,州有管辖权。根据这样的法律规定,A 在北卡罗来纳州射击,子弹穿过州界,击中田纳西州一侧的 B,北卡罗来纳州有管辖权,可以处罚 A 的犯罪行为。

第二种类型的法律对相反的情况行使管辖权,即行为在州外发生,而结果发生在州内,州对此类案件具有管辖权。我们已经注意到普通法的观点,A 在 X 州内致命地伤害了 B,但是 B 由于伤势严重死在 Y 州,Y 州对这个杀人案件没有管辖权,因为犯罪地点是在对 B 实施致命武力的 X 州。但是有些州通过制定法对上面的杀人案件行使管辖权,尽管实施致命伤害的行为发生在州外,但死亡结果发生在州内,这个州就有管辖权。其他的一些法律的用语包括的更广泛,不仅是杀人罪,对于其他的罪也可以行使管辖权,只要结果发生在该州内。这些法律规定,对于行为开始于州外,而完成于州内的行为都具有管辖权。

第三种对州的管辖权的制定法种类是,假如犯罪的任何一部分发生在州内,州都有管辖权,而不考虑使用致命武力的地点是否在州内。根据这样的法律规定,加利福尼亚州对在加利福尼亚州邮寄有毒的糖果到受害人所在的特拉华州,受害人在特拉华州服用该糖果死亡的案件,拥有刑事管辖权。[②] 纽约州对于被告人在纽约州说谎(欺诈),而在宾夕法尼亚州获得受害人的财物,纽约州有管辖权。[③] 有些法院已经对州内犯罪的"一部分"的含义加以限制,即所谓部分行为,必须与州内的犯罪有某种联系,否则就等于是犯罪未遂。[④]

第四种类型的制定法是取消普通法规则。正如前面已经讨论过的,事前从犯在州外通过州内的代理人实施的犯罪,州没有管辖权。有些州的制定法特别

---

① E. g., Commonwealth v. Crass, 180 Ky. 794, 203 S. W. 708(1918)(Travel from Kentucky to Tennessee to bet on a Kentucky election.

② People v. Botkin, 132 Cal. 231, 64 p. 286(1901).

③ People v. Zayas, 217 N. Y. 78, 111 N. E. 465(1916); State v. Sheehan, 33 Idaho 553, 196 p. 532(1921).

④ People v. Werblow, 241 N. Y. 55, 148 N. E. 786(1925).

规定处罚这种犯罪行为。① 其他一些州则通过将事前从犯认定为主犯的方法，来对这些（普通法上的）事前从犯的行为行使管辖权，也能达到同样的管辖效果。

（五）基于保护原则的管辖权

毫无疑问，一个州对于外州公民在州外实施的行为，而损害结果发生在州内的案件，享有管辖权。问题是什么样的结果才符合要求呢？例如，假设一个路易斯安那州的公民在路易斯安那州伪造德克萨斯州的土地所有权证明文件，或者一个弗吉尼亚人在弗吉尼亚州伪造北卡罗来纳州的货币。② 或者假设一个加利福尼亚人在俄勒冈州被一个俄勒冈州的人谋杀。德克萨斯州、北卡罗来纳州和加利福尼亚州可以通过各自的制定法主张自己的管辖权吗？问题在于犯罪行为和特定的结果都没有发生在这些想要起诉犯罪的州。对于这个问题似乎没有权威的判例解释，德克萨斯州的法院认为自己有管辖权，而其他的一些案例则认为没有管辖权。主张管辖权的州就像一个国家一样，只要侵害了本州的利益和公民的利益，州司法机关就享有管辖权。但是有些州，如加利福尼亚州就不主张对上述谋杀罪的管辖权。

（六）基于属人原则的管辖权

一个国家有权通过制定法律，管辖它的公民在国外的犯罪。美国最高法院已经认为，州政府可以通过制定法主张非属地管辖以外的管辖权。对于本州公民在公海上、国外或者州外的犯罪行为行使管辖权。③

（七）普遍管辖原则

一个可以想到的管辖理论是一个主权国家有权力处罚任何人在任何地方的犯罪，不考虑地域、公民身份或者受到的威胁、对国家主权和公民利益造成的实际损害。英美体系以外的一些国家已经主张这种管辖权，这种管辖权理论称之为普遍管辖或者世界主义管辖权。美国过去没有声称行使如此广泛的管辖权，但现在也接受了普遍管辖的理论。

（八）引渡和双重审判的问题

一个州对在自己州内的犯罪拥有管辖权，尽管被告人不在他犯罪的那个州内。由于只有这个州可以起诉被告人，他就必须出庭接受审判。除非他本人自愿回来接受审判，否则只能通过引渡的方式加以解决。过去在引渡方面有困难，因为美国宪法明确要求只有在被告人逃避审判的情况下，才可以要求引渡。现代的引渡法案已经不要求这个条件。

对于两个州都有管辖权的案件，例如，A 在北卡罗来纳州开枪，子弹穿过州界击中田纳西州的 B。根据普通法的规定，只有田纳西州对这个谋杀案件享有

---

① W. Berge, "Criminal jurisdiction and the Territorial Principle", *Mich. L. Rev.*, pp. 238—258 (1932).
② As in Hanks v. state, 13 Tex. App. 289(1882).
③ State v. Jack, 125 P. 3d 311(Alaska 2005).

管辖权,而现在北卡罗来纳州也通过制定成文法律,主张对此案的管辖权(当然这并不排除田纳西州的管辖权)。这样,两个州对此案都拥有管辖权。① 对于偷盗罪,主流的观点是,财物首次被拿走的那个州和随后盗贼拿走财物的那个州都有管辖权,或者其他与这个案件有关的州,都拥有管辖权。一个州通过制定法规定,对本州公民在其他州的犯罪拥有管辖权。例如,弗吉尼亚州的公民在西弗吉尼亚州犯夜盗罪,两个州都有管辖权。两个州对于位于两州界河上的犯罪,共同拥有管辖权。对于上述情况,假如被告人依据一个州的法律被宣告有罪或者无罪,另外一个州还能对被告人再进行审判吗?

对于发生在两州界河上的犯罪,如果一个州已经进行审判,作出了有罪或者无罪的判决,另外一个州就不能对同样一个事实,进行第二次审判了。但是,对于其他情况的案件,如果在一个州被宣告有罪或无罪,不禁止其他州进行审判。当然,起诉的官员经过判断,认为这个案件已经被另外一个州起诉过了,也可以决定不起诉。但是,这并不是说这个州没有重新起诉的权利,而是没有起诉的必要性了。②

第三节　美国的法院体系

美国有两套司法体系,即联邦法院体系和州法院体系。从理论上讲,两者之间没有从属关系,主要是分工不同。但在实际上,联邦法院的地位更高一些。每个法院体系均由各自的初级法院、上诉法院和最高法院构成。凡是州内的事务,均在州法院系统内处理,各州的最高法院的判决是终审判决。尽管美国最高法院的判例最受公众注意,联邦最高法院也是美国最重要的司法机构。但是州法院和地方法院所审理的案件却日积月累,频繁地影响着人们日常生活的基本内容和社会的公共政策。州法院审理的案件占全美国刑事和民事案件的91%,而美国联邦法院审理的案件不到10%。凡是涉及美国宪法、联邦法律、国际关系、州与州之间的商务关系、州与州之间的争执、一州公民与另一州公民之间的争执以及以联邦政府为诉讼一方的争执,均由联邦法院管辖,行使审判权。

一、联邦法院体系

(一)联邦地区(方)法院,共有677名法官(空缺91名)

联邦地区(方)法院作为联邦法院体系的第一级,受理普通的刑事案件和民事案件。全美国有93个地区(方)法院,每州至少有一个地区法院,大州如纽约州、加利福尼亚州、德克萨斯州则各有4个地区法院。波多黎各、维尔京群岛、关

---

① West v. State, 136 Md. App. 141, 764 A. 2d 345(2000).
② Wayne R. Lafave, *Criminal Law*, West A Thomson Reuters business, 2010, p.246.

岛等联邦飞地也设有联邦地区法院。地区法院审理案件采用陪审团制度,一般由 12 人组成陪审团,负责查明案件的事实,如果认为被告人构成犯罪,则由法官决定量刑的幅度。被告人不服地区法院的一审判决,可以上诉于联邦巡回上诉法院。联邦地区法院对涉及联邦法律的民事案件和对于诉讼双方来自不同的州,或美国公民与外国公民之间的纠纷并且争议的额度超过 75000 美元的案件有管辖权,也审理刑事案件和海事案件。

联邦地区法院的权力也很大,甚至可以颁布紧急限制令,暂时中止美国总统的行政命令。例如,2017 年 1 月当选总统特朗普上台以后,马上颁布了一个禁止令,禁止伊朗、叙利亚、伊拉克等中东 7 国的公民在 90 天内进入美国。这个"禁穆令"在全美国引起了抗议的风暴,引起了伊斯兰国家的强烈不满。2017 年 2 月 3 日,美国华盛顿西区联邦地区法院法官颁布限制令,暂时在全国范围内冻结了总统特朗普上周签发的行政命令。法官罗巴特说:"特朗普的禁止令造成了直接的和不可弥补的损害……我们已为改变特朗普旅行禁令合宪性的潜在诉讼提供了重大可能。"这样,美国联邦政府只有通过上诉,推翻华盛顿西区地区法院的限制令,才有可能继续实施所谓的"禁穆令"。2017 年 2 月 9 日第 9 巡回上诉法院的 3 名法官维持了一审法官的裁决,特朗普声称要上诉于联邦最高法院。2 月 13 日,美国司法部的律师表示不再向联邦最高法院提出上诉,会颁布一个新的行政命令。①

美国联邦法院的任何一级法官都是终身任职,由美国总统提名,参议院批准。参议院对大多数联邦法官的提名照例都会批准。但有时候涉及共和党和民主党之争,也会在国会山引起轩然大波。联邦法官一旦获准上任,就稳坐宝座,只有依循国会弹劾程序才能将其撤职。参议院很少诉诸弹劾程序,撤掉一个行为不检的法官的议案需要参议院 2/3 的多数票才能通过。

(二)联邦巡回上诉法院,共有 179 名法官(空缺 18 名)

全美国 50 个州,共设有 11 个上诉法院,加上首都哥伦比亚特区上诉法院和联邦法院上诉法院区,共有 13 个联邦上诉法院,每一个上诉法院的法官人数都不一样,小的上诉法院可能只有几名法官,而大的上诉法院,如设在旧金山的联邦第九巡回上诉法院就有 28 名法官。联邦上诉法院审理不服一审法院判决的案件,没有初审权,并且可以对美国宪法、联邦法律和联邦最高法院的判决进行解释。联邦上诉法院审理案件没有陪审团,一般由 3 名法官组成合议庭(panel of judges)审理案件,有的重大、有影响的案件,需要法院所有的法官出庭审理。联邦上诉法院仅受理对一审法院适用法律不当的案件,对于事实问题提出上诉

---

① 美国最高法院在 2017 年 6 月 26 日部分解冻特朗普政府的新版移民限制令,并表示将在 2017 年 10 月正式审理移民限制令是否合法一案。

的案件,联邦上诉法院不受理。这和普通法的传统有关,事实问题有陪审团决定,而法官只负责审理法律问题。

审理案件的合议庭成员的名单是高度保密的,只有在开庭前一两天才会公布,这样做的原因不是为了防止拉关系、走后门,而是为了防止律师为适应法官人选,而相应地选择他们的辩护策略。这就使进行上诉的律师的任务更为艰难,也更富有挑战性,因为每一位法官的法律观点,特别是在刑法和宪法领域中迥然不同,符合某个法官观点的辩护策略,在另一个法官看来可能一无是处。如果律师没有精深的法律知识和熟练的辩护策略,就不会在诉讼活动中成为获胜的一方。

当法官对审判结果或判决的理由有不同意见时,法官可以发表多数人意见(majority opinion)和少数人意见(dissenting opinion),有时还可以发表附随意见(concurring opinion),即赞成法庭的判决,但赞成的理由不同于多数法官对判决所持有的理由。多数意见会形成判例,从而约束该上诉法院区内以后类似案件的判决。同时,这些判决对其他上诉法院区法院所审理的类似案件也有借鉴作用。

联邦上诉法院除了受理不服地区法院判决而上诉的案件以外,还受理联邦某些独立管理机构,如州际贸易委员会、国家劳工局等裁决的上诉案件。上诉法院也可以将某些特别重要的案件,经过严格的法律手续,移送到联邦最高法院审理。由于联邦最高法院只复查上诉案件中极为有限的一小部分,美国的联邦上诉法院出于实际的原因,就成了大部分诉讼案件的终审法院,它的判决一般应视为最终判决。

(三)联邦最高法院,共有9名大法官,位于首都华盛顿特区

它是美国最高的司法机关,有权裁定美国法律是否符合美国宪法规定的各项权利,以及运用其最高司法权确定政府的权利和公民个人的权利。最高法院大法官的任期没有限制,他们只有在受到弹劾和判决有罪时才能被免职。但大法官可以按照本人意愿,随时向总统提出辞职,也可以在年满70岁、任期满10年和年满65岁、任期满15年的情况下,向总统表示退休愿望,退休后仍然领取全薪和享受法官的待遇。历史上,有的大法官已经90岁以上仍不肯退休,那也不能强制其退休,只好顺其自然。

联邦最高法院从受理案件到作出判决,要经过7个步骤。第一,宣布受理案件;第二,原告和被告双方进行书面或者口头辩论。口头辩论在法庭上公开进行,每方发言30分钟。在这一过程中常常被法官的提问打断,实际发言的时间很短;第三,法官举行秘密会议,进行初步讨论和表决,决定维持原判或是予以驳回,只有9名法官才能出席会议;第四,从9名法官中挑选一人起草"多数人意见书"。按照传统,如果首席大法官在这个初级阶段是多数人一方,就由他确定起

草人。要是他在少数人一方,就由多数人一方资格最老的法官来确定起草人。第五,当一位法官起草"多数人意见书"时,别的法官也可以草拟"异议"或单独的"附随意见"。这些所有的意见,可能要在法官中传阅几个月的时间,经过几十次的修改。当法官们阅读草案时,他们可以从支持一种意见变为支持另一种意见。在有些情况下,初期的多数人意见会变成少数人意见,形成一个新的"多数人意见书"。第六,每位法官最终决定自己是加入多数人一边,还是少数人一边;第七,宣布和发表最后意见书。公布的"多数人意见书"构成法律判例,它将指导下级法院以及最高法院本身将来所作的判决。[①]

美国建国之初,联邦最高法院在"三权分立"的框架下是"三权"当中最弱的一方,亚历山大·汉密尔顿就曾经说过:"司法部门对于武力和财力都没有影响;掌握不了社会的力量和财富;什么大问题也解决不了。真可谓既无实力,又无意志,只有一点空言评断的功夫。"这种对司法权的评论,与美国今天的现实实在是相距太远。

现在的美国联邦最高法院可以说今非昔比,它通过自己的司法判决来确定政府的权利和公民的个人权利。它的裁决影响着每一个公民和社会生活的各个方面,对穷人、富人、少数民族、孕妇、罪犯、死囚、报纸发行人、色情文学者、环境保护主义者、商人、体育明星,还是对美国总统,不论对谁都一样。美国最高法院很早以前曾提出过一个原则,就是它行使司法审查权仅限于司法问题,而不涉及政治问题,政治问题应由立法机关和行政部门决定,不是法院的事。但事实上,最高法院在对美国最棘手的社会问题,例如堕胎的合法性、反种族歧视的方法,以及2016年的同性恋婚姻合法性问题作出裁决时,经常卷入政治论战的漩涡之中。只有美国国会通过新的法律或宪法修正案,才能否定最高法院的裁决,而这是一个非常艰巨的过程。

美国联邦最高法院可以推翻自己以前作出的判决,在这方面不像英国上议院那样保守,这在历史上时有出现。最著名的例子或许是1954年的布朗诉堪萨斯州特比卡市教育委员会案(Brown v. Boaed of Education of Topeka, Kansas)。1896年以前,美国南方路易斯安那州的法律规定,所有铁路公司的客运服务必须向白人和黑人提供隔离服务。1896年美国联邦最高法院在普莱西诉佛古森(Plessy v. Ferguson)一案中,从法律上肯定了这种隔离待遇,称"虽然服务隔离,但待遇是平等的"(separate but equal)。58年以后,美国联邦最高法院在布朗案中推翻了自己以前的判决,从此以后公立设施不能存在种族隔离。美国各州所保持的所谓"隔离但平等"的教育机构、娱乐场所、汽车、火车以及过去马车上都有的隔离座位被正式宣布违反宪法。

---

① 〔美〕鲍勃·伍德沃德:《美国最高法院内幕》,熊必俊等译,广西人民出版社1982年版,第3页。

美国联邦最高法院每年收到成千上万份诉状,法官们从中挑选出80个左右的案件进行审理,而20世纪80年代末,每年大约审理150个案件。最高法院受理某个案件,至少要获得9名大法官中的4人同意。对案件进行筛选花费了法官的许多时间,曾经引起了一些议论。但是,沃伦·伯格大法官指出,"一个诉讼当事人往往花了多年精力和大量金钱,常年累月一直把希望寄托于有利的司法行动,因此,决不能轻易关闭司法的大门。"最高法院没有受理某个案件,并不意味着最高法院认为这些案件原先的判决都正确。他们甚至相信,其中至少还有5%的案件是值得最高法院审理的。那么,为什么不受理那些判决不当的案件呢?早在20世纪初,大法官奥利佛·温德尔·霍姆斯就作了回答:"最高法院不是一个审判的法庭,而是一个法律的法庭。"这位大法官的意思是说,任何到最高法院来的诉讼当事人已经有过上法庭的机会,已经有过一次初审再加上至少一次上诉。最高法院真正的作用是在法律事务上为其他法院提供指导,而不是审理具体的案件。另外,大法官也是凡人,精力有限,体力因素也使他们无法再增加工作量了,平均每天都审理一宗案件,对任何人都是一个无法承受的沉重负担。

美国联邦最高法院主要审理上诉案件,但有些案件必须由最高法院自行审理,这些"原审案件"每年都有几宗,而且都有深远的重要意义。这些案件的诉讼当事人都十分显赫,除最高法院以外,其他法院均无法进行审理。例如,两个州在河流权利方面发生争执,或者某一个州与联邦政府之间的冲突。例如,20世纪80年代中期州和联邦之间对东海岸大陆架下石油所有权的争执,就由最高法院进行审理。

由于联邦最高法院负担太重,主张改革的人建议再增设一级联邦法院,使联邦法院分为四个层次,即在联邦上诉法院和最高法院之间再增设一个全国上诉法院。这个全国上诉法院可以对压在最高法院身上浩如烟海的案件进行筛选,对那些全国性的,而最高法院又无法审理的案件作出最后的裁决。但是,美国国会一直对运作微妙的司法机构犹豫不决,至今没有采取任何行动,这是完全可以理解的。

尽管联邦最高法院的工作异常繁忙,但有一点可以肯定,这就是美国联邦最高法院通过自己的司法判决,极大地影响着美国人的日常生活。早在19世纪初,当时的首席大法官约翰·马歇尔对最高法院的司法审查权所做的解释,扩大了法院的司法权力,他们有权宣布国会、行政部门或州政府的某项法令和行动违反了美国宪法,而这一特权在宪法中并没有明文规定。在厄尔·华伦时代,最高法院对社会生活的干预甚至超过了历届国会和历届总统。例如,废除公立学校中的种族隔离、州和全国立法机关席位的重新分配和改革刑事审判等。后来,在沃伦·伯格领导下,人们原希望干预会减少一些,甚至推翻华伦时代那些较具争议性的原则。但恰恰相反,沃伦·伯格所采取的立场更为惊人:例如,1972年宣布废除各州的死刑法律,1973年声称妇女享有堕胎的权利,另外还对一些有关性别歧视的案件大开方便之门。在水门事件中,美国联邦最高法院还匆忙介入录音磁带之争,以迅雷不及掩耳的速度解决了这一危机。如果当时的尼克松总统对交出录音磁带的指令置若罔闻,联邦最高法院的形象就会受到很大的损害,所幸这一局面并没有发生。美国诉尼克松一案,是司法主动性大胆而又惊人地取得成功的例子。时到如今,联邦最高法院已经发展到判决同性恋婚姻合法,使其成为前所未见的解决种种社会问题的中心,加剧了司法主动性的趋势。

一直助长这种司法干预势头的,是人们对法律性质和作用的看法不断变化。从前,法律和道德是一码事,并认为法律根植于社会共有的精神——宗教、礼仪和习俗。在"自然法"时代,法官的作用不在"制定"法律,而在"发现"法律,法官的创造性作用有限。

实证主义和法律现实主义,粉碎了法律和道德之间旧有的统一性。实证主义的理论认为,法律是出自人们为达到心目中某种目的而刻意制定的决策,并非仅属当时社会价值准则的反映。他们主张废除英国的习惯法,制定一套具有明确目标的单一性法典,这更能体现法律的意义。法律现实主义,则强调法官解释和扩大运用法律的作用。这两种观点都突出法律的目标和实用性。

美国联邦最高法院法官的司法主动性,既不是受到对宪法基本原则所应承担的义务的激发,也不是受到高尚政治理想的启示,而是出自一种信念,这种信念就是:大公无私而通情达理的法官只要稍微灌注一些正确的推理和同情心,就可以成为抵制当代政府决策中某些过分和不合理现象的一股力量。换句话说,司法主动性已经成为一种不持极端观点的中间派的理念,这种理念具有支配力量,能超越大多数的意识形态分歧。但是,从根本上讲,它还是实用主义的,其用意无非是怎样用温和明智的司法调解来帮助解决可能造成分裂的公共争端。最近几十年来,美国最高法院的九名大法官在政治和法律立场上,基本保持着均势,就像今天的最高法院,斯卡利亚大法官2016年去世以后,保守派和自由派各有4名法官,即使特朗普任命一位保守主义的法官,也不能说就打破了这一均势(最近特朗普提名著名保守派法官尼尔·戈萨奇出任最高法院法官,已获参议院批准)。当然,随着特朗普的总统任期,这一局面也许会有改变,他可能有机会任命更多的保守派法官,从而在很大程度上改变美国联邦最高法院的面貌,这也是许多美国人所担心的。他们有理由忧虑自己的一些原来所拥有的基本权利受到伤害和剥夺,而这是他们真心难以接受的。

美国联邦最高法院的判决具有无可置疑的权威性,美国人将大法官看做是宪法所赋予的广泛个人自由的监护者和解决全国性重大争论的仲裁人。正如美国诉理查德·尼克松总统一案中所显示的那样,总统宁可辞职也不愿对抗最高法院。这就足以表明美国最高法院拥有充分而巨大的权威。

但是,美国联邦最高法院过多干预社会的政治生活,也招致了强烈的批评。例如,在 Kelo v. City of New London 一案中,2000 年感恩节前,德瑞和凯洛等住在康涅狄格州新伦敦市的居民接到了市政府的通知,说市政府将征收他们的房子而他们必须搬离原来的住所。所谓征收就是政府决定将个人财产收归公共使用。凯洛等人将市政府告到法院,希望联邦最高法院能维护公民自由,但联邦最高法院并没有这么做。美国联邦最高法院对宪法第五修正案"褫夺条款"中"公共使用"一词的解释,被认为偏移了宪法原意。特别是根据司法能动(干预)主义者的说法,"公共使用"意味着"公共目的"。而"公共目的"这个词则可以具有所有政府希望它所具有的含义。反对者认为,这个判决削弱了个人财产权,突破了宪法界限而扩张了政府的权力。批评者说,自 20 世纪 60 年代以来美国联邦最高法院奉行的司法能动(干预)主义,已经形成了精心设计的、借以侵蚀民选政府分支的模式。那些非民选且无需对人民负责的联邦法官,尤其是联邦最高法院的大法官们,已经背离了他们的宪法角色和人民的意志。他们任意利用自己的职位进行立法和修改宪法。人民对于他们利用自己的地位来行使他们原来不具有的权力,超越宪法向外国法律和法院寻求指引的做法早已厌烦透了。[①]因此,司法原旨主义者开始崛起,主张从宪法文本本身解释宪法,对司法权加以限制。2016 年去世的安东尼·斯卡利亚大法官、约翰·罗伯茨(John Roberts)大法官和塞缪尔·阿利托(Samuel Alito)大法官都是持这种立场的。这场争论,实际上也是传统的自由主义和保守主义之争。看来,关于美国联邦最高法院的地位和做法的争论,有可能形成一次宪法危机,人们多年来积累的不满情绪一旦爆发,也是一股不可小觑的社会力量和政治力量,这场斗争也许才刚刚开始。

最后,联邦法院系统还有一个国际贸易法院,有 9 名法官(现在空缺 2 名),负责审理和国际贸易有关的案件,是一个非常重要的专门法院。[②]

二、州法院体系

美国的州法院在殖民地时期和独立战争刚刚结束时是非常简单的机构。殖民地时期,政治权力都集中在总督手中。总督不仅行使行政和立法职权,而且行使司法权。总督任命一些低级的官员协助执行司法职务,但他们所行使的权利都是由总统授权的。

州法院的结构在独立战争以后变化不大。由于法院的威信不高,群众对法

[①] 〔美〕马克·R.李文:《黑衣人》,江溯译,中国法制出版社 2012 年版,序言一和序言二。
[②] 以上法官的人数截止到 2017 年 2 月。最高法院的人数是固定的,上诉法院法官的人数在近几十年中也没有变化,地区法院的法官自 20 世纪 90 年代以来,增加了 35 名。

官普遍存在一种不信任感。州的立法机构常常通过解除法官的职务,来表达对一些法院判决的不满。

当法院纷纷宣布立法机关制定的法令"违反宪法"时,人们对司法系统的不信任就更加普遍了。北美殖民地虽然修改和采用了许多英国的惯例和制度,但是司法复审权基本上创始于美国,而其很快就成了法院和立法机关之间政治冲突的主要根源。

州法院和立法机关之间这些早期的政治冲突对法院组织意义重大,因为这些冲突正是表明一个自主的司法系统最终会发展起来的最初迹象。尽管某些州的立法机关还继续行使上诉法院的职权好多年,但是州法院也着手建立独立司法权力的基础。随着各州人口和经济的不断增长并变得更为复杂,法院和法律也变得更加专门化。这些都有助于州法院逐渐成为一个独立的政治机构。

在19世纪中期以后,州法院的结构、承办案件数量和判决开始发生重大变化,南北战争以后的变化更为明显。随着东北部城市中人口密集而产生的大量诉讼案件,对司法系统造成了新的压力。然而更重要的是,习惯于审理生活方式比较简单的农业社会诉讼案的法院,此时却要审理案情实质完全不同的案件。城市居住的拥挤,使人筋疲力尽的工厂劳动,以及很多不同社会集团的人流入城市,都使新城市居民的传统生活方式发生变化。

这些新的需求对州法院的数目和类型都产生了巨大的影响。尽管州法院的数目和类型都有所增加,但在19世纪末社会和经济的变化是如此之飞速,多数州司法系统都难以满足社会的需求和发展。

针对这些新问题,一些州开始增设新法院以扩大它们的司法系统,这些新法院的司法权限、司法程序和人员的设置,都是为了审理各种不同类型的诉讼案件。这些新法院不仅帮助审理了许多案件,而且也进行了司法结构的革新,以及采取新的步骤来应付社会与经济方面的压力。例如,其中一项重要的改革就是创立了小额索赔法院,这种法院审判程序简便,不用律师,专门帮助索还债务,诉讼费用很低。一些城市还增设了少年法院和家庭关系法院,专门审理少年犯罪问题和一些家庭事务方面的纠纷。

发展到现在,美国的50个州都有自己的法院系统,它们负责审理与州立法机构或地方政治机构通过的法律有关的民事和刑事案件。各州有权决定州法院的结构,只要州法院按照美国宪法行事。州法院设在许多城镇和几乎所有的县里,可以说各种案子都审,与公民的联系最密切。州法官一般由选举产生,也有的是由州长任命的,初级法院法官的任期在2年到15年,中级法院法官的任期在6至15年,也有许多法官终身任职。

各州都有州最高法院,负责对与州法律有关的案子作出终审判决。州最高法院通常由5至7名法官组成,其中一名是首席法官。法官的任期不等,也有终身任职的。州最高法院主要负责复审下级法院的司法程序和裁决。美国联邦最高法院可以推翻州最高法院的裁决,但只有在案件涉及联邦法律或美国宪法时才会这样做。

州最高法院下面有许多法院,负责审理各种案件,小到交通纠纷,大到往往需要好几年才能解决的涉及数百万美元以上的诉讼案。例如,在加利福尼亚州的洛杉矶县(美国县比市的管辖范围大),中级法院(上诉法院)负责审理较大的刑事案件和超过万元的民事诉讼案件,以及上诉的案件,是具有一般判决权的法院。市法院作为初审法院审理小的刑事案件和小额钱财的民事案件,是具有有限判决权的法院。在洛杉矶这样人口稠密的地区,法院忙得不可开交,民事诉讼当事人往往不得不等到5年才能对簿公堂。有些本来可能提出诉讼的人为了避免耽搁,就找仲裁机构,进行庭外和解。

尽管美国联邦最高法院的判例最受公众注意,同时联邦最高法院也似乎是美国最重要的司法机构。但是,州法院和地方法院所审理的那些案件、问题和讼争,却最频繁地影响着人们日常生活的基本内容。虽然联邦法院也审理此类案件,但从案件的数量和诉讼的不同种类而言,州法院和地方法院在美国司法制度中却是重要得多。

更重要的是,法院在一段时间内的判例或一系列相似的判例可能影响州的公共政策。例如,20世纪80年代中期,各州最高法院所作的一些重要的裁决,在公民权利、刑事被告人权利、州的税务政策、政府对商业的管理、州议席的分配、选举程序和对公共教育资助等方面,对各州的政策都甚有影响。

州法院对日常或似乎是例行案件进行判决,其效力日积月累,也影响着整个公共政策。例如,美国人很少会对个别的刑事或离婚案件的结果,或者受伤的雇员是否可以领取州救济金的裁决特别关心;然而,一系列相似案件的裁决却很可能形成法院裁决的惯例,而对美国生活的重要内容产生影响。例如,如果法官对某些类型的罪犯一致采取严厉制裁的态度,或者离婚很容易得到批准,或者工会或企业在某些法院或某些州总是胜诉或败诉,那么,法官显然是影响着那些制约美国生活基本内容的政府政策,而美国人对此却往往视为理所当然。

虽然州法院制度的基本结构很相似,但是州法院的具体数目、名称和职能却大不相同。最重大的区别是有无中级上诉法院,以及具有有限判决权的审讯法院在数目和类型方面的巨大差异。各州的相似之处是,多数的州只有一种或两种具有有限判决权的审讯法院。

美国现在已经发展为聚讼之邦,事无大小都要闹上法庭,造成这种现象的原因很复杂。一是政府的活动大大增加,涉及人们日常生活的范围越来越广泛,制定的规章条例也以创纪录的速度增加。规矩越定越繁就形成官司越打越多,律师的人数也越来越多,据信全世界2/3的律师都在美国。二是社会上提供法律援助的组织也增多了,美国联邦最高法院1963年裁决,刑事案件的被告如无力自行聘请辩护律师,则必须由法院免费提供法律辩护人。这个裁决一出,各地便成立了法律援助处,由各州和地方政府、律师公会以及大学等出钱维持。三是司法的性质起了变化。现在打官司已经成为提出政治要求的一种方式,以前这种事一般可以通过选举或立法机构的表决解决。司法行动主义大行其道,司法部门也在扩张自己的势力范围,深入社会生活的各个方面。

随着案件的日益增多,很多州的法院都要求增加法官的名额,以应对复杂的案件和繁重的工作。但是,州的立法机构却认为不少法官从事与开庭无关的工作,出差的次数太多,没有将精力用在审判工作上,导致了案件的积压,所以都不愿意轻易增加法官的名额。一般来说,州司法系统并不是根据全面配合的计划来增设新法院和法官的。各州零散而无计划地进行改革,很少有人注意法院的司法权限以及一个法院的权限与另一个法院的权限互相重叠的可能性。此外,除了上诉法院有权复审审讯法院的判决外,其他每个法院都是个独立的机构。它们的程序规则和裁决也各不相同,司法判决过程也是高度各行其是。

现在有一些州采取了司法改革措施,把很多权力重叠的法院重新组合成分工更合理的法院系统;但很多州还是保有高度复杂的法院体系,这种局面可能也不会很快改变。美国是一个联邦制国家,各州都拥有自主权,这是美国的国家制度和政治制度所决定的,要想让各州统一改革的步伐几乎是没有希望的。复杂的州法院体系,也许是多样性在美国法院体系中的一种表现形式,体现了美国的联邦特色。

第四节 英国的法院体系

一、法院的设置

英国的法院系统比较复杂,分类标准不一(如,按照民事、刑事区分;按照一审和上诉审区分;按照层级区分),但由于某些法院和程序的特殊性,每个标准都似乎无法精准分类。比较传统的分类是按照层级分为基层法院(Inferior Courts)和高级法院(Superior Courts)[1],主要原因是高级法院的判决对下级法院有先例约束力(有时对于自身也有约束力)。按照1981年的《高级法院法》(Senior Courts Act 1981)[2]第1条的规定,属于高级法院的包括皇家刑事法院(Crown Court)、高等法院(High Court of Justice)、上诉法院(Court of Appeal),以及根据2005年《宪法改革法》(Constitutional Reform Act 2005)第40(1)条设立的最高法院(Supreme Court)。

---

[1] Alisdair Giliespie,*The English Legal System*(5th Edition),Oxford,2015,pp.194—195.
[2] 因为当时最高院还没有成立,前身依然是上议院,所以Senior Courts Act 1981里面没有规定最高法院。

法院整体结构图见下 [1]：

（此图算是比较精炼和准确的图示了，每个法院下面都注有大致的管辖范围。因诉讼程序本身比较复杂，所以请结合下面的文字介绍准确了解此图。该图仅供了解法院概况使用）

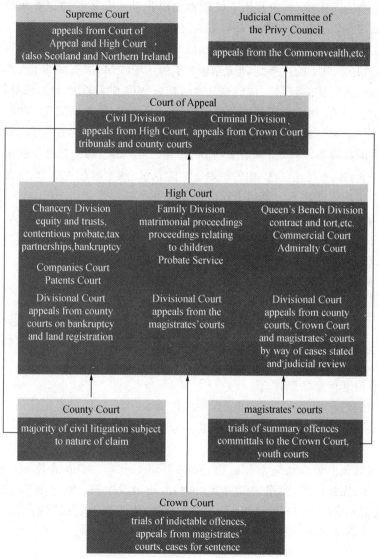

---

① Catherine Elliott, Frances Quinn, *English Legal System*（17th Edition），Pearson，2016，p.602.

(一)英国最高法院(the Supreme Court of the United Kingdom)①

英国历史上原来没有最高法院。英国上议院既是最高的立法机关,也是最高的司法机关。它一般不行使初审权,只受理上诉案件。向英国上议院提出上诉很不容易,必须得到上诉法院或上议院的准许。在特殊情况下,上议院可以作为一个独特的司法机关,审理由下议院提出的弹劾案和被指控犯有叛国罪及重罪的贵族议员。上议院的判决是终审判决。

由于上议院的许多议员都是世袭的,基本不懂法律,由这些人来审理重大的案件,显然是不现实的。于是,根据1876年的一项法律,在英国的上议院专门增设了两名精通法律的议员。他们是从有名望的法律专家中任命的,终身任职,但不可世袭。以后,就由他们代表上议院审理上诉案件,使上议院具有执行司法职能的法律知识和经验。随着时间的推移,这种专长法律的、由英王任命的终身上议院议员的数目不断增加,到后来共有10名。从理论上讲,上议院的议员都是当然的法官,实际上只有这10名精通法律的议员,加上现任大法官,才是真正行使上议院司法权的法官。其他上议院的议员并不参与行使司法权。这一点虽然没有明文规定,但在惯例上他们一直被排除于司法权之外。上议院开庭的法定人数为3人,但通常有5—7人参加。由上议院审理的上诉案,一般先由上议院议员组成的一个上诉委员会审查,然后再由上议院在委员会的审查报告的基础上作出判决。

英国的上议院议长兼任首席大法官,负有立法和司法上的责任。上诉法院和高等法院的首席法官、内阁各部的法律顾问和全国一切高级司法官的任命,均由首席大法官推荐。英国的大选命令也由他宣布。英国的首席大法官即上议院议长不是终身任职,一旦他所在的政党在大选中失败,他也随之去职,但去职后仍然享有待遇优厚的退休金。

英国的这套法律体系过于陈旧,尤其是加入欧盟以后,已经不能适应社会发展的需要,也不能很好地体现三权分立的原则。因此,在进入2000年以后进行了改革。

现在的英国最高法院②(the Supreme Court of the United Kingdom)是依据2005年《宪法改革法》第三部分(Constitutional Reform Act 2005, part 3)而设立,它正式成立于2009年10月1日。其前身是英国上议院的上诉委员会(the Appellate Committee of the House of Lords)。

---

① 最高法院(SC)是英国联合王国(UK)的最高院,包括苏格兰和北爱尔兰在内,而非仅仅是英格兰及威尔士(England and Wales)的最高院。而下面将要介绍的皇家刑事法院(Crown Court)、高等法院(High Court of Justice)、上诉法院(Court of Appeal)等都是英格兰及威尔士(England and Wales)的法院。这个可以从法院名称代码(court code)中区分。如,最高法院 UKSC,上诉法院 EWCA。

② 英国最高法院官网,载 https://www.supremecourt.uk/about/the-supreme-court.html。

英国最高法院的设立是基于三权分立(Separation of Powers①)的要求。因为上议院隶属于英国国会(the Parliament),国会属于立法机构,而法院属于司法机构,所以从三权分立的角度,上议院的上诉委员会需要从国会中独立出来。不仅名字改为了最高法院,而且法官们也从原来的国会大厦搬至国会广场(Parliament Square)西侧的 Middlesex Guildhall 办公,即最高法院的新办公场所,位置上与国会大厦相对,所以国会广场有着彰显三权分立的意义。

英国最高法院是终审上诉法院,只审理上诉案件,不受理一审案件。管辖范围包括:英格兰及威尔士、苏格兰及北爱尔兰的民事上诉案件,以及英格兰及威尔士、北爱尔兰的刑事上诉案件[注:最高法院不受理来自苏格兰的刑事上诉案件,因为苏格兰属于大陆法系,法律体系比较特殊。处理苏格兰刑事案件的最高一级的法院为苏格兰最高刑事法院②(the High Court of Justiciary③)]。

英国最高法院由12④名大法官组成。截至2017年2月28日,最高法院院长(President of the Supreme Court)为 Neuberger 大法官(Lord Neuberger)。

关于是否准许上诉的审查,由三位大法官组成合议庭进行,原则上是书面审。一旦准许上诉,上诉的实体审判通常由五名大法官进行,但对于比较重要的庭审则将由7名、9名甚至11名大法官组成合议庭进行。⑤ 比如,2016年12月审理、2017年1月出判决的 Miller 案(有关英国脱欧程序的司法审查案件)⑥,由于其极具宪法性意义,就是由全体11位最高法院大法官组成的合议庭进行的审理。

此外,对于英联邦国家(Commonwealth Countries)及英国的海外领地(Overseas Territories)而言,其最高一级的上诉法院是 Judicial Committee of the Privy Council(枢密院司法委员会)。⑦ 但是 Privy Council 的判决对于英国法院是没有先例(precedent)约束力的,不适用"遵循先例原则"(doctrine of stare decisis),其判决只是极具参考作用(highly persuasive)。

(二)英国上诉法院(Court of Appeal)

现代的上诉法院成立于1966年,只审理上诉案件。其内设刑事庭(Crimi-

---

① 英国宪法理论有三大基石,分别是:国会至上/国会主权(The Parliamentary Sovereignty);三权分立(Separation of Powers);以及法治(Rule of Law)。
② 注:名称上可能不完全对应英文,但是确实是苏格兰最高的刑事法院,所以这种翻译方式可能比较好。
③ 苏格兰法院网,http://www.scotcourts.gov.uk/the-courts/supreme-courts/high-court/about-the-high-court.
④ 目前最高院网站上是11名大法官,因为有一名空缺。
⑤ Alisdair Giliespie(2015), *The English Legal System(Fifth Edition)*, Oxford, p.209.
⑥ R(on the application of Miller and another)(Respondents) v Secretary of State for Exiting the European Union(Appellant), [2017] UKSC 5
⑦ Privy Council 官网,https://www.jcpc.uk/about/role-of-the-jcpc.html.

nal Division)和民事庭(Civil Division)。

刑事庭(Criminal Division)庭审通常由 3 个法官组成合议庭进行,在审理就定罪事宜的上诉审及其他某些上诉案件时,必须由不少于 3 人的奇数成员进行审理。对于其他由两个法官组成的合议庭审理案件时,如意见有分歧,则需要重新组成三个人的合议庭进行审理。

民事庭(Civil Division)理论上可以由一个法官进行上诉审,但通常均是由至少两人以上的合议庭进行,同样,如果意见有分歧,则需要重新组成奇数合议庭进行审理。①

刑事上诉案件分两种,一种是不服定罪的上诉,在这种情况下,只有对定罪的法律根据不服才能提出上诉。其他的如对定罪的事实不服,或对事实和法律都不服,则必须得到上诉法院的许可或取得审判法官的证明,才能提出上诉。另外一种是对所判刑罚不服的上诉,在这种情况下,除了法定可以上诉的判刑,如终身监禁等外,其余的都必须取得上诉法院的同意,才能提出上诉。

上诉法院通常是由 3 名本院的法官组成合议庭进行审理,也可以邀请高等法院法官作为上诉庭的成员参加审理。上诉法院经过审理,可以作出如下几种决定:(1)撤销原判的定罪,如果原裁决是"不可靠的或不得人心的",或者定罪的"法律根据错误",或者案件的"审判过程实质上不合规定"等;(2)可以运用"但书"加以驳回:即尽管上诉人已经证明他的观点是合理的,但原审法官基本上没有错误,就可以决定:"尽管……但是根据……决定驳回上诉";(3)重新裁定和通过一项新的判决,但不得重于原来的判决;(4)作出降低或改变刑罚的决定;(5)命令重新审判。如果上诉法院认为案情涉及重大的公共利益,过去应由上议院审理,现在则由最高法院审理,并且取得上议院(最高法院)同意,上诉法院应将该案直接向上议院(最高法院)提出。这样的案件极少,平均每年不到一件。

相对于英国的上议院(最高法院),上诉法院比较灵活,可以推翻自己的判决,这一点和英国上议院不同,上议院从不推翻自己以前的判决,错了也不改。英国上议院之所以这样做,一方面是为了维护最高司法判决的权威性和稳定性,另一方面它在历史上也没有出现大的错误判决,因为它只受理对法律根据不服的案件,对事实错误的案件不受理,一般就不会出现明显的冤假错案,这是英国特有的司法制度所决定的,并不意味着真的是错了也不改。但英国上议院确实有一点食古不化的味道,希望新成立的最高法院在这方面有所变化。

(三) 英国高等法院(High Court)

英国高等法院在英国法院系统中基本上是最重要的法院了,体系也极为复

---

① Privy Council 官网,https://www.jcpc.uk/about/role-of-the-jcpc.html。

杂。其主要职能是处理民事案件,在民事方面几乎拥有无限的管辖权,但其对于刑事案件也拥有重要的上诉审职能和司法审查职能。①

高等法院内设三个法庭:

(1) 王座法庭(Queen's Bench Division,QBD),是最大的法庭,管辖范围是另外两个法庭受案范围之外的全部民事案件,主要包括合同、侵权、人身损害赔偿、诽谤等案件,也处理司法审查案件。同时,王座法庭拥有上诉审管辖权(刑事及民事),有关民事、刑事的上诉事宜将在下面分别介绍。

另外,王座法庭亦拥有司法审查之职能,对下级法院、法庭、公权力部门的职权行使进行司法审查。具体而言,该类管辖权由王座法庭内部设置的特殊法院行政法院(Administrative Court)行使。行政法院虽然名义上叫"法院",但其并非基于法律规定而设置的法院,只是出于便利而设置的一个行政头衔,本质上只是王座法庭内部组成的庭审合议庭而已。②

除上之外,王座法庭还设有三个专属管辖权的法院。其中两个均是基于法律规定成立的法院——海事法院(Admiralty Court,处理海事纠纷)和商事法院(Commercial Court,处理国际商业纠纷、银行业争议,及与仲裁相关的事宜);另外一个科技及建工法院(Technology and Construction Court,处理计算机纠纷,建筑工程纠纷等)与行政法院一样,其"法院"也只是行政头衔。③

(2) 衡平法庭(Chancery Division)主要处理公司及合伙纠纷、土地、破产、信托、抵押和遗嘱等专业领域事宜。

衡平法庭内部设有两个专属管辖法院,分别是:专利法院(Patent Court,处理版权、专利等知识产权纠纷)及破产法院(Bankruptcy Court,处理破产有关的纠纷)。专利法院是依据法律规定设置的法院,破产法院则与行政法院一样,其"法院"也只是行政头衔。④

(3) 家事法庭(Family Division)是最新设置的法庭,主要处理家事、婚姻、子女等纠纷。⑤

除上之外,高等法院还内设一些所谓的特殊法院(Divisional Court)⑥,实际上只是由两个或两个以上法官组成的庭审,通常是用于高等法院行使上诉审或者司法审查职能。前面提及的行政法院就属于这种特殊法院。这些所谓的特殊法院可以在上述三个中的任何一个法庭设置,但基于上述功能,自然主要设置在

---

① Alisdair Giliespie, *The English Legal System* (*Fifth Edition*), Oxford, 2015, p.204.
② Ibid., p.205.
③ Alisdair Giliespie, op. cit., p.206.
④ Ibid.
⑤ Ibid.
⑥ 注:此处的"法院"也只是礼节上被称为法院而已,其实就是两个或两个以上法官组成的庭审。

王座法庭。行政法院成立之后,法官们普遍在行政法院审理这些案件,因此也正如前所述,所谓行政法院的称号只是礼节上的行政头衔,本质就是在王座法庭内部进行的合议庭或者说庭审而已。①

二、法院体系整体介绍——按民事及刑事诉讼程序

英国法院按照民事和刑事案件的不同,在程序上分为民事和刑事不同的法院体系。但大部分法院两者均可受理,纯民事法院是郡法院(County Court),皇家刑事法院(Crown Court)基本上也可以算作纯刑事法院,极少数情况下,也受理对治安法院民事判决不服的上诉案件。②

因民事案件和刑事案件在程序上迥异,下面将按照民事、刑事的划分介绍法院体系。

(一)民事法院体系:(请参考前面的法院流程图)

按照层级从低到高分别是:治安法院(Magistrates' Court)、郡法院(County Court)、高等法院(High Court);上诉法院之民事庭(Court of Appeal (Civil Division))、最高法院(Supreme Court)。

治安法院、郡法院、高等法院是民事案件的一审法院;上诉法院和最高法院只审理上诉案件(注:高等法院(尤其是内部的特殊法院)也会审理少部分上诉案件,司法审查在英国属于民事体系,因为他们没有行政诉讼体系)。

治安法院:虽然其主要职能是刑事审判,但也负责一些极其有限的民事管辖权,如欠缴税款的追索、涉及行政许可等的事项(注:通常都是和行政管理有关的案件,但他们是归类为民事管辖范围),在家事法院成立之前,也处理一些家事案件。③

郡法院④是主要的一审民事案件审理法院,经 2013 年《犯罪与法院法》(Crime and Courts Act 2013)改革后,之前的 173 个郡法院如今整合成一个郡法院,但全国有 216 个郡法院的庭审中心。⑤ 郡法院受理案件类型包括:合同纠纷、侵权纠纷、人身损害赔偿(标的不超过£50,000)、债权申索、房屋租赁纠纷等。按照诉讼标的而言,管辖范围包括:(1) 小额诉讼(Small Claims),案件标的不超过£10,000(人身损害赔偿案件除外),人身损害赔偿案件不超过£1,000;(2) 简易程序案件(Fast-track),案件标的在£10,000—25,000(人身损害赔偿案

---

① Alisdair Giliespie, *The English Legal System (Fifth Edition)*, Oxford, 2015, p.207.
② Alisdair Giliespie, op. cit., p.202.
③ Jo Ann Boylan-Kemp (2014), *English Legal System (Third edition)*, Sweet & Maxwell, p.253;Alisdair Giliespie, op. cit., p.201.
④ 英国法院网,https://www.judiciary.gov.uk/you-and-the-judiciary/going-to-court/county-court/。
⑤ Jo Ann Boylan-Kemp, op. cit., p.255.

件除外),人身损害赔偿案件标的£1,000—50,000,以及(3)部分普通程序案件(Multi-track),案件标的在£25,000以上(人身损害赔偿案件除外),人身损害赔偿案件标的£50,000以上,或者比较复杂的案件。①

高等法院通常负责比较复杂的一审案件,即上述(3)所涉的部分普通程序案件。

上诉法院和最高法院是审理上诉案件的法院。关于民事上诉,主要说明几点:

在 The Civil Procedure Rules 1998 之后,当事人上诉,原则上都需要取得法院的许可(permission)方可进行,所以并非所有的案件都能够上诉。②原则上上诉许可可以向作出判决的法官申请,也可以向上诉审的法官申请;但对于二次上诉案件,必须取得受理上诉的上诉法院的许可。③ 通常而言,上诉只有一次。

民事案件的上诉程序比较特殊,对于第一次上诉(first appeal)案件,原则上是逐级上诉至上级法官(to the next most senior level of judge)。比如,郡法院的郡法官作出的判决,将上诉至该法院的巡回法官,而非上诉到上一级法院,这一点与刑事上诉不同。④ 例外情况是,对于 multi-tract cases(普通程序案件)的判决,则需要上诉至上一级法院(revert to court-type route, to the next highest court),所以郡法院的普通程序案件需要上诉至上诉法院,高等法院的 multi-tract cases(普通程序案件)也需要上诉至上诉法院。二次上诉(second appeal)案件,也需要遵循法院途径,即上诉到上一级法院,原则上是到上诉法院。⑤

法院途径背后的法理在于,普通程序案件和二次上诉案件都是比较重要和复杂的案件,所以应当上诉至主管上诉的法院,即上诉法院。⑥

另外,只有极少数的案件可以从上诉法院上诉至最高法院。⑦ 此外,在极其特殊的情况下,高等法院的判决可以上诉至最高法院,这种被称为越级上诉(leapfrog),但这种情况非常罕见,如案件所涉法律问题关乎公众利益等情况下,同时需要取得最高法院的同意。⑧

此外,还有家事法院,专门管辖家事案件,但有少数的家事案件(监护权纠

---

① Jo Ann Boylan-Kemp, *English Legal System(Third edition)*, Sweet & Maxwell, 2014, p. 253, 262.
② Jo Ann Boylan-Kemp, op. cit., p. 424—426.
③ Alisdair Giliespie, *The English Legal System(Fifth Edition)*, Oxford, 2015, p. 556.
④ Jo Ann Boylan-Kemp, op. cit., p. 424—426.
⑤ Alisdair Giliespie, op. cit., p. 555.
⑥ Ibid.
⑦ Ibid., p. 558—559.
⑧ Catherine Elliott, Frances Quinn, *English Legal System*(17th Edition), Pearson, 2016, p. 593, p. 593.

纷、涉及国际管辖权的案件)由高等法院的家事法庭(Family Division)专属管辖。① 家事法院拥有处理家事纠纷的各个级别法官,如前所述,由于上诉是逐级法官上诉,所以家事法院的上诉案件,部分在家事法院内部进行(如,从治安法官上诉至巡回法官),部分由家事法院上诉至高等法院的家事法庭或者上诉法院。②

(二) 刑事法院体系:(请参考前面的法院流程图)

按照层级从低到高分别是:治安法院、皇家刑事法院、高等法院之行政法院、上诉法院之刑事庭、最高法院。

其中,高等法院之行政法院、上诉法院之刑事庭、最高法院属于高级法院体系,其判决对下级及(在某种情况下对)同级法院有先例约束力。

一审法院包括:治安法院、皇家刑事法院。

上诉审法院包括:皇家刑事法院、高等法院之行政法院、上诉法院之刑事庭、最高法院。

治安法院的主要职能就是刑事审判,大约 98% 的刑事案件都会在治安法院进行一审审理。但需要说明的是,所有的案件程序(虽然可能并不会在治安法院审理)都会经由治安法院,具体而言:对于简易程序罪行(Summary Offences)案件,即轻罪案件,由治安法院审理;对于治安法院和皇家刑事法院都可以审理的犯罪(Either-way Offences)案件,也会在治安法院进行预审以确定管辖(即,由治安法院审理还是交由皇家刑事法院审理);对于可起诉罪(Indictable Offences),即重罪,会先在治安法院立案,之后转送皇家刑事法院。③

从理论上讲,凡是应予起诉的案件都由刑事法院在陪审团的参加下进行审判,但只要被告人同意,法院认为适宜,也可以由治安法院审理。也有些简易审的案件,被告人也可以选择在有陪审团参加的刑事法院进行审理。治安法院审判的结果是处罚相对较轻,而且快捷。为什么有些被告人愿意选择刑事法院进行审理呢?因为有陪审团的参加,被告人被判无罪的机会多一些,但是也有不利的一面,就是如果被判有罪的话,由刑事法院宣判的刑罚就可能比较重。这些规定都反映了英国司法程序上灵活性的特点。

皇家刑事法院它是根据 1971 年英国的《法院法》建立起来的。主要审理由治安法院移送的可起诉罪(Indictable Offences)及某些情况下由治安法院移送的皆可审讯罪行(Either-way Offences)的一审案件,以及来自治安法院的上诉案件。④ 皇家刑事法院只有一个,但有多个审判中心,截至 2017 年 2 月 23 日共

---

① Alisdair Giliespie, *The English Legal System* (Fifth Edition), Oxford, 2015, p. 203.
② Alisdair Giliespie, op. cit., p. 204.
③ Jo Ann Boylan-Kemp, *English Legal System* (Third edition), Sweet & Maxwell, 2014, p. 291.
④ Ibid., p. 291—292.

计77个①,但最出名的是中央刑事法庭(Central Criminal Court),即亦称为"Old Bailey"(伦敦老贝利街)。

皇家刑事法院的审判中心分为三个层级②:

(1)第一级:高等法院的法官会经常过来视察并主持皇家刑事法院的刑事案件,同时巡回法官及记录员法官(Recorder)也全权处理刑事案件;高等法院法官也会来此负责高等法院的民事工作。第一级的审判中心,通常设在比较大的城市,主要审理叛国罪、谋杀罪、非预谋杀人罪、强奸罪和抢劫罪等重大的刑事案件,可以判处终身监禁等最严厉的刑罚。

(2)第二级:主要设在较小的城市,由刑事法院的法官主持审判工作,审理除上述重大刑事案件以外的全部应予起诉的刑事案件,但不受理民事案件。具体审理案件的法官,可以是高等法院的法官,也可以是巡回法官,由法院的首席法官根据情况决定。

(3)第三级:高等法院的法官通常不会过来视察并主持工作,这里的案件由巡回法官和记录员法官(Recorder)来处理。这个等级的审判中心,主要审理可以起诉的刑事案件,也可以审理通过简易程序处理的刑事案件。如一般的盗窃罪、伤害罪等等。这个等级的审判中心无权审理谋杀、叛国等严重的刑事案件。

高等法院之行政法院。审理对治安法院判决所涉法律问题进行上诉的上诉案件,以及皇家刑事法院有关"以案件呈述的方式"(by way of case stated)的上诉案件。③

上诉法院之刑事庭。审理皇家刑事法院有关定罪或量刑的上诉案件(见下面详述)。④

最高法院。审理上诉法院刑事庭的上诉案件,以及极少数情况下行政法院的上诉案件。但上诉至最高法院必须取得被上诉法院的许可,或者最高法院的许可,同时上诉必须是有关公众利益的法律问题的上诉。⑤

刑事案件的上诉程序非常复杂,因从哪个法院上诉、哪方上诉、上诉理由等的不同而迥异。⑥ 见图⑦

从治安法院提起的上诉:有两种途径,一是向皇家刑事法院上诉,一是向高等法院王座法庭的特殊法院(Divisional Court, Queen's Bench Divsion)上诉。

(1)向皇家刑事法院上诉:该上诉途径仅可以由被定罪的被告人提起,可以

---

① https://www.judiciary.gov.uk/you-and-the-judiciary/going-to-court/crown-court/。
② Alisdair Giliespie, *The English Legal System*(*Fifth Edition*), Oxford, 2015, p.202.
③ Jo Ann Boylan-Kemp, op. cit., p.292.
④ Ibid.
⑤ Jo Ann Boylan-Kemp, *English Legal System*(*Third edition*), Sweet & Maxwell, 2014, p.292.
⑥ Jo Ann Boylan-Kemp(2014), op. cit., p.406.
⑦ Alisdair Giliespie, *The English Legal System*(*Fifth Edition*), Oxford, 2015, p.471.

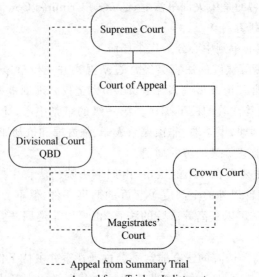

针对定罪或者量刑。此种上诉不需要许可,属于被告人的法定权利。此种情况下的上诉审是对案件的重新审理,所有的证据(包括证人)均需要重新展示,且有可能会加刑。上诉审由一个皇家刑事法院的法官和两个非专业人士的法官组成合议庭进行。①

(2)向高等法院王座法庭的特殊法庭上诉:是通过"以案件呈述的方式"(by way of case stated),公诉人和被告人均可行使。By way of case stated 是指任何一方要求治安法官陈述其判决的法律理由,如果治安法官拒绝陈述(但如果这种要求没有什么依据,治安法官有权拒绝陈述),申请人可就此法律问题向高等法院王座法庭的特殊法庭提起上诉。② 上诉审由两个以上的法官负责审理。如果该法律问题具有重要的公众影响,则在取得高等法院王座法庭的特殊法庭或者最高法院的许可后,该上诉审可以进一步就法律问题向最高法院上诉。③

另外,也可以通过向高等法院王座法庭的特殊法庭提出司法审查(Judicial Review)。如果治安法院的审判程序不当、不公平、不公正④,此种上诉需要取得许可。

从皇家刑事法院提起/向上诉法院提起的上诉:

---

① Alisdair Giliespie, *The English Legal System*(*Fifth Edition*), Oxford, 2015, p.472.
② Alisdair Giliespie, op. cit., p.473—474.
③ Catherine Elliott, Frances Quinn, *English Legal System*(17th Edition), Pearson, 2016, p.595.
④ Robert McPeake, *Criminal Litigation and Sentencing*(28th Edition), Oxford, 2016, pp.113,119.

从皇家刑事法院向上诉法院提起上诉。上诉法院通常由三个法官组成合议庭进行审理,有时候也可以是五人审理。该种上诉不是固有的权利,需要取得许可。定罪的被告人可以就定罪量刑向审判法官申请许可,或者向上诉法院申请许可,通常做法是向上诉法院申请。申请获准后,上诉审将对案件进行全面审理(注:而非重新审理,即对于一审的证据很少再审查,一般对证据的审查限于新证据)。①。

另外,也可以"以案件呈述的方式"从皇家刑事法院向上诉法院提起上诉。②

此外,对于皇家刑事法院的定罪和量刑判决,公诉人在某些情况下也可以向上诉法院提起上诉。

(1) 对于 terminating ruling(指法院作出的案件不成立或者程序中止的裁定)、evidentiary ruling(指法院对于某些证据的排除和采信的裁定)提起上诉。③ 该上诉需要取得许可,如果不被许可,则被告将宣告无罪。④

(2) 对于量刑的上诉。即下面第(3)提到的皇家首席检察官确认(the Attorney General's reference)制度的第二种情况。

(3) 其他的上诉制度:皇家首席检察官/司法部部长(the Attorney General, Chief Law Officer of the Crown in England and Wales)确认制度:直到1972年《刑事审判法》(Criminal Justice Act 1972)颁布之前,公诉人的上诉权限是极其有限的。该法创设了一个制度——皇家首席检察官/司法部部长确认制度,公诉人可在取得皇家首席检察官确认后向上诉法院提起公诉,但即便如此,其上诉权限依然还是很有限。⑤ 取得皇家首席检察官确认有两种途径:第一,依据1972年《刑事审判法》第36节(the Criminal Justice Act 1972, s. 36)仅仅对案件的适用法律问题向上诉法院提起上诉,目的是为了法律上的澄清和确认,所以被告人的无罪认定不会受影响,即便是上诉法院认定适用法律有错误。第二,依据1988年《刑事审判法》第36节(the Criminal Justice Act 1988, s. 36)认为被告人的量刑太轻(unduly lenient sentence),对量刑提起上诉。⑥

另外,关于重审,CJA2003在很大程度上废除了"不受重复指控"原则(the Rule against Double Jeopardy),第75、76节规定,在某些情况下(目前已有30种罪名,包括谋杀、强奸、过失杀人、绑架、毒品犯罪、性犯罪、战争犯罪、恐怖活动有

---

① Alisdair Giliespie, op. cit., p.477—478.
② Robert McPeake, op. cit., p.113, 179; Catherine Elliott, Frances Quinn, op. cit., p.596.
③ Robert McPeake, op. cit., p.180; Alisdair Giliespie, op. cit., p.487.
④ Robert McPeake, *Criminal Litigation and Sentencing* (28th Edition), Oxford, 2016, p.181.
⑤ Alisdair Giliespie, *The English Legal System* (Fifth Edition), Oxford, 2015, p.485.
⑥ Jo Ann Boylan-Kemp, *English Legal System* (Third edition), Sweet & Maxwell, 2014, p.407.

关的罪名),对于被判无罪的被告人可以上诉进行重新审判:例如,有新的且有说服力的证据证明被告人有罪;或者,基于公共利益对被告人进行重新审判。但实际上被重审的案件非常少。[1]

三、英国的法官设置

英国的法官层级比较复杂,可以分为:初级法官(inferior judges)、中级法官(superior judges)、高级法官(senior judges)三类。

(一)高级法官

2005年《宪法改革法》(Constitutional Reform Act 2005)第60条规定,高级法官包括[2](按照从高到低的顺序):

Lord Chief Justice/President of the Courts of England and Wales(是 Head of the Judiciary),相当于全英格兰及威尔士法院的负责人,即英格兰及威尔士首席大法官,同时也是上诉法院刑事庭的负责人。同时包括副院长(Vice-President of the Court of Appeal)。

Master of the Rolls,第二高顺位,上诉法院民事庭的负责人。同时包括副院长(Deputy Head of Civil Justice)

President of the Supreme Court,同是第二高顺位,最高法院院长。同时包括副院长(Deputy President)。

President of the Family Division,第三高顺位,高等法院家事法庭的负责人。同时可以设副庭长。

Chancellor of the High Court,第三高顺位,高等法院衡平法庭的负责人。同时可以设副庭长。

President of the Queen's Bench Division,第三高顺位,高等法院王座法庭的负责人。同时可以设副庭长。

(二)中级法官

这些法官同样是高等法院及以上的法官,拥有无限的管辖权。分别有[3]:

Justices of SC,除最高法院院长和副院长之外的最高法院法官。

Lord Justice of Appeal,除上诉法院院长和副院长之外的上诉法院法官。

Puisne judges,高等法院除前述各庭正副庭长之外的高等法院法官。也称为高等法院法官(High Court Judges)

---

[1] Jo Ann Boylan-Kemp, op. cit., p. 411.
[2] Alisdair Giliespie, op. cit., p. 220—222.
[3] Alisdair Giliespie, *The English Legal System(Fifth Edition)*, Oxford, 2015, p. 222—224.

（三）初级法官

初级法官拥有有限的管辖权。从高到低包括①：

Circuit judges，巡回法官，在郡法院或者皇家刑事法院听审。

Recorders，记录员法官，是由执业律师兼职的法官。在郡法院或者皇家刑事法院听审。

District judges，在郡法院或者治安法院庭审。

此外，治安法院的法官比较特殊，分为两种：

一种是 Lay Magistrate，也被称为"Justice of the Peace"，属于没有法律资格的非法律专业人士，无薪酬，但是会接受培训，在法律顾问协助下，对法律和事实问题发表意见。除了少数的前置程序之外，Lay Magistrate 不单独听审，需要在当地的审判中心共同听审案件。②

另一种是上面提及的 District judges，属于司法体系内的法官，领薪酬。

英国现有 2.3 万名治安法官，领薪酬的法官人数较少，主要集中在英国的伦敦，而无薪酬的治安法官是多数，主要是尽社会义务。治安法官每年至少要有 26.5 天的时间参与案件审理。没有薪水的治安法官享有旅行、住宿的津贴和收入损失的补贴。担任治安法官的人必须具有良好的品格、较强的理解力和沟通力、有社会责任感、良好的脾气和判断力、值得信赖，全部刑事案件的约 98% 都是由他们审理的。

为了保持公众对司法的信心，从事特定职业的人不能担任治安法官，比如警察。没有薪水的治安法官又叫外行治安法官(Lay Magistrates)，他们一般没有受过正规的法学教育，有些是凭关系担任的，往往平庸无才，在办案过程中也会出错或者闹出一些笑话。为此，英国在 1966 年的一项法律中规定，接受任命的无薪水的治安法官，要在大法官的指导下，由地方治安法院委员会进行法律训练，了解治安法官的职能、诉讼程序、证据规则以及掌握对付各种罪犯的办法等等。英国 1968 年的《治安法官法》还规定，兼任治安法官在办案过程中，要接受有经验的记录员法官（司法书记官）就法律、司法实践和程序问题所提供的咨询，甚至规定，兼任治安法官在作出判决时，没有记录员法官提供法律咨询，记录员法官和兼任治安法官就不能退庭。兼任治安法官审理案件时，由 2—5 名法官组成合议庭，不能单独一个人开庭。治安法官作为少年法庭审理少年犯时，要有 3 名法官参加，其中要有一名是女治安法官。

---

① Alisdair Giliespie, op. cit., p.224—227.
② Alisdair Giliespie, *The English Legal System*(*Fifth Edition*), Oxford, 2015, p.393,397.

第四章 犯罪原因和分类

第一节 犯罪原因

英美刑法中关于犯罪原因理论的学说很多,比较新的观点是从英美社会和文化背景来考察产生犯罪的原因,因为每一个社会制定的法律都反映出它的价值观和文化传统。在一个传统的社会,法律可以世代不变,每个社会成员都了解和接受社会的准则,所以犯罪很少发生。

而在一个飞速变化的工业社会里,价值观可能急速变化,使旧的法律和新的价值观脱节。举例来说,许多美国人认为,现行法律对性关系和其他"欢快的"活动,诸如赌博、酗酒和使用其他兴奋剂等表现出一种压抑的、清教徒式的态度。在坚持旧价值观和接受新价值观的人们之间常常发生冲突,一些人认为现行法律太宽容了,而另一些人则又同样强烈地感觉太压抑了。在分析犯罪的原因和如何防止犯罪的问题上产生的冲突,部分地反映了对待犯罪的新旧态度。传统的解释将犯罪看做是"邪恶的、鬼迷心窍的人",或者从生物学角度断言"某些人生来就有犯罪倾向",或者从社会学角度,认为"只有下层阶级的人才犯罪"。本书试图从社会原因、环境因素和道德准则等方面,阐述西方社会的犯罪原因。

一、工业化对犯罪的影响

根据现有的资料,在没有分化为不同的阶级以前的氏族社会里,生产力非常低下,劳动分工纯粹是自然产生的,它只存在于两性之间。男子作战、打猎、捕鱼、获取食物的原料,并制作一些生产工具。妇女则管家、制备食物和衣物——做饭、纺织、缝纫。男女分别是自己活动领域里的主人。劳动产品的数量和社会财富均受到很大的限制,犯罪现象也就罕有发生,一般都是为了争夺猎物而相互厮杀,杀母则是最不可赎的大罪。

在这种氏族社会里,"没有军队、宪兵和警察,没有贵族、国王、总督、地方官和法官,没有监狱、没有诉讼,而一切都是有条有理的。一切争端和纠纷,都由当事人的全体即氏族和部落来解决,或者由各个氏族相互解决:血族复仇仅仅当做一种极端的、很少应用的手段"[①]。死刑判决均由部落大会决定,怨声表示反对,

---

① 《马克思恩格斯选集》(第4卷),人民出版社1972年版,第92页。

喝彩表示赞成,一切都显得纯朴和自然。

生产力的发展,国家和私有制的出现,使情况发生了根本性的变化。"最卑下的利益——庸俗的贪欲、粗暴的情欲、卑下的物欲、对公共社会财产的自私自利的掠夺——揭开了新的、文明的阶级社会,最卑鄙的手段——偷窃、暴力、欺诈、背信——毁灭了古老的没有阶级的氏族制度,把它引向崩溃。"①

工业时代的到来和愈来愈有效的工业生产体系的出现,使大量农村人口涌进城市。这种人口迁移导致了全球规模的城乡分裂。由于英美处于技术进步的前沿阵地,这种人口大迁移就具有特别深远的影响。

在一个急剧变革的社会里,人们的行动比社会稳定时期更有可能背离他们文化的价值标准。因为原有的价值标准已无助于指导人们去适应已经变化了的情况。当价值标准的约束力减弱,而且一般不起作用时,社会角色和行为方式将会发生混乱,导致大量的社会问题。

贫富悬殊。美国《华盛顿邮报》1996年报道,1974年美国大公司总裁的收入是一般工人的35倍。而到1995年,他们的工资增至工人工资的120倍。在过去20多年的时间里,80%的美国家庭的实际收入下降或原地踏步,且在很大程度上失去了经济保障。而美国1%最富有家庭却占有全国40%的财富。

种族歧视。黑人占全国总人口的12%,而在各级经选举产生的职位里只占5%,在参议院只有1%的席位。相比之下,黑人的失业率却是白人的两倍。拉美裔人、印第安人的贫困率均在30%以上,为白人的3倍。司法中的种族歧视也极为严重。黑人和拉美裔等少数民族不到美国人口的1/4,却占美国全部服刑犯罪的2/3,全部监狱在押犯的70%。据联合国1994年10月的一项调查报告显示,在美国犯有同样的罪,黑人及有色人种往往受到比白人重2到3倍的惩罚,杀害白人被判死刑的黑人是杀害黑人被判死刑的白人的4倍。

居住环境拥挤。由于许多不同种族的人大量集中在都市中心,频繁的导致了各种特殊利益集团间的冲突。在少数民族居住区,卖淫、吸毒、随意的性行为以及犯罪的比例提高,形成了一种使人感到不安和紧张的环境。许多黑人男子遗弃家庭,致使单身女性带着孩子艰难度日,影响到生活在种族聚居区的儿童的正常成长。这些是直接导致青少年犯罪的原因。

在交通不发达的农村,生活的范围有限,人们世世代代居住在一起,开枝散叶的一家大小常常生活在一个屋檐下,彼此之间非常熟悉。人们不是亲戚,就是同族和邻居,形成了一个很密切的生活环境,很少有犯罪发生。而在现代化的社区环境中,交通四通八达,公路网密布,人口流动大大增强,即使同住一个社区,也可能形同陌路。

---

① 《马克思恩格斯选集》(第4卷),人民出版社1972年版,第94页。

失业、贫困、种族歧视、居住条件恶化以及城市人口流动性的增大,使许多人充满了空虚、绝望、自卑和愤怒的情绪,成为随时都可能与社会发生冲突的"会走路的定时炸弹"。以上分析,足以说明工业化和都市化与犯罪之间存在着某种规律性的联系。

二、政治腐败对犯罪的影响

按照马克思的观点,"生产关系的总和构成社会的经济结构,即有法律的和政治的上层建筑竖立其上并有一定的社会意识形态与之相适应的现实基础。物质生活的生产方式制约着整个社会生活、政治生活和精神生活的过程。"[①]这就是说,生产关系制约着上层建筑的发展,而上层建筑又反过来作用于生产关系。上层建筑的主要组成部分是国家机构和意识形态。上层建筑对犯罪现象之间的关系有正反两个方面的影响,即上层建筑对犯罪的遏制和助长的作用。国家的法律制度和司法机构对犯罪现象起遏制作用,上层建筑的某些因素,例如滥用权力、官僚主义,则会助长犯罪。

为什么上层建筑会成为助长犯罪的一个主要根源呢?英国剑桥大学历史学家阿克顿勋爵说:"权力容易导致腐败,绝对权力绝对会导致政治腐败。"当权者如果不能正确地对待自己的地位,就会自然而然的认为自己可以凌驾于法律之上,利用手中的权力为自己和亲戚朋友捞取好处。

在美国,政治腐败是一个广泛存在的事实。从水门事件、伊朗门事件,到华尔街的金融家和五角大楼滥用内部信息赚取非法收入事件的连续曝光,人们似乎用不着费很大力气就可以找到腐败的事例。一项调查显示,占压倒多数的70%的人说,他们认为为得到好处而非法支付钱款是普遍存在的。整整一半的人说,政府整个都不可靠。[②]

过去的几十年中,大城市警察部门的腐败是丑闻远扬。美国纳普委员会揭露,在纽约数以百计的警察——其中一些人还是高级警官卷入了受贿包庇罪犯的事件,所涉及的犯罪领域包括赌博、贩毒和卖淫。在芝加哥,警察卷入勒索和明火执杖的夜盗案件极为普遍。有一个警察小组被指控因贩卖毒品并为掩盖其活动而杀人灭口。美国总统的法律实施和司法管理委员会指出:"为数不少的官员从事不同形式的犯罪与不道德的行为。"

大多数政府官员和司法人员在从业之初,都怀着崇高的理想,他们中的许多人由于目睹自己周围普遍存在的腐败现象才逐渐失望。当犯罪集团的成员拿出大批钱财作为贿赂,只是要求他绕道走开而已,这种强大的诱惑力很难抵挡,而

---

① 《马克思恩格斯选集》(第 4 卷),人民出版社 1972 年版,第 10 页。
② 美国《洛杉矶消息》1988 年 10 月 4 日,第 2 页。

一旦陷入腐化的泥潭,就很难自拔。

在美国的建筑业,腐败的事实触及了建筑过程的每一个阶段,这一行业面临着被榨干的危险。面对日益增大的拖延工期的压力,迫使开发商们向市政监察人员或工会人员行贿,以避免更大的损失。那些想要诚实做事的人发现很难保持他们的价值观念。建筑行业存在的种种问题,迫使人们转而向犯罪集团求援,为有组织犯罪的蔓延提供了方便之门。

政治腐败已成为一种全球性现象。20世纪90年代中期,英国梅杰首相的几位大臣因各种丑闻被迫辞职,前首相撒切尔夫人的儿子因利用母亲的影响从事军火交易受到新闻界的追究。美国前任众议院议长金里奇滥用职权,非法地将免税捐款用于党派活动,受到众议院官方行动准则委员会的处罚。尽管他公开表示了歉意,并承担了相应的责任,但却损害了美国众议院的声誉。

政治腐败导致了公众对法律和政府的严重不信任。正是从这个意义上讲,滥用职权,官僚主义等政治腐败是导致在上层建筑领域助长犯罪发生的一个重要原因。要想对犯罪有所作为,就不能对政治腐败无动于衷,必须坚决地将政府官员置于法律的制约之下,任何人都不得凌驾于法律之上。只有这样,才能控制和减少犯罪的发生,使人民安居乐业。

三、道德观念对犯罪的影响

人的道德观念同犯罪现象之间有着密切的联系。在不同的社会发展阶段,有不同的道德观念。在英国的维多利亚时期,中产阶级为了保护自己不受迅速工业化的压力,设立了严格的道德壁垒,任何离经叛道的行为,都受到人们的鄙视和社会的摒弃。一个妇女为了保住自己"良家妇女"的名声,就得压抑自己的感情冲动,否则就会被视为水性杨花的坏女人。某些宗教团体奉行独身主义,将男性与女性隔离,分别居住在各自的宿舍里。有些社会团体虽然不禁止自由恋爱,但对社区内未婚成员之间的性关系有严格的规定。

20世纪初,生产力的发展和人们文化程度的不断提高,以及城市人口的增加,使人们的思想相应的更为坦率和开阔。特别是两次世界大战推倒了传统的价值观念,弗洛伊德的学说被广泛接受。人们在讨论和表达欲望时已经不那么感到是一种犯罪行为,也不那么感到羞耻和窘迫了。

巨大的商业利润和新闻竞争,也加剧了道德观念的转变。为了吸引读者,扩大发行量,许多报刊编辑求助于淫秽、色情和暴力的渲染。著名报人普利策和赫斯特就是浪尖上的人物。他们发行的《世界报》和《观察家报》以连环画的专页,公然宣传色情和暴力,其他报刊纷纷效尤,使淫秽和色情的浪潮达到了登峰造极的地步。这个时期被人们称为"黄色新闻的年代",对现代美国的新闻传播事业也有深远的影响。

第二次世界大战以后,由于普遍的精神空虚和对政治社会改革的冷漠,淫秽、色情的新闻报道和文学小品再次赢得市场。尤其是20世纪70年代,电视以其图像、音响、文字的综合效果而成为制造淫秽、色情的主要场所。正如有人所说:"电视的最大问题是大量的观众在晚间最重要的广播时间听到或看到暴力、性行为、半裸体、下流行为、抽烟和酗酒。"随着社会的发展,色情也在不断地翻新,80年代又出现了"色情电话"、同性恋杂志等淫秽传播媒介。在英美国家,淫秽、色情被观察家视为"顽症",极大地败坏了社会风气。据有关资料披露,美国女性中有近一半的人进行过婚前性行为,37%的男性有过同性恋接触,69%的男子玩过妓女。① 一些自由主义者甚至认为根本不存在淫秽、色情问题,认为淫秽有其自身的价值,主张听之任之。

但是,大多数人和社会阶层对淫秽、色情还是持反对态度的。他们批评报刊过多地描写了刺激性事件,"危害了社会公德",甚至指责新闻传播界滥用了新闻自由。盖洛普民意测验表明,大约80%的人要求对淫秽和色情活动施加更严格的限制。

美国政府一向是反对淫秽、色情活动的。前总统尼克松曾说过,只要他还在白宫,就不会放弃在社会生活中控制和消除色情的努力。

英国和美国用来对付淫秽、色情的最重要手段是法律制裁。1824年英国对诲淫罪立法,作为流浪罪法案的一个组成部分。按照这一法律,在公共场所展示淫秽书画是违法行为。1853年和1857年先后制定了进一步的禁止令。20世纪70年代末和80年代初,英国法律委员会又发表了《黄色文化和电影审查的报告》。

美国在19世纪以前没有这方面的立法,只有1711年马萨诸塞州的法令是个例外。1821年,《范尼·希尔》一书的出版者因违反这一法令而被认为有罪。在这之前,还没有人因违反这一法令而受到起诉。19世纪以后,美国联邦和州的有关法律,涉及报刊、图书、广播、电视和电影等大众传播媒介的各个领域。其内容主要是禁止或限制淫秽、色情材料的出版、散布、展览、销售和阅读或观看、收听,对违法者的处罚相当严厉。

美国是具有判例法传统的国家,它制裁淫秽、色情物品的立法大部分就是判例法,即通过对案件的审判而确立的司法准则。值得注意是,美国制裁淫秽物品的司法准则并非一成不变,而是一个较长的历史演变过程。

1. 希克林准则时期。1873年,当美国最高法院被要求对当年通过的邮政法关于淫秽的法律含义作出解释时,才匆忙从英国借来了"希克林准则"。1868

---

① 〔美〕弗·斯卡皮蒂:《美国社会问题》,刘泰星、张世灏译,中国社会科学出版社1986年版,第336页。

年英国一位名叫希克林的法官对淫秽提出了这样的定义:如果一个作品有可能导致读者发生堕落和腐化的危险,它就是淫秽的。这个司法准则极其严厉,根据这个准则,只要一本书、一个剧本、杂志或其他作品的一部分是淫秽的,那么整个作品均属淫秽的。这就使得检察人员在清除"猥亵"和"淫秽"方面颇具侵略性,因而受到不少批评。早在1913年,当时的最高法院法官勒尼德·汉德就对希克林准则提出了疑问。他指出:"不管它可能同维多利亚时代中期的道德标准是多么一致,对我来说,它似乎并没有对当今时代的理解和道德作出回答。"[1]1933年,美国一家地方法院的法官约翰·任尔西在批准詹姆斯·乔伊斯的《尤里西斯》一书出版时也指出:"尽管它具有不同寻常的坦率,我并没有感觉到肉欲主义者的秋波。因此,我坚持认为,它不是什么色情文学。"1957年,美国最高法院在"巴勒特诉密歇根州"一案中,正式宣布"希克林准则"违反美国宪法。

2. 罗斯—梅莫瑞斯准则。1957年美国最高法院在"罗斯诉美国"一案中,提出了一个新的准则,即"用当代社会的标准,如果这个作品作为一个整体来说,它的主题是唤起一般人对淫秽的兴趣……而完全没有任何社会意义,那么它就是淫秽的。"随后,1966年在"梅莫瑞斯诉马萨诸塞州"一案中,美国最高法院又明确了三点:(1)作品的主题从总体上说必须是能引起淫欲的兴趣;(2)明显违反当代描写和表达性事的社会习惯;(3)没有任何社会价值。从而形成了"罗斯—梅莫瑞斯准则"。这个准则被认为是一个自由主义的标准,在美国运用了十多年。

3. 米勒准则时期。当时,一位名叫玛威·米勒的人,因主动向他人邮寄色情报刊而被指控违反了加利福尼亚州的刑事法律。米勒不服,上诉于美国最高法院。1973年美国最高法院首席法官沃伦·伯格在"米勒诉加利福尼亚"一案中,修正了"罗思—梅莫瑞斯准则",规定淫秽必须具备以下条件:

(1) 对于普通人来说,根据当代社会的社会标准,能证明作品从总体上看会引起淫欲的兴趣。

(2) 作品对性行为的描写显然特别地违反了当地州有关法律的规定。

(3) 作品缺乏严肃的文学、艺术、政治或科学价值。

尽管美国公众对这个准则的看法显然存在分歧,但美国最高法院的态度是严肃的,甚至允许对电影实施事前检查。曾经有一位电影发行人试图对此提出挑战。美国最高法院以五比四的多数票指出:不存在完全的和绝对的放映自由。沃伦·伯格进一步说:"我们断然否定这种理论……即黄色淫秽电影只是由于向自愿观赏的群众放映而应享有宪法意义上的豁免,不受州法规的限制……美国对于这个国家生活和整个社会环境的质量,全国性大城市商业活动的状态,以及

---

[1] 《美国最高法院关于淫秽的定义》,载《美国犯罪与少年犯罪》(第18卷),第61页。

公共安全本身有历史性的公认的合法利害关系。"①

美国特别注重保护青少年不受黄色淫秽物的影响,明令不准将黄色书刊卖给不满 17 岁的青少年;严禁青少年从事非法的色情物品交易活动;建立只供成年人涉足的书店、电影院等。有的州定,如果露天影剧院的屏幕能从街上看到的话,就禁止该院放映那种有女性裸体出现的镜头,目的是保护青少年不接触此类材料。美国最高法院肯定地指出:"旨在为成年人和未成年人建立起淫秽的各种标准,是许可的,当然必须小心从事。只有在相当有限和适当的情况下,政府才能为保护未成年人而禁止材料的公开传播。"

可见,在不同的历史时期,道德标准和与此相关的司法准则都是不同的。并且,在任何社会条件下,人们的道德准则很难达成一致。一个人认为是有害的事物,另一个人看起来却是完全可以接受的。目前许多美国人服用大麻,这种现象可以被认为是不道德的、违法的,也可以被认为是减轻烦恼,获得暂时欢快的一种可以接受的尝试,一点也不比为社会所允许的、能够起到相同作用的其他现象更为糟糕。一个人的价值观决定了他对事物的看法。

尽管如此,在每一个社会中都有占统治地位的道德观,支配着人们的言论和行动。就个人而言,如果接受这种占主导地位的道德观念,就是品行端正,就不会犯罪;反之,就是道德水平低下,就可能违法犯罪,至少被认为不适宜担任重要的社会公职。美国加利福尼亚州的一条法律,曾将使用麻醉剂成瘾的人作为犯罪加以处罚。20 世纪 80 年代中期,当时的美国总统里根试图任命一位联邦上诉法院法官,但因该人在哈佛大学法学院读书期间,曾有过短暂的吸食大麻的历史,而招致参议院的否决,就是一个最明显不过的例证。当然,杀人、抢劫、强奸、贪污、受贿之所以被认为是犯罪,更是因为这些行为背离了可接受的、占主导地位的道德标准的最低限度。

在一个飞速发展的社会里,传统的道德观念以前所未有的速度改变着,在这种情况下如果没有一个能够维护社会稳定的新的道德观念来适应社会发展的需要,就会造成物质与精神的失调,其结果必然是道德崩溃,犯罪率上升。世界上许多国家的情况正是如此。②

总之,道德观、价值观对社会生活的影响是显而易见的。控制着立法、经济和政治机构的决策者,在制定社会政策和法律时,也应当充分意识到自己的责任和社会所面临的重大问题,使自己的决策尽可能的符合客观实际,使社会大多数人都可以接受。只有这样,才能保持社会的稳定和健康发展。

犯罪原因理论是犯罪学的核心内容。研究犯罪原因对于刑事立法和刑事司

---

① 〔美〕艾伦·德肖微茨:《最好的辩护》,唐交东译,法律出版社 1994 年,第 195 页。
② 储槐植:《刑事一体化与关系刑法学》,北京大学出版社 1997 年,第 9 页。

法都具有重要的理论和现实意义。

第二节 犯 罪 分 类

英国和美国虽然同属普通法系,但在犯罪分类上并不完全一致,而是各有特点。

一、美国刑法中的犯罪分类

(一) 重罪和轻罪

在美国,一般以宪法和法规的形式,将犯罪分为重罪和轻罪。美国现代法典中,有的笼统规定凡处死刑或者在州、联邦监狱服刑的是重罪,其他的则是轻罪。例如,仅被处以罚金或者在地方看守所服刑的是轻罪。实践中,大多数司法区通常是直接在法律上表明,任何被处以死刑或者一年以上监禁的是重罪,其他则为轻罪。

美国的许多刑事法律没有具体指出那种犯罪是重罪,还是轻罪,需要参考所判刑罚才能认定(例如,根据所判刑期的长短和执行刑罚的场所来决定)。也有一些法律明确了实施某种行为会构成重罪或者轻罪,但没有规定任何刑罚。也有一些法律兼而有之,既指出了重罪和轻罪,也规定了应当判处的刑罚。

实践中,通常是通过实体刑法、刑事诉讼法和刑法领域以外的法律来区分重罪和轻罪。在实体刑法中,有的是以规定具体罪的构成要件和刑罚来区分重罪和轻罪。例如,夜盗罪在普通法中是指夜间打破和进入另一个人的住宅、企图犯重罪(企图犯轻罪不构成夜盗罪)。如果在实施重罪或企图实施重罪的过程中,意外的致人死亡,可能构成谋杀罪。但是,如果是实施轻罪或者企图实施轻罪的过程中,意外致人死亡,最多也只能构成过失杀人罪。

美国的刑事法律还通过刑罚条款来确定重罪还是轻罪。例如,在刑事共谋罪或者未遂罪中,法律规定判处一年以上监禁的共谋和未遂行为是重罪,判处一年以下刑罚的共谋和未遂行为则是轻罪。在涉及情有可原的杀人案件中,正当辩护理由可以作为区分重罪还是轻罪的根据。例如,为了防止犯重罪,将故意杀人作为最后的手段,或者为了完成合法逮捕和防止重罪犯逃跑等,要么根本不构成犯罪,或者仅仅构成轻罪。

在刑事诉讼领域,许多诉讼规则也可以决定一种行为是重罪还是轻罪。例如,法院的司法管辖权,往往决定某个罪是重罪还是轻罪,有关逮捕犯人的法律也可以区分重罪还是轻罪。根据在史密斯诉赫尔(Smith v. Hern,1918)一案中确立的诉讼原则,在普通法罪中,只要认为某人具有犯重罪的合理根据,就可以无证逮捕,而对于轻罪,则只有犯罪发生当时,官员在场的情况下才可以逮捕。

一个证人,如果他以前犯有重罪,他在法庭上出示的证据就可能受到怀疑,而以前仅犯有轻罪,则不能作为怀疑其证据可靠性的根据。有的州的刑事法律还规定,一个人以前有犯重罪的记录,可以加重刑罚处罚,轻罪则不会受到加重处罚。另外,缓刑和假释也往往取决于行为人犯的是重罪还是轻罪。

在实体刑法和诉讼法中区分重罪和轻罪,具有重要的意义。在有些司法区,一个人如果曾经犯过重罪,他就没有资格担任公共官员,也许还会丧失投票权和担任陪审员的权利,还会被禁止从事律师工作。重罪甚至会成为一个离婚的理由。重罪判决所产生的这些副效应,一般都不适用于轻罪判决。

以上情况表明,将犯罪区分为重罪和轻罪两大部分,在刑法、诉讼法以及刑法领域之外,都具有现实意义。1962年美国法学会制定的《模范刑法典》(Model Penal Code),将犯罪分为重罪、轻罪、微罪和违警罪。重罪又分为一级重罪、二级重罪、三级重罪。轻罪的刑罚不超过一年。《美国法典》也根据重罪还是轻罪,规定了相应的刑罚。谋杀、抢劫、强奸是重罪,而一些违反管理法规的行为则是轻罪。

(二) 本质邪恶的罪(malum in se)和法规禁止的罪(malum prohibitum)

这种犯罪的分类是一种古老的方法。在现代美国刑法中,除了刑事过失杀人和殴击罪以外,法院已很少采用这种划分方法了。

美国法院在将某种具体犯罪归为那一种类型时,已经遇到了一些困难。尽管美国法院倾向于将普通法罪视为本质邪恶的罪,而将制定法罪视为法规禁止的罪,但是这种划分方法也并非总是有效,因为有些制定法罪也被认为是本质邪恶的罪。有一种理论认为,凡是构成要件中要求具有犯罪故意的罪,就是本质邪恶的罪,凡是构成要件中不需要具有犯罪故意的罪,就是法规禁止的罪。还有一些学者认为,道德卑鄙的罪就是本质邪恶的罪,相反的则是法规禁止的罪。司法实践中一般的做法是,将危及人的生命和身体的罪,视为本质邪恶的罪,其他的罪则被视为法规禁止的罪。

根据这种划分方法,美国法院认为本质邪恶的罪主要是:殴击罪、抢劫罪、巨额盗窃罪、恶意损坏财产罪、醉酒驾车罪、在公共场所耍酒疯罪、持有毒品罪、堕胎和企图自杀罪等;法规禁止的罪主要是:超速驾驶、不按正常路线行驶、逃离事故现场、在酒精饮料作用下驾车(尚未达到醉酒的程度)、出售酒精饮料、公共场所醉酒、未经允许狩猎、出售未注册的防御物品、携带隐匿性武器、伪造不名誉的文件、损毁旗帜、堵塞自动售货机的投币口、不付硬币穿越地铁口等。[①]

有时候,美国法院也会根据行为人违反刑事法律的程度,来确定一种行为是本质邪恶的罪还是法规禁止的罪。例如,超高速驾驶是本质邪恶的罪,一般的超

---

① Wayne R. Lafave, *Criminal Law*, West A Thomson Reuters business, 2010, p.39.

速驾驶则是法规禁止的罪;在实际醉酒状态下驾车是本质邪恶的罪,而被告人如果仅仅是酒后驾驶,尚未达到醉酒的状态,则是法规禁止的罪。本质邪恶的犯罪行为,即便行为人不是故意造成他人的死亡或伤害,也可能构成过失杀人或殴击罪,而不考虑他在行为时是否可以预见到这种结果。但如果行为人仅仅是法规禁止的行为,一般不会承担过失杀人罪或殴击罪的刑事责任,只有当他能够预见到危害结果时,才承担刑事责任。

这种分类方法也适用于刑事诉讼和民事诉讼程序,根据证据规则,如果证人曾经犯过本质邪恶的罪,他的证词就会受到怀疑,而证人仅仅犯过法规禁止的轻罪,他的证词就不会受到怀疑。

(三) 褫夺公权罪和不褫夺公权罪

美国联邦宪法和一些州宪法规定,凡是被褫夺公权的罪,都必须经过大陪审团的正式起诉。它的主要法律后果是:取消律师资格、剥夺投票权、取消担任陪审员和担任公共官员的资格等。在英美普通法中,一个人如果被确定犯有褫夺公权的罪,他就不再适合作为一个证人出庭作证。在现代法律中,犯有被褫夺公权罪的人虽然有资格充当证人,但也往往会对他的证人资格产生怀疑。由于褫夺公权是一种性质严重的行为,在司法实践中,一般都严格限制褫夺公权罪的判决。

褫夺公权罪,一般是指欺诈、不诚实和妨碍审判等罪行。这些犯罪往往和取消或者没有资格担任某些公共职务联系在一起。

(四) 道德邪恶罪和非道德邪恶罪

出于某种目的,美国的一些法律将犯罪分为道德邪恶的罪和非道德邪恶的罪。在一些司法区的法律中,对于犯有道德邪恶罪的人,可以拒绝其入境或者驱逐出境(外国人),也可以取消律师资格或者医生的行医执照,取消其作为证人的资格。这些类似的后果,不适用非道德邪恶罪。这种分类方法类似于本质邪恶的罪和法规禁止的罪,美国法院经常将它们作为彼此的对应物。正如法院在区分本质邪恶罪和法规禁止罪时所遇到的困难一样,"道德邪恶"这个词的模糊性,也常常使法院感到困惑。本质邪恶的罪和法规禁止的罪,在不同的场合具有不同的意义,道德邪恶罪这个词的含义,也取决于它所发生的场合和环境。

(五) 普通法罪(common law crime)和制定法罪(stautory crime)

英美两国都将犯罪分为普通法罪和制定法罪,这一点两国没有区别。从历史上看,普通法罪是指法院创立的罪。早期的英国议会很少开会,也很少制定法律,法官遇到法律没有规定的危害社会的行为,就根据法理和常识来确定这些普通法罪的定义,并规定相应的刑罚。共谋罪、教唆罪和未遂罪都是那个时期确立的普通法罪,一直沿用到现在。后来,英国的议会定期召开会议,担负起制定法律和确定新的罪名的任务,这就在很大范围内改变了由法官制定法律和确定罪名的情况。现在,美国法律上的犯罪大多数是制定法律,普通法罪已经很少见到了。

二、英国刑法中的犯罪分类

1967年以前,英国犯罪分类有四种情况,即普通法罪和制定法罪、重罪和轻罪、可逮捕罪和非逮捕罪、起诉罪和简易罪。重罪和轻罪,是12世纪英国法官创立的划分方法,后来英国的议会也确认了这种分类。早期英国普通法中的重罪,主要是指谋杀罪、抢劫罪、盗窃罪、强奸罪、夜盗罪和放火罪。重罪和轻罪的概念,曾经是英国刑法中一个非常重要的区别,但根据英国1967年的《刑事审判法》,已经取消了重罪和轻罪的划分方法,而美国则一直沿用了这种分类方法。

(一) 可逮捕罪(arrestable offence)和非逮捕罪(non-arrestable offence)

根据英国1967年的《刑事审判法》,可逮捕罪主要是指可以判处5年以上监禁的犯罪,以及这些罪的未遂行为。例如,叛国罪、谋杀罪、盗窃罪、伤害罪都是可逮捕罪,这些罪的法定刑期也都在5年以上。少数情况下,有些罪的最高刑期是5年以下,但法律规定也是一种可逮捕罪。例如,违章驾驶或者醉酒后在公共场所扰乱社会秩序,就属于后一种情况。

可逮捕罪的一个主要法律后果是,任何人只要有合理的理由,认为某个人正在实施可逮捕的罪行,都可以不凭逮捕证而将其逮捕或送交警察局。英国警察的权力则更大,他认为必要时,可以强行进入犯罪者的住所或其他任何地方进行搜查。如果警察基于合理的理由,怀疑某个人过去曾经实施过某项可逮捕罪,即使他当时并没有实施犯罪行为,也可以将他无证逮捕。

在英国,可逮捕罪的范围有扩大的趋势,恐怖罪和夜间非法侵入住宅罪,现在都是可逮捕罪。

非逮捕罪相对可逮捕罪而言,罪行一般较轻,法定刑都在5年以下,例如,猥亵妇女等,一般不可以实行无证逮捕。但是,也有例外的情况,比如,在公共场所非法携带武器,警察也可以实行无证逮捕;例如,一个人曾经被判过监禁刑或拘留,即使只是一般的违法行为,警察也可以实行无证逮捕。当然,虽然对上述例外情况也可以实行无证逮捕,但这些罪的性质还是轻罪,而不是一种可逮捕罪。另外,对于非逮捕罪实行无证逮捕,要有更严格的程序和控制。

(二) 起诉罪(indicatable crime)和简易罪(summary crime)

起诉罪,是指经过正式审判程序审理的罪行,性质一般比较严重。例如,谋杀罪、故意伤害罪、盗窃罪、侵犯财产罪、海盗罪、抢劫罪和重婚罪。审理这类案件的程序比较复杂,首先要向刑事法院提交正式的书面报告,写明所控罪名和犯罪事实,然后是提审被告人,向他宣读起诉书并询问被告人是作有罪答辩还是无罪答辩。有罪答辩只能由被告人自己提出,否则就不能对被告人作出有罪判决。

在这个阶段,还需要对被告人是否适合答辩作出决定,如果是被告人提出不适合受审,他本人需要向陪审团作出说明;如果是起诉方或法院认为不适合答辩,则有更严格的要求,即必须提出超出合理怀疑范围的证明。

如果被告人是作无罪答辩,就需要组成陪审团进行审理。控辩双方对陪审团的组成达成一致后,由法庭传唤证人,双方进行交叉询问,被告人有权向陪审团发表最后陈述。最后陈述结束以后,法官进行总结性提示,不再接受新的证据。法官的总结性提示,主要是对涉及案件本身的法律问题作出说明和解释,并且就关于证据的法律规则对陪审团进行指导。法官总结以后,由陪审团作出最后裁决。至此,对可诉罪的审理即宣告结束。

简易罪,是指由治安法院通过简易程序进行审理的犯罪。主要有几种情况,第一种是只能以简易程序审理的罪,例如,晚间打流氓电话、向18岁以下的未成年人出售酒精饮料、违章驾驶等等。

第二种是可以用起诉程序进行审理的简易罪,即这种行为本来是简易罪,但如果被告人提出要求,也可以经正式起诉程序进行审理。所谓正式起诉程序,是指经治安法官预审后,移送到刑事法院,最后由陪审团作出有罪还是无罪的裁决。但是,也不是任何人都可以提出这样的要求,一般必须年满17岁,可能判处3个月以上监禁的人,才可以提出这样的要求。

可见,简易罪用正式程序审理是被告人的一项权利,遇到这种情况,治安法院在开庭时,应当在被告人进行正式答辩前,告知被告人有权要求按照起诉程序进行审理,并同时说明按起诉程序进行审理的法律后果(治安法院至多判6个月以下的监禁或1千英镑以下罚金)。简易罪按正式程序进行审理,一旦罪名成立,可能判处6个月以上监禁。但是,由于有陪审团参与审理,也有利于查明案件的事实,如果被告人认为自己证据充分,他的利益可以获得更好的保护,获得无罪的机会比治安法院高。在司法实践中,刑事法院如果按照正式程序进行审理,一般也不会对被告人加重处罚。一般认为,法院无权阻止被告人行使这项权利,但可以通过降低原来控告的罪名,达到进行简易审的目的。

第三种情况是既可以简易审,也可以经正式起诉程序审理的罪。例如,醉酒驾车、利用电话进行诈骗、伪造执照证书、伤害警察、上演色情节目和妨害风化等。英国法律规定,可以选择两种程序进行审理的罪,具有两种不同的法定刑。如上演色情节目,简易审最高法定刑是6个月,起诉审最高法定刑是3年。至于这种罪应选择哪一种程序进行审理,一般认为应首先考虑简易审。如果法庭认为采用起诉的形式审理更合适,就可以按正式起诉程序进行审理,法院具有决定权。但是,如果案件是由总检察长、副总检察长或检察长提出起诉,并要求按起诉程序进行审理,就必须按起诉程序进行审理,没有选择的余地。

除了上述三种情况以外,有些罪是起诉罪,但性质比较轻,为了减少法院的负担,也可以以简易审的形式进行审理。例如,伤害罪、伪证罪、遗弃罪,有时就可以按简易程序进行审理。至于是否可以采用简易审,决定权在法院,起诉方一般没有太多的发言权,他虽然可以表达自己的意见,但法院却不受起诉方态度的影响和约束。被告人如果不同意按简易审进行审理,法院则不能作出按简易审程序进行审理的决定。如果确定以简易审进行审理,但在审理过程中,根据证据认为以简易审审理不合适,还可以由法院恢复起诉程序。

简易审和以简易程序进行审理的罪,其最高刑期为 6 个月监禁,可以选择审判形式的罪,连续监禁的期限不得超过 1 年。治安法院判处的罚金数额,最高为 1000 英镑。这虽然是一个法定数额,但在实践中,实际上已经超出了这个数额的限制。

此外,对于未满 17 岁的人,一般应以简易审判程序进行审理。但是如果犯的是杀人罪,或者所控罪行非常严重,可能会被判处长期监禁的,就不适用简易审,而应通过正式程序进行审理。

第五章 英美普通法罪

第一节 一般概述

回顾英美刑法的发展史，实体刑法多数情况下是以普通法开始的，只是后来才成为成文法规。因此，为了确定犯罪在英美现代刑法中的地位，就应当从普通法开始我们的研究工作。

英国和美国的法律起源于古老的普通法。在盎格鲁撒克逊时代几乎没有成文法，一些制止私人之间决斗的习惯，逐渐成为人们公认的法律，进而发展成为普通法。英国刑法的历史开始于威廉征服英国以后的最初几个世纪里。当时，英国的立法机关不经常开会，法官在制定法律方面发挥了重要作用。假如他们认为某种反社会行为应当认定为犯罪，尽管没有法律规定，他们也可以视这种行为为犯罪。但是在20世纪，英国的议会定期开会，法院宣布新形式的反社会行为是犯罪的权力就不经常行使了，尽管这种权力依然存在。

美国独立以后，沿用了英国的普通法罪。在没有法律明文规定的情况下，法院有权宣布某种不良行为是犯罪，具体分为几种不同的情况。在大多数情况下，仍然承认法院制定普遍法罪的权力，但是对待这种权力的限度有不同（美国部分州规定，制定新的普通法罪时，应当找出一个和这种特殊行为有关的早期英国判例）。在少数情况下，美国的部分州，包括联邦司法机构，已经完全废除了普通法罪。现在，人们正朝着完全废除普遍犯罪的方向努力，法律没有明文规定的行为，就不应受到禁止和处罚。

20世纪英美两国的实体刑法主要有几种表现形式：(1) 成为法规，这是最主要的法律；(2) 行政机构根据立法机关赋予的权限，通过的一般性行政规则；(3) 宪法里的某些刑法条文；(4) 某些普通法罪。

研究英美刑法从普通法开始，但对于普通法的实质，英国人自己的定义也相当模糊，他们只是强调普通法是没有任何成文记载的法律，反映了英国的法律意识和公正精神。1858年，美国纽约的一家地方法院在判决中指出："英国的普通法是由圣贤发表的意见中，或者由古老的普遍的习惯中推演出来的，并且得到法院认可的一些原则的集合。"英国的教科书也作了大致相同的解释，即"普通法是国家的古老法律，是由习惯法所形成的并由法官在审理具体案件时所解释的法律。"普通法最突出的特点是，它不是由立法文件规定的法规总和，而是在司法实践中,由英国最高司法机关——上诉法院和上议院的判例组成。

在英国历史上,普通法和衡平法在其形成和发展过程中都由判例法来体现,因而普通法与判例法往往是通用的。但判例法并不等于普通法或衡平法,因为普通法和衡平法也可能转化为制定法,判例法可能是对制定法的解释和发展。判例法讲究遵循先例原则,即刑事案件的判决,应以先前判例中所包含的法律原则和规则为根据。

就英国而论,遵从先例原则指以下四种情况:第一,上议院的判决对其他一切法院均有约束力。在1966年以前,对上议院本身也有约束力,只有国会的正式立法才能改变上议院的错误判决。但在1966年,上议院大法官改变了原来的立场,认为"过于硬性地服从前例可能在特定案件中导致不正义,并且不适当地限制了法律的发展",因而规定在某些情况下,可以离开以前的判例。但实际上改变以前判例的例子很少,这和英国上议院的政治地位有关。第二,上诉法院的判决,对除上议院以外的所有法院,包括上诉法院本身,均有约束力。在阿尔弗雷·汤普森·丹宁(Alfred Thompson Denning,1899—1999)主持英国上诉法院期间,他曾多次表示,与上议院一样,上诉法院也可以不受自己以前判决的约束,即可以推翻上诉法院以前的判决。但是这遭到多数法官的反对,他们认为上诉法院应当继续受到它自己判决的约束。实践中,英国上诉法院确曾推翻过自己以前的判决,但这些判决的界限并不十分明确。第三,英国高等法院的判决,对下级法院有约束力,但对上诉法院其他法院法官和刑事法院法官并无绝对约束力,仅仅具有重要的说服力。① 第四,下级法院的判例不能约束上级法院,这是一般的情况。但考虑到法的稳定性,上级法院也不愿轻易推翻下级法院的判决,即使判决有一些错误,也信赖它。这是因为法有溯及力,一旦产生新的判例,容易使社会陷入混乱,所以要格外谨慎。

在遵从先例的问题上,美国不像英国那样严格。美国联邦最高法院和各州最高法院从未认为它们自己应受本院以前判决的约束,即可以推翻以前的判决。当然,为了保证法律的稳定性,美国最高法院并不轻易推翻以前的判例,但在涉及法律是否违宪的问题上,却比较多地推翻以前的判例。因为美国宪法不轻易修改,只好由法院本身更正自己的宪法判例。

进入20世纪以后,英美两国的法律发生了很大变化。由于积极开展刑事立法活动,仅受普通法调整的犯罪就很少了,绝大多数犯罪行为都由法律予以规定。当代英国的成文法主要包括:

第一,英国上下两院的法律。现在英国的议会较之以前发生了很大变化,上下两院经常定期开会,讨论和通过一些法令,这些法令是英国成文法的一个重

---

① 沈宗灵:《比较刑法总论》,北京大学出版社1987年版,第246页。

要组成部分。英国议会通过的法律非常庞杂,许多是同一名称,要想正确地适用这些法令,必须区别清楚这些法令通过的年、月、日。英国议会虽然通过了许多单行的刑事法规,但对伪造罪、侵犯人身罪,却始终没有提出过统一的法令,1880年虽有人提出过议案,但未获议会通过。

第二,具有刑法规范的行政法规。例如,《道路交通法》《特许证法》等。在普通法中不作为的犯罪很少,而行政法规中却时常将不作为视为犯罪。例如,发现特殊类型的传染病人,没有立即向有关部门报告,就可以视为不作为犯罪。英国的行政法规大致分为两类,一类是授权行政部门制定的某些法规;另一类是地方政府就某一问题而规定的条例,除行政法规之外,有些民事法规,例如破产法,也附带刑事法规。

至于美国,成文法已成为定罪量刑的主要根据之一:

第一,参、众两院通过的有关刑事法律。美国国会承担着制定法律的繁重任务,仅一年间,就可能制定150件以上的法律。各州的议会也有立法权。

第二,司法部门制定的法律。美国法院除监督政府之外,本身同时也有立法权。法院制定的条例在被立法机构修改之前一直有效,但立法机构的决定是最终决定并具有约束力。

第三,行政部门和机构所制定的规章条例,也具有法律效力和作用。随着联邦政府活动的大大增加,它所涉及日常生活的范围越来越广,规章条例也以创纪录的速度增加。以《联邦法典》这部登录新规章条例的专书为例,近年来,每年都要新增加8万多页。虽然行政部门制定的规章条例现在具有法律效力,但是法院多年来一直拒绝承认建立在规章条例基础上的法律,因为这等于国会放弃了它的立法权。

第四,各州的综合性刑法典。美国自19世纪仿效法国,掀起法典编纂运动。目前各州均有自己的刑法典。

尽管英美两国具有相当多的刑事立法,他们仍然是保留着普通法传统的国家。主要理由是:第一,两国都没有适用于全国的统一刑法典,许多重要法规还是空白,刑事立法几乎不涉及总则问题,许多问题要依赖于普通法规则;第二,法官在定罪量刑时,可以采用制定法,也可以采用判例法,制定法只有受到采纳时,才能成为法律禁止和法律命令。例如,关于刑事责任的年龄问题,英国1969年通过的《青少年法》第4条规定为14岁,普通法则为10岁。在司法实践中法院并未接受这一新的立法,仍以10岁作为承担刑事责任的起点。这样,成文法规定的责任年龄事实上等于没有生效。

英国趋向于保留判例法,除了它的法律传统以外,还有一些其他原因。判例法和制定法并存,使刑法变得极其灵活和方便,法官在司法实践中拥有较大的选择余地和空间,这对于维持社会秩序是有益的。

第二节　英国的普通法罪

在普通法系国家,当遇到民事案件,而又没有合适的制定法可以采纳时,人们习惯于根据法官的思想来审理案件。案件发生以后,法官首先要从本国的案例报告中去寻找有关的类似判例,假如没有类似案例,还可以从其他属于普通法系的国家去寻找,例如加拿大、澳大利亚。这样,也许可以找到适合的判例。

但即使这样,也并非所有的案例都能找到适当的判例。例如,在 20 世纪 50 年代,美国某城市长期干旱,为解决全市的饮用水问题,市政厅实施了人工降雨。但是,位于该市山顶的一位旅馆老板却向法院提出诉讼,认为人工降雨导致天气条件变坏,连日大雨,游客纷纷离去,影响了他的生意,要求市政厅和人工降雨专家赔偿损失。法官受理这个案件后,首先查阅了有关人工降雨的法律,结果发现他所在的州,以及整个英美法系国家,均没有类似的人工降雨案例。在这种情况下,法官只能援引一些相近似的法律条文,例如,大坝渗水或者倒塌后的法律条文,结合自己对本案的理解和观点,形成了一个新的判例。

美国最高法院在该案的判决理由中认为,根据现代英美法学理论,为满足最大多数人的需要,就会牺牲最少数人的需要,法官在这两者之间进行抉择,目的是消灭倾轧和浪费、节约社会财富,调整私人之间为满足个人欲望而出现的反复争斗。假如某个人没有得到他所需要的一切或者失去了某一部分利益,他至少也可以在一项明智的社会工程中,合理地获取他可能得到的那一部分利益。就本案而言,旅馆老板的个人损失,比起整个城市,显然是微不足道的,更何况他本人实际上也是人工降雨的受益者。在这里,法官按照本人关于道德、权利和正义的观点来解释法律条文和法律原则,从而进一步完善了社会的公共政策。

在民法领域,当出现新的情况而法律又没有明文规定时,法官可以根据自己的思想和观点来解决案件。那么,在刑法领域,法官是否可以确定新的犯罪,以惩罚那些刑法没有规定的新形式的反社会行为呢?当代刑法的管辖范围非常广泛,从谋杀、抢劫、强奸到毁坏大街上的广告牌,而立法机关要预想出所有可能发生的情况,并将其规定在法律中,是非常困难的。假如某个人故意地或偶然地钻了法律的漏洞,法院有权自己制定一种新的法律,以惩罚这种新形式的反社会的行为吗?

对于这个问题,英美司法界历来有争议。在 19 世纪中叶以前,法院在没有法律可以援引的情况下,确实具有确定新形式反社会行为的权力。主要原因就是当时的英美国家,主要适用普通法,成文的法律很少。一直到 1600 年,英国立法机关都没有制定有关谋杀、过失杀人、夜盗、放火、抢劫、盗窃、强奸、故意伤害等重罪;也没有制定企图伤害、殴击、非法拘禁、诽谤、伪证和恐吓陪审团成员等轻罪。从1600年(克伦威尔之后,查理二世恢复君主制)至1860年,英国继续引用普通法。当时,法官有权制定新的罪名,例如,亵渎罪(1676年)、未遂罪(1784年)、教唆罪(1801年)。同时,英国法院还有权宣布一切有损体面,或者败坏公共道德的行为是犯罪,可以处罚有伤风化的行为。例如,在大街上裸奔跑步、出版淫秽书刊、盗墓等都是普通法犯罪。英国的法官在发展新的罪名的同时,也发展了普通法中的免责理由,例如,自卫、精神错乱、未成年人和胁迫等。①

在这个时期,英国也有一些成文法出现,当法院认为某种反社会行为不是犯罪,而其说明的理由又非常荒谬、不合情理时,也会引起立法机关的干涉,从而制定一个新的成文法。例如,英国刑法中的欺诈、侵占、乱伦之所以形成制定法,就是立法机关干涉的结果。在英国,某些不道德行为,大多数是性方面的犯罪,例如,私人之间的通奸、没有共谋的诱奸等,是归基督教法院处罚。普通法院从未将这些行为作为犯罪来处罚。因此,这些行为也从未成为英国的普通法犯罪。

大约到了19世纪中叶,法院制定新的犯罪的进程几乎处于停滞状态,有些刑法学家曾经预言,普通法犯罪的时代已经结束。②

但在20世纪30年代,Rex v. Manley一案③又在英国法律领域里引起了相当程度的混乱。一位英国妇女欺骗警察,说她遭到坏人抢劫。警察调查结果显示,这个妇女报假案,根本不存在抢劫的事实。在此案中,该妇女的行为不仅使警察将时间消耗在根本不存在的犯罪调查上,而且使无辜的人受到警察的怀疑和调查,显然具有一定的社会危害性。但是,当时英国的法律没有规定这种欺骗行为是犯罪,也没有适当的普通法判例。最后英国法院认定这名妇女的行为构成普通法轻罪。从而确立了"公共骚扰"这项新的罪名。由此可见,即使在当代英国,法院也有权利创立新的普通法罪。同时,任何由法院确定的新的普通法罪,都是一种轻罪,而不是一种重罪。

第三节 美国的普通法罪

美洲大陆原为印第安人居住。从1620年到1635年,经济危机席卷英国,许多人找不到工作。农作物收成欠佳,更加深了人民的痛苦。此外,发展中的毛纺工业,需要更多的羊毛供纺织之用,这样,养羊的人就开始侵占耕地。

在16、17世纪的宗教改革中,一群称为清教徒的男女,企图从内部来改革英国教会。他们主要要求是使国家教会趋于新教化,并且提倡简化信仰和宗教仪

---

① Wayne R. Lafave, Austin W. Scott, Jr, op. cit., p.79.
② 3J. Stephen, A History of the Criminal Law of England 359—60(1883).
③ [1933] 1 K. B. 529(1932).

式。詹姆斯一世执政时，一小部分激进的宗教人士，认为永远也不能按照自己的意愿去改革英国国教，便离开英国到荷兰的莱顿，后又迁移到美国的普利茅斯。

政治上的原因，也导致许多人迁移到美洲，政府还鼓励法官将犯人流放到北美洲。1680 年以后，大批移民从德国、爱尔兰、苏格兰、瑞士和法国涌入美国，他们在各种动机推动下，在这片一度荒芜的土地上建立了新的文明。

美国独立以前的殖民时期，主要适用英格兰移民带来的英国普通法和当时存在的一些法律修正案。虽然美国也可以自己制定一些法律和条令，但这些法律和条令必须服从英国的法律，至少不能与英国的法律相抵触。从 1651 年开始，英国政府不时通过一些法律，对殖民地的经济生活实行某种限制，其中有些法律对美洲有利，但大部分法律都有利于英国。独立战争以后，纽约、新泽西、弗吉尼亚、马萨诸塞、康涅狄格、宾夕法尼亚、特拉华、佐治亚、马里兰、北卡罗来纳、新罕布什尔、南卡罗来纳和罗德州 13 个州建立了新的联邦。新组成的联邦政府保留了适合自己条件的英国普通法。以后，新加入联邦的州，也将这种带有修正案的普通法作为他们的基本法律。所以，从历史上看，英国的普通法是美国刑法的重要源泉，美国的大多数州从一开始就存在普通法罪。当然，也有例外的情况，美国的路易斯安那州原是法国的殖民地，独立以后一直拒绝承认和引用英国的法律，基本上保留了大陆法传统。

19 世纪以后，美国的一些州开始制定综合性的刑法典，其中也包括了大多数的普通法罪和一些新的制定法罪。有些州的刑法典明确规定，法典中没有规定的行为就不是犯罪，这实际上等于不承认普通法罪。而在另外一些州，则没有对此作出明确的规定，许多刑事法律是一些法令条款的混合体，往往前后矛盾。[①]

进入 20 世纪 50 年代以来，美国开始了一场刑法改革运动，主要目的是制定一部适合全国的联邦刑法典。1962 年美国法学会经过多次起草和修改，制定了一部《模范刑法典》(Model Penal Code)，产生了较大影响，使一些州相继制定了新刑法典，它的一些原则，甚至某些条文常常被教科书引用，有些法官在审理案件时，还把它当做论正自己判决理由的法理根据。但是，这部《模范刑法典》最终没有成为正式的刑法典。

1966 年，美国国会成立了以前加州州长埃德蒙·布朗任主席的"联邦刑法改革委员会"，又称"布朗委员会"。这个委员会以《模范刑法典》为蓝本，重新起草了一部《联邦模范刑法典草案》，1975 年交国会讨论。这个法案一出台，就受到了美国各界的反对，指责草案违反美国宪法，侵犯人的基本自由和权利，没有修正的基础。

[①] Wayne R. Lafave, Austin W. Scott, Jr, op. cit., p. 80.

1977年民主党参议员爱德华·肯尼迪又提出了一个新的法案,总算取得了比较一致的意见。1978年参议院以72对15票通过了这个法案,但谁知风波迭起,众议院的司法委员会的刑事审判小组委员会又否决了这个提案,致使美国至今都没有一部适用全联邦的综合性法典。由于美国没有一部正式的联邦刑法典,各州的情况也不尽相同,研究美国的普通法罪应注意以下问题:

一、普通法罪的司法管辖权

美国有联邦法院和州法院两套司法系统。但在适用法律的问题上,并不是联邦法院仅适用联邦法律,州法院仅适用于州法律。恰恰相反,一个州的法院在某些问题可能要适用联邦法律或其他州的法律;而联邦法院在某些涉及州的问题上也可能要适用一个州的法律。美国实行普通法传统,判例法与制定法并重,联邦制定法无疑高于州的制定法。但联邦一级是否也有普通法呢?如果有的话,联邦普通法的地位是否也高于州的制定法和普通法呢?这个问题历来都有争议。美国最高法院在斯威夫特诉泰森(Swift v. Tyson,1842)一案中,首先确立了存在联邦普通法,并且其地位高于州的制定法和普通法的原则。但经过了一个世纪以后,美国最高法院又在1938年的一个判决中,推翻了1842年的判例,认为联邦权力只是宪法赋予的权力,联邦一级不存在制定法以外的普通法。联邦法院除适用联邦宪法和国会的立法以外,应适用州的制定法和普通法。

现在,美国联邦一级没有普通法罪,对此已经没有争论。假如美国国会没有通过法律规定某种行为是犯罪,这就肯定不是联邦一级的犯罪。美国国会还规定,联邦刑事法律适用于位于各个州内的联邦飞地、联邦领地的岛屿(例如军营、海军基地、国家公园)。因此,在上述地方也不存在普通法罪。在美国,除联邦一级以外,还有大约20个州通过法律明确废除普通法罪,或者通过制定刑法典来默示废除普通法罪,其他的州则保留普通法罪。已经废除普通法罪的州仍然有个一揽子的刑事法律,几乎足以包括各种普通法轻罪。而且,废除普通法罪的州在法律没有规定的情况下,经常使用普通法的词汇,在法官的案例报告中则必须使用普通法定义。同时,已经废除普通法罪的州,一般不废除普通法罪中的免责理由,例如,自卫、精神错乱、未成年人、胁迫和紧急避险。在尚保留普通法罪的州里,普通法罪主要包括:(1)共谋;(2)犯罪未遂;(3)在公共场合散布下流的污秽语言;(4)教唆犯罪;(5)在地下室(或酒窖)的火炉里焚烧物体;(6)拥有卖淫的房屋;(7)蓄意杀死马匹;(8)渎神;(9)过失致犯人逃跑;(10)在病人附近开枪;(11)公开醉酒;(12)攻击廉洁选举;(13)诽谤;(14)粗俗的叫骂;(15)猥亵(侵犯他人身体);(16)渎职重罪;(17)制造公害;(18)窃听;(19)个人违反国际法。这些行为法律没有明文规定,但具有社会危害性,属于普通法犯罪。

二、普通法罪的处罚

在正常情况下,法律都规定了犯罪的定义和相应的处罚。在美国,大多数州法律明文规定对重罪和轻罪的处罚。现在所要解决的问题是,普通法犯罪是否也规定重罪和轻罪,然后分别情况给予处罚。一般认为,在保留普通法罪的州,从理论上可以制定普通法重罪,但是仅限于少数几种严重的普通法罪,可是也有少数几个州通过法律规定,所有的非成文法犯罪都是轻罪,认为普通法犯罪没有重罪。

当普通法罪和成文的刑事法律发生冲突,二者不能同时存在时,应通过新的刑事法律撤销普通法罪。假如新的法令是对普通法罪的完全客观的修改,就表明立法的目的是用新的法律来代替旧的普通法罪。除非普通法罪和制定法的矛盾非常明显,法院一般不会在开庭期轻易地撤销普通法罪。

三、关于确定普通法罪的标准

我们已经知道,从 1607 年英格兰人移入美洲以后,到 1776 年美国独立战争之前,美国是处于英国统治下的殖民地时期。基于这一情况,有人提出了一系列问题,即法院怎样确定普通法罪,是否需要找出一个 1607 年以前的英国判例?美国法院可以使用 1607 年以后的判例吗?假如没有发现类似的判例怎么办?在实践中,假如法院恰好找出一个 1607 年以前的英国案例(有州是 1775 年以前),认为某种行为构成了普通法罪,这就清楚地表明这个州承认这种行为是一种普通法罪。但是在美国,一般不是通过查找案例报告来确定某种行为是不是普通法犯罪,通常的做法是通过查看公认的有关英国犯罪问题的经典作家的著作,来确定普通法犯罪的定义和内容。在一定程度上,法院也注意参照其他保留普通法的州的判例法。主要的困难是 1607 年(或者 1775 年)以前的任何英国判例都不包括的那些相关的行为。例如,对于欺诈登记的行为,在 1607 年以前的英国判例法中就没有记载,原因就是那时出版的公认的经典作家的书很少,没有办法查找。再例如,1607 年以前的英国判例法不处罚对警察的欺诈报告,也没有这方面的记载。因为一直到 1933 年英国从未花时间和精力处理类似问题。事实上一直到 20 世纪中叶,英国才有了正规的警察力量。由于这些明显的原因,像布莱克斯通这样的法学家也没能论述这些特殊类型的犯罪。那么随之而来的问题是,这些行为能够成为普通法罪吗?

美国的少数州,如科罗拉多州只承认 1607 年以前的英国普通法,如果找不到 1607 年以前的判例,就不能认定为普通法犯罪。20 世纪 70 年代,一个人试图以伪证的方式获得财产,但未获得成功。法官在审理这个案件时,发现本州没有处罚未遂的法律,这就需要确定未遂的伪证罪是不是一个普通法罪。法官最终未能找出一个1607年以前的英国判例,仅仅发现一个1625年的英国判例。审理该案的法官认为,这个1625年的判决距1607年有18年之久,要以此证明这是一个普通法犯罪似乎太远了。类似的情况还有普通法中的共谋罪,对于竞争者协议维持商品价格,根据1607年以前的英国判例,这种协议必须具有欺诈的性质,所以,单纯的维持商品价格就不是一个普通法罪。①

与科罗拉多州不同,大多数的美国法院在遇到这类问题时,都不把自己限制在1607年以前的英国判例中。大致可以分为两种类型,一种是具有积极创新意识的法院,它们在缺少任何判例的情况下,也敢于制定新的普通法罪;另一种相对保守一些,愿意遵循1607年以后(或者1775年以后)的英国判例或美国其他州的判例。按照第一类法院的观点,从事欺诈登记可以被视为一种普通法罪,尽管没有找到1607年以前的英国判例。因为确定某种行为是否构成普通法罪,不是看是否有以前的英国判例,而是要看这种行为是否影响到社会的公共政策和经济发展。即使按照第二类法院的观点,多数案件都可以找到类似的判例。例如在地下室焚烧物体是一种普通法罪,但是在1607年以前没有这样的判例,它是一个法院在1840年根据英国判例法的一般原则而确认的。此外,教唆、未遂和共谋等普通法罪,都是1607年以后才在英国发展起来的。可见,1607年以前的英国判例,并不是决定是否构成普通法罪的先决条件。②

最后应该指出,美国独立以后,英国的刑事法律对于美国普通法罪也起到一些次要的作用。1607年以前制定的英国刑事法律,如果符合美国的条件,就成为美国普通法的一个组成部分。现在,美国有些州已经修改了殖民地时期,即1607年以后和1775年以前的英国法律。

---

① Aetna Ins. Co. v. Commonweath, 106 Ky. 864, 51 S. W. 624(1899).
② Wayne R. Lafave, Austin W. Scott, Jr, op. cit., p. 86.

第六章　英美刑法中的罪刑法定原则

第一节　一般概述

罪刑法定的思想最早可以追溯到罗马法,古罗马刑法就有"适用刑罚必须根据法律"的规定,只不过当时未涉及犯罪构成要件问题,尚不能称之为罪刑法定原则。① 一般认为,罪刑法定原则最早源于1215年英王约翰签署的英国大宪章。当然,对这个问题也有争议。一种观点认为,罪刑法定原则是一个现代刑法原则,是资产阶级革命的产物,而1215年的英国尚处于封建社会,一个封建社会的法律怎么可能体现罪刑法定的精神呢?对于这个问题,笔者是这样认识的,罪刑法定原则也有一个孕育、产生和发展的过程,不是凭空产生的,也不是从天上掉下来。正如前面所说,罗马法时代就已经有了罪刑法定的萌芽,封建社会的法律也可能蕴含着现代的刑法思想和原则,从这个意义上讲,将1215年的英国大宪章作为罪刑法定原则的起源也没有什么不妥。17、18世纪,经过启蒙思想家洛克、孟德斯鸠、贝卡利亚、费尔巴哈等人的积极倡导,罪刑法定原则逐渐成为刑法乃至宪法的一个重要原则。1801年德国刑法学家费尔巴哈(Anselm von. Feuerbach,1775—1838)在其《刑法教科书》中,将罪刑法定作为刑法规范加以正确表述,即"法无明文规定不为罪,法无明文规定不处罚"。

实际上,在此之前,英国的一些宪法性文件已经有了类似规定,例如1628年的《权利请愿书》曾经规定:"国王非依法律的判决,不得逮捕、审讯任何自由人,不得作出没收的判决。"1688年的《权利法案》,1679年的《人身保护令》,都体现了同样的精神。1791年美国《宪法第5修正案》也规定:"不依正当程序,不得剥夺任何人的生命、自由和财产。"1789年法国《人权宣言》第8条规定:"不依据犯罪行为前制定、颁布并付诸实施的法律,不得处罚任何人。"在这一思想指导下,1810年的《法国刑法典》第4条,将罪刑法定原则正式写入法律条文,明确指出:"没有犯罪行为时以明文规定的刑罚的法律,不得对任何人处以违警罪、轻罪和重罪。"至此,罪刑法定原则完成了由精神到法典的转变,成为刑法典中的"实定法"。1870年的《德国刑法典》,1880年的《日本刑法典》,1813年的《比利时刑法典》都规定了罪刑法定原则。②

---

① 杨春洗、杨敦光:《中国刑法论》,北京大学出版社2001年版,第12页。
② 甘雨沛:《罪刑法定义原则》,载《江流有声》,法律出版社2004年版,第241页。

罪刑法定原则的基本精神是防止司法擅断,保障人权和基本自由。在早期,主要表现为排斥习惯法,否定不定期刑,禁止事后法(禁止溯及既往的法律),禁止类推适用,反对法官的自由裁量权等。发展到现在,罪刑法定原则也发生了一些新的变化,由过去的绝对排斥习惯法,到承认在构成要件,违法性和责任性方面,应在一定程度上受到社会规范传统的制约;由绝对禁止事后法到实行从旧兼从轻原则;由否定不定期刑到允许适用相对的不定期刑;由绝对禁止类推到主张有限制地类推,特别是有利于被告人的类推解释等。

总而言之,罪刑法定原则作为王冠上的一颗明珠,已被世界各国所公认,特别是在大陆法体系国家,具有明确的、不可动摇的地位。那么,对于英美法系国家来说,他们的刑法中有无罪刑法定的规定呢?实际上,罪刑法定在普通法法系国家也有其特殊的表现形式。美国宪法中虽然没有明文写出罪刑法定,但一系列宪法修正案在实质上已经包含了罪刑法定的基本精神。[①]

第二节 禁止追溯既往的法律和禁止剥夺公权的法案

法的适用效力不溯及既往是自有成文法以来的一个基本原则,几乎所有国家的刑法都自觉或不自觉地遵守这一条原则。德国现行《刑法》第 1 条明确规定:"任何行为只有在根据先于其实施而存在的法律明文规定,具有可罚性时才受处罚。"[②]法国 1994 年 3 月 1 日生效的新《刑法》第 112-1 条重申:"只有在其发生之日构成犯罪的行为,始得惩处之。"[③]

英美国家也不例外,英国启蒙思想家托马斯·霍布斯(Thomas Hobbes,1558—1679),在其名著《利维坦》一书中指出:"在行为发生之后所制定的任何法律都不使之成为罪行。这行为如果是违反自然法的,那么法便成立在行为之前,至于成文的法则在制定之前无法让人知道,因之也就没有约束力。"[④]美国宪法禁止美国联邦政府和州政府制定任何追溯既往的法律,许多州的宪法也有类似的规定。美国联邦最高法院在 1798 年卡尔德诉布尔(Calder v. Bull,1798)一案中,对追溯既往的法律定义为:第一,任何对该法通过以前所实施的无罪行为,作为犯罪加以处罚的法律;第二,任何对该法通过以前所实施的犯罪行为,作为加重犯罪予以处罚的法律;第三,任何改变刑罚,并允许对该法通过以前的犯罪,按较重刑罚处罚的法律;第四,任何为了证实罪犯而改变法定的证据规则。允许

---

① 储槐植:《刑事一体化与关系刑法论》,北京大学出版社 1997 年,第 259 页。
② 储槐植主编:《美国、德国惩治经济犯罪和职务犯罪法律选编》,北京大学出版社 1993 年版,第 192 页。
③ 罗结珍译:《法国刑法典》,中国人民公安大学出版社 1995 年版,第 3 页。
④ 〔英〕霍布斯:《利维坦》(中文版),黎思复、黎廷弼译,商务印书馆 1985 年版,第 229 页。

采纳比犯罪时法律所要求的不相同的或较少的证据。① 这个定义的前三项是对实体刑法的限制,第四项则是关于证据法的限定性改变,是对程序法的限制。

在美国的司法实践中,当法律要求某种犯罪必须具有行为和行为结果时,确定犯罪的时间对适用追溯既往的条款至关重要。例如,被告人在某年的5月1日向被害人开枪射击,5月10日颁布了新的杀人罪法律,被害人在5月20日死亡。这时应当适用5月1日以前的法律,而不是适用5月10日新颁布的法律,否则就可能发生不利于被告人的情况。美国的刑法理论和刑事政策表明,法律是对犯罪行为的正义警告,如果对行为人适用追溯既往的法律,让其接受比行为当时的法律更加严厉的制裁,显然有失公正。禁止追溯既往的刑法原则,也是对公共官员滥用权力的一种有力的约束。

根据美国的审判实践,禁止追溯既往的法律,仅适应于美国联邦和州的立法机关的法律,而不适用于法院的司法判决。它一般也只适用于刑事犯罪,而不适用于民事问题,尽管有时追溯既往的民事法律也被认为违反了美国宪法。1964年美国联邦最高法院在鲍伊诉哥伦比亚市(Bouie v. City of Columbia)一案中曾经认为,禁止追溯既往的法律不仅适用于立法机关的法律,而且也适用于法院的司法判决,因为美国宪法禁止借助司法解释达到完全一致的结果。事实上,美国最高法院的该项判决从未被广泛适用,因为美国法律的传统和基础是判例法。具有追溯力的司法判决本身就是美国法律的一个组成部分,这就不可能完全排除司法判例中的溯及力问题。②

值得指出的是,美国历史上曾经有所谓的:"剥夺公权法案"(Bill of Attainder),允许对犯有叛逆罪和其他可处以死刑的重罪犯剥夺公民权,使其丧失职位、荣誉称号、财产和接受正当司法审判的权利。直到资产阶级革命以后,"剥夺公权法案"才受到禁止。

美国《宪法》第1条明确禁止国会和各州议会通过"剥夺公权法案"。美国最高法院早在1867年的卡明斯诉米索瑞(Cummings v. Missouri,1867)一案中就指出:"剥夺公权法案,就是立法机关制定的不经司法程序而直接处以刑罚的法令。"1946年在美国诉布朗(United States v. Brown)一案中,美国联邦最高法院又对该法案作了更广泛的解释,即剥夺公权法案,"是指立法机关以任何方式,不经司法程序而对可确定的个人或一个组织的成员,直接处以刑罚的法令"。以后的一项法律又规定,联邦和州的剥夺公权法案违反美国宪法,公共官员在公务活动中滥用职权构成渎职罪,可被处以罚金或监禁。③

---

① Wayne R. Lafave, Austin W. Scott, Jr, *Criminal Law*, West Publishing, 1986, p. 97.
② Ibid., p. 102.
③ Wayne R. Lafave, Austin W. Scott, Jr, op. cit., p. 106.

从美国大多数这类案件中可以发现,由立法机关制定的剥夺公权法案的法令所包括的处罚,具有比刑事处罚更广泛的内容。例如,剥夺从事某项职业的权力,剥夺受雇于政府和私人企业的权利。美国的一项法律曾经规定,一个确定的个人或一个可查明组织的成员,在以前曾从事过立法机关认为有害,但不是刑事犯罪的行为,将被处以罚金和监禁。当然,这项法律既是一个剥夺公权的法案,又是一个追溯既往的法律,具有双重的违宪性。由此可以看出,剥夺公权法案和追溯既往的法律虽然不是一回事,但确有一些交叉和重叠之处。它们的基本点与罪刑法定原则格格不入,是应当受到禁止的法律。

第三节 正当程序条款

普通法系国家将正当程序条款,作为罪刑法定原则的一种特殊表现形式。早在 1345 年,当时的英国国会迫使英王爱德华三世接受了约束其言行的法律性文件,即"不依正当法律程序,不得对任何人(无论其财产和社会地位如何)加以驱逐出境……不得逮捕、监禁、流放或者处以死刑。"很长一段时间内,这一法律术语偏重于个人的自然权利,强调个人享有刑事诉讼程序上的保障。

以后,洛克的"自然权利论"对美国的正当程序条款,产生了很大影响。他认为自然权利是人类劳动和自然界成果的结晶,绝不能剥夺,政府对私人财产限制的权利也要尽力予以约束。美国独立前夕,康涅狄格州、马萨诸塞州、弗吉尼亚州的一些法律中,已经表露了正当程序条款的含义。1791 年美国联邦《宪法第 5 修正案》规定,未经正当法律程序不得剥夺任何人的生命、自由和财产。这时的正当程序条款,主要是指刑事案件的被告人有权要求按照刑事诉讼程序,接受公正审判。刑事被告人享有受保护的权利,政府只有遵守正当程序,才可对被告人采取法律行动。

在正当法律程序的《宪法第 5 修正案》颁布的几十年中,对于美国联邦刑事审判并没有产生太大的影响。因为美国是联邦制国家,大部分的刑事案件由州法院审理,这一条款很少在依州法律判决的案例中运用。

自 19 世纪中叶以后,通过法官的解释和司法实践,正当程序条款的内容不断变化,已不仅仅是一项刑事诉讼程序。1856 年美国纽约地方法院在审理一起民事案件中,认为"禁酒法案"是不依正当法律程序而剥夺公民的财产。这就使正当程序条款首次被用作实体法,并在民事案件中加以运用。12 年后,美国宪法第 14 修正案重新规定,各州均不得制定或施行剥夺合众国公民的特权和特赦的法律,也不得未经正当的法律程序,剥夺任何人的生命、自由或财产。这一修正案的最深影响,就是将正当法律程序的实质性变化,以根本法的形式固定下来,取得宪法上的确认。至此,美国的"正当法律程序",已由形式上的"正当法律程序",变为实质上的"正当法律程序";由单纯刑事审判程序上的保障,变为包括对民事私有财产上的保障,使政府的司法权力受到了相当的限制。

这种实质性的限制条款,不仅要求在实体刑法中对作为刑事犯罪的行为,从内容到形式上加以明文规定,而且要求国会和州的立法机关在宣布某种行为是犯罪时,要具有适当的和明确的限制。某种行为如果尚未达到犯罪的严重程度,立法机关就不能通过法律程序将其认定为犯罪,使之犯罪化。否则,就从实质上违反了"正当法律程序"。

美国法院有时会以某项法律对人权法案所保证的权利和自由构成威胁为理由,而宣布其违宪和无效。在有些州,法院认为有些刑事法律禁止的行为并没有对公众构成实质性损害,也就不能将其犯罪化。甚至是存在某种危害的情况下,有的州法院也常常以特定的理由,即缺乏刑事犯罪的传统构成要件为由,而取消某项刑事法律。例如,缺乏主观心理要件或者缺乏法律要求的作为或不作为等。美国最高法院认为,根据人的身份和状态规定其构成犯罪,不符合刑法的目的和基本原则。美国法院通过宣布某项刑事法律违宪或无效的政策,来体现正当法律程序对刑事立法的实质性限制,符合罪刑法定的原则。

第四节 其他和罪刑法定原则相关的规定

在英美刑法中,除了禁止追溯既往的法律,禁止剥夺公权的法案和禁止不经正当程序定罪的法律以外,还有一些相关的刑事法律,也在一定程度上体现了罪刑法定原则。

一、刑事诉讼中当事人享有陪审团审判的权力

陪审制源于英国。无论是大陪审团还是小陪审团,在盎格鲁撒克逊时代可能已经存在,但真正形成现代这种规模,主要还是1066年诺曼王朝和其以后的事情。在美国,陪审团参加审理案件的制度是美国宪法第6和第7修正案所确定的,是一项基本的诉讼权利。

大陪审团由16至23人组成,主要是调查政府对某人的严重刑事犯罪所提出的诉讼是否公正,被指控的人是否应当出庭受审。大陪审团确认指控的合理根据时,被告人没有反问证人和提供有利于自己证据的权利,大陪审团只审查控告一方提交的证据,决定是否进行调查,是否批准检控一方的起诉书。大陪审团审理案件不公开进行,甚至连被告人的律师也不能出席。大陪审团审理的案件,大都涉及高级政府官员、白领犯罪,如欺诈、贿赂和某些反托拉斯的案件。[①] 美

---

① 对于谋杀、强奸、抢劫、盗窃、伤害等刑事犯罪,警察可以直接采取逮捕行动。

国前总统克林顿与莱温斯基一案,就是经大陪审团听证以后,交由参议院组成100人的陪审团进行审理的,这个案件最终以克林顿无罪而宣告结束。尽管如此,它可以很形象地说明大陪审团在刑事诉讼中的作用。

小陪审团,直接参与案件的审理,传统上由12人组成,现在亦可由6人组成,负责听取控辩双方陈述、双方律师对证人的询问和辩论,然后就事实问题作出判断。

充任陪审员是美国公民的一种权利和义务。过去一般由社会名流担任陪审员,现在则从选民和纳税人花名册、电话簿和汽车注册记录中不拘一格地挑选陪审员。大量能担任陪审员的人的名单已经编入电子计算机程序,有一些地方仍采取抽签制来挑选陪审团。①

名单确定之后,法院即向所有候选人寄送一份表格,告知他们是被随机抽样选中的,并要求他们填写相关内容。例如,出生年月、电话号码、种族、是否能用英语进行交流,是否曾经犯过重罪等。候选人接到法院的表格后,必须如实填写,并在收到表格的10日内寄出,否则可能受到民事和刑事处罚。法院在收到表格之后,会在适当时间通知候选人到法院接受控辩双方的询问和挑选,以便确定他是否适合充当某一案件的陪审员。

从某种意义上讲,应召到庭的陪审员也在接受审查,但并非由于犯了什么罪,而是要了解他们的态度是否不偏不倚。如果起诉一方或辩护一方认为他们不适合当陪审员,可以在一定限度内说明理由,也可以不作任何解释而要求更换。这种对陪审团的调查研究是双方争取胜诉的一个关键途径。但这种打探陪审员心理背景的做法有侵扰他人私生活、违宪操纵司法制度的嫌疑,而且调查过程中所需资金昂贵,往往有利于争端中较富有的一方。现在已经开始对挑选陪审员的次数加以限制,在刑事案件中,控方有6次,被告方有10次,可以不说明理由更换陪审员。民事案件中,当事人双方各有3次机会。以正当理由免除某人充当陪审员的次数则不受限制。在英国,经检察总长同意,可以对陪审员进行某种审查。例如,在涉及国家安全的案件中。有人认为,审查陪审团的做法,不符合陪审团成员应从具有代表性的各界公众中任意产生的总体思想。但是英国法院认为,如果不对陪审团成员进行审查,就无法知道他们中间是否有不符合条件的人存在。

至于陪审团在现代社会中的价值,这是一个颇具争议的话题。有人认为,在涉及政府、公共当局的案件中,例如警察滥用权力的案件,陪审团起着捍卫普通民众利益的作用。在这类案件中,法官往往倾向于相信警方的证言,而陪审团则

---

① 英国法律规定,充当陪审员必须拥有一定的财产。在伦敦城里,充当陪审员必须拥有自己的住房或土地,或有一定数额的固定收入。

往往对警方的证据持更多的怀疑态度。

在英国,许多人的切身感受是,只有在陪审团面前,他才真正有机会被宣告无罪。因此,当被告人有权选择让陪审团参与审理,还是交由治安法官审理时,多数人都会选择由陪审团进行审理。道理很简单,他们认为由陪审团宣告无罪的机会要大得多,而由治安法院宣判无罪的机会则很小。例如,违章驾驶、偷窃商店物品,被告承认犯了错误,但否认用心不良。陪审团似乎更愿意相信一个人可能偶然犯了一次错误,或者一时心不在焉做错了事;但治安法官则往往对此持有偏见,甚至拒绝考虑被告人的一切辩护意见。当控辩双方的证据发生冲突时,陪审团往往情愿相信被告人提供的证据,因为许多陪审员本身就有和警方打交道的经历,他们亲身体验到应当对警方的证据持某种程度的怀疑。

近年来,陪审团在对起诉案件的审理过程中,宣告无罪的比例较高,特别是对某些过失行为,可能高达 50% 以上。持中立立场的人认为,这些判决是合理的。之所以会出现这种情况,主要是警方提供的证据不足,或者由于某些细节性的法律原因所致,陪审团而对这种情况,感到宣告被告人无罪是正确的解决办法,尽管这些人实际上是有罪的。

毋庸讳言,由于陪审团往往是从芸芸众生中以各种方式挑选出来的,有些人连一般智力都不具备,人们有理由怀疑陪审团是否可以在错综复杂的案件中领悟问题,并作出明智和公正的裁决。某些不孚众望的陪审团的裁决,也往往引起公众舆论的谴责。谋刺里根总统的小约翰·欣克利以精神错乱获判无罪便是一例。

有时候,针对复杂的法律问题,人们期望法官能够在这方面提供必要的指导,但陪审团可能对这种指导也难理解,或者根本就没有能力按照法官的指点去做。在陪审制确立之初,由于社会经济条件的限制,陪审团成员面对的主要是谋杀、盗窃、抢劫、强奸等刑事案件和离婚、分割财产等日常生活琐事和简单的民事纠纷,即便不具有专门知识,也可以根据生活经验作出符合实际的判断。而现在不同了,无论是民事案件还是刑事案件,其复杂程度都是前所未见的,公司上市、兼并、垄断市场价格、内幕交易、商业欺诈等等,要弄明白这些问题,显然是非常困难的。由于陪审团成员基本上没有这方面的专门知识和职业训练,他们在判断事实,衡量证据时,就不可能像法官那样称职和富有经验。

正是由于这些原因,在英国,陪审团已经基本上退出了民事案件的审理工作[①],很显然,在这些案件中,由法官进行审理,要比陪审团进行审理更为合适。至于刑事案件,每年由治安法院法官审理的案件大约有 200 多万件,而由陪审

[①] 在英国,民事法庭也可以审理诽谤、欺诈案件,审理这类案件时,有时还使用陪审团,否则,民事陪审团可以说几乎已经不存在了。

通过起诉程序审理的案件,大约只有26000件。即使在后一种情况下,被告人虽然受到起诉,但他本人对罪行供认不讳,也不需要组成陪审团进行审理,由法官直接判刑就可以了。由此可见,陪审制在英国的司法制度中起的作用越来越小,尽管陪审制起源于英国。

而在美国,许多人认为,尽管陪审制有缺陷,但还没有更好的制度可以代替。他们仍然将陪审制看做是一项宪法权利而世代相传,始终不渝和近乎不可思议地信赖由与自己同等地位的人所组成的陪审团。事实上在多数案件中,当陪审员受命去运用他们的经验和常识来判断法庭所提供给他们的证据时,亦往往能在人力所及的范围内秉公而断。这也许是陪审制能在美国继续保有生命力的主要原因吧!

二、禁止使用残酷和非常的刑罚

所谓残酷和非常的刑罚,通常是指过分严厉的、残忍、不人道或有辱人格的待遇和处罚。

美国宪法禁止联邦政府对联邦犯罪施加任何残酷和非常的刑罚。几乎所有的州都有类似的宪法性规定,禁止对州犯罪施加这样的刑罚方法。这些限制主要表现为,第一,对施加刑罚的方法加以限制;第二,对施加刑罚的数量加以限制;第三,在某些情况下禁止任何和所有的刑罚处罚。

美国《宪法第8修正案》规定,残酷和非常的刑罚方法,是指火刑、钉死在十字架上、车裂、肢解、拷打、拇指夹刑具和绝对与世隔绝的单独性监禁。[1] 但是,这个修正案的标准不是绝对的,它随着社会的发展而不断有所变化。美国首席大法官沃伦主张对宪法第8修正案的内容,应从"不断发展的标志着成熟社会进步的体面标准中去吸取它的意义"。因此,在有些情况下,即使没有施加任何身体上的虐待和痛苦,也可能被视为残酷的非常的刑罚,例如剥夺公民身份,它"可能导致在一个有组织的社会中,一个人精神状态的全面崩溃",也应属于现代社会所禁止的刑罚方法。[2]

去势(宫刑)和鞭刑,根据美国联邦最高法院对《宪法第8修正案》保护"人的尊严"的解释,已经被视为残酷的和非常的刑罚。但美国有些法院仍然允许去势,前提是性犯罪者自己同意,如果愿意接受这种刑罚方法,可以免于监禁刑。[3] 至于死刑是否具有内在的、固有的残忍性,美国联邦最高法院并未作出明确的判断。它的观点是,虽然死刑存在着道德上的缺陷,但是由于死刑被长期和广泛的

---

[1] 在美国的许多判例中也认为,单独监禁不违反美国的宪法原则。
[2] 美国联邦最高法院1958年在审理 Trop v. Dulles 一案中认为,剥夺公民权是比酷刑更原始的一种刑罚方法,因为它否决了用几百年的时间才积累起来的个人的政治存在。356 U.S.86.
[3] State v. Feilen,70 Wash. 65,126 Pac. 75(1912)

接受,使得它免受《宪法第 8 修正案》的绝对性禁止。认为死刑是残酷的和非常的刑罚面临两个实质性的问题,首先,所谓残酷和非常的刑罚在过去已有范围上的限制,它包括的不仅仅是剥夺人的生命的刑罚,也包括其他种类的刑罚;其次,死刑是否可以实现刑法的目的? 死刑对罪犯有没有更大的威慑力? 对这些问题的回答是肯定的。这也是没有废除死刑的主要原因。

禁止残酷的和非常的刑罚,也表现在禁止由法律认可的、与所犯罪行不相称的、过度的刑罚,尽管美国最高法院并未对这种罚与刑的尺度作出充分的阐述。例如,在威姆斯诉美国一案中,一位官员因篡改官方记录而被判处 15 年重劳动监禁。被告人不仅要从事艰苦的劳动,还要从腰部到脚踝戴上沉重的镣铐,终身受到监视,民事权利也被剥夺。这算不算残酷的和异常的刑罚呢? 答案是肯定的。在有些案件中,法院的判决与所犯罪行也明显不相称,比如在公园里采花而被判处 6 年监禁,或者因为倒卖 307 升酒精饮料而被判处 54 年监禁,这些判决无疑都是残酷的和非常的刑罚。①

对于没有造成受害人的死亡的案件是否可以适用死刑,是一个有争论的问题。例如强奸罪,许多案例中可以判处死刑。在鲁道夫诉阿拉巴马(Rudolph v. Alabama)(375 U.S. 880(1963))一案中,一个黑人因犯强奸罪而被判处死刑,被告人上诉于最高法院。虽然最高法院多数法官拒绝受理这一上诉案,但有三位法官(Goldberg、Douglas、Brennan)表示了不同的看法。他们的观点是,对于没有剥夺或危及人的生命的强奸犯判处死刑,是残酷和非常的刑罚。理由主要有三点:第一,世界上只有少数国家和美国的一些司法区对强奸罪适用死刑,因而违反了不断变化的体面标准;第二,为了保护与人的生命不同的价值而剥夺人的生命,由于缺少相称性而违反了美国宪法;第三,通过其他刑罚方法,例如监禁刑也可以达到惩罚的目的,却仍对强奸罪适用于死刑就是不必要的残酷。② (375 U.S. at 890)

根据美国的司法实践,假如某项法律仅仅规定了一种刑罚方法,而这个刑罚又是残酷的和非常的,那么,整个法律就是违宪的;假如一个法律既规定了适当的刑罚,又规定了残酷的刑罚,那么毫无疑问,适当的刑罚仍然有效。

美国《宪法第 8 修正案》,不仅限制立法机关对犯罪所规定的刑罚,而且也限制只有在非常明确的情况下,才能将某种行为作为犯罪加以处罚。在鲁宾逊诉加利福尼亚(Robinson v. California)一案中,美国最高法院认为加州的一条法律,将使用麻醉剂成瘾的人作为罪犯处理,违反了美国宪法。第一,认为这项法律创造了一种"状态"犯罪,即不需要任何反社会的行为就可以定罪;第二,这项

---

① Garvey v. Whitaker, 48 La. Ann. 527, 19 So. 457(1896); State v. Driver, 78 N.C. 423(1878).
② Wayne R. Lafave, Austin W. Scott, J, *Criminal Law*, West Publishing 1986, p.165.

法律将患有麻醉剂成瘾的疾病,也视为一种犯罪行为;第三,这项法律也许使在完全无辜和偶然情况下传染上这种疾病的人,也被作为犯罪看待。①

总之,美国宪法中禁止残酷的和非常的刑罚包括的范围非常广泛,不仅涉及刑罚问题,而且涉及犯罪行为的问题,在鲁宾逊一案中,甚至涉及由于精神疾病而不能控制自己行为的问题,就是一个明显的例证。

三、禁止强迫认罪的法律

在英美等国,禁止强迫认罪的法律,被广泛认为有助于加强法制,可使当事人免受政府的非法追诉。体现在刑事诉讼中,当事人在被警察或执法人员拘留后有权保持沉默,有权在开庭审判前保持沉默不回答任何问题。他还可以要求他的律师到场,由律师回答问题。如果没有律师或请不起律师,可寻求政府的帮助。政府为其免费提供律师,是法律援助的一部分。这项法律是美国联邦最高法院在1966年《米兰达诉亚里桑那》(Miranda v. Arizona)一案中的裁决里作出的,现已成为美国刑事诉讼程序中的重要组成部分。

美国联邦最高法院在解释判决理由时指出:"逮捕时的各种情况本身就具有强大的威慑力,以至于除非负责逮捕的警官事先向被逮捕者作出某种说明,否则嫌疑犯在被逮捕期间的任何有罪供述,都不能作为审判时对他不利的证据而使用"。被告人在诉讼过程中保持沉默,只可以作为无罪答辩记录在案,不会发生任何对他不利的影响。这样,可以在很大程度上避免或减少刑讯逼供、诱供或迫于压力作出的假供。

在英国,有些人认为沉默权创造了一种保护罪犯的规则。直至现在,如果被告人不愿意在法庭上开口说话,法官就不能向他提出问题。1994年,英国的刑事审判法作出了一些新的重要规定,如果被告人从被逮捕到诉讼结束的整个过程都一言不发,就允许法庭和陪审团根据这一事实,作出对被告人不利的推断。但是,这仅仅是允许陪审团可以作出不利于被告人的推断,而不是要求陪审团必须这样做。假如根据案件的具体情况,陪审团认为被告人是无辜的,或者有充分的理由保持沉默,就不会作出对他不利的推断。

尽管改革的幅度很小,还是引起了广泛的争议。在许多普通的刑事案件中,人们对警察、检察官和法官非常不信任,一些遭到逮捕的人受教育程度不高,或者智力低下,平时就经常受到当权者,特别是警察的骚扰,一旦遇到某种情况或受到执法人员的盘问,就会显得惊慌失措,尽管他们也许根本就没有做错任何事。这一点和受到良好教育的中产阶级以上的人不同,他们可以非常自信地对自己的行为解释得清清楚楚,面对咄咄逼人的警察也不会有太大的心理压力。

---

① Wayne R. Lafave, Austin W. Scott, Jr, op. cit., p.182.

但是那些处于弱势地位的人,就可能需要以沉默来保护自己,这种危险的确存在。前几年,一位无辜的美国海地移民,因惧怕警察的询问,选择了逃跑,结果身中19枪而身亡。此事在美国曾引起轩然大波,被社会大众视为种族歧视的典型事例。

英国的桑德斯(Saunders)一案给"沉默权"带来了一个新的变化。案件的大致情况是,欧内斯特·桑德斯在担任吉尼斯公司董事长期间,受到一项欺诈罪的调查。当时他被强迫回答问题,并在以后的审讯过程中用他自己的回答,作为驳斥他的理由。案件结束以后,欧洲人权法院对英国的这一做法提出了批评,认为这种做法违背了公正审判的真正基础。但是桑德斯一案的判决,大概不会对1994年的《刑事审判法》产生太大的影响,因为该法允许作出对沉默的被告人不利的推断,而没有规定以刑罚相威胁,强迫当事人回答问题。即便是欧洲人权法院,也不可能对沉默权问题保持极端的观点,以至于不准许提出此类问题。

除了沉默权问题以外,根据美国《宪法第6修正案》的规定,被告人有权要求与起诉方的证人当庭对质,甚至可以要求法庭以强制手段促使对被告人有利的证人出庭对质。如果控方不能让证人与被告人当庭对质,法官则可以撤销对被告人的所有控告。例如,1997年中国公民王某向美国的移民律师咨询移民问题,该律师将他介绍给一位叫保罗的美国人,保罗又将他介绍给吴某。吴某谎称自己是荷兰某血液透析中心的医生,声称王某只要能在中国为他搞到用于器官移植的肾脏和角膜,就可以为他办理签证。王某明知没有这种可能性,还是与保罗和吴某签订了一个合同。在此期间,保罗和吴某又将王某和另一被告人傅某的谈话录音和录像带,播放给美国联邦调查局的调查人员。美国政府未对保罗和吴某的动机进行调查,就匆忙逮捕了王某和傅某。

但在开庭前两星期,控方提出要对证人的情况保密,被法院断然拒绝。开庭当天,控方又说证人在国外,不能出庭作证。两被告人的律师取随即提出,法庭应立即撤销对两人的指控,因为他们的对质权受到了侵犯。美国的法官支持了这一观点。纽约南区联邦地方法院在判决书中指出:当检方无视被告方的要求,刻意隐瞒对被告人有利的证据,而这种证据又对证明被告是否有罪或是否应当判决刑罚至关重要时,或者在被告人不能当庭诘问原告证人的动机或可信程度,以便陪审团全面了解事实真相的情况下,被告人的权利即受到了严重侵犯。据此,法庭驳回了检方的控告。王某和傅某在经过长达二年的诉讼后,被宣告无罪释放。

为了防止政府和执法人员滥用权力,美国《宪法第5修正案》还规定:"在任何刑事案件中不得强迫任何人自证其罪。"以后,美国最高法院还对此作了扩大解释,即禁止陪审团和法官为了证明某人有罪,使用非法手段取得证据,特别是逼供取得的证据。因为用酷刑拷打逼出的供词极可能是假的,它使无辜的人被定罪。

根据这一扩大解释，即使用逼供手段取得的证据或供词属实，即使该口供和其他人证、物证单独对证也完全一致时，也不能作为证据。在这类案件中，法院宣布被告无罪，并非因为对被告是否真正有罪有疑问，而是因为被告的宪法权利受到侵犯。如果警察和检察官被认为侵犯了被告人的《宪法第 5 修正案》所规定的权利，那么所有的供词都是无效的，被告应予以释放。

美国联邦最高法院后来还将这一扩大解释，适用到《宪法第 4 修正案》。联邦最高法院 1961 年在"麦普诉俄亥俄州"一案中裁定，认定犯罪的证物，即使是最可靠、最无争议的物证，如果是用"官方的非法手段取得"，违反了宪法第 4 修正案，也必须被排斥。这一原则也适用于非法窃听的案件。有了这些规定，被告的辩护律师就可以以该证据是用"官方非法手段"取得的为由，而将其拒之于法庭之外，并且打开了审判政府"官方的非法行为"的大门。虽然美国联邦最高法院也制定了一些例外的情况或限制，但时至今日有经验的律师仍能将政府置于被告地位。

当然，也有一些人认为，应该允许偶尔为之，下不为例地使用非法手段以保护法律的地位。政府如果对犯罪坐视不见，墨守法律陈规，不敢越雷池半步，势必让罪犯逍遥法外，损害国家和社会的利益。但是，美国前最高法院法官勃兰代斯反驳说："政府是威力强大无所不在的教员，教好教坏，它都用自己的榜样教育人民。犯罪是可以传染的，如果政府自己犯法，就会滋生对法律的轻蔑，引诱人民各行其道，把自己看做法的化身。"这也是对禁止强迫认罪法律的最好说明。

四、对刑事案件应迅速和公开审理

美国《宪法第 6 修正案》规定，任何刑事案件的被告人，均享有予以迅速和公开审理的权利。这一原则现已体现在《公民权利和政治权利国际公约》《欧洲人权公约》和《美洲人权公约》之中。1974 年美国国会还通过了一项法律（迅速审判法，Speedy Trial Act），要求在联邦司法机构提出起诉后 100 天内进行审判。大多数州也有类似的规定。可是在实践中被告人往往放弃他享有的得到迅速审判的权利，而希望拖延会带来好处。因为如果不能在法定期限内提起公诉，联邦法院可能会下令释放嫌疑犯，这样的情况并不少见。

近年来，美国国会、各州的立法机构和法官，都将加速案件审理作为自己的首要议事日程。纽约州的首席法官劳伦斯·伦克列举了纽约市刑事审判中通常发生的 12 种拖延的例子，并对拖延审理采取了严厉的措施。尽管采取了种种措施，积案还是有增无减。全美上诉案件由 1985 年的 33360 件，上升到 1998 年的 53805 件，"以维持原判"一句话作出的判决越来越普遍。上诉法院只对 1/4 的案件发表全文判决书，而在 1985 年则有 54%。由于未发表的判决不能作为判例,其法律价值就受到了影响。1998年,一些美国法院以减少积案为由,要求国会新增加36名联邦法院法官,但遭到国会的拒绝。①

英国人将"拖延诉讼"的帽子送给了律师。在英国,诉讼费用的多少有时以律师花费在诉讼上的时间的长短来计算,因此,故意拖延诉讼时间以捞取更多的金钱就成了某些律师惯用的伎俩。有的人就不分青红皂白地指责律师以"拖延诉讼"来中饱私囊。英国法院曾审理过一个离奇得近乎荒诞的案件——当事人死于1882年,而直到1962后才审理完毕,前后用了80年。这起案件成了人们用以攻讦律师的典型例证。

其实,诉讼时间的久长并非全是由于律师的缠诉引起的,诉讼程序的错综复杂也是问题的所在。因此,为了加速审理案件,鼓吹刑事审判改革的人也想限制上诉。现在美国国会和某些州的人也在考虑改革当中,包括限制罪犯提出涉及人身保护令的诉讼权,以及对上诉步骤加以时间限制,就同法律中要求迅速审判的限制相类似。还有些人希望放宽可以接受的证据的尺度。阿拉斯加州甚至取消了抗辩谈判。有些地方检察官也减少了这一做法,特别是限制重罪犯的抗辩谈判。

即便如此,一些为大家所公认的基本权利都不会有多大改变。因为经过适当的法律程序,对刑事案件予以公开、迅速的审理,仅仅是用来反对政府官员的独断专横、反复无常和不合法行为的一种约束。

五、禁止"一案再审",即对同一罪名不得重复审判

这一法律原则最早可以追溯到罗马法,早期的英国普通法也体现了这一原则,近千年来,禁止一案再审已经成为英国刑事司法制度的基石。美国《宪法第5修正案》也规定:受同一罪行处分者,不得令其受两次生命和身体上的危险。1966年联合国大会通过的《公民权利和政治权利国际公约》第14条第7项规定,任何人已依一国的法律及刑事程序被最后定罪或宣告无罪者,不得就同一罪名再予审判或惩罚。

但是近年来,英国犯罪率不断上升,不少重罪犯尤其杀人犯往往因证据不足而长期逍遥法外。人们开始质疑禁止一案再审的公正性和合理性,有些案件宣告被告人无罪后,确实又发现了新的、确凿的证据,如果仍然不能重新启动再审程序,对社会和受害人及其家属显然是十分不公正的。为此,英国2002年《司法改革白皮书》建议,对一些重罪,如谋杀、强奸、抢劫罪,不适用禁止一案再审的规则。如果有新证据显示被告人确实犯有上述重罪,而且这些新证据在第一审没有提交法庭是合乎情理的,检察官和警察部门就可以对案件重新进行调查。如

---

① 现在已经增加了联邦地方法院法官的名额。

果调查的结果证实被告人确实有罪,上级法院有权撤销一审法院的判决,并作出新的有罪判决。

在美国,1995年10月审理的美式橄榄球明星辛普森杀妻案,也使许多人对"禁止一案再审"的法律原则的公正性产生了很大怀疑。尽管美国社会70%的人认为,他们从电视转播中看到的证据,认定辛普森是有罪的,但陪审团仍作出"辛普森无罪"的裁决。这个花费了美国纳税人805万美元的"世纪审判"终以辛普森无罪释放而告结束。虽然1997年2月4日和2月11日,美国加州一个民事法庭裁定辛普森对谋杀"负有责任",分别判处850万美元的补偿性损失赔偿和2500万美元的惩罚性赔偿金。但是,根据禁止对同一罪名重复审判的原则,凡在刑事上获判无罪者,不能因为在民事法庭上被裁定"有责任"而再度受审或被判处死刑(在辛普森一案中,由于警察在法庭作证时说谎、有种族主义言论以及警方提供的血液样本中有凝血剂等因素,导致陪审团认为证据不足,宣告被告人无罪)。

持批评态度的人认为,刑事陪审团得出的结论是建立在他们私人的情感之上,而不是建立在理智之上。毫无疑问,由此引发的社会大众对美国司法制度的公正性质疑,将会持续下去,它对美国司法制度的改革将产生深远影响。

综上所述,罪刑法定原则的核心是防止司法专横和保障基本人权。英美两国的法律、宪法性文件也体现了这一精神。人类社会的产品没有一样是十全十美的,英美两国的法律也不例外。即便如此,上述法律原则仍为他们本国的政治安定、经济成长和社会进步提供了基础,对世界各国的法律均具有积极的借鉴意义。

第七章 刑法的渊源和定义

第一节 刑法的渊源

一、英国刑法的渊源

英国法这个词常使人联想到英国有一个统一的法律制度。实际上,并没有一个单一制度的英国法,而是一个政治联盟之内几个法律制度并存。英格兰和威尔士,苏格兰以及北爱尔兰,均有各自不同的法律制度,尤其是苏格兰,在法律制度和习惯等方面更是与其他地方存在相当大的差异。现在苏格兰和北爱尔兰都有自己的议会,拥有立法权和很大程度上的自治权,体现了多样化的文化和法律传统。

1. 成文法(制定法)

现在英国适用的法律,大多数都是由议会制定的成文法。议会是英国的最高立法机关,具有制定或废除其所选择的法律的权力。英国的议会由上下两院组成,上议院议员不是经选举产生的,而是世袭的,或由终身贵族组成的(现在这一情况正在变化中);下议院则由经选举产生的 659 名议员组成,代表全英国所有的选区。[1]

议会通过的法律,从表面上看是由议会"制定"的,但实际上议会并不负责起草法案,而是由政府的部长们代表政府拟定法规、法令,然后经议会通过。一般情况下,议会必须通过政府提交的议案,尽管在审议过程中可以提出修改意见,但议员也很少行使这项权利。当议案第一次公布并向议会提出以后,修改意见大多数是对起草人或政府部长及其部门起草的那一部分内容的斟酌推敲,其中有一些,实际上是政府部长对议员,反对党或整个议会的让步,而这种让步并不经常发生。调查表明,议员的修改意见只有 10% 被政府采纳,而反对党的修改意见只有 5% 被采纳。即便是让步,也都是一些粉饰性的和无足轻重的修改意见,在原则问题上政府是不轻易后退的。一项政府议案一旦真的遭到拒绝(执政党议员的背叛),就可能引起议会的解散,这种情况很少发生。[2]

英国议会每年都通过大量法律,将这些法规、法令和判例汇编装订成册,每

---

[1] 英国文化委员会编:《英国法律周专辑》,博慧出版社和法律出版社 1999 年版,第 16 页。
[2] 〔英〕P. S. 阿蒂亚:《法律与现代社会》,范悦译,辽宁教育出版社 1998 年版,第 195 页。

年大约有6本之多。其中很多涉及刑事法律,比如《刑事审判法》《犯罪起诉法》《警察与刑事证据法》《刑事审判和公共秩序法》等,都可以视为刑法的制定渊源。

2. 欧洲共同体法

过去,英国议会通过的法律是至高无上的。但是,在英国于1972年成为欧洲联盟的成员之后,英国法院在解释英国法时要顾及到欧洲法,议会制定的法律,要与欧洲法相一致。英国法院在审理案件时,甚至可以直接援引欧洲法,而不必由议会通过一项新的法律。

欧盟法律是从1972年的欧共体条约开始的,它是一个由全体成员国一致同意的法律文件。现在有很多相应的条款,如1986年《欧共体法案(修正案)》、1992年《马斯特里赫特条约》、1993年《欧共体法案(修正案)》等。这些条约经英国议会批准,具有法律约束力。除了欧洲议会的法律以外,欧洲法院的判例也是欧洲共同体法律的一个主要来源。这些判例甚至可以否决英国议会的立法,所以欧洲法院的判例在欧共体内部已经具有非常重要的地位。当然,应当承认,由于欧盟正处于创建过程中,其法律制度是比较混乱的,其中就涉及英国法律和大陆法系的区别,要将一件英国的刑事案件,移送到欧洲法院审理,显然并不是一件容易的事情,从这个意义上讲,也不应过多夸大欧盟法律和欧洲法院对英国法律制度的影响和冲击。[①]

3. 普通法

在英格兰、威尔士和北爱尔兰,最古老、最具有持续性的法律渊源之一是"普通法"。正如以前所述,普通法是指从许多世纪以来的习惯和法官的判例中发展而来的规则。由于历史的原因,英国的法官享有立法权,可以确定刑事责任的一般原则、规定具体犯罪的构成要件、确定在什么样的情况下被告人可以提出合法辩护。英国高等法院、上诉法院的法官,按照新的法律观点作出的判决,一旦收入判例汇编,就对下级法院具有约束力。

现在,这种立法职能已从法院转向议会。这样做的理由是:第一,议会考虑问题比较全面,不像法院往往拘泥于特定的案件事实。在认定证据方面,法院往往受到律师提供的证据的限制,而立法机关可以倾听、接受专门的权威机构和委员会的研究意见;第二,议会在立法时,可以通过辩论来澄清许多复杂问题,代表了大多数人的意见,而法官往往是孤立的个人,至多是由不超过5名法官组成的委员会来审理案件,代表性不够;第三,国会议员经选取举产生,必须定期面对他们的选民,如果没有很好地履行自己的职责,就会在投票中失去他们的位置,而法官是任命的,不是经由选举产生的,他们没有义务直接面对公众。第四,议会的权力比法院大,议会可以建立新的制度和组织机构,能够从总体上重建一大批

---

① 英国脱欧以后,这种情况也许就不存在了。

法律,并且很快将其完成,而法院的行动就比较慢,只能通过一个一个的案例来填补法律的空缺,或者将原有的原则应用到一些新的方面,法院的行动一次一步,就像国际象棋中的小卒子一样。

尽管普通法罪在很大程度上被议会制定的法律所取代,但还是有一些例外:

第一,有些犯罪,例如谋杀罪和过失杀人罪,制定法中没有现成的定义,需要查阅普通法判例来确定这些罪的构成要件。另外,许多犯罪的免责理由从来都没有成为制定法,而是保留了普通法定义。

第二,国会在制定法中所使用的词汇,往往没有正式的定义,像刑法中的一些基本词汇,如"故意""疏忽"等等,仅仅是移植了普通法的词汇,这就要求法官查阅以前的判例,以确定它的真实含义,并应用到具体案件当中。[①]

4. 国际法

英国是许多国际公约的签字国,公约对国内法有影响。但是,在通常情况下,公约中的法律不能直接在国内法院适用,除非经过英国议会的批准。

二、美国刑法的渊源

1. 美国宪法

美国《宪法》和《人权法案》是美国刑事法律的重要源泉。《美国宪法》中包含的许多思想和原则,构成了美国社会的基石,宪法精神已经成为制定刑事法律的向导和榜样。

尽管美国《宪法》中也规定了一些罪名,如叛国罪、海盗罪和违反国际公法罪,但是,从总体上讲,美国宪法并不涉及具体的刑法条款,而是作出一些原则性的规定。它的主要目的是约束政府的司法权,对政府制定的刑法内容和性质加以限制,保障公民在日常生活中免受政府对个人自由的过度干预。[②]

美国《宪法》是衡量哪些刑事法律是可以接受的、哪些是不可接受的唯一立法标准。例如,宪法将这种观念奉为神圣:即公民仅对他们的作为或不作为承担责任,而不必为他们想什么或信仰什么而承担责任。因此,假如一个州的立法机关制定了一项法律,禁止煽动性和淫欲性的思想,美国最高法院作为宪法的解释者,就可以推翻这样一个法律。

不仅如此,宪法条款还确定了刑法的性质,规定哪些行为可以被视为犯罪或非法。总的来说,美国联邦最高法院认为,为了证明因公共利益而行使司法权是正当的,也必须要求这种干预及其采用的方法是达到这个目的之所必需。

[①] Janet Dine, James Gobert, *Criminal Law*, Oxford University Press, p.67.
[②] 《美国宪法》第2条还规定了弹劾条款,任何官员如行动不检或渎职,都可以通过弹劾程序加以罢免。过去200多年,有十几位美国官员受到弹劾,其中包括安德鲁·约翰逊总统和比尔·克林顿总统(理查德·尼克松在众议院投票前自行辞职),1名国防部长和9名法官等,但只有4名法官被定罪。

美国《宪法》要求以刑事犯罪起诉任何人,必须遵守正当程序,宪法要确保每一位被告人均有机会得到律师的良好的专业辩护。对于联邦政府和州政府,美国宪法还有一些具体的要求和限制,以便在刑法领域里保护个人权利。美国宪法中的许多限制性、禁止性、保护性和权利性条款,都和刑法有关系。具体包括:

☆ 限制政府的司法权
☆ 限制严格责任犯罪
☆ 禁止追溯及往的法律
☆ 禁止模糊或含义不清的法律
☆ 保护思想和言论自由
☆ 保护持有和佩戴枪支的权利
☆ 保护宗教自由
☆ 保护出版自由
☆ 和平集会的自由
☆ 正当程序条款
☆ 禁止不合理的搜查和没收
☆ 禁止没有正当理由颁发搜查证
☆ 禁止刑事诉讼中的一案再审
☆ 禁止强迫认罪
☆ 有权要求在陪审团参与下尽快和公开审理
☆ 有权知道控告的性质
☆ 有权与证人对质
☆ 有权要求辩护律师提供协助
☆ 禁止过度的保释金
☆ 禁止过度的罚金
☆ 禁止残酷的非常的刑罚
☆ 保证受到法律的公正对待

美国《宪法》规定的联邦制对美国刑法有重要影响。美国联邦制下的政府包括中央政府(central government)和州政府以及地方政府(state and local governments),从技术上讲,在联邦制下的政府里,中央政府和州政府都是联邦政府(federal government)的一部分,人们之所以习惯上将中央政府称为联邦政府,在很大程度上是由于历史上的偶然事件造成的。①

所谓联邦制的政府,是指中央政府和州政府对美国居民都有管辖权。联邦

---

① 美国学者认为,将"中央政府"与"联邦政府"混为一谈是错误的,"联邦政府"这个概念包括"中央政府"和"州政府"。参见:Frank Schmalleger, Criminal Law Today, Prentice Hall, 2001, p.29.

制下的中央政府和各个州政府并存。每一个政府都有权管辖发生在它的法律影响下的任何活动。宪法赋予中央政府的权力主要是：州与州之间的贸易、国际贸易、对外关系、战争状态、移民、破产和某些公海上的犯罪以及针对国内法（或者国际法）的犯罪。个别州禁止与外国政府缔结条约、印刷自己的货币、获得贵族头衔（这些都是中央政府的权利）。多数州保留了这些权利，包括制定刑事法律处罚州范围内的犯罪行为，就像中央政府一样。这种制度有时被称之为"双重主权"，并在实际中容易引起混乱。

区分中央政府和州政府的一个方法，就是要认识到，中央政府的重要责任，是根据宪法保障人民的权利，不受州政府的剥夺；另一方面，州政府也有权防止中央政府非法地干涉他们的活动。

从1995年美国联邦最高法院审理的 U. S. v. Lope 一案中可以看出，联邦权力将某种不良行为犯罪化时，会受到很大的限制。1990年，美国国会通过了一个《校园佩戴枪支法》，将校园内佩带枪支的行为视为犯罪。国会认为，美国《宪法》的贸易条款，赋予了国会规范州际贸易的权力。在校园内佩带枪支会对教育产生消极影响，进而影响到公民的生产和创造能力，最终损害州与州之间的贸易关系。美国最高法院不同意这种观点，认为美国国会制定的这项法律超越了自己的权限，并宣布该项法律无效。

同样地情况，2000年美国联邦最高法院推翻了一个人的联邦放火罪，这个人在其堂兄的家中放置了一个炸弹。根据美国《法典》第18篇第844节的规定，这个人被逮捕和起诉。罪名是采用放火或爆炸的方法，蓄意损害和摧毁用于州际贸易、对外贸易或任何对上述活动有影响的建筑物。法院在审理这个特殊的放火案件时发现，依据这个法律被告人不能受到起诉，因为一般的居民楼不可能用于州际贸易和对外贸易。于是，法院驳回了政府的起诉请求。可见，即使是联邦机构，也不能在缺少法律规定的情况下，任意将某种行为犯罪化，否则就是滥用权力。

美国的联邦制度，导致了全美50个州的综合性刑法典以及许多城市与地方法规，各地的规定也不一致，对于犯罪的类型和处罚，均取决于各个司法区的具体规定。尽管如此，司法实践中还是有许多共性和相通之处，几乎所有的州都将严重的不法行为视为犯罪，例如谋杀、强奸、严重攻击、抢劫、夜盗和盗窃等。[①]当然，这些规定都必须符合宪法的原则和精神。

2. 模范刑法典

美国《模范刑法典》不是正式的法律，只是一个建议范本，许多州在制定或修改他们的刑法典时，往往借鉴其中的一些规定。模范刑法典是1962年美国法学

---

① Frank Schmalleger, *Criminal Law Today*, Prentice Hall, 2001, p.30.

会制定的建议性的官方草案,前后经历了13次修改,是美国法学会成立以来,达到极盛期的代表作。

美国法学会成立于1923年,是由一些美国著名的法官、律师和教师参与其中的一个永久性组织。这个委员会精辟地指出了美国法的两个主要缺陷——不确定性和复杂性,正是这种不确定性和复杂性,使得整个国家的审判制度都不能令人满意。按照美国法学会的看法,法律的不确定性主要存在于几个方面:

(1) 缺少协调一致的普通法基本原则;
(2) 缺少精确的法律用语;
(3) 成文法律有冲突和抵触;
(4) 大量记录在案的判例汇编;
(5) 新的法律问题的性质;

法律的复杂性主要表现为缺少系统性的发展,美国不同的司法管辖区之间的法律有很大的差异。

这个委员会建议律师组织修改法律和完善它的组织机构。这个建议最终导致产生了美国法学会。这个学会的章程指出:它的目的是促进法律的简明化和透明性,使之能够更好地适应社会的需要,确保司法机关的良好运转,促进法律工作的学术性和科学性。所有的创始人,包括首席大法官和前总统威廉姆·霍华德·塔夫特(William Howard Taft),首席大法官司查尔斯·伊迈·休斯(Charles Evans Hughes),前国务卿伊莱休·鲁特(Elihu Root),大法官本杰明·N·卡多佐(Benjamin N. Cardozo),和林德·汉德(Learned Hand),都是这个学会的早期领导人。今天,美国法学会仍然充满了活力,它有经过挑选的3000名成员,包括来自美国和世界其他国家各个领域的律师和法学教授。

许多人参与了《模范刑法典》的起草工作,但是它的主要作者是休伯特·威斯查尔(Herbert. Weschsler),他是20世纪前半期杰出的法学理论家。他是美国法学会的杰出代表,他的主要成就是试图在美国的50个州和其他司法管辖区建立标准的法律体系。

《模范刑法典》现在主要是为各州制定和修改刑法提供一个建议范本。它分为四个部分:总则、具体犯罪、处遇与矫正、矫正机关。《模范刑法典》坚持这样一个原则,即刑法的唯一目的是控制犯罪行为,而不是像许多人想象的那样是处罚。由于法典的起草者认为,无过错行为不处罚,模范刑法典对一些违反法律的人的刑事责任加以限制,特别是对共同犯罪中的从犯,以及没有可罚性心理状态的行为。

尽管没有任何一个州完全采纳《模范刑法典》的规定,但是模范刑法典的精神实质已经溶入几乎所有的州的刑法法典当中。而且,1966年美国国会成立了一个联邦刑法改革全国委员会。这个委员会建议起草的美国法典第18篇修正案(包括联邦刑法的主体),在某种程度上也是建立在模范刑法典基础之上的。自那时起,美国当代著名的法律学者 Sanford Kadish 曾经说过:"模范刑法典已经渗入和根植于美国刑法的身体当中。"

《模范刑法典》是一个重要的法律文件,她不仅试图在美国刑法领域建立一个完整的体系,为各州刑法典树立一个模式,而且保留了美国司法区内大多数著名思想家所创立的法律用语。因此,美国的学者经常将现行的州法律与模范刑法典的规定加以对比,从中汲取营养。但在一个领域例外,即高科技领域和计算机犯罪,《模范刑法典》是在 40 多年前制定的,那时还没有高科技犯罪的提法,也没有使用计算机的犯罪和使用其他先进技术的犯罪,对于这些问题,要从模范刑法典中找出答案是不可能的。①

3. 自然法

英美刑法的另一个历史渊源是自然法。自然法的拥护者认为,有些法律是人类社会固有的,是人类理性的体现,一切由人制定的法律必须符合自然法的原则,否则就是不合法的。② 例如托马斯·阿奎那(Thomas Aquinas,1225—1274)在《神学大全》中就写道:"任何由人制定的法律,如果违反了自然法,在上帝眼中都是邪恶的法律"。

今天,自然法的原则仍然在许多领域里拥有影响力。例如,关于堕胎的辩论,争论的双方都与自然法的理论有关系。1973 年美国最高法院对罗诉韦德一案作出判决之前,堕胎在大多数州都是一种犯罪行为,尽管在强奸、乱伦和危及母亲生命的情况下,有时堕胎是被允许的。审理 Roe 案的法官指出:"一项制裁堕胎的州刑事法律规定:除非为挽救母亲的生命,任何人为的堕胎都应受到处罚。无论怀孕的妇女处于妊娠的哪个阶段,也不管其他有利害关系的人是否同意。我们认为,这项法律违反了宪法第 14 条修正案的正当程序条款。美国宪法保护公民的隐私权不受州政府的侵犯,包括妇女终止妊娠的权利。"但是,最高法院也对可能的堕胎实行了限制,它指出:尽管州政府不能无视堕胎的权利,但它对于保护怀孕母亲的身体健康和潜在的人的生命具有合法的利害关系,在妇女接近分娩的各个阶段应当具有一个强制点。支持堕胎的人认为,堕胎是所有妇女必须享有的一项权利,因为她们被自然地赋予了支配自己身体的权利。这些拥护者认为,法律制度必须继续保护妇女的这种"自然权利"。

相反,反对堕胎的势力声称,未出生的胎儿也是人,有资格享有所有的保护,就像任何活着的人一样。他们认为,这种保护是最基本的,是一个人与另一个人自然联系的纽带。假如反对堕胎的势力占据上风,堕胎在某一天会重新受到法

---

① Frank Schmalleger, *Criminal Law Today*, Prentice Hall, 2001, p.31.
② 马清槐:《阿奎那政治著作选》,商务印书馆 1982 年版,第 116 页。

律的禁止。

1991年在批准克拉伦斯·托马斯为最高法院法官的听证会上,自然法也成为一个问题。托马斯在被提名之后的一次演讲中,曾经谈到了自然法和自然权利问题。参议院司法委员会主席约瑟夫·比登和其他一些参议员就这些概念,对托马斯进行了严厉询问。比登认为,自然法是一种过时的哲学观点,不再具有重要的参考价值,并且说,最高法院法官的责任就是遵从美国宪法。托马斯则回应说,自然法的概念曾经在构建美国宪法的基本原则上作出了极大的贡献。他说,约翰·洛克在其自然法的著作中曾经满怀激情地指出:"所有的人生而平等。"①自然法的理论,成为托马斯听证会上的主要内容。可见,自然法在今后的法律实践中仍将扮演重要的角色。

除了以上三个方面以外,英国的普通法和一些早期的法典,如《汉莫拉比法典》和《查士丁尼法典》都可以视为美国法律的重要渊源。

第二节 英美刑法的定义

民法法系明确地将法律关系分为两大类,一类是私法的法律关系,一类是公法的法律关系。普通法法系没有这样明确地划分,但一般认为刑法是公法的一部分,它是规定犯罪与刑罚的法律。英国历史上的刑法主要体现在由判例法组成的普通法之中。自19世纪中叶以来,陆续制定了一些刑事立法,如1861年的《侵犯人身法》(Offences against the Person Act),1957年的《杀人罪法》(Homicide Act),1968年和1978年的《盗窃法》(Theft Act)和新修改的《刑事审判法》(Criminal Justice Act)。

美国刑法在历史上主要来自英国的普通法,但在20世纪以来,制定合并大量的刑事立法,并且日益向编纂刑法典的方向发展,目前各州基本上拥有自己的综合性刑法典。

由于历史的原因,英国学者认为要给刑法下一个确切的定义是困难的。英国上诉法院的定义是:刑法的对象就是在一定时期内,为国家所禁止的、应当受到处罚的,因而被国家宣布为犯罪的行为。

美国刑法教科书的定义是:"实体刑法是以预防危害社会为目的的一种法律,它首先表明什么行为是犯罪,其次规定对这种行为所施加的刑罚,并且包括具体犯罪的概念和总的责任原则。"

在英美刑法中,同一个行为,既可以是民事违法行为,提起民事诉讼;也可以是刑事违法行为,提起刑事诉讼。例如,人身伤害、诽谤行为,都侵犯了公民的人

---

① Frank Schmalleger, op. cit., p.21.

身和名誉权,当然可以提起刑事诉讼。但是在许多案件中,被害人宁愿提起民事诉讼,而不愿进行刑事诉讼,其目的在于获取数额较大的经济赔偿。在司法实践中也可以看到类似案件,例如,1979年美国某石油公司老板威廉·塔夫拉雷斯向法院起诉《华盛顿邮报》,认为该报文章说他参与了不正当的商业活动是一种诽谤行为,要求赔偿1.5亿美元的名誉损失费。最后,陪审团裁定《华盛顿邮报》有罪,赔偿205万美元。

与此相反,在民事案件中,也可以提起某种刑事诉讼。例如,蔑视法庭,民事法庭可以判处刑事监禁;拒绝支付利息,拒绝承担抚养费,民事法庭都可以判处监禁。同样道理,刑事法庭判处监禁之外,也可以判处恢复原状、赔偿等。

但是,这并不表明英美法系的民法和刑法是一回事,它们之间具有原则的区别:

第一,处置方式不同。根据刑法进行的刑事诉讼,主要目的在于惩罚犯人,对其实行隔离、改造,以平息民愤。刑罚处罚实际上并不直接有利于被害人,直接受益者是国家安宁和社会安全。至于受害人及其亲属心理上的满足和赔偿,并不是刑法的主要目的。相反,根据民法进行的民事诉讼,主要目的则在于赔偿受害人的经济损失。在民事诉讼中,恢复原状、赔偿、宣告破产、肯定或撤销某种权利,虽然也带有惩罚性和警告性,但主要目的是赔偿,有时甚至可以让受害人得到比实际应赔偿的多一些。这一点在美国表现得尤为突出,医疗事故中的赔偿额动辄几十万美元,甚至上百万美元,而交通事故中致残的,赔偿额可以达到上千万美元。在英国,对于诽谤行为,多数当事人都愿意到民事法庭解决,就是为了尽可能多得到一笔经济赔偿费。

第二,诉讼主动权的区别。检察机关代表国家公诉犯罪行为,任何人都可以向法院提起追究,不必经过受害人的同意。对于刑法上的犯罪,国家可以直接干预,对犯罪分子施加有组织的强制力,国家元首对刑事案件具有豁免权。民事诉讼的主动权在个人,法律关系的主体是平等的。双方当事人在法院判决前可以私下和解,撤销诉讼,只有在受害人同意的情况下才可以起诉到法院。在民事诉讼中,国家元首没有豁免权。可见,民事诉讼的重点是调整双方当事人的利益冲突,以取得最好的社会效果。

那么,为什么要将刑事行为和民事行为从理论上加以区别呢?

第一,刑事违法人侵害的不仅仅是特定的受害人,而是危害了整个社会安宁,用民事赔偿的方法显然不能阻止犯罪行为,也不能使社会免受其害。例如,企图犯罪,夜入他人住宅,这种行为不是单纯对某个家庭的侵害,而是对整个社会的危害。因此,应当由国家掌握诉讼主动权,对犯罪行为加以处罚,而不能通过民事赔偿的方法来解决。

第二,有些刑事犯罪行为并没有伤害特定的人,也没有造成有形的损害,但仍然具有社会危害性。刑法并不是单纯为了追究某个个人的责任,而是为了保护公众利益。例如,妨害社会秩序、乱伦、出售色情书报、侵犯他人名誉,这些行为并非针对哪一个人,而是对整个社会造成危害,必须由国家定罪量刑。

第三,刑事行为和民事行为都是一个相对的概念。过去是属于犯罪行为的,现在可能已不构成犯罪;而过去不是犯罪行为的,现在也许是一种犯罪行为。例如,堕胎过去是一种犯罪行为,现在在美国已经合法化;见危不救,过去不承担刑事责任,现在则有可能被视为一种犯罪行为。因此,只有正确区分刑事行为和民事行为,才能划清罪与非罪的界限,区分犯罪行为和一般道德问题的界限。

至于英美刑法的种类,大致可以分为四类:

第一,广义的刑法。凡是涉及犯罪与刑罚的法律、法令和条例,都可以称为广义刑法。例如,英美两国行政法规中涉及的刑法条款和宪法中涉及的刑法条款,都具有广义刑法的性质。美国《宪法》第1条第八节规定了海盗罪和违反国际公法的罪,即"国会有权规定和惩罚在公海上所犯的海盗的重罪以及违反国际公法的犯罪。"《宪法》第2条第四节规定了弹劾罪:"总统、副总统及合众国文官,受叛国罪、贿赂罪或其他重罪与轻罪弹劾和定罪时,应受免职处分。"《宪法》第3条第三节规定了叛国罪:"背叛合众国的叛国罪,只限于发动反对合众国的战争,或者依附合众国的敌人,给敌人援助。无论何人,非经该案证人二人以上证明其或经其本人在公开法庭供认,不受叛国罪的裁判。"美国1947年的《劳资关系法》《国内安全法》《谢尔曼反托拉斯法》,2001年通过的《爱国者法》(the USA PATRIOT ACT),以及英国1968年的《火器法》等等,都是广义上的刑法。

第二,狭义刑法,指专门规定犯罪与刑罚的法律、法令和条款。例如英国的《杀人罪法》、1978年的《盗窃罪法》、1991年的《刑事审判法》以及美国各州制定的综合性法典,都属于狭义刑法。

美国1877年制定了《联邦修正法律》,规定了227条刑事违法行为。1909年国会通过了《编纂、修正、改订联邦刑事法规的法律》。1948年将这些联邦刑事法律进一步整理和汇编成《美国联邦法典》第18篇。在此基础上,1974年美国参议院提出了《联邦刑法典草案》建议稿,规定了国防事务方面的犯罪,政府事务方面的犯罪,税收方面的犯罪,侵犯个人权利的犯罪,侵犯人身的犯罪,侵犯财产的犯罪,危害公共秩序、安全、健康和福利的犯罪。这个草案因其管辖范围过广,篇幅过于庞杂而受到社会各界的广泛批评。1978年美国参议院曾经以72票对15票,通过了由民主党参议员爱德华·肯尼迪提出的一个新的刑法草案,但最终被众议院司法委员会否决。看来,要想制定一个被各方所接受的、正式的联邦刑法典,仍将经历一个漫长的道路。

第三,特别刑法,指专门适用于特定的人、特定的时期或特定的某一事实的刑法。例如,美国的《军事刑法典》(Code of Military Justice),专门适用于美国的陆海空军现役军人;《戒严法》,专门适用于戒严时期,戒严一解除,就不能继续适用了;《禁酒令法》,则专门适用于醉酒这一特定事实。特别刑法是对普通刑法的补充,适用范围虽然不如普通刑法广,但效力却优于普通刑法。

第四,普通刑法,即在一个国家中,刑法的效力适用于该国的任何地区和任何个人。英国的刑法,适用于苏格兰以外的英国全境。美国的联邦刑法适用于美国全境及联邦地区,但各州的刑法只能在州内适用,不适用于其他州。

第八章 犯罪行为

英美刑法学家曾经给犯罪下过各种各样的定义。布莱克斯通认为,犯罪就是侵犯禁止性的或命令性的公法的作为或不作为。毕夏普认为,犯罪就是政府认为有害于公众并以政府名义通过司法程序加以惩罚的任何错误。克拉克和马歇尔认为,犯罪就是维护公益的公法所禁止的、以国家名义运用司法程序予以惩罚的任何作为或不作为。波金斯认为,犯罪就是由法律规定应受惩罚的任何危害社会的行为,强调行为的社会危害性。①

除了上述刑法总则中一般的犯罪概念之外,每一种具体的犯罪,都有不同的法律上的犯罪定义。一般来说,构成犯罪,需要具备刑法上的一些基本前提。

第一个基本前提就是行为构成要件(act),即必须是具有邪恶意图的犯罪行为。

第二个基本前提是犯罪心态(mental state),即刑法上的犯罪行为,除了客观上的作为与不作为以外,还必须具备主观上的犯罪心态。当然,也有一些法律规定了无过错责任的问题,不考虑行为人实施法律所禁止行为时的主观心理状态。

第三个基本前提是行为和犯罪心态必须同时发生(concurrence),即被告人的犯罪心态必须和他或她的作为与不作为同时发生。至于被告人行为的结果,是否应当与他想要达到的结果在类型和程度上完全一致,则是一个有争论的问题。一般认为,引起的损害结果与行为人内心想要达到的结果存在较大差距或完全不同,被告人就不应对这个损害结果承担刑事责任。当然在当代法律中也有许多例外的情况。

第四个基本前提是危害性(harm),只有具有危害性的行为,才能够被视为犯罪行为。根据实质上的正当程序的观点,一项刑事法律如果将与公众损害之间没有合理性联系的行为视为犯罪,这项刑事法律就违反了美国宪法。例如,对于成年人之间的相互同意的不道德行为,特别是这种不道德行为是私下进行时,就不具有危害性。如果刑事法律禁止这种私下里进行的不道德行为,就被认为是创立了"无被害人的犯罪"。

第五个基本前提是因果性(causation),对于一些犯罪而言,不仅需要一些禁止性行为,而且要求这种行为的特定结果,即这个行为必须是这个结果的"法律

---

① 储槐植:《美国刑法》,北京大学出版社 2006 年版,第 34 页。

原因"(通常称之为"近因")。

第六个基本前提是惩罚性(punishment),一个人的行为必须是受到刑罚处罚的行为,才能被视为犯罪行为。

刑法的最后一个基本前提是合法性(Legality),除非法律预先明文规定某种行为是犯罪,否则这种行为就不是犯罪。这种思想,有时也被称之为"合法性原则"(the principle of legality),即"法无明文规定不为罪,法无明文规定不处罚"(nullum crimin sine lege, nulla poena sin lege)。合法性原则是历史变迁中由人治到法治的重要标志。

第一节 行为要件

行为这个词被规定为各种各样的情况之中时,经常取决于这个词使用时的目的。例如,有时它被说成是积极行为或消极行为,后一种意思是指应该做某事而没有做。有时它被说成是客观的行为或主观的行为,主观的行为指不依赖于自己身体动作的"意识行为"。一种广义的定义认为,一个行为应当包括三个方面:(1) 最根本的,即身体的动作;(2) 相关的情节;(3) 结果。例如,在 A 举枪射击并杀死了 B 的情况下,行为包括扣动板机时的肌肉收缩,携带武器和 B 被子弹击中的情节,以及 B 中弹死亡的结果。

也有一些人主张更狭义的定义,所谓行为,就是指身体的移动。迈克尔·摩尔(Michael Moore)认为,行为是指"意志支配下的身体性移动"[①]。约翰·奥斯汀说:"只有直接服从我们意志的身体运动才是人类的行为。不受意志支配的事件不是人类的行为。"[②]美国《模范刑法典》规定,行为意味着身体的移动,无论是自主的还是非自主的移动。[③] 当然,这实际上意味着将所谓消极行为、主观行为、相关情节和结果都排除在行为概念之外。根据上述观点,不作为分析起来比较困难,最简单的解决方法是,无论是作为还是不作为,只要认识到违反了法律义务就足以承担刑事责任了。[④] 而主观行为(仅仅是内心的想法)就不构成犯罪,最好将其从行为概念中排除。

但是,许多人都认为,包括相关情节和结果的广义概念更为理想,因为有些罪经常是以相关情节作为条件的,例如伪证罪,要求证人是经过宣誓的人;重婚罪,被告人是已经结婚的人;杀人罪,是将人杀死。如果不具有这些情节和结果,

---

[①] 〔美〕乔治·P·弗莱彻:《刑法的基本概念》,王世洲主译,中国政法大学出版社 2004 年版,第 54 页。
[②] 〔美〕道格拉斯·N·胡萨克:《刑法哲学》,姜敏译,中国人民公安大学出版社 2004 年版,第 119 页。
[③] Model Penal Code §1.13(2).
[④] 英国刑法中的"actus reus",美国刑法中的"criminal act",是一个复合概念,包括作为与不作为,都是以违反法律义务为前提条件的。

犯罪就不能得到证实。

英美刑法的一个基本点就是,只有人的作为或不作为才会受到刑法处罚,法律不处罚邪恶的主观意图。希望仇敌尽快死去,企图暴力强奸一位妇女,想要拿走别人的钱包——这些想法都不构成实际上的谋杀罪、强奸罪和盗窃罪,只要这些想法没有付诸实施(变为行为),并且带来希望的结果。犯罪未遂虽然没有造成希望的结果,但有身体的动作,是可以构成犯罪的。

思想和言论是有区别的。有时,仅仅是由于嘴部运动形成的言词,也足以构成令人承担刑事责任的行为。有些犯罪经常是由言词动作构成的,例如伪证罪、欺诈罪以及共谋和教唆等不完整罪。另外一些犯罪,通常情况下都是以行为动作构成的,但有时也可以以言词来构成。例如,一个人因死罪受审时,通过作伪证诬陷另外一个人,使其以谋杀罪被判处死刑。或者一个人用言词鼓励、命令、诱使另外一个人犯罪。在这里,这些言词已经不是单纯的言论表达,而是一种外在行为了。

当然,也有一些以言词定罪的判决不一定恰当。例如,2002年11月30日,美国一辆长途汽车的司机因交通阻塞,不能按时到达目的地,和车上的旅客发生争执,在争吵过程中司机曾戏言要将车上的乘客交给阿富汗的塔里班,乘客报警以后,该名司机被控以"引起公共恐慌罪"。在"9·11"事件以后,美国社会已成惊弓之鸟。作出这样的指控虽然情有可原,但并不值得提倡。毕竟,要将乘客送往万里之外的阿富汗,是一种不可能实现的情况,不符合人的生活经验和常识。

事实上,最近几十年以来,美国法院的判决扩大了言论自由的保护范围,甚至将一些通常意义上的行为,视为言论自由的一部分加以保护。例如1984年,黑人青年强森在一次反政府示威中,将一面浇上汽油的美国国旗焚烧。当时虽然有人表示不满,但没有引起冲突。后来当地法院一审判处强森有期徒刑一年,上诉后二审维持原判。三审时,德克萨斯州一家联邦上诉法院认为,强森烧毁国旗的行为,系象征性言论之表达行为,受美国宪法第一修正案言论自由的保护。最终,美国最高法院以5:4的多数维持了上诉法院的判决。最高法院认为,表达性行为,指无论任何人,凡欲以行为表达自己的观点时,各式各样的行为,都可以称之为言论。

1991年美国印第安纳州南弯市一家夜总会,因经常有裸体表演而生意兴隆,州政府认为有伤风化,限令该夜总会舞女演出时应穿戴适当服饰,否则予以取缔。

夜总会老板不服,到法院告状,所持理由是裸体跳舞是"一种表达思想感情的方式",属于应受宪法第一修正案保护的言论自由权利。为夜总会辩护的律师也说,裸体表演和绘画或音乐一样,是无言的"高级艺术"。

当地居民代表都对夜总会以色情招徕顾客表示反感,支持州政府维护社会风气的政策。联邦副检察长也认为,当众裸露身体的行为会诱发淫乱和性犯罪。

然而,设在芝加哥的一个联邦上诉法院对此案进行审理后,却作出表面含混实则肯定的裁决:非淫邪性的裸体舞蹈"属于感情的表达",因而受宪法第一修正案的保护。至于"非淫邪性"裸体表演的定义是什么,则没有作出明确的解释。事实上在此之前,美国最高法院也曾认为跳裸体舞属于言论表达的一种形式,应受美国宪法保护。芝加哥上诉法院不过是在重复最高法院的意见。美国法院作出的这些判决,如果是针对一些特定案件的"随意表达",似乎是可以接受的。但是,如果将其推而广之,视为一项普遍原则,就会模糊"行为"和"言论"的界限,带来一系列不可预测的后果。试想2001年9月11日,一些伊斯兰极端分子驾驶飞机撞击世界贸易中心,造成近3000人的死亡,是否也可以视为对美国政府外交政策不满的"表达性行为"呢?

我们说仅有不良意图不承担刑事责任,而且即使不良意图加上一个动作,也并不等同于一个特定的犯罪,假如这个动作并不是这个特定犯罪定义所要求的动作。例如,立法机关将故意放置毒药在水井中、致人重伤或死亡的行为规定为犯罪。假如一个人这样做了,即使没有任何人在毒药被发现之前接近水井并取水饮用,也可以构成这个特定的犯罪。但是,假如一项法律主要是处罚殴击行为,实施投毒的行为就不会构成殴击罪,因为投毒行为并不是这个罪的定义所要求的行为。所以,有些犯罪规定了一系列的行为要件。例如夜盗罪,在普通法中(和一些现代法律中),都要求具有"打破"和"进入"住宅两个行为。被告人通常是先打开一个关闭着的门或者窗户,然后走进或者爬入打开的门或窗户。行为人只实施第一个行为,没有实施第二个行为,或者只实施第二个行为,没有实施第一个行为,都不符合夜盗罪的定义。

行为人的行为还必须是出自自愿。行为这个词从广义上说,包括睡眠时或者无意识状态下的身体移动的非自愿行为。但从狭义上讲,所谓行为仅指行为人自愿的身体移动。所有的事件都清楚表明,刑事责任要求人的身体动作必须是自愿,对非自愿行为施加刑罚,起不到预防犯罪的作用。另外,即使假设复仇和报应是刑罚的立法目的,对于这些非自愿行为施加刑罚,也不符合建立在这个基础之上的立法目的。但是,如果认为刑法的目的是预防,对非自愿行为实施刑罚,也许可能是适当的,因为即使是人的非自愿行为,也可能对其他人构成持续性的威胁。但是,如果在刑法之外处理人的非自愿行为也许会更好。

美国《模范刑法典》认为,反射性或者惊厥行为,无意识或者睡眠状态、催眠状态下的行为,或者其他不是行为人从事或决定的行为,不是一种有意识的自愿行为,也不是一种习惯性动作。也有少数刑法学者认为,在介于熟睡和清醒两者之间的麻痹或者幻想状态下的杀人行为,也不构成谋杀罪。甚至假设一个梦游的人,也许是故意的、有目的的杀人(尽管在清醒时不记得了),也可以作为一种无意识行为来看待,不承担刑事责任。类似地,由于无意识行为引起的身体移动,也不是自愿行为。例如在催眠状态下,或者由于催眠产生的行为,实际上也是非自愿的行为。

《模范刑法典》还认为,一个人用身体力量迫使另一个人的身体移动,也是非自愿行为。例如,A 用力迫使 B 的身体击打 C,在这种情况下,B 的身体移动就不是自愿的行为。

总的来说大家都认为,反射行为不是自愿行为。但是,"反射"这个词不包括对外力和环境快速反应的所有身体移动,反射是一种肌肉的本能反应,人的意志和目的不包括其中。例如,肌肉痉挛、眨眼睛。但是,A 发现自己快要掉下去了,伸手抓住一些物体以避免自己掉下去,A 的意识迅速理解了这种情况并支配了一些行动,就不是一种单纯的反射行为,行为人在这种情况下是有意识的。再比如,A 采用威胁的方法,而不是使用身体力量迫使 B 打击 C。在这个案例中B 从事的行为是一种"自愿行为",尽管没有 A 的威胁,B 不会如此行为。但是,B 的行为也许可以以受胁迫提出合法辩护。

尽管自愿行为是刑事责任的必要条件,但并不意味着每一种行为引起的损害都必须是自愿的。有些情况下,行为人在致命的那一时刻是无意识的或者处在麻痹状态下,也可能构成刑事杀人。例如,A 患有经常性的轻度昏迷,当他驾驶汽车时突发轻度昏迷,导致汽车失去控制,杀死或伤害了 B。A 在发生事故时是无意识的或者昏迷的,但 A 驾驶汽车是自愿行为,如果 A 明知自己患有这种疾病,仍然驾驶汽车外出,主观上有疏忽,就足以使其承担刑事责任。

另外,在美国刑法中,行为人仅仅"持有"(possession)某种物品就可能构成犯罪。[①] 例如,持有烈性的酒精饮料、持有麻醉品、持有假冒的物品、持有故意犯罪的工具等,都可以视为刑事犯罪。严格地讲,持有既不是一种作为(身体移动),也不是一种不作为,基于持有的犯罪从总体上讲得到了大家的认同。由于法律的目的不同,在民事法律关系中,行为人也许在不知道某种物品存在的情况下,就被认为拥有了这个物品[②],而在刑法中,拥有、持有通常是与人的意识联系在一起的。[③] 假如一个人明知地接受了一个物品,或者意识到控制了某个物品并将其保持下来,就可以像作为或不作为一样,视为构成犯罪的一种合理根据。

但是,这种明知或者意识,仅仅涉及对有形物体的明知或意识,而不管这个

---

① 大多数美国权威学者认为,"持有"这个词在其普遍意义上构成了一种行为。而英国法院却并不这么认为,在道格拉斯诉雷吉纳(1853)一案中,法官指出持有淫秽资料不构成犯罪,因为没有行为可以证明。

② In South Staffordshire Water Co. v. Sharman(1896),一案中,土地拥有者认为,对于在他家土地上水池中发现的戒指,应当归他所有,尽管他并不知道戒指的存在,因为发现戒指的人是他雇来清理水池的,相比而言,他更有权获得这枚戒指。

③ 在 U.S v. Sawyer(1961)一案中认为,立法机关不能将无意识的拥有视为一种犯罪的根据。

物品的具体内容和内在品质。因此,在实践当中,行为人从某个物体的外观上相信它不是麻醉品,但只要它实际上是麻醉品,这种相信仍然可以被视为拥有麻醉品,尽管这种相信由于缺乏法律上所要求的心理状态,可使行为人免于刑事责任。①

在美国刑法中,还有所谓代理人责任(vicarious liability)的问题。刑法总的原则是,一个人不对另外一个人实施的行为承担刑事责任,除非他命令、鼓励或者诱使其他人实施犯罪行为。与侵权法中的案例不同,雇主一般不对他的雇员实施的犯罪行为承担责任,尽管这个雇员的行为实际上促进了雇主的商业利益。换句话说,基于损害行为和不良意图规定的犯罪,是指被告人本人必须亲自实施了某种行为,而且被告人本人内心必须具有不良意图,除非制定法犯罪中,立法机关另有规定,否则不能追究雇主的刑事责任。

将行为定义为"意志支配下的身体性移动",也招致了严厉的批评。有些学者认为,按照这个定义,不作为恐怕不应当被认为是行为,因为它虽然处于意志的支配下,但它并不是由一种"肌肉的收缩"构成的。正如摩尔所说,"不作为是不存在任何意志支配下的身体性移动",它"确确实实是什么也没有"②。另外,这个定义也不能解释持有型犯罪的问题,因为一个人可以持有某些物品而一点儿也不运动其身体。③ 尽管以身体移动作为标准的观点受到了强烈的抨击,但是到目前为止还没有出现令人满意的观点以取代它的位置。

在德国刑法中,有所谓"目的行为"概念,认为人的行为不单纯是由意志支配的因果过程,而是有目的的活动。④ 例如,在杀人案件中,行为人首先有目的的选择被害人,然后挑选杀人武器,向被害人瞄准,然后扣动扳机,实现其杀人意图。目的行为准确描述了思想上有预谋的、有意识的意志行为,这是它的长处。但是目的行为论,同样不能解释不作为的行为,特别是不能解释过失行为,过失行为的特点是疏忽和不谨慎,和不作为一样,缺少现实的目的性。

社会行为概念。迈霍弗说:"行为是以损害社会利益为对象的举止行为。"耶塞克认为,"行为是对社会有重大意义的自然人的举止行为。"社会的行为概念,将社会这个词看作是行为的核心因素,将刑法性评价与社会性事件联系在一起,这也许比"身体性移动"的概念更具说服力。但是这个概念同样存在问题,法人的行为,不可抗力的意外事件,纯粹的反射性动作或者其他无法控制的动作,不

---

① Wayne R. Lafave, *Criminal Law*, West A Thomson Reuters business, 2010, p. 182.
② Michael Moore, *Act and Crime*(1993), p. 28. 转引自〔美〕乔治·P·弗莱彻:《刑法的基本概念》,王世洲主译,中国政法大学出版社 2004 年版,第 54 页。
③ 当然,也有人认为,犯罪行为并不包括持有,规定持有犯罪的法律是不公正的,主张废除这样的规定。
④ 〔德〕耶赛克:《德国刑法教科书》,徐久生译,中国法制出版社 2001 年版,第 270 页。

能说没有任何社会意义。可是社会的行为概念,考虑的只是具体人的行为方式,不包括团体行为,意外事件等其他几种情况就更不用承担刑事责任了,尽管它们对社会绝对是具有重要意义的。

此外,还有所谓的"否定行为概念"。卡尔斯说:"如果一个行为人能够避免一个结果的发生,并且法律也要求他避免这个结果的发生,那么,只要他不避免而使这个结果发生的,就应当将这个后果归责于这个行为人。"雅各布斯认为,"举止行为是——对结果犯罪而言——可以避免地造成了后果"[①]。人格的行为概念认为,行为是人格的外化,这种外化"将人视为心理——精神的活动中心"[②]。凡此种种,以上所述的行为概念,对于我们正确理解和进一步完善行为概念,无疑都具有非常积极的意义。

第二节 不 作 为

在司法实践中,大多数犯罪都是以积极作为的方式实施的,而不是以消极不作为的方式实施的。但是,也有一些制定法罪,特别规定以不作为作为处罚的根据,而另外一些犯罪,则既可以由积极作为的方式构成,也可以由消极的不履行法律义务的行为所构成。

一般认为,让不作为承担刑事责任,首先必须确定它是一种有责任的行为——法律上的责任,而不是道德上的责任。正如我们已经知道的,有些刑事法律本身就规定了行为的法律责任,例如,关于税收的法律,交通肇事的法律等等。美国《模范刑法典》明确规定,当不作为是法律规定的犯罪时,不作为就可以成为承担刑事责任的基础。在美国,有些州的现代法典中没有明确规定不作为的刑事责任问题,要使行为人的不作为行为承担责任,可以到这些犯罪定义之外的法律中去寻找根据,例如,到其他的成文法,或者普通法和合同法中去寻找。

在通常情况下,一个人没有援助处在危难中的另一个人的法律义务,即使当时提供这种援助对其本人没有任何危险和不方便。他不需要对一个处在悬崖边上的盲人提出警告;或者对一个无意识的、手持点燃的蜡烛,正在进入一个存放火药的房间的人发出警告;他也不需要援助一个落水的邻居,尽管这个旁观者可以轻而易举地将邻居从水中救起来;他也无需援助一个无意识的、正在穿越铁道线的人,尽管他已经听到了正在驶近的火车的汽笛声。一个医生也没有义务一定要回答一位患病孩子的、处在歇斯底里状态下的父母的电话,至少如果他不是他的常规病人中的一个患者。因此,对消极行为负有道德义务,肯定不足以使其

[①] 〔德〕克劳斯·罗克辛:《德国刑法学总论》,王世洲译,法律出版社2005年版,第157页。
[②] 〔德〕耶赛克:《德国刑法教科书》,徐久生译,中国法律出版社,第274页。

承担法律责任。但是,在有些情况下,却提出了行为责任的问题。

(1) 基于特定关系的责任。英国普通法对与另外一个人具有某种私人关系的人,规定了明确的责任原则。例如,父母有责任帮助自己的未成年的孩子;丈夫有责任帮助妻子;船员有责任救助危难中的乘客;主人有责任帮助他的佣人。如果一对父母不为生病的孩子请医生,可以构成杀人罪。一个母亲没有制止她的情夫对她的孩子的致命打击,一个丈夫没有援助处在危险中的妻子[①],一个船长没有打捞落水的海员或乘客,一个雇主没有援助处在危难中的雇员,都可能要承担刑事责任。在上述情况下,法律要求行为人采取某种行动,防止将要发生的危险或者来自第三者将要实施的威胁行为。

除了以上提到的关系以外,也许其他一些关系也要承担行为义务。假如两个一起爬山的登山队员,其中一个人不慎掉入山的裂缝,由于他们共同从事事业的性质,已经形成了一种相互之间的依赖关系,另外一个人就负有援助他的同伴脱离险境的责任。同样如此,假如两个人,尽管彼此之间并没有密切的亲戚关系,偶然住在同一个房间,当发生危险时,一个人也具有援助另外一个孤立无靠的人的行为义务。

(2) 基于法律的义务。一项法律(不是违反刑法的问题)有时规定了帮助另外一个处在危难中的人的行为义务。例如,一个司机与交通事故有关,就必须立即停车并给对方以援助,而不管这种救援对于在事故中受伤的一方是否必要。事故之后不停车当然违反了交通管理法规,如果受伤一方由于缺少这种帮助而死亡,司机也许要承担杀人的刑事责任。在这里,维护生命的义务是基于交通肇事法规的规定。根据法律规定,没有采取安全措施造成伤亡的结果,也是一种刑事犯罪,假如这种不作为的结果,导致了某人的死亡,就应当对死亡后果承担刑事责任。交通法规规定一个人对另外一个人应当履行必要的义务,不履行义务导致伤亡结果的,就是一种刑事犯罪。当然,这些行为义务既可以规定在非刑事法律中,也可以规定在行政规则、条例和命令当中。[②] 英国1988年的《道路交通法》第170条规定,机动车驾驶员在交通事故发生后,应停车为需要的人提供救援,不这样做就是一种刑事犯罪。[③]

(3) 基于合同的责任。在有些情况下,对其他人负有行为义务,不是基于个人关系,也不是法律规定,而是源自合同。一个救生员被雇来照看海滨的游泳

---

① Smish怀孕的妻子不喜欢医生和医学治疗,不允许自己的丈夫寻求医疗帮助,坚持在自己家里生产。但是,她生出一个死胎并出现大出血。这时,她才允许丈夫给医生打电话,然而太晚了,她最终失去了自己的生命。她的丈夫被控过失杀人罪,医学证据表明,假如她受到合理的治疗本来是不会发生生命危险的。[1979]Crim. L. R. 251. See also Bonnyman(1942)28 Cr. App. R. 131.
② Wayne R. Lafave, *Criminal Law*, West A Thomson Reuters business, 2010, p. 184.
③ Alan Reed, Peter Seago, *Criminal Law*, Sweet & Maxwell, 1999, p. 34.

者;一个铁路守护员被雇来保护铁道线,促使机动车驾驶员远离驶近的火车。他们对社会大众负有某种责任,即在一定情况下采取积极行动,保护社会大众的生命安全。因此,当一个游泳者掉入海水中,生命安全危在旦夕时,救生员不能视而不见;当一列火车和一个机动车眼看将要发生碰撞时,铁路守护员必须及时放下栅栏。如果消极地不履行自己的义务,救生员和守护员就有杀人的刑事责任。一个医院的护士也是如此,根据合同的规定,护士有责任帮助自己的病人,保育院的管理人员应当在其职权范围内履行自己的管理责任。对于这种基于合同的行为责任,被害人不需要是合同的一方。

这种基于合同的责任在有些情况下可能会涉及比较困难的问题。例如,铁路公司雇请的人不是用来保护公共安全的,而是从事其他技术性工作,比如维修机器或从事其他技术性工作,雇佣合同并没有特别规定,要求他们在遇到事故危险时采取行动。假如一个铁路工程师,在散步时碰巧看到一列火车和一辆汽车将要发生碰撞,而铁路守护员正在睡觉。这个工程师有责任叫醒熟睡中的守护员,或者采取其他的救助措施吗?多数判例认为,铁路工程师应当履行救助义务,但是也有一些相反的权威性解释。

(4) 基于自愿承担照顾的责任。尽管一个人没有责任去救助一个处在危险中的陌生人,但是如果他曾经答应帮助对方,他也许就负有从事救援工作的责任。例如,当一列火车正在驶进一个弯道时,行为人看见一个无意识的陌生人坐在铁轨上,他本来没有义务将这个无意识的人推离铁轨,但是,假如他已经将这个无意识的人推离铁轨,他就不能因为任何原因将其放回那个最初的位置。如果他这样做了,火车压死了这个无意识的人,他就负有杀人罪的刑事责任。在这类案件中可能涉及另一个困难的问题,即假如一个人开始援助另外一个人,但没有达到改善这个人状况的程度(指所处的位置),被救援的人没有脱离危险,他就放弃救援了;或者一个优秀的游泳运动员开始救助一个落水的人,但是当他接触到落水者,并且认出是自己的仇人后,又将他弃在水中。这种中途放弃抢救的行为构成犯罪吗?一般认为,假如他的救援行动导致其他的可预期的救援者放弃采取类似行动时,这个中途放弃抢救的人就要负法律责任。假如一个人开始时自愿和无偿地对另一个孤立无援的人承担照顾责任,例如,对一个儿童、一个精神病人或者一个极度虚弱的病人,那么,他就负有保护这些人免受其他伤害的行为责任。例如,D 和她的姑母 P 生活在一起,当她们的食物吃光以后,D 没有为她瘫痪在床的姑母提供任何食物和帮助,D 曾经自愿承担照顾其姑母的义务,又不履行义务,导致其姑母死亡,D 就构成过失杀人罪。即使行为人与其照顾的人没有任何亲属关系,也应履行其照顾的义务,否则也构成刑事犯罪。①

---

① W. Wilson, *Criminal Law*, Longman,1998,p.82.

（5）置他人于危险境地的责任。假如一个人将另外一个人置于危险的境地，无论行为人是故意地、过失地，还是没有任何过错，他是否有义务保护其免受可能的危险呢？在 People v. Fowler(1918) 一案中，被告人对受害人实施殴打行为，然后将已经昏迷的受害人留在路边，稍后被过往的汽车压死。在 Jones v. State(1942) 一案中，被告先是强奸了一名少女，引起她的身心痛苦，以致在过河时跌落水中，他看到了这种情况，并且故意地不去救援她，致使被害人沉没水中。在上述二个案件中，行为人都被法院认定为谋杀罪。此外，假如一个人疏忽地在一幢大楼中点燃了一把火，然后又不采取措施援救陷在大火中的其他人，也要负刑事责任。但是当一个人完全无辜地制造了一个险情，当危险发生时碰巧在同一位置上有一个旁观者，这种情况下的刑事责任有争论。

（6）有责任控制其他人的行为。当一个人处在与另一个人有个人关系的情况下，他就有责任在公共安全方面控制后者的行为，假如他不加以控制，就要承担刑事责任。例如，父母不仅有责任采取积极的行动保护自己的孩子，而且也有责任保护其他人免受来自其孩子的侵害。一个雇主对其雇员也有类似的责任，特别是当雇员正在为雇主工作的时候。例如，一辆汽车的拥有者，如果他发现汽车超速而又不控制他的司机的驾驶速度，发生了交通事故，雇主就应当负刑事责任。

（7）土地拥有者的责任。土地拥有者有责任采取积极地措施，为受到邀请的客人提供安全保障。一个夜总会的老板，假如没有提供防火措施，导致顾客死亡，就要负刑事责任。[①]

第三节　因果关系

原因和结果及其关系问题是人类在认识和实践活动中首先遇到的问题，也是哲学史上较早产生的一对范畴。原因和结果是事物、现象之间相互关系、相互制约的普遍形式之一，是决定论的逻辑依据。

客观世界中到处都存在引起和被引起的普遍关系。我们将这种引起和被引起的关系，称为因果联系或者因果关系，把引起某一种现象的现象叫做原因，而把某种现象所引起的现象叫做结果。[②]

哲学上的因果关系和刑法上的因果关系，是一般与个别、普遍性和特殊性的关系。哲学上的因果关系的一般原理，是从客观世界普遍存在的因果关系的现象中抽象、概括出来的，它普遍存在于个别的、特殊的领域之中，是它们的"一部

[①] Wayne R. Lafave, *Criminal Law*, West A Thomson Reuters business 2010, pp. 184—186.

[②] 参见李秀林：《辩证唯物主义和历史唯物主义原理》，中国人民大学出版社 1995 年版，第 201 页。

分,或一方面,或本质"。因此,它对个别的、特殊的领域中的因果关系的研究,起着指导的作用。

刑法因果关系的研究对象非常具体,是在一个特殊的领域内,研究特定现象之间的因果联系,即研究行为人的行为与危害结果之间的关系。当一个刑事案件发生后,特别是在结果犯(result crime)的情况下,如果要求行为人对某一危害结果承担责任,就应当查明这一结果是由他的行为引起的,即要求行为与结果之间存在因果关系。例如殴击罪(battery),不仅要求拳打脚踢等殴打行为,而且要求行为人的行为引起了实际的身体伤害的结果。谋杀罪和过失杀人罪都是结果犯,要求证实行为人引起了非法死亡的结果。① 多数情况下,行为和结果之间的因果关系比较明显,例如,A 企图杀害 B,用枪瞄准 B 的心脏并开枪射击,当时没有其他原因介入,A 的枪法也不错,子弹穿透了 B 的心脏,B 当即死去。B 死于心脏受伤这个实际情况,恰恰是 A 预期想要达到的结果,行为和结果之间的因果关系非常清楚。或者 A 超速行驶,引起交通事故,致使 B 死亡。在这里,A 的过失行为与危害结果之间的关系也是一致的。

但是在有些案件中,因果关系领域内出现了一些错综复杂的情况。例如,(1) A 瞄准 B,向其心脏射击的同时,X 也独立地采取行动,向 B 的头部射击,A 和 X 的任何一种行为都足以造成 B 的死亡;(2) A 将 B 打伤,对于一般人来说,这不是致命的伤害,而 B 由于疾病或者以前曾经受过伤,身体非常虚弱,经不起这种伤害而死亡;(3) A 将 B 打伤,如果进行合理的治疗,B 本来不会死亡,但由于医生和护士粗心大意,致使 B 的伤口感染而死亡;(4) A 伤害 B,伤口异常疼痛,B 感到难以忍受,为摆脱痛苦而自杀;(5) A 向 B 射击,B 为躲避子弹而跳入河中,虽然未被子弹击中,却因不会游泳而淹死;(6) 或者 A 未击中 B,反将 C 打死,在这些案件中,如果用法律的观点看,行为人的行为和造成结果之间有足够的因果联系吗?②

在讨论因果关系时,英美教科书经常引用这样一个案例:A 和 B 有仇,A 得知 B 要到沙漠中去旅行,事先在 B 随身携带的饮用水中投放了致命的毒药。B 进入沙漠之后,还没有来得及饮用有毒的水,就被 C 给偷走了。C 喝了 B 的饮用水后中毒死亡,B 也因无水可饮而死亡。这个案件的事实并不复杂,但观察问题的角度不同,就可能得出不同的结论。

1. 条件说(等值理论)。凡是与结果有联系的条件都是结果发生的原因。也就是说,如果行为和结果之间存在,没有 A(B、C、D……)就没有 Z 的关系,就

---

① 行为犯(Conduct Crime)不要求结果,例如危险驾驶就不需要结果,只要证实被告人曾经危险驾驶就可以了。
② Wayne R. Lafave, *Criminal Law*, West A Thomson Reuters business, 2010, p. 353.

存在刑法中的因果关系。条件说不承认原因和条件的区别,认为条件即原因,只要和结果有关的条件,无论其价值大小,无论与结果之间的联系的远和近,都具有同等的原因力。举例来说,A 伤害了 B,B 住院治疗,C 在医院里放火,将 B 烧死。在条件说看来,A 不伤害 B,B 不会住医院,B 不住医院,就不会在大火中丧生。因此,A 和 C 的行为,都是导致 B 死亡的原因。

条件说的第一位代表人物是奥地利的尤利乌斯·格拉泽(Julius Glaser),他在 1858 年就写道:"对于因果关系的考察,存在着一种可靠的支撑点:人们试图在事件的总体上想象所谓的发起者是完全不存在的,然而,只要证明结果仍然会出现,并且中间原因的顺序没有发生改变,那么就可以确定,这个行为和结果就与这个自然人没有联系。相反,如果情况表明,一旦可以想象在事件发生的地点,只要这个自然人不存在,这个结果就根本不能出现,或者它将以完全不同的方式出现,那么,人们就应当能够以完全肯定的理由宣布,这个结果是由他的活动的作用产生的。"①

德国法院从一开始就采用了条件说。在 1880 年判决的一个案件中,被告在窗台上放置了一个装有砒霜溶液的瓶子,然后离开房间;不过她本应预见到那个嗜酒成瘾的丈夫可能会品尝它从而造成致命的结果,而事实上她的丈夫确实这样做了。虽然介入了丈夫的粗心行为,她仍然被判过失杀人罪,因为"如果没有她放入毒药并留下这只毒药瓶子的行为,她的丈夫就不会被毒死,因而整个结果的发生都是以她的这一行为为条件的,所以她的行为就具有充分的原因性。"②

德国的法院和主流理论在确定因果关系时,一般都使用条件说,许多欧洲国家的刑事法院也采用这种理论。条件说明确简单,易于适用,而且它不会把应该追究刑事责任的行为排斥在刑事责任的客观基础之外。但是,条件说使因果关系成为刑事责任中的次要因素,将其降低为美国学者所认为的"事实原因",其后果是,从常识的角度看本应属于因果关系的事项,却不得不考虑行为人的主观罪过和所谓违法性问题。而且,条件说不区分原因对结果发生作用的大小和强弱,将原因和条件等同起来,也容易扩大刑事责任的范围,使无辜的人受到刑事追究。

因此,即使支持条件说的学者,也倾向于对条件说的某些方面加以修正。例如,一些例外的或者十分罕见的事件对于结果的发生产生了重大作用,行为和结果之间的联系就中断了。

例如上例中,B 受伤住进医院,又介入了十分异常的放火行为,就中断了 A

---

① 〔德〕克劳斯·罗克辛,前引书,第 233 页。
② 〔美〕H.L.A.哈特、托尼·奥诺尔:《法律中的因果关系》,张绍谦、孙战国译,中国政法大学出版社 2005 年版,第 403 页。

的伤害行为与B的死亡结果之间的因果关系,A只负伤害B的刑事责任。这些修正就是为了防止刑事责任的扩大超过了合理的限度。

2.原因说。原因说是从许许多多的条件中,寻找出能够承担刑事责任的条件,根据公正和常识的标准,确定行为人的刑事责任。

原因说就如同一把筛子,用来筛选这些众多的条件,这是原因说的基点和共同点。刑法理论中有不同的原因说,其不同点就在于选择条件的标准不同,或者说筛子的网眼的大小不同。有些筛子的网眼大,就扩大一点刑事责任,有些筛子的网眼小,就缩小一点刑事责任的范围。在社会生活中,人们都力图选择一个恰到好处,不大不小的网眼,以符合公正和常识的标准。许多学者认为,原因说符合时代精神,是真正的因果关系理论。

(1) 必然因果关系说

必然因果关系说,指行为和结果之间有内在的、必然的、固定的、合乎规律的联系。凡在事物发展过程中起支配作用,决定事物发展方向的就是原因,反之,就是条件。必然因果关系的学说可以解决许多刑事案件中的刑事责任问题。例如,A食物中毒,送医院抢救,医生B见A是自己的仇敌,故意拖延抢救时间,致使A死亡,B的不作为行为是导致A死亡的直接原因,决定了A死亡的必然性。有些案件相对复杂一些。例如,司机A驾驶汽车在闹市区正常行驶,B见A身边坐着一个女青年。B出于流氓意识,将手中燃烧的烟头丢向女青年,结果却落入了司机A的衣领内。A疼痛受惊,脚踩油门,手打方向盘,结果将一行人碾死。从表面上看,司机的行为直接造成了行人的死亡,但实质上B的行为起着支配、主导和决定性的作用,和行人的死亡结果之间有必然的因果联系。

19世纪初期,法律人普遍主张,法律上的原因就是指"必然的"原因,其含义就是,假定存在这个所称的原因,由于这个原因的内在性质所决定,就会必然跟随发生所称的这个结果。必然说有利于被告人,不会使无辜的人受到刑事追究,对于严格刑事责任范围具有重大意义。但是应当承认,必然说也有一定的局限性,选择的标准过于严格。有些刑事案件中,根据公正和常识的精神,行为人应当承担刑事责任,但用必然因果关系一衡量,又不符合标准。例如,A是一个汽车司机,开车前喝了一点酒,车辆行驶时掌握不稳方向盘,左右摇晃。这时B驾驶一辆车从后面赶上来,企图超过A的车。由于A的车一直晃来晃去,B几次超车未能成功。当B试图再一次超车时,A的车又晃了一下,B慌忙向路边一闪,不小心将行人C碾死。按照必然因果关系理论,因为A的车在前面左右摇晃,不一定意味着B必然引起C的死亡结果。如果B小心谨慎,遇到危险情形时不急于超车,就不会造成C死亡的结果。但就本案而言,如果不让A承担任何刑事责任,似乎对B又有失公允。

必然因果关系理论受到斯图贝尔和科斯林等人的批评,他们指出,人类经验并没有提供"必然的"原因的任何例子,而且为了确认因果关系,法律也不要求所考虑的那个行为应该是"在当时的环境下所必要的,或者甚至是充分的,支配性的或者必不可少的。"……相反,只有全部主、客观条件的总体结合在一起,才能被考虑为这种具体环境下所不可缺少的造成结果的原因。①

尽管必然因果关系的概念受到质疑,这一理论还是得到了相当程度的发展,特别是在第二次世界大战结束以后的苏联和中国,必然因果关系理论占据主导地位,在司法实践中得到了广泛应用。

(2) 相当因果关系说

1880年,德国生理学家冯·克里斯(J. von. Kries)将数学理论中的概率和统计数学理论,应用到法律领域,首先提出了相当因果关系理论。以后刑法学家默克尔(A. Merkel)、哈尔默(Helmer)、瑞莫林(Rumelin)、李普曼(Leipmann),特别是泰瑞格(Traeger),进一步发展了相当因果关系的理论。泰瑞格指出:一个条件要成为损害的相当原因,它必须要把造成这种损害的客观概然性提高到一个举足轻重的程度。1898年,德国的民事法院率先接受了相当因果关系理论,奥地利、瑞士和其他大陆法系国家也在不同程度上采纳了它。

相当因果关系理论是对条件理论的一种修正观点,凡同结果发生具有相当性的条件,就是产生结果的原因。这也就是说,在引起结果发生的许许多多的条件中,只有那些依照人们日常生活经验和常识,很可能引起结果发生的条件,才是法律意义上的原因。而那些偶然的、居于次要地位或无关重要的条件,不是法律上的原因。例如,A伤害B,B在去医院途中被一辆汽车轧死,或者被一棵倒下的电线杆砸死,A就不对B的死亡结果承担责任。但依据条件说,假如没有A的伤害行为,后两种情况都不会发生,因为在那些情况下,B就不可能出现在发生事故的地点。

所谓相当性,是指介于必然性(certainly)或可能性(possibility)之间的盖然性(probability),即"很可能"的意思。而"很可能",在"可能"前面又加上一个"很"字,就是为了限制一下范围。"很可能"比"可能"的范围要小一些,但比起"必然性"又要大一些。按照这种理论,对必然因果关系中所举的例子就比较好解释,因为司机A是酒后开车,喝了酒,就"很可能"造成交通事故。这就在一定程度上扩大了必然因果关系的范围。

相当因果关系理论中又包括三种不同的观点。

第一,客观相当说,以客观标准去衡量可能性,即用普通人的一般经验和常识,去判断一定场合下,行为人的行为是否会引起损害结果,而不是依据行为人

---

① 〔美〕H. L. A. 哈特、托尼·奥诺尔,《法律中的因果关系》,张绍谦、孙战国译,中国政法大学出版社2005年版,第396页。

或法官的标准去衡量。

第二,主观相当说,以行为人主观上能够认识到的情况为基础,如果行为人能够认识到结果发生的很大可能性,就要负刑事责任。

第三,折中说,即将客观说与主观说调和起来的折中观点。

相当因果关系强调人类经验对法律的影响,在因果关系领域,只有那些依据人的日常生活经验,能够改变事物的发展过程的条件,才是法律上的原因。相当因果关系学说,不仅影响了大陆法体系国家,而且对英美法系国家也产生了深刻影响。美国刑法虽然不用"相当因果关系"这样的表述方法,也不提主、客观标准这些词语,但其理论观点仍然没有脱离相当因果关系学说的范畴。

美国刑法中因果关系的特点是注重实用的双层次原因说。所谓双层次原因,就是把原因分为二层:第一层是"事实原因"(cause in fact),第二层是"法律原因(cause in Law)。

事实原因,是指行为人的行为引起的特定结果的实际原因,即没有这个行为,结果就不会发生。或者换句话说,没有先前的行为,结果就不会发生。所以 A 向 B 射击,B 被击中死亡。我们可以说,A 的行为造成了 B 的死亡结果,因为没有 A 的行为,B 就不会死亡。在通常情况下,事实原因可以解决大多数案件中的因果关系问题,但事实原因也并非适用所有的刑事案件。

首先,不能解释共同原因(joint cause)的问题。美国的侵权法中有这样一种情况,A 非法地(故意地或轻率地)点燃一把火,这一把火足以烧毁 B 的财产,与此同时,X(非法地或合法地)点燃另一把火,这把火也足以烧毁 B 的财产。在两把火的共同作用下,烧毁了 B 的财产。在这里,就不能用事实原因加以解决,人们也不能说,没有 A 的行为 B 的财产就不会被烧毁,因为还有 X 的行为。但是,A 仍然要对 B 的财产损失承担责任。

刑法中也会出现这种情况,有时存在两个以上的原因,每一种原因,独自就足以造成一种损害结果,而实际上却是在两种原因的共同作用下造成了损害结果。例如,A 持刀向 B 刺去,与此同时,X 独立地行动,用枪击中 B 的头部,也造成了致命的伤害,B 在这两种伤害共同作用下死亡。在这个例子中,对于死亡结果的产生,很难分清哪个是主要原因,哪个是次要原因,一般认为,A 和 X 都应对 B 的死亡承担刑事责任。很显然,这类案件不能用事实原因加以解释。

还有一些更为复杂的案例。例如,A 向 B 射击并立即将其杀死。而当时 B 由于疾病或者第三者 X 以前独立施加的致命伤害,实际上已处于死亡边缘,仅仅可以活一个小时左右,这时 A 杀死了 B。在这里根据事实原因,我们完全可以说,没有 A 的行为 B 还活着(尽管只有一个小时),这样 A 就是引起 B 死亡的原因。加速死亡也是导致死亡的一个原因。

但是,如果将这个案例反过来看,假设 A 对 B 施加了一个致命伤害,使其处于垂死状态,大约只能活一个小时,这时 X 独立地采取行动,将 B 立即杀死。在这种情况下,还可以说 A 的行为是引起 B 死亡的事实原因吗?(由于 X 实际上加速了 B 的死亡,X 肯定是引起 B 死亡的一个原因)或者说,由于 X 的行为割断了 A 的行为与死亡结果之间的联系,A 就可以免除谋杀罪的刑事责任吗?

在美国,有些司法判例认为 A 的行为不是 B 死亡的原因,对 A 可以以谋杀未遂论处;有些判例则持相反的观点,例如,1982 年 State v. Batiste 一案,A 向 B 开了三枪,子弹穿过 B 的胸部和心脏,然后 X 又在近距离内射击 B 的头部,A 被判故意(非预谋)杀人罪(voluntary manslaughter)。在这类案件中,当我们考察各个不同的行为事实时,是否应当顾及这些行为所引起的不同结果呢?例如,本节开始提到的例子,A 打算到沙漠中去旅行,B 秘密地在 A 的水壶中投放了一剂致命的毒药,A 进入沙漠之后水壶被 C 偷走,A 几天后渴死。一般认为,"引起死亡"通常包括缩短生命的意图,而不仅仅取决于死亡的形式,因此,B 是 A 死亡的原因,而 C 则不是 B 死亡的原因。

当然,在所有这些案例中都包括两个以上的加害人,假如 A 和 X 不是单独行动,而是共同引起 B 的死亡,根据共同犯罪的一般原则,无论是哪一个人实施了致命的一击,A 和 X 都应当承担谋杀罪的刑事责任。

还应当特别提到这样一种情况,A 的行为已经对 B 造成了非常严重的伤害,最终导致 B 的健康状况恶化,只能依靠生命维持系统保持心跳和呼吸,由于 B 的身体状况不可逆转,医生 X 最终决定关闭人工呼吸机。美国的法院已经明确指出,在此类案件中,A 的行为仍是 B 死亡的原因,而医生 X 关闭人工呼吸机的行为,只是治疗过程中一个可以预见的后果。

从以上分析可以看出,即使 A 的行为也许实际上引起了 B 的死亡,A 的行为也不一定就是 B 死亡的法律原因。当被告人的行为造成的实际结果,与被告人预期想要达到的结果不一致时,就提出了法律原因的问题。

其次,事实原因的覆盖面太广,如果不加分析的一律用事实原因,就会扩大刑事责任的范围。比如 A 邀请 B 到自己家里吃晚饭,B 计划乘公共汽车到 A 的家里。由于公共汽车司机比预定时间提前两分钟将车开走,B 错过了这趟车,不得不步行前往 A 的家。在路上,B 被超速行驶的 C 撞倒,送到医院后又受到医生的错误治疗,最后死在了手术台上。按照事实原因,A 的邀请,公共汽车司机的提前发车,另外一位司机的超速驾驶和医生的过错,都是导致 B 的死亡原因。

事实上法官在审理此类案件时,不会简单的依据事实原因确定案件的性质,而是试图从众多的事实原因中,挑选出可以使一个人承担刑事责任的法律原因。在上述案件中,尽管没有 A 的晚宴邀请和公共汽车司机提前发车的行为,B 就不会出现在案发地点并死在手术台上,但 A 和公共汽车司机都不是 B 死亡的法律原因。而 C 的危险驾驶和医生的过失有可能是导致 B 死亡的法律原因。C

辩解说,尽管是他撞倒了 B,但却是外科手术引起了死亡,因为如果经过适当的手术,B 本来是可以康复的,所以,外科手术不成功,打破了危险驾驶和 B 死亡之间的因果关系的锁链。在这个案件中,要确定 C 对死亡后果负责,就必须从医学上证明,B 是死于撞倒的结果,而不是死于外科手术。一般认为,即使医学证据显示,适当的医学治疗可以使 B 完全恢复健康,C 仍然要对死亡后果负责。当然,如果医生有严重过失,也要对 B 的死亡承担一定的责任。

在交通事故情况下,要确定行为人对死亡后果承担刑事责任,检察官至少要证明两点:第一,行为人是危险驾驶;第二,由于行为人的危险驾驶,导致了死亡结果的发生。例如在 Dalloway 一案①中,被告人被指控过失导致一个孩子死亡。案发当时,被告人以严重疏忽的方式驾驶一辆马车,他站在马车上并且没有手握缰绳。当一个孩子在距马车几英尺的地方穿越马路时,马车的轮子碾过孩子的身体,引起了死亡的后果。毫无疑问,在这个案件中,Dalloway 是以危险方式驾驶,并且造成了死亡的后果。但是,仅仅这些还不足以认定 Dalloway 的刑事责任。法官指示陪审团,假如他们推断被告人如果抓住缰绳,并且使用了这个缰绳,就能挽救这个孩子的生命,被告人就犯有过失杀人罪;但是如果他们认为,即使他抓住缰绳,也不能挽救这个孩子的生命,就可以宣布被告人无罪。换句话说,为了证明 Dalloway 的过失杀人罪,必须满足由于危险驾驶而导致了孩子死亡这个条件。假如在正常行驶的情况下,仍然会轧死这个孩子,过失杀人罪就不能成立。②

在英国刑法中,凡是能引起结果的重大原因,才是法律上的原因,根据最小化原则,法院会将那些没有意义的原因排除在外。在杀人案件中,起诉方必须证明被告的行为对于受害人的死亡具有重要意义。例如,D 切开受害人 P 的喉咙,以便 P 在 3 分钟之内死去,很明显,D 是造成 P 死亡的重大原因。但是假如 P 快要死去时,E 用一个小别针刺他,引起 P 失去少量血,也许有人认为 E 的行为也在某种程度上加速了 D 的死亡。而实际上,在整个案件的发展过程中,E 的行为是如此的微不足道,是完全可以忽略不计的。另外,在 Armstrong 一案中,被害人已经喝下了致命剂量的酒精,被告人随后又提供了一些海洛因,没有任何证据显示,海洛因以任何形式加速了被害人的死亡。因此,提供海洛因的行为,就不能认为是导致被害人死亡的法律原因。③

另外,对于一个特定的结果,也许可能会有几个法律原因。假如,D 刺杀 P,P 被送进医院,在医院里又受到错误的治疗,D 和外科医生都有可能被认为是导

---

① (1847)2 Cox C. C. 273.
② Alan Reed, Peter Seago: *Criminal Law*, Sweet & Maxwell,1999, p. 41.
③ (1989)Crim. L. R. 149.

致 D 死亡的法律原因。陪审团在评估杀人罪中的责任时,不可能指望他们评估 D 的责任大,还是外科医生的过失大。陪审团的任务,只是决定 D 的刺杀行为,是否是引起 P 死亡的一个决定性因素。如果是,D 就被认为对 P 的死亡负有责任,而不考虑外科医生的疏忽。外科医生也许会面临刑事指控,但是对于陪审团确定 D 的谋杀罪没有影响。类似的案件还有很多,比如在 Bengeg 一案中,Bengeg 受雇于一个铁路公司,作为一个铁路职工,他的日常工作就是负责排除铁轨上的障碍物,但由于他的疏忽,没有及时发出警报,将信号传达给火车上的驾驶员,致使火车倾覆。在审判过程中,被告人辩解说,假如仅仅只有他一个人的疏忽,没有其他人的疏忽,比如说如果火车司机保持了一个适当的瞭望,事故也许就不会发生。但是,英国的法院驳回了这种辩护意见,认为陪审团没有义务分辨责任大小,起诉方只需要证明 Bengeg 的严重过失是导致事故发生的一个决定性因素就可以了,被告人的行为是否是结果发生的唯一因素与本案无关。当然,其他人如果有严重过失也可能会受到起诉。[①]

写到这里我们可以说,一个特定的结果有超过两个以上的原因,仅仅根据事实原因是不能确定刑事责任的,法院必须在查明事实原因的基础上,确定那些原因对于事件的发生具有决定性的影响,即那些原因是法律上的原因。假如 D 刺伤了 P,P 住进医院以后,恐怖分子进入病房用枪击中他的头部,恐怖分子的行为可以说是引起 P 死亡的唯一决定性因素。

在许多情况下,因果关系就是一个人的普通感觉。例如,在 A 请 B 到家里吃晚饭的案件中,邀请本身仅是一个事实原因,普通人的感觉和经验告诉人们,邀请本身不可能是引起 B 死亡的法律原因。当然,哪一个原因是事实原因,应当由法官或陪审团来确定。这实际上涉及一个价值判断的问题。那么,法官根据什么标准来衡量法律原因呢?

美国的传统刑法理论主要采用近因说,侧重对客观情况的分析。

所谓近因,是指没有被介入因素打破因果锁链的,当然地或盖然地引起危害结果的事实原因。这里的近因,并不完全指直接原因。从客观联系讲,一切引起结果的因素,都是这个结果的近因,但并不是所有的原因,都可以作为刑事追究责任的根据,有的原因可以,有的原因不可以。这主要是由于原因对结果发生的作用力不一样,有的原因对结果发生的作用力大,有的原因作用力小。因此,根据原因对结果的作用力的大小和强弱,可以把原因分为远因和近因。作用力强的叫近因,弱得叫远因。这是近因说的基本含义。而远因和近因的确定,不是一个时间上和空间上的概念,因为有的原因在时间上和空间上比较接近,但却可能是远因,不是近因;有的在时间上和空间上比较遥远,也可能是近因。例如,A

---

① (1865)4 F. & F. 504.

和 B 是一对夫妻,长期感情不和,在一次激烈的争吵之后,B 骑车外出,途中因精神恍惚跌落水中淹死。那么,A 和 B 的吵架与 B 的死亡是一种什么关系呢？根据近因说,A 和 B 吵架并不是 B 死亡的近因,只不过是一种客观上的条件,即不吵架,B 也许不会骑车外出,但这并不能说俩人吵架是近因,尽管在时间上比较接近,刚吵完架就外出跌落水中淹死了。再比如,A 企图谋杀 B,将 B 头部击成重伤,处于严重的昏迷状态,经过七天七夜的抢救,B 还是死亡了。虽然从打伤 B 到 B 最后不治身亡,中间间隔了几天时间,但 A 的行为仍然是 B 死亡的近因。可见,近因主要是指作用力的大小和强弱,而不是指时空上是否接近。

由此可以看出,近因(法律原因)首先是产生结果的事实原因(条件),其次,不是所有事实原因都是法律上的原因,只有一定会或者很可能会引起结果发生的原因,才是近因。可见,法律原因小于事实原因,大于必然原因,从事物的客观联系上讲,不仅有必然性,也有盖然性。

在分析因果关系时,一个行为引起一个危害结果,一般不会引起争议,解决起来也比较简单。但是,当一个行为的发展过程中,又介入了一个或一个以上的因素,并且改变了事物的发展方向时,因果关系就呈现出复杂的局面,这也正是因果关系所关注的重点和中心。所以,研究因果关系其实就是研究"介入原因",没有"介入原因"就不需要费尽精力研究因果关系了。"介入原因"不仅和结果直接发生联系,而且还和"先在行为"发生联系,"介入原因"有时就是"先在行为"的结果,并且"介入原因"的介入,还使得"先在行为"和发生的危害结果之间,也产生了某种程度的联系。在这种情况下,有时"先在行为"的发展,如果没有介入原因的影响,就可能直接产生一种结果;如果介入原因出现(介入),就可能割断这种原来的先在行为和结果之间的联系。例如,A 在 B 的酒瓶里投毒,企图杀死 B,而 B 在回家途中被 C 杀死(介入原因)。但是,有的时候,先在行为又通过介入原因和危害结果发生联系。例如,A 酒后驾驶,B 为了躲让,打方向盘时轧死了行人 C。B 的介入行为,使 A 的先在行为和 C 的死亡发生了联系,要是没有 B 的介入行为,A 的酒后驾驶的先在行为,也许就不会和 C 的死亡结果发生联系。

介入原因主要有以下几种类型：

(1) 被害人的行为。例如,A 携带枪支走进 B 的卧室,企图杀死 B。B 为了逃脱,"故意地"跳出窗户,结果掉入深沟,或者落入河中,导致死亡的后果。类似的情况还有,A 企图伤害 B,但并不准备将其杀死,但 B 在跳跃时摔死了,A 要对死亡后果承担责任。因为被害人的冲动性(反应性)行为,是对杀人和伤害行为的本能和正常的反应。或者 A 对 B 造成伤害,B 在精神崩溃的情况下扯掉绷带,由于失血过多而死亡,B 的无意识的介入行为,不能割断 A 和死亡结果之间的联系。

有些案件更为复杂,受害人的行为不是本能的冲动(反应),而是故意的。例如,受害人受伤后拒绝去医院治疗,或者拒绝接受挽救生命的手术,在也许有救的情况下死亡了。即使这样,行为人的行为也是受害人死亡的法律原因。甚至被害人的拒绝非常不合理,也不能割断这种因果关系。例如,受害人拒绝将受伤的腿截去,或者由于某种宗教信仰,拒绝输别人的血,都可以视为一种正常的情况。

在被害人自杀的情况下,如果被害人因为与受伤这个事实无关的原因而自杀,这种行为就是异常的;如果为了摆脱受伤而引起的极度痛苦,导致受害人认为活着还不如死去好时,由于行为人制造了一个极度痛苦的情况,自杀行为就是正常的。

(2) 第三者的行为。实践中发生的此类案件,大多涉及医生和护士在治疗过程中的疏忽行为。A 企图杀死 B,但未得逞,仅造成伤害的后果,而后由于医生疏忽大意,伤口感染,致 B 死亡。一般认为,A 构成谋杀罪,A 的行为在法律上引起了 B 的死亡。但是如果医生的治疗非常差,有严重的疏忽或者故意玩忽职守的行为,则另当别论。简言之,医生的一般性疏忽不属于异常情况,不足以免除被告人的谋杀责任。例如,B 受伤后送医院抢救,救护车司机有疏忽,延误了抢救时间,A 仍然要对死亡负责。但是,当死亡是由于新的伤害引起的,A 不认为是 B 死亡的法律原因。医疗过失的案件,通常强调医生的疏忽,导致受害人的伤势在原有的基础上进一步恶化。

有些案件的情况不同。例如,A 故意杀害 B,仅仅造成伤害,后将失去知觉的 B 丢弃在国家公路上。十分钟以后,C 驾驶汽车经过现场,不小心轧死了 B。在这里,C 的行为是一个偶然的巧合,不是对 A 的杀人行为的反应,A 是否对死亡后果承担责任,要看行为人对 C 的后来的行为是否可以预见。

假如 C 以轻率的方式驾驶汽车,A 就没有责任;假如 A 没有杀人故意,仅有伤害故意,A 构成过失杀人。但是,毫无疑问,A 将 B 打伤以后,将其放在一个昏暗的路上,肯定有责任将其从路中央推开,而行为人当时没有采取这样的措施,A 明知死亡实际上肯定发生或者认识到有很大的危险性,就是谋杀(People v. Fowler)。

(3) 被告人的行为。假设 A 以杀害 B 的故意,用木棍击打 B,致使 B 失去知觉,A 错误地认为 B 已经死亡,为了逃避责任,A 将 B 吊到一棵上,伪造成 B 自杀身亡的假象,而实际上 B 却死于后一种行为,即窒息而亡。这两种行为有重叠和交叉的地方,但 A 的行为是一个独立事件的整体,相互之间有联系,所以,应承担谋杀罪的责任。

(4) 自然事件。还是假设 A 企图谋杀 B,但仅仅造成重伤,A 将失去知觉的 B 丢弃在一个荒凉的牧场。后来,B 也许被奔跑的马踢中头部,也许被闪电击中,或者被暴风雪冻死。任何一种自然事件都会给 B 带来致命的后果。这些情况也许是一种巧合,假如这些介入原因是可以预见的,比如当时的牧场上有许多正在奔驰的野马,或者天气寒冷,暴风雪非常剧烈,A 就构成谋杀罪。尽管是野马、闪电或者暴风雪最终导致了 B 的死亡,而不是 A 的子弹,但对 A 来说都是致命的一击。但是,如果根据当时的情况,A 对后来发生的事件完全不能预见,B 几乎不可能死于马踢、闪电和暴风雪,A 就不是 B 死亡的法律原因。[①]

英国刑法中有一个大家都知道的著名案例,A 攻击 B,企图杀死他,但是仅仅造成身体上的伤害,B 被送到医院接受治疗。在医院传染上猩红热,导致死亡。多数人认为,A 不对 B 的死亡承担刑事责任。在这样的巧合事件中,要看行为人是否可以预见,假如当时被告人明知正在流行猩红热,就可能负刑事责任。[②]

介入原因的种类比较复杂,表现形式各异,在司法实践当中,介入原因出现之后,如何确定先在行为和结果之间的因果关系呢?它们之间的联系被介入原因打破了吗?要想确定这些问题,应遵循以下原则:

(1)首先应确定介入原因的性质,即介入原因是独立的,还是从属于先在行为的反应性行为。

介入原因和结果发生联系,这个问题比较清楚。A 打伤了 B,B 住进医院治疗,在此期间,C 闯入病房将 B 打死。C 的介入行为和 B 的死亡之间的关系很清楚,不需要研究,关键是研究 C 的行为介入之后,A 的先在行为和 B 的死亡结果之间的因果锁链是否被打破。

综合英美教科书的内容,可以看出一种倾向,如果介入原因是独立的,不是先在行为的反应性行为,先在行为和结果之间就不是近因,而是远因。例如,上面提到的那个案例,A 打伤 B(先在行为),B 住院期间被闯入病房的 C 打死(介入原因),C 的行为独立于 A 的行为,不是 A 行为的反应性行为,所以,先在行为和结果之间没有因果联系。

相反,如果介入原因不是独立的,而是从属于先在行为,或者说是先在行为的反应性行为,那么,先在行为和结果之间就是近因,而不是远因。例如,A 站在岸上,轻率地向远方开枪射击,旁边不远的河面上有一只小船,船上坐着 B 和 C 二人。枪响之后,B 受到惊吓,跌落水中,慌乱中又挣扎着想抓住小船,结果小船也翻了,C 也跌落水中,B 和 C 都被淹死。在这个案例中,B 的介入行为,是 A 开枪行为的本能反应,从属于 A 的先在行为,所以,A 的行为和死亡结果之间有联系,是近因。A 负有轻率—过失杀人罪(recklessness-manslaughter)的刑事

[①] Wayne R. Lafave, Austin W. Scott, Jr, *Criminal Law*, West Publishing 1986, p.292.
[②] Bush v. Commonweath, 78Ky. 268(1880).

责任。①

类似的情况很多。例如,A抢劫银行的运钞车,双方发生了枪战。A临时抓住一个人当人质,推着人质向运钞车走去,在枪战中,运钞车上的警察将人质打死。根据近因说,警察的行为,从属于A的抢劫行为,是A行为的反应性行为,A应对行人的死亡承担责任。

介入原因有时可能是两个以上的原因,是复数,而不是单数,但处理的原则是一样的。例如,被告人谢夫德往集市上扔了一个点燃的爆竹,爆竹落在威利斯旁边,他捡起来,扔到集市的对面,又落在赖亚尔的货摊上。赖亚尔又捡起来扔向远方,恰巧在斯考夫脸上爆炸,斯考夫的一只眼珠被炸了出来。② 被告人谢夫德应对伤害后果负责,而后二人的行为都从属于谢夫德的行为,是先在行为的反应性行为,是远因而不是近因。

(2) 确定介入原因本身的特点是正常的,还是异常的。

如果介入原因是正常的,先在行为是结果发生的近因;如果介入原因是异常的,先在行为不是结果发生的近因。

例如,在Holland一案中,被告人Holland伤害了受害人的手指,外科医生建议切除受伤的手指,遭到受害人的拒绝,两周以后死于破伤风感染。破伤风感染是一个介入原因(自然事件),这种细菌可能是受伤当时或者治疗过程中侵入的,但无论如何这种介入原因都是正常的,Holland的行为和受害人的死亡之间是近因。相反,假如受害人在住院治疗期间,医院突然爆发非典型性肺炎,受害人得传染病而死亡。这就是异常的介入原因,Holland的行为不是造成受害人死亡的近因。

再比如,A强奸了少女B,B自杀身亡。自杀是一个介入原因(受害人的行为),B受到了伤害,痛不欲生,自杀是可以理解的,是一种正常现象。A应对少女B的死亡负责,是近因。

但是,假如学生A考试成绩不佳,老师B批评了A几句,A感到委屈,在回家途中跳河身亡。老师B出于爱护学生的心情对A进行批评教育,没有人格侮辱,而A心胸狭窄,意外自杀。A的自杀行为是一种异常现象,所以,B的行为和A的死亡结果之间不是近因,而是远因。

在介入原因的两个特点中,从属关系和独立关系比较好判断,而正常和异常的区别就比较困难,往往取决于法官或陪审团的价值判断,难免掺杂个人的主观因素,这也是常常容易引起争议的地方。比如在Holland一案中,受害人拒绝医生的建议,没有将受伤的手指切除。被告人就认为,如果受害人接受了医生的建

---

① Letner v. State, 156 Tenn. 68, 299 S. W. 1049(1927).
② 〔英〕丹宁:《法律的未来》,刘庸安译,法律出版社1999年版,第21页。

议,他也许不会死于破伤风感染。

法官和陪审团并不同意被告人的辩解,他们认为,正是 Holland 的伤害行为,最终导致了死亡的结果。类似的情况,在其他案件中也有反映。例如,在 Blaue 一案中,B 刺伤了一位妇女,其中一处伤口刺破了她的肺部。医院建议输血,但是受害人是 Jehovah's Witness 教派的成员[1],拒绝接受输血治疗,最终导致死亡的结果。检察官也认为,如果受害人接受输血治疗,她本来不会死亡。但是,法院仍然认定 B 构成过失杀人罪。B 不服判决,提出上诉,认为受害人拒绝治疗是非常不合理的,而这种治疗本来可以挽救她的生命。

英国上诉法院法官斯劳顿认为,被害人死亡的自然原因是血液涌进胸腔,进入肺部,而这种结果不是拒绝输血的妇女造成的,而是 B 的伤害行为引起的。B 争辩说,被害人对被告人的行为的反应是不合理的,因果关系的锁链已经被打破。法官认为,被告人所说的受害人因宗教信仰拒绝接受治疗是不合理的说法不能成立,正是被告人的行为,引起了受害人的死亡。受害人拒绝治疗这个事实,没有打破 B 的伤害行为和死亡结果之间的因果联系。

可见,介入原因是正常的,还是异常的,在有些情况下确实难以判断。法官和陪审团的评判标准是"常识加公正",即一般人的生活经验和常识。

关于合理预见说。现代英美刑法,对近因说有许多批评,认为近因说引出了与法律政策不相同的其他问题。这些批评主要是:近因概念根本无法找到回答那些问题的方法。假如因果关系问题确实属于"需要由常识原则加以决定的纯粹事实问题,"那么这些原则是什么?它们怎样地适用于这类复杂案件呢?确定近因的标准是什么?所有这些可能都是含混不清的。鉴于此,英美刑法中又有了"合理预见说"。

美国《模范刑法典》对"合理预见说"作了全面而又系统的尝试。根据《模范刑法典》的规定,刑法上的因果关系需具备两个条件:

第一,被告的行为引起了特定的结果,即没有他的行为就不会有这个结果。

第二,被告人对于危害结果可以预见,或者处于被告人已经或者应当预见到的危险范围之内;被告人在主观上,蓄意地、轻率地或者疏忽地引起了损害结果。[2]

如果实际发生的结果与被告人预期的结果之间的联系过于间接和偶然,以致不能据此确定被告人的责任和犯罪的严重程度,就没有可罚性。例如,A 企图谋杀妻子 B,但子弹射偏了,没有击中 B。B 为了躲避丈夫离家出走,但在乘火

---

[1] 1870 年 Charles T. Russell 在美国宾夕法尼亚创立的一个基督教派,主张宗教信仰高于一切,并称上帝之国即将来临。

[2] 《美国模范刑法典》第 203 条的规定。

车旅行途中死于一起交通事故。A 至多构成谋杀未遂罪。

英国的司法判例中也采用了"合理预见说"。例如，D 拳击 P 的头部，致使其失去意识，并将其丢弃在大街上。第三方 X 试图帮助 P，但却使得 P 的情况更加恶化，最终死亡。法院认为，D 对于 P 的死亡后果是否承担责任，依赖于这样一个原则，即死亡后果是否是可以合理预见的。如果完全可以预见，比如 X 将 P 放在一个舒适的小汽车内将其送往医院，但 P 还是死了，D 就要对死亡后果承担刑事责任。但是假如第三方 X 在送 P 去医院的途中，P 因严重颠簸而死亡，被告人 D 对死亡后果也许是不可预见的。

再比如，P 绑架了一位姑娘，将其置于自己的身体前方，作为一个防御盾牌。然后，P 向武装警察射击，警察反击的子弹击中了这位姑娘。他被控以过失杀人罪。但是被告人认为，警察的行为构成了一个新的介入行为，打破了因果关系的锁链。

审判法官认为，出于自卫而实施的合理行为，是因为被告自己的行为而引起的一种行为，这是一个连续的发展过程，而不是一个有效的新的介入原因。假如针对被告人引起他人死亡的行为，是一种合理的自卫行为，我们可以认为，从理论上讲，这是对被告行为所引起的一种本能的反应性行为。对于这种行为造成的第三方死亡的案件，没有减轻或免除被告人责任的任何理由。

法院关注的重点是，D 非法地杀害了那位姑娘："被告人的行为不需要是唯一的原因，甚至不是主要的原因，只要他的行为对于被害人的死亡结果具有重大的意义就足够了。难道在那样的情形下，警察还能够冷静地衡量轻重缓急，然后再来决定是否对 D 进行射击吗？可以说，根本没有这种可能性。在当时的情况下，P 开枪射击——警察本能的开枪自卫——引起被害人的死亡，这是相当正常的，假如警察打死的不是那位充当人质的姑娘，而是一个无辜的旁观者，其结果也是一样的，都在被告人可以预见的范围之内。"

法律人常常强调可预见性对责任问题的重要性，这一点也不奇怪，因为即使在法律领域之外，损害结果的发生是否可以预见，也是对行为人是否进行处罚或者原谅的一个重要因素。从某种意义上说，对于损害结果的可预见性，决定着我们的道德判断。被告人对于而且只能对他们能够合理预见，并能够避免的那种结果承担刑事责任。

持反对意见的人认为，将损害结果称为"可预见性的"，或者"不可预见性的"，这都是非常随意的。因为从一个角度看，任何事物都是可以预见的，而从另一个角度看，没有任何事物是可以预见的，""过失的结果几乎都必然是出乎意料的"，一切都取决于损害结果被描写的细节。

第九章 犯罪意图

第一节 一般概述

　　Mens rea(犯罪意图)是拉丁语,英语可以译为 mental element of a crime,是与犯罪心理要件有关的问题。单纯地或者抽象地讨论犯罪意图比较容易引起误解。在英美刑法中,无论是成文法还是普通法,必须结合具体犯罪的定义,才能确定行为人的犯罪意图。

　　犯罪意图比犯罪行为更加令人难以捉摸。行为是可以看得见的,或者通过客观证据加以证明的。证人可以依据其所见所闻,证明被告人从事了什么性质的行为,但却无法准确地证明被告人在行为时,他心里到底想的是什么。例如,X 直接站在 Y 的面前,用一把上了子弹的枪向 Y 射击,我们可以推断 X 故意杀死 Y。但是 X 却说,他瞄准的是 Y 身边的一棵树,仅仅想吓唬一下 Y。他的心理状态又该如何认定呢? 或者说,他不知道枪里装有子弹,或者他认为 Y 是一块纸板做的模型,或者他认为 Y 正准备朝他开枪,他为了自卫而开枪将 Y 杀死。这些情况有时虽然难以置信,但却确实发生了,这个人的心理状态该如何确定呢? 除非被告人自己承认,否则他行为时的心理状态究竟是什么,总是一个令人怀疑的问题。

　　犯罪意图也许是刑法中最具争议的概念。在实践中,一个人造成另外一个人死亡,是判处死刑,还是判处监禁刑,或者不受任何刑事处罚,心理状态往往成为决定性因素。例如,A 驾车穿过街道时撞倒了一个孩子,孩子随后不治身亡。假如 A 故意撞死孩子,他就构成谋杀罪;假如 A 疏忽驾驶,就构成过失杀人罪;假如这个孩子出人意料地突然跳到 A 的车前,事故是不可避免的,A 就不构成任何刑事犯罪。同样的事实,同样的结果,但是由于行为人的心理状态不同,就会发生完全不同的法律后果。[①]

　　由于犯罪意图的复杂性和不确定性,这个概念也受到广泛的批评。有人认为,"犯罪只是行为,而不是意图与行为的结合,没有犯罪意图的行为就不是犯罪的格言,已经不再是一个普遍真理。"[②] 但是事实并非如此,当刑法不考虑行为人

[①] Janet Dine, James Gobert, *Criminal Law*, Oxford University Press, 2003, p.139.

[②] Albert Levitt, "Extent and Function of the Doctrine of Mens Rea," *ILL. L. Rev.* 17(1923), p.578.

的主观心理状态,而仅仅凭借客观行为予以定罪量刑时,就可能处罚本来不应受到处罚的人,也难以被社会大众所接受。犯罪意图的理论在日耳曼人的法律中就已经存在,自12世纪以来的英国法律实践也可以证明这一点,尽管也存在不要求主观罪过的"绝对责任",但犯罪意图的理论一直得到发展和加强。随着人权观念的深入人心,就犯罪行为而言,如果说犯罪意图的概念应该有所变化时,这个变化也是应当更多地考虑行为人的主观心理状态,而不是采取漠视甚至取消的态度。

当然,犯罪意图的概念也并非完美无缺,也还有许多值得改进的地方。传统的犯意概念通常强调人的认识因素和意志因素的结合,而完全忽视了人的感情因素。其实,在人的心理三要素,即认识、意志和感情中,感情因素常常影响着其他两个要素的发展,人的意志因素中往往掺杂着许多复杂的感情因素,而这些感情因素可能影响到具体行为的性质,例如,出于义愤的杀人就和一般的谋杀行为在性质上有很大不同。这些问题就需要通过现代心理学的研究,不断地完善和发展。

一、动机

一般来说,动机不是构成犯罪的基本要件,一个好的动机不能改变犯罪的事实,一个坏的动机也不能使被告人在缺少犯罪意图的情况下构成犯罪。例如,一个人抢劫美国的花旗银行,无论其是出于慈善捐款的动机,还是出于个人挥霍的动机,对于定罪没有任何实质性的影响。

动机与犯罪无关的主要原因,不仅是由于动机难以证明,而且人的动机往往容易被误解。人们也不想在评价个人动机时掺杂其他因素(例如商业因素),并以此作为区分是否构成犯罪的标准。例如,抢劫银行的人将钱捐给英国的工党,工党的领导人也许会认为其动机高尚,但保守党又该对其动机作出什么样的评价呢?

动机虽然与定罪无关,但却可能与刑事诉讼的其他阶段有关。第一,动机可能影响检察机关是否对被告人进行起诉的决定。英国的检察官在这方面拥有相当大的自由裁量权,国家也不希望将有限的资源浪费在毫无意义的诉讼中,同时也可以使不具有邪恶动机的被告人免受感情上的创伤以及减少刑事诉讼的法律费用,被告人的动机在这一点上具有一定的影响。第二,在审判过程中,检察机关也许想要提出有关被告人动机的证据。尽管法律并不要求这样做,但由于动机可以用来支持起诉方的观点,有助于证明被告人就是实施犯罪的那个人,检察官也许会在动机上做文章。在杀人的案件中,如果其他人没有犯罪的动机,被告人可能就是谋杀者。动机可能影响到陪审团的自由裁量权,缺少动机可能会导致他们推断被告人不构成犯罪,而良好的动机,如在安乐死的案件中,也可能导致被告人无罪释放,尽管被告人在法律上是构成犯罪的。第三,法官在判决时也可能考虑犯罪动机(除了谋杀罪以外)。

认为动机完全与法律无关,也许会导致一些误解。动机在有些情况下也具有法律意义。例如,A 击打 B 的动机,是防止 B 对他的攻击,这种动机可以导致自卫权利的行使。同样地,假如 X 驾车抢劫银行的动机,是因为有人绑架了他的孩子,并且威胁要杀死他们,除非他提供合作。这种抢劫的动机可以以受到匪徒的胁迫而得到辩护。

二、主观的犯罪意图和客观的犯罪意图

英美刑法认为,应当区分主观的犯罪意图和客观的犯罪意图。主观的犯罪意图,是指行为人在行为当时实际上正在想什么;客观的犯罪意图,是指作为一个有理性的人,处在被告人那样的情况下应当怎样认识。犯罪意图是客观的,是指被告人的过错在于没有认识到危险,但按照一个有理性的人他应该认识到。对于主观过错的犯罪,要求起诉方证明被告人实际上具有所指控犯罪的心理状态。对于客观过错的犯罪,起诉方不需要证明被告人实际上具有特定的心理状态,仅仅需要证明被告人不符合某种行为标准,通常是根据一个有理性的人应当具有的行为标准加以确定。假如某人驾驶他的汽车撞倒了一个行人,企图碾死他,他的主观心理状态就是杀死这个行人。但是,当他对自己正在做的事情没有给予充分的注意,他的主观心理状态就不是杀死任何人,尽管作为一个有理性的人,他应该预见到结果发生时存在着明显的危险。作为一个一般的命题,具有主观犯罪意图而实施犯罪的人,在道德上更加具有可谴责性,因而应当判处较为严厉的刑罚,特别是相对于具有客观犯罪意图的犯罪。

在英国,确定一部法律是要求客观犯意,还是要求主观犯意,必须理解这部法律使用的词汇,以及法院是如何解释这些词汇的。下面列举的有代表性的词汇,总的来说包含了客观的或者主观的罪过:

主观罪过	客观罪过
有目的地(purposely)	
轻率地(recklessly)	轻率地(recklessly)
明知地(knowingly)	疏忽地(negligently)
故意地(intentionally)	粗心大意地(carelessly)
有意识地(wilfully)	
蓄意地(deliberately)	

轻率地一词出现在左右两个栏目中,表明在英美的司法实践中,主观的和客观的这种划分犯罪意图的标准,已经出现了很大程度的混乱和滥用。

除了主观的和客观的犯罪意图以外,有些刑事法律明显不要求有犯罪意图。这些法律仅仅规定了行为概念,而没有任何关于人的心理状态的表述,这就是通常所指的有关严格责任的法律。严格责任类型的犯罪,相对于拉丁格言中没有犯罪意图的行为就不构成犯罪的说法,是一个明显的例外。

英国议会在制定新的法律和确定新的罪名时,既可能要求主观的犯罪意图和客观的犯罪意图,也可能将某种犯罪视为严格责任。选择如何规定,就会反映在这部法律的用语之中。例如议会将私自处理被偷物品规定为犯罪,如果法律将'明知是被偷的物品'规定为这个罪的要件,那就意味着要求行为人具有主观犯意,即实际上明知这些物品是被偷的物品。如果法律采用'有理由知道货物是偷来的'用语,这表明要求客观的犯意,即一个有理性的人应当认识到这些货物是偷来的。最后,议会也可能将这种犯罪规定为严格责任,没有在法律中写明'明知或者有理由知道是被偷的物品'这样的字样,仅仅规定只要实际上处理了被偷的物品,就可以构成犯罪。对于最后一种情况,法院仍然可以解释为需要具有犯罪意图的要件,但是假如议会真的想要规定为严格责任,它就可以在法律中清楚地写明:明知或者有理由知道是被偷的物品,并非定罪所必需。

无论你如何分析一部法律的犯罪意图,你都可以问自己,这个法律是要求主观的犯罪意图,还是要求客观的犯罪意图,或者说不要求具有任何犯罪意图的证据。假如犯罪意图是犯罪的一个要件,检察机关又不能证明这一点,或者被告人的辩解使陪审团对这一要件产生了合理怀疑,被告人就不能够被定罪,即使他也许实施了这个罪要求的客观行为,甚至引起法律规定的结果。

法院总是试图从理论上划清客观和主观心理状态的界限,但在实践中这种界限常常是含糊不清的。原因在于,被告人对于一个特定的犯罪是否具有主观的犯罪意图,对于陪审团来说是一个事实问题。假如被告人在很近的距离内将几颗子弹射入被害人的心脏,他却辩称不想杀死被害人,而仅仅是想吓唬一下他。陪审团很可能认为这个被告人的辩解是不可信的。为什么呢?因为这种辩解对于陪审团成员来说是无法理解的。假如他们处在被告人的情形下,他们就会认识到子弹穿过心脏会杀死被害人,他们应该认识到这一点,因为他们是有理性的人,而任何有理性的人都应当认识到这一点。通过法律设计,使陪审团成员感受到,当他们自己处于被告人的情形之下时,自己会如何思考,通过这一思考过程,陪审团有理由认为被告人很可能撒谎,实际上具有杀害他人的主观故意。作为一个客观运动的结果,陪审团有合乎逻辑的理由,推定被告人方面具有主观的犯罪意图。[①]

---

① Janet Dine, James Gobert, *Criminal Law*, Oxford University Press, 2003, pp. 140—142.

第二节　英国刑法中的犯罪意图

一、故意

英国刑法中的故意(intention)，是指行为人有目的地引起一个危害结果，并且希望结果发生的心理态度；或者行为人虽然不是有目的地引起一个危害结果，但预见到危害结果很可能发生，也是故意。这种观点在海厄姆诉检察长一案中得到确立。[①] 案件的大致情况是，H 被检察机关指控谋杀了两个孩子。某天，她来到其前情夫的新女友 B 的住处，用浇上汽油的报纸点燃了 B 的信箱。B 本人没有受伤，但是她的两个孩子因烟熏窒息而死。H 被指控犯有谋杀罪。审理这个案件的阿克纳法官(Ackner J.)指示陪审团："起诉方必须确定无疑地证明，被告人企图杀死 Mrs Booth(孩子的母亲)或者对其造成严重的身体伤害。假如陪审团确信，被告人点燃房屋时，认识到很可能引起死亡或者严重的身体伤害，故意谋杀的指控就可以成立。但是，假如被告人的目的仅仅是想恐吓 Mrs Booth，故意就不成立。"

阿克纳法官的这段话至少可能有两种解释。一方面这句话可以理解为法官是在对陪审团解释犯罪意图这个词的含义。如果这就是法官的原意，那就表明谋杀罪中的犯罪意图只要具备以下四种的任何一种情况就可以成立了：(1) 故意杀害；(2) 故意引起严重的身体伤害；(3) 预见到行为很可能引起死亡；(4) 预见到行为很可能引起严重的身体伤害。(1)和(2)是故意，(3)和(4)是轻率。另一方面，阿克纳法官的话也可以理解为，谋杀罪要求被告人具有故意杀害或者故意引起严重身体伤害的证据，而预见到死亡或者严重的身体伤害也是故意。在第二种解释中，谋杀罪中的轻率被视为故意。[②]

海厄姆的谋杀罪名，得到英国上议院的支持。这样就确立了一个广义的谋杀罪的定义，轻率被视为故意的一种表现形式。基尔布拉登(Kilbrandon)和迪普洛克(Diplock)是少数对这个判决持强烈反对意见的法官。他们认为，一个人仅仅因为有意引起严重的人体伤害，起诉方甚至不需要证明被告人至少预见到死亡的可能性，就可以被定为谋杀罪，这是一个原则性错误。谋杀罪的行为要件，要求被告人实际上已经将人杀死的证据，而犯罪意图又是与犯罪行为联系在一起的。因此，人们当然期望，谋杀罪中的犯罪意图不仅要求具有故意杀害，而且也要求预见到死亡的可能性。[③] 这种观点显然主张狭义的定义，即将故意限

[①] Hyam v. DPP. See [1975]A. C. 55.
[②] Alan Reed, Peter Seago, *Criminal Law*, Sweet & Maxwell, 1999, p. 58.
[③] Ibid.

制在所谓直接故意的范围之内,而将轻率排除在故意之外。

海厄姆一案的优点是减轻了法院区分故意与轻率的必要性。例如,在诈骗保险金的案件中被告人为其母亲购买了巨额的人身保险,然后又在其随身携带的旅行袋中隐藏了一枚炸弹,飞机越过大西洋上空时发生爆炸,所有的乘客都在空难中丧生。被告人是想杀死飞机上的所有乘客吗?那倒不一定,他也许只想骗取保险金。但是,他很清楚地认识到,他的行为终将杀死飞机上的所有乘客,很难想象有人能够幸免于空难。根据厄海姆规则,只要被告人预见到飞机上的所有乘客有可能死亡,或者有造成严重身体伤害的高度可能性,谋杀罪就可以成立。①

当然,也有相反的观点。英国上议院在莫罗尼(Moloney)一案中([1985]A. C. 905.),就对谋杀罪的犯罪意图作出了不同的解释。案件的大致情况是,在一个喝得烂醉的家庭聚会之后,M和他的继父单独留了下来。M的继父提出和他进行比赛,看谁能在最快的时间内给手枪装上子弹,M赢了,但他的继父却嘲笑他没有胆量扣动枪机。于是,M扣动了枪的扳机,击中了继父的头部。在法庭上,M辩称,他没有用枪瞄准继父,只是扣动了扳机。一审法院否决了对M的谋杀罪指控,而代之以过失杀人罪。后来,英国的一家巡回刑事法院又恢复了谋杀罪的指控,采取了和海厄姆案一样的解释。但是,M的谋杀罪又被英国上议院推翻,他们认为二审法院的判决是对海厄姆规则的误解。谋杀罪要求被告人具有故意杀害,或者故意引起严重人身伤害的证据。除此之外,就不构成故意杀人。行为人仅仅预见到死亡和严重的身体伤害,还不同于故意,从本质上讲,预见不完全等同于犯罪意图。这就意味着,在英国上议院的法官看来,在谋杀罪中,必须区分故意与轻率。②

根据莫罗尼一案的判决,就需要确定,放置炸弹的人是否希望杀死或者严重伤害飞机上的所有乘客。假设陪审团推断他的目的是获取保险金,为了达到这个目的,他也许希望飞机坠落在海面上。陪审团也相信,正如行为人所说,尽管他认识到所有乘客被炸死的可能性很大,但是他仍然不希望这种事情发生,他只是希望飞机可以安全降落在海面上,飞机上的乘客可以用救生艇逃生。那么,生活中的普通人根据以上事实,会推断行为人想要杀死飞机上的所有乘客吗?假如炸弹已经被发现或者在爆炸之前已经被安全排除,还能认为行为人企图杀死

---

① In Belfon [1976] 1 W. L. R. 741 the Court of Appeal held that in s. 18 of the Dffences Against the Person Act 1861 the phrase "with intent to do grievous bodily harm" required proof of intention and noting less. Despite Hyam, foresight of grievous bodily harm was not the same as intention to cause grievous bodily harm. In Mohan [1976] Q. B. 1; [1975] 2 All E. R. 193 the same decision was reached in attempts where the Court of Appeal held that intention was required.
② Alan Reed, Peter Seago, *Criminal law*, Sweet & Maxwell, 1999, p. 59.

所有的乘客吗？也许普通的人会断定,至少有些人的死亡是不可避免的,他的确想要杀死他们。同样的问题还有,假如炸弹不是放置在飞机上,而是放置在轮船上,避免死亡的可能性就要大得多；或者假如炸弹放置在一个大街的酒吧内,逃生的机会是否会更大呢？故意这个词对于不了解法律的普通人又意味着什么呢？他们大概会认为,当一个人故意地引起一个特定的结果,特别是他希望这个被禁止的结果发生时,他就是想要杀死另一个人。

被告人希望造成一个特定的结果,但是他知道自己采用的方法获得成功的机会有限,这通常不会引起争议。例如,D 希望杀死 P,为了这个目的,他企图向 P 射击,他知道从这个距离射击,击中 P 的机会很小,但他还是开枪射击并且击中了 P,认定 D 故意杀死 P 没有问题。这种形式的故意被称之为直接故意,D 的意图和目的就是导致 P 的死亡。

但是,在有些情况下认定某人的行为是直接故意还是间接故意,就会出现较大争议,特别是当实际出现的结果,并不是行为人所追求的结果,就会出现困难的问题。在斯特尼(Steane)一案中[1],被告人因其家人受到纳粹的威胁,被迫为德国当局充当广播员。第二次世界大战后,他被英国法院指控违反国防法规,故意实施帮助敌人的行为,已经构成资敌罪。审理这起案件的法官戈达德(Lord Goddard)认为,被告人违背自己的良心,被迫从事帮助敌人的行为,就像被俘的英军被迫为日本人修建缅甸公路一样,他们都知道自己在做什么,知道是在帮助敌方,即使他们主观上并不想这么做。但是,考虑到他们受到了胁迫,定罪就不必要了,因为陪审团无法证明,仅仅因为从事了这些工作,就是在帮助敌人。斯特尼缺少帮助敌人的特定故意,即使从事了播音工作,也是受到了敌方的暴力威胁。

持反对意见的人认为,戈达德的观点虽然很容易获得同情,但未必就是正确的。一个人受胁迫实施的行为就是非故意的吗？战俘们知道修建公路是在帮助敌人,正如斯特尼知道自己的播音行为是在帮助敌人一样,只不过他们都受到了敌方的胁迫。戈达德法官混淆了动机和故意的概念。上述所有人的行为都是故意的行为,尽管他们并不追求出现的结果。这些人之所以未被定罪,不是因为他们缺乏故意,而是因为受到了敌人的胁迫。

同样的案件,A 希望射击站在玻璃窗后面的 B,A 不希望损害玻璃,但是他知道这是射击 B 的必经之路,他还是开枪了,在这种情况下说 A 不想损害玻璃是荒谬的。A 损害玻璃的故意通常被称之为间接故意,即放任了另一个危害结果的发生。

有一些更为困难的案件。例如,被告人企图给 A 造成某种损害结果,但是

---

[1] [1947] K. B. 997.

他认识到,这样做时也许会对 B 造成危害,而他最终还是冒险从事了这种行为,结果对 B 的危害结果发生了。我们可以说,被告人想要造成 B 的危害结果吗?在这里,行为人对 B 的危害结果是一种轻率的行为,只要能证明这一点就足够了。但是在有些犯罪中,起诉方必须证明被告人想要造成 B 的损害结果。例如,在飞机上放置炸弹的案件,由于被告人预见到乘客的死亡不可避免,死亡的发生是必然的,我们就可以说被告人想要杀死这些乘客。这可以作为一个间接故意的例子。① 但是,假如这个炸弹是放在航行于大海中的船只的甲板上,或者放在有预警装置的酒吧里,可能就没有人知道会发生什么,也没有人知道他想要造成什么样的后果了。②

故意这个词在大多数案件中都与谋杀罪的法律有关。正如我们看到的,谋杀罪要求具有杀人的故意或者引起严重身体伤害的故意。英国的法院试图说明,故意这个词不是一个法律用语,但是这个词每天都在使用,普通人给故意这个词赋予了一个相当狭小的定义,这就必然导致谋杀罪的法律受到了相当程度的限制。

在大多数案件中,检察机关必须确定被告人故意引起某个结果,而法院则要求陪审团确信被告人是否具有这种故意就可以了。但是在一些特殊的案件中,当被告人携带武器直接攻击受害人时,就需要对行为人是构成谋杀罪还是故意伤害罪,作出精确和详细的解释。在这类案件中,法院对陪审团解释故意和目的、动机的区别,就不至于引起混乱。

例如,在英国西思罗机场,一个人登上开往曼彻斯特的飞机,很明显他想要到达的目的地是曼彻斯特,而登机的动机是为了逃避追捕。但是也存在着这样一种可能性,即飞机的发动机着火,被迫降落在另一个城市,但这并不会影响事情的本质。登上飞机的人很肯定地表明,他的意图就是飞往曼彻斯特,只要飞机不发生故障,他就很可能到达曼彻斯特了。

换句话说,尽管一个人并不追求某个结果,但他仍可能对发生的结果是故意的。英国的布里奇法官在莫罗尼(Mloney)一案中提出的黄金规则就是,在直接故意的案件中,审判法官应当避免对故意这个词的含义作出任何精确的解释,而是将其留给陪审团的良好感觉,以便确定被告人的行为是否具有必要故意。

但是在有些案件中,尽管数量很少,就要求法官参照对结果的预见性,进一步解释故意的确切含义。在间接故意的案件中,除了被告人造成的法律禁止的结果之外,还要对他的最终目的、意图和目标加以解释。③ 应当清楚,谋杀罪要

---

① 我们也可以说,预见到危害结果必然发生,就不是间接故意,而是直接故意了。
② Finnis, Philosophical Foundations of Tort Law; essays on intention.
③ G. Williams, "Oblique Intention," *C. L. J.* 46, pp. 417—421, (1987).

求具有杀人的故意和严重伤害他人身体的故意,而仅仅预见到死亡或者严重的身体伤害则是不够的。尽管被告人预见到结果这个事实,也许可以证实他想要达到这个结果,但这并不符合布里奇法官的定义,除非预见到发生结果的可能性几乎是不可避免的。例如,在飞机上放置炸弹,乘客死亡的可能性几乎是不可避免的,这也许才可以作为被告人故意杀死乘客的证据。英国的这位法官引用了一句据说已经影响了法官长达半个多世纪的谚语,"每个人都可以被推断为,希望自己的行为达到一个预期的自然和可能的结果。"换句话说,假如一个人不放弃对这种自然和可能结果的追求,被害人就会死亡。那么,这个人就可以被推断为想要杀死受害人。这样一个格言今天仍然被采用,尽管有人认为,"可能的"这个词,甚至包括"自然的"这个词都是不必要的。[①]

在像汉考克(Hancock)和香克兰(Shankland)这样极少见到的案件中,法官给予陪审团的指导是非常必要的。案件的基本情况是[②],两个威尔士矿工,被指控谋杀了一个出租车司机。起诉书指控他们将沉重的水泥石块推到一辆正在行驶的汽车之上。检察官认为,被告人至少怀有严重伤害汽车司机的故意。被告人则辩称,他们仅仅试图阻止带走汽车里边的人——一个破坏罢工的矿工。法庭审理中,被告人愿意以过失杀人罪认罪,但这个建议未被控方接受。法官认为,这是一个特殊的案件,仅仅证实被告人具有重伤他人身体的故意是不够的,因为行为人不是直接故意。对于被告人用石块阻止汽车通过煤矿这一事实,陪审团认定起来并不困难,甚至进一步说,认定汉考克和香克兰预见到有引起严重身体伤害的危险性,甚至高度危险性,都没有困难。但是,陪审团能够证实被告人确实想要对被害人造成实际上的严重伤害吗?也许他们只是想阻止汽车的通行,而不想伤害被害人。于是,审理这个案件的法官,引用布里奇法官在莫罗尼一案中关于自然结果的论述,对陪审团加以指导,被告人最后被确定为谋杀罪。这个判决被上诉法院推翻,但随后又得到英国上议院的支持。初审法官的判决错了吗?他难道没有遵循布里奇法官的原则吗?有学者认为,布里奇法官在莫罗尼一案中的典型指导是有缺陷的,仅仅借助自然结果,不考虑结果发生的概率,有可能导致陪审团认为,假如这个结果是自然地来源于被告人的行为,他们就可以据此推断被告人内心想要达到这个结果。实际上,布里奇法官对此是清楚的,他是想要考虑概率问题的,因为他在其他场合的演讲中曾经说过:"考察已经判决的这些案件的事实,在考察犯罪的特定故意时,对于我来说,对于结果发生的概率的遇见性必须是压倒一切的,只有这样才足以确定行为人的必要故

---

① Alan Reed, Peter Seago, *Criminal Law*, Sweet & Maxwell, 1999, p.61.
② Generally Lord Goff, "The Mental Element in the Element in the Crime of Murder," *L. Q. R.* 104, p.30(1988).

意。"在另外一些场合,布里奇还是用了"非常大的可能性"这样的词汇来描述事件发生的概率。他的错误在于,认为在自然的和可能的结果这个词组中的"可能性"是不必要的,因为这个词已经被"自然的"这个词所包括。

英国的斯卡曼法官认为,陪审团在概率这个问题上应当受到特别的指导。他们应当被告知,当结果发生的概率较大时,这个结果在很大程度上是可以预见的。如果这个结果被预见到的概率较大,这个结果就是他想要达到的结果。不幸的问题是,在莫罗尼一案中,布里奇法官曾经说:"当被告人预见到结果发生的概率具有压倒一切的地位时,他们才有资格推断被告人希望这个结果发生。"但在另外一些场合他又说,"被告人预见到这个结果有发生的非常大的可能性时,就可以作为证据来使用——即被告人希望结果发生。"在汉考克和香克兰一案中,英国的上诉法院在谈到这个问题时似乎认为,预见到结果发生的"高度可能性"和预见到结果发生"非常大的可能性"之间,具有很大的区别,可惜的是,他们对此并没有加以进一步的说明。可见,英国的法官试图将结果的预见性与概率问题联系在一起,但却没有能够解决概率的程度性问题,这也是导致实际中出现混乱的一个原因。

莱恩(Lane)法官在 Nedrick 一案中认为,在谋杀罪中,陪审团必须确实感觉到,死亡和严重的身体伤害实际上是被告人行为的一个后果,否则就不能推断他具有谋杀的必要故意。这段话已经成为对故意的经典性论述。[①] 根据这种观点,对于在飞机上放置炸弹的案件,假如陪审团断定被告人故意的杀死所有乘客,定谋杀罪没有困难;假如陪审团中的所有人都断定被告预见到乘客有被杀死的可能性(机会),这本身就不足以认定他具有谋杀的故意,只是一个能够推定他具有杀人故意的证据。但是,假如陪审团断定被告人预见到乘客几乎必死无疑,这就可以成为断定被告人具有杀人故意的证据。

在 1998 年的伍林(wollin)一案[②]中,伍林失去控制,将其 3 个月大的孩子扔到坚硬的地面上,导致孩子头骨骨折而死亡。初审法官认为,假如陪审团确信被告人肯定认识到或者明知当他扔孩子时,有引起严重伤害的相当大的危险性,陪审团毫无疑义可以推断,被告人想要引起伤害孩子的后果,他们就可以断定被告人构成谋杀罪。上议院认为,这个判决模糊了故意和轻率的界限,以及谋杀罪和过失杀人罪的界限,扩大了谋杀罪的范围,是一个对案件有决定性影响的错误指导。因此,谋杀罪的判决最终被推翻。

英国上议院根据这个案件,提出了三点意见:首先,陪审团应当断定:(1) 被

[①] (1986) 83 Cr. App. Rep. 267; see generally G. R. Sullivan, "Intent, Subjective Recklessness and Culpability," *O. J. L. S.* 12(1992); J. Horder, "Varieties of Intention, Criminal Attempts and Endangerment," *Leagal Studies* 14, p. 335(1994).

[②] [1998] 4 A11 E. R. 103.

告行为导致结果发生的可能性有多大;(2)被告人预见到这个结果了吗?其次,"推定"(infer)这个词,由于使用者的原因而被"断定"(find)这个词所代替;最后,上议院提出如下建议:"一个人认识到他的行为将不可避免地导致死亡或者严重伤害的实际后果,那么,他想要达到这个结果的推断就是不能反驳的,也许他并不追求或者希望这个结果发生。"①

很明显,到此为止,英国的司法机关还是没有得出"故意"一词的定义。根据海厄姆诉检察长(Hyam v. Dpp)一案的判决,上议院认为预见死亡或严重身体伤害本身就构成了谋杀的犯意或者至少等同于故意。而在莫罗尼(Moloney)一案中,法官们又从否定的角度认为预见(forsight)与故意不同,但如果预见的可能性达到某种程度,预见就可以作为故意的证据。这显然还是含混不清,按照这样的说法,假如在飞机爆炸案的审判过程中,陪审团问法官:"我们认为被告并不想让乘客死亡,而他确实预见到了乘客的死亡是难以避免的。我们能不能认为这就是杀人的故意?"法官对此应当如何回应呢?审理案件的法官实际上特别想说故意就是个日常用语,但是上议院最不想看到的就是"故意"被赋予日常含义,因为这会导致非常狭窄的谋杀定义。因为如果让一般人自己理解,他会给故意下一个非常狭窄的有倾向性的定义,结果就是法官只能给陪审团一个几乎毫无意义的指示,让他们去寻找一个最权威的法律人士都无法描述的定义,这实在有点勉为其难。伍林案也没有给出一个可以向陪审团进行充分解释的指示,但施蒂恩(Steyn)法官似乎认为,预见到结果实际上必然发生,这个结果就是他想要达到的结果。但由于这个表述与该案的最终判决背道而驰(一审的谋杀罪被推翻),有英国学者认为,这个陈述应当是个口误,他本来是不想给陪审团表达这个意思的。

"故意"这个词似乎成了英国刑法中一个无法逾越的难点。上议院的法官在这个问题上尤其得犹豫不决,始终未能给陪审团提供一个有效的,能够让陪审团明白的指示。莱恩法官在内德里克案中,施蒂恩法官在伍林案中,都差点说预见到结果必然发生,这个结果就是他想要达到的结果。这样做的意义在于,在类似飞机炸弹的案件中,陪审团可以被告知,如果他们认定被告人预见到乘客的死亡不可避免,就可以以此作为证据,证明被告人虽然不想让乘客死亡,但还是故意杀死飞机上的乘客,这样的事实直接构成了谋杀的犯意。这样的解决方式也许并不完美,但至少是合理的。

现在,英国法律委员会起草的《刑法典草案》已经给出了故意的定义。根据该草案第18条的规定,行为人的目的就是要造成某种结果,或者明知自己的行

---

① Alan Reed, Peter Seago, *Criminal Law*, Sweet & Maxwell, 1999, p.64.

为在一般情况下会导致结果的发生,就是故意。① 但是,这一定义在司法实践中并没有得到广泛地认可,上议院似乎无意使用法律委员会制定的刑法典草案,但自己也没有给出一个行得通的、能让陪审团真正明白的指导,看来混乱还将持续下去。

二、轻率

(一)冈宁海姆轻率

1982年以前,英国刑法中轻率(recklessness)这个词,都是依据伯恩(Byrne)法官在冈宁海姆(Cunningham)一案中所下的定义([1957]2 Q. B. 396.)。所谓冈宁海姆轻率,是指行为人预见到某种类型的损害可能会发生,但仍然有意识地从事某种冒险行为。冈宁海姆轻率要求行为人有意识地采取不合理的冒险行为。例如,D住在一个公园的对面,他在正对着他的浴室窗户的公园里的公共厕所的房顶放置了一个啤酒瓶,然后又回到自己的浴室,持枪向啤酒瓶射击,结果没有击中瓶子,反而将一个刚从厕所出来的人打伤。检察机关指控D非法地、恶意地伤害他人。② 因为他很清楚地意识到自己从事了一种伤害他人(使用厕所的人)的冒险行为,而且是一种不合理的冒险。根据冈宁海姆规则,只要检察机关能够证明行为人有意识地从事了伤害他人的冒险行为,就可以确定被告人罪名成立。这实际上就像在日常生活中,行为人已经意识到,"我有伤害他人的可能性,但还是打算冒这个险,只要小心一点就好了。"

冈宁海姆轻率要求行为人在客观上实施了一种不合理的冒险行为。至于被告人主观上是否认识到冒险是合理的,还是不合理的,不是应当考虑的问题,因为它是以一个有理性的人通常所采取的行为为标准的。这样,在外科手术的情况下,行为人预见到死亡的危险,事实上死亡也发生了,只要这种危险对于一般的医生来说是合理的,我们就不能说医生轻率地杀死了病人。驾驶汽车也是一样,在这个过程中也存在严重伤害和死亡的风险,但是通常情况下,这种风险对于普通人来说都是正常的。所以,从这一点来讲,行为人行为的社会价值,对于判断行为是不是合理地冒险,具有一定的意义。在外科手术中引起死亡的危险性虽然很高,但有社会价值。比如心脏置换手术,是希望病人能够过上一种体面的和健康的生活,而如果将空瓶子放在公共厕所的入口处,并且置公众危险于不顾开枪射击,就是一种不合理的冒险。

刑法中提出的这些原则都是令人信服的。例如,从事危险品的公共运输,不

---

① Alan Reed, Peter Seago, *Criminal Law*, Sweet & Maxwell, 1999, p. 66.
② Contrary to the Offences Against the Person Act 1861, s. 20; see below p. 366. See also Spratt, (1991) 91 Cr. App. R. 362.

可避免地要伴随事故的风险,这超出了驾驶者的控制范围,即使有风险也是社会生活所必须承受的。危险的外科手术是为了社会的利益和病人的健康,采取某些冒险行为,都有其正当的社会理由。① 与这个问题有关的是,预见到危险性达到何种程度才构成刑法上的轻率。对于这个问题没有一个清楚的答案,很可能要由法官针对案件的具体情况来确定。假如被告人在一个暴风雪的半夜两点钟站在一个悬崖边上,向海滩上扔下一块石头,他认为砸中海滩上任何一个人的机会几乎没有,然而碰巧的是,一个人恰好正站在海滩上,结果被石头砸伤。对于这种情况也被认为是一种不合理的冒险,因为没有任何社会价值,即使引起伤害的可能性很小,也被视为冈宁海姆轻率。在有些外科手术中,死亡的危险性相当高,根据社会价值的观点,如果外科手术的风险超出了社会利益的范围,医生的行为也将被视为冈宁海姆轻率。②

(二) 考德威尔轻率

考德威尔轻率是根据一个案例确定的。③ 被告人 C 与旅店经理发生争吵。他当时已经喝醉了,于是点燃了一把火,将旅店烧毁。英国上议院对此案的判决与其对《1971 年刑事损害法》的解释有关,根据该法第 1 条的规定,一个人故意地或者轻率地实施毁坏他人财产的行为,就是犯罪。这就表明,在 1982 年以前的一段时间里,英国上议院认为,轻率是指行为人对相关危险的有意识的认识。这是一个主观的标准。例如,在斯蒂芬森(Stephenson)一案④中,斯蒂芬森偷偷地爬进一个装满稻草的洞穴睡觉,因为感觉太冷,他在洞里点燃了火取暖,结果稻草垛被大火烧毁。任何有理智的人都会认识到草穴中点火会出现什么样的后果。但是,精神病医生提供的证词表明,斯蒂芬森患有精神分裂症,这种病导致其失去了正常的理解能力。杰弗里·莱恩法官认为,"我们希望弄清楚这一点,即这个标准依然是主观的标准,这种对损害危险的认识和了解,已经深入到被告人的内心,即便他也许想要阻止它或者将其从内心中驱逐出去。……精神分裂症是防止这种危险进入上诉人内心的一个证据,假如这是一个真实的情况,上诉人就应宣告无罪。"这也就是说,行为人主观上认识到了危险性,仍然去实施点火行为造成了损害结果,本来应该构成毁坏财物罪,但由于精神病才被宣告无罪。可见,英国《1971 年刑事损害法》中规定的轻率,是一个主观标准,仅指行为人主观上认识到危险性,而有意识地实施冒险行为。

---

① Law Commission Working Paper No. 31. at p. 53.
② Alan Reed, Peter Seago, *Criminal Law*, Sweet & Maxwell, 1999, p. 70.
③ [1982]A. C. 341; See generally G. Sytota, "A Radical Change in the Law of Recklessness," *Crim. L. R.* 97(1982); G. Willams, "Divergent Interpretation of Recklessness," *N. L. J.* 132 p. 289 (1982); D. J. Birch. "The Foresight Saga:the Biggest Mistake of All?" *Crim. L. R.* 4,(1988).
④ [1979]1 Q. B. 695.

但是，在考德威尔一案中，迪普洛克法官认为，应对《1971年刑事损害法》作出新的解释，以符合时代的要求。他说，轻率是一个每天都在使用的词汇，比冈宁海姆的含义更广泛，轻率不仅包括被告人有意识地实施不正当的冒险，而且也包括被告人引起了一种危险，但是他却没有意识到危险这样一种情况。这实际上等于说，法院没有理由将轻率限制在冈宁海姆一案中作出的狭义定义，它不仅包括有意识的冒险，也包括无意识的冒险。①

迪普洛克法官指出："根据我的观点，根据《1971年刑事损害法》第1条的规定，无论财产是否会受到毁灭或者损坏，下列情况都属于轻率：(1) 行为人的行为事实上引起了毁灭或者损害财产的明显的危险；(2) 当他行为时，没有认识到存在这种危险的可能性，或者虽然认识到了，但仍然不顾一切地实施冒险行为。"

英国上议院对劳伦斯（Lawrence）一案作出的裁决②，也涉及轻率驾驶中关于"轻率"一词的解析。与刑事损害罪相比，轻率驾驶罪的主要不同是它不要求禁止性结果的发生。③ 迪普洛克法官说，"必须证明行为人已经对其他道路使用者产生了明显的和严重的伤害危险，或者对财产造成了实质性的损害。"在考德威尔一案中仅仅使用了"明显的"这个词，而在劳伦斯一案中则使用了"明显的"和"严重的"表述。所谓"明显的"，是指危险对于一个有理性的人来说是明显的。"严重的"这个词在劳伦斯一案中首次出现，但在考德威尔一案中有过含蓄的表示，法官试图使陪审团明白，有些危险是如此遥远，尽管被预见到了，他们也可能被忽视。④

考德威尔和劳伦斯两个案件以后，轻率这个词有了两层含义，即有意识地冒险和无意识地冒险，而后一种情况仅适用于财产犯罪。这就是说，假设被告人殴打另一个人，将其鼻子和眼睛打伤，由于涉及人身伤害，法官就要告诉陪审团，应将轻率的含义限制在冈宁海姆的含义之内；而当与财产犯罪有关时，法官就要告诉陪审团，适用考德威尔案中更为宽泛的轻率的定义。至此，英国的法官们相信，他们已经为轻率这个词提供了正确的答案。

一开始，考德威尔轻率曾经适用于几种严重犯罪，例如，强奸、殴击、过失杀人，当然也包括刑事损害和轻率驾驶。但是在现在的司法实践中它似乎被限制在《1971年刑事损害法》规定的犯罪之内。例如，轻率驾驶致人死亡和轻率驾驶，这两个罪名已经被1991年的道路交通法废止，取而代之的是危险驾驶致人

---

① 后一种情况，即无意识的冒险，实际上等同于疏忽。
② ［1982］A. C. 510.
③ This offence has now been abolished and replaced by the offence of dangerous driving in the Road Traffic Act 1988, s. 2 as amended by the Road Traffic Act 1991, s. 1.
④ It is perhaps worth emphasizing that the words serious and obvious qualify the word risk and not the damage caused.

死亡和危险驾驶。这两种新犯罪要求的主观罪过是疏忽,而不是考德威尔轻率。强奸罪也许存在的争议最多。① 在 1976 年《性犯罪法》中,对于妇女是否同意可以表现为轻率,而在后来的一些案件中,英国的法院又认为,除非被告人对妇女是否同意完全没有留意,行为人就不应当被指控为轻率强奸。由于人不可能对自己没有留意的东西采取轻率的态度,这实际上就是说考德威尔轻率的形式不适用于强奸罪。至于企图伤害罪,在英国普通法中被定义为冈宁海姆轻率,但在 DPP v. K 一案中,英国高等法院又认为考德威尔轻率就足够了。而上议院在 Savage 等案件中,重新确认在这类犯罪中需要冈宁海姆轻率,这等于已经有了定论;而在过失杀人罪中,上议院和枢密院在 Syemour 案中和 Kong Cheuk v. R 案中曾经认为,对于重大疏忽的过失杀人,可以适用考德威尔轻率,但是在 Adomako 案中,上议院又回到了重大疏忽,因此考德威尔轻率已经不适用过失杀人罪了。考德威尔轻率的衰落可能是因为不受学术界和司法界的欢迎。这一点在英国上议院审理里德(Reid)一案中的裁决中有所暗示。法官们倾向于在下一次送到上议院的刑事损害的案件中,重新审查考德威尔轻率。这样一来,考德威尔轻率已经被限制在对财产的刑事损害上,它的重要性大大降低了。

Smith and Hogan 的著作(2011 年第 13 版)也认为,在 20 世纪 80 年代中期,考德威尔轻率是英国刑法中的一个主要形式,Lord Roskill 认为它可以适用于 Manslaughter 等几乎所有的犯罪,除非国会另有规定。② 后来,Bingham 法官将其限制在刑事损害的范围。现在考德威尔轻率适用的其他犯罪已经被包括在 1998 年数据保护法里面。因此,有些人建议,考德威尔轻率可以适用于在被陪审团传唤时提供虚假证词,以及根据滥用药品法③,被告人违反注意义务,提供虚假情报等罪名。④

1. 迪普洛克规则(Diplock Test)

根据这个规则,起诉方必须证明:(1)被告人造成了明显的和严重的风险;(2)造成这种风险时,行为人根本没有意识到这种风险的存在,或者已经预见到了风险的存在,但仍然继续实施这种行为。但是,这个规则的前后两个部分是联系在一起的,或者是密不可分的吗?如果答案是肯定的,将会导致前后矛盾的结论。一般来说,起诉方依赖于这样一个判断,即被告人没有认识到存在这种风险的可能性,他们需要证明被告人造成了这种风险,而且这种风险是明显的和严重的。但是,起诉方又声称,被告人已经预见到危险的存在,又有意识地实施冒险

---

① [1992]3 All E. R. 673, a case on reckless driving. See generally, S. Gardner, "Recklessness Refined," L. Q. R. 21, p.109(1993).
② Seymour [1983] 2 All ER 1085 at 1064, HL.
③ Misuse of Drugs Act 1971,§18(3).
④ David Ormerod, Smith and Hogan's Criminal Law, Oxford University Press, 2011, p.125.

行为。既然被告人已经预见了,还要起诉方证明这种风险是明显的和严重的,变得毫无意义了。假设在公路的转弯处非常危险,却没有明显的标志,这对于一个陌生人来说是无法知道的,即使他以每小时 30 英里的速度行驶,发生危险时也来不及采取措施了。因为危险并不明显,地方当局虽然在接近弯道的地方放置了一个警告标志,但却被一个心怀叵测的人移走了。再假设,一个驾车到城市里的陌生人 A 行驶到转弯处,速度太快,撞坏了对面开来的一辆汽车,他不能被认为是轻率,因为他没有认识到这种危险,对于一个有理性的人来说,这就不会是一种冒险行为。相反,B 是一个本地居民,他知道转弯处可能有危险,但急着去办事,还是以每小时 50 英里的速度行驶,也撞坏了对面驶来的一辆车。很明显,他的行为是轻率的,因为他意识到这是不合理的冒险。但是,假如起诉方也必须证明迪普洛克规则的第一部分,B 有可能被宣告无罪,因为尽管 B 知道这种危险存在,但对于一个有理智的人来说,这种危险并不明显,因为警告标志被移走了。[1]

2. 考德威尔轻率和疏忽的关系

还是通过案例来说明。假设 F 向站在玻璃窗前的 H 扔了一块石头。H 躲开这一击,石头砸碎了玻璃窗。F 显然制造了破坏玻璃窗的重大危险,而且这种危险在任何一个有理智的人看来都是非常明显的。如果各种情况表明 F 没有认识到危险的可能性,他就符合考德威尔轻率的标准。但同时,F 也可能被认为主观上有疏忽,或者说有重大疏忽。因此,在这类案件中,就有必要说明通常意义上的疏忽和考德威尔案中描述的疏忽状态有什么不同。一般认为,很难在这两者之间作出区分,而实际上两者之间还是稍有不同的。考德威尔轻率是指行为人没有意识到风险的存在,或者已经意识到了风险,但仍然实施冒险行为。但是它不包括这样一种情况,即行为人考虑到了某种危险性但又认为危险不会发生。有学者认为,这是考德威尔轻率的一个漏洞。因为在重大疏忽的模式中,一旦被告作出了没有风险存在的结论,他就可能以重大疏忽承担刑事责任。举一个例子来说明这个问题,被告人试图在一块玻璃窗前表演空手道中的踢腿动作。他意识到这样做有可能打碎玻璃,于是主动离玻璃窗远了一些,但退的还不够远,最终踢碎了玻璃窗。在他演示踢腿的整个过程中,他意识到了有可能踢碎玻璃窗,这无疑就是一种主观上的轻率。[2]

考德威尔轻率确实可能存在这些漏洞,但在司法实践中问题不大,因为行为人说考虑到风险存在的可能性,但是又得出不会有风险的假设,陪审团一般是不会相信这种辩解的。

---

[1] Alan Reed, Peter Seago, *Criminal Law*, Sweet & Maxwell, 1999, p.72.
[2] 这个例子似乎不能很好地说明考德威尔轻率的漏洞,因为行为人主观上的轻率太明显了。

3. 主观标准还是客观标准？

根据考德威尔轻率，要求具有明显的危险，这是主观标准还是客观标准呢？流行的观点是根据被告人的认识作为标准，即主观的标准。但在英国的司法实践中，似乎并没有受到所谓通说的限制。例如，在桑哈（Sangha）一案①中，桑哈点燃了公寓房间里的家具，结果大火烧毁了整个房屋。桑哈是否构成轻率？他是否造成了一个明显的和严重的威胁他人生命的危险？英国的塔克（Tucker）法官认为，应该根据一个普通谨慎的旁观者的认识，去判断被告人的行为是否对别人的生命造成了明显的重大风险，如果一个没有建筑学专业知识的人，都会得出存在这种风险的结论，被告人就是有罪的。很显然。这是一个客观的判断标准。

在英国的司法实践中，如果一种风险对于正常人是显而易见的，即使被告人有某种智力上的缺陷，也不能免除刑事责任。例如，在 Elliott v. C (a minor) 一案②中，一个14岁的低智商的女孩，钻进一个花棚，将一瓶白酒倒在地板上，用火柴点燃了它，棚子被烧毁。被告人辩称她虽然知道会着火，但是没有想到火会失去控制并烧毁整个棚子。在审理这个案子时，治安法院的法官认为，棚子被烧毁的危险，对于被告人来说不是显而易见的，因此她不具有迪普洛克法官所说的那种轻率。高等法院的法官则认为，这种风险对于正常人来说是显而易见的，如果被告人稍加考虑，危险本来是可以避免的，但她却没有意识到，所以应判有罪。英国上诉法院在审理 Steplen Malcolm 案时③，也认为应当采用客观标准。案件的情况是，一名15岁的男孩将一颗汽油炸弹扔到一个女孩的卧室的窗下，被判放火罪。被告人声称，他不知道汽油弹从窗户扔进房间内会炸死人，不具有轻率的犯罪心态。法官认为，应当适用普通的、谨慎的人的标准来加以衡量，只要该年龄段的人都可以认识到这种行为的危险性，就应当构成轻率。④

三、疏忽

英国民法中关于疏忽一词的经典描述，源于安德森在 Blyth v. Birmingham Waterworks Ltd 一案中的一段话，他说："疏忽，是指一个有理性的人，应当做某事而没有做，或者一个谨慎而有理性的人，不应当做但却做了某事。"⑤

因此，假如一个有理性的人没有按通常规则，从事或不从事某种行为，却又

---

① [1988]2 All E. R. 385.
② [1983]2 All E. R. 1005.
③ [1984]79 Cr. App. R. 334.
④ Alan Reed, Peter Seago, *Criminal Law*, Sweet & Maxwell, 1999, p. 75.
⑤ (1856)11 Exch. 781 at p. 784. Since, as we shall see. criminal law recognize degrees of negligence. It is perhaps better to speak of negligence as falling short of a given standard. It will then be possible to describe how far short of the standard the accused has fallen.

声称自己没有预见到损害结果,就不能成为民法中的一个辩护理由。在司法实践中,甚至不能将没有预见归咎于和正常人不同的身体和精神缺陷。不过,被告人身体和精神上的缺陷,对于确定其是否可以采取预防措施,也许有一定意义。例如,一个有视力缺陷的人,不能将交通事故归因于自己没有能力判断距离的远近。但是,假如同样一个人在人行横道上不慎摔倒,压伤了别人的狮子狗,对于一个视力有缺陷的人来说,合理的规则是看行为人是否采取了合理的注意和预防措施。

在英国刑法中,疏忽一般不能作为刑事责任的直接根据,但可以成为间接证据。疏忽和故意、轻率不同,疏忽不是真正意义上的、主观上的犯罪意图,刑法是否应当处罚疏忽行为,本身就是有疑问的。在英国普通法中,仅有严重的疏忽杀人可以作为犯罪处理,"严重"这个形容词表明,疏忽杀人要求程度上非常高的疏忽,仅仅达到民法水平的疏忽,肯定不构成刑法上的犯罪。

在一些成文法罪中,疏忽是刑事责任的根据,最常见的就是疏忽驾驶。①

疏忽驾驶是疏忽的一种表现形式,适用的规则与民法中的疏忽一样,但在刑事案件中证据标准要求得比较高。例如,关于疏忽驾驶的控告,被告人声称自己是一个实习生,初次驾驶汽车,这就不是一个辩护理由。假如他没有足够的资格,没有达到驾驶的规定标准,就可以被认为是不谨慎或者疏忽大意,初学者这个事实不能成为一个宽恕的理由。在 McCrone v. Riding 一案中,休厄特(Hewart)法官说:"这个标准是一个客观的和一般性的标准,它与高速公路上其他的使用者密切相关,而与个人的熟练程度和驾驶经验无关。"②

英国刑法中有少数几种罪,疏忽的刑事责任也可以是间接的。例如,在 DPP v. Morgan 一案③中,英国上议院曾经指出:"由外表判断,1861 年侵害人身罪法第 57 节,已经创立了一个严格责任罪。对于一个事实上已经结婚的人来说,又与另外一个人结婚就是犯罪。"但是,英国的法院在审理重婚罪时,允许以合理的错误作为一个辩护理由。假如被告人有证据表明,他合理的认为,他的第一个妻子已经在空难中丧生,起诉方就不能以重婚罪定罪,除非他们能够证明,一个有理性的人不会犯这样的错误。从这一点上讲,重婚罪在有些情况下可能是一种疏忽大意的犯罪。

在另外一些法律中也明确规定,合理错误的辩护理由,包括部分的疏忽犯

---

① Road Traffic Act 1988, § 3, as amended by the Road Trafic Act 1991, § 2. The new offences of dangerous driving and causing death by dangerous driving in § 1 and 2 of the Road Traffic Act 1988 (as amended by the 1991 Act), which replaced the previous offences of reckless driving and causing death by reckless driving are also defined in term of negligence.

② McCrone v. Riding [1938] 158 L. T. 253.

③ [1976] A. C. 182. *Smith and Hogan's Criminal Law*, p. 92. See also Tolson 1 (1889) 23 Q. B. 168 for the leading authority on bigamy.

罪。例如,1971年的《滥用毒品法》第28节规定,对于拥有毒品的控告,假如被告人能够证明,他既不相信也不怀疑,也没有任何理由怀疑某种物品是毒品,就是一个辩护的理由。① 1956年的《性犯罪法》第7节规定,与一个有精神缺陷的人性交是一种犯罪。但是,第7节第2款又规定,假如他不知道也没有理由怀疑这个姑娘是一个有缺陷的人,被告人就不构成犯罪。在这个问题上,举证责任显然在被告人身上,他们需要证明自己主观上没有疏忽。根据这一条规定,只要能够证明一个有理性的人,在当时的那种环境下,没有认识到这个受害人是一个有精神缺陷的人,就是一个合法辩护的理由。

疏忽作为一种推定知道的形式,已经被英国1997年制定的《反骚扰和跟踪法》所采纳,并且用以确定被告人的刑事责任。该法第1节第1款规定,尾随一个人的行为过程就等同于对另外一个人的骚扰,他知道或者应当知道,这样做等同于对另外一个人的骚扰。这个罪仅仅是一个简易审的犯罪。该法第4节第1款规定了更为严重的犯罪,假如被告人的行为引起了另外一个人的恐慌,使其认为将会对他实施某种暴力;或者被告人知道或者应当知道其行为将会引起他人的恐慌,都是一种犯罪行为。② 英国学者认为,这两款规定采用推定知道是合理的,因为想要证实跟踪人的犯罪意图,经常是困难的。③

四、明知

英国刑法中,当犯罪的定义包含了某些附随情况时,起诉者需要证明被告明知以下情况:

(1) 知道这些情况的存在;或者

(2) 有意对这些情况是否存在视而不见;或者

(3) 本来应当知道这些情况的存在。④

确实(实际)明知(actual knowledge):

对于附随的情况来讲,明知就等于"故意"。比如在强奸罪中,行为人必须和某个女人(或某个男人)性交,而后者并不愿意。起诉方要认定被告有罪,必须以证据证明被告主观上知道受害人不同意,或者对此持轻率态度。⑤ 要证明明知,起诉方还必须证明实际明知,只是相信或者怀疑都不足够。当然,轻率也已经足够。

英国的许多法律都将"明知"一词作为某些犯罪定义的一部分。在这些案件

---

① The statute specifically puts the burden of proof on the accused.
② C. Wells. "Stalking: The Criminal Law Response" *Crim. L. R.*, p.463(1997).
③ Alan Reed, Peter Seago, *Criminal Law*, Sweet & Maxwell, 1999, pp. 66—68.
④ Devlin J. in Roper v. Talor's Certral Garages(Exeter)Ltd [1951]2 T. L. R. 284.
⑤ Criminal Justice and Public Orde Act 1994, §142.

中,一般都要求实际明知,但对于明知的程度则经常会出现问题。例如,在哈勒姆(Hallam)一案①中,被告人被指控明知地持有爆炸物。此案的问题在于,公诉人是必须证明被告人知道自己实际持有爆炸物,还是仅需证明被告人知道他自己持有某些物品,而这些物品后来被证实实际上是爆炸物。审理该案的法官认为,明知的意思,不仅是指明知持有物品,而且要明知持有物品的属性,即明知是爆炸物。与此相似,在威斯敏斯特市政厅诉克罗亚格兰奇股份有限公司(Westminster City Council v. Croyalgrange)一案②中,被告被指控明知地使用或允许在没有营业执照的情况下,使用房屋作为性营业场所。审理该案件的法官罗伯特·戈夫(Robert Goff)认为,"在当前的案件中,如果被告被指控犯罪,他必须不仅知道问题房屋正在被用于性营业场所,而且需要知道这些房屋没有执照。"③

此外,当一项法律要求明知附随的情况时,有时只要有证据证明被告有意对附随情况视而不见(willful blindness),也可以满足明知的条件。这种意识状态介于明知和轻率之间,它是指被告有意识地不去质疑,因为他相信如果他不知道真相,他就没有责任。因此,在需要证实明知的案件中,明知不仅包括被告人确实(实际)明知,而且也包括被告人可以用显而易见的方式获知真相,却有意识地视而不见,或者有意逃避内心质疑的情况。

在许多案件中,起诉方既可以选择证明被告人主观上有明知,也可以选择证明其他相对较轻的犯意。例如,在强奸罪中,公诉人可以证明被告人知道妇女不同意,也可以证明被告人对于妇女是否同意持轻率态度。如果被告人有意逃避去发现被害人是否同意,那他就是明显的轻率。英国的法官经常使用"知道或者怀疑"(know or suspect)和"知道或相信"(know or believe)这一类词语,"知道"就意味着确实(实际)明知,在这类案件中,有意视而不见的证明对于案件的辩护是否已经足够,要视具体情况而定,比如在处理盗窃财物案件时,公诉人必须证明被告人知道或者相信财物会被盗窃。"相信"和"知道"几乎是一样的含义,在这类案件中,有意的视而不见就不够用了,必须证明被告人主观上确实(实际)明知。④

最后,英国法律很少要求证明被告有理由相信某些情况存在,这是疏忽责任。在有意视而不见的案件中,被告人是有意地闭上自己的眼睛,逃避质疑。而推定的明知,是指被告人本应就某种情况提出质疑,但却没能像正常人那样提出

---

① [1957]1 Q. B. 569.
② [1985]1 All E. R. 749;[1986]1 W. L. R. 676;[1986]2 All E. R. 353(HL).
③ [1985]1 All E. R. 740 at 743.
④ J. C. Smith on Forsyth [1997] Crim. L. R. 591.

质疑。它们之间还是有一些区别的。①

五、犯罪意图的证明

犯罪意图是一个人的主观心理态度，在司法实践中如何证实人的心理状态，是一个长期争论的话题，无论是传统的概念还是现代的概念，都很难统一人们的认识。一般认为，被告人的陈述、被告人的行为，犯罪的时间和地点以及犯罪时所处的环境，对于证实被告人的心理状态，都具有参考价值。但是刑事案件是非常复杂的，没有任何人或者任何科学仪器可以确定被告人在犯罪那一瞬间是如何想的，他的犯罪心态到底是故意还是过失。

例如，被告人 H，以每小时 80 公里的速度在高速公路上行驶，经过一个收费站时，见其中一个窗口无人把守，就想不交费直接闯过去，结果将一个警察撞倒在地，致其死亡。一审法院认为构成谋杀罪，二审法院改判为过失杀人罪。改判的理由是，被告以每小时 80 公里的速度行驶，从被告人看到跑过来拦截的警察，到将其撞倒，只有 0.02 秒的时间，被告人来不及作出任何反应，更无法采取任何措施，因此应定过失杀人罪。但是我认为科学鉴定仅能证明在 0.02 秒的时间内，被告人无法采取任何措施，却不能证明在当时的情况下，被告人内心里是如何想的，他是想采取措施，还是根本就不想采取措施，对别人的生死采取放任态度呢？也就是说，在这个案件中，被告人对待危害后果的心理态度是过失的，还是间接故意的，恐怕除了被告人以外，其他人都无从知晓。

从某种意义上讲，故意也是一种行为，只不过是一个人内心里隐秘无声的行为，无法对其留影拍照。在英国刑法中，为了解决此类疑难案件中被告人的犯罪意图，陪审团可以采用推定的方法，来确定被告人的心理状态。因为根据法律的规定，可以推定每个人都希望自己所从事的行为，能够达到预期中的自然结果。

有些案例就是通过推定的方式加以解决的。例如，芬尼亚谋反者想将一个叫伯克的人从监狱里救出来，计划在犯人放风时用炸药将监狱的围墙炸开。但是，炸药放得太多了，以至于不仅炸开了监狱的围墙，而且将周围的居民楼炸毁。一个正坐在椅子上的妇女被飞来的玻璃片穿破了喉咙，导致死亡的后果。英国法官认为被告人构成谋杀罪，因为作为一个有理智的人，他应当认识到在房子附近实施爆炸行为，很可能造成一些人的死亡或者伤害，而实际上也确实造成了死亡后果。法官认为，一个人实施一种行为，特别是当它是一种非法行为时，尽管行为人的直接目的不是致人死亡，但它肯定会使他人生命受到严重的威胁，如果他知道或者认识到这种行为会使人失去生命，就可以推定为谋杀。

这个原则在"史密斯诉检察官"一案中受到挑战。一名警察拦截了史密斯驾

---

① Alan Read, Peter Seago, *Criminal Law*, Sweet & Maxwell, 1999, p. 79.

驶的汽车,示意其将汽车开到路边接受检查。他的后车厢里装着刚刚偷来的几袋赃物。他害怕被警察查获,就突然加速逃跑。警察跳上车阻止其逃走。于是他将车开成之字形,想把警察甩下来,但没有成功。他又将车开到一条闹市区的路上,想让迎面开来的车把警察撞下来。第一辆车碰了警察一下,第二辆又碰了一下,第三辆猛地撞了一下,最终将警察撞了下来,摔在第四辆车的下面。警察的脑颅骨被压伤,导致死亡的结果。

法官指示陪审团:"如果你们确信他在街上将车开成之字形并靠近另一边的车辆时,作为一个有理智的人,他知道这样做肯定会对警察造成严重的人身伤害,那么,被告人就犯有谋杀罪。相反,如果你们不相信他打算对那个警察造成严重人身伤害,即作为一个有理智的人,他没有认识到这样做会对那个警察造成严重人身伤害,那就可以判为过失杀人罪。"

陪审团最终判定史密斯构成谋杀罪,并判处死刑。上诉法院改判为过失杀人罪,上议院又恢复了谋杀罪的判决。英国的法学界激烈地批评了上议院的判决,认为上议院使用"理智的人"这个词,是采用了一种客观标准,而在刑事案件中,标准应当是主观的,即以行为人主观上能认识到的情况作为标准。

对这些案件的争议,导致英国1967年《刑事审判法》对推定故意的办法加以修正。该法第8条规定:"法院或陪审团,在确定一个人是否犯有某种罪行时,(1)在法律上,没有义务仅仅由于该人的行为,造成了一种自然的和可能的结果,就推断他希望或预见到他的行为后果;(2)但是,应当根据证据来确定,他是否希望或预见这一结果,从证据中得出合乎事实的推断。"①

这一修改虽然从形式上取消了推定故意的做法,但在实践中,陪审团通常情况下仍然是按照这一原则来行事的。由于大多数人应该预见到自己的行为可能引起的一定后果,因而在缺乏相反证据的情况下,推定被告人具有故意是合情合理的。因为你不能说当一个人正举起斧头向另一个人的脑袋砍去时,不是企图杀死或者伤害他,而是具有其他的意图。这样的证词是相互矛盾的,无法令人信服的。

举例来说,一个卡车司机企图逃避合法追捕,直接开车向一个拦截他的警察撞去,并杀死了他。在这类案件中,司机总是试图不顾一切地逃跑。我们怎么确定他是谋杀,还是过失杀人呢?只有一个根据,即行为人当时的心理状态。如果他为了逃跑,不顾及警察的生命安全,那么这个司机就犯有谋杀罪。而我们又该如何确定司机脑子里闪过这种想法呢?只能根据社会上一个普通的有理智的人,在同样情况下是否认识到死亡结果可能发生。如果是在这样一种思想支配之下,推定为谋杀罪就是合理的。

---

① Criminal Justice Act 1967, s. 8.

第三节　美国刑法中的犯罪意图

一、故意(Intent)

美国刑法中的故意的含义也不是十分清楚,有时候也难以理解。法律中经常使用的短语有"犯罪故意""一般故意""特殊故意""积极故意"和"推定故意"等等。传统意义上的故意包括了明知,例如,通常认为,当一个人希望他的行为引起某种结果,或者明知他的行为实际上必然导致某种结果,行为人就对这些结果具有故意。但是,现代的美国刑法,更倾向于将故意(或目的)与明知加以区别。

1. 故意的传统观点

故意犯罪通常以这种方式加以规定,即某个被告人构成犯罪,必须故意地实施特定的行为(或者在特定的附随情状下故意地实施某种行为),或者故意地引起一个特定的结果。[①] 根据后一种解释,故意杀人中的谋杀罪,要求一个人故意地剥夺另外一个人的生命;故意伤害中的殴击罪,要求一个人故意地伤害另一个的身体;欺诈罪,要求行为人故意欺骗他的受害人;叛国罪,要求行为人故意地援助敌对一方。

根据前一种解释,普通法中的夜盗罪(burglar),要求行为人必须故意地从事打破和进入某个建筑物的行为,或者故意地打破一幢建筑物的大门而进入其中一个房间的行为;盗窃罪,要求窃贼故意地从事拿取和带走他人财物的行为;暴力强奸罪(forcible rape),要求强奸犯故意地实施性交的行为;尽管法律并不一定总是明确地表述为"故意地打破和进入""故意地拿取和带走""故意地发生性行为"等等,但实际上故意仍然是每一种具体犯罪的构成要件。有时候,某个罪的定义还要区分一般故意和特定故意,也就是说,除了要求故意从事禁止的行为以外,还要求具有与一般故意不同的特定故意,例如,夜盗罪要求行为人具有犯重罪的特定故意,盗窃罪则要求行为人具有窃取的特定故意。

在所有这些犯罪中,都要求被告人故意地引起一个特定的结果,而故意地引起结果的含义又是什么呢?[②] 尽管学者的认识不尽相同,但传统的观点是指行为人在以下两种完全不同的情况下,以作为或不作为的形式,追求他的行为结果。(1) 行为人有意识地追求某个结果,尽管他的行为只有发生结果的可能性,

---

① The difference between a "conduct" situation and a "result" situation is highlighted by State v. Billings, 137 Idaho 827, 54 P. 3d 470(App. 2002).

② See, Ferzan, "Beyond Intention", *Cardozo L. Rev.* 29, p. 1147(2008); and discussion of the views of Austin, Bentham, Markby, and Salmond in Kook, Act, Tntention, and Motive in the Criminal Law, *Yale L.J.* 26, p. 645, 653—58(1917).

他也是故意地引起一个特定的结果；(2) 行为人明知他的行为实际上必然导致某个结果，尽管他并不追求这个结果（或者追求另一个结果），也是故意地引起一个特定的结果。①

例如，在第一种情况下，假设 A 站在较远的距离，向受害人 B 射击，尽管射中 B 的机会比较小，但是 A 希望杀死 B，有意识地追求这个结果，A 就是故意杀害 B。如果子弹击中了 B 的致命处，A 就构成故意杀人罪中的谋杀罪。② 或者在第二种情况下，假设一列火车开过来，被告人未成年的孩子和预期的受害人 D 都站在铁轨上，并且都没有发现火车，被告人为了达到杀害 D 的目的，没有将自己的孩子从铁轨上推开，尽管他认为在火车到达之前，别的人救起孩子或者孩子爬出轨道的可能性很大，他仍然是故意地引起死亡的结果。

对于上面提到的第二种情况，曾经有这样的一个案例：被告人 E 出于诈骗母亲生命保险金的目的，在其母亲乘坐的小型飞机上放置了一个定时炸弹，而他明知 F 和 G 二人也同时乘坐这架飞机，被告人对 F 和 G 的死亡也是故意。尽管他也许对必然杀死 F 和 G 感到歉疚，或者不希望这种结果发生，但只要他明知自己的行为必然导致 F 和 G 死亡，就是故意地追求这个结果。③ 再比如，如果 H 负有法律上积极救助处在绝境中的丁的责任，丁在暴风雪中敲门求助，而 H 却紧闭农庄的大门，明知如果继续关着门，丁实际上必然处于绝境，H 就是想要杀死丁，尽管他也许希望丁能奇迹般的获救。这种对结果的实际上的必然性，并不是指"绝对的"必然性，只是从概率上讲获救的机会很小。④

2. 故意的现代观点

在美国刑法中，现代的观点是区分故意和明知。⑤ 所谓故意，是指行为人有意识的目的，就是引起某种犯罪结果的发生，即对结果采取积极追求的态度。很明显，这种故意的概念，仅仅是指的直接故意，而不包括间接故意。⑥ 例如 A 怀着杀死 B 的故意向他连开数枪，A 杀死了 B，这是一个典型的故意杀人的案件。

但是，当 A 向 B 射击时，C 恰巧站在旁边，他也被 A 射击的子弹击中了，A

---

① G. Willams, *Criminal Law: The general Part*, p. 16, 18(2d ed. 1961); Cook, Supra note 2, at 657—58; Perkins, "A rationale of Mens Rea", *Harv. L. Rev.* 52, p. 905, 910—11(1939); Restatement, Torts(Second) 8A(1965); Tison v. Ariaona, 481 U. S. 137, 107 S. Ct. 1676, 95 L. Ed. 2d 127(1987).
② Studstill v. State, 7 Ga. 2(1849).
③ similarly, Restatement, Torts(Second) 8A, Comment(1965) gives this illustration of intent:"A Throws a bomb into B's office for the purpose of killing B. A knows that C, B's stenographer, is in the office. A has no desire to injure C, But knows that his act is substantially certain to do so. C is injured by the explosion. A is subject to liability to C for an intensinal torts." See also Williams, "Oblique Intention", *Cambridge L. J.* 46, p. 417(1987).
④ See, e. g., State v. Bull, 204 W. Va. 255, 512 S. E. 2d 177(1998).
⑤ State v. Trombley, 174 Vt. 459, 807 A. 2d 400(2002).
⑥ Model Penal Code § 2.20(2)(a) & (b).

是否要对 C 的死亡或者伤害负责呢？根据美国模范刑法典的严格定义，故意是指行为人有意识的目的就是引起一种结果。① 但是在这个案件中，A 并不想杀死或者伤害 C，那么，A 就不是《模范刑法典》规定的那种有目的的故意。

传统的故意概念，包括不可避免地发生或者实际上确定（可能）会发生两种类型，而"实际上确定"会发生这个概念，由于其含义比较模糊，有时在实践中难以正确地加以运用。②

因为从 C 站在 B 的前面，到 C 站在 B 的旁边，到 C 坐在邻近的咖啡馆里，再到 C 站在楼顶上观看风景，当人们沿着这个路线来处理这类案件时，随着距离的远近，A 击中 C 的机会就会逐步降低，可以归罪于 A 的可能性也越来越小。在一个确定的点上，击中 C 就不再是放任危害结果的发生，也可能是轻率，也可能纯粹是一种意外事件了。

传统的故意概念，强调意志因素和认识因素的结合，在这个案件中，很明显，A 希望杀死 B，但是他是否想杀死或者伤害 C 呢？人们也许很难回答这个问题，假如击中 C 是杀死 B 的一个不可替代的条件，我们可以说 A 希望或者放任 C 的死亡。但是，如果不是这样一个不可逾越的条件，我们就很难认定 A 想杀死或者伤害 C 了。因此，这种"有条件的故意"，就可以排除在目的故意之外，而将其归类为"明知地"引起某种危害结果。

为什么要区分故意和明知呢？因为故意行为具有更大的社会危害性，为了达到想要的结果，行为人会投入更多的精力，甚至不择手段，这一点，相对于明知行为来说，要严重一些。

在故意犯罪当中，还有犯意转移的问题。例如 A 瞄准 B，想杀死 B，但未击中 B，反而将 C 杀死。在刑法理论中，如果 A 的杀人目的是确定的，即使杀死的是 C 而不是预期的受害人 B，也同样构成谋杀罪，而且是一级谋杀罪。因此，A 以伤害 B 的故意瞄准 B，但是没有击中 B，而是击中和伤害了 C，A 也构成对 C 的殴击罪。同样的原则，A 以损坏 B 的财产的故意，点燃一把火，企图烧毁 B 的财产，但是由于风向突然改变，大火将 C 的财产烧毁，A 同样构成对 C 的放火罪。

在目标出现错误的情况下，行为人的刑事责任问题是通过"犯意转移"的理论加以解释的。一般来说，对 C 的损害结果承担刑事责任，A 在主观上必须想要损害 C，如果行为人事先想伤害 B，结果却伤害了 C，这就意味着 A 伤害 B 的

---

① Model Penal Code § 2.20(2)(b)(ii).
② Wayne R. Lafave, *Criminal Law*, West A Thomson Reuters Business, 2010, pp. 260—261.

故意,转移到了事实上受害人 C 的身上。① 这样处理实际上是一种虚构的或者是一种法律上的假设,为了使 A 对 C 的损害结果承担刑事责任,这种假设是必需的。法院的意思,就是通过这种迂回的解释方法,来解决实践中出现的目标错误下的刑事责任问题。换句话说,对于谋杀罪、殴击罪和放火罪,即使没有对预期的受害人造成损害,而是对其故意以外的人造成了损害,只要行为本身具有故意,也一样的构成犯罪。

但是,以"犯意转移"作为追究刑事责任的根据,实际上还是要受到一定条件的限制的,主要是看行为人主观上对案件中的实际受害人是否有疏忽,或者是否可以预见。特别是当行为人不是出于"恶意"时,就不能适用犯意转移的理论,因为这时杀 B 的意图与杀 C 的意图属于性质不同的心理状态。例如,B 以谋杀为目的袭击 A,A 实施反击,进行正当防卫。假如 A 的防卫行为是正当的、合理的,甚至谨慎的,却意外导致了旁观者 C 的死亡,A 就不构成犯罪。因为 A 对 B 的反击是正当的,没有犯罪意图,这种无罪的意图就不在故意范围之内,即使出现 C 的死亡结果,A 也无罪。但是,如果 A 漠视无辜的旁观者 C 的生命安全,防卫行为很不谨慎,以致达到了犯罪疏忽的标准,则 A 对 C 的死亡就负有责任,但一般会将谋杀罪改为非预谋杀人罪。②

总之,"犯意转移"的理论,是指当行为人危害他人的意图已构成法律规定的犯罪意图,并且在追求目的结果的过程中,对另外一个人造成了危害,就视为他预期的目的已经达到,应以当时已经造成的危害后果承担刑事责任。

二、明知(Knowledge)

美国《模范刑法典》中的"明知",是指行为人了解自己行为的性质或者相关的情节,并且有意识地去实施该种行为。③

所谓"明知",强调的是行为人对其行为性质的明知,而不是对结果的明知。也就是说,假如行为人对自己的行为性质和相关的情节有明确的认识,而对"结果"的态度不明确,或者处于模糊状态,那么,在客观上造成什么结果,就是对这个结果的明知。

根据这一定义,在处理具体案件时,当行为人对自己的行为性质有明确认识(持肯定态度)而对结果持模糊态度时,办案人员只需要查明行为的性质,而不必

---

① See Perkins, supra nots 3, at 927—28. This "transferred intent" terminology is frequently used yin the cases. See, e.g., Bradshaw v. Richey, 546 U.S. 74, 126 S Ct. 602, 163 L. Ed. 2d 407(2005) (re Ohio law); United States v. Montoya, 739 F. 2d 1437(9th Cir. 1984).

② Wayne R. Lafave, *Criminal Law*, West A Thomson Reuters Business, 2010, pp. 264—265.

③ Model Penal Code § 2.20(2)(b)(i). Most of the modern recodifications contain a provision of this type. Consider McDoald v. Gonzales, 400 F. 3d 684(9th Cir. 2005).

考虑行为人对结果的心理状态。一般来说,查明行为性质要比查明行为人的意志类型要容易得多。这类案件多数发生在突发性的情况之下。例如,A 和 B 原来并不认识,有一天在大街上偶遇,B 无意中看了 A 一眼,A 说你看我干什么,B 说看你一眼又怎么了?A 说看我一眼就不行,遂持刀向 B 的身上刺去。A 是想要杀死 B,还是要伤害 B 呢?可能 A 本人在那样的情况下都不十分清楚,根据"明知"的概念,如果 A 将 B 刺死,就构成故意杀人罪,如果仅是将 B 刺伤,或经抢救未死,就构成故意伤害罪。因为行为人了解自己从事行为的性质,特别是了解自己的行为是一种犯罪行为,在对结果的心理态度并不明确的情况下,客观上造成什么结果,就对这个结果承担刑事责任。相反,假如一对夫妻因生活小事吵架,丈夫一怒之下抱起妻子将其扔到门外,因其妻子患有甲状腺亢进的疾病,不能过度紧张,当即陷于昏迷状态,经抢救无效死亡。在这个案件中,由于行为人的行为性质不具有犯罪性质,就不能以谋杀罪论处,要么属于过失杀人,要么就不构成犯罪。

根据美国《模范刑法典》的规定,对现存条件的有意忽视,也可以构成刑法上的明知。这种类型的明知,就是所谓的"视而不见"或者"装聋作哑"。当一个人实际上已经意识到某种情况的存在,或者说某个事情已经引起行为人的怀疑,但他出于某种考虑,有意识地不去证实,并且希望保持这种"装聋作哑"的状态。例如在朱厄尔一案[①]中,被告人接受对方的 100 美元以后,就同意驾驶一辆带有密封箱的卡车,从墨西哥边境进入美国,后被美国司法当局查获。接受对方钱时,他实际上已经意识到卡车里边有问题,但他有意识地避免打开密封箱,以便查明车里是否有毒品。从这个案例可以看出,对于特定事实的明知,是罪过的一个构成要件,如果一个人意识到某种事实存在的高度可能性,明知就可以成立,除非他实际上根本不相信某种事实的存在。在上面的那个例子中,任何一个有理智的人,通常都会询问或者打开密封箱进行检查,以查明卡车里边究竟装的是什么货物。

传统的罪过概念,都是强调行为人对危害后果的心理状态,而美国模范刑法典规定的明知,却是强调行为人对行为性质的了解,这一点,相对于传统的概念而言,无疑是一种创新,它对于解决一些疑难案件也有一定的帮助。

三、轻率(Recklessness)

轻率,是指行为人主观上有意识地实施不正当的冒险行为,即当他实施这种冒险行为时,实际上已经预见到自己的行为可能产生某种危险,而根据当时的实际情况,他也没有正当理由去实施这种冒险行为,尽管行为人实际上并不希望结

---

① United States v. Jewell, 532 F. 2d 697(9th Cir. 1976).

果发生,也构成刑法上的轻率。例如,损害他人财产,只要证实行为人在实施损害行为时,他实际上预见到自己的行为可能对他人的财产造成损害,并且根据当时的全部情况,他没有正当理由进行这种冒险,就构成损害财产罪。再例如,如果一个人驾驶一辆汽车穿越人口稠密的地区,他撞到人的机会在70%以上,甚至在50%以上,就构成轻率行为。如果他正在实施的行为没有任何社会价值,尽管造成损害的概率不到1%,也可能被视为一种轻率行为。

所谓轻率,是指行为人对危害结果的认识程度,大于必然性和概然性,是指对结果的可能性的认识。医生给病人动手术,他预见到病人死亡的可能性,也可能是一种冒险的轻率行为。

1. 冒险的程度

轻率要求行为人有不正当的冒险行为,但达到何种程度才构成犯罪呢?

一般的冒险行为,不足以构成刑法上的犯罪,最多承担侵权法上的责任。但是当行为人的行为具有"高度冒险"的情况下,就可能构成刑法上的"轻率";如果达到了"极端冒险"的程度,甚至对他人的生命财产漠不关心,这种"极端的冒险"行为就与危害结果之间存在刑法上的因果关系。

由于刑事案件的复杂性,要想确定一般冒险、高度冒险和极端冒险的差别,有时是比较困难的。一般要注意二种情况,第一,行为发生的地点和环境;例如向一个住满人的楼房开枪和向一个废弃的楼房开枪,由于所处环境不同,肯定具有不同的意义,冒险的程度也就不同;第二,冒险行为的社会价值。假如一个人送重症病人到医院抢救,尽管严重违反交通规则,可能不构成轻率。但假如一个人的行为毫无社会价值,尽管造成危害结果的可能性只有1%,也可能构成刑法上的轻率。

美国的有些州,试图用数学上的概率理论来解决刑法中轻率的冒险程度,尽管有一定的道理,但可操作性不高,用自然科学的理论来解决社会问题,尤其是犯罪问题,至少到目前并没有取得太大的进展。

2. 危险性的认识

对于危险性的认识,美国刑法中没有得到明确的说明,许多州的法律对此规定的也非常含糊。一种观点认为,如果一个人主观上没有认识到危险性的存在,就不能视为刑法上的轻率;另一种观点认为,只要普通人能够认识到危险性,不管被告人是否认识,都可以视为刑法上的轻率。

这两种观点实际上就是主观说和客观说之争。司法实践中,两种观点的判例都有,折中的观点也有。那么,哪一种观点更合理呢?从刑罚的目的性来看,一个人认识到危险性的存在,并且没有正当理由地,轻率地实施冒险行为,要具有更大的危害性。因此,要求行为人主观上有危险性认识,可能和刑罚的目的性更一致一些。如果一个人对存在的危险性没有认识,而刑罚要对其进行处罚,就不足以预防轻率行为的发生。但是,因自动醉酒而没有认识到危险性时,仍应视为刑法上的轻率,不能因此而减轻其刑事责任。这主要是从社会政策的角度加以考虑的,醉酒后实施的冒险行为,在道德上具有可谴责性,这一点和精神病人不一样。

四、疏忽(Negligence)

1. 疏忽,经常被用在侵权责任中,有时也会用于刑事责任,对于疏忽定义的讨论历时已久,种类繁复,但对疏忽的定义都包括最基本的两点:被告人的行为造成了某种程度的风险;对该行为的评价应当采用客观(理性人)的标准。

(1) 不合理风险。疏忽中的风险必须是不合理的(不正当的),危害他人身体或财物的风险。"不合理风险",考虑的是这样一个事实,即有的人虽然在日常生活中给他人带来一定的风险,但却不会因为疏忽而承担法律责任。例如在讨论谨慎驾驶汽车时,经常会提到不合理的风险,但是如果为了公共利益而形成了轻微的风险,就会被认为是合理的。甚至一个人高速驾驶汽车并对他人形成较大风险,但却是为了送一个重症病人到医院,也是一种合理的风险。因此,所谓的风险的合理性规则,实际上是由行为人的行为价值和风险程度的大小来确定的。根据这样一个规则,即便是一个很轻微的风险,也许就是不合理的。例如桌子上放了 1000 支手枪,其中仅有一支装有子弹,假如 A 明知这种情况,随意拿起其中的一支枪,向 B 开枪并击中了 B,尽管这种行为的危险性仅有千分之一,但由于完全没有社会价值,也是一种不合理的风险。①

除了行为人的行为价值以外,还有另外一个考虑的因素,即形成的风险是否合理,要看行为人对形成风险的相关情况的明知程度。根据他对相关情况的明知程度,来确定一个人形成的风险是否合理。假如 A 将一个装有子弹的枪交给 B,A 明知 B 表面正常而实际上是一个疯子,A 对由此造成的结果,就是一种不合理的风险。相反,如果 A 并不知道 B 是一个疯子,尽管造成了同样的结果,他的行为也许就是合理的。②

最后一个要考虑的因素,是行为人的行为造成的损害结果的性质及其程度。同样一种行为,对造成的财产损害的后果是合理的,但对人身安全来说也许就是一种不合理的风险;使一个人处于轻微人身伤害的危险状态,也许是合理的,而使一个人处于死亡或者严重人身伤害的状态下,也许就是一种不合理的风险;危害到一个人的人身也许是合理的,危害到许多人的人身安全,就是一种不合理的

---

① G. Williams, op. cit., § 26(2d ed. 1961), suggesting that the risk is so unreasonable as to create criminal liability for manslaughter and probably even murder.

② People v. Howk, 56 Cal. 2d 687, 16 Cal. Rptr. 370, 365 P. 2d 426(1961).

风险。例如一个铁路员工误将星期五当做星期六,认为当天没有火车通过,将铁轨掀起进行修理,结果造成一场交通惨案,尽管这种行为有社会价值,但造成了严重的人身伤亡,就是一种不合理的风险。

因此,确定一个人是否有疏忽,形成了不合理的风险,要结合以上三点加以考虑。

(2) 客观标准

疏忽,是指被告人的行为对其他人形成了不合理(不正当)的风险,可是他本人却没有认识到这样一个事实。因为法律要求被告人像一个正常人一样,应当认识到存在的风险,所以,疏忽是以客观标准作为责任的根据,而不是以主观标准作为责任的根据。①

在美国刑法中,要使一个人承担刑事责任,仅有普通疏忽是不够的,必须要有更严重的疏忽。实际上,对于处在疏忽状态下的刑事责任,是否以客观上的疏忽作为标准是有争论的。有些学者认为,对于疏忽大意的刑罚威吓,并不足以阻止人们的疏忽行为,因为一个人既然没有意识到风险正在形成,就不能假设他造成风险时就会想到刑罚处罚,从而阻止风险的形成。但是,另外一些人争辩说,对造成风险的疏忽行为给予刑罚威吓,目的是使人们在日常生活中,对其行为可能造成的风险考虑得更周全一些,尽量减少风险,防卫社会安全,这才是刑法惩罚的最大目标。②

2. 犯罪性疏忽(Criminal negligence)

尽管美国的立法机关和法院经常表示,刑事责任中的疏忽,一定要比侵权责任的疏忽更严重,但是却没有指出这种更严重过错的含义到底是什么。法律有时用"严重的疏忽",有时用"应受处罚的疏忽",或者"犯罪性疏忽"这些词语。一些关于过失杀人的法律是这样规定的,当一个人实施合法行为时,缺少必要的注意和谨慎,导致另外一个人死亡,是过失杀人。这样一种表述,从文字上讲,几乎完全和侵权疏忽中所用的"缺少适当注意"具有同样的意义。此外,令人费解的是,"故意地和没有理由地疏忽他人的安全"和"轻率地"的表达方式,有时也出现在法律规定中。

美国法院在描述疏忽型犯罪的过错时,一般也要求"严重的",或者"应受处罚的",或者"犯罪性的疏忽",或者"故意和任意的"行为以及"轻率的"行为,但并不经常性地特别提出这些词的具体含义。法院在判决理由中,要求过失杀人的

---

① Another way expressing this idea is to say that inadvertence in creating a risk will do for negligence; one is negligent though he does not "davert to" (realize) the fact that his conduct creates an unreasonable risk of harm to others.

② Garfield, "A More Principled Approach to Criminalizing Negligence: A Prescription for the Legislature", *Tenn. L. Rev.* 65, p. 875(1998). Model Penal Code § 2.20, Comment at 243(1985).

刑事责任,行为人应当具有比普通侵权责任中更为严重的疏忽,例如"判定刑事责任不仅仅是疏忽或者不小心,而是指疏忽和不小心达到了一定的"严重程度",即明显偏离了正常人在同样情况下,所应当具有的谨慎和小心。"这样的表述也往往被认为是含糊不清的,这就导致在司法实践中,处理疏忽大意的案件时,往往出现混乱并导致不同的结论。

(1) 一种结论是霍尔姆斯(Holmes)法官在处理过失杀人案件时所持的观点。被告人是一个医生,为了治疗一个生病的妇女,将其用布包裹起来,然后浸泡在煤油里,结果引起燃烧导致病人死亡。被告人请求法官指示陪审团,无论他的行为引起被害人死亡的风险有多大,只要他真诚地认为这种治疗方法可以治愈病人,就不构成犯罪。被告人认为,只要他主观上对造成的危险没有认识,就不应负刑事责任。而霍尔姆斯法官则指示陪审团:"如果被告人的行为引起了一个很大的风险,无论他主观上有认识还是没有认识,都应以犯罪论处。"这就清楚地表明,在过失杀人的案件中是适用的客观标准。法官实际上是强调了这样一种法律观点,即客观标准这个原则是正确的,目的是为了使人们在日常生活中应当更加小心谨慎,避免不必要的风险。法院虽然要求行为人具有"犯罪性疏忽",要求达到更严重的程度,但是并不意味着被告人一定意识到这一点,而仅仅要求他像一个普通人一样,对存在的风险应当认识,否则就应承担刑事责任。[①]

(2) 一些案件的判决表明,被告人并不需要具有比侵权责任中更严重的疏忽,才会承担刑事责任。但侵权责任和刑事责任还是有区别的,在刑法中,被告人必须认识到风险的存在,才承担刑事责任,而在侵权责任中不需要这种认识。在这些案件中,所谓"犯罪性疏忽"适用的是主观标准,这个标准似乎表明一个人不仅当他明知自己的行为存在风险时,要承担刑事责任,而且也包括她不清楚是否存在风险,只要事实上存在风险,都可以认为对风险的存在,行为人主观上有认识。[②]

(3) 有些案例清楚地表明,刑事责任要求被告人引起了较大的风险,并对这种风险存在主观上的认识。例如在一个案件中,被告人以前患有突然昏厥症,医生提醒他不能单独驾驶汽车,但他没有听从医生的建议,仍然独自驾驶汽车外出,以至于发病时汽车失去控制,撞死了另外一位开车的人,被告人就要承担刑事责任。处罚的理由是:当被告人开车撞人时,故意地和轻率地忽视他人的安全权利。法官认为,被告人明知存在风险的条件,明明认识到自己的行为大概或很可能引起危害结果,但轻率地漠视这种结果,仍然从事驾驶汽车的行为,就要承

[①] Some modern negligence homicide statutes are of this type. People v. Haney, 30 N. Y. 2d 328, 333 N. Y. S. 2d 403, 284 N. E. 2d 564(1972); State v. Ohnstad, 359 N. W. 2d 827(N. D. 1984).

[②] Thus Hart, "The Aims of the Criminal Law", *Law & Contemp. Prob.* 23, p. 401, 416(1958).

担刑事责任。①

这些案例表明,美国法院在处理疏忽大意的案件中,存在着相当程度的混乱,其原因就是没有从法律上解释诸如"严重的"和"可处罚的疏忽",以及"任意的"这些词语的基本含义。美国《模范刑法典》规定了疏忽和轻率的定义,对他们加以区别,但仍然存在较多问题。②

第四节 严格责任

一、英国刑法中的严格责任

在英美刑法中,严格责任是一个容易引起争议的问题。尽管一些学者认为严格责任是可行的和科学的,但多数人还是对此采取保留态度。所谓严格责任,一般是指行为人主观上既没有故意、明知和轻率,也没有疏忽,只有客观行为就可以构成犯罪的情形。一些学者认为严格责任就是对无过错的行为追究刑事责任,也就是说,不需要行为人具有任何特别的主观心理状态。

现代意义的严格责任,可以追溯到19世纪中叶,迄今为止已有170多年的历史。确立严格责任的早期判例,是1846年的伍德罗案。该案中,一个烟草经销商由于出售掺假的烟草而被判有罪。虽然根据当时的情况,这个烟草商不知道,也没有任何理由怀疑这些烟草有问题,但仍被法院认定有罪。有人对此案提出了批评,认为该案中,只有通过专门的化学检验才会发现掺假的事实,而要求一个烟草商对烟草进行化学检验是不现实的。

1899年的牛奶掺假案件也是如此。被告人被控出售兑水的牛奶。他将生产的纯牛奶送到火车站,以便转运到伦敦市出售,但在运输过程中,有人将牛奶稀释了。被告人并不知情,但还是被判罪了。

另外一个严格责任的案件就是著名的普林斯案。在该案中,普林斯被控引诱一个不满16岁的少女脱离其父亲的监护,但普林斯有合理的理由认为该少女已满18岁。尽管如此,法院仍然认为,只要该少女事实上未达到法定年龄,就可以认定普林斯有罪。

现代的一个判例,涉及英国1968年《药品法》的规定。被告人根据顾客出示的医生处方,出售了属于管制范围的药品。尽管处方是伪造的,并且伪造得和真的一样,外观上没有任何瑕疵,足以蒙蔽任何药剂师,也就是说,被告人没有任何不诚实、不适当和疏忽,仍然被认定为严格责任。

由此可以看出,严格责任是一种法定犯罪,行为人违反了相关法律的规定就

① State v. Gooze, 14 N. J. Super. 277, 81 A. 2d 811(1951).
② Wayne R. Lafave, *Criminal Law*, West A Thomson Reuters Business, 2010, p. 282.

构成犯罪。严格责任一般涉及环境保护、食品卫生和产品质量等问题,出发点是保护重大的社会公共利益不受侵害。在某些情况下,为了有效地保护公共利益和人民福祉,即便对于没有过错的行为,也要予以处罚。

二、严格责任的范围

1. 普通法上的严格责任

(1) 妨碍公共秩序。英国普通法判例,任何妨碍英国臣民行使自己基本权利的行为,都属于严格责任。例如阻碍公共交通、工厂制造噪音、散发有害气味给公众生活带来严重不便等等,都是妨碍公共秩序的行为。在这类案件中,公司负责人可能并不知道所发生的事情,但也要对公司雇员的行为承担严格责任。

(2) 诽谤罪。包括文字诽谤和口头诽谤。如果没有正当理由,发表一些永久性的文字材料,毁坏他人名誉,构成诽谤罪。在早期的英国,一个案件在没有判决以前,不准在报纸上披露有关情节,否则就属于毁坏他人名誉。律师与客户的通信,未经客户同意也不得发表。诽谤罪的规则已经得到修改,根据新的规则,被告人如果能够证实所发表的文字未经其授权、同意,甚至毫不知情,不是由于他疏忽所致,就可以成为一个抗辩的理由。

对于煽动性的文字诽谤,有一个发展演变的过程。在早期,英国的官员们将煽动性文字视为对政府的攻击和诽谤。法官们当时也持有相同的观点。因此,当报纸杂志发表一些煽动性的文章时,陪审团只要确定被告人实际上发表了该文章,就可以裁定有罪。在1752年的一个案件中,出版商欧文被控诽谤下议院议长。法官说,陪审团所要考虑的唯一问题,就是他是否发表了那篇文章,而不用考虑行为人的主观意图。律师争辩说,陪审团有义务了解一下文章的真实含义,如果这些话不是故意煽动和诽谤,被告人就不应该被定罪。所幸的是,陪审团顶住了法官的压力,裁定被告人无罪。

以后,在米勒案和伍德福尔案中,被告人都被陪审团宣告无罪。英国1792年的《文字诽谤法》也明确规定,法院和法官不得要求或者指示陪审团,让他们仅仅根据出版的文字材料,就裁定被告人有罪。这就表明,到这个时期,构成煽动性的文字诽谤,应当考虑行为人的主观意图。

现在这个罪名已经被废除,因为它过多的限制了人们对公共事务发表意见的自由。1947年,英国的一家法院曾经审理过《王国政府诉康特案》,主要理由是当地报纸发表了一篇歧视犹太人的文章,后来被裁定为无罪。[①]

(3) 渎神罪。无论行为人主观上是否具有亵渎神灵的意图,只要在客观上实施了辱骂上帝或者圣经的行为,都属于严格责任。例如,1678年的泰勒案,被

---

① 〔英〕丹宁:《法律的界碑》,张弘译,法律出版社1999年版,第342页。

告人声称,宗教是一种欺骗,他不相信上帝和鬼神。1742 年的乌尔斯顿案,被告人在一篇文章中说,按照圣经字面上的意义,实在难以理解基督的奇迹,《新约》上所说的话完全是一种寓言。

上述被告人都被定为渎神罪。英国高等法院法官黑尔在泰勒案中指出,"这种亵渎神灵的话语,不仅是对上帝和宗教的犯罪,也是对法律、国家和政府的一种犯罪。因为说宗教是一种欺骗,就是要解除世俗社会由此而承担的所有义务,而基督教教义就是英国法律的一个组成部分,辱骂基督教就是破坏了法律。"其他一些法官也认为,基督教教义是英国普通法的一个组成部分,受普通法的保护。

戈特案以后,有 50 多年没有出现过亵渎神灵的案件,人们以为这个罪和诽谤罪一起被废除了。但是在 1977 年,英国又发生了王国政府诉同性恋新闻案。一家杂志发表了反对宗教的文章,并且伴有一些下流的插图。该案争论的焦点是,陪审团是否需要调查出版商的主观意图,他是否故意发表这些下流的、令人厌恶的文章。初审法官倾向于不考虑行为人的主观意图,只要他发表了这些文章,伤害了基督教教徒的宗教感情,就妨碍了社会治安。英国上诉法院和英国上议院都维持了一审法院的有罪判决。但反对的意见认为,检察官应该证明出版商主观上有不道德的意图,因而引起了基督教教徒的愤怒情绪。

法院的判决在社会上引起了广泛的争议,许多人认为,尽管这个判决在法律上是有根据的,但社会在发展,法律也应有所变化,不能再墨守成规。如果说亵渎神灵的行为在 100 多年前曾对社会形成了某种紧迫的威胁,现在这种威胁已经不存在了,一个国家也不会因为一些所谓的亵渎神灵的言论就陷于崩溃,没有必要在法律上继续保留渎神罪的罪名。实际上,过分强调宗教对国家、社会的影响是不利的,以宗教信仰代替理性,曾经使昔日的世界强国,例如古罗马、西班牙、和大英帝国走向衰落,美国似乎也显现了这样一种趋势。

(4) 藐视法庭罪。一切阻碍、干扰和妨害刑事和民事案件审理的行为,都可能构成藐视法庭罪。这个罪属于普通法中的轻罪,它的表现形式很多,不听法官劝阻,辱骂法官、妨碍公正审判都可能构成藐视法庭罪。在 1981 年的内政部诉哈曼案中,哈曼律师被控未经法官允许,泄露了英国内政部的一份文件,并且请一名记者在《卫报》上发表了批评内政部侵犯公民人权的行为。初审法院、上诉法院和上议院都认为她构成了藐视法庭罪。法官们认为,出版自由是受限制的,所谓出版自由,并不是指未经文件所有者的同意而自由地发表秘密文件,这种行为对社会秩序是极其有害的,而哈曼律师对此负有一定责任。[①] 最近,美国的一位女性被告人因对法官判罚 5000 美元不满,当庭对法官竖中指,侮辱法官,结果

---

① 〔英〕丹宁:《法律的未来》,刘庸安译,法律出版社 1999 年版,第 300 页。

被法官重新判决 1 万美元罚款和 30 天监禁。[①]

2. 成文法上的严格责任

（1）食品卫生行业的严格责任。出售有毒、掺假的食品，不管何种原因所致，都构成严格责任罪。特许行业，比如出售烈性酒精饮料，法律对在什么地点、什么时间出售、针对那些人出售，都有严格的规定。如果违反了相关规定，特别是向未成年人出售烈性的酒精饮料，不管有何种理由都是严格责任，轻者罚款，重者吊销营业执照。商业广告也不允许有虚假信息，如果广告上声称某种商品要降价，但实际上卖给顾客的仍然是原价，就属于严格责任。

（2）引起通货膨胀。引起通货膨胀的行为，会给社会带来经济危机等严重危害，所以是严格责任。在英国的一个判例中，一家公司因为违反分期付款的条例，在顾客没有支付定金的情况下，将汽车出售给顾客。该公司的行为是无意的，它以为客户已经支付了 50% 的定金，但仍然被认定为严格责任。法官指出，"分期付款条例的目的是维护国家货币体系的稳定，以免招致通货膨胀的灾难。我们曾经目睹了国家货币体系崩溃带来的混乱和痛苦。如果议会为防止出现类似的灾难，采取了一些绝对禁止的措施，无论如何都是毫不奇怪的，这是人们很自然的期待。如果法律一方面禁止破坏水库大坝的行为，另一方面又宽恕那些无意中毁坏大坝的行为，法律的规定就毫无意义。"[②]

（3）危险物品。英国法院在 20 世纪 60 年代对于毒品犯罪普遍适用严格责任，即使被告人不知道也无法知道自己持有毒品，或者不知道自己用于出租的房屋内有人吸食毒品，仍然可以被认定为毒品犯罪。根据 1964 年《毒品犯罪法》的规定，只要被告人未经授权持有毒品，或者他知道自己正持有一个物品，虽然他不知道也没有理由知道这个物品是毒品，只要事实上是毒品或者危险品，就可以定罪。即使被告人真诚的相信自己持有的是一包白糖，但实际上是大麻，也不能成为一个抗辩的理由。

有这样一个案件。被告人以经营香料生意为生，他从供货商那里预定了两包香料，供货商告诉他已将预定的香料放在一个地方让他自己去取。被告人在接受警察检查时，发现其中一包是毒品，但被告人则始终认为自己持有的是香料而非毒品。初审法官认为，这样一种认识错误只能使案件的严重性有所降低，而不能完全免除刑事责任。上诉法院认为，如果被告人持有一个箱子，并且知道箱子里装有某种物品，他实际上就是持有箱子里装的物品，而不必知道箱子里的东西是香料还是毒品。公诉机关只需要证明箱子不是空的，而且装有某种物品就可以了，不需要证明箱子里的东西一定是毒品，只要事实上是毒品就可以构成严

---

① 见凤凰电视台 2016 年 10 月 2 日的报道。
② Smith, Hogan, *Criminal Law* (8th ed), Butterworths, 1996, p.111.

格责任了。

　　这样做也有一定的道理,至少便于司法机关查明疑难案件,节约司法资源。比如通过海关的旅客箱子里发现了毒品,他们却声称箱子不是自己的,可能被别人掉包了,自己并不知道箱子里有毒品。在这样一种情况下,执法人员要查明箱子究竟是谁的就相当困难了,可能花费大量人力物力,最终还是无功而返。因此对这类案件只能按严格责任来对待。

　　英国上议院维持了有罪判决,认为毒品犯罪是严格责任,不需要证明犯罪意图。然而也有不同的意见,认为公诉机关仅仅证明箱子里装有某种物品是不够的,被告人也许真的认为里面装的是香料而不是毒品,他甚至还没有机会打开箱子看看里面究竟装的是什么东西,就被司法机关定罪了,这显然是不公正的。

　　实际上,持有一直是一个有争议的概念,由于许多犯罪涉及持有毒品并且这些犯罪往往被认为属于严格责任,英国的法院一直尝试着提高认定严格责任的标准,法院认为持有兼有精神层面和物理层面的双重含义。例如,如果毒贩在被捕前将毒品放入购物者的购物袋内,是否应当认定购物者持有毒品?如果该购物者的妻子在丈夫出门前把钥匙放在丈夫的上衣口袋里,那么丈夫在出门之后是否持有该钥匙?如果小偷将该钥匙偷走,丈夫又不知道自己上衣口袋里有钥匙,小偷是否构成偷盗罪?该购物者对钥匙的持有和对毒品的持有之间有什么不同呢?

　　在持有毒品问题上,上议院在沃纳诉大都会警务处长一案中认为,如果毒品是在购物者不知情的情况下被放入购物袋内,就不应当认定购物者持有毒品。但是,如何处理被告人知道自己持有某物,但对该物品的性质有错误认识的情况呢?例如,某人给了被告人一些药片,声称这些药片是阿司匹林,但实际上是海洛因。被告人只要实际上持有这些药片,就可以认定为持有禁止药品的罪名。对于持有的主观方面来说,证明这一点就足够了,除非法律规定事实错误可以作为该罪的抗辩理由。

　　那么,如果A持有一个锁着的箱子,他知道箱子里有某种物品,但不知道具体是什么的情况下,A是否持有该物品呢?如果A认为箱子里面是照相器材,实际上是海洛因,能说A持有海洛因吗?英国上议院对这类案件一般持宽容的态度。法官认为,如果是对该物品的性质而不是质量完全认识错误,并且根本没有机会查看箱子里面的物品,同时对箱子里物品的性质也毫不怀疑,则不能认定持有该物品。所谓性质和质量的区别就如A认为是照相器材,而实际上是海洛因一样,是性质上的认识错误,如果A认为是阿司匹林而实际上是海洛因,则是质量上的认识错误,因为A认识到该物品是药品,只是不知道是什么药品。虽然沃纳案必须要根据《1971年滥用药品法》的规定来解读,但该案仍是持有箱中物品案件的权威判例。但是要是没有箱子这一限制,就会对持有行为适用更严厉的规定。在马里奥特(Marriott)案中，被告人持有一柄刀刃上沾有 0.03 克大麻的小刀，被初审法院认定有罪。该案上诉过程中，上诉法院认为，如果行为人知道他的刀子上沾有东西的话，即使他不知道具体是什么东西，行为人也有罪。赛尔诉伦道夫(Searle v. Randolph)案也采用了相同的标准。在该案中，被告人持有一些烟蒂，其中一个被发现含有大约 3 微克的大麻，法院认为，装烟草的烟蒂和装有其他物质的烟蒂，就像是阿司匹林和海洛因的区别，足以让检察官证实被告人持有内含一定数量大麻的烟蒂，检察官无需证明被告人明知烟蒂内含有大麻。

这些案件的核心是持有一词的含义。1971 年《滥用药品法》第 28 节规定了一些持有毒品罪的抗辩理由。例如，第 28 节第 3 条第 2 款第 1 项规定：被告人能证明他不相信也不怀疑或者没有理由怀疑该物品是受控制的药物，被告人就是无罪的。换言之，赛尔诉伦道夫案中，只要证明被告有理由相信香烟里只有烟草，那么被告就是无罪的。在麦克纳马拉案中，英国上诉法院也持同样观点，无需认定物品的性质和质量。法院认为公诉人应证明被告人：(1) 控制了箱子；(2) 知道自己对箱子的控制；(3) 箱子里的东西是案件中所涉及的毒品。而证明第 28 节第 3 条第 2 款第 1 项规定的抗辩理由是被告人的责任。但是在刘易斯案中，房主不在家的时候，房子里发现了毒品，法院认为只要证明房主有机会发现该毒品，房主就应该被认定为持有毒品罪。刘易斯案的判决表明，持有仍然是一个有争议的词汇。

在持有武器问题上，英国的立法机构采取了严加控制的态度。严格责任被用在武器控制方面，显示了对于持有武器的潜在危险的政策担心。例如，在布雷迪斯(Bradish)案中，被告人被发现持有金属喷雾桶，桶中装有催泪瓦斯。在这之前的豪厄尔斯和赫斯艾恩(Howells and Hussain)案，也已经明确严格责任适用于 1968 年《武器法案》第 1 节第 1 条的规定。英国上诉法院在布雷迪斯案中，又对此进行了扩展，认为严格责任也适用于第 1 节第 1 条所设定的情况。公诉人无需证明被告人知道武器的性质，而滥用毒品法第 28 节的抗辩理由也不适用于持有武器的案件。被告人也不能辩称自己不知道或不可能知道该物品是被禁止的物品，即使该物品被放置在本身不是武器的箱子当中。英国上诉法院在哈里森案中还认为，严格责任也适用于在公共场所携带已经上膛的枪支。在这类案件中，公诉人只需要证明被告人知道自己持有某种物品的事实，而不考虑持有物品的性质或质量，这主要是出于公共政策的考虑。法官在布雷迪斯一案的判决书中指出："有意见认为不知情的武器持有者可能会受到不公正的判决，这就必须要衡量保护公众不受滥用危险武器的公共政策。就像芝加哥市的黑帮分子很可能会有理由的坚持认为，自己的小提琴盒里装的是小提琴而不是半自动机关枪,但伦敦人很少会坚持认为自己的没有标签的塑料瓶里是氨水而不是饮料。"①

英国的一些判例也显示,即使某些案件属于严格责任,但也要求具有明知。例如,在哈勒姆(Hallam)案中,公诉机关指控被告人明知地持有炸药。如果被告人仅仅知道自己持有某物,但是他认为是肥皂粉而不是炸药,该如何处理呢?被告是否应当同时知道自己持有某种物品以及该物品是炸药呢?法官认为,公诉人必须证明被告知道自己持有的物品是炸药,否则明知就没有意义了,持有本来就要求行为人知道自己持有某种物品。贝里(Berry)案也确认了这一点,上诉法院认为"犯意"是1883年《爆炸物品法》第4节规定的具体要件。这在贝里案中非常重要,因为该案涉及的是很难界定的电子计时器,不像哈勒姆案中的炸药不言自明就是爆炸物。威斯敏斯特市政府诉克罗亚格兰奇案(Westminster City Council v. Croyalgrange Ltd)也得出了相似的结论,被告被控非法经营色情场所,法院认为,公诉机关必须证明被告人知道该房屋是用作色情的场所,并且知道这个色情场所是无照经营。

在内维尔诉马弗洛赫内斯(Neville v. Mavroghnis)案中,房东被控未能尽到维护房产的责任,违反了相关的法律规定。但是,法官认为被告人不知道该房屋存在缺陷,主观上没有疏忽,就不应该对此负责。将被告人主观上"没有疏忽"作为一个抗辩理由,可以理解为对严格责任的一种改进。以后在英国医药学会诉斯托克韦恩(The Pharmaceutical Society of Great Britain v. Storkwain)案中,上议院以相同理由认为,没有处方销售某些药物属于严格责任。该案药剂师将假处方当成真处方,其出售药物的行为应负刑事责任,因为主观上有疏忽。在谢拉斯诉德鲁兹(Sherras v. De Rutzen)案中,被告人被控将烈性酒卖给正在执勤的警察。被告人辩称该警官没有佩戴执勤臂章,因此不可能知道他正在执勤。一审法院裁定有罪,但上诉法院推翻了一审法院的判决,认为被告人不应承担刑事责任。

新加坡的一个案例也表达了相似的原则。案件的大致情况是,新加坡当局禁止被告人入境,但并未对外宣布,被告人并不知情。初审法院认为该案被告人违反了新加坡的移民法,判决被告人有罪。但是,英国枢密院最终推翻了这一判决,理由是被告人无法知道自己已经被禁止入境,在这种情况处罚被告人是不适当的。这些案例表明,对于持有型严格责任的案件或者类似的案件,逐渐出现了宽松的变化,在具有某些抗辩理由的情况下,可以宣告被告人无罪,而不是一律处罚。可以说,在一部分严格责任的案件中也要求"明知",这是严格责任的一个发展方向,但还不是最终的结论。

---

① Alan Reed, Petter Seago, *Criminal Law*, Sweet & Maxwell, 1999, pp. 100—102.

（4）环境污染。在艾菲赛尔有限公司诉伍德沃德（Alphacell Ltd v. Woodward）一案中，被告公司的沉淀池水泵被草木堵塞，导致污水溢出。尽管没有任何证据显示被告主观上有疏忽或者已经知道发生了污染河流的情况，仍然被认定为严格责任。法官在判决中指出："在这类犯罪中，犯罪意图通常不是犯罪构成的必要条件……由公诉方承担举证责任，证明被告一方主观上有故意或者过失，这实际上是做不到的，其结果就是大量的河流遭到污染，清洁的河流变得污秽不堪。"①

可见，上述污染环境的行为，并不是真正或者传统意义上的犯罪，只不过为了维护重大的公共利益，而不得不用刑法加以处罚的行为，其实质是出于公共政策的考虑。

三、美国刑法中的严格责任

美国刑法中的严格责任，主要集中在公共福利犯罪、毒品犯罪、非法持有武器、重婚、法定强奸和重罪谋杀等犯罪当中。重罪谋杀，主要指行为人在犯重罪的过程中导致的死亡结果，即使行为人对结果的发生没有疏忽，也是一种严格责任。尽管对严格责任存在争论，但应当承认，作为一个一般性问题，美国最高法院是允许制定严格责任的法律的。②

美国最高法院在美国诉百林特一案中，为严格责任确立了一个重要的标准。检察机关指控百林特出售未经合法登记的鸦片和可卡因等药物。被告人对指控提出异议，认为检察机关未能证明被告人明知该药品是受控药品的情况下，仍然出售药品的事实。最高法院认为，有关法规并没有将"明知"作为犯罪行为的一个要素。也就是说，被告人只要知道自己在出售药品就可以了，无需知道药品的确切性质，或者知道这些药品是法律规定的特定药品。

长期以来，人们一直批评最高法院的这个判决，认为行为人没有任何犯罪意图，不具有道德可谴责性。考虑到起诉书的意见，被告人仅仅是一个犯了无辜错误，但尽到了合理注意义务的药剂师，本不应该受到处罚。但是，法院的观点是，立法者已经规定销售此类药品是一种法律禁止的行为，而不是一种无辜的行为，只要在客观上实施了这种销售行为，就应当受到处罚。

在美国诉福瑞德一案中，最高法院采取了同样的立场。被告人由于持有未经登记的手榴弹，被指控违反了国家武器法案的有关规定。这项法律规定，任何

---

① Smith, Hogan, *Criminal Law*(11th ed), Butterworths, 2009, p.115.

② Because of the likelihood that strict liability would be unconstitutional in certain contexts, as when First Amendment interests are involved, the Supreme Court often construes such statutes as requiring scienter. See, e.g., United States v. X-Citement Video, Inc., 513 U.S. 64, 115 S. Ct. 464, 130 L. Ed. 2d 372(1994).

人接受或者持有未经登记的武器,都是非法行为。布伦南法官指出,这项法规包括三个实质要素:"(1)被告人持有特定物品;(2)该特定物品为手持性武器;(3)该武器未经登记。"毫无疑问,前两个要素,行为人具有明知的心态,而对第三个要素,即对该武器未经登记没有主观上的明知,但仍然要承担严格责任。

美国《模范刑法典》规定的严格责任,罪责要件最低为过失,不适用违警罪和模范刑法典以外的其他法律界定的犯罪。事实上,现在美国法院适用的严格责任的案件,大多是车辆超速行驶等问题,一般都判处当事人罚金,实际上相当于侵权损害赔偿。

由于严格责任加重了被告人所要承担的义务,使当事人承担刑事责任的风险大大提高,如果运用不适当,可能侵犯人的基本权利和自由,所以对严格责任的适用要严加限制。

首先是宪法性限制。在史密斯诉加利福尼亚一案中,被告人被控在其销售的书刊中放入了淫秽色情的读物。加利福尼亚州最高法院维持了一审法院的有罪判决,但联邦最高法院最终推翻了这个有罪判决,认为如果一个人因持有淫秽读物便被认定为严格责任,那些非淫秽书刊也可能会受到限制。这种严格责任加大了书商们承担刑事责任的风险,使得他们不得不在自己的书店里查阅每一本书的所有章节,这就违反了《宪法第1修正案》关于言论和出版自由的规定。

美国的州法院体系也逐渐倾向于对严格责任给予宪法上的限制。在 C v. Koczwara 一案①中,一个酒吧老板因他的服务生向未成年人提供酒精饮料而受到指控。宾夕法尼亚州最高法院认为,如果一个人要为另外一个人的行为承担刑事责任,这种处罚就违反了美国宪法中规定的正当程序条款。尽管如此,宾夕法尼亚州最高法院还是支持了初审法院的有罪判决,判处被告人罚金并吊销了他的酒类营业执照。而在有些州,比如明尼苏达州,法院就认为这些酒吧经营者不应当承担刑事责任。

俄亥俄州的一个初审法院,曾经以美国《宪法》"禁止残酷和非常的刑罚"为理由,否决了一个案件当事人的刑事责任。案件的情况是,行为人在公路上开车时突发心脏病,汽车失去控制冲向中间线,致使3人死亡。初审法院没有支持一级谋杀罪的指控,但上诉后,俄亥俄州最高法院又推翻了初审法院的判决。可见,美国法院对待严格责任的态度还是很不一样的,这也体现了判例法的特点——以过去的司法经验适用眼前的案件,而不是将案件置于抽象的体系、准确的逻辑框架中。②

除了上述的宪法性限制以外,在审理具体案件当中,还有一些其他的限制条

---

① C v. Koczwara, 397 Pa. 575, 155 A. 2d 825(1959), noted in 5 Vill. L. Rev. 682(1960).
② 〔美〕罗斯科·庞德:《普通法的精神》,唐前宏等译,法律出版社2001年版,第2页。

件,比如法律必须明确将"故意""明知""过失"等主观心理态度排除在构成要件之外等等。美国法院适用严格责任比较慎重,一般都倾向于拒绝认定被告人负有严格责任。严格责任的范围大致有两种情况,一种是涉及公共安全方面的犯罪,例如食品卫生、虚假广告、非法处置核材料和超速驾驶等。这类犯罪往往对社会的公共安全、自然环境、经济秩序造成重大损害,所以适用严格责任。另外一类是涉及道德方面的犯罪,包括法定强奸、诱拐未成年少女、重婚等。对后一类犯罪适用严格责任,主要是保护某一方面的弱势群体不受犯罪分子的非法侵害。

实际上,这些案件当中的被告人,主观上是有一定过错的,只是公诉机关证明起来比较困难。当司法机关遇到此类难题时,为了保护重大的社会利益以及弱势群体的利益,就顾不上考虑被告人的主观心理状态了。

美国的法院要求将行为人的主观罪过完全排除在构成要件之外,否则就不能适应严格责任。但是,美国的制定法几乎从不明确规定严格责任,这就在实践中减少了严格责任的适用。当然,如果法律条文中明确规定了"故意""明知""过失"之类的词汇,这就表明主观心理态度是该罪的必备要件,不能适用严格责任。[1]

---

[1] Wayne R. Lafave, *Criminal Law*, West A Thomson Reuters Business, 2010, p. 295.

第十章 合法辩护

第一节 精神错乱

一、概述

四千多年以来,人们一直在观察和划分行为混乱和心理反常的现象,这些现象现在被称为精神病。毫无疑问,这种精神错乱现象由于历史悠久因而同酗酒一样首先引起注意。古希腊人研究和描述了许多人似乎是由于精神错乱而引起了身体疾病。他们的描述虽然有些简单化,却有助于奠定精神病的医学基础。

在某些历史时期,比如在中世纪,对精神病的医学解释为超自然的信仰所取代。精神错乱的人被认为是外界的魔鬼纠缠,或者被体内魔鬼所"占据"。他更多地被看做是一个罪人,而不是一个病人。在18—19世纪,社会进步到了能够对精神病作出更为科学的论断的阶段。当时的收容院第一次将大批的精神病人送给医生进行系统地观察。自19世纪40年代开始,在多萝西亚·迪克斯领导下,美国人出于人道主义的动机开始建立收容院。在法国,开始为病人建立病史和病历业务,并对精神病人提出了简单的分类。德国人建立了第一个精神病分类系统。精神病大致有以下几种情况:

1. 精神分裂症

最常见的精神病是精神分裂症,估计占精神病人的50%以上。它的主要症状包括妄想、幻觉(特别是内心"声音")、稀奇古怪的反应和完全不与人交往。精神分裂症病人通常都不理解自己的行为,但是在神志清醒时可能显得有知觉,表现出正常的智力。

2. 妄想症精神病

一种慢性精神错乱,在精神病学的分类上处于不确定的地位。妄想症精神病人的突出反应是夸大的幻想、被爱的幻想、被压迫的幻想。典型的临床症状是猜疑,猜疑的程度又随人性的混乱程度不同而不同。这种病人的反应中心是以受迫害或沾沾自喜的复杂感情——一种内在的妄想体质为基础的。这种病并不导致幻觉或智力损伤。

病因不明。弗洛伊德假设人都设有一种自我保护装置,人人都有,不过在精神病人身上太多了,反应过度导致精神疾病。

社会学家认为,个人的猜疑可能是现实中的东西而不是幻觉中的东西,反映了一个被病人误解的事实。例如,家庭成员注意到一个人行为反常,他们对病人进行观察,或者交头接耳,而病人一出现,他们就保持沉默。这个病人并未意识到其他人的关心,只是注意到人们对他神秘地观察,悄悄地议论。基于这些观察,他作出了不正确的然而合乎逻辑的推断:他是一个阴谋的牺牲品。

3. 狂躁——抑郁型精神病

高度兴奋,得意洋洋的状态同压抑、忧郁的状态交替出现。人的情绪表现为大起大落,忽悲忽喜,通常周期性发作,长达数年。

4. 神经官能症

有很多表现形式,但最普通的则是没有灵活性,对变化感到忧虑,无论这种变化多么小。这种人拼命想取得成功,但却老是选择了错误的战略。由于极度失望,病人对自己的行为不能作出选择。过度焦虑或者精神崩溃。

5. 心理原因引起的精神疾病

弗洛伊德首先指出,有些身体上的疾病可能有心理学上的根源。从那以后,贴上"心理原因引起的精神错乱"标签的精神病人一直不断增加。当前的研究表明,心理原因引起的精神病的发展可能比先前所认为的要复杂得多。实验表明,早年的生活经历和当前环境压力的相互作用,可能是致病原因。一个人的病态反应是同社会施加给他的压力分不开的,压力可能导致各种各样不同的病理后果。[1]

一些医学家和社会学家提出这样一个问题,到底是不是真正有精神病?近年来,许多人从不同角度,以各种不同的形式,愈来愈迫切地提出了这个具有挑战性的问题。一些人的回答是:没有。他们相信精神异常并不构成精神疾病,可能是学习不当,或是自我歪曲的结果,自己承担了"病人"的角色。精神病人不是因为有病才住院治疗,而是因为住在医院里,才认为自己是精神病人。在西方一些国家,现在采取了严格的测试方法,以防止将没有病的人送入精神病院。住院病人如认为自己的人权受到侵害,可以对政府提出控告。[2]

根据英国法律,被告人犯罪时患有精神病,可以不负刑事责任。假如一个人的精神状态很糟糕,明显不能出庭受审,法院有权将这个人直接送到精神病院,而不必接受审判。英国1983年《精神健康法案》(The Mental Health Act 1983)第47条和第48条规定,假如一个人的精神病症状不是十分明显,可以出庭受审,法院就可以决定不适用精神病的辩护理由。法院需要查明被告人是否了解控告的性质,是否可以请律师,是否可以辨别无罪请求和有罪请求之间的区别。假如他能够了解以上情况,就证明他可以出庭受审。尽管他可能已经不记得发

---

[1] 〔奥〕弗洛伊德:《精神分析引论》,高觉敷译,商务印书馆2003年版,第285页。
[2] 〔美〕弗·斯卡皮蒂:《美国社会问题》,刘泰星、张世灏译,中国社会科学出版社1985年版,第250页。

生过什么事情了。

这项规则是在 Podalo 一案中确定下来的。① 被告人 D 谋杀了一个警察,但他却宣称自己患有健忘症,已经不记得发生的事情了。而这个规则主要强调被告的精神状况是否处在可以受审的状态,而不考虑被告人是否记得自己干了什么。根据案件情况,他很明显了解所控告的罪行,也可以分清有罪和无罪答辩的界限,所以应当出庭受审。在这个案件中,假如他所说的健忘症是真的,他最难的地方就是要选择有罪答辩还是无罪答辩,因为他不记得当时发生了什么。被告提出自己患有健忘症,他就需要加以证明。而检察官也可以提出超出合理怀疑范围的证据,证明被告的请求是不适当的。直到最近,一旦审判法院认为被告是精神病或者不能够辩护,他们就没有自由选择的权利,只能命令将被告人送到一个精神病院,没有精神病院的允许不能随便放出来,并且同时规定一个禁止令。这样做的结果,就是很少有被告人以精神病提出合法辩护。由于这个原因,1991 年的刑事诉讼法,对 1964 年的刑事法进行了重要的修改。

根据 1991 年的法律规定,陪审团无权说这个人有精神病,或者不适合辩护,除非陪审团从两个有医学资格的专家手里得到相关证据。两名医学专家中至少有一人对治疗精神病有特殊的经验。并且其中至少有一人为内务大臣批准作为精神病领域,具有特殊经验的人。

当法院判决被告人无罪以后,法院就能够:(1)发出一个命令,让他进入医院(有或者没有限制令)。(2)根据 1983 年《精神和健康法》,发出一个监护命令,目的是保证被告可以得到照顾和保护。这个监护人一般是合格的社会工作者。他有权力让被告参与医学治疗,但是不能违反被告人的愿望,强迫他接受治疗。(3)根据 1991 年刑诉法,这种照顾和治疗类似精神病缓刑,被照顾的人必须在社会工作者或者缓刑官的监督之下,时间一般不超过二年。在这个时期,被监督的人必须接受治疗或者接受医学专家的指导。一般是由一个精神科医生,来确定这个人的精神状态是否改善。(4)安全释放。但是在谋杀罪中,必须同时附带发出一个禁止令。②

二、精神病辩护的规则

1. 麦克诺顿规则:精神病辩护源于英国的普通法。1843 年的一个判例,确立了麦克诺顿规则。当时一个名叫丹尼尔·麦克诺顿(Doniel McNoghton)的人,开枪杀死了英国首相罗伯特·皮尔(Robert Peer)的私人秘书爱德华·德拉蒙德(Edward Drummond)。麦克诺顿认为首相皮尔正在策划一个杀害他的阴

---

① [1960]1 Q.B.325.
② Alan Reed, Peter Seago: *Criminal Law*, Sweet & Maxwell, 1999, p.176.

谋,并且跟踪他、注视他的一举一动。因此,他决定进行反击,先杀死皮尔。1月20日,他向皮尔的车开枪,但皮尔临时改乘另外一辆车,他自己的车由德拉蒙德乘坐,结果德拉蒙德被枪杀。审判时,麦克诺顿声称自己是一个精神分裂症患者,不能对自己的行为负责,因为是他的幻觉造成了他的杀人行为。陪审团同意了他的申辩,以精神错乱为由宣告麦克诺顿无罪。[1]

麦克诺顿的行刺事件震惊了英国,尤其是他原来准备刺杀的对象是英国首相,法院的判决一经公布,立即引起了极大争议。上议院对这个案件展开了辩论,并对王座法庭(Queen's Bench)[2]的法官提出了五个有关精神病辩护标准的问题。王座法庭法官对其中第二、第三个问题的回答,形成了麦克诺顿规则。

第二个问题是,一个受到犯罪指控的有妄想症状的精神病人,以精神病作无罪辩护时,应将哪些问题交陪审团裁决?

第三个问题是,行为人犯罪时的精神状态,应以何种术语传达给陪审团成员?

多数法官的意见是:"确立以精神病为理由的辩护,必须清楚地证实在实施这种行为时,被告一方正处于精神不健全,缺乏理智的困扰之中,没有认识到他所正在从事的行为的性质和意义,或者认识到了,但不知道他正在从事的行为是错误的。"这个咨询意见很快成为著名的麦克诺顿精神错乱的检验标准。

按照这个规则的字面意思,麦克诺顿规则表明,确认某种精神缺陷,必须具备两个条件,这两个条件以缺少认识为理由而加以规定。所以麦克诺顿规则的构成要件为:

(1) 被告人因精神不健全而缺乏理智;
(2) 因而在行为当时他没有认识到:
　　A. 行为的性质和意义;
　　B. 行为是错误的。

在英国和美国,麦克诺顿检验标准已经成为一个主要规则。美国的司法管辖区的一半以上,仍将这个规则作为确定精神错乱的唯一标准。其余的多数司法管辖区也采用这个检验标准,但以不能控制规则和实际能力规则加以补充。仅有少数几个例子中,法院和立法机关完全拒绝麦克诺顿检验标准。

尽管麦克诺顿规则的法律意义已经成为刑法中最具广泛争议的问题,但在英美案例中却只能找到非常少的对规则的解释和分类。这可能是由于提出精神错乱辩护的只是被告人中的一小部分人,而且这些被告人极少提出上诉。

关于"精神不健全"。从来没有一个清楚的和全面的判例说明何种类型的精

---

[1] Janet Dine, James Gobert, *Criminal Law*, Oxford University Press, 2003, p.415.
[2] 英国高等法院三个法庭之一。

神不健全和精神缺陷符合麦克诺顿检验规则的要求。有些判决认为,仅有少数几种类型的精神病符合这个规则。但是,似乎可以表明,任何精神病状,即精神病、神经、脑组织功能失调,或者天生的智力缺陷(低 IQ 或者低能)者,如果引起了这个检验规则的第二部分所规定的结果,都符合这个条件。

尽管许多精神病专家的确认为,只有少数几种精神病(例如妄想型精神分裂症),可以依据麦克诺顿规则提出成功地精神病辩护,但这并不意味着其他一些疾病和缺陷本身受到这个规则的排斥,而是因为它们不能提出麦克诺顿规则所要求的那种缺乏认识。

关于"知道"。在麦克诺顿规则中,"知道"这个词已经成为大多数批评麦克诺顿规则的主要原因。这个规则被贬低为是建立在不切实际的设想之上的。"知道"仅仅被视为心智上的认知,假如任何一个人在从事某种行为时,已经丧失了任何心智上的认识,这几乎就不必要争论了,这就表明"知道"这个条件是一种不恰当的限制。它使得许多心理上的确有严重疾病的人,无法以心神丧失的理由要求免除刑事责任。因此,应当对"知道"这两个字作广泛地解释。

关于"错误"。所谓"错误",是指法律上的错误,还是道德上的错误,麦克诺顿规则起初对此并没有作出明确的解释。英国法院的判例认为,错误是指法律上的错误,即行为人在行为时,不知道其行为在法律上是错误的。在美国,对此有争论。有学者认为是指法律上的错误,也有学者认为是指道德上的错误。按照后一种说法,假如一个人知道自己行为的性质,知道杀人行为受到法律的禁止,但他自认为是遵从上帝的命令,在道德上没有错误,则可以免除刑事责任。[①]

2. 不能控制规则(The Irresistible Impulse Test)

不能控制规则形成于 19 世纪末。这个规则认为,一部分人虽有精神障碍,但能认识自己行为的性质,只是在情绪上发生不可抗力的冲动,没有能力控制自己的行为。麦克诺顿规则只涉及人的心理能力,不能辨别是非善恶。而不能控制规则,则强调人的意志能力,即失去控制力。

任何犯罪都必须具备二个条件,一个是认识能力,指行为人对事物及其性质的认识和分辨能力;另外一个是意志因素,即行为人根据对事物的认识,决定和控制自己行为的心理因素。如果一个人没有认识、辨别是非的能力,或者没有控制自己行为的能力,都可以不负刑事责任。

不能控制规则,是以自由意志作为理论根据的。人的行为受到内在意志的控制,每一个人都有能力决定和控制自己的行为,一旦违反了法律规定,就要受到相应的处罚。当然,当行为人处在不能控制的状态下实施的反社会行为,就可以以精神错乱提出合法辩护。

[①] Wayne R. LaFave, *Criminal Law*, West A Thomson Reuters Business, 2010, p. 406.

这个规则的重点是强调人的自我控制能力,它的优点在于,扩大了麦克诺顿规则的适用范围,使一些具有某种程度的认识和辨认能力,但无法控制自己行为的人,免除刑事责任。

当然对这个规则也有一些批评。有人认为,这个规则强调不能控制的冲动(impulse),容易使人联想到这一规则,仅仅适用于突发性的犯罪行为。英国一个关于死刑的委员会曾经指出:"这个规则的名称给人一种印象,即它仅适用于突发性的,未经策划的犯罪案件……事实上有许多案例显示,有些因精神错乱而引发的犯罪并非一时冲动,而是经过深思熟虑之后作出的,例如忧郁症引起的犯罪就是如此。"这个委员会的观点显然有些不着边际,司法实践中,绝不会将这个规则仅仅适用于突发性的犯罪案件。

美国精神病学会(American Psychiatry Association),也认为不能控制规则缺乏法律上和精神病学上的根据。如果承认在某些情况下,人具有不可控制的冲动,势必使许多正常人逃避法律的制裁,因而是不可取的。[1]

3. 德拉姆规则(The Durham Rule)

德拉姆规则是根据1954年7月1日,美国哥伦比亚特区联邦上诉法院在德拉姆诉美国(Durham v. United States)一案中,确立的精神病鉴定规则。法院的判决认为,"如果被告人的非法行为是精神疾病或者精神缺陷的产物,可以不负刑事责任。"[2]

所谓精神疾病(disease),是指具有改善或恶化可能性的状态;所谓缺陷(defect)是指由于遗传、伤害后果、身体或精神疾病后遗症而形成的、不可改善或恶化可能性的状态。

上诉法院法官撤销了一审法院的有罪判决。理由有两点:第一,初审法院未能正确适用精神病辩护和举证责任的现有规则;第二,有关刑事责任能力的标准已经过时。所谓旧的标准已经过时,主要是指麦克诺顿规则和不能控制规则,认为这两个规则未能充分考虑精神病的实质以及现代的科学知识,偏重于某一个方面,而未能考虑行为人的全部情况。法官认为应以新的规则来代替麦克诺顿规则和不能控制规则。

法官认为,"陪审团有理由认为,被告人实施犯罪行为时,没有处于精神病和精神缺陷的状态下,则被告人有罪;如果陪审团有理由认为,被告人实施犯罪行为时,显然处于精神疾病或者精神缺陷的状态下,但该项行为并非精神异常的产物,被告人仍然有罪;当陪审团确信,被告人由于处于精神疾病或者精神缺陷的情况下,而且该项行为系精神异常之产物,则应根据精神障碍的理由,认定被告

---

[1] Wayne R. LaFave, *Criminal Law*, West A Thomson Reuters Business, 2010, p.412.
[2] President's Commission on Crime in the District of Columbia, Report 550(1966).

人无罪。因此,陪审团的责任不仅仅在于发现被告人有无精神疾病或精神缺陷,还要查明被告人的精神异常与犯罪行为之间有无因果关系。如果没有因果关系,被告人仍须对犯罪行为承担刑事责任。"这些问题,由陪审团根据证人证言和证据进行推断。

对于产物(product)一词,哥伦比亚特区联邦上诉法院在卡特诉美国(Cater v. United States)一案中,进行了详细的解释。判决认为,被告人具有精神疾病或者缺陷这一事实,还不足以免除其刑事责任。也就是说。精神病与犯罪行为之间,必须具有如果没有精神疾病,行为人就不会实施犯罪行为这样一种关系,才可以免除刑事责任。当被告人提出抗辩时,法院要求证明该项犯罪行为是精神疾病的产物时,并非意味着该项行为必须是疾病的直接产物、最接近的产物或者直接结果,只要可以合理推断,如果没有疾病,就不至于产生犯罪行为,两者之间存在某种联系,而且这种联系对犯罪行为造成了重大影响,就可以免除其刑事责任。①

至于精神疾病和精神缺陷,是指可能改善或恶化的精神异常状态,或者无法改善或恶化的遗传病、后遗症形成的精神异常状态。由于该规则笼统地使用这些词汇,又没有明确说明何种情况的精神疾病或缺陷可以免除刑事责任,这就可能导致任何一种精神障碍的人,都可以免除刑事责任。

1962年McDond v. U.S的判决认为,精神疾病或缺陷,包括认知或情绪作用或行动控制能力实质受损的异常精神状态,至于是否构成精神疾病或缺陷,由陪审团决定,精神病鉴定者的意见,对陪审团没有约束力。

德拉姆规则也受到一些批评。主要认为精神疾病或精神缺陷的范围太广,许多达不到法律要求标准的精神疾患、麻醉品吸食者,甚至情绪不稳定的人都有可能以此提出抗辩,导致该规则的滥用。"产物"一词的含义也不明确,适用起来比较困难。此外,该规则偏重于人的生理因素,导致精神病医生权力过大,削弱了陪审团的作用。该规则生效以来,以精神病辩护而被宣告无罪的人数激增。1972年华盛顿哥伦比亚特区上诉法院宣布放弃这一原则,转而接受模范刑法典规则。但有少数州仍采用该项规则。②

4. 模范刑法典规则,又称实际能力规则(Substantial Capacity Test),它是由美国法学会(The American Law Institution)在1962年《模范刑法典》中所制定的一个规则,主要内容是任何人实施犯罪行为时:

(1) 因精神疾病或者精神缺陷,以至于无法辨别自己行为的犯罪性(非法性),或者缺乏使自己的行为符合法律要求的实际能力,则不负刑事责任;

---

① Cater v. United States, 252F. 2d 608(D. C. Cir. 1957).
② Wayne R. LaFave, *Criminal Law*, West A Thomson Reuters Business, 2010, p. 419.

(2) 所谓精神疾病或者精神缺陷,不包括仅仅表现为反复实施犯罪或者其他反社会行为的心理变态者。①

由于这个规则提出了"实际能力"的概念,又称为"实际能力"规则,目前美国有一半以上的州采用这个规则。

《模范刑法典》综合了上述规则的有关规定,采用生理标准和心理标准相结合的方法,即生理因素,采纳了"德拉姆"规则中精神疾病和精神缺陷的概念;心理因素则采纳"不能抗拒"规则中知和意的要素。所谓知,指人的辨别能力,所谓意,指行为人使自己行为符合法律规定的实际能力。该规则有几个关键性术语:

① 精神疾病和精神缺陷

考虑到现代医学的发展,模范刑法典规则对什么是精神疾病和精神缺陷没有作出特别规定,主张根据每个案件的具体情况,参考鉴定人的意见,作出适当裁判。但是,将精神变态者或者反复实施犯罪的人,排除在该规则之外。

② 犯罪性(非法性)(criminality, wrongfulness)

麦克诺顿规则虽然强调行为人的辨别能力以及是否知道对错,但在实践中往往偏重行为人是否了解自己的行为是错误的。所谓错误,是指法律错误还是道德错误,没有取得一致看法。模范刑法典则强调行为人是否能认识到自己行为的犯罪性(非法性),而所谓犯罪性,应理解为道德上、伦理上禁止的行为(包括道德上伦理上的错误)。

③ 实际能力(substantial capacity)

模范刑法典要求行为人具有辨别自己行为的犯罪性和使自己的行为符合法律要求的实际能力。这个实际能力,只要达到"显著"的程度,就可以免责,而不是要求行为人"完全"丧失辨认和控制能力。这一点也许更符合医学标准,因为"完全"丧失辨认和控制能力的情况可能并不存在。②

美国自1981年约翰·辛克利(John Hinckley)刺杀里根总统,陪审团以精神错乱宣告其无罪以后,情况发生了很大变化。美国国会于1984年制定了一个认定精神病的辩护规则,其中规定:"只有当行为人在犯罪时,因为严重的精神疾病或者精神缺陷,不了解自己行为的性质或者不知道自己的行为是对还是错时,才可以作为合法辩护的理由。"在其他情况下,精神疾病或者精神缺陷不能构成合法辩护的理由。该规则排除了"不能控制"规则,其合法辩护的条件甚至比麦克诺顿规则还要严格,要想以此作无罪辩护是相当困难的。有些州甚至取消了精神病辩护,如爱达荷州、蒙大拿州和犹他州。

---

① Model Penal Code § 4.01.
② Wayne R. LaFave, *Criminal Law*, West A Thomson Reuters Business, 2010, p.421.

三、XYY 染色体异常的辩护

现代医学表明,人有 23 对染色体(46 个),其中有一对即第 23 对是决定性别的染色体。在这对染色体中,女性通常有两条特别的性染色体,称之为 X 染色体(XX),而男性有一条 X 染色体和一条 Y 染色体(XY)。有些人出生后染色体异常,他们有几条染色体或者更多的染色体。这些异常的染色体中的一条,称之为"超男性"或者 XYY,有一条多余的 Y 染色体。有证据显示,XYY 染色体的男性很可能比其他的人,更容易从事反社会行为和犯罪行为。但是,这种遗传异常引起的行为缺陷尚不能确切地肯定,因此,XYY 被告人是否可以作为精神错乱的辩护理由,存在着争议。

世界上第一个染色体异常的报告发生在 1961 年,但直到 1965 年的一次调查,才将染色体异常和反社会行为联系在一起。这一年,苏格兰的一个研究小组发现,315 名男性中的 3%,是 XYY。一年以后,英格兰的研究小组以及美国、澳大利亚、丹麦的研究人员都有类似的发现。英国研究者 Patricia A. Jacobs 对 197 名关押在监狱里的犯人进行了有关染色体组型(karyotype)的血液检测,共有 12 名罪犯呈现染色体异常,其中 7 名(3.5%)被诊断患有 XYY 综合症。1971 年丹麦学者对 4139 名男性进行检测,发现 12 人患有 XYY 综合症,这其中有 5 人因一次或数次犯罪被判刑。这些报告,促使一些学者开始研究基因异常和犯罪行为之间的关系。他们认为,染色体异常的人几乎个个都有危险举动,XYY 综合症的主要特征是,高身材、低智商和反社会行为举止,凶残、好斗、皮肤多有结节状痣,性腺机能减退。调查数据显出,XYY 染色体异常的人常常被判处 6 个月到 5 年的监禁。据不准确地统计,XYY 的人数占全部非犯罪男性人口的千分之一,肯定不超过千分之二。[①]

1969 年,美国芝加哥曾经发生一起谋杀案,凶手一夜之间残忍地杀害了 8 名医院护士。受害人的每一部分肢体都被匕首扎了几十刀,每个人的脖子都被一遍一遍切割过,而且 8 个人的内脏都被挖走。凶手 Richard Speck 很快被抓获。医生对他的身体进行检查时,发现他竟然比正常人多了一条 Y 染色体。医学上把这种情况叫做 47XYY 综合症。因为正常人的体内都是 46 条染色体,而他多了这条具有男性特征的 Y 染色体后,使他比一般男性更具有暴力特征,从而成为最具暴力的"超级男性(supermale)"。也有报道说,最终的检测结果证明这名罪犯不是一个 XYY 染色体综合症的患者,但此案确实引起了美国学者对染色体异常与犯罪相关性的重视。一些遗传因素和基因异常可能在一定程度上

---

① Casey Blank, Street Segall, Skinner, "YY Chromosomes and Antisocial Behaviour," *Lancet* 850 (Oct. 15, 1966).

增加了犯罪的可能性。①

受到现有知识的限制，以 XYY 染色体异常提出精神病辩护，不太可能获得成功。在 Millard v. State 一案中，被告人被指控携带致命武器进行抢劫，但被告人以染色体异常提出抗辩。他的律师指出，他有一条多余的 Y 染色体，导致他缺乏实际能力，既不能理解行为的犯罪性，也不能使他的行为符合法律的要求（马里兰州采用 A. L. T Test）。②

被告人的唯一医学证人是一位在遗传学领域里从事研究工作的教授。他证实被告人是一个 XYY，而且他已经发表的研究报告表明，这样一个人可能具有明显地反社会倾向。证人指出，被告人的确有精神缺陷，但是他不能确定被告人是否缺乏实际能力，以至于不能意识到他的行为的犯罪性，以及使他的行为符合法律的要求。因为他没有为被告人做身体上的检查，而且他在这个领域也不具备相关的资格，他的证言最终没有被法庭采纳。

政府方面的代表，一位精神病医生证实，按照他的观点，被告人不是一个精神病人。他补充说，他没有对这个被告人进行多余的 Y 染色体的检查。因为根据他的判断，假如这样一个遗传缺陷确实存在，它也不能被视为一种精神缺陷。根据他提供的证据，审判法官拒绝将被告人精神异常的问题提交陪审团讨论，被告人最终被定罪。

被告人提出了上诉，理由仍然是被告人有一条多余的 Y 染色体，导致其具有反社会的暴力倾向，很难否认这种遗传缺陷和精神病之间的联系。而且，根据实际能力规则，所谓行为人不能充分认识行为性质的能力，很难将染色体异常导致的反复实施反社会行为和犯罪行为的人，排除在这个规则之外。

有人建议，马里兰州的判决表明，假如律师要获得成功的辩护，应当请一位遗传学家和精神病学家提出专业证词。遗传学家的作用是证实个体的遗传结构，指出不同的遗传特征对于精神病辩护具有重要意义，以及遗传和环境在每个个体发展过程中产生的影响。精神病学家的证词，应将重点放在被告人的精神状况和能力上面。这样也许有助问题的解决。

根据麦克诺顿规则，Y 染色体异常的人很难以精神错乱提出合法辩护。因为麦克诺顿规则强调人的认识因素，染色体异常并不表明行为人一定缺乏认识自己行为的性质和意义，以及他的行为是错误的能力。

根据不能控制规则，XYY 染色体异常的人也许有一些辩护的机会。困难在于这个规则要求行为人自我控制能力的完全损伤，而 XYY 染色体异常的人，仅

---

① Glenn D. Walters, Thomas W. White, "Heredity and Crime: Bad Genes or B Research," *Criminology* 27, p. 249(1989).
② 8 Md. App. 419, 261 A. 2d 227(1970).

仅是缺乏控制力。

根据实际能力规则,XYY 染色体异常的人,以缺乏行为的实际能力和不能使自己的行为符合法律的要求为理由提出辩护,也许具有重要的意义。被告人获得成功的机会肯定要大于不能控制规则,因为 A.L.T 规则不要求完全丧失行为能力,而只是要求这种能力受到实际损害。①

四、非意志行为

除了精神错乱和染色体异常以外,还有一些生理缺陷引起的犯罪行为,也可能获得合法辩护的机会,例如荷尔蒙紊乱。荷尔蒙(hormone),又名激素,是由高度分化的内分泌细胞合成并直接分泌入血液的化学物质,它通过调节各种组织细胞的代谢活动来影响人体的生理活动。荷尔蒙在人体血液中的含量极其微小。人体内各类荷尔蒙的水平与所需要的量保持一致,任何一种荷尔蒙分泌的过多或过少,都会导致荷尔蒙水平的紊乱,从而对人体产生不良影响。

睾丸酮属于荷尔蒙分类中第一大类下的性激素,而且是一种活性最强的雄性激素。一些实验学家的研究表明,男性体内的睾丸素水平与暴力性犯罪,尤其是性犯罪有一定联系。睾丸素水平的上升,使男人更具有攻击性,在青少年犯罪中尤为明显。一位瑞士学者的结论认为,体内睾丸素含量高的人缺乏耐性,脾气异常暴躁。②但是也有相反的结论,认为睾丸素水平的高低和进攻性行为没有显著的关联性。之所以会出现分歧,主要是男性体内的睾丸素水平并不总是处在稳定状态。③

女性月经期的性激素也会发生变化,这种变化通过神经机制影响妇女的心理活动和行为,女性经前综合症也被认为与犯罪有某种联系。美国精神病学协会已经将经前综合症列入《美国精神病诊断和统计手册》。自 20 世纪 50 年代起,经前综合症就被应用于刑事司法实践,有的案件的陪审团也接受了经前综合症作为合法辩护的理由,并且以此宣告被告人无罪。在英国和加拿大甚至已经形成不成文的惯例:一个受到经前综合症困扰的女性杀死自己出生不满一年的婴儿不会被判为谋杀罪。④尽管近些年来以经前综合症作为合法辩护的案件增多,但也不能说这一辩护理由在司法实践中得到了普遍承认,事实上还是有很大分歧的。因为,经前综合症的病因和病理机能是比较复杂的,荷尔蒙的变动和犯

---

① Model Penal Code § 4.01, Comment.
② Rubin R. The Neuroendocrinology and Neurochemistry of Antisocial Behavior; S. A. Mednick, T. E. Moffitt, S. A. Stack, (eds), *The Causes of Crime: New Biological Approaches*, Cambridge University Press, 1987, pp. 263—282.
③ Joseph F. sheley, *Criminology: A Contemporary handbook*, Wadsworth Pulishing Company, 1999, p. 268.
④ Daniel J. Curran, Claire M. Renzetti, *Theories of Crime: A reader*, Pearson, 2008, pp. 779—782.

罪之间的联系也不像我们想象的那么简单,很多因素都有可能导致女性月经周期的变化,如生活环境、外科手术和气候变化等等。英美的一些犯罪学家都对经前综合症在合法辩护中的滥用表示担忧,它有可能使严重的犯罪分子逃脱法律的制裁,从而损害被害人的正当权益。

低血糖(人体血液内的葡萄糖浓度低于正常值)也可能诱发犯罪。其他一些神经化学物质,如血清素、多巴胺和去甲肾上腺素,也可能影响我们的心理功能和生理功能。研究发现,一些冲动性犯罪和暴力犯罪体内的血清素水平就比较低,如放火犯。从医学角度看,血清素过高或过低,都会导致人们兴奋、焦虑、惊恐和情绪低落,引发恐怖症、强迫症和盗窃癖。他们通过犯罪而获得某种快感和愉悦,从而转移自己的抑郁情绪。①

我们可以将上述情况统称为非意志行为,即主要不是由于行为人精神错乱,而是在某些外界因素影响下或者由于身体内的疾病引起的、在自己意志不能控制的状态下实施的行为。非意志行为可以减轻或者免除刑事责任。受到外界物质力量的强制,一些无意识的反射行为、痉挛、梦游等都可以视为非意志行为。假如一个司机正在公路上正常行驶,车窗内突然飞进一群马蜂,在司机脸上叮来叮去,司机不能控制方向盘,造成交通事故,就属于非意志行为。

非意志行为和精神错乱之间有一定关系,但在刑事责任方面有所不同。非意志行为可以完全不负刑事责任,而精神错乱则要接受强制治疗,指定监护人和监护机构。在美国,精神错乱的强制治疗是很严格的,精神病人一旦进入精神病院,是否治愈,或者能否从精神病院出来,不仅需要精神病医生的同意,而且要经过法官的批准。1981年美国青年辛克利刺杀当时的总统里根,造成总统和一名高级官员重伤。审理案件的陪审团认定被告人精神错乱,不负刑事责任。法官下令将其送入精神病院,接受强制治疗。前些年,辛克利的律师声称,他在接受多年的治疗以后,精神疾病已经痊愈,而且他在接受治疗期间结识了一位女朋友,希望法官允许他出院结婚。但法官认为辛克利是个危险人物,需要继续接受治疗,拒绝了他的出院请求。一直到2016年8月,在接受精神病治疗35年以后,辛克利才有条件地获得自由,和其母亲生活在一起。此外,非意志行为如果事先有错误就不能完全免除刑事责任,而精神错乱无论是否有错误,都不会受到刑罚处罚。例如,一个糖尿病病人应当遵医嘱按时服用胰岛素,但她没有按时吃药并且饮酒,上班时头晕,结果打伤一位病人。他可以以非意志行为提出辩护,但由于事先没有遵医嘱,有错误,而错误造成神志不清,可以减轻处罚,但不能完全免除处罚。

---

① Goldman D., "Biology of Brain May Hold Key for Gambles," *New York Times*, 3 October. 1989, C1, C11.

第二节 醉 酒

酗酒是一种社会病态,它同许多背离社会准则的行为有关。那么,什么是酗酒呢?要回答这个问题并非易事。有人将酒精依赖者分为两种,一种类型是行为人不能控制自己的饮酒量;另外一种类型是行为人戒不掉饮酒习惯。

美国拉特吉斯酒精中毒研究中心的马克·凯勒强调饮用者失去控制的概念,他对酒精中毒下的定义是:"一个人一贯不能对自己是否要饮酒,或者是否应当停止或不停止饮酒作出选择。"社会学家罗伯特·斯特劳斯还提出另外的定义,他主张酒精中毒是"使用含酒精的饮料达到了这样一种程度,即一再超过当地社交习俗的规定量或一般量,从而影响了饮酒者的健康状况、人际关系或者造成经济上的后果。"[①]

美国建国初期,人们主要饮用葡萄酒和啤酒。当时饮酒受到家庭、社区和宗教团体的严格控制。随着向西部开拓疆土,移民大量涌入,城市规模扩大,美国人的饮用模式发生变化。到了19世纪,饮酒已经成为美国的一个社会问题。18万名犯人中有14万人的犯罪同饮酒有关。

为防止酗酒,1826年创建了美国禁酒协会,规劝人们改过自新。一些宗教组织也积极推动道德改造运动,制定反酗酒立法。

人们认为酒精不仅是犯罪,而且是所有社会弊端的根源。1919年美国《宪法第18修正案》制定了禁酒令。但是适得其反,因非法饮酒的需要,助长了黑社会的发展,1933年废除了这项立法。人们对酒的态度也发生变化,不再认为酗酒是邪恶的事情。

现在,单纯地饮酒和喝醉酒都不是犯罪,但是在英国和美国,如果在公共场所酗酒闹事或者醉酒开车,则构成犯罪。例如,英国1962年的《公路交通法》规定,酒后在公路上或公共场所驾驶汽车,就是一种可诉罪,行为人可能被判处吊销驾驶执照、罚金和监禁。不仅如此,早在100多年前,英国曾将醉酒作为一个加重处罚的情节,可以判处比通常更严厉的刑罚。研究表明,酗酒和某些犯罪之间存在联系,比如说杀人、放火等暴力犯罪。在这些犯罪中,人的控制力减弱是一个重要因素。但是这些行为在不饮酒的情况下也会发生,而且多数情况下,喝醉酒并不伴随任何犯罪。

一、自愿醉酒

自愿醉酒,或行为人自己引起的醉酒,无论是酒精还是其他药物引起的,都

[①] 〔美〕弗·斯卡皮蒂:《美国社会问题》,刘泰星译,中国社会科学院出版社1985年版,第262页。

不是刑法上的辩护理由。行为人饮酒过量后,由于酒精对中枢神经系统的毒性作用,不但可以影响小脑功能,产生走路不稳、精神操作困难、言语含糊等共济失调现象,也可影响大脑皮层功能,使意识清晰度下降,自我控制能力减弱,情绪亢奋或者易被激怒,言语动作增多,处在一种轻狂躁状态。这种酒醉或酩酊状态,医学上叫做一般性急性酒精中毒,不能免除刑事责任。

因为一般性醉酒可能损害一个人的理解力,使其不能像神志清醒时那样,去预见和衡量行为后果;饮酒也可能损害一个人判断是非的能力、可能损害一个人的自我控制能力,使其比神志清醒时更容易接受诱惑,但毕竟和精神错乱不同。而且,这些情况都是行为人自己造成的,所以是不可原谅的。

在醉酒状态下的行为人,只要具有明显的犯罪意图,就应当承担刑事责任。例如某人喝得酩酊大醉,借着酒劲,强奸了一位少女。他具有犯罪的意图,知道自己从事行为的性质,就构成强奸罪。在英国,即使被告人的酒杯里被他人放入药物,或将酒掺入饮料当中,使之陷入醉酒状态,只要被告人知道自己正在做什么,就构成犯罪。法官认为,药物引起的犯意也是犯意。只不过由于别人偷放了药物或酒,他才能形成犯意,但这只是减轻处罚的问题,对定罪没有影响。[①]

自愿醉酒的情况下,有两种情况可以免除或减轻刑事责任:

1. 过度饮酒而造成精神错乱,可以适用精神病辩护规则。如果被告人可以证明,他行为时由于醉酒而引起精神疾病,以至于不了解自己行为的性质或者不知道自己的行为是错误的,就可以作为一种辩护理由。

虽然醉酒一般不会导致精神错乱,但是也确实有一些人在饮酒后,出现罕见的行为紊乱,并激发记忆缺失的病理性醉酒。病人意识模糊不清,具有强烈的兴奋性和攻击性,不能辨认周围的人物及地点,不能记住对他讲过的话。有时可能出现片段的幻觉妄想,多为恐怖内容,因而常常发生暴力攻击性行为。

长期饮酒也可能引起大脑组织的永久性变化,而这些变化与精神错乱相同。患有癫痫、脑动脉硬化或者受过较重的颅脑外伤及各种精神疾病的人,容易发生病理性醉酒。甚至过度疲劳,严重失眠,高烧,重病以后,也可以促使病理性醉酒的发生。例如,某被告人从不喝酒,但在婚宴中被强制灌醉。两小时后醒来仍呕吐不止,新娘就坐在床前用小刀削苹果给他吃,他却突然感觉面前有一红衣魔鬼持刀来挖他的心脏。在极端惊恐下,他把小刀抢过来,将新娘刺死。随后,他又看到一群妖魔鬼怪拥来,于是又杀伤数人。被制服后,他不能记忆全过程,也不知道自己杀死了新娘和其他赴宴的亲友。这就是一例典型的病理性醉酒,在他行凶时,处于一种急性谵妄状态,心神丧失,自应免除刑事责任。

英国上诉法院法官丹宁勋爵也举过两个例子:(1) 一位护士喝得酩酊大醉,

[①] Smith, Hogan, *Criminal Law* (8th ed), Butterworths, 1996, p. 225.

将一名婴儿投入火炉中,但却认为是加放木材。(2)一个醉酒的人误将躺在床上的朋友视为剧院的道具而将其刺死。丹宁认为,对于头脑清醒的人来说,这样的错误是极其不合理的,陪审团也很难相信他们会产生这样的错误。但是,如果被告人能提出相关证据,证明自己由于醉酒而处在精神错乱的状态下,就存在合法的辩护理由。也有人认为,醉酒只有在导致被告人无法形成犯意的情况下,才能成为辩护的理由。① 当然,以醉酒引起精神错乱为理由的辩护是极为罕见的,能够找到的判例屈指可数。

2. 否定某种特定故意的存在,即特定故意是指控的犯罪的一个必要条件,而被告人因醉酒而欠缺该项犯罪的要件时,可以成为辩护的理由。例如,在谋杀罪中必须具有杀人的特定故意,如果事先没有预谋,只是醉酒后将人杀死,醉酒就可以作为说明被告没有谋杀故意的辩护理由,但可以构成非预谋杀人。例如被告人酒后企图强奸一位少女,该女生呼救,他用手捂住少女的嘴,致使受害人窒息死亡。被告人以醉酒不能形成特定的杀人故意作为辩护的理由,法院由谋杀罪改为非预谋杀人罪,对其减轻处罚。

除了谋杀罪以外,故意伤害罪、盗窃罪、抢劫罪、夜盗罪、销赃罪、伪造支票罪等等,都是要求具有特定故意的犯罪。而强奸罪、绑架罪、非法拘禁罪、侵占罪、普通袭击罪以及侵占罪等等,则不要求特定的故意。

如果被指控的犯罪不要求具有特定故意,而被告人以自愿醉酒提出辩护,公诉方就不需要证明该罪所要求的那种犯罪意图,仅仅根据他实施了犯罪行为的证据,就可以认定被告人有罪。

英美刑法中将醉酒的刑事责任,区分为具有特定故意的犯罪和不具有特定故意的犯罪,这种做法可能是经不起仔细推敲的。为什么谋杀罪就需要特定故意,而强奸罪就不需要特定故意呢?况且,对于某些犯罪,在法院判决前是不可能确定其是否要求特定故意的。这种自愿醉酒的种种辩护规则,可能不是基于一般的原则,而是基于政策上的考虑。一方面,这些人由于醉酒而缺乏犯罪意图,难以认定为谋杀和故意伤害等重罪;另一方面,这些人虽然缺乏犯罪意图,但却具有相当的危险性,应当受到某种处罚,这样就只能认定为非预谋杀人和其他较轻的犯罪。但是,我们也可以说,将不具有某种犯罪意图的人定罪,即使是定为较轻的罪,也许是不合理的。由于醉酒后的人是否被定罪,取决于被指控的罪是否具有特定故意,而所谓的"特定故意"的含义又不是十分明确②,这就令人难以理解了。

---

① Smith, Hogan, *Criminal Law* (8th ed), Butterworths, 1996, p. 226.
② 有学者将某些罪的犯罪意图分为基本意图和潜在意图。例如,夜盗罪的基本意图是侵入他人住宅。潜在意图是盗窃。这样就得出了潜在意图等同于特定意图的结论。

还有一种情况,如果被告人醉酒之前就有杀人的意图,然后喝醉酒以后去杀人,就不能以精神错乱提出合法辩护。例如,在北爱尔兰总检察长诉加拉赫(Att.-Gen. for Northern Ireland v. Gallagher)一案中,被告人意图杀害自己的妻子,事先买了一把刀和一瓶威士忌。在将一瓶酒灌入肚子之后,借着酒劲用刀杀死了他的妻子。被告人认为,醉酒不能形成特定的犯罪意图,行为时他处于不能控制的精神状态下,所以不应对死亡负责。

丹宁法官认为,醉酒一般不能作为合法辩护的理由,尽管有两种例外的情况,但都不适用于加拉赫案件。他说:"如果一个人在精神正常和头脑清醒的时候形成一种杀人的故意,并且为此作了准备。他知道自己要做的事情是错误的,却故意先喝醉以便增加自己杀人的勇气。当他醉醺醺地实施自己的意图时,就不能以自愿醉酒为谋杀罪的指控辩护,也不能以此将谋杀罪减为非预谋杀人罪。他也不能说,他使自己陷入了这样的愚蠢境地以致不能形成杀人的故意。同样,当他处于精神变态的状况时,他也不能将自愿醉酒引起的缺乏理智作为精神错乱的辩护理由。他醉酒之前头脑里的邪恶念头,以及他意图实施并且已经实施了的行为,就可以认定其有罪。"[1]的确,当一个怀有杀人的意图,明知是非法的,却仍然实施了杀人行为的人,就不应以喝醉酒为由逃避法律的制裁。

二、非自愿的醉酒

如果行为人醉酒不是自愿的,而是由外部因素引起的,就不应承担刑事责任。例如,他人将烈性酒倒入他喝的啤酒里,或者一个仇人将药物投入他的杯中,这种醉酒就不是自愿的。在有些情况下,被告人按照医嘱服用了处方上的药物,引起了醉酒,也不是自愿醉酒。

非自愿醉酒的限制条件比较严格。如果被告人主观上明知自己喝的是烈性酒,醉酒后却声称事先过高地估计了自己的饮酒量,并试图以此提出合法辩护,就不能成为辩护理由。

一般认为,非自愿醉酒不具有法律所要求的犯罪意图,一些外部因素是行为人所不能控制或预见的,也就无所谓犯罪意图。

根据美国《模范刑法典》的规定,非自愿的醉酒主要有几种情况:

(1)受他人欺骗。例如,在 People v. Pennan 一案中,被告人受骗后服用了可卡因药片,在出现幻觉的情况下,杀死了被害人。假如他行为时处于无意识状态下,就是一个辩护的理由。有的美国法院认为,这是暂时性精神错乱,行为人不知道行为的性质和意义,或者不知道他的行为是错的,可以麦克诺顿规则提出抗辩。

---

[1] Alan Reed, Peter Seago, *Criminal Law*, Sweet & Maxwell, 1999, p.203.

（2）无辜的错误。对物品的性质发生了无辜的错误认识。例如，将酒精和含有酒精的药物，当成其他物品或饮料。

（3）受到他人强制。被告人受到他人的威胁或者强制，处在不能抗拒的状态下。如果没有达到这一程度，就不成立抗辩理由。例如，一个在荒凉地区搭便车的年轻人，拦下一辆汽车。在汽车行进当中，司机威胁说，如果不喝酒，就赶他下车。这个年轻人被迫喝了酒，不再能够理解自己的行为后果，开枪射杀了这名司机。法院认为，他的醉酒不是受胁迫的结果。①

（4）遵照医嘱。服用酒精和药物系医生的建议，可以成立抗辩理由。②

（5）病理性原因。行为人虽然知道他服用的物品的性质，但没有料到会产生如此严重的病理性反应，可以成立抗辩理由。例如被告人不知道自己属于过敏体质，服用某种物品后会产生非典型性的（异常）反应，就属于此种情况。③

第三节 紧 急 避 险

一、紧急避险的本质

紧急避险是指一个人在紧急情况下，面临的两难选择，要么违反刑法的字面意思，造成较小的损害结果，要么遵守刑法的字面意思，造成较大的或者相等的损害结果。例如，一个登山者在暴风雪中迷路，进入一户人家避难并且盗用了一些食品。一个药剂师在没有所需处方的情况下，将药卖给一个心脏病发作的病人，以挽救病人的生命或者减轻病人的痛苦。出于社会政策的考虑，假如行为人的行为避免了较大的损失，这就是一个合法辩护的理由。在这种情况下，行为人的行为可以视为一种紧急避险的行为而不构成犯罪，除非是他的错误引起了紧急情况的发生。

以紧急避险作为辩护理由，这种紧急情况必须来自于自然界的力量，例如，地震、暴风雪、火灾、陷入困境等，而不包括人的行为。当紧急情况是来自人的行为时，可以以胁迫提出合法辩护，以区别于紧急避险。而且这种紧急情况必须是对被告人的心理形成压力，而不是对身体形成压力。例如，A和B站在悬崖上，突然发生地震，A倒下时撞到了B，将B撞落山下致死。A面临杀人指控时，不是以紧急避险作为辩护理由，而是以无意志行为作为辩护理由。因为在他撞向B时，A不能控制自己的意志，他的行为是一种没有意志力运动的行为，所以，也不负刑事责任。但是，当A快要饿死时，拿或者吃了B的食物以挽救自己的生

---

① Burrows v. state, supra note 45.
② Model Penal Code § 2.08(5)(b).
③ Kane v. United States, 399 F. zd 730(9ᵗʰ Cir. 1968).

命，或者 A 在紧急情况下故意杀死 B，以挽救 C 和 D 的生命，他也许可以以紧急避险进行辩护。

紧急避险的理论根据不是由于行为人缺少犯罪的心理要件，而是出于公共政策的考虑。当法律必须以牺牲较小的利益而保全较大的利益时，社会允许以违反刑法的字面规定的代价而完成。法律禁止盗窃和谋杀，因为它要保护人的生命权和财产权，但是（例如在濒临饿死的案例中）为了挽救人的生命而牺牲一部分财产，或者为了挽救两个人的生命而牺牲一个人的生命，则是一种较好的选择。

紧急避险仅仅适用于刑法没有规定的情况下，如果立法机关已经作出规定，就必须遵守法律的规定。例如立法机关已经制定了人工流产的法律，明确规定为了挽救母亲的生命进行人工流产，不构成犯罪。在这种情况下，不需要法院在母亲的生命价值和胎儿的生命价值之间作出判断。相反，假如法律这样规定，即使为挽救母亲生命而进行人工流产也是犯罪，那么这种人工流产行为就不能以紧急避险为理由进行合法辩护。因为立法机关已经作出了它的价值判断，并且通过它的决定排除了在这种情况下以紧急避险提出合法辩护的可能性。但是假如立法机关关于堕胎的法律是空白，那就可以提出紧急避险的问题，法院也可以在保护胎儿和挽救母亲的生命价值之间，作出适当的考虑。[①]

行为人的动机好坏，一般来说对紧急避险的免责理由没有影响。当符合紧急避险的条件时，即使行为人违反了刑法条款的规定，他也不构成犯罪；当紧急避险的理由不成立时，即使被告人具有保护某种价值的良好动机，也不是一个辩护理由，也许在处罚时可以考虑减轻对他的处罚。

在有些情况下，行为人不仅有权力进行紧急避险，而且有责任这样做，如果他不进行紧急避险，造成了严重的损失，行为人还要负刑事责任。假如 A 面对二种选择，一是故意杀死 B，以挽救整个城市的人口；二是无所作为，这样可以挽救 B 的生命，但却让自然力摧毁了整座城市。假如他什么措施也不采取，他就应当为谋杀整个城市的人口承担刑事责任。

下面的例子都可以适用紧急避险。例如，船只遇到暴风雨，船长为挽救其他人的生命，违反不得进入港口的法律，将船只开进港口避难；行驶在公海上的海员，拒绝遵守船长的命令，目的是迫使船长将不适合航海的船只送去修理，这也不构成犯罪[②]；一个医生为一个遭到强奸的少女实施人工流产手术，目的是保护她的身体上和心理上的健康，这也不是一种犯罪行为，它不属于法律处罚的非法

[①] Rex v. Bourne,(1939) 1 K. B. 687.（伯恩医生为一名遭到强奸而意外怀孕的少女堕胎，因为继续怀孕会损害少女的身心健康，堕胎法律处罚的"非法人工流产"没有提到这种特定的辩护理由，初审法院指导陪审团，保护母亲健康的价值高于未出生孩子的价值；判决医生无罪。）

[②] United States v. Ashton. 24 F. Cas. 873(No.14,470)(C. C. Mass. 1834).

人工流产手术。一个警察在打牌时做了手脚,以便消除他人怀疑,抓住或逮捕赌徒,也不构成违反赌博法的犯罪;一个监狱里的犯人从监狱里逃出,因为他不逃出,继续待在大火中,他就会被烧死。他的行为也不构成逃脱罪。

另外,根据美国《模范刑法典》的评论,下面这些情况中都是紧急避险行为。一个人故意杀死另外一个人,以挽救二人或者更多人的生命;消防队员摧毁了一些财物,以防止大火蔓延,危及到更多的财产;一个登山者在暴风雪中迷路,进入一户人家避难并且盗用了一些食品;船长或者机长抛弃一些货物,以保护船只和飞机上面的乘客;一个药剂师在没有所需处方的情况下,将药卖给一个顾客,以减轻急救病人的痛苦。①

紧急避险的理由在某些情况下可能被驳回,一个人失业而且生活困难,但没有处于快要饿死的状态,擅自从商店里拿走一些食品,仍然构成盗窃罪。法院认为,"经济紧急避险"不是一个合法辩护的理由;一个监狱里的犯人由于监狱里的卫生条件和待遇差,从监狱里逃出来,仍然构成脱逃罪;一个人到教堂时带着威士忌酒,将其作为突发心脏病时的一种预防措施,仍然构成在教堂携带酒精饮料的犯罪。

受到环境的压力,为了挽救自己的生命而杀死另外一个人,(例如,两个濒死的人,没有食物,没有水,也得不到及时的救助)有可能构成谋杀罪。有两个著名的案例,一个是英国的,另一个是美国的。在英国的案例中,三个船员和一个船舱服务生遇到海难事故,乘坐一个露天的小救生艇在海上漂流、离海岸线一千多海里。失事的第 20 天,他们已经 9 天没有吃东西,7 天没有喝水。其中的两个船员用刀子杀死了船舱服务生,三个船员吃了他的肉,喝了他的血。4 天之后,三个幸存者被一只过往的船只救起,尽管在当时他们和这个男孩(身体状况最差)如果没有一个人被杀而食之,大家可能都会死去,法院仍然认为那两个船员构成谋杀罪。② 美国的案例涉及海难事故中一只起载的救生艇,上面有 9 个海员和 32 名船上的乘客。暴风雨来临时,起载的船只可能沉没,如果减轻重量,船只也许可以躲过风暴,几个船员,包括被告人,将船上的 14 名男性乘客抛入大海,船只保存下来了。但是当他们到达港口时,被告以非预谋杀人罪受到审判。法官指导陪审团,为驾驶船只留下几名船员是必需的,但其他的船员应先于乘客牺牲。至于同等条件下的乘客谁应当为了全体成员的安全而牺牲,应通过抽签

---

① Model Penal Code § 3.02, Comment(Tent. Draft No. 8,1958).
② Regina v. Dudley & Stephens, L. R,14Q, B,D,273(1884).(上诉法院将一审法院的死刑判决,改为 6 个月监禁)。

的方式决定。① 陪审团的裁决接受了法院的指导意见。②

二、紧急避险的条件

如上所述,紧急避险的理由,是从社会利益的角度出发,被告人两害相权取其轻,为避免较大的损失而造成较小的损失。因此,紧急避险应当具备以下条件:

1. 避免的损害。避免的损害不一定必须是身体上的损害(死亡或者身体伤害),它也许可能是财产的损害。例如,消防队员摧毁一些财产,以防止火势蔓延而威胁到其他具有更大价值的财产。为了自己和他人的利益也可以紧急避险,例如为了挽救自己的生命而拿走另一个的食物,或者 A 故意地开车越过 B,以免撞倒 C 和 D。

2. 造成的损害。造成的损害的种类没有特定的限制。它包括故意杀人(例如 A 面临紧急情况,他要么杀死 B,要么杀死 C 和 D,他选择杀死 B,挽救其他人的生命)和一些损害较小的类型,像故意殴击或者损害财产(例如,飞机在大洋上空飞行时,发动机突然熄火,飞机的机长下令将货物扔入大海)。毫无疑问,在这些案件中,他的行为实际上造成的损害,与他的行为预想要造成的损害之间,有可能是不同的。例如,A 驾驶一辆汽车,突然发现自己处于危险境地,他必须要么撞倒 B,要么撞倒 C 的房子。他合理地选择了后者。即撞向 C 的房子。但是不幸的是他撞倒的房子里碰巧有人,结果导致两个人死亡。他的合理预期的损害,不同于实际上造成的损害。③

3. 避免损害的目的。紧急避险的辩护,被告人主观上必须具有避免较大损害的目的。缺少这种目的,不足以构成实际的紧急避险。假如 A 为了复仇,杀死他的敌人 B。他稍后又意外地发现,由于杀死 B,他挽救了 C 和 D 的生命,A 仍然不能为谋杀 B 提出合法辩护。换句话说,他必须相信,他的行为是避免较大损害所必需。但是有时候,行为人合理地认为自己的行为是紧急避险所必需,但实际上并不需要采取这种激烈的行动。例如,A 合理地认为,杀死 B 是挽救 C 和 D 生命所必需,尽管实际上没有 A 杀死 B 的紧急避险行为,C 和 D 也能够被

---

① The court in Regina v. Dudley & Stephens, L. R, 14Q, B, D, 273(1884), at 285. 法院的意见书驳斥了这样一种观点,即假如船上的 4 个人通过抽签决定谁应该牺牲,而这个签刚好落到这个男孩身上,那么杀人的俩个船员将可以获得辩护。但是这个判决似乎又表明,假如这种辩护理由在所有这些案件中是允许的,抽签决定这个问题便是一个好办法。

② United States v. Holmes, 26 F. Cas. 360(No. 15, 383)(C. C. E. D. Pa. 1842). 被告被判处 6 个月从事苦役的单独性监禁,总统拒绝赦免。

③ Rev. stat. ch. 38, §7—13. 在这种情况下,要有合理的相信,"这种行为是避免公共或者私人更大损害所必需,这种损害是他的行为的合理结果。"

营救。这种避险错误也不足以构成谋杀罪。①

4. 避免的损害和造成的损害之间的价值要成比例,即保全的利益要大于牺牲的利益,这种价值判断取决于法院的意见,而不是当事人的看法。例如,一个人认为油画的价值高于人的生命价值,当面临紧急情况,需要在两者之间进行选择时,他选择毁灭生命以挽救油画,法院就不会同意他的价值选择,驳回他的紧急避险的辩护理由。②

有时候在紧急避险的案件中,涉及对不同的人的生命价值进行比较判断,比如老年人和青年人,有道德的人和没有道德的人。法律认为,一个人的生命和另外一个人的生命具有同等的价值,不因人的年龄、性别、健康和地位而有所差异。假如对 A 来说,由于环境的压力,使得善良的 C 处在死亡的小路上,防止 C 死亡的唯一方法,就是杀死不道德的 B,A 的杀人行为也不是正当的。

在有些情况下,无论行为人如何选择,损害都会发生。例如,两个人在海水中,水中只有一块木板,这个木板仅仅能够承受一个人的重量。如果一个人牺牲,另一个人就可以获救,假设其中的一个人将另一个人杀死,他的行为就不是正当的(除非他们曾经抽签),为救一人而牺牲另一人不符合紧急避险的条件。但是,假如两个彼此用绳子系在一起的登山者,其中一人滑落崖边而悬挂在空中,另一个人又无法将他拉上来,要是这个人不解开绳子,他自己也会失去控制,两个人将同时陷于死亡的境地。如果另外一个人割断了绳子(尽管违反了登山者的道德戒律),法律仍然认为他的行为是正当的,因为挽救一个人的生命比两个人都死去要好。况且在当时的情况下,不存在选择的问题。无论如何其同伴几秒钟之内就会摔死,问题是他应先几秒钟单独死去,还是在几秒后两个人一块死。③

5. 紧急避险具有紧迫性,是在迫不得已的情况下实施的,如果有更好的选择,就不适用紧急避险。如上所述,紧急避险的被告人一般都处在两害相权择其一的紧急状态下,即他可以违反刑法条文的字面意思,实施一种避险行为,造成一些较轻的损失;或者遵从法律的规定什么也不做,造成一些更大的损失。但是,假如当时还有第三种选择,并且比违反法律规定引起的损害结果更小,更轻微,他违反法律的行为就不能视为紧急避险。例如法律禁止携带酒精饮料到教堂,被告人以医疗的目的携带威士忌,法院就驳回了他的紧急避险的辩护理由,指出他还可以选择留在家里或者携带其他种类的药物。一个处在饥饿状态下的人,从商店里盗窃食品也是不正当的。因为他可以从施粥所里获得食物。一个

---

① 《模范刑法典》只要求行为人相信他的行为是避免损害所必需,而不要求这种相信是合理的。
② See United States v. Ashtom, supra note 12. 法律认为,人的生命远远高于任何财产的价值。
③ Smith, Hogan, *Criminal Law*(8th ed), Butterworths, 1996, p.257.

犯人因监狱条件差从监狱里逃出来,也不是正当的行为,因为他可以通过其他方式提出改善生活条件①,一个救生艇上的人,不能因为自己快要饿死,就杀死艇上的其他人(除非也通过抽签的方式)。有一种观点认为,实施紧急避险,行为人必须面临直接的、迫在眉睫的威胁,否则也不能提出合法辩护。例如,航行在大海上的船只遇到暴风雨,如果救援船只可能出现,风暴可能过去,被告人就必须等待,直到幸存的希望消失。这种要求是不是太苛刻了呢?看来是一个有争议的问题。

最后,在有些情况下,危险是由于被告人的错误引起的,被告人主观上有轻率或者过失,被告人就可能要承担刑事责任。例如 A 轻率的驾驶汽车,形成了一种两难的局面,要么在公路中央撞倒 B 和 C,要么开到人行道上,撞倒 D。他选择了较小的损害,杀死了 D,他就犯了轻率型的非预谋杀人罪(因为他的轻率行为造成了这种情况),但他不是要故意的谋杀 D。

我们可以将紧急避险的理由分为合理合法的和情有可原的两类。合理合法的辩护理由原则上是基于功利主义的考虑,即在某些情况下,根据法律所要求实施的行为,比其他有关的可供选择的行为带来的好处较少,或者坏处较多时,我们宁愿通过可供选择的行为来保证提高效益,而承认合理合法可以作为减轻刑事责任的辩护理由就具有法律上的效力,这种效力表现在为了达到提高效益的目的而降低有关的标准。但是,根据合理合法的标准,即使为了拯救多数人的生命而毁掉一个人的生命,也是不允许。因此,在类似达德利和斯蒂芬这类杀人为食的案件中,法官也认为不存在合法辩护的可能性。他们认为这样的判决不仅极大背离了一个社会的道德原则,而且是十分危险的。因为由谁来衡量紧急避险的必要性?用什么标准来衡量生命价值的大小?是以体力为标准还是以智力为标准,或者以其他标准作为标准?很显然,根据这样的选择标准,活下来的人是最大的受益者,而死去的人就这样丢掉了性命吗?

美国的威廉姆斯法官认为,"靠抽签来决定命运,决定哪个人先死时,可能并不会构成犯罪。"因为如果这个小服务生同意用抽签来决定命运,他可能已经同意死亡,而受害人同意在这样的情况下可以作为辩护理由。

英国的法官不同意用抽签决定生死,但也没有提供更好的解决办法。他们的观点是,如果在这种情况下,没有自我牺牲的自愿者,所有人都去死则是一种义务。法官卡多佐(Cardzo)说:"当两个人或更多的人遭受灾难突然袭击时,他们当中的任何人都没有杀死他人以保护另一些人生命的权力。不存在抛弃人类

---

① People v. Richards, supra note 2. 被告人声称自己从监狱里跑出来,是避免被他人杀死,法院否认了被告人通过逃脱而自救的方法,认为在这种情况下,应该通过法院或者建立起的行政渠道来解决。

生命的准则。"① 就如同无家可归的人不能以紧急避险为由闯入他人住宅,饥饿的人不能以紧急避险为由从事盗窃是一个道理。即使是在现代的医疗手术中,一个医生也不能为了实施器官移植手术而关掉一台生命维持机,或者为挽救几个人的生命而牺牲一个人的生命。② 在这些案件中,行为人有机会进行思考,而不是出于对迫在眉睫的危险的焦虑,而且行为人似乎知道以前遇到此类情况时,当事人曾经被宣告无罪,因而认为是约定俗成的。如果允许以此作为合法辩护的理由,将是十分危险的信号。

尽管如此,在实践中,当出现达德利·斯蒂芬这样的案件时,法官基于种种考虑,常常会放弃合理合法的辩护理由,转而寻求情有可原的辩护理由,而不必修改约定俗成的法律标准。在某些特殊的情况下,脱离常规的行为并不意味着行为人一定会受到严厉的惩罚,有可能原谅那种超过合理合法限度的行为。这样就出现了一种折中的解决办法,我们可以将其归纳为:定罪是必要的,但判刑应当尽可能的轻。一方面不赞成这种行为,法律不能鼓励杀人,法律的尊严必须得到维护,另一方面又照顾到案件的实际情况,特别是考虑到这类案件发生的具体情境,都具有不可复制性,从概率的角度讲,很少重复发生,确实可以原谅的地方。在明白这些情况后,情有可原的辩护理由就可以被社会上一般人所接受了。

达德利和史蒂芬一案的审理过程,大致上遵循了这一原则。初审法院以谋杀罪判处被告人死刑,明确认为这种行为既不合理也不合法,因为一旦作出无罪判决,将带来破坏法制的后果。但被告人上诉以后,英国上诉法院法官经过反复考虑,决定将被告人的刑期降为6个月监禁,实际上认为这种行为是情有可原的。判决作出后,社会大众,包括法律界对判决结果基本上是赞成的。但是有一点不是十分清楚,即案件的当事人,这些海员们,如果以后再遇到此类情况时,应当如何采取行动呢?他们会因为这个案件的结果,改变自己在海难事故中的行为方式吗?也许他们会从中得出这样一种信息,即如果遵守海难事故中约定俗成的抽签方式,他们就不会被定罪或者定罪以后最终也会被赦免。看来问题并没有得到彻底的解决,面临的困难太多了。

不管怎么说,对于这个案件的审理,可以使我们在紧急避险这个问题上,有可能找到一种折中的解决办法,而不至于引起社会上对极端案件的尖锐对立。对于紧急避险中的疑难案件,我们并不一定要采取非此即彼、泾渭分明的解决办法,必要的妥协也是可以接受的,在许多情况下,处在危难当中的人的某些不合

---

① Smith, Hogan, *Criminal Law* (11th ed), Butterworths, 2009. p.259.
② 医生约翰有5个病人需要器官移植。其中两个需要肺,两个需要肾脏,第5个需要心脏。一个病人来约翰的诊所检查身体,约翰将其杀死,把她的肺和肾移植给另外四个人,心脏给了第5个病人,以一个生命为代价救活了5个人。被告人的行为并不是必需的,所以不是紧急避险行为。

常规的行为，确实有可以原谅的地方。例如，一天深夜，被告人 L 被仇人堵在一个房间内，无路可逃。情急之中，她和同床睡觉的 H 调换了一下睡觉的方向和位置（H 系凶手的妹妹），结果其仇人在黑暗中误将 H 杀死，而 L 得以逃生。在这个案件当中，当事人遇到的情况和采取的行动，都出乎人们的预料，很难复制。L 要么牺牲自己的生命，要么将 H 当成自己的牺牲品，没有其他的选择。她经过权衡利害之后，选择了后者。毫无疑问，她的选择和随后采取的行动，是不值得提倡的，或者说就是错误的，当人们受到威胁时，应该反抗，宁可牺牲自己的生命，也不能以此为借口去伤害他人，这永远无法得到道德上的证明。这种行为，很显然不能适用合理合法的辩护理由，法律不能鼓励任何形式的杀人行为。但在那种特定的情况下，她受到犯罪分子迫在眉睫的威胁，几乎没有选择守法的可能性，出于人的求生的本能，她选择牺牲别人的生命，以保护自己的生命，也确有可以宽恕的地方。人们内心深处的同情心和善良之心，使得我们有可能原谅这种不合常规的行为，如果适用情有可原的辩护理由，也许能够得到大家有限度地同意和接受。刑法理论和司法实践当中，当公共利益和个人利益发生冲突而难以处理时，人们习惯采用一些似是而非的概念来掩饰困难，比如将不能犯分为事实上的不能犯和法律上的不能犯，常常是语义上为达到特定的目的而随需要变化的，当需要处罚时，就将其看成是事实上的不能犯，当不需要处罚时，就将其解释为法律上的不能犯，而实际上两者之间的界限非常模糊，或者说根本就不存在。这种做法，只是将困难暂时搁置起来，不能从根本上解决问题。在紧急避险问题上，尤其是杀人为食的案件中，与其对问题采取回避的态度，还不如采取现实主义的态度。

刑法问题，特别是海难事故中杀人为食的案件，如何适用紧急避险问题，说到底就是如何在保护公共利益和保障个人利益之间保持平衡的问题。在目前情况下，几乎并不存在一个妥善的解决方法，能够避免两种利益之间发生冲突的唯一可能性，就是保证不作出无罪判决，但又使被告人的刑期降低到最小程度，也许这并不是一个好的解决办法，但至少兼顾了社会利益和个人利益。这也许就是我们提倡公正所要付出的代价。

三、判断对错的标准

紧急避险还有一个在日常生活中人们如何判断对错的问题。人类社会的行为准则，在西方国家，往往被认为受到历史上一些伟大思想家的影响和左右，比如康德和一些功利主义的倡导者，边沁、穆勒等人。康德在《道德的形而上学原理》一书中曾经宣称，人类的道德判断来源于理性思维，人的行为准则必须是全体理性人的行为准则，为达到自己的目的去利用别人是错误的。边沁和穆勒都认为，对错标准首先应当实现最大多数人的最大利益，即使这会导致个别人的情况变糟。一个人的行动是对还是错,要看它的后果是什么,杀人是不对的,但当杀死一个人,会给更多人或整个世界带来幸福时,这个杀人行为就是对的。这是典型的功利主义的态度。①

但是,在现代的一些心理学家和哲学家看来,有些情况下,根据人类社会的任何理论,都无法解释对错标准在现实世界中是如何运作的。假设你驾驶着一辆有轨电车,但刹车失灵了。电车以最高速度逼近轨道上的一个岔路口。左边有5名工人在修理铁轨,右边只有一个工人,如果你不采取任何行动,电车将按原轨迹运行,结果是造成左边的5个人丧失生命。挽救5个人的唯一方法就是由你触动一个开关,改变电车的路线,而这样就会造成右边一个工人的死亡。

美国哲学家菲利帕·福特和朱迪丝·贾维斯·汤普森设计的思维实验,被称为有轨电车难题。再设想你站在人行天桥上看见这辆失控的电车。这一次,铁轨上没有岔路口,却有5名工人站在铁轨上,必死无疑。但是你刚好站在一个大块头男人的旁边。假如你悄悄走近他,然后把他推下桥,他就会摔死。但他的个头非常大,能挡住电车。你是故意杀死一个人,还是让5个人丧生?②

两个案例中,人们面对的伦理困境从实质上都是相同的,即要不要杀死一个人,挽救5个人的生命?根据康德的观点,为达到自己的目的去利用他人是不对的,两种情况下人们都很难进行选择,因为都有可能将别人作为达到自己目的的工具;而根据功利主义的观点,法律的目的是为了"最大多数人获得最大的幸福",那么,选择的结果应该一样,即为了挽救5个人的生命,人们无论是触动开关或将大块头的人从桥上推下去都是允许的,尽管牺牲了一个人的生命,但是值得的。可是,如果我们在人群中就这两种情况进行测验,你会发现大多数人会选择触动开关,而不会选择将那个大块头的人从桥上推下去。为什么会出现这种差别呢?人们的选择,为什么既没有遵从康德的道德准则,也没有完全遵从功利主义的道德准则呢?

研究人员认为,问题的关键不在于某种理论或者道德判断的逻辑性,而在于人类情感对道德判断形成所发挥的作用。休谟说:"一个行动、一种情绪、一个品格是善良的或恶劣的,为什么呢?那是因为人们一看见它,就发生一种特殊的快乐或不快……正是那种感觉构成了我们的赞美或敬羡。"③他认为,"道德直觉不应归类于理智的活动,而应归类于趣味或情感。"④人类社会的行为,无论如何不

---

① "最大幸福原理"是由英国哲学家边沁提出的,参见〔英〕约翰·斯图亚特·穆勒:《功利主义》,叶建新译,九州出版社2007年版,第9、29页。
② 美国哲学家菲利帕·福特和朱迪丝·贾维斯·汤普森Thomson设计的思维实验,被称之为有轨电车难题,参见《参考消息》2004年4月19日。
③ 〔英〕大卫·休谟:《人性论》(下册),关文运译,商务印书馆2013年版,第507页。
④ 〔英〕大卫·休谟:《人类理智研究》,周晓亮译,中国法制出版社2011年版,第9页。

能用理性来说明,它完全取决于人类的情感和感情,丝毫也不依赖于理智的官能。①

  人类这种高级动物可以进行道德判断,而自然界的其他动物会不会进行道德判断呢?休谟早就认为,自然界的其他动物和人类一样,也有爱和恨的感情表达。他发现:"我们通过给予利益或侵害就引起动物的爱和恨来;通过饲养和抚育任何动物,我们很快就得到它的依恋,而通过打骂,我们总是会招来它的敌意和恶感"。② 20世纪康德学派的心理学家劳伦斯·科尔伯格也曾经说,"很多动物都有公平意识,并且具有一定程度的行为准则,这些准则加强了它们的社会互动作用,也用于处理相互之间的冲突"。实验人员受到休谟等人的启发,对动物园里的猴子和黑猩猩进行观察,发现它们也有公平感和对错的观念。他们让猴子搬运石头,然后进行奖励,但有的给黄瓜,有的给更好吃的甜葡萄,得到黄瓜的许多猴子很不满意,纷纷将黄瓜扔向研究人员,他们显然认为自己受到不公平的对待,都是干一样的活,待遇为什么不一样呢?黑猩猩也是这样。实验中,饲养人员只有在全部10个黑猩猩都到齐时才会喂食。一天,其中的一个黑猩猩贪玩,在外边游荡了几个小时,误了开饭的时间,其他的黑猩猩只好跟着挨饿。当这只贪玩的黑猩猩终于回来时,其他9只黑猩猩向它扑过去,对它进行了攻击。看来猴子和黑猩猩也有对错和是非观念,虽然它们不像人类那样受到推理的指导,也不知道谁是康德,谁是边沁和穆勒,可是很自然地作出了自己的判断。③

  很显然,和自然界其他群居动物一样,人类的情感也许在道德判断中发挥着巨大作用,它引起了人的机体的本能反应,而这种本能反应是人类千百万年以来进化的结果,也许已经潜移默化地深入到我们的血液和基因之中。休谟说:"我们的全部生活活动所依赖的经验推理本身不是别的,只是一种本能或机械的能力,它在我们内心不为我们所知的活动着"。④ 这就是我们为什么自然而然地进行道德判断的原因。有些东西可能是与生俱来的,比如是非观念、公平正义、禁止杀人、强奸和抢劫,荣誉感和羞耻心等。在有轨电车实验中,人们为什么会选择触动按钮,而不会选择将人推下桥去呢?因为千百万年以来,人们就一直认识到,亲自动手去杀人是不对的,不管杀人会带来怎样的好结果,它都会唤起人类内心深处极其负面的情感。而触动电车按钮这样一类行为,我们的先人没有遇见过,还没有或还没有来得及将这类情感在进化的过程中遗传给我们,当遇到此类情形时,自然也就不会引起现代人突然的道德判断。这样,反而使我们可以依

---

① 〔英〕大卫·休谟:《道德原理研究》,周晓亮译,中国法制出版社2011年版,第107页。
② 〔英〕大卫·休谟:《人性论》(下册),关文运译,商务印书馆2013年版,第43页。
③ 〔美〕卡尔·齐默:《你会救谁的命?》,载美国《发现》月刊2004年4月号文章,转引自《参考消息》2004年4月19日。
④ 〔英〕大卫·休谟:《人类理智研究》,周晓亮译,中国法制出版社2011年版,第89页。

赖抽象推理,在权衡利害得失以后,作出自己的选择和判断,即触动按钮,改变电车的方向,以挽救5个人的生命。但是,作出这样一种选择,在法律上也许会遇到风险,因为当电车失去控制,向轨道上的5个人冲过去的时候,如果司机什么措施也不采取,最多是放任死亡的发生,而如果改变电车的方向,则是主动的杀人,尽管是杀死一个人保全了更多人的生命。在这种情况下,当人们面临选择时,主动杀人和放任死亡的道德区别,究竟会对人们的选择带来多大的影响呢?也许在那样的紧急情况下,还是人的本能发挥了主导作用,人们自然而然地作出了选择,而不是凭借人类理性,先去计算损害大小,再去衡量必要性,然后作出选择。何况时间上也不允许人们去思考主动杀人和放任死亡之间的道德和法律区别。

其实,类似有轨电车的设计,在日常生活中确有可能碰到,例如,被告人A开着一辆奔驰轿车,绕着城镇的周围兜风。他故意在主干道上超速行驶,车子里还播放着刺耳的音乐,突然刹车失灵,车子失去了控制,直接向一个十字路口冲去,而路口恰巧有几十个幼儿园的孩子正在穿越马路。此时,他要么直接冲向孩子,要么打一下方向盘,使汽车转向路边的一个商店,而商店里有一个店员正在整理货架。假如他改变了汽车的方向,避免汽车直接撞向幼儿园的孩子,但却杀死了一个店员,他可以以紧急避险提出合法辩护吗?当然,由于他事先有超速驾驶的过错,危险由他的错误行为而引起,行为人主观上有轻率或过失,要完全以合理合法的辩护理由是许多人不可接受的,但他毕竟尽力避免了更大损害结果地发生,适当的从轻处罚还是可以的,至少不是故意杀人罪(类似的案例:甲轻率的驾驶汽车,形成一个两难的局面,要么在公路中央撞倒乙和丙,要么开到人行道上,撞倒丁。他选择造成较小的损害,仍不构成紧急避险)。

紧急避险中的道德判断折磨着我们的神经。有些问题好解决,例如为了让你的朋友保持清正廉洁的形象,你会杀害前来向他送礼行贿的人吗?当然不会。但是有些问题就不好解决了,比如抗日战争中发生的真实事件,日本侵略军对我抗日根据地进行大扫荡,包围了华北地区某军政机关的数千人,突围中,人群中发出婴儿的哭声,为了避免被敌人听见,母亲用手捂住孩子的嘴,导致孩子窒息死亡。憋死自己的孩子对吗?在这种情况下还有别的选择吗?这些极端的情况,的确使人类社会陷入了两难的境地。人们在歌颂母亲舍子救人的同时,也对婴儿的死去抱着难以诉说的痛惜和复杂的情感。在那种特定的险恶的情况下,母亲杀死了自己的孩子,这是一种基于进化而自然选择的结果吗?我们的身体内难道已经真的具有了应对这些情况的基因吗?我看不像。它更接近于母亲经过痛苦的理性思维,判断利害得失以后,被迫作出的不得已的选择。

可见,道德判断既可能有人类进化过程中形成的情感因素,也有人类基于理性思考而得出的结论,而理性思考和抽象推理更可能是道德判断中的主导因素。

至少目前是这样认识的,道德直觉肯定不是问题的全部,推理即便不是道德决策的主要因素,也可能在道德决策中起到至关重要的作用。人和其他动物的一个很大区别,就是他既依赖于客观现实,也积极运用自然法则,通过自由创造的意志活动,发挥主观能动性,改变着现实世界。他受制于自然,而同时又是自由的。作为自由意志的主体,在遇到危难时他可以独立自主地按照自己的意志进行决断和选择,而自然界的其他生物就很难做到这一点了。人类通过推理,还可以促进道德观念的转变,例如过去多少年以来都认为,战争是推行国家政策的合法工具,现在则将发动侵略战争视为一种严重的刑事犯罪;种族隔离政策和奴隶制曾经大行其道,现在则受到国际社会的广泛谴责,并会受到刑事处罚。这种对道德问题的思考,会为人类社会带来新的行为准则和道德框架。总之,进化和情感对道德判断的影响,说到底还是受到达尔文进化论和休谟人性论的影响,不能说完全没有研究价值,尤其是现代生物医学的发展,有可能在某种程度上改变我们的观点。但是,由于受到当代自然科学和医学知识的限制,还是采取慎重的态度比较好,否则有可能陷入怀疑论和不可知论的困境。

第四节 正当防卫

英国法中,原来没有正当防卫一词,但在中世纪的英国普通法中有"自卫"(self-defence)这个概念。当受害方遇到对方的殴打,退到无路可退时,就可以使用武力杀死侵害人。德国这个时期的刑法也采取了类似的立场,正当防卫仅仅适用于对身体和生命的武力攻击,而且也是在没有办法逃避的时候才允许防卫。直到1794年的《普鲁士法律大全》,才将正当防卫适用于防卫财产。[①] 在早期的普通法判例中,自卫杀人在一个时期内被认为是有罪的,但可以得到某种程度的宽恕,后来逐渐发展到无罪释放。一开始,自卫行为仅仅限于保护自己和家人免受不法侵害,不能用于防卫第三人,后来慢慢扩大到允许防卫第三人。成文法上,1967年的英国刑事法规定,为了制止罪犯、逮捕或者协助逮捕罪犯时,可以使用合理的武力,这才最终形成了今天的正当防卫。但对于什么是合理的武力,法律没有具体规定。

一、自身防卫

当一个人受到攻击,又没有办法寻求援助时,他可以采取合理的防卫措施,使自己免受身体上的伤害。这些防卫措施,主要针对谋杀、非预谋杀人、企图谋杀、企图伤害、殴击,或者加重的企图伤害和殴击。只要防卫人的自卫行为是适

[①] 〔德〕克劳斯·罗克辛:《德国刑法学总论》,王世洲译,法律出版社2005年版,第426页。

度的,即使给对方造成伤害,也不是一种犯罪行为。

至于什么是合理的限度,这个标准不是一成不变的,现在倾向于规则从严,将来有可能放宽自卫的标准,要考虑防卫的起因等情况。

针对侵害人实施自卫行为时,防卫人主观上至少要相信对方的武力是非法武力,即是犯罪行为和侵权行为(tort)。对于合法的武力不能实行自卫。

行为人要区分致命武力和非致命武力(中等程度的武力)的界线。根据具体情况,如果使用非致命武力是合理的限度,就不能使用致命的武力。所谓致命武力包括二点:第一,使用者的目的是引起另外一个人的死亡或者严重的身体伤害;第二,他知道会产生死亡或者严重身体伤害的实质危险性。[1] 假如一个人用枪瞄准另一个人,意图杀死或者严重伤害对方的身体,即使完全没有击中受害人或者只是造成了轻微的身体伤害,也是使用了致命的武力。但是仅仅威胁要杀死对方或者造成严重的身体伤害,并不打算实际实施这种威胁,就不认为是使用了致命的武力。例如,一个人只是用枪指着攻击者,但并未扣动扳机。

虽然正当防卫在长期的司法实践中已经形成了一套固定的原则,但在具体案件中还是应该注意以下问题:

1. 武力的程度(amount of force)

在自卫中可以使用何等程度的武力呢?法律认为,行为人使用的武力应当与其试图避免的所受到威胁的损害之间,具有合理地联系,才能认为是正当的使用了武力。假如行为人合理地相信,另外一个人正在对他实施非法的身体伤害(没有达到死亡或者严重伤害的程度),他就可以在自卫中使用非致命性武力(他相信使用这个武力是防止不法侵害所必需)。在这种情况下,他不构成企图伤害(假如他只是威胁使用非致命武力或者用枪瞄准对方并没有扣动扳机)或者殴击罪(假如他伤害了另一个人的身体)。假如他合理地相信另外一个人正在对它实施非法的杀害或者严重的人身伤害时,他在自卫时使用致命的武力则是适当的(他也必须相信,使用致命武力是制止不法侵害所必需)。

2. 合理地相信使用武力的必要性

英美关于自卫的案例法和成文法都要求被告人相信,他使用武力防止自己免受不法侵害,是一种合理的选择。因此,当一个人诚实地但却不合理地认为,自己的防卫行为具有必要性,就不构成为自卫的辩护理由。但是,当行为人相信是合理的,而实际上发生了错误的认识,他仍然可以提出合法辩护。例如,被告开枪杀死了正在威胁要杀掉他的人,他以为威胁者当时将手伸向口袋是试图掏枪,但实际上口袋里没枪,只有一条手绢。虽然行为人主观上发生了错误认识,但这却是合理的。霍姆斯法官有一句名言:"在面对匕首的情况下,不能要求

---

[1] Model Penal Code § 3.22(2).

防卫人作出恰如其分的反应。"①但是,当一个喝醉酒的人,认为自己正面对急迫攻击的危险,一个神志清醒的人却不会这样认为,这就不是法律所要求的合理地相信。

也有一种观点认为,只要防卫人诚实地相信自卫是必要的就可以了,不需要再加上一个合理的相信。美国《模范刑法典》就是持这种观点。②

当然,无论是否需要合理地相信,被告人必须实际上相信武力是必要的。当行为人杀死他的对手时,完全忽视对方还没有对他发动致命攻击的事实,就不是一个辩护理由。不过,假如他的自卫行为是适当的,但除了防卫自身以外,还夹杂着一些不太好的动机,例如他从自卫中获得了某种享受,因为他憎恨对方,这种不好的动机,不影响自卫行为的成立。

英国刑法修改委员会在谈到使用武力的合理性时指出:法院考虑武力的合理性时,应当考虑当时所有的情况,包括使用武力的强度、损害的严重性以及其他手段制止侵害的可能性等等。但是法律不必详细说明在判断这一合理性时的标准,它只是一个一般意义上的规定。③

3. 攻击的紧迫性

案例法和国会制定的法律,都要求被告人合理地相信,对方的非法暴力是紧迫的和直接的。假如威胁使用的暴力尚处在比较遥远的将来,被告人可以采取其他预防措施,就不必杀死或者伤害这个预期的攻击者。模范刑法典规定,只要攻击是现实存在的,就可以使用武力制止这种行为。这在一定程度上扩大了"直接的"范围。④

英国刑法也有类似的规定,防卫人必须面临直接的武力侵犯时,才可以正当防卫。假如不法侵害不是正在发生,而是在将来的某一时刻发生就不能实行防卫。但是,这也要具体案件具体分析。例如,A 被 B 绑架,并且知道几小时之内不交付赎金,B 就会杀死他。在这种情况下,A 为预防 B 将来杀死他,而先采取了防卫行为,就是一个合理辩护的理由。相反,假如 A 知道在 B 要杀害他之前,他可以得到警方的帮助,就没有必要杀死对方,否则就是不合理的使用武力。⑤

4. 侵害者的自卫权

总的来说,侵害者没有自卫权。但是,在第二种情况下,侵害者也许拥有自卫权。(1) 侵害者使用非致命的武力,例如,拳头或者其他非致命武器,而防卫者使用了致命的武器,被告人有权防卫。这是因为侵害者的受害人,使用致命武

---

① Brown v. United States, 256 U.S. 335, 343, 41 S. ct501, 502, 65L. Ed. 961, 963(1921).
② Model Penal Code § 3.04(1).
③ Smith, Hogan, *Criminal Law*(8th ed), Butterworths, 1996, p. 261.
④ Model Penal Code § 3.04(1).
⑤ Alan Reed, Peter Seago, *Criminal Law*, Sweet & Maxwell, 1999, p. 209.

力对付非致命的武力,这种武力就成了违法的行为。(2)侵害者为了防止与他的受害人的冲突进一步扩大,主动从冲突中撤出(必须通知受害人或者至少采用合理的步骤通知受害人),而被害人变为主动攻击者,则恢复侵害者的自卫权。

同时,当一个人知道或者应当知道自己没有处在危险中,因为对手已经撤退,但仍然用非法武力攻击对方,对方有权进行自卫。

如果双方当事人都有杀害对方的企图,一方眼疾手快,先开枪射击,将对方杀死。例如,A和B有仇,都想杀死对方。一天,两人同时向对方的家中走去,结果在路上迎头相遇,A虽然不知道B也是来杀他的,还是开枪将对方打死。这种情况,可以称为不自觉的防卫或者不知悉的防卫。由于双方当事人都是潜在的侵害者,事先已经形成杀人的故意,就不应视为正当防卫。能不能根据案件的具体情况,减轻对被告人的处罚,都可能会引起不少争议。

5. 退避的必要性

实行防卫之前是否要求行为人先行退避,对于这个问题一直存在着分歧。一种观点认为,为了尽量减少不必要的损害,能退避就尽量退避;另一种观点认为,退避就意味着向犯罪分子示弱,是一种耻辱的行为。

多数人都同意,使用非致命性武力之前,如果能安全撤退,就没有必要实行自卫。这样,实际上所谓先行退避的问题,主要涉及使用致命武力的时候,行为人该如何办?美国大多数的司法管辖区认为,被告人不需要先退避,即使退避是安全的,因为攻击者使用致命武力在前,被告人合理地相信,攻击者将杀死他或者给他造成严重的身体伤害。但是也有少数州认为,假如被告人能安全撤退,他在使用致命武力之前就必须撤退,但即使在这些要求撤退的州,也只能是防卫人知道他能够安全撤退的情况下,才可以先行退避。在自己家里或者工作地点内收到攻击,不要求先行退避,除非攻击者是这所房屋的拥有者。① 美国《模范刑法典》认为,只有当行为人知道自己可以完全安全的撤退时,才可以避免使用武力,行为人没有忍受任何伤害的义务,哪怕是轻微的人身伤害。这样的规定,实际上使撤退成为不可能实现的任务。因为在美国这个私人可以持有枪支的社会里,完全安全的撤退几乎是不可能实现的。美国的大多数州倾向于取消正当防卫人的撤退义务,例如,佛罗里达州2005年的一项法律就规定,守法公民如果在合法停留的场所受到攻击,不再承担撤退义务,而且可以使用武力包括致命武力进行抵抗。当然,没有撤退义务并不意味着可以不受限制的使用武力,防卫人的防卫行为应和侵略行为相适应,或者防卫人有合理的理由相信是为了保护自己或者他人免受不法侵害。

在英国刑法中,退避不是防卫的一个必要条件,只是陪审团考虑的一个事实

---

① Wayne R. LaFave, *Criminal Law*, West A Thomson Reuters Business, 2010, p.578.

因素,即使用武力是否必要和合理。假设被告人站在一个酒吧边,旁边一个人说:"小子,如果你不想让啤酒瓶砸到自己脸上,就赶快离开这里,到别的地方喝酒。"假如被告人听到这句话后,不仅没有离开反而重伤了那个人的身体,陪审团就会认为是不合理的。因为在这种情况下,被告人只需走开就可以避免冲突了,尽管整个过程有损被告的个人尊严。根据挑衅的比例原则,应当考虑撤退的可能性。①

但是英国在法律上不存在能躲避就尽量躲避的义务规则。在有些情况下,尽管被告人并没有犹豫或者退却,就采取了防卫行为,也可能成为一个很好的辩护理由。②

6. 反抗非法逮捕

行为人能不能对非法逮捕实行自卫呢?在这种情况下,对于自卫人来说,他面临的威胁不是死亡或者严重伤害,而是逮捕过程中受到的羞辱和骚扰。在美国的大多数州,被非法逮捕的人可以使用非致命的武力,但不能使用致命武力。假如他使用了致命武力,故意杀死进行非法逮捕的人,行为人可以从谋杀罪减为过失杀人罪,因为这种非法逮捕是一种挑衅行为,他会造成一个有理智的人失去自我控制。

在这里有一个问题容易引起争议,就是被逮捕的人知道对方是一个警察,能不能抗拒逮捕呢?根据《模范刑法典》第3.04节的规定,不能用武力反抗警察的逮捕,即使这种逮捕是非法的。加利福尼亚州的法律也认为,如果一个人知道或者应当知道,他正在受到治安警察的逮捕,他就有义务避免使用武力反抗逮捕,即使这种逮捕是非法的逮捕,行为人也不能反抗。有一个有影响的案例:2009年7月16日,58岁的非洲裔哈佛大学教授盖茨旅行后返家时,发现家里的门锁出现故障,遂与司机一起试图破门而入。白人警察劳利接到民众报案后赶到现场,在盖茨出示了身份证件后,警察仍然执意给他戴上手铐,结果引起了盖茨的反抗。最后,警察以妨害治安为由,逮捕了盖茨。此事在当地引起轩然大波,黑人团体认为是种族歧视,奥巴马总统也认为警察的行为十分愚蠢。但美国的白人警察劳利却认为自己是在执行公务,盖茨当场进行反抗,他就要行使逮捕的权力,自己的做法没有违反法律的规定。由于涉及敏感的种族问题,奥巴马总统事后特别邀请双方当事人到白宫小聚,以化解种族矛盾。③ 这个案件表明,警察在执行公务时,即使是不合理的或者非法的逮捕,当事人也不能进行反抗。

有人认为,以法律的形式禁止公民暴力抵抗非法逮捕,违反了美国《宪法第

---

① Alan Reed, Peter Seago, *Criminal Law*, Sweet & Maxwell, 1999, p.208.
② Smith, Hogan, *Criminal Law*(8th ed), Butterworths, 1996, p.264.
③ 《哈佛教授被捕引起风波》,载中国新闻网,2009年7月31日。

4 修正案》禁止不合理逮捕和《第 14 修正案》正当程序条款的规定。对此,加利福尼亚州最高法院作出了解释,法官们认为,当一个人在没有合理根据的情况下被逮捕或者被羁押了几个小时,他们的基本权利毫无疑问是受到了侵害。但是,禁止暴力对抗非法逮捕的目的,不是助长政府对公民基本权利的侵犯,而是为了避免他们因为抵抗而受到更大的伤害。在现代社会中,警察拥有良好的装备和武器,一个普通人即使使用暴力抵抗警察的非法逮捕,也很难逃脱被逮捕的命运,甚至会招致比非法逮捕更严重的后果。因此,公民不应以暴力手段对抗非法逮捕,而是寻求更加温和的方式维护自己的权利或者寻求其他的救济方式,以避免和警察的正面冲突,将可能对自己的伤害降低到最低程度。

但是,并不是所有的州都采取这一做法。由于非法逮捕侵犯了公民的人格尊严和公正感,大约有 13 个州允许公民对抗警察的非法逮捕,尤其是美国南部的一些州。这可能和美国南方更注重个人尊严和宽恕"暴力亚文化"的传统有关系。

根据英国法律的规定,警察为制止犯罪而实行合法逮捕时,反抗警察的行为不能作为辩护的理由。但也有人认为,这样的规定过于绝对,如果被告人是个完全无辜的人,警察却认为他是一个黑帮分子,并对其发起攻击,在这样的情况下,被告人也不能反抗吗?这个问题显然容易引起争议。[①]

二、防卫他人

根据美国正当防卫的规则,一个人为了保护另一个(包括陌生人)免受不法侵害,可以使用合理的武力,只要他合理的认为另一个人面临直接的非法人身伤害,而使用武力是避免危险所必需。当对方以致命武力攻击另外一个人时,行为人也可以使用致命武力制止不法侵害。

早期的英国案例认为,不能用武力保护与自己无关的第三者。英国和美国的法律至今仍然认为,为防卫他人"应当限制在一定的范围",比如和防卫人有特定的关系。1977 年英国曾经发生过一个有影响的案件。被告人罗丝与父母住在一起,她的父母经常发生激烈争吵。父亲怀疑妻子不忠,经常借故殴打妻子。一天早上,罗丝听到母亲大声喊救命,她跑出来一看,父亲将母亲逼到楼上的一个角落,大声嚷嚷着要杀死她。情急之中,罗丝开枪杀死了父亲。后来证实,她的父亲当时并未持有枪支或者其他凶器。最后,法院还是认定罗丝的行为属于正当防卫。现代的法律观点,倾向于取消特定关系的限制,为保护朋友、熟人,甚至陌生人免受不法侵害,都可以实行正当防卫。

为什么为保护他人实行正当防卫要受到限制呢?主要是法院在处理这类问

[①] Smith, Hogan, *Criminal Law* (8th ed), Butterworths, 1996, p.264.

题时遇到了一些困难。实践中有这样的案件,被告人去保护另外一个人,因为他合理地认为这个人正在受到不法攻击,但实际上针对他的人身伤害是合法的。例如,B非法的攻击C,C进行适当的自我防卫(C是一个穿便衣的警察,他试图合法地逮捕B,在对B进行逮捕时使用了适当的武力)。A到达现场时,不知道事实真相,认为B是一个无辜的受害者,正在受到C的非法攻击;于是A对B展开救援,对C使用了武力。这就妨碍了警察的执法活动。

现在一些案例创立了"另一个我"(after ego)规则,认为防卫他人的权力是自身防卫权力的延伸。只要防卫人合理的认为他人受到非法的攻击,他就可以使用合理的武力保护他。这种观点已经被一些新修改的法律所采纳,新泽西州的法院就认为,假如行为人无私地试图保护一个明显受到攻击的受害者,他就不构成任何犯罪。

三、防卫财产

一个人的合法财产受到另一个人非法行为的侵害,没有时间为保护财产要求法律援助,他就可以采取合理的方法,包括使用武力保护自己的财产。被告人为保护自己的财产使用武力,必须符合一定的条件:(1)自己的不动产财产面临直接的非法侵入或者占领,或者他的个人财产面临直接的非法侵害或者被带走;(2)使用武力是避免这种危险所必需。

但是,即使他具有这种合理的相信,也不能使用过度的武力,应以防止自己的财产受到实际损害为限。假如能够以合理的方式让对方停止对自己财产的侵害,就没有必要使用任何武力。为了防止自己的财产被侵占或者被盗窃,也不能使用致命的武力,例如杀死对方。因为对于一个社会来说,保护人的生命比保护人的财产显得更为重要。当然,假如被告人使用合理的武力保护自己的财产,却受到侵害人的人身攻击,他就可以采取自卫行为,包括使用致命的武力。

在防卫住宅时,对于一般的民事侵占行为,不能使用致命的武力,防卫限度和防卫财产的一般规定相同。

根据早期的英国法的概念,防卫庇护生命的住宅(家庭)与防卫生命本身一样重要。假如户主警告非法入侵者退出和放弃武力后,仍然有合理的理由认为,使用致命武力是防止非法侵入者的必要措施,就允许户主使用致命的武力。在其后的大多数判决中,都放弃了这一原则。有些法院现在认为,只有在侵入住宅的人意图犯重罪或者伤害他和屋里的其他人时,才允许使用致命的武力。1992年10月17日,一名日本留学生在参加一个化装舞会时,误入他人住宅。房主看他的打扮,以为他是劫匪,持枪喝令他原路返回。但他因为语言不通,没有听懂房主的话,一边说自己是来参加舞会的,一边继续往前走,结果被房主开枪杀死。

由 12 人组成的陪审团审理这个案件后,一致判定开枪的房主无罪。① 可见,即使在当代美国,为防卫自己的私人住宅不受侵犯,仍然可以使用致命的武力。

英国《1971 年刑事损害法》规定,为了防卫财产而使用致命的武力,即使可能,也只有在极少数情况下才被认为是合理的。在过去,杀死一个剥夺他人居住权的人,曾经被认为是合法的。但现在看来,要让这种行为成为一个合法辩护的理由是非常困难的。如果房屋的所有人可以通过其他法律途径解决,并且直接制止犯罪,那么,就没有必要将对方致死。②

四、执法防卫

执法防卫中最突出的问题是警察在执行逮捕时如何使用致命的武力,如何在犯罪人的生命价值和社会安全价值之间选择一个平衡点。

在执法防卫中使用武力和三个问题密切相关。(1) 执行合法逮捕时使用武力的权力;(2) 防止被逮捕人从拘留所逃跑时使用武力的权力;(3) 预防或者制止犯罪时使用武力的权力。

1. 实行合法逮捕

在英国普通法中,警察或者其他人可以无证逮捕犯重罪或者破坏治安的人。另外,警察有合理的理由相信某个人已经实施了某项重罪,虽然已脱离现场,也有权对其无证逮捕。其他人则没有这个权力。警察逮捕重罪犯时可以使用致命的武力,但逮捕轻罪犯时不能使用致命的武力。

现代美国的大多数州已经通过制定成文法,明确了警察和其他人执法防卫的权力。占主导地位的观点是,警察在三种情况下有逮捕权:(1) 有证逮捕;(2) 没有逮捕证,但是有合理根据相信被逮捕人犯有重罪;(3) 没有逮捕证,但对当场发生的任何罪行有逮捕权。对于不是当场发生的轻罪犯,警察的逮捕权受到一定程度的限制。但是近年来有些州已经允许警察根据具体情况,对不是当场犯轻罪的人实行无证逮捕。同时通过制定法,普通公民的逮捕权也得到扩大,允许他们在无证的情况下逮捕任何当场实施犯罪的人。

有时候警察对犯重罪和轻罪的人实行合法逮捕(无证或有证逮捕)时,遇到了这些人的反抗,只要警察有合理理由相信,这个人试图对警察使用暴力抵抗,可能对警察的人身和生命构成伤害,而制止反抗的唯一办法就是使用武力,警察就可以使用中等程度(或者致命)的武力,这是一种自我防卫的行为。③

一个困难的问题是,当某个人被逮捕时,他不是反抗逮捕,而是逃跑,警察的

---

① http://www11.plala.or.jp/yoshic.
② Smith, Hogan, *Criminal Law*(8th ed), Butterworths, 1996, p. 266.
③ Wayne R. LaFave, *Criminal Law*, West A Thomson Reuters Business, 2010, p. 591.

人身安全并未受到威胁，这时警察该如何处理呢？一般认为，警察如果有合理理由相信，使用致命武力是制止重罪犯逃跑的必要措施，警察就可以使用致命的武力；但是警察不能使用致命武力来制止正在逃跑的轻罪犯。例如警察用枪对准一个闯信号灯的机动车司机，假如他击中了司机并杀死了他，警察就构成谋杀罪；假如他击中汽车的轮胎，导致司机死亡，警察就构成过失杀人罪。① 上述规定对于重罪犯普遍被判处死刑的年代是可以理解的，但是在当代社会中，许多重罪犯都不会被判处死刑，这样的规定就显得太苛刻了。因此，很多州都主张限制警察的权力，规定只有对警察的人身构成实际危险时，警察才可以使用致命的武力。模范刑法典就建议，警察实行合法逮捕时，重罪犯使用或者威胁使用致命武器，或者他认为延误逮捕，被逮捕的人有引起死亡或者严重身体伤害的实际危险，才可以使用致命的武力进行逮捕。②

美国联邦第八巡回上诉法院在审理一个案件时，对于警察在执法过程中使用武力的限度进行了解释。案件的大致情况是，警察在凌晨一点发现两个青少年在一间办公室内，就喝令他们出来。两个青少年从办公室的后窗逃出，沿着不同方向奔跑，警察在抓捕的过程中，向其中的一名受害人开枪，导致其当场死亡。警察认为使用枪支是执行逮捕所必需，得到了州法律的授权。而受害人的父亲则认为，警察是在法律的名义下，未经正当程序剥夺了受害人的生命，违反了平等保护的宪法原则。美国联邦第八巡回上诉法院认为，该罪犯在犯罪和逃跑过程中都没有使用致命的暴力，并且执法官员也不能证明，如果他们不立即实行逮捕，罪犯就会对执法人员或者其他人使用暴力。因此，警察开枪的行为超出了合理限度，违反了美国宪法。这个案例表明，警察在执法过程中使用枪支还有要受到一定限制的，尽管这样规定会对他们的执法工作的效率产生一定的影响。研究表明，警察在执法活动中使用枪支，通常会造成社会关系的紧张，甚至引起严重的抗议和骚乱。这在种族矛盾比较尖锐的美国表现得尤为明显，最近几年发生的警察枪杀黑人青年的事件就很能说明问题。

警察还有权要求旁观的人协助他进行合法逮捕。法律要求普通公民承担这种责任，他不仅拥有和警察同样的权力，而且警察不在现场时他也有合法逮捕的权力。因此，被警察召唤的人不得延误协助警察执行公务，即使他以为警察超越了自己的权限。

在美国，警察开枪无需事先鸣枪警告，即可直接射击。事实上，在紧急情况下，警察根本无法判断行为的性质，只要根据案件的情况，开枪是制止严重不法侵害所必需，就可以直接开枪射击。但是，罪犯的攻击行为要达到"危及人的生

---

① People v. Klein, supra note 14.
② Model Penal Code § 3.07(2)(b).

命或严重伤害的程度",如果可以用其他非致命武器制服罪犯,就不应开枪射击行为人的要害部位。另外,可以开枪,并不意味着必须开枪,开枪只是万不得已的最后手段,应将武力降至最低限度。①

对于普通公民,根据相关法律,英美等国都不允许携带进攻性武器出入公共场所,否则属于非法行为。有这样一种情况,假如被告人违反枪支管理规定,携带枪支出入公共场所,但后来用于正当防卫。此时该如何处理?1985年美国纽约曾经发生轰动一时的案件。一名白人青年早上乘地铁,遇到4名黑人青年向他围了过来,其中一名黑人青年说:"拿5块钱出来!"白人青年看到这种情况,拔出自己随身携带的手枪,将已经开始掉头逃跑的几名青年打倒在地,造成4人受伤,其中一名重伤致残的后果。后来在舆论的压力下,陪审团认定被告人的行为是正当防卫。对于被告人非法携带枪支的处理,如果被告人能提出合理的理由,证明自己随身携带枪支是为了自卫,比如当地的治安情况恶劣,就不影响对正当防卫的认定。也有规定认为,正当防卫无罪,携带枪支要受处罚。②

2. 防止已被逮捕的人从拘留所逃跑

警察有权使用武力,制止已被逮捕的人从拘留所内逃跑,他也有权对在拘留所内犯罪的人实施武力逮捕。但是对于逃跑的轻罪犯,不能使用致命的武力加以逮捕。根据模范刑法典的规定,允许警察对从看守所和监狱里逃出的人使用武力,包括使用致命的武力加以逮捕,只要他认为这是防止被逮捕的人逃跑的必要措施。这样规定,主要是出于公共利益的考虑。

3. 预防和制止犯罪

为预防和制止犯罪的完成,使用武力的特权,这个问题与前面提到的两个问题相关,(1)防卫财产犯罪的特权(例如夜盗罪和偷盗罪);(2)自卫或者防卫他人的特权(例如,谋杀罪、重伤罪、企图伤害和殴击罪)。另一方面,有一些犯罪,不涉及财产和人身安全(例如,叛国、伪证、法定强奸罪),警察使用武力的合法性问题不受限制。

如果一个人合理的相信,一项重罪或者轻罪以及危害治安罪正在实施,或者即将实施,他可以当场使用适当的武力以制止或预防它的发生。例如使用中等程度的武力。但是,对于自卫的案例,法律已经明确规定,可以为制止犯罪使用致命的武力。

最初,普通法允许为预防或制止重罪,可以使用致命武力,但不能对轻罪使用致命武力。这个规则限制已经发生了一些变化,特别是重罪的概念和范围,比普通法时期扩大了,增添了一些新类型的重罪。而对这些重罪,因为不涉及人身

---

① 徐娟:《美国警察不能鸣枪示警,必须直接射击》,载《华商报》2014年3月22日。
② 本案例是1985年作者在美国访学期间发生的一个案件,凭记忆所写。

危险性,就不能对其使用致命的武力。例如,虚假所得税申报是一项重罪,假如将其在前往邮政局发送申报单的路上打死,这就不能说是一种正当的防卫行为了。因此,只有对那些残忍的涉及暴力的重罪,才可以使用致命的武力。如果为防止重大盗窃、通奸的发生而使用致命的武力,也是不正当的防卫行为。对于不涉及住宅和夜盗罪(例如家禽的笼舍、电话亭内),也不能将行为人杀死。即使对于危险的重罪(例如谋杀、非预谋杀人、重伤、绑架、放火、住宅夜盗、抢劫、暴力强奸),如果有合理的理由,杀死他是预防和制止犯罪的必要措施,就可以认为是正当的,如果致命武力是不必要的,也不能将上述行为人杀死。所谓实施重罪,行为人必须是直接的,而不是将来的,只有达到这种程度才可以使用致命武力。

这里还有一个问题,就是对危险的重罪(the dangerous felony),是否可以将行为人杀死,是取决于重罪的类型或者还是这种特殊重罪发生的具体情况呢?例如放火是一种重罪,一般来说会造成死亡或者严重的人身伤害。但是在特定情况下,放火的人经过了精心的策划,也许不会造成死亡或者严重的人身伤害。假如将这种特别的放火罪的行为人杀死,是正当的还是不正当的呢?一般来说,对于这种情况还是按以前的原则处理,但如果不对这些人使用致命的武力,也许更为恰当,毕竟根据案件的具体情况,这种放火行为不会造成人员伤亡。[①]

五、正当防卫的难点问题

对于正当防卫问题,始终存在激烈的争议,有的国家的法律文化主张扩大正当防卫的范围,有的国家的法律文化则主张限制正当防卫的范围。例如在保护财产利益时,是否可以使用致命的武力,德国的学者和美国的学者存在不同的看法。归纳起来这些分歧主要体现在正当防卫的紧迫性、必要性和正当防卫的限度等问题上。

1. 正当防卫的紧迫性

紧迫性,是指受害人面临着直接的武力侵犯,在时间上刻不容缓。这就意味着对于尚未到来的侵害行为,不能实行预先防卫。在这点上,不提倡先下手为强,而应以预防为主。在先发制人的案件中,行为人判断对方将要发动攻击,与其坐以待毙,不如先下手为强,将对方可能发动的攻击消灭在萌芽状态。但是,无论从国内法的角度还是国际法的角度,先发制人的打击都是非法的,是不被允许的。例如,美国以所谓生化武器为借口,对伊拉克进行先发制人的打击,就是强权政治、以大欺小、恃强凌弱的典型表现。之所以不合法,就在于这种所谓的事先防卫,并不是建立在可以预见的一个真实的侵害行为的基础之上,而是建立在对方很可能在将来发动一个所谓的侵害行为的预测之上,这种预测往往是不

[①] Wayne R. LaFave, *Criminal Law*, West A Thomson Reuters Business, 2010, p.599.

可靠的或者虚幻的,甚至可能成为一个任意加害无辜者的借口。

　　事后的防卫也不被法律允许。如果一个侵害行为已经结束或者中止,危险已经不存在,也不能进行防卫。否则就会被视为一种报复行为而受到处罚。日常生活中的报复行为,作为防卫行为的对立面,是经常发生的。它往往是行为人愤怒情绪的发泄,期望给予先前的加害人同等程度或者更严重的伤害,这无异于同态复仇,是不可取的。但在现代刑法中,对于家庭生活中受到丈夫暴力虐待的妻子的报复行为,是否可以视为正当防卫则是有争议的。面对凶狠丈夫的毒打和虐待,妻子是不敢也无力当场反抗的,只能忍气吞声、逆来顺受。但当事态发展到极端,妻子实在无法继续忍受丈夫长期周期性的虐待和毒打,将毫无防备的丈夫,甚至处在睡眠状态下的丈夫杀死,她应当受到处罚吗?在过去,我们无论多么同情妻子,这种行为都是不可原谅的报复行为,不会将其视为正当防卫的一种情况。事实上,处在这类案件当中的妇女,很少认为这是在报复丈夫,她们往往是由于受到丈夫长期的虐待,精神上极度恐慌,整日里战战兢兢,唯恐再现往日的暴力和毒打,她们关注的焦点不是过去发生的暴力,而是将来随时可能发生的暴力。这就有可能将其中的报复行为,转化为正当防卫构成紧迫性的一个理由。实际上,我们可以将丈夫的毒打和虐待行为,看做是一个连续发展的过程,从家庭暴力开始,到施虐的丈夫被杀死,暴力行为从未中断,至少受虐的妻子是这样认为的。因为对于她们来说,暴力如影相随,随时随地都会突然降临到自己身上,她们的精神已经受到丈夫暴力行为的强制,不要说当场反抗丈夫的暴力,就是逃跑的勇气恐怕都没有了。对于处在这种极度恐惧不安、精神崩溃状态下的妻子,即便是在丈夫毫无防备的状态下将其杀死,也是紧迫的和必要的。如果我们不是站在这一角度认识问题,而是继续墨守成规,就跟不上时代前进的步伐。

　　英美刑法中发展起来的受虐妇女综合症,已经在相当程度上解决了这个问题。根据刑法规定,受虐妻子以暴力进行自我防卫的行为是合理的,提出合法辩护的理由,绝不是长期遭受丈夫的毒打就可以将其杀死,而是要证明妻子对于施暴丈夫发出的死亡威胁感到极度恐惧,在那样的特定氛围下,妻子作出的激烈反应是可以理解和接受的。当然,在司法实践中,要以正当防卫提出成功的辩护,当事人要合理地解释一些问题。比如,为什么不离开暴虐的丈夫或者寻求他人的帮助?为什么这一次就相信暴力会即刻发生,过去受到类似的毒打和虐待时,却没有采取行动?应当明白,受虐妇女在长期遭受家庭暴力的过程中,已经形成了异于常人的、独特的心理特征。她们对于丈夫有着强烈的依赖感和畏惧感,使得她们不敢也不愿意逃离丈夫。她们根据自己的亲身感受,预测丈夫的虐待行为是一个循环往复的过程,永远都没有尽头。这样就可以合理地解释,她们为什么认为自己时时刻刻处在丈夫的暴力威胁之中,灾难会随时降临。只要我们设身处地地了解受虐妇女的生存环境和心理特点,就不会以一般人的标准去要求受虐妇女了。她们的行为也许不值得提倡,但却可以获得人们的同情和谅解。

2. 正当防卫的必要性

防卫的必要性也是一个值得注意的问题。一般来说,正当防卫针对的都是谋杀、抢劫、强奸等严重的暴力犯罪,对于一些非暴力犯罪就谈不上防卫的问题。难以设想,当一个人拿着 10 万美元前来行贿,你不但严词拒绝,而且将对方痛打一顿,法律不会将这种行为认定为正当防卫,因为完全没有这种必要性。对于暴力犯罪进行正当防卫,必要性的问题就要复杂很多,掌握起来比较困难,犯罪发生的环境是白天还是深更半夜,都决定着防卫人的判断能力。当傍晚时分,一个年轻的女子路过一个偏僻的地方,突然跳出来一个人欲实施强奸行为,这名女子非常冷静和机智,她趁犯罪分子脱裤子时,将其推入一个水池。强奸犯想拼命往上爬,每当快要爬上池子时,她就将其推回水中,如此反复多次,直到犯罪分子筋疲力尽时,她才离开了现场。在这个案件中,防卫人的一系列行为都是必要的吗?最初,将犯罪分子推落水中,这毫无疑问是必要的。但当犯罪分子已经跌落水中,想要往上爬时,还有必要三番五次地将其按入水池中吗?有没有强度更小的防卫方式呢?也许有人认为没有这种必要性,行为人只需赶快逃离现场就可以了。但是考虑到案发现场在一个偏僻的地方,周围没有任何人可以提供帮助,一旦犯罪分子爬上来并追上该名女子,她不仅会受到身体上的伤害,甚至有生命危险。在这种危急的情况下,怎么可能要求受害妇女去理性的衡量必要性呢?恐怕来不及思考,灾难就已经降临了。因此,我们可以说,在这样危险的情况下,受害妇女为了保护自己的生命安全,采取任何措施都不过分,都是制止不法侵害所必需。可见,实践中很难有一个客观的标准去衡量必要性,一切都取决于案件的具体情况。

反过来,如果行为人为了防卫自己的财产,可以不受限制的将侵害人杀死吗?例如,一个商店的老板,为了防止自己的几瓶酒被小偷偷走而开枪打死了小偷,他的开枪行为有必要性吗?许多人可能认为,为了防止自己的酒被偷走,打死小偷是正当的。但是小偷也是一个人,难道因为偷了几瓶酒,就要以付出自己的生命为代价吗?即使他威胁到别人的权利,他的利益就不应当被考虑或者完全被忽视吗?从整个社会的角度来考虑,保护人的生命权利显然要重于保护人的财产利益,忍受失去几瓶酒的痛苦,显然要比夺取一个人的生命更好一些。因此,在考虑防卫的必要性时,也应当将侵害人的利益作为一个衡量必要性的因素。

3. 正当防卫的限度

与必要性相关,还有一个防卫限度的问题。必要性回答的问题是,在何种情况下防卫是必要的,上例中,如果行为人可以逃跑或者推一下就可以了,就没有必要继续实施后面的一系列行为。而防卫限度要解决的则是防卫手段和侵害行为的比例关系,给侵害人造成的损害不能超过一定的比例。

正当防卫的限度或者比例,实际上是要求在防卫人的利益和侵害人的利益之间寻求平衡。作为受害方,防卫人的利益应当大于侵害人的利益,为了防止犯罪分子伤害自己或者他人的生命,防卫人可以采取一切有效措施制止不法侵害。要求防卫行为和侵害行为相称或者基本相适应,实际上是无法做到的。由于不法侵害多数情况下是突然袭击,防卫人在一瞬间很难准确判断侵害行为的性质和强度,在搏斗中也难以从容不迫地选择防卫手段和掌握防卫强度。为了实现防卫的目的,就不能对防卫人的防卫行为要求过于严苛。如果使用武力过小,不足以制止不法侵害,如果使用武力相当,只会造成两败俱伤,从而失去了正当防卫的意义。只有防卫行为的强度大于侵害行为的强度,才能有效制止不法侵害,保障防卫人的人身权利和其他权利。当然,如果遇到的只是轻微的人身伤害,防卫人能用比较缓和的手段制止不法侵害的,就不应采取过于激烈的方式,甚至将对方杀死,这就明显超过了必要限度,也不符合比例性原则。

考虑到防卫行为的特殊性,在有些案件中,防卫的限度和比例难以掌握。比如一个男子将其前妻骗到一个偏僻的地方,要求她和自己复婚,遭到女方拒绝。男方恼羞成怒,拿出一把裁纸用的小刀并威胁说"如果不同意复婚,就叫你没有办法再嫁人。"女方在危急时刻,随手拿起地上的一块砖头扔向男方,结果击中男方的要害部位,导致男方当场死亡。根据案情,男方并没有谋杀前妻的故意,而是威胁要毁坏她的容貌,使用的工具也谈不上致命的武器。尽管如此,男方侵害她人身安全的危险已经显现,女方随手用投砖头的方式进行还击,也是情势所迫,在危急关头作出的不得已的、本能的反应。这和有准备的用砖头进行反击有所不同。虽然防卫行为看似大于侵害行为,甚至造成了侵害人死亡的后果,却是制止不法侵害所采取的适当措施。对于正当防卫的限度和比例,不能以造成损害的大小作数学上的等量对比,而应着眼于案件发生当时的实际情况,防卫的手段和强度是不是能有效地制止不法侵害,而又不使社会上一般人感到过于激烈和强硬。如果人们内心深处的情感,对于某种防卫行为都可以接受,觉得是适度的和恰当的,是不是也可以作为一种参照的标准呢?

对于防卫财产性利益,能否使用致命的武力呢? 如果侵害的是轻微的财产性利益,相信大多数人都同意不可以使用致命的武力,除了那些主张权利神圣的极端观点的人(他们认为对侵害者应当寸步不让)。因此,对于在大街上盗窃的小偷,就不应当一律格杀勿论,即便根据当代社会的道德标准,任意杀死一个逃跑中的小偷,也是一种对权利的滥用,甚至会产生一种新的犯罪。但是,如果是为了保护重大的财产性利益,就应当允许使用致命的武力,否则不足以制止不法侵害。当一个人举着火把,要烧毁一座仓库时;当失去理智的人,要炸毁一栋在建的楼房时,就不好说不能使用致命的武力,难道我们就这样眼睁睁地看着重大的财产性利益被毁掉吗?英美国家强调对私有财产的保护,为了防卫住宅,可以使用中等程度以上的武力,如果房屋主人觉得有生命危险,可以杀死不经允许闯进住宅里的人。由于防卫财产性利益,有一个承认侵害人的生命权利的问题,防卫限度和比例关系更难掌握,如何在两者之间保持平衡,是一个难点问题。例如有些放火行为是经过精心策划的,对于可能发生的人员伤亡采取了有效的预防措施,那就没有必要使用致命的武力,如果可以以较小的代价制止放火行为,就没有必要杀死放火的人。

还应当指出,实施防卫的人在主观上应当认识到有人正在发动攻击,而防卫人也是在明知的情况下,故意进行正当防卫的。有人认为,即使行为人不知道有攻击发生,也可以进行防卫,这就有些牵强了。美国《模范刑法典》规定:"如果行为人相信,为了保护自己免受违法暴力行为的侵害,有必要立即使用这样的武力,那么,武力的使用就是正当的。"在一个法律条文中笼统地规定,行为人相信使用武力的必要性就可以进行防卫,可能有点将复杂的问题变得简单了。有时候行为人的相信并不合理,不法侵害根本没有发生,或者说防卫人主观上存在过失,还能认为是正当防卫吗?如果这种理由可以成立,势必模糊正当防卫和不合理地认识错误之间的界限,真正的事实和假想的事实就没有区别了。按照刑法的一般观点,对于假想防卫,按照事实错误的规则来处理,如果能够预见,由于疏忽大意没有预见,还是要承担刑事责任的。英美刑法中解决这个问题,恐怕还是要采取中间路线,即行为人有合理的理由相信不法侵害正在发生,虽然后来被证明为认识错误,也可以作为一种抗辩的理由,而不合理的错误具有可谴责性,就不能成为正当防卫的理由。至于什么是合理的相信,应当按照普通人的一般生活经验作为衡量的标准。正当防卫解决的是完全无辜的人和不法侵害人之间的冲突,如果不合理的错误也可以作为一种辩护理由,虽然操作起来比较简单,但却将正当防卫的标准降低了。美国《模范刑法典》认为人的任何认识错误,即使就像他想象的那样并不存在,都可以成为正当化的理由,这就在错误的道路上走得太远了。

第五节 胁　迫

英美刑法一直承认胁迫是一种合法辩护的理由。典型的例子就是,"去做某件事,否则小心你的脑袋",因为自己的生命受到威胁,只好实施了胁迫者要求的犯罪行为。可见,所谓胁迫,是指被告人受到他人的严重威胁,违反自己的意愿,被迫从事了自己不愿从事的行为。

那么,在典型的胁迫案件中,比如 A 持枪威胁 B 去实施杀人行为,B 是否具有自由意志呢？对此,英美刑法中也存在争议。一种观点认为,胁迫行为不是自愿的,在威胁下实施行为的人缺乏自由意志。[①] 另外一种观点认为,受到胁迫的人仍然具有自由意志,只不过其行为受到了他人的胁迫,可以作为一种免责理由。英国的法官认为,"胁迫抗辩,不像一个基于情绪失控的挑衅抗辩,它是出于'人性的脆弱的妥协'而提出,然而却是一个清醒的选择,它可以被冷静地执行,目的是将一个无辜者的生命的牺牲作为一个比其错误行为更小的恶,而该错误行为如果不实行的话,就会导致行为人或者所爱的人,遭受胁迫者的侵害。"[②]该案法官显然认为,被告人是具有自由意志的,并且具有选择能力。亚里士多德就认为,人受到威胁时可以抗拒,宁愿自己受苦,也不能伤害他人。从道德上讲,理应拒绝加害别人的行为。在受胁迫的案件当中,被告人往往说,"我别无选择",但实际上并不确切。选择犯罪不是好的选择,有理智的人不会这样选择,但这确实也是一种选择。当被告人被要求谋杀一个无辜的人时,被告人或者选择拒绝,或者选择犯罪。所以,在受到胁迫的情况下,行为人还是具有犯罪意图和行为的,在谋杀罪和叛国罪中不能作为一种辩护理由,但在其他案件中可以成为一种辩护理由。

一、胁迫的条件

1. 必须以死亡或者严重伤害相威胁,除此之外的胁迫,都不能免除被告人的刑事责任。例如,一个歹徒用枪指着另一个人的头部,说"如果你不照我说的话做,我就杀死你"或者"你不去偷她的钱包,我就打断你的腿",这些都构成胁迫。[③] 假如以侵害财产相威胁,或者以损坏名誉、揭发隐私相威胁,一般都不构成胁迫。但是对于揭露一个人的性倾向,比如同性恋是否构成胁迫,可能有争议。在瓦尔德拉玛·维加(Valderrama Vega)一案中,当事人在承受经济压力的同时,又受到揭露其同性恋倾向的威胁。法官认为,那种宣称只有导致死亡或严重身体伤害的威胁才构成胁迫的说法是错误的,如果被告人由于各种压力的累加而被迫犯罪,也可以适用胁迫的辩护。

美国的《模范刑法典》也未将胁迫限定在死亡或者严重伤害的范围之内。只要胁迫的违法力量属于"一个具有正常理智的人",处在被告人的情境之下"没有能力去抗拒",就可以构成胁迫。可见,胁迫并不一定是致命的,即使实施了一些

---

① See United States. V. Webb, 747 F. 2d 278, 286(5ᵗʰ Cir. 1984).
② Reg V. Howe [1987]1 ALL ER771, House of Lords. 这是一个英国上议院的判决,被告参与谋杀了一个19岁的男孩。但被告人辩称,自己受到他人的威胁,如果不勒死被害人,自己将被打死。胁迫不是谋杀罪的一个辩护理由。
③ 在澳大利亚曾经发生过这样一个案件,一个犯罪分子胁迫另一个人从事犯罪活动,说你不干,就杀死你的妻子和儿女,他被迫服从了,这就构成了刑法上的胁迫。

比较缓和的物理伤害,例如,迫使一个人超速驾驶,也可能构成胁迫。① 但前提是被告人的意志必须被胁迫所压倒,即没有威胁,他就不会去犯罪。

2. 胁迫在时间上具有紧迫性。也就是说,从提出威胁,到去实施犯罪,被告人只有两种选择,一是明确拒绝,冒自己受伤害的危险;二是按照威胁者的要求去犯罪,没有别的选择。如果以将来进行报复相威胁,由于没有紧迫性,就不构成胁迫。例如,英国有一个案件,被告人是一个汽车司机。一天有三个人威胁他说,如果他不偷出雇主的汽车为他们运送货物,将来就杀死他的妻子。在这种情况下,这个司机偷开雇主汽车为犯罪分子所用。这算不算胁迫呢?法院认为,除了拒绝和服从以外,还可以选择报警或者逃跑,在时间上不具有紧迫性,就不能以胁迫提出合法辩护。

美国刑法强调胁迫是现实的、即刻的或者即将发生的。对于这三个条件的解释,美国学者 Joshua Dressler 认为,所谓现实的(present),指胁迫能够使被胁迫者的意志无效,也就是说,由于威胁所导致的恐惧,必须在被胁迫者施行侵害行为时真正地在思想中起作用。这个要求确保了胁迫与侵害行为之间的因果关系。而所谓即刻的或即将发生的(imminent and impending),在狭义上指行为人没有足够的时间来躲避将要发生的暴力。但是,威胁可能并不是紧接着发生而是有一段间隔。在美国诉帕奇(United States v. Contento-Pachon)一案中,初审法院认为,该案中的威胁不属于紧迫性危险,因为"他们建立在被告未来不能合作的条件上,并且没有将被告和他的家庭置于即刻危险之中"。但是联邦上诉法院认为,证据表明被告与一个深陷于运输非法物资的人打交道,大量的金钱被作为赌注,因此帕奇有理由相信约翰将实施他的威胁。约翰知道他妻子和孩子的名字,以及他的居住地点。这些并不是模糊的、将来的威胁,就被告而言,如果他拒绝合作,危害后果就会立即并残酷地实现。本案中,被告人必须证明威胁者有极大的可能性对自己或者他的亲人实施侵害,即胁迫与被胁迫之间存在因果关系。此外,危险不能是未来发生的危险,即便不是立即产生危险,也必须始终处在持续状态,其强度足以控制被胁迫者的意志。

在帕奇一案中,还提出了"合理逃避"的问题。所谓合理逃避,是指被胁迫者可以使自己或者其他受到威胁的人在免于严重或者无法忍受的伤害的情况下,逃避威胁的控制。初审法院认为,在帕奇吞服可卡因之前他并没有受到身体上的控制,他可以寻求警察的帮助。但帕奇辩称,他之所以没有报告是担心当地警察收受毒贩的贿赂。他的辩护是否可以成立,取决于陪审团或者处于相同情况下的人,是否相信当地警察收受了贿赂,以至于报告了警察也不可能得到一个合

---

① Joshua Dressler, "Exegesis of the Law of Duress:Justifying the Excuse and Searching for Its Proper Limits", *Southern California Law Review* 62,(1989), p. 1345.

理逃避的机会。如果他选择不去报警,他的另外一个选择是逃避。法律要求逃跑的机会必须是合理的,也就是说,为了逃避,帕奇和他的妻子以及三岁的孩子,将不得不清理自己的财产,丢掉自己的工作,并且到一个毒贩找不到的地方。上诉法院认为,这并不是一个合理的逃避途径。事实上也很难做到,因此,法院采纳了被告人的辩护意见。由此可以看出,胁迫并不一定是指身体受到物理性强制,只要根据对当时所处环境的客观分析,只有在逃避威胁不会造成行为人难以忍受的负担时,才符合合理性的要求。法官不能要求行为人为了逃避威胁或者向警方寻求帮助,就使自己的亲属处于危险之中,这样的代价是不合理的。①

3. 胁迫具有现实性和实现的可能性

对于胁迫的现实性和可能性,不可能要求百分之百地发生真实的侵害,只要根据具体的情况,这种威胁具有较大的现实可能性时,就应认定为现实的胁迫。

英国的赫德逊和泰勒案就是一个很好的例子。被告人被指控犯有伪证罪,起诉方说,她们在出庭作证时,故意不指控一个案件的当事人,因而犯有伪证罪。这两个被告以受胁迫为由,提出合法抗辩。因为她们在出庭作证前有一个人对她们说,如果当庭指认他的同伙,就将她们坐在法院审判庭里的妈妈杀死。她们感到很恐惧,就没有敢当庭指认犯罪分子。初审法院认为,这种威胁没有实现的可能性,犯罪分子不可能当庭开枪杀害她们的妈妈,她们可以在作证以后,寻求警方的保护。上诉法院维持原判,但最终被英国上议院推翻。上议院认为,在案发当时,似乎可以得到警方的保护,但也不能完全排除实现胁迫的可能性,特别是考虑到两个被告人的年龄决定了她们缺乏认识能力,不可能很快作出报警的决定。在这样的情况下,胁迫有实现的可能性,可以成立免责理由。

在美国刑法中,胁迫成立的特征之一,就是使人产生合理的恐惧。所谓合理的恐惧,指对于一个正常人来说,能够真诚地相信胁迫即将发生,而非虚假的恐吓,从合理恐惧的角度去分析胁迫的真实性,并不仅仅依赖于客观的绝对性,而

---

① 该案案情为:被告 Pachon 是一名出租车司机。一个叫约翰的人声称可以雇用他开一辆私家车。但第二天见面后,约翰并没有让帕奇当司机,而是要求他吞服装填可卡因的气球,并将它们运往美国。帕奇拒绝了这种要求,但是他被告知不能对任何人说起这件事,否则他将"陷入严重的麻烦"。帕奇保证他不会同警方联系,因为他认为当地警方受到了贿赂。将近一个星期以后,帕奇告诉约翰他不会运输可卡因。而约翰却在与其交谈中,故意提到帕奇的个人生活,包括一些不为外人所知的生活细节。约翰告诉帕奇,如果他不和他们合作,将导致他妻子和三岁的孩子的死亡。第二天两个人再次会面,帕奇的生命和他家庭成员的生命再次被提起。这样,帕奇同意将可卡因带往美国。两人又碰面两次,最后一次会面,帕奇吞服了 129 包装有可卡因的气球。他被告知在旅途的全过程都将受到监视,并且如果他不能听从指挥,他和他的家人将被杀害。在离开当地后,帕奇乘坐的飞机停在巴拿马,帕奇坚持认为自己没有注意到那里有执法机构,因为他觉得巴拿马当地警方同波哥大(哥伦比亚首都)一样,被毒贩贿赂了。同时,他觉得自己的任何行动都会导致他的家庭处于危险之中。当他到达洛杉矶乘客检查地点时,帕奇同意照胃部 X 光。X 光线显示他胃中的物品是可卡因。在审判中,被告提出胁迫辩护。初审法院排除了这种抗辩,理由是被告提出的证据不能满足胁迫抗辩的要求。参见 United States Court of Appeals, Ninth Circuit, 1984. 723 F. 2d 691.

要考虑行为人的特殊心理和状况。比如一个人持假手枪抢劫银行,迫使银行工作人员将柜台里的钱交给他,否则就要开枪杀人。在这种情况下,好像胁迫不是真实的,也没有实现的可能性,遵从抢劫犯的要求交出银行里的钱,似乎不可能成立胁迫。但是当胁迫的人真诚地信以为真,有充分的理由相信这是持枪抢劫,在那种特殊的环境和紧张的气氛下,显然不能对银行工作人员有过高的要求,即使顺从了抢劫犯的要求,也应认定为胁迫。

4. 胁迫的对象

在大多数案件中,受到威胁的人是被告人本人。但是,在有些情况下也可以是被告人的妻子或者其他家庭成员。美国堪萨斯州《刑法典》就规定,威胁既可以针对被告人,也可以指向被告人的配偶、父母、子女或者兄弟姐妹。当危险是指向他的家人时,胁迫也可以成为一个辩护理由。甚至危险是指向一个完全陌生的人,也可以说受到了他人的胁迫。例如,一个抢劫犯持枪闯入银行,对着顾客大喊大叫,威胁银行职员交出钱款和钥匙,这个银行职员交出钥匙的行为就是受到了抢劫犯的胁迫,可以提出合法辩护。

二、胁迫的适用范围

从英国判例来看,叛国罪和谋杀罪一般不适用胁迫的免责理由,因为一个人不能因为自己受到被杀害或严重伤害的威胁,就有权利去剥夺他人的生命和健康。① 援引免责理由较多的是伪证罪、侵犯财产罪和销赃罪等。但是,对于谋杀罪中的帮助犯是否可以适用免责理由,存在着争议。有的判例认为,谋杀罪中的帮助犯,可以成立免责理由。例如,在林奇案中,三个持枪的人,威逼司机开车送他们到犯罪现场,然后杀死了一个警察。在庭审时,被告人声称自己是帮助犯,又受到了他人胁迫,要求免除刑事责任。初审法院认为,胁迫的理由不能成立,但上议院否决了初审法院的判决,认为谋杀罪中的帮助犯,可以援引免责理由。②

还有一个案件,发生在英国属地多巴哥,当地的一个帮会头目,命令被告人艾伯特和其他三个人去杀死一个年青的妇女。当时,其他三个人用刀子刺杀被害人,被告人则用手按住受害的妇女,并最终将其活埋。审判时,被告人提出自己是帮助犯,他如果不去杀人,帮会的头目就会杀死他和他的母亲。英国上议院认为,被告不是一个帮助犯,他亲自实施了杀人行为,所以不适用胁迫的规定。③ 林奇案和艾伯特案最终都受到了严厉批评。批评者认为,谋杀罪中的其他人都

---

① 美国《模范刑法典》没有完全排除胁迫谋杀的辩护理由。美国的学者也认为,胁迫抗辩可以适用任何犯罪,包括谋杀罪,但大多数的刑法典都认为胁迫不适用谋杀罪。

② Lynch v. Director of Public Prosecutions for Northern Ireland(1975) 1 ALL ER 913,例如,加州、佐治亚州、爱荷华州、北达科他州等。

③ Abbott v. The Queen,(1976) 3 ALL ER 140,Privy Council.

可以提出合法辩护,唯独实行犯(主犯)不能提出辩护,这是一种荒唐的和不合逻辑的立场。因为在谋杀的共同犯罪中,并不是所有的实行犯都是最应该受到谴责的人,有的人的罪行也不是最严重的,而现在却唯独他们不能以受胁迫得到辩护,这对他们来说是不公正的。但是,英国上议院在 1987 年的雷吉诉豪(Reg. v. Howe)一案中又认为,所有的谋杀罪都不适用受胁迫的规定,对于一个具有一般意志力的人来说,如果他被要求杀害一个无辜的生命时,应该牺牲自己的生命而不能去杀害他人。法律应该为所有无辜的人提供刑法上的保护,而不能为意志力薄弱的胆小鬼提供保护。杀害无辜生命的人,也不能以"两害相权取其轻"的理由为自己辩解。这样,英国上议院又重新回到了最早期的观点。[①]

叛国罪有很多种表现形式,笼统地说叛国罪一律不能适用胁迫的辩护理由,恐怕过于严苛。在英国的历史上,有一位被告人因向发动叛乱的人提供食物而被定罪,但上诉以后被宣告无罪。法官认为,当被告人是基于对死亡的恐惧,为叛乱者提供食物等帮助时,从人性的角度考虑,不能期望行为人予以抵制。在近代的一些判例中,英国法官对于在第二次世界大战期间的战俘,被迫为德国军队进行宣传的,可以以受胁迫提出合法辩护。当然,也有一些法官坚持认为,所有的叛国罪都不能以受胁迫提出合法辩护。

在早期的英国普通法中,除了谋杀罪和叛国罪以外,任何一个已婚的妇女,当丈夫在现场时所实施的犯罪行为,都可以被认为是在其丈夫胁迫下进行的,可以免除刑事责任。从历史上看,这样做是有一定道理和合理性的。一方面,过去妇女被认为是丈夫的私有财产,实际上也受到丈夫的严厉控制,她的义务就是服从丈夫;另一方面,过去的英国刑法中,死刑条款太多,而且非常严苛,法院通过这些规定,可以免除许多妇女的死刑。但是在现代,妇女的社会、政治、经济地位得到了很大的提高,人身依附关系已经不存在了,英国也废除了死刑条款。因此,英国普通法上的"推定受到丈夫胁迫"的规定,就失去了存在的社会价值。根据《刑事审判法》,推定妻子所犯罪行是受丈夫胁迫的规定已经废除。但是在实践中,如果妻子能够证明不是根据自己的意志独立行动,而是在其丈夫胁迫下实施的犯罪,仍然可以成为一个有力的辩护理由。

第六节 安 乐 死

一、安乐死的历史和现状

安乐死的历史源远流长。早在史前时代,游牧部落转换营地时,就常常将年老体弱和伤残病人留在原来的区域或水草丰足的地方,使其自生自灭,免受部落

[①] Lloyd l. Weinreb, *Criminal Law*, Foundation Press, 1993, p.298.

迁移的种种艰难困苦。古代希腊和罗马,人们对安乐死有宽容、赞美和反对的不同,国家则允许病人结束自己的生命。资产阶级革命时期,许多知名的西方思想家倡导安乐死亡。弗兰西斯·培根认为,延长生命是医学的崇高目的,安乐死也是医学技术的必要领域。《乌托邦》的作者莫尔则提出"有组织的安乐死"和"节约安乐死"的概念。20 世纪 30 年代,欧美各国都有人积极提倡安乐死。后来,由于纳粹运动的兴起,安乐死被看做一种纳粹工具而受到人们的广泛非议。

自 20 世纪 80 年代以来,世界各国的医学界、法学界和伦理学界重新对安乐死问题予以高度的关注,主要原因是随着科学技术的飞跃发展,人类的平均寿命逐年延长。在欧美发达国家,男性的平均寿命为 72 岁,女性几乎达到 80 岁。CT、核磁共振、先进的高效复活技术、器官移植技术和各种抗生素的发明,使大多数危重病人得以延长生命。严重畸形、无法矫正的新生儿和颈项以下完全瘫痪的残疾人,均可倚仗医疗器械和药物维持生命能力,而这些在以前则几乎是不可想象的事情。

现代生物医学技术的长足进步,在造福于人类的同时,也为我们带来了前所未有的难题,使人类又一次陷于游移不前的境地。就目前而言,延长生命的医学能力,显然超过了治愈病痛的医学能力,而处在生物医学边缘的病人仍然没有完全康复的希望,只能依靠药物和医疗器械勉强维持生命。长期的医院和家庭护理,使病人忍受持久的无法形容的痛苦,病人家属承受着沉重的精神压力和经济负担,形成许多伦理和社会问题。面对这种现实,越来越多的人已经承认,用高超的医疗技术人为延长病人死亡的剧烈痛苦是极其不幸的,也不符合人类尊严的要求。

近年来,欧美国家要求"安乐死"合法化的呼声日益高涨,获得社会各界的广泛支持。美国盖普洛民意测验表明,80%的美国公民认为人有拒绝接受治疗的权利,法律应当允许医生为临终的病人撤除所有维持生命的系统。西欧的民意测验表明,72%的英国公民赞成在某些特定环境下的安乐死;76%的法国公民极愿看到一项安乐死立法。荷兰是实施安乐死的"天国",当生命无望的病人要求解脱痛苦时,医生就给予致命的药剂,或者撤销旨在延续病人生命的治疗方案。荷兰莱登大学的一位生物伦理学教授甚至耸人听闻地说,荷兰没有一个肺癌病人死于自然原因。2001 年 4 月,荷兰议会通过了一项安乐死法律,使荷兰成为全世界第一个安乐死合法的国家。

二、安乐死的概念

安乐死一词源自希腊语 euthanasia,原意为"无痛苦死亡",现在主要指为解除病人无法忍受的肉体痛苦而采取的一种结束生命的行为。美国学者丽塔·L.马克给安乐死下的定义是:"为了解除所忍受的全部痛苦,通过一种作为或一种不作为的本身和意向而引起的死亡。"①《牛津法律大辞典》的定义是:"指在不可救药的或病危患者自己的要求下,所采取的引起或加速其死亡的措施。"②关于安乐死的法律有悠久的历史。当今人类社会中的安乐死法律,可以追溯到人类原始社会的习俗。但是,由于复杂的历史原因和现实原因,安乐死的立法活动一直受到很大限制。医学和生物医学工程技术的发展,为安乐死的立法活动带来新的转机。自20世纪70年代以来,美国的几个司法判例,对确定安乐死的法律责任具有重要意义。

1972年,美国威斯康星州的地方法官在一项裁决中指出:"一个具有法定能力的人,最终具有拒绝旨在延续其生命的内外科治疗的法律权利。"③1976年,美国新泽西州最高法院裁决的"昆兰安乐死"一案,被大众传播媒介誉为美国生命伦理学史上的一个重要里程碑。法官在裁决中指出:宪法上的私权保障病人有拒绝接受治疗的权利;当主治医生确诊继续治疗已经无效时,病人的最近亲属可以要求停止治疗,这个决定只需经医院"道德委员会"同意,而不必经法官批准。1981年,美国纽约上诉法院又在一个决定中指出,对没有任何康复希望,具有法定能力的病人,当其明确表示拒绝治疗时,医生可以放弃或停止治疗,但精神病人或未成年人除外。④

这些司法判例虽然具有深远影响,但主要解决的是"被动安乐死"(间接安乐死)的问题,即用消极不作为方式停止病人生命的行为;而对"主动安乐死"(直接安乐死),即用积极作为的方式加速病人死亡进程的行为,在理论上和实践上均存在广泛的争议。目前,世界各国几乎都不承认主动安乐死的合法性。荷兰是实施主动安乐死最为普遍的国家。但是,2001年通过的安乐死法律,虽然允许医生实施主动的安乐死,但也附加了许多限制性条件,医生稍有不慎,仍有可能承担刑事责任。反对主动安乐死的人士指出:荷兰作出让安乐死合法化的决定已经导致一些未经病人明确同意的安乐死事件,尽管这些事件未被证实。联邦德国和英国都规定主动安乐死构成犯罪,虽然一个有威信的赞成安乐死的院外活动集团进行了长达半个世纪的努力,现在仍然没有修改法律的实际动向。1985年,英国上议院提出一个非常温合的安乐死法案,结果被斥为"杀人执照"而遭到否决。美国司法界认为,主动安乐死具有剥夺他人生命的故意,在没有诱因或者其他减轻情节和法律上的免罪理由时,应以谋杀罪论处。具体的处罚原则是:第一,如果医生故意给病人注射致命的针剂,造成病人的死亡,医生是谋杀共犯。因为是经过他的手造成病人的死亡。至于病人的承诺,他所遭受的极度

---

① 吕国强:《生与死:法律探索》,上海社会科学出版社1991年版,第166页。
② 《牛津法律大辞典》,光明日报出版社1988年版,第315页。
③ Fred E. Inbau, *Criminal Law*, p. 434.
④ 储槐植:《美国刑法》,北京大学出版社2006年版,第177页。

痛苦和自然原因形成的垂死状态都不是免罪的理由；第二，医生提供毒药（如过量的安眠药），使病人能够达到自杀的目的，并且造成死亡后果。病人是自杀或者自我谋杀，医生作为教唆者构成谋杀罪。

值得注意的是，1996年5月，美国联邦第二上诉法院作出了一项令法律专家和医学伦理专家都感到吃惊的决定，即废除了纽约州的一项禁止医生帮助病人死亡的法律。只要患有不治之症的晚期病人精神正常，能够自己服用致命剂量的药物，州的法律就不能禁止医生开出那种剂量的药物处方。在这一决定出台之前，同样是美国最有影响的上诉法院之一，设在旧金山的第九巡回上诉法院也于当年4月份作出了一项类似的决定。除非美国联邦最高法院推翻这两项决定，否则现在大多数州的法律文本中禁止医生帮助病人自杀的规定将会退出历史舞台。

世界各国的大多数医生或者执法人员都以固执的态度反对主动的安乐死。美国纽约哈斯丁斯中心的医学伦理学家阿瑟·卡普兰指出："我们不能赋予人们加速死亡的权力——滥用的机会太大了。当病人正在遭受痛苦时，医生除了对其进行治疗以外，不能再做其他任何事情。"[1]西方国家的许多法律专家认为，加速死亡和消极地允许一个病人死去是有区别的，他们总是试图在主动和被动安乐死之间，即杀人和允许病人死去之间画一条界线。事实上这在实践中是很难区分的，特别是对于战场上伤势严重、抢救无效的重伤员来讲，放弃抢救和加速死亡之间很难说究竟有什么区别。对于一个身患绝症、生命垂危的病人也是一样，主动安乐死是让病人立刻死亡或者提前死亡，被动安乐死则是给病人以适当的维持性治疗，如静脉点滴、使用人工呼吸器等，放任其自然死亡。实际上，无论是加速死亡还是放任死亡，都会导致病人死亡的后果。只不过一个采取积极作为的方式，一个采取消极不作为的方式，仅仅是引起死亡的方法和途径不同。从逻辑上说，放任死亡本身就是一种促进死亡，被动之中包含着主动的因素。对于一个生命垂危的病人来说，撤除抢救装置本身就是一种加速病人死亡的行为。无论是主动还是被动都是以病人的死亡为前提的，加速死亡和放任死亡并不是截然相反的两种行为。我们不应当以法律的形式禁止主动安乐死，而允许被动安乐死，这不利于安乐死的推广和应用，也不符合病人的最佳利益。

事实上，被动安乐死容易为多数人所接受，并不是因为它是唯一理想的死亡方式，主要是由于在生与死这个关键问题中，被动安乐死既迎合了某些人不愿违反传统道德观念的心理，又在一定程度上顺应了时代的发展潮流，是特定历史条件下妥协和调和的产物。但是，被动安乐死也有一些问题很难解决：第一，身患重病、死期就在眼前的病人，实际上已经达到人类生存的极限。眼看自己所深爱

---

[1] U. S. NEWS & WORLD REPORT, SEPT, 9.1985.

的亲人临终状态下尚不能安然离世,病人家属也会受到极大的精神刺激。第二,当病人处于弥留状态时,医生会采取相应的维持性医疗措施,包括注射麻醉剂以缓和病人的疼痛。但是,现代医学并不能绝对保证消除所有癌症病人的疼痛,甚至会使病人成瘾或产生其他副作用。从这个意义上讲,病人接受维持性治疗要比加速死亡更加痛苦。一旦断定病人是现代医学无法医治的疾病,决定不再延长他的痛苦,就可以选择主动的安乐死。反对加速死亡的人认为,医生如果为病人注射致命药物,引起死亡的直接原因是药物而不是疾病。但是我们也可以说,注射药物就是一种治疗行为,目的在于解除病人痛苦。特别是当病人处在不终止生命就无法减轻痛苦这个交叉点时,医生或者无所作为,或者为减轻病人痛苦而注射药物,必须在两者之间作出选择。如果普通麻醉剂不足以使痛苦减轻到能够忍受的程度,医生在这种情况下给病人提供减轻痛苦所必需的最低剂量,即使明知这个最低剂量也有导致病人死亡的危险,也应当视为一种治疗行为。死亡后果只是一个间接效应。所以,防止滥用安乐死的关键,不是区分主动安乐死和被动安乐死,而是要在法律允许的范围之内,严格遵循一定的程序和条件。

三、安乐死的条件

就目前而言,至少应包括以下几点:

1. 安乐死的对象只能是那些身患不治之症,临近死亡的病人。所谓不治之症,是指现代医学无法救治的疾病。这个标准只具有相对性,要随着医学水平的不断进步而有所变化。现代医学没有希望治愈的疾病,在将来医学技术发达的条件下有可能治愈。实施安乐死则只能以行为当时的技术状况和医疗条件为标准。有人以医学技术的发展可以使绝症不绝为由反对任何形式的安乐死,这在理论上是值得研究的。人们今天的行动不能受到明天的束缚,我们不能因为明天医学的发展可能攻克某些医学难题,今天就不能采取我们认为正确的行动,况且现在尚看不到医学的发展在最近的将来有可能解决全部医学难题。根据辩证唯物主义的观点,旧的矛盾解决了,还会出现新的矛盾,正是这种新旧矛盾的交替推动了人类社会的发展。医学问题也是这样,过去肺病曾是令人束手无策的疾病,现在癌症和艾滋病又成为人类生存的大敌,我们也许要在这种循环往复中永远面对着生老病死的问题。那种认为医学的发展可使绝症不绝的观点,实际上是提供了一个反对任何变革的理由,我们不可能也不会牺牲病人的利益而静观医学的发展。

实施安乐死只能以行为当时的医学技术为标准,临近死期的确定,也应根据现在的医学标准来判断。实施安乐死的时间不能与因病而亡的时间相距太久,一般应以几周为限,至多不宜超过几个月。如果一个人虽然身患癌症,但尚能存活数年就不能认为是临近死期,否则就会在医学界引起不必要的混乱。为了确保安乐死的正确实施,医院应建立一个道德委员会来对病人作出"不治之症"和"临近死期"的诊断,以便把错误降到最低限度。

2. 病人的肉体痛苦必须达到难以忍受的程度。至于达到何种程度才能实施安乐死,应由主治医生提出意见,交医院道德委员会作出决定。有人否认存在不可忍受的肉体痛苦,认为现代医学可以有效控制任何形式的肉体痛苦,这是不符合实际情况的。事实上,确实有许多晚期病人存在着不能忍受的肉体痛苦,即使注射大量的麻醉剂,也只能暂时缓解,况且还要承受吸毒成瘾的副作用。当然,对于因精神问题、感情问题和心理问题而产生死亡企图的人,应积极加以劝导而不能同意其安乐死的要求。这些问题因人而异,没有统一的标准可以衡量。同样是身患绝症的病人,由于心理素质的不同,性格的差异和周围环境的影响,其忍受精神痛苦的能力和对待疾病的态度也截然相反。1987年11月,美国新泽西州曾发生一件离奇的人命案。一位名叫比特曼的匈牙利裔百万富翁,认为财富不能带给他幸福,对人生感到极度厌倦,曾五次企图自杀未遂。一天,比特曼找到其公司一位名叫威斯纽斯基的雇员,恳求威斯纽斯基开枪杀死自己,并提出,如果威斯纽斯基同意这样做,愿意付给他4万美元和一辆价值6万美元的平治牌轿车作为酬劳。威斯纽斯基为了获得这笔丰厚的酬劳,竟然将比特曼带到沃尔顿国家森林公园一偏僻处,开枪将其打死。案件侦破后,威斯纽斯基被控谋杀罪。所以,对于有严重心理障碍的人和具有精神痛苦的人不能实施安乐死,更不能随意将其开枪打死,否则就会受到法律的制裁。

3. 安乐死必须有患者本人神志清醒时的真诚嘱托和承诺。这是实施安乐死的一个重要条件。凡是身患绝症、生命垂危的病人,往往会因各种复杂因素而受到来自社会各方面的压力,致使其违心地提出安乐死的请求。为了防止某些人打着为社会利益、为家庭利益而干出一些不道德的事情,一旦查明请求安乐死并非患者的真诚愿望,就应当采取措施保护病人的利益。第三者的嘱托和承诺,包括病人家属和监护人的请求,都不能作为实施安乐死的根据。未成年人和精神病人缺乏控制行为和辨别是非的能力,对于他们也不能实施安乐死。

至于有严重缺陷的新生儿和长期处于植物性状态的人(植物人),由于他们没有表示接受或拒绝治疗的行为能力,也无法诉说疾病久治不愈的痛苦,一般不应将他们纳入安乐死的范畴,医生应当尽量地医治他们,使他们能够生存下去。

由于得不到病人的真诚嘱托,特别是无法准确判断是否可以治愈,对处于植物性状态下的病人不宜适用安乐死。病人家属和监护人的意见,往往难免掺杂着经济、家庭的各种各样的因素,由他们表述安乐死的愿望,也不符合安乐死的宗旨。为了切实保障病人的自主权,防止在危急情况下无法作出合乎理性的决定,我们应当以"生前预嘱"的方式,记载病人的要求和承诺,并指定一个或一个以上的代理人为他们的临终医疗问题作出决定。这样或许会减少医疗纠纷的发生。

对于有严重缺陷的新生儿,目前尚不存在最适当的解决办法,安乐死一般是不可取的。1989年,法国一个名为"保护残疾儿童协会"的组织敦促议会制定法律,允许医生在出生后72小时之内,杀死严重畸形的婴儿。这个提案立即在全法国引起一场义愤风暴。巴黎大主教指责这是一种野蛮的想法,对我们的社会和文明毫无价值。批评者甚至将其与纳粹的安乐死计划相比较。毋庸讳言,严重畸形的新生儿对家庭和其亲人都是极大的灾难,我们应当充分同情和关心这些面临困难的儿童和家庭,社会应当提供有意义的、家庭般的和合乎人道的环境,使他们能够过上有意义的生活。就目前而言,减少这种不幸事件的一个重要途径,就是发展孕妇产前诊断技术,用选择性流产的方式阻止严重畸形的胎儿出生。①

当然,产前诊断技术并不能保证所有降临人间的婴儿都是正常人,一旦生出有缺陷的婴儿,社会就应将其作为一个正常人对待,尽社会所能使其过上有意义的生活而不受任何歧视。但是,也不能制定一个不可逾越的戒律,规定一切情况下都绝不让他们死去,因为有些情况下畸形确实极其严重,婴儿无法过正常人的生活,安乐死反倒符合他们的最佳利益。比如,天生没有大脑和脊髓的畸形儿,考虑放任死亡是适宜的,应当允许这种例外情况的存在。在美国的司法实践中曾经有过类似的案例。一位38岁的护士生了一个女婴,女婴患有唐氏综合症(一种会导致智力严重迟钝的疾病)和肠梗阻。女婴的父母认识到,孩子生存下去会由于智力迟钝而质量低劣,而如果不排除肠梗阻,孩子就会死亡。于是,他们拒绝为排除肠梗阻手术签字,并要求医生不要采取任何措施救治他们的女儿。医院当局认为,孩子的父母有权作出这一决定,于是就把孩子留在育婴室。11天以后,该女婴死于饥饿。

4. 安乐死必须由医生执行,病人家属和其他人均不得擅自提早结束病人的生命。美国有一位叫罗伯特的颈项以下完全瘫痪的病人,因不堪忍受疾病的痛苦,多次要求医生和亲属"消除他的痛苦"。后来,他的弟弟来到他所住医院的病房,问他是否确实还要别人为他消除痛苦。罗伯特作了肯定回答并请求弟弟杀死他。弟弟吻了罗伯特并为其祝福,然后掏出手枪射死了罗伯特。事后,弟弟被指控犯有谋杀罪,后以一时精神失常为由获得赦免。

可见,当病人要求解脱痛苦时,应当首先给予病人心理学上的、社会学上的帮助,使他逐渐适应生活的变化和自己的处境。如果确实需要安乐死,也应经过适当的程序由医务人员来进行,即使是病人的最近亲属,也无权随便结束病人的生命。否则,就可能触犯法律的规定。

---

① 郭自力:《论安乐死的法律和道德问题》,载《北京大学学报》1989年第4期。

5. 实施安乐死的方法,应当符合社会上一般的道德和伦理观念,不允许使病人遭受不应有的痛苦或者使其他人产生残酷的感觉。1984 年,美国加利福尼亚州的一位妇女用绳子勒死患有中风和动脉硬化等病的丈夫,被法院判处 5 年缓刑,1 万美元罚金和社区劳动。

一项研究表明,荷兰的安乐死有 2/3 是在病人家里由家庭医生以注射针剂的方式实施的。死者有 85% 是癌症患者,其余的是艾滋病患者和多发性硬化症,总之都是处于生命最后阶段的人。据实施过安乐死的医生们说,这种事对他们来说是一种非常痛苦的经历。医生们要同病人及其家属进行多次讨论。

6. 医生在给病人实施安乐死之前,必须将其病情详细、准确无误地告诉病人,让其周密考虑是否还有其他(本医院和跨医院)补救治疗的方法。只要病人有一线生机,病人因一时冲动或暂时悲观失望而提出的安乐死,都不应当予以考虑。在医生同意病人提出"安乐死"的要求后,应当征求 1 至 2 名同级医生或高一级医生的意见,并报医院道德委员会批准。从病人提出安乐死的请求,到实施安乐死之前,应有一个不少于 7 天的等待期,留待病人反悔或出现其他反复。①

四、安乐死的矛盾和对立

1. 直接与间接的矛盾

直接安乐死,是指行为人以积极作为的方式加速病人死亡进程的行为。比较典型的例子就是医生直接为病人注射致命的毒剂,导致病人立即死亡的情况。间接安乐死,是指行为人以消极不作为方式停止病人生命的行为。罗马教皇庇乌斯十二世认为,对一个濒死病人不采取复苏的努力,就是停止生命的一个间接原因。

间接安乐死至少有两层含义:第一,当疾病不可治愈时拒绝治疗。1976 年,英国的一个法院裁决:患者对侵袭性医疗享有自主权,当治疗与否直接左右患者生命存亡时,更应该尊重患者的意志。1987 年,美国"黑斯廷斯中心"经过两年多的研究和审慎考虑,提出了《关于终止临终病人生命维持医疗的准则》。该《准则》强调,第一,病人的幸福和自由,在死亡决定中具有关键的价值,必须坚持死亡决定的"病人中心角色"。第二,当治疗措施已经完全无助于垂危病人时,可以停止治疗。这主要是针对医护人员而言。例如,终止抢救工作、停止给药、给水或给营养等等。美国医学会 1986 年曾发表声明,赞成在不可逆昏迷的病例中,撤去全部生命支持系统,包括营养和水。美国一些地方法院采纳了这种观点。

许多人坚持认为,直接和间接在用来解释导致死亡的主观意向时,具有特别重要的意义。直接安乐死的主观意向是结束病人的生命;间接安乐死的主观意

---

① 郭自力:《生物医学的法律和伦理问题》,北京大学出版社 2000 年版,第 67 页。

向则是用来解除病人的痛苦,并不追求死亡结果。根据罗马天主教的道德原则,当一个陷于两难境地的行为引起若干结果,其中一个是好结果,一个是坏结果,可在道德上得到谅解。例如,自卫杀人就可能出现两种结果,一个是好结果,即达到了自卫的目的,这是行为人原来追求的结果;另一个是坏结果,即伤害了一个人的生命,但这并非行为人的本意。

用这种原则来解释直接和间接安乐死的区别显然不具有说服力,因为并非所有追求好结果的有害行为都能在法律和道德上得到辩护。例如,给予垂死病人以过量的麻醉剂,这种行为常常被称之为间接安乐死,即给麻醉剂的真正目的是解除病人痛苦,而不是促使他死亡。实际上,给予过量麻醉剂的主观意向是复杂的,这种行为既是直接的,又是间接的,而且在大多数情况下,别人无法确知行为人的真实意图。

所以,严格地说,直接安乐死和间接安乐死在本质上没有区别,区别仅存在于医务人员和一般人的直觉中。由于间接行为在某些情况下不是直接通过医生的手而触发死亡结果,或者在时空上处于很遥远的距离,使行为人可以免除所谓的负罪感,在心理上更容易接受一些。这就如同现代战争中军人用导弹袭击几千公里以外的军事目标,明知会使许多无辜者被杀害,但却从未面对面地碰到受难者。正是在这个意义上,那些间接地进行杀害的人常常感到间接性减轻或者消除了他们对自己行为后果的责任,而不去考虑这种责任在事实上是否减轻。可见,将直接和间接在道德上的一般区别用来解释安乐死,认为前者的主观意向是追求死亡结果,后者的主观意向是解除痛苦,并以此为由反对直接的安乐死,这是非常不合理的。

2. 自愿与非自愿的矛盾

在决定生与死的问题时,病人的态度具有关键作用,从法律上和道德上讲往往界定在知情和自愿上,非自愿的安乐死受到人们的广泛非议。

自愿安乐死,是指病人自己请求死亡或者明确表示同意。例如,要求医务人员采取措施加速死亡或者放弃治疗等等。非自愿安乐死,是指对一切不情愿或未表示同意的病人采取的致死行为,其中包括明确表示反对死亡或者完全不能表示任何意见两种情况。对于有严重缺陷的新生儿,处于植物性状态下的病人和精神发育迟缓的人,由于他们缺乏正确表达自己的思想和意愿的行为能力,即使完全是出于怜悯的目的而采取的致死行为,也与自愿死亡不同。非自愿的安乐死常常会引起司法和道德混乱,一般是不可取的。

自愿和不自愿在一定条件下是可以相互转化的,自愿之中常常包含着不自愿的因素。因为求生存是人类最普遍、最起码的欲念和权利,没有人毫无理由地自愿死亡,自愿是从不自愿的基础上产生的。对于那些濒临死亡的病人和身处逆境的四肢瘫痪的残疾人,请求和同意并非完全出于自愿,而是由于病痛、医疗水平和经济负担等多重压力被迫"自愿"提出安乐死。例如,在词典中关于自杀的解释是"自愿地杀死自己"。但是,在司法实践中处理的一些"自杀案件",行为人常常是被迫的或者不是完全出自自愿。

由于安乐死涉及多种利益的交叉和冲突,即使在自愿安乐死的情况下,病人的自愿也难以确定。人们也许会提出许多疑问,例如,请求和同意有什么区别?是否可能有从请求滑到顺从默认的危险呢?人们如何确定病人的请求和同意不是由于疼痛发作或因服用药物而诱发精神暂时失常所导致的结果呢?在实践中常常发生一些恳求医生允许他们死去的病人,在恢复镇静之后又收回了他们的要求,甚至感谢医生没有答应他们的请求,就是最明显的例证。

为了解决这些问题,就必须严格遵循一定的法律程序,通过小心谨慎的安全措施,在最大限度内杜绝错误的发生。例如,必须具有患者本人神志清醒时的真诚嘱托和承诺;在病人表示死亡愿望或同意以后和实施安乐死之前应该有一个等待期,如果在等待期内病人没有改变愿望,才可以确认他的同意;等等。当然,即使采取了严格的安全措施,也有可能出现误差,规则可能被滥用。实施安乐死有可能从少数符合条件的病人,扩展到许多孤立无援的病人。自愿和不自愿的区别是如此模糊,以至于病人可能没有要求安乐死,或者与他们的愿望根本相反,却终于成为牺牲品。对于这些危险的担忧,特别是社会对老弱病残者寄予的同情和关心,使人们有理由对自愿的安乐死也持有某种程度的保留。

3. 通常与非常的矛盾

医务人员的天职就是挽救病人的生命,医生一旦承担了照顾病人的责任,他就有义务对病人采取相应的医疗措施。但是,这并不意味着在任何情况下都应当不遗余力地,采用一切可能的手段去抢救病人,尤其是当这些手段对病人无益或者有害时。那么,我们应当确立一个什么样的标准呢?当一个病人处于一种持久的昏迷状态,还要不要人工呼吸?一个晚期癌症合并心肌梗死的病人,还要不要施行复苏术?这就涉及安乐死研究中经常提到的维持生命的通常手段和非常手段。

罗马教皇庇乌斯十二世在国际麻醉学家大会的演讲中指出:"在正常的情况下——随人、地、时和文化条件而异——对一个人只使用通常的措施维持生命和健康,是指并不对他本人和其他人带来沉重的负担。"由于"沉重的负担"这类术语模糊不清,使人们无法确知其真实含义,从而也就难以在实践中作出明确的判断。基于这种情况,一些学者提出了一些新的标准:

(1)延长病人的生命是普通手段,延长病人的死亡进程是非常手段。这是一个重要的区别,但在特定场合下也会失去意义。因为,一个手术可以延长病人几个月的生命,却要以病人的痛苦和社会资源为严重代价,这能被视为通常手段吗?

(2) 标准治疗是通常手段,例如,日常生活护理和使用一般的抗生素等;特殊治疗是非常手段,例如,试验性的、价格昂贵的治疗等。这种划分方法也不能包括所有情况,客观上并不存在非此即彼的截然分明的界限,标准治疗和特殊治疗在临床上往往难以区分。抗生素是一种标准药物,但一个临终病人并发肺炎,若使用抗生素治疗就成为非常手段,因为这是在延长病人痛苦和死亡时间。

(3) 凡有益于病人、没有痛苦、不需要过量费用就可获得治疗的是通常手段;凡无益于病人、有剧烈痛苦、需要过量费用的治疗是非常手段。但"过量费用"和"有益于病人"的标准如何确定呢?为抢救一位患有白血病的少女,社会各界捐款数万元,却最终未能挽回她的生命,这算不算有益于病人和过量费用呢?

总之,通常手段和非常手段的提出,给安乐死研究带来了一系列难题。在一般情况下,如果医生拒绝提供标准和常规治疗,会因渎职行为而受到起诉;相反,如果医生不以非常手段延长病人生命,多数情况下不会受到追究。然而,由于通常手段和非常手段的界限处于不稳定状态,有时省略非常手段也可能产生问题。特别是当维持生命的非常手段已经采用,中途想要撤除,就往往会演化成医疗纠纷,甚至诉诸法律。司法实践中,有的病人在进入"持续植物性状态"以后,他们的亲属也许会请求医生撤除人工呼吸器等抢救设施,往往会遭到医生和司法机关的拒绝,因为这可能带来一系列不可预测的后果。这些情况表明,当死亡已经不可逆转时,区分通常手段和非常手段没有显著的意义,因为最终都将导致病人生命的结束。①

第七节 警察圈套

一、警察圈套的历史发展

中国有句古话叫"引蛇出洞",意思是运用计谋诱使坏人进行活动,使之暴露。英美刑法中有一个类似的词——"警察圈套"。例如,假设 X 走到 Y 的面前问:"听说你是一个伪造证件的专家,是这样的吗?"Y 听到这句话后,马上否认他拥有这方面的技能。但是 X 坚持说,他需要一个假护照,愿意为此支付高额的制作费用。Y 这时表现出一定的兴趣,X 又说:"这是个生死攸关的问题,支付1000 英镑也可以。"Y 在这种情况下收了钱并且伪造了一本护照。很明显,Y 已经构成伪造罪,X 是伪造罪的共犯,因为 X 唆使 Y 犯了伪造罪;X 与 Y 还同时构成共谋伪造罪。但是,假设 X 是一个警察或他的代理人,他这样做的目的是为了收集破案的证据,X 还构成犯罪吗?

---

① 郭自力:《安乐死:困境中的选择》,载《中外法学》1991 年第 2 期。

在这个案件中,Y 争辩说,自己的犯罪行为是在 X 的引诱下实施的,没有 X 的引诱行为,后面的伪造行为就不会发生,X 可以据此提出合法辩护吗？在英国,法院已经明确反对以警察圈套提出合法辩护,而且警察由此获得的证据,也可以被法院所采纳。但是,这并不意味着法院批准了这种行为,案件的当事人会因此被定罪处罚,但一般都判处较轻的刑罚。

至于 X 的刑事责任,根据英国上议院的意见,如果警察的行为促使了犯罪发生,否则被告人也不会被起诉,则警察构成该罪的共犯。[①]

2009 年在英国的兰卡斯特郡发生了一起类似的案件。一名吸毒者在 9 月 29 日向当地司法部门报告,两名卧底警员长期不断唆使他向毒贩购买海洛因,以作为办案的线索。调查日久,两名警员也染上毒瘾。当地的一家晚报说,这名叫杰金斯的 34 岁吸毒者在被逼无奈之下,向当地司法部门报告了此事。而当地法院最终裁定两名警员违背合法调查原则,判处 1 年 1 个月监禁。[②]

在英国,执行上级命令也不能成为一个免责理由。直到最近,有关这方面的案例都非常少,但是英国上议院和枢密院都认为,在英国法中,上级命令不能成为一个辩护的理由。在北爱尔兰的一个案件中,被告人是一名军人,他接到了上级开枪的命令,他要么什么也不做,要么开枪导致死亡的后果。上议院认为,即使对于武装部队的成员,也不存在例外的规则,即军人执行上级命令,也不能成为辩护理由。[③]

由此可以看出,在普通法中没有规定警察圈套的抗辩制度,英国至今也不承认警察圈套是一个合法辩护的理由,即便行为人的行为由警察的引诱行为而引起,也不是一个合法的抗辩理由,和被告人有罪还是无罪没有必然联系。

在美国,警察圈套是一个合法辩护的理由,这一点和英国不同。美国的联邦调查局(FBI)经常设下一些圈套,试图钓到大鱼。据英国《每日电讯报》报道,一名以色列科学家曾在美国国防部和航空航天局工作,拥有最高级别为绝密的机密工作许可证。但是美国司法当局怀疑他是以色列的间谍。联邦调查局于是对其展开了行动。在 2009 年 9 月初,这名以色列科学家接到一个自称以色列情报官员打来的电话,交谈中双方探讨了为以色列情报机构工作的可能性,并提出"可以回答问题来换取金钱。"这名科学家回答了有关美国卫星技术的问题,并因此从这位以色列情报人员那里获得了丰厚酬劳。然而,让他没有想到的是,这名自称以色列情报人员的竟然是 FBI 的便衣探员。

承认警察圈套这一抗辩理由的主要力量来自于美国联邦法院。1932 年,在

[①] Alan Reed, Peter Seago, *Criminal Law*, Sweet & Maxwell, 1999, p.247.
[②] 纪双城:《环球时报》,2009 年 10 月 29 日。
[③] 同上。

索里尔斯诉美国一案①中,被告人违反法律的规定,将烈性酒精饮料出售给一个联邦政府的代理人,在这一交易过程中,代理人连续几次提出买酒的请求,都被被告人拒绝了,最后被告人出于怜悯心,勉强同意出售给对方一点烈性酒,结果中了警察设立的圈套。美国联邦最高法院认为,在此案中应当允许被告人以警察圈套提出抗辩,因为诱捕行为是政府公务人员的行为引起的,没有公务人员的欺骗行为,犯罪本来不会发生。②

由此可以看出,警察圈套是一种获取证据的手段。一个警察怀疑被告人从事某种类型的犯罪行为,例如,出售酒精饮料或者大麻,就故意接近被告人或者派他的秘密代理人接近被告人,提出购买烈性酒或者大麻等毒品。被告人并不知道他正在与一个政府的代理人进行交易,就欣然将酒和大麻出售给对方。有些被告人起初拒绝这样做,但经不起政府代理人的反复要求和一再坚持,还是出于友情和同情将烈性酒或者大麻等卖给对方。当被告人由于违反《酒精和大麻管制法》而被逮捕或者起诉以后,他就会以警察设置圈套,诱使他犯罪为理由,提出不能被定罪的理由。

实践中,警察为了防止犯罪的发生,也许可以适当地采取一些欺骗或者规避法律的行为,以便获得证实犯罪的证据。警察可以装扮成一个喝醉酒的人,躺在贫民窟的街道上,故意将裤袋内的皮包露出来,等待一个上钩的小偷。他也可以穿上妇女的衣服,进入一个公园,希望受到攻击以后,抓获强奸犯罪嫌疑人或者其他性攻击者。他还可以装扮成一个吸毒者,接近一个涉嫌出售毒品的人,引诱嫌疑人出售毒品。但是,假如警察或者他的代理人仅仅是为一个已经打算犯罪的人提供了一个犯罪的机会,没有故意设置陷阱,就不能以警察圈套提出合法辩护。

另一方面,由于这些政府代理人为了获得用于起诉的证据而设立了一个陷阱,这种做法是以欺骗手段引诱他人犯罪,如果没有这些陷阱,犯罪也许不会发生。因此,美国所有的州都规定,假如被告人是被陷害而实施法律禁止的行为,通过与公共执法官员或者其代理人合作,就不能被定罪。但是也有不同的观点,认为在警察圈套的情况下,犯罪人既有犯罪意图,也有犯罪行为,不能免除其刑事责任。对警察圈套的争论主要集中在:(1) 警察圈套标准的合法性;(2) 警察圈套标准的合理性;(3) 警察圈套的应用程序等。

但是,除了以上3个问题外,还有一些与警察圈套有关系的问题。一个警察怀疑被告人通过出售一些廉价的影像设备,骗取受害人钱财,这些影像设备用来

---

① Sorrells v. United States, 287 U.S. 435.
② Richard G. Singer, John Q. La Fond, *Criminal Law*, Wolters Kluwer Law & Business, 2010, p. 558.

诊断癌症病人和其他严重的疾病。警察冒充一个患者,从被告人那里购买了一台拍摄图像的机器,付给被告人带有记号的美元,然后据此逮捕了被告人。与警察圈套不同的问题是,从法律上讲,被告人可能不构成欺诈罪。因为这个警察在购买机器时根本不相信被告人的谎言和虚假陈述,他并没有受骗上当。欺诈罪的一个要件根本不存在(受害人相信了被告人的谎言),被告人就不构成犯罪。这就如同 A 持枪向 B 射击(以杀人意图),想要杀死 B,但是没有击中,A 就不构成对 B 的谋杀罪(既遂),因为谋杀罪要求受害人死亡的结果已经发生。类似的案件,如偷盗罪、抢劫罪和夜盗罪,缺乏受害人同意是构成这些罪的必要条件,而在警察的请求下,就意味着得到了受害人的同意,才将财物拿走或者进入建筑物。在这类案件中,被告人不能定罪,不是因为警察圈套,而是因为缺乏基本的犯罪构成要件。

正如上面指出的那样,被告人以警察圈套提出抗辩,是因为政府的代理人和他们的合作者,如地下代理人、情报员或者线人,故意引诱被告人犯罪。假如一个和执法机构没有关系的个人,引诱被告人实施犯罪行为,就不能成为一个抗辩的理由。

警察圈套主要适用于非法出售大麻、烈酒、淫秽物品、堕胎、行贿和赌博等犯罪,对于暴力犯罪能否作为一个抗辩的理由,存在着争议。美国《模范刑法典》将警察圈套排除在抗辩理由之外。

二、警察圈套的规则

美国州法院和联邦法院一般都遵循联邦最高法院的两个指导性案例。当犯罪是由政府官员事先设计,并将这一犯罪方案植入被告人的心中,以便为获取证据而引诱被告人实施犯罪行为,警察圈套就可以成立。因此,警察圈套确立的规则是:(1) 政府必须是出于获取证据的目的,设计了一个犯罪方案,然后引诱被告人去实施这个犯罪;(2) 被告人假如没有受到引诱而犯此类罪,就是一个清白的人。在少数州,对上述两点有不同的意见,这些州的法律规定,(1) 设立一个犯罪,然后引诱被告人去实施这个犯罪;(2) 采用引诱的方式使得一个人去实施犯罪,而在通常情况下(没有警察的引诱)这个人是不会去实施犯罪行为的。这两种观点,实际上都要求被告人的犯罪意图来源于警察的头脑之中,是在警察的引诱下而犯罪。根据多数人的观点,要重点考察被告人的主观因素,即受到引诱的人是一个完全清白无辜的人,还是一个已经具有某种犯罪倾向的人呢?但是根据少数人的观点,重点强调警察的引诱行为,而不是被告人的特征和倾向,从客观上考察行为的性质、引诱他人从事法律禁止行为所形成的风险等等。这些争论似乎表明,少数人的观点更加可取,因为警察圈套的抗辩理论,主要是防止司法人员在执法过程中的不适当行为。但是,毫无疑问,无论采用哪种观点,在大多数案件中最后都会以同样的方法表现出来。

另外一种类型的警察圈套在司法实践中不经常遇到,即执法人员或者与他们合作的人,通过曲解法律或者虚假陈述而引诱另外一个人从事构成犯罪的行为。例如,一个大麻代理人虚假的告知一个嫌疑人,出售大麻不是犯罪,于是,这个嫌疑人出售一些大麻给这个代理人,这也是一种警察圈套。

三、警察圈套抗辩的理论基础

在索里尔斯一案中,大多数法官的观点是,警察圈套中的被告人之所以没有罪责,是根据刑事法律中不言而喻的例外规则。因此,尽管这个法规从广义上规定,任何人出售烈酒给其他人都是犯罪,但是立法机关已经不打算包括由于政府执法人员引起的这类犯罪行为。所以这个法规将被解读为,任何人出售烈酒给其他人都是犯罪,但政府代理人设立的圈套引起的犯罪除外。当然,这种警察圈套理论的结果是,陷入圈套的人不包括在这个法规中,不构成犯罪。但是在这个案件中,少数法官认为,陷入圈套的人有罪责但不定罪,因为如果被告人落入普通人设计的圈套,就可能构成共同犯罪,所以不能由于圈套设计者身份不同而改变被告人的犯罪心理。为了防止政府执法人员从事这种应当受到谴责的行为,就有必要使得落入圈套的被告人免于刑事处罚。这样做主要是出于社会公共政策的考虑,目的是防止人民受到政府的非法追诉,凡是用非法手段获得的证据,都不能作为定罪的依据。

由此可以看出,政府执法人员设立陷阱,引诱他人从事违法犯罪活动,落入陷阱的人不构成犯罪,或者有罪责但不定罪,而执法人员则有可能被追究刑事责任。例如,一个警卫人员,引诱几个孩子捕猎海獭,这些孩子不构成犯罪,而这个警卫人员则构成非法设立犯罪圈套的罪名。①

四、警察圈套的构成条件

美国《模范刑法典》第 2.13 条规定:(1) 公共执法人员或者与其合作的人,为取得有关实行犯罪的证据,引诱或者诱使他人从事某项犯罪行为,就是官方设立的圈套。① 明知是预先设计的虚假事实,却引诱他人相信其行为不是法律所禁止的行为;② 以劝诱或者诱使的方法,使本无犯罪意图的人,处在实施某种犯罪行为的边缘。(2) 除第三项规定之外,被起诉的人,假如以优势证据证明他的行为是由于圈套行为所引起,将被宣告无罪。圈套问题将由法院在陪审团缺席的情况下作出裁决。(3) 当引起或者威胁人身伤害是被起诉罪的要件时,而受到伤害或者威胁的人又不是设立圈套的人时,本节提出的抗辩理由不能成立。

---

① Wayne R. LaFave, *Criminal Law*, West A Thomson Reuters Business, 2010, p.374.

由此看出,构成警察圈套应当具备以下条件:

1. 诱使者必须是政府的执法人员或者他们的代理人。实践中大多数是警察或者为警察提供情报的线人,而一般人员不能作为诱使者。美国《模范刑法典》第2.13条规定:执行法律的公务人员和他们的帮助者,为了取得实施犯罪的证据,诱惑、鼓动他人实施犯罪行为,有下列两种情形之一的,构成警察圈套:(1)故意作虚假陈述,诱使他人相信自己的行为没有违反法律;(2)使用劝说、诱惑的手段,使得原本没有犯罪意图的人,产生了去实施该类犯罪的高度危险性。

2. 诱使者,即政府执法人员和他们的代理人必须以积极的行为对被告人加以引诱,而不仅仅是提供了一个犯罪的机会,这是构成警察圈套的客观条件。例如,美国联邦麻醉药品与危险药品调查局的工作人员A主动找到被告人B的家里,告诉他自己对苯丙胺的制造与销售有兴趣,并允诺提供一种关键的化学制剂丙酮,条件是制造出来的一半苯丙胺归他所有。被告人B一开始很犹豫,但禁不住A的反复劝说,终于同意提供100克的丙酮,并让A观看了制毒的整个过程。当B最终同意以60美元购买一些毒品时,A表明了自己的身份,并将其逮捕。这就是以积极的行为反复引诱他人犯罪。曾经轰动美国的华盛顿市长巴里吸毒案,也是美国联邦调查局精心设立的陷阱。为了证实巴里有吸毒的犯罪行为,联邦调查局让巴里的旧情人穆尔在酒店的房间里引诱他吸毒。一开始巴里拒绝了,说他早就不用那些玩意儿了。然而在穆尔的一再引诱下,巴里终于同意找些毒品来吸,正当巴里拿起穆尔帮他卷好的快克(一种毒品)时,早已在外等候多时的联邦调查局人员破门而入,当场以吸毒罪逮捕了巴里。此时巴里才如梦初醒,愤愤地说:"真他妈的该死,我中了圈套"。

检察官指控巴里犯有伪证、吸毒等14项罪名,如果这些罪名全部成立,巴里有可能被判处25年以上监禁和185万美元罚金。巴里的律师对联邦调查局用诱骗方式逮捕巴里提出了抗辩,并对穆尔进行了"抽丝剥茧"般的追问,以致她不得不承认在巴里最后拿起穆尔给他卷的快克之前曾7次拒绝吸毒。法庭审理后,陪审团仅认定巴里犯有行为不端的轻罪,其他的罪名都不成立。

3. 被告人原来是清白无辜的,他的犯罪心理是在警察和他们的代理人的引诱下产生的,如果原来就有犯罪的想法,警察或者他们的代理人的引诱行为,只不过是加强或者促进了被告人的犯罪心理,就不能说是在别人的引诱下去实施犯罪。这是构成警察圈套的主观条件。例如,被告人原来就是一个毒品贩子,正在寻找想要购买毒品的人,以便将手中的货物出售。警察获知这一消息后,故意伪装成一个急于购买毒品的瘾君子,将这个毒品贩子引出,在毒品交易的过程中将其当场逮捕。在这个案件中,被告人就不能以警察圈套提出抗辩,因为警察没有催生犯罪意图,仅仅是在被告人想要犯罪的情况下,为其提供了一个犯罪的机会。

但是在有些案件中就会产生争议。例如,在 Jacobson v. United States[①] 一案中,被告人曾经订阅过一本有关 18 岁以下的儿童色情杂志,在联邦法律宣布这些色情杂志违法以后,被告人停止订阅这本杂志。但是,政府的代理人继续通过邮局给他寄送此类色情杂志,包括一些含有儿童色情图片的杂志目录。被告人在收到这些材料的 26 周以后,将一份订单寄给这两本杂志,警察在向被告人交付被控制的邮包以后,逮捕和控告被告人犯有非法拥有儿童色情杂志罪。

大多数法官的观点是,政府必须确定被告人具有犯该罪的倾向,而这个倾向不是政府行为引起的。因为被告人以前从未订阅过这些非法材料,法院裁定政府没有确定这一要件。一般来说,证明被告人的犯罪倾向之前,必须先证明警察在执行任务中诱惑手段的合理性和合法性。如果证明警察采用了非法的或者不合理的侦查手段,就可以认定警察圈套成立。审查的是警察行为的合理性,而不是被告人的犯罪倾向,这种理论被称之为客观说,重点是考察警察的行为而不是被告人的心态,即一个正常的人是否会因为警察的诱惑而犯罪,以便约束警察的权力。而主观说的核心是考察被告人的心理状态,即本人并没有犯罪的意图,他的犯罪意图是由于警察的引诱行为而产生的,是官方为了收集证据,在清白的公民的头脑中植入了犯罪的念头。警察不仅提供了一个犯罪的机会,还存在引诱、促使他人犯罪的积极行为。假如刺激犯罪的因素来自警察,那么,警察圈套就成立了。因为主观说假定立法机关并不想制裁由警察引诱而产生的犯罪,所以重点关注被告人有无犯罪心理的问题。

如果一个人已经存在犯罪的意愿和准备,则政府调查人员仅仅是提供一个有利的机会,这就不构成警察圈套。法官会告诉陪审团,如果对被告人的事先犯意或者故意存在合理的怀疑,而被告人的犯罪是因为警察引诱的结果,则可以宣告被告人无罪。

当被告人提出犯罪是由政府的诱骗行为引起时,陪审团会面对两个基本问题。第一个是政府的线人或者密探是否诱骗了被告人,从而使其犯罪。如果他确实这么干了,那么就会出现第二个问题,即:除非——这里除非二字是不可变更的前提——政府能证明被告"极情愿地、迫不及待地"等待这种机会去犯罪,被告人就不能被认定有罪。如果政府能证明被告人"早已决定这样做",那么即使被告的犯罪行为是受政府密探诱使而实施,也可以被认定有罪。

因为有了这种"早已决定这样做"的例外,很少有被告人在陪审团审判时用受诱骗而犯罪的辩解来打赢官司。对辩护律师来说,这种辩护策略是一种不得已而为之的下下策,只有在别无他路的情况下才加以运用。因为这种辩护策略

---

① Jacobson v. United States, 503 U. S. 540(1992).

如此脆弱,以至于很多公诉人情愿让被告指责他们运用了诱骗手段,特别是对待那些恶名昭著的人物,如黑社会头子时,因为他们很清楚任何一个陪审员都会认定这些坏蛋早就心甘情愿地准备实施任何犯罪行为了。

由此可以看出,警察圈套是实践中常见的一种刑事侦查的方法,运用得当有利于案件的侦破,有效打击犯罪分子。但是,如果政府的执法人员滥用了这种权力,就会破坏法制,侵犯守法公民的合法权益,损害政府和执法机构的威信。这就是为什么联邦最高法院认识到用设圈套使人上钩制造出来的假案在联邦法院不能成立。在谢尔曼诉美利坚合众国这一具有里程碑意义的判例中,首席大法官厄尔·华伦裁决道:"推行法制的作用是为了防止犯罪,把罪犯绳之以法,而非制造犯罪。"因此,将警察圈套作为一种抗辩理由,是为了平衡可能出现的破坏法制的行为,限制警察的执法权。毕竟,法律不应鼓励警察或者其他执法机构人为地制造案件或者实施其他的不法行为,因为这违反了美国的宪法原则。

第八节 受虐妇女综合症

几个世纪以来,占据主导地位的是丈夫有权用身体力量对妻子进行惩罚和管制。这通常被称为"拇指规则"(rule of thumb)。它起源于英国民法,允许丈夫用皮鞭或不粗于他的拇指的棍棒来殴打妻子。曾经有几种基本的丈夫殴打妻子的方式在英美法庭上并未受到干预。1871年,在福尔干 v. 斯蒂特的地标案中,美国亚拉巴马州的一家法庭就规定说:"这一特权从古至今,用棍棒殴打她,揪她的头发,打她的嘴巴,扼制她的呼吸,或轻蔑地处以刑罚。这在我们的法律中并不认为是有罪的。"自20世纪80年代以来,这种情况有了较大改变,关于家庭暴力的案件不时出现于报端,许多虐待妻子的案件暴露在光天化日之下,受到了社会的广泛关注。这一时期,有关禁止家庭暴力的法律激增,女性,特别是妻子的境遇得到了一定的改善。但是,丈夫虐待妻子的情况还是很严重的,据美国国家犯罪受害者调查机构的数据,仅1990年一年,就有683000位成年女性遭受性虐待。因此,当处在水深火热之中的女性,在忍无可忍之下将施暴的丈夫杀死时,社会上的许多人对这一类案件当中的女性就给予了极大的同情和帮助。他们认为,受虐女性太可怜了,即便杀死她的丈夫也不应当被定罪。按照传统的刑法,不管我们多么同情受虐的妇女,都无法使其免于刑事处罚。这样,受虐妇女综合征的理论就应运而生了,在女权主义者看来,它的出现,使许多妇女在生活上和法律上获得了新生。

一、受虐妇女综合症的概念

受虐妇女综合症原来是一个社会心理学名词,最早由美国丹佛大学社会学教授雷诺尔·E.沃克提出。受虐妇女综合症在法律上的意义是,妇女长期遭受丈夫或者男友的暴力虐待而表现出来的一种特殊的行为模式。受虐妇女综合症由暴力周期(cycle of violence)和后天无助感(learned helplessness)两个概念组成。

暴力周期是指,婚姻或者同居关系中暴力的周期性变化,即紧张气氛形成阶段(tension building phase)、恶性暴力阶段(acute batting incident)、忏悔和爱的回归阶段(kidness and contrite live behavior)。第一周期持续的时间最长,施虐人有轻微的暴力行为,往往对受害人表现出莫名其妙的敌意和不满。受害人为了避免虐待,只好逆来顺受,拼命迎合施虐者的意思,满足他的任何要求,包括不合理的要求。第二周期,严重的暴力行为经常发生,施虐者已经完全失去控制,往往不分青红皂白就突然暴打受害人。在这个周期,尽管双方关系没有明显变化,妻子或者女友也没有什么错误,但只要男方心情不好或者不顺心,就朝妻子或者女友身上发泄,毒打她们。第三周期,施暴人良心发现,真诚地忏悔自己的暴力和虐待行为,希望妻子或者女友原谅自己,并保证永不再犯。受虐的妇女被感动,相信男方的悔意和对自己的爱是真诚的,以后再也不会伤害她了。尽管受虐妇女也担心好日子会很快过去,但男方所表现出来的悔恨和柔情蜜意,使得女方对未来的生活又燃起了希望,愿意给施虐者一个悔改的机会,继续与他生活在一起。另外,很多妇女受传统观念的影响,嫁鸡随鸡、从一而终,情愿继续留在这种充满不确定性的暴力生活当中,祈望自己的丈夫有朝一日能彻底改掉自己的坏脾气。于是,这种家庭暴力就周而复始、循环往复地进行下去,受虐妇女始终生活在提心吊胆、担惊受怕的家庭环境当中。

后天无助感是为了解释受虐妇女为何不愿主动结束这种暴力婚姻关系的原因。受虐妇女长期遭受残酷的暴力殴打,已经受到施虐人的心理强制,无数次的暴打和虐待,使她们产生了对丈夫莫名的恐惧感,完全失去了反抗的想法和能力,甚至对丈夫产生了人身依附感和逆来顺受的心理,处在一种完全孤立无援的境况下。久而久之,她们在这种心理的支配下,变得越来越被动,越来越无助,完全成为施虐者的附属物和发泄的对象。对于受虐妇女的无助表现,应该放在她们生活的特定暴力环境当中去理解,否则就无法解释所发生的一切。

二、受虐妇女综合症的司法适用

在早期,对于受虐妇女杀害丈夫的案件,常常是以挑衅、精神错乱或者胁迫作为抗辩理由的,但是也存在一些缺陷。以受到丈夫的挑衅作为抗辩的理由,即使被法院所采纳,也仅仅是从轻或者减轻处罚的理由,不能完全免除刑事责任,在英美等国,一般是由一级谋杀罪减为二级谋杀罪或者非预谋杀人罪,刑期一般在5年以上15年以下。以精神错乱作为辩护理由,常常使人难以理解,从受虐妇女的思维模式和行为方式看，很难将其与真正的精神病人联系在一起，有故意为受虐妇女开脱罪名的嫌疑，说服力较弱。另外，把受虐妇女当做一个没有辨认能力和控制能力的精神病人，不仅使其成为一个犯罪嫌疑人，而且使其成为一个精神病人，使其处在双重不利的阴影之下，即便抗辩成功，也可能会在今后的生活中受到歧视性对待，不利于受虐妇女的生活和发展，这并不是受虐妇女综合症所要达到的基本目标。美国的沃克教授强调，"受虐妇女综合症"不是一种精神疾病，而仅仅是一种临床上对"虐待给妇女的精神状态造成的影响"的概括性描述。[1] 在诉讼活动当中，要对受虐妇女的认知能力进行心理上的测试，以便为法官定罪量刑提供依据，但这并不是精神病辩护。

从20世纪七八十年代以后，英美等国的法院，开始逐渐接受正当防卫的抗辩理由，这就使得受虐妇女被宣告无罪的机会大大增加。在 Wanrow 一案中，受虐妇女为了保护自己和自己睡梦中的孩子，开枪杀死了酩酊大醉的男人。[2] 法院认为，当受虐妇女面临不法侵害时，她只有两种选择，要么屈服丈夫的淫威，要么使用致命的武力进行反抗。当她选择后者时，可以视为一种正当防卫的行为。在 Lavallee 一案中，被告人受到同居男友的长期虐待和毒打，身心备受折磨。在一次朋友聚会时，她的男友再一次殴打她，并且威胁等客人走了之后会杀死她，她在极度恐惧当中，开枪杀死了被害人。初审法院采纳了受虐妇女综合症的专家证据，认定为正当防卫。上诉法院则认为采纳专家证据是不合适的，撤销了无罪判决。但1990年加拿大最高法院又推翻了上诉法院的判决，认为专家证言是一个可以采纳的证据。法官们认为，受虐妇女综合症的专家证据有两点作用：(1) 根据刑法的规定，证明受虐妇女以武力进行自我保护是合理的；(2) 澄清社会上对受虐妇女都是受虐狂的误解。如果没有这种专家证据，人们就无法回答或者理解受虐妇女为什么宁可遭受长期的虐待和毒打，也不愿逃离家庭和寻求他人的帮助，陪审团也就无法作出正当防卫的公正判断。目前，美国有40多个州允许以"受虐妇女综合症"作为一种抗辩的理由，多数人被无罪释放。

以"受虐妇女综合症"作为一种辩护理由，应当注意以下问题：

1. 受虐妇女是否面临着即刻的、迫在眉睫的危险？在此类案件当中，由于受虐妇女自身的境遇，很多情况下都是趁施虐人睡觉或者不防备的时候将其杀死的，这就和正当防卫中所要求的紧迫性的条件相矛盾。对于这个问题，不应从一般案件的角度去理解，而应将受虐妇女放在一个特定的环境条件下去理解。对于这些妇女而言，施暴人的威胁行为是触发事件的主要因素，由于长期遭受家

---

[1] Lenore E. Walker, "Psychology and Law," *Pepperdine Law Review* 20, Issue 3, p. 1170 (1993).

[2] State v. Wanrow, 559 P. 2d 548(Wash. 1976). Richard G. Singer, John Q. La Fond, *Criminal Law*(5th ed), Wolters Kluwer Law & Business, 2010, p. 475.

庭暴力,受虐妇女深陷恐惧之中,仿佛时时刻刻,随时随地都会受到施虐者的侵害,即使没有暴力发生,她们也觉得正在遭受暴力的折磨,而且永无尽头。研究表明,受虐妇女对于施暴者的行为和显示暴力的迹象非常敏感,这就使得她们更能感知到危险的紧迫性,这是其他人无法体会的感觉和经验。因此,以受虐妇女综合症提出合法辩护,只要受虐妇女对于紧迫性的认识是合理的,任何有理性的人在遇到相同情景时,都会作出类似的反映,就可以认为是迫在眉睫的生命威胁,而不要求威胁已经真实发生。否则,受虐妇女是无法行使自卫权的。

2. 防卫的必要性。在受虐妇女综合症的抗辩过程中,人们经常会遇到一个问题:受虐妇女在受到严重暴力折磨时,为什么不选择离开家庭或者其他的暴力环境,而是选择继续留在家中?她们为什么不选择报警或者寻求其他的帮助?也就是说,除了杀死施虐者,她们还有别的手段可以选择吗?这个问题,也要从受虐妇女的心理状态去考察,她们的不幸遭遇是周期性的,在经历过一次次非人的折磨以后,她们的潜意识里认为,暴力殴打是无法躲避和摆脱的命运,只好将全部希望寄予丈夫的改变,并且虚幻的认为,只要自己做得好,尽量地去迎合丈夫,他就不会再虐待自己了。恐惧心和愧疚心使得她们向无法忍受的暴力屈服。

而且,她们当中的一些人,在受虐期间也有过逃跑和反抗的经历,但每次都失败了,其后果就是遭受新一轮更加严厉的折磨和暴打,情况比逃跑和反抗以前更糟糕。她们发现,社会服务机构和司法体系,并不能为她们提供所需要的保护。久而久之,加深了她们的恐惧感和无助感,失去了反抗的想法和能力,变得越来越顺从、越来越被动了。再加上施虐人为了继续控制受虐妇女,往往以伤害孩子和其他家庭成员相威胁,甚至扬言要和受虐人一起同归于尽,这就使得这些妇女更加顾虑重重,不敢越雷池一步,只好认命了。[①] 只有这样理解受虐妇女,才能认识到在当时的情况下,杀死施虐者也许是唯一的、无可奈何的选择。毕竟,如果还有其他的替代手段和解决方案,为什么还要用武力去杀死施虐者呢?

3. 相称性问题。在一般的正当防卫的案件中,要求防卫行为和侵害行为基本相称,当防卫人遇到轻微的人身伤害时,不能使用致命的武力进行反击,否则就是防卫过当。这个一般的防卫条件,恐怕也不能简单的或者机械的适用于受虐妇女综合征的抗辩。在有些案件中,受虐妇女似乎并没有受到明显的生命威胁,施虐人也未携带致命武器或者赤手空拳,但受虐妇女却将其杀死。受虐妇女综合症的解释是:女性本身在社会交往中就不擅长使用武力,她们在生理特征和力量、体能方面,都与男性有很大差距,女性因为自身的防御能力不足,常常不自觉的高估男性所施加或者将要施加的伤害,从而作出激烈的反应,这是完全可以

[①] Richard G. Singer, John Q. La Fond, *Criminal Law* (5th ed), Wolters Kluwer Law & Business, 2010, p.302.

理解的。在英美的司法实践中,法官也不会过度的考虑相称性和所谓的比例问题,当一个身材弱小的女子,面对一个身高马大,喝得醉醺醺的壮汉时,也要求刀对刀、枪对枪,显然是不适当的,也是做不到的。在考虑相称性时,应将女性的身高、年龄、所处的环境等情况都纳入考察的范围,这才能反映受虐妇女的实际情况。另外,由于妻子长年累月的遭受虐待和迫害,日积月累的心理压力与日俱增,达到一个临界点时,即便一场轻微的冲突,也会点燃受虐妇女心中积压已久的愤怒情绪,这个定时炸弹随时都会爆发。因此,任何过度强调相称性和比例原则的做法都是不必要的,其结果就是受虐妇女永远处在水深火热之中,得不到任何解救和保护。

有人认为,受虐妇女综合征是为女性特设的辩护模式,目的是偏袒杀人案件中的女性被告人。实际上,受虐妇女综合征并不是一种新的免除刑事责任的理由,所有的辩护都是在自卫的框架下进行的,受虐妇女出示的专家证词,也仅仅是为正当防卫辩护提供证据上的支持,从理论上说明受虐妇女行为的合理性。受虐妇女综合征也不是为女性被告人寻求特殊的优惠待遇,它仅仅要求对受虐妇女适用一般的理性人标准。但由于现存的法律体系,是由男性主导制定的,以男性作为适用的标准。因此,只有对女性被告人采取一些看似特殊的待遇,才能实现真正意义上的男女平等。

总之,受虐妇女综合症的理论,不是将受虐妇女看做一个普通的人,而是将她们看成是因为长期处于暴力的环境当中,精神状态和认知标准都与正常人不相同的个体。如果要真正理解受虐妇女的行为,就必须站在她们的角度,设身处地了解她们的生存环境和遭受的非人待遇和折磨,当受虐妇女长期处于"创伤的紧张性刺激"的情况时[①],不能期待她们作出所谓的、恰如其分的反映,这也太苛刻了。此外,在相关的诉讼活动中,也不能以一般的标准对其进行正当防卫的辩护,否则就不可能得出正确的结论。她们的行为也许是不正当的,但却是可以原谅的。

第九节 未 成 年 人

一、英国的规定

1. 普通法的规定

在最早期的英国普通法中,未成年人似乎不是一个免除刑事责任的理由,但实际上很少有未成年人受到刑事追究,一般都被赦免了。以后,在普通法中逐渐

---

① Lenore E. Walker, *Terrifying Love*, Harper Collins, 1990, p.179.

确立了未成年人的抗辩制度,未成年人犯罪可以得到原谅。普通法中承担刑事责任的年龄,是指犯罪时的(心理)实足年龄(类似中国的周岁)。

到了14世纪以后,未满7岁的儿童不承担刑事责任,他们被认为没有形成犯罪意图的能力,也不能意识到刑罚处罚的威吓性。普通法推定7岁以下儿童没有犯罪能力,免除刑事责任。检察官无法证明这些儿童在犯罪时,具有犯罪能力和对犯罪的道德上的羞耻感,他们也不会因为害怕刑罚处罚,就去选择理性的行为,对这些儿童进行刑罚处罚没有意义。

7岁以上,14岁以下的少年,被推定为缺乏犯罪能力,但是这种推断不是决定性的。如果有证据显示,这个少年能够认识到自己行为的对错,推定就可以被推翻。检察官负责出示相关证据和说服陪审团。

14岁以上的未成年人具有刑事责任能力,除非精神错乱,否则,就要承担和成年人一样的刑事责任。

2. 成文法的规定

英国法院认为,刑法已经清楚表明什么行为是禁止的,什么行为是允许的。假如一个人选择实施法律禁止的行为,他的行为就会受到处罚。但是,假如行为者是一个孩子,总的认为,低于一定年龄的孩子,也许不能够真正理解他们的行为的社会意义,法律准备原谅这些行为。孩子逐渐长大和成熟以后,他的理解力也会随着增长,法律要能灵活的适用这样一个事实:即生长空间不同,成熟度也不同。

英国的成文法最初将刑事责任年龄划分为三个阶段,即未满10岁、10—14岁、14岁以上。随着社会和法律的发展,10—14岁之间被推定为没有责任能力的特别规定已经被废除。一个较为普遍的观点是,每一次审判都要涉及对未成年人的成熟的心理考察,而不必区分几个年龄阶段。

根据英国1933年《儿童和青少年法》的规定,未满10岁的儿童缺乏犯罪能力,对这些人而言不存在犯罪问题。例如,在沃尔特斯诉伦特(Walters v. Lunt)一案中,英国林肯市的一对夫妇被指控违反了1916年的盗窃法。检察官指控他们在1950年8月1—31日之间,共同收受了一个价值2英镑的儿童自行车。这辆自行车是他们7岁的儿子理查德·诺曼·伦特偷来的。法院审理后认为,即使这对夫妇明知自行车是7岁的儿子偷来的,仍然予以收受,也不构成犯罪。因为根据法律规定,7岁的儿童不能犯盗窃罪,既然他不认为自行车是偷来的,其父母也无需承担刑事责任(英国1916年的《盗窃法》规定,收受盗窃的财产构成盗窃罪,而这辆自行车不是盗窃而来,所以不构成盗窃罪)。

历史上,英国普通法有一个假设,即10—14岁之间的儿童被推定为不具有犯罪能力,除非有证据证明,这个年龄段的儿童在行为时了解行为的性质,并且知道是严重错误的,这个推定才可以被推翻。当时之所以规定这个假设,是因为当时英国刑法中的许多罪名都规定了死刑条款,对未成年人也可以判处死刑,而且是绞刑。随着死刑实际上被废除,这种推定就没有存在的意义了。

推定没有犯罪能力的一个困难问题与证据的类型和质量有关。英国是联合国《儿童权利公约》的签字国,这就要求政府制定最低刑事责任年龄的标准,低于这个年龄的人被推定为没有犯罪能力。当然,困难的问题是,确定一个怎样的最低年龄才是合适的,不同的国家有不同的最低年龄规定,但是英格兰现在的10岁的最低年龄,与欧洲其他国家相比都太低了,除了爱尔兰和苏格兰。例如,《德国刑法典》第19条就规定:未满14岁的人,没有罪责能力。

二、美国的规定

美国刑事责任年龄是由各州的法律规定的,也就是说,决定年龄的限制往往取决于行为人在那个州或那个地区犯的罪,甚至男女的年龄规定也不同,当涉及的精神障碍时也有争议。目前仅有13个州遵循普通法的做法。他们的成文法中规定了刑事责任的最低年龄,一般是犯罪时7岁或者8岁。特定年龄下的孩子被推定为没有犯罪能力。俄克拉荷马州7岁,内华达州8岁,华盛顿州8岁,科罗拉多州10岁,俄勒冈州12岁,佐治亚州13岁,伊利诺伊州13岁,新罕布什尔州13岁,纽约州13岁,加利福尼亚州14岁,新泽西州14岁,德克萨斯州14岁,犹他州14岁。

在俄克拉荷马州,对于7岁至14岁的人,要追究其刑事责任,州的执法机构必须证实行为人行为时,应当知道自己的行为是错误的;在华盛顿州,8岁至12岁的人被推定为没有犯罪能力。

美国的大多数州拒绝制定一个普遍适用的最低年龄标准,他们将有关规则交给检察官和法官,由他们视情况而定。在这个过程中,检察官和法官必须确定被告人是否真实的明白,自己的行为在法律上是错误的。假如被告人没有认识到自己的行为是犯罪,或者不了解行为的对与错,就不能受到犯罪的指控。

但是,有些州没有在法律中确定刑事责任的最低年龄,而是推定了一个特定的年龄,比如加利福尼亚州推定为14岁以下没有犯罪能力,除非这个孩子知道自己的行为是对还是错。这种观点强调孩子的心理年龄,而不是生理年龄。

在大多数州,通常推定7岁或者8岁和12岁、13岁或者14岁以下的孩子没有犯罪能力。但是,检察官也可以出示证据,证明年轻的被告人在这个年龄段了解自己行为的性质,知道它是错的。假如检察官提交了相关证据,这个孩子就会被认为在心理上和道德上具有足够的能力,可以理性的进行选择,就要负刑事责任。结果是,他会作为一个成年罪犯接受审判,少年法院通常都会放弃管辖权,如果定罪,就会被判处和成年罪犯一样严厉的刑罚。①

未成年人的发育还不成熟,思想也不够稳定,却仍然要为自己所从事的行为承担法律后果,这显然是不合适的。一个未成年人是不可能充分认识和故意实施严重的犯罪行为的,所以,刑事责任年龄应当以人的大脑开始明白什么是正确的和错误的作为起始点。这样做不仅符合未成年人的实际情况,也容易被社会大众所接受。

美国《模范刑法典》采取了不同的观点。《模范刑法典》第 4 节第 10 条规定,16 岁以下未成年人犯罪,不受法院的审判,16 岁或者 17 岁的未成年人犯罪,可以在少年法院接受审判。假如少年法院放弃管辖或者同意,可以在成年(普通)法院接受审判。有趣的是,模范刑法典并没有确立这样一个少年法院体系,仅是假设它的存在。

美国的少年法院最初是根据 1899 的《伊利诺伊州少年法院法》设立的,该法主张以教养原则代替司法制度中的惩罚主义,并且贯彻少年犯与成年犯区别对待的原则。所有的州都已经建立了少年法院制度。它们负责审理未成年人的犯罪行为,这些行为被定义为成文法上的犯罪。现在,全美国大约有 3000 多所法院承担少年法院的工作。

少年法院适用的刑法与惩罚成年人的刑法基本一致。就是说,未成年人触犯的盗窃罪和成年人触犯的盗窃罪的构成要件一样。当然也有一些例外的情况,因为有的法律规定了只有未成年人才能构成的犯罪,比如 16 岁以下的未成年人不得持有危险刀具和烈性酒精饮料;有的法律则排除了少年法院的司法管辖权,如一级谋杀罪和强奸罪。区别对待原则并没有体现在这些规定之中,少年杀人犯和强奸犯也必须在普通刑事法院接受审判。另外一个例外的规定就是,如果奸淫幼女的罪犯也是一个未成年人,一般会被减轻处罚,甚至免于刑事处罚。

大多数少年法院没有规定管辖未成年人案件的最低年龄,但通常是 18 岁以下的未成年人。因此,除非这个州遵循普通法的观点,7 岁以下的儿童也可以成为审判的罪犯。在有些州,4 岁的孩子打了他的玩伴,或者 5 岁的孩子将其伙伴的玩具带回家中,都可以作为犯罪起诉到少年法院。少年法院在年龄的管辖权方面没有最低界限,与美国传统的刑事政策存在着尖锐的矛盾。美国传统的刑事政策渊源于英国法,认为 7 岁以下的未成年人不具备犯罪能力,因而对任何行为都不负刑事责任。在少年法院中不规定最低年龄,从而使幼小的未成年人担负一定的责任,其理由是这样可以帮助未成年人,不能简单地因为年龄太小而置

---

① Richard G. Singer, Jone Q. La Fond, *Criminal Law* (5th ed), Wolters Kluwer Law & Business, 2010, p.533.

之不理。

少年法院的初衷是保护未成年人的健康成长,使他们回归社会曾经是少年法院的主要目标。将年轻的罪犯从成年人的刑事犯罪体系中分流出去,使他们置身于一个特定的环境之中,以便他们改变自己的反社会行为,重新成为社会的一个成员。

但是,现在许多州的立法机构已经得出结论,这种努力是无效的,社会需要防范这些严重的未成年人罪犯。他们已经修改了少年法院法,强调责任而不是恢复。

少年法院总的原则是允许法官放弃或者拒绝管辖权(通常是根据罪犯的年龄或者犯罪的严重程度),假如这样做最有利于未成年人或者社会的安全。假如少年法院拒绝主张它的管辖权,被告人将和成年人一样,根据一般的刑事法院体系,接受控告和审判。如果被定罪,他们将被拘禁在成年人的监狱,判处同样严厉的刑罚。法律赋予少年法院"拒绝管辖权"表明,从一开始,美国对未成年人的司法系统就是一分为二,对大多数人实行的是不同的独特的程序和处罚方法,而对另外一些人,则完全按照普通刑法处理。目前在美国对于处决18岁以下的谋杀犯尚有争议,这与少年司法系统的两面性有关。

少年法院是否还应当存在下去,也有很大的疑问。从历史上看,少年法院的产生并不是基于什么显而易见的社会需要,而现在是否有必要为未成年人专设一种特别的法院,也是值得怀疑的。少年法院适用的法律和遵循的程序都不是专为未成年人制定的。至于针对未成年人的处分措施,普通法官也可以根据情况作出正确的判决,并不需要特别的经验和技巧。他们完全可以根据公平、正义和保护公共利益的原则作出处分决定,更何况这些处分措施与法官判决成年罪犯适用的方法并没有本质的区别,不管对成年犯还是对少年犯,法院的目的都是要改造他们成为新人。至于未成年人的利益,如果它还曾经是作为处分的唯一出发点的话,那现在就显得不那么重要了,因为法官的任务是考虑社会公共利益的安全,社会的需要才是最重要的。

这一观点在处理未成年人的严重犯罪行为时就更显示了其中的道理。强奸犯之所以要受到惩罚和控制,不是为了他本人的利益,而是为了社会的利益。对待杀人犯、放火犯、抢劫犯,以及其他严重罪犯也是如此,根据正义的观念处理这些案件,才使得法院名副其实。

英国的普通法规定,7岁以下的儿童完全不负刑事责任。现在的成文法规定,10岁以下的儿童不承担刑事责任,即便有证据显示这个孩子了解自己行为的性质,也不能追究他的刑事责任。已满10岁,不满14岁的未成年人被推定为没有犯罪能力,除非检察官能够证明行为人是在犯意的支配下实施的危害社会的行为,而且知道自己的行为是严重的错误。举证责任在控告一方,未成年人不具有举证义务。在具体案件中,检察官必须证实某种行为对于同样年龄段的人都知道是一个严重的错误,而且行为人精神正常,才可能使其承担刑事责任。法律中原来之所以推定 10 岁到 14 岁之间的孩子没有犯罪能力,是由于当时许多严重的犯罪会被处以绞刑。现在死刑已经被废除,所以这种推定在 1998 年的《犯罪和妨碍治安法》中已经被废除。这样,10 岁的儿童也可能会承担刑事责任。英国将最低责任年龄规定为 10 岁,低于除了爱尔兰和苏格兰的其他欧盟国家。这个规定已经受到欧洲人权法院的挑战,认为将刑事责任的最低年龄规定为 10 岁,违反了禁止残酷和非常刑罚的原则。

在 T v. United Kingdom[①] 一案中,被告人出生于 1982 年 8 月,1993 年 2 月与另外一个 10 岁的孩子逃学外出,从一个购物场所诱拐了一个 2 岁的男孩,将这个男孩带到两英里外的一个铁路旁,将其折磨致死,然后将死者放在铁轨上,以便造成火车碾压死者的假象。[②] 这两个孩子被控以谋杀罪和绑架罪,初审法院一审判处两个人 8 年监禁,但随后被英国高等法院法官泰勒改为 10 年监禁,不过仍然未能平息舆论的愤怒情绪。《太阳报》记者将有 2.8 万人签名的请愿书递交英国内政大臣迈克尔·霍华德,他不得不将刑期提高到 15 年。

被告人随后向欧洲人权法院上诉,该法院在审理这个案件时,首先要考虑上诉人 10 岁时所犯行为的归责本身是否违反了《欧洲人权公约》的第 3 条。如果违反,则牵涉到法院在判例法中所设定的原则,即公约是一个灵活的文件,在决定某些特定措施是否符合公约的条款时,要考虑欧洲委员会成员国普遍接受的标准是合法的。

由此,欧洲法院认为,欧洲现在还没有一个普遍接受的最低法定刑事责任年龄,大多数国家的年龄门栏都高于英格兰、威尔士,而其他国家,如塞浦路斯、爱尔兰、列之敦士登和瑞士则门栏较低。另外,相关国际文件和法规在刑事责任年龄方面也没有任何明显的趋势。《北京规则》第 4 条在法律上虽然没有强制力,但是也反映了一些国际共识,该条款也未具体规定最低刑事责任年龄,只是要求各国不要规定的太低。联合国《儿童权利公约》第 40 条第 3 款 a 项,要求各成员国制定最低刑事责任年龄时,以行为人没有能力违反刑法规定为标准,但也未规定最低刑事责任年龄的具体界限。

欧洲人权法院认为,现在欧洲委员会各成员国间并没有共同的关于最低刑事责任年龄的清晰标准。即使英格兰和威尔士规定的年龄较低,但也不能认为 10 岁的最低刑事责任年龄与欧洲其他国家的规定不协调。

---

① T v. United Kingdom(appl. no. 24724/94).
② Appl. no. 24724/94, Europen Court of Hunman Rights, 1999; Janet Dine, James Gobert, *Criminal Law*, Oxford University Press, 2003, p. 413.

法院最终作出决定认为,对上诉人追究刑事责任本身并未违反公约第3条的规定。但是,欧洲人权法院还是认为两个少年犯受到了不公正待遇,2001年两名被告人被提前释放。这个案件表明,根据英国现在的法律,10岁以上的未成年人犯谋杀、强奸、绑架等严重的犯罪行为,就应当承担刑事责任。

三、未成年人的辩护权

少年犯是否享有律师辩护的权利,在美国一直是一个有争论的问题。在过去,少年犯罪本质上不认为是刑事犯罪,他的审判程序和民事程序更相似,而美国宪法对民事程序中的律师权利没有规定。一种观点认为,在少年犯审判中,让律师为青少年罪犯辩护会适得其反,因为律师们提倡的正当程序会对少年法院那种温和的、友善的和人道的气氛带来相反的影响,而且律师在矫正学方面没有特殊的训练,因而在以矫正为目的的少年法院派不上用场。

美国最高法院在高尔特(Gault)一案中,明确了少年犯审判中的律师权问题。最高法院认为,少年犯如果有可能被判处监禁几年而失去自由,律师权就与任何重罪起诉同样重要。少年需要律师的帮助处理法律问题,对事实进行熟练的调查,要求程序符合规则,找出他的辩护理由,并准备提交答辩。少年在审判过程的每一个步骤都需要律师的指导。

最高法院的这个判决,不是根据《宪法第六修正案》作出的,而是根据《宪法第十四修正案》中的正当程序条款作出的。这一条款要求法院审判案件时必须基本公平。从此以后,如果判决有可能剥夺少年犯人身自由时,哪怕是关押在青少年教养所,他也应当有权聘请律师为其辩护。通过这一案件,最高法院确认,少年犯的审判程序,也必须提供和成年人审判时相似的保护措施。因为监禁对少年就像对成年人一样是严厉的惩罚。既然如此,如果不符合正当程序,就会对少年犯带来不利的影响。以后,虽然人们对少年法院感到失望,认为它不过是"未成年人刑事法院",没有给未成年人提供充分的保护。但是,对于为少年犯指定律师的规定,从未超越高尔特案确定的界限。

1979年,美国司法管理协会和美国律师协会,主张强化对未成年人的保护,并且提出了一系列建议。强烈要求各州以法律和法院规则的形式,在所有少年犯罪、少年监护、少年保护性监禁和收养的程序中,为未成年人指定律师,以确保他们的合法利益不受侵犯。1987年,美国律师协会再一次要求各州通过相关的法律和标准,对少年犯适用与成年人一样的审判程序,这些行动表明,美国的许多州在这个问题上显得有些犹豫不决,许多未成年人在审判中甚至主动放弃了指定律师的权利。

人们也许会感到困惑,既然联邦最高法院已经确认在所有的少年犯案件中都应当为他们指定律师,为何还会出现这种消极现象呢?人们找出了很多原因。

首先,在许多州,法官没有充分地解释律师权和律师的重要性;其次,正常的当事人由于文化水平太低,感到害怕或抱有宿命论思想而未能行使这一权利;最后,许多被告人知道自己被指控的行为已经构成犯罪,他们感到律师起不到太大作用。

总的来说,由于年龄和缺少教育的原因,未成年人不应放弃指定律师的权利,至少未经其父母一方同意的情况下不能放弃,否则无法有效的保障未成年人的诉讼权利。时至今日,美国的少年法院在确定一个未成年人是否有罪时,适用的法律程序基本上和成年人的审判程序一样。当然,也有一个公认的例外,即少年法院是由法官审理案件,而不是由陪审团审理案件。一些法院在审理少年犯罪案件中也的确使用了陪审团,但一般还是由少年法院的法官决定未成年人是否实施了违法行为。

第十节 错 误

所谓刑法上的错误,是指行为人对事实和法律没有认识,或者主观认识同法律或者事实本身不一致的情况。刑法上的错误,有助于解决刑事案件当中被告人的刑事责任问题。

刑法上的错误,最早出现在1871年的《德国刑法典》当中,当时只规定了事实错误,而没有规定法律方面的错误。"不知法不免罪","刑法一经制定就被推定为众所周知",这样一些法谚表明,法律上的错误不能成为一种免责的理由,过去一直是这样认识的。这是因为从实体法的角度看,刑法上规定的犯罪,都是千百年来人们日常生活经验的总结,杀人、放火、投毒、强奸、抢劫都是一些严重的刑事犯罪,无需法律规定,人人都知道是一种犯罪行为。当被告人实施了这些刑法上的犯罪时,以不知道法律的规定为由替自己辩解,就不能令人信服。从程序法的角度看,如果承认不知法可以免罪,被告人就可以以不知道法律规定为由,拖延案件的审理,甚至使案件无法进行下去。这样显然对社会和被害人是不利的。但是,在现代社会中,情况发生了与以往不同的变化,刑法当中有很多涉及金融和经济领域里的犯罪行为,这些新的规定即使是消息灵通的经济人士,也不完全能够了解。而且,现代社会的法律越来越多,越来越繁杂。从理论上讲,一个关于汉堡包的法律,从牛肉长在牛身上,到最后端上餐桌,可能涉及41000条美国法律。这样多的法律,不仅是普通公民,即使是训练有素的法官和律师也未必能完全掌握和了解。因此,仍然坚持不知法不免罪的原则,就可能会造成一些不公正或不合理的判决,显得有点保守和故步自封了。考虑到上述情况,刑法上也开始承认在某些情况下,不知法也可以成为一种辩护的理由。

1975年德国《刑法典》第17条规定:如果行为人在实施一项犯罪行为时,没有发觉自己正在实施的是一种不法,那么,他就不是应受谴责的,只要这个认识错误是不可避免的。如果行为人本来可以避免这个认识错误,那么,刑罚就可以得到减轻。

美国《模范刑法典》第 2.04(3)条规定:如果行为人对行为在法律上不构成犯罪具有一种主观上的相信,那么,对基于这种行为的犯罪所进行的起诉就是一种辩护理由,当(A)定义这种犯罪的法令或者其他法规是行为人不知道的,没有因此受过刑罚处罚的或者在被指控的行为之前还没有合理的生效的;或者(B)他的行为是合理地依靠该法的一种官方说明,该说明虽然后来被决定是不合法或者荒谬的,但却是包含在(i)一条法令或者其他法规中;(ii)一个司法决定、意见或者判决中;(iii)一项已经颁布的行政命令或者许可令中;或者(iv)一名公共官员或者一个依法负有解释、实施和执行定义该项犯罪的法律的实体的官方解释中。

德国《刑法典》的规定是一般性的,比较原则,即如果行为人发生了不可避免的法律上的认识错误,就不应当为他的错误行为负责。美国《模范刑法典》没有采用原则性的处理方式,而是对法律改革的一种建议,或者说是针对一个具体的不公正判决的反应。在霍普金斯[①]一案中,法院认为,被告人应当为自己贴出告示,要求为结婚的男女提供服务的这个法定的犯罪承担责任,即使他已经咨询过州司法部长,并且被告知这种特定的告示并不违法。很明显,法院为了强调责任,不管被告人的行为是否有法律上的可谴责性,都应当受到处罚。但是,一个依靠司法部长意见而从事张贴告示的人是否应当承担责任呢?美国《模范刑法典》对法院的判决作出了相反的解释,即当一名公共官员或者一个依法负有解释法律的人,对被告人作出了明确的不违法的解释时,就不应当追究被告人的刑事责任,否则就是不公正的和非正义的。应当指出,承认对法律上的认识错误可以免责,不是说要将这种行为合法化,而是为这种违法的行为提供了一个免受处罚的辩护理由,是对应受谴责性的一种否定。[②]

一、法律上的错误(Mistake of Law)

所谓法律上的错误,是指被告人对自己行为的法律情况,产生了错误的认识。大致包括两种情况:(1)将合法行为误认为违法行为。例如,将正当防卫的合法行为误认为违法犯罪行为;(2)将非法行为误认为合法行为。例如,A 的妻子与 B 通奸,A 就与 B 的妻子强行发生性行为,A 认为自己的行为是合法的,实际上已经构成强奸罪。

如果被告人没有认识到自己行为的违法性,可以成为一个辩护的理由。例

---

① Hopkins v. State, 193 Md. 489, 69 A. 2d 456(1959).
② 〔美〕乔治·P. 弗莱彻:《刑法的基本概念》,王世洲主译,中国政法大学出版社 2004 年版,第 201 页。

如军人执行上级的命令,开枪将他人杀死,可以被视为一种执行命令的行为,不负刑事责任。例如战争时期,奉命向敌方的士兵开枪射击,或者向死刑犯开枪,都是执行命令的行为。南非有一个类似的判例。德国刑法对此规定的比较明确,例如联邦德国《军事刑法》第5条第1款规定:下级奉命而为的行为如果符合刑法的客观要件,只有在他知道或依具体情形明表表明该命令违法时,才负有罪责。联邦德国的法律将有罪的情况限制在明知或明显违法的情况下。这就要求法院查明军人在开枪当时,主观上是否认识到命令是违法的,或该命令的违法性是显而易见的。应该说,军人没有审查命令的义务,只有在他们毫不犹豫可以判断该命令违法的情况下,继续执行上级命令才会承担刑事责任。如果被告人明知开枪违法,毫无疑问应当承担刑事责任。但是对于什么是"明显违法"的情形,可能容易引起争议。

联邦德国最高法院1992年1月3日,对于两名边防部队士兵开枪杀人的上诉案件的判决,就具有典型意义。案件的事实是比较清楚的,1984年12月1日,一名20岁的东德年轻人在翻越柏林墙的过程中,被两名巡逻的士兵击中膝盖和背部,抢救无效后死亡。一审法院认定两名士兵有罪,两名被告以执行上级命令为由提出上诉。在当时的情况下,可以肯定得到了上级的命令,即不惜一切代价,包括以射击的方式阻止逃离行为。作为普通的士兵,他们如何判断该命令是明显违法的呢?在东西德对峙的情况下,翻越柏林墙的情况经常发生,开枪的事也时有发生,通常情况下,一般士兵也是这样做的。要想让士兵认识到该命令是明显违法的,显然不太容易。

但在1992年时,德国刚刚统一,东西方意识形态的对立,不能不说对案件的判决有一定的影响。德国最高法院主要以《公民权利和政治权利国际公约》的有关规定,论述了判决的理由。该公约第12条规定:"人人有自由离开任何国家,包括其本国在内。"第6条规定:"人人有固有的生命权。这个权利应受法律保护,不得任意剥夺任何人的生命。"法官还引用了刑法中的比例原则,认为国家为了达到某一目的所采用的手段必须是合理的、最缓和的,目的与手段之间必须存在一种协调关系。法院认为为了阻止不带任何武器、不会伤害其他人、除了逃出民主德国之外没有其他任何目的的逃亡者,而采取射杀的手段是不能允许的犯罪行为。对于一个国家或者国家领导人来说,也许应该是这样的,但是对于一个普通的士兵,当不执行上级命令会面临军法审判或者死刑时,要让其作出一个恰如其分的选择太困难了。你说他受到意识形态的禁锢也好,说他胆小懦弱不敢反抗上级命令也好,他们当时所处的环境就是如此,这就像海难事件中杀人为食的情况一样,确实有可以原谅的地方。笔者觉得,正是考虑到上述情况,德国最高法院虽然认为当时的环境不能成为士兵放弃独立思考的原因,不能因此引用法律上的认识错误而免责,但可以减轻处罚。考虑到被告人的出身、所受到的意识形态的教育、位于军事层级最低层的情节,判处两名被告人一年左右的有期徒刑,而且都获得了缓刑。

这个案例表明,在法律认识错误的情况下,即使在极端的情况下,不能完全免除被告人的刑事责任,也可以减轻处罚。

在过去的英美刑法中,不知法不能成为一个免罪的理由。例如,一个外国人和一个英国人进行决斗,将英国人杀死。他声称不知道英国刑法禁止决斗,就不能成为谋杀罪的辩护理由。一个醉酒驾驶的人,拒绝接受治安官员的酒精测试,他认为该官员不具有这项法律权利,也不能成为一个辩护的理由。

但是,假如一个人实施的行为,不是在犯意的支配下进行的行为,不知法就可以成为一个辩护的理由。例如损害他人财产要求有主观上的蓄意或者轻率,假如一个人真诚的认为被损害的财产是属于自己的财产,这就是法律上的错误,可以否定被告人的蓄意和轻率。一个煤矿的磅秤操作员,在过磅的时候,将一个超载司机的驾驶执照扣下,假如他确实以为自己拥有这样的法律权利,即便是错误的,也可以成为一个辩护的理由。

关键是确定法律要求的犯意是什么?假如法律并没有要求特定的或者相关的犯意,那么,对与被告人行为相关的那个犯意的错误认识,就不能成为一个辩护的理由。例如重婚罪是指在已经结婚的情况下又与他人结婚。如果被告人明知自己已经与 A 结婚,又想与 B 结婚,假如被告人说,他不觉得这是刑法禁止的行为,就不能成为一个辩护的理由。因为在已婚状态下,不需要证明被告人的犯意(不要求蓄意和轻率作为犯意的内容),只要与他人举行了第二次婚礼,就构成犯罪。除非被告人有合理的理由,相信自己以前根本没有结过婚,才可以成为一个辩护的理由。再比如,拐骗未成年的少女,是严格责任,法律不要求被告人知道被害人尚未成年,只要实施了拐骗行为就构成犯罪。这时,被告人就不能以不知道法律的规定,或者缺乏犯意而提出合法辩护。

二、事实上的认识错误(Mistake of Fact)

所谓事实错误,是指行为人对自己行为的事实情况,发生了错误的认识。事实错误可以分为很多种类,比如对象错误、手段错误等等。英国的司法判例和美国《模范刑法典》都将事实错误和蓄意、明知、轻率和疏忽等心理要素结合在一起,这种将刑法错误概念化的做法,目的是为了否定行为人的心理状态,以便免除被告人的刑事责任。

在有些情况下,法律特别要求具有某种心理状态才能构成犯罪,如果行为人发生了错误的认识,由于缺乏法律所要求的主观心理状态,就可以成为一种免责的理由。但是,要分别不同的情况,如果法律要求必须具有蓄意或轻率的主观心理状态,无论行为人的错误是否合理,只要主观上缺乏蓄意和轻率,就可以成为辩护的理由。例如盗窃罪要求具有占有他人财物的心理状态,如果行为人误将他人的财物当做自己的财物而将该财物拿走,由于缺乏盗窃罪所要求的心理状态,就可以免除盗窃罪的刑事责任。但是,如果法律将疏忽作为主观要素时,只有合理的错误才可以作为辩护的理由,因为一个正常的人是不应该犯不合理错误的,所以在疏忽的情况下,不合理的错误就不能成为辩护的理由。在严格责任的情况下,即使是合理的错误,也不能成为辩护的理由。

这一原则是英国法院在摩根一案中加以确定的。在这个强奸案件中,被告人真诚的,但却不合理的认为受害妇女同意与其发生性行为,法院认为这种错误也可以成为辩护的理由。而在过去的普通法中,只有真实的、合理的错误才可以成为辩护的理由,现在这一原则已经不再适用。例如,被告人认为自己的丈夫在一起海难事故中死亡,5年以后,她认为自己是个寡妇而与他人再次结婚。有的法官认为,她的错误是不合理的,因为重婚罪要求配偶失踪7年以后才可以重新和他人结婚。但多数法官认为,她的辩护理由可以成立。这就表明,无论是合理的错误还是不合理的错误,都可以成为一个辩护的理由。

在疏忽的情况下,被告人的错误必须是合理的,因为如果不是基于合理的根据实施的行为,就说明其本身是有过失的。例如,在过失杀人的情况下,如果被告人合理的相信自己的枪里没有装子弹,控告方也无法否定这一点,就应当宣告被告人无罪。反之,如果被告人主观上有疏忽,他的相信又不合理,就不能以错误提出合法辩护,而应认定为非预谋杀人罪。

在严格责任的情况下,错误不能成为一个辩护的理由。因为严格责任不要求行为人具有犯罪心理,他对事实的认识错误就不影响罪名的成立。例如拐骗未满16岁以下的少女,即使他合理的相信该少女已经年满16岁或者16岁以上,也不能免责。奸淫幼女的案件也是如此,无论被告人对被害人年龄的错误认识有多么合理,也不能免除刑事责任。

有些事实错误虽然不能免责,但可以减轻处罚。例如,对年龄的认识错误,在法定强奸罪中如果与16岁以下的少女发生性行为,构成一级重罪。但是如果被告人合理的相信受害人为16岁以上,又以结婚相欺骗而与之发生性行为的,就可以降低处罚的等级,是轻罪而不是重罪。美国《模范刑法典》还规定:如果错误的与未成年人发生性行为,受害人是16岁以下,行为人至多比受害人大4岁,行为人仅构成三级重罪,而不是一级重罪。

如果不能排除行为人的主观故意,错误就不能成为一个辩护的理由。例如被告人错误地认为自己正在杀死A,其实是在杀死B,这种错误就没有排除被告人主观上的杀人故意,所以不能以认识错误作为辩护的理由。但在确定罪名时可能会有不同意见。也就是说,是定一个谋杀罪,还是定一个杀人未遂和一个过失杀人罪呢?一般来说,行为人出于一个谋杀故意,实施了一个杀人行为,造成了一个死亡的结果,行为和结果存在因果关系,尽管死亡结果和预期的结果不一致,也应当认定为一个谋杀罪(既遂)。因为对于谋杀罪来说,法律并不以特定的对象和特定的结果作为构成要件,被告人无论是杀死 A,还是杀死 B,其法律性质都是剥夺他人的生命,就应当以谋杀罪论处。

大陆法系国家的刑法也有类似的规定,犯罪故意的认定,不以行为人的认识与实际发生的事实在具体细节上一致为标准,而应当以符合法定的构成要件为标准。行为人认识到犯罪事实与现实发生的事实在法定范围内一致,就能够认定对现实发生的事实成立故意,不需要心理事实上的具体的一致。甚至在一些杀人的案件中,被告人既杀死了预期的受害人,也同时杀死了一个完全无辜的人,被告人对无辜的人的死亡,也应当承担刑事责任。例如,被告人向受害人 D 开枪射击,子弹贯穿 D 的身体,又击中了 10 米远处的 F,造成两人当场死亡,被告人对于 D 和 F 均成立故意杀人罪。

对于走私罪也是这样,被告人以为自己正在走私香烟,而实际上走私的是红酒,行为的性质都是相同的,应当以走私罪定罪处罚。但是,如果被告人合理的认为箱子里装的是不需要纳税的普通货物,而实际上箱子里装的是香烟,由于行为人没有走私的故意,这种认识错误就可以成为一个辩护的理由。在实践中,尽管检察官自始至终都负有举证的责任,但是如果被告人不能出示可靠的证据,证明自己主观上没有故意或者轻率,陪审团往往倾向于作出有罪判决。可见,以认识错误提出合法辩护,要说服陪审团也不是一件轻而易举的事情。

至于什么是合理的错误,英国和美国的法官都没有能够作出明确的解释。一般来说,是根据人们的生活经验加以衡量,如果是常识能够说得通的理由,或者一个谨慎小心、遵纪守法的公民在一定情况下会发生的错误认识,就可以认为是合理的错误。

第十一章 共同犯罪

第一节 一般共同犯罪

一、正犯(主犯)

正犯(principal offender)是指直接实施犯罪行为的人。[1] 例如,在谋杀罪中开了致命一枪的人;抢劫罪中抢劫他人财物的人;强奸罪中实施强奸行为的人,或在盗窃罪中占有他人财物的犯罪分子。当然,可能存在两个以上的正犯,例如,两个人共谋杀害另外一个人;两个人共同实施抢劫行为等等。两个或两个以上的行为人可以构成共同正犯。他们出于某一犯罪意图,实施了共同的行为,这些行为结合在一起,导致了危害结果的发生。例如,两人合力将石头从山崖上推下,将被害人砸死。如果两个人都出现在犯罪现场,但是无法查明是谁实施了犯罪行为,英国刑法也有一套特定的处理规则。如果两人必有一人是正犯,另一人或者是共同正犯(主犯),或者是共犯(从犯),那么即使并不清楚真正的正犯(实行者)是谁,也可以不去追究谁是正犯而将两人都判有罪。但在这种情况下,两人必须都有正犯或共犯的犯意。

在一种情况下,实施犯罪行为的人并不是正犯,而是"无辜代理人"。如果与犯罪有最直接联系的人是无辜代理人,那么真正引起无辜代理人实施行为的人才是正犯。例如,A设置了一枚炸弹,如果有人接触就会爆炸。B,一个交通管理员无意中触及了这枚炸弹,引爆并炸死了路边的行人。在这个案件中,A是正犯,B只是一个不知情的无辜代理人。同样的道理,D企图杀死V,交给V的女儿一包毒药,谎称可以治疗V的疾病,V的女儿在不了解真相的情况下给V服用了毒药,导致了死亡的后果。对此,D应以正犯论处,而V的女儿只是一个无辜代理人。[2] 只有在V的女儿主观上也有犯意时,才可以将其视为正犯。如果D诱骗一个9岁的儿童从一个钱柜里偷钱,然后交给D。在这个案件中,D就是正犯,儿童不负刑事责任。但是,如果儿童年满10岁而且应当定罪,假如该儿

---

[1] David Ormerod, *Smith and Hogan's Criminal Law*, Oxford University Press, 2011, p.187.
[2] Anon(1634)Kel 53; Michael(1840) 9 C & P 356.

童有犯罪意图,他就是正犯,D 是从犯。① 根据法律,行为人在两种情况下会被视为无辜代理人:

(1) 没有行为能力,如未成年人或者精神病人;

(2) 没有犯罪意图,不知道行为的犯罪性质。②

上面两个例子,都符合第二种情况,属于没有犯意,不知道行为的犯罪性质。假如诱骗未成年人实施盗窃行为,则属于第一种情况。但如果行为人是出于被胁迫或者正当防卫,则不构成无辜代理人。

英国刑法中"无辜代理人"的规则,不应仅仅视为因果关系规则的应用。无论是交通管理员的行为,还是 D 案中女儿的行为,都不能被视为是在因果关系理论中打破了因果锁链的行为,因为他们的行为并不是在"意志自由、自愿、了解情况"的状况下实施的,因此并不是"新的介入因素"(novus actus interveniens)。同样,无辜代理人的行为并不能打破因果锁链,引发该结果的主要原因的行为人,应被视为正犯。

Cogan and Leak③ 一案就是一个明显的例证。L 劝说自己的朋友 C 与自己的妻子 L 夫人发生关系。L 欺骗 C,说到时候 L 夫人可能会反抗,但是那只不过是为了增强快感,并不是真的反抗。实际上 L 夫人根本不同意与 C 发生性关系。C 由于认为被害人同意发生关系而被判无罪。但是上诉法院认为 L 是强奸罪的正犯,而 C 是无辜代理人。这个案件能否适用无辜代理人原则是有争议的,批评者认为判决有两点矛盾之处。第一,当时的英国法律不承认婚内强奸,如果 L 被判决了他自己不能犯的强奸罪就有点匪夷所思,这就意味着女人也可以作为强奸其他女人的正犯(如果丈夫也可以判为强奸正犯)。第二,有些犯罪从字面上理解,不能由无辜代理人实施,强奸就是这么一种性质的犯罪,认为强奸可以由无辜代理人实施是不合适的,也是不切实际的。确实,有些行为是不可能通过无辜代理人实施的。若不用无辜代理人理论,而将人的行为定为促使(procuring)强奸更为合适。尽管该案受到了一些批评,但判决并未被推翻。在最近一些类似的案件中,公诉人用了促使强奸,而不是无辜代理人的规则。

二、从犯

根据英国 1861 年《从犯与教唆法》和 1977 年《刑法法案》的规定,所谓从犯

---

① Manley(1844) 1 Cox CC 104 In DPP v. K & B[1997]1 Cr App R 36, DC, it was said, obiter, that if D procured a child under 10 to have sexual intercourse without consent, D could not be guilty of rape because there would be no actus reus. That seems wrong:see [1997] Crim L. R. 121, 122. See also Mazeau(1840) 9 C & P 676.

② Other than duress:Bourne(1952) 36 Cr App R 125.

③ [1976] QB 217 [1975] Crim L. R. 584 and commentary thereon; David Ormerod, *Smith and Hogan's Criminal Law*, Oxford University Press, 2011, p. 234.

（accessory），是指协助、唆使、劝诱或促使主犯（正犯）犯罪，而自己不在犯罪现场的行为人。

试想一个三人犯罪团伙，试图抢劫一家银行，每个成员分工不同。A 负责组织，B 提供枪支，C 实施抢劫。若只处罚 C 显然是不够的。A 的危险性甚至更大。真正的实施者可能只是庞大犯罪机器上的一个小齿轮而已。因此，刑事责任的范围不仅仅限于实行犯，还包括了协助或鼓励他人实施犯罪的人。

英国刑法理论中有两种处理从犯的方法。第一种，法律处罚从犯是因为他们的参与导致了犯罪。如果没有他们的参与，犯罪就不会发生，或者至少不会在那个时间以那种方式发生。这种理论被称为"派生责任"（derivative liability），即从犯的责任来自于实际行为人的责任。第二种，相反的理论，处罚从犯是因为他们的协助行为本身对社会有害，与实际犯罪行为的因果链没有关系。这种理论试图将从犯责任与未完成罪进行类比，例如，教唆和未遂，因此该理论也被称为"未完成理论"（inchoate theories）。这两种理论的最主要区别在于，当行为人帮助他人犯罪，但该帮助行为又没有派上用场的情况下，若按"派生原则"理论，就不能认为行为人因其帮助行为而承担责任，因为实行犯的行为并非从犯的行为而引起。但是，若按"未完成理论"就可以解释。原来，英国的法律大部分"采用派生原则"。后来，英国法律委员会起草的刑法典，建议放弃"派生原则"而采用"未完成理论"。实际上，对这两种理论的衡量反映了这样一种倾向，即一方面不希望刑事责任的范围太大；另一方面，又想要很好地预防和阻止人们去协助犯罪行为。

从犯的犯罪行为包括四种情况，即帮助（abiding）、唆使（abetting）、劝诱（counselling）和促使（procuring）。

共犯的刑事责任受到两个限制。第一，共犯是在犯罪行为之前或者犯罪进行过程中，帮助或者鼓励正犯的行为。如果犯罪已经结束，就不适用这一规则了。第二，共犯只能存在于犯罪行为已经实施的情况下。不管如何帮助或者鼓励，如果正犯不去实施犯罪，那么共犯的行为只要不构成共谋（conspiracy）或者教唆（incitement），也不构成犯罪。另外，英国 1981 年《犯罪未遂法》第 1 条第 4 款明确规定没有共犯未遂。

根据英国 1861 年的《共犯与教唆犯法》第 8 条的规定，实施帮助、唆使、劝诱或者促使四种行为中的一种或几种行为，就可能被作为共犯处理。该条写到："行为人如果帮助、唆使、引诱或促使犯罪……就应当接受与共犯相同的审判、指控和处罚。"[1]

英国上诉法院认为，应当按通常意义来理解上述四个词的含义，帮助、唆使、劝诱或者促使，每个词都可能有其独特的含义。但是，想要辨别这四种行为并不

---

[1] Janet Dine, James Gobert, *Criminal Law*, Oxfort University Press, 2003, p.593.

容易。有的英国法官认为,处理共犯应当用混合的"帮助、唆使、引诱和促使犯罪"的概念,因为四者之间竞合的部分过多,关系并不十分清楚。

(1) 帮助(abiding)

帮助,这个词的实质意义是指帮助、支持或者协助,一般是给正犯(主犯)提供帮助,如提供犯罪器械、放风等。这种帮助无需应他人要求,也许正犯与帮助者之间并无任何联系。如一公司职员离开办公大楼时留了门,入室盗窃者进入大楼并实施了盗窃行为。在这个案件中,似乎雇员帮助了入室盗窃。但是必须要证明这种帮助在犯罪过程中是有作用的,即使是帮助的作用很小对于共犯的成立也足够了。在 Bryce 一案[1]中,行为人在杀手杀人的 12 个小时之前,将杀手运到被害人的住所附近,该行为绝对可以被认为是帮助行为。因为帮助者的行为是"可控的",犯罪的进行是可以预见的,并且在帮助行为以后,没有什么可以阻止犯罪行为的因素。

(2) 唆使(abetting)

尽管法律中使用了 abetting 这个词,但没人知道它是什么意思。唆使似乎包含了对正犯的鼓励(encouragement)与支持(support),但是唆使很可能只发生在犯罪进行中。唆使好像没有单独的意义,该概念被帮助(abiding)和劝诱(counselling)所覆盖了。

(3) 劝诱(counselling)

劝诱包括给正犯鼓励、建议和提供信息。无需证明犯罪过程是由劝诱导致的并与劝诱一致,但是要证明正犯的行为是"在劝诱的范围"之内。所以,如果 C 建议 E 杀 A,E 说"别担心,我本来就要干掉他",然后杀了 A。C 仍然可以被视为共犯。但是如果 E 没有杀 A,而是抢劫了 A,C 就不能作为抢劫罪的正犯。

在劝诱和实施犯罪之间必须存在某种联系,行为人必须认识到在实施相关行为时,得到了劝诱者的授意、鼓励或者同意。如果只是出于巧合,就不能认定为劝诱。例如,在 Calhaem 一案[2]中,正犯恰巧卷入了一场足球骚乱,在骚乱中他举起武器杀死一个他不认识的人,而这个人正是劝诱者让他去杀的那个人。按照审判法官的观点,正犯的行为并没有在劝诱的范围之内,尽管他的行为与劝诱者的劝诱正好一致。

这也就是说,如果是碰巧的话,即使客观结果与劝诱者的劝诱一致,但是正犯行为与劝诱之间的联系也过远了,他的行为并不源于劝诱者的劝诱。"派生责任"理论下的帮助行为与犯罪的关系,就是在这里遇到了瓶颈。

---

[1] [2004]EWCA Crim 1231. D would be liable for an offence under s 45 or 46 of the SCA 2007.
[2] [1985]Calhaem QB 808 CA.

(4) 促使(procuring)

促使,是指通过计划让某事发生,或通过合适的方式使某事发生。这意味着促使行为与犯罪行为之间必然有因果联系。例如,某共犯往正犯的饮料里加酒精,正犯喝了饮料后去开车。[①] 共犯就是促成了正犯酒后驾车,两者之间有因果联系。

Smith 与 Hogan 认为这四个概念的法律含义应该是这样的:

(1)"促使"要求因果联系,但无须双方的合意;

(2)"唆使"和"劝诱"要求双方的合意,但无须具有因果联系;

(3)"帮助"意味着事实上的帮助,但既不需要双方的合意,也不需要具有因果联系。

但是,在 Bryce 一案中,英国的帕克法官认为所有的共犯都要与正犯行为有因果联系。因此,上述三点中的(2)(3)并不一定就符合法律规定。

在英国刑法中行为人仅仅出现在犯罪现场,但并没有证据表明他对正犯有积极的支持或鼓励的行为,并不意味着构成帮助、唆使、劝诱和促使。但有两种情况,法律会将出现在犯罪现场,视为共犯的犯罪行为。

(1) 如果行为人出现在犯罪现场,本身就是对正犯的一种鼓励,就可以视为一种共犯行为。但是,必须证明正犯的确受到了共犯在场的鼓励。仅仅能证明一个旁观者愿意提供必要的帮助是不够的,必须证明这种帮助事实上鼓励了正犯。在 Clarkson 一案[②]中,被告是一位士兵,他在偶遇同僚强奸妇女时驻足观看,但没有出手阻止该强奸行为。由于没有证据证明正犯受到了他在场的鼓励,也没有证据证明他具有以自己的在场来鼓励强奸的犯意,他被判无罪,没有被认为是强奸的共犯。相反的,在 Wilcox v. Jeffery 案[③]中,被告参与了一个非法移民的萨克斯风表演,这个非法移民正是被告邀请来英国的。他在萨克斯风演员到英国之时与其见面,并出席演出、鼓掌叫好,这种行为对于该非法演出来说无疑是一种鼓励。法院认为如果被告参加音乐合唱时喝了倒彩或者用其他方法扰乱演出,那么他就不是共犯。陪审团可能从行为人在场推断出帮助,但是法律总体上在没有证据的情况下不愿意这么规定。

(2) 如果被告人有义务阻止正犯犯罪,但是他没有能阻止,其行为就有可能构成共犯。例如,在 Du Cros v. Lamborn 案中,车主被控超速。当然,如果超速的时候是他开车,那他肯定有义务保证不超速驾驶。但虽然他当时是乘客,作为车主,他还是有责任保证他的车不被非法驾驶。因为他在车里,又有责任阻止非

---

① Road Traffic Act 1972 § 6(1),now replaced by Road Traffic Act 1988 § 5.

② [1971]1 W L R 1402,C-MAC.

③ Wilcox v. Jeffery, [1951]1 All ER 464; David Ormerod, *Smith and Hogan's Criminal Law*, Oxford University Press, 2011, p. 200; Du Cros v. Lambourne [1907]KB 40.

法驾驶,就构成了共犯行为。英国上诉法院确定有责任阻止但是没能阻止犯罪就可以构成共犯,但要证明行为人是有意不去阻止(Alford,L. F.案)。

三、从犯(共犯)的犯意

从犯(共犯)的犯意问题非常复杂,一直都没有解释清楚[①],英国法院具有指导意义的判例也非常少,因此想把这个问题讲清楚并不容易。法学家的意见也有分歧,有时自相矛盾,但英国上诉法院在 Bryce 一案[②]的判决,被认为代表了现行的英国法律。总体来说,公诉人若要证明行为人是共犯则需验证以下几点:

(1) 被告的行为事实上帮助了后来的犯罪,即帮助、唆使、劝诱或者促成了正犯行为的发生。

(2) 被告是有意而为,意识到其行为能够帮助犯罪,也就是说从犯(共犯)的帮助行为不能是偶然而为。一名保安如果忘记关门,即使后来有人入室盗窃,保安的行为也不算共犯行为。[③]

(3) 被告行为时,他预见到正犯的行为是个"现实的风险"或者"现实的可能"。强调行为人的主观预见,即是否意识到正犯可能犯罪。无需证明被告想让或者故意让正犯去犯罪。也不必证明被告与正犯合意犯罪。但是被告必须预计有现实危险,而不是幻想正犯会去犯罪。所谓预见到正犯会犯罪,至少具备以下几点:

第一,正犯的行为符合犯罪行为的要求。要预见的是正犯的行为而不是结果。如果对正犯的行为没有预见就不是共犯。例如,Saunders and Archer 案[④],丈夫和其朋友 A 合意用一个毒苹果杀害妻子,但是妻子将这个苹果给了孩子。当孩子吃苹果时,丈夫选择了保持沉默,孩子被毒死了。在这个案件中,朋友 A 就不是谋杀孩子的共犯,因为他无法预见到一个父亲在孩子吃毒苹果的时候,会保持沉默而不加以制止的行为。[⑤]

第二,预见到犯罪行为的相关情节。强奸罪的共犯不仅需要证明被告预见到正犯会插入被害人身体,而且要证明被告预见到被害人不同意。同样,故意损坏财物的共犯不仅要预见到正犯会毁坏财物,而且要预见到财物是他人的。

但是,无需证明共犯预见到犯罪的所有细节。例如被告给正犯工具,被告预见到正犯将用该工具进行入室盗窃。在这种情况下,无需证明被告能够预见到

---

① See L C 305, at para 1.16 which sets out the many permeations of mens rea which the case law would support.
② [2004]EWCA Crim 1231.
③ See L C 305, para 2.49.
④ Saunders and Archer,(1573) 2 Plowd 473.
⑤ David Ormerod, *Smith and Hogan's Criminal Law*, Oxford University Press, 2011, p.213.

正犯在什么地点作案。相似的情况还有,被告用汽车将正犯送到某个地点,他预见到正犯将在该地点作案,但是不清楚正犯到底想干什么,在这种情况下如果正犯从事犯罪活动,被告就是共犯。

第三,预见到正犯有犯意。作为谋杀罪的共犯,被告必须预见到正犯会去实施杀害行为,或者将人杀死,或者致人重伤。如果被告帮助了正犯,但是只预见到正犯很可能会偶然的杀人。但是实际上正犯是故意杀害被害人,这种情况下被告就不是谋杀或过失杀人的共犯。但是,不清楚的是,假使被告预见到正犯会故意杀人,但是正犯却是在偶然的情况下将人杀死,对于共犯应当如何处罚呢?例如在 Howe 案中①,共犯的犯罪行为加上行为人的犯意可以构成更严重的犯罪。法官举例说:"A 交给 D 一把枪并告诉 D 说,该枪没有子弹,让 D 只管开枪去吓唬一下 X。但是实际上 A 知道,枪里的子弹是真弹,D 开枪杀死了 X,D 应判过失杀人。A 应该被判处谋杀罪。"

第四,要求被告必须故意帮助正犯,这是 Bryce 案最有争议的部分。许多法学家在该案以前从未想过这还需要证明,但是除非英国上议院推翻 Bryce 案,否则该案还是代表了法律。在 Bryce 案中,Potter 法官认为:

"如果指控被告是正犯的共犯,那么刑事法院就需要证明被告是故意协助(而不是阻碍或阻止)正犯,而被告也知道其协助的行为是正犯犯罪行为的一部分。"

他还认为无需去证明被告故意犯罪或有意想让正犯犯罪。但是,故意帮助与故意让正犯去犯罪的界限,他并没有解释清楚。也许下列两种方法可以加以区别:

(1) 试想正犯告诉被告"把我送到犯罪地,否则我杀了你",被告就范。该案中被告是故意帮助,但没有故意让正犯去犯罪。或者说,被告知道他在帮助正犯,但是他不在乎正犯是否会去犯罪。如果说 Potter 法官是这个意思,那么说"被告知道他的行为会帮助正犯",也许更清楚一些。

(2) Potter 法官说"而不是阻碍或阻止",这句话也许是区别的关键。如果被告帮助正犯,同时也预见到了正犯会去犯罪,那么或者被告是故意帮助,或者被告是最终要阻碍或阻止正犯(如报警)。换句话说,如果被告不能证明自己想要阻止正犯,他就将被认为是共犯。但是这种解释忽略了一种情况,即被告可能并不关心正犯最终是否去犯罪。②

按照上述意见,有些案件也无法解释。例如,聚会的主人给他的客人提供了

---

① [1987]AC 417,[1987]1 All ER 771.
② See Bryce 案, David Ormerod, *Smith and Hogan's Criminal Law*, Oxford University Press, 2011, p.203.

酒精饮料,并且知道这些人中有些人聚会后要开车回家,那该主人是不是帮助或者协助了酒后驾车呢?有人认为,聚会的主人无罪,因为是否酒后驾车的决定权在于饮酒者。正犯是否犯罪总是正犯自己决定的。因此,由于主人不是故意让客人酒后驾车,共犯的犯意就不能成立。

四、共同正犯

1. 定义

对于共同正犯(joint enterprises)与帮助、唆使、引诱或者促成之间的关系,曾经有过广泛的学术争议。所谓共同正犯,是指两个或两个以上的行为人共同犯罪。假如有共同正犯,而且两个人实施了犯罪计划,他们就会为彼此的行为负共同责任。适用这一规则的前提是行为人的行为必须经过合意(协调一致)。所以,如果一个行为人攻击受害人,一个陌生人看到了并加入攻击,就不是共同正犯,而是两个人都作为正犯,分别对自己的行为负责。[1] 这并不是说共同犯罪人在行为过程中需要明确表示同意,而是要求他们基于共同目的而一起实施犯罪行为。

如何区分共同正犯和共犯(帮助犯),是一个棘手的问题。例如,D 与 P 共谋盗窃,但在入室盗窃的过程中,P 被主人 X 发现,P 杀害了 X。D 和 P 是盗窃罪的共同正犯,这一点也许没有疑问,但 D 是 P 谋杀 X 的共同正犯吗?或者说 D 是谋杀 X 的帮助者或者协助者吗?有人认为,D 与 P 实施入室盗窃就表明他失去了"法律的同情",因此他就应该是 P 谋杀 X 的共犯。

英国上诉法院认为应该区分共同正犯和共犯,因为共同正犯的案件有自己的一套规则。最重要的一点就是公诉人无需证明被告故意帮助正犯。所以如果 D、P 入室盗窃,P 将主人 X 杀死,如果 D 已经预见到了 P 会杀人,那 D 就是共犯,无需证明 D 故意帮 P。如果 D 没有预见到 P 的行为,那么 P 的行为就超出了共同正犯的范围,D 也无需为 P 的行为负责。上诉法院的意见也许更为合理。

英国上诉法院在 R v. Powell, R v. English 一案[2]中,对共同正犯的法律总结了七条规则:

(1) 数人以重伤的故意一起攻击被害人,结果被害人受到了致命伤,他们应该对谋杀罪负刑事责任;但是如果这致命伤是其中某一人造成的,而其他人都没有预见到会这样,那么只有造成致命伤的行为人负谋杀罪的刑事责任。

(2) 在决定行为性质的时候,使用的武器是个重要因素。如果该武器能杀人,别人又没想到有人会使用这种能杀人的武器,那么就只有武器使用者对被害人的死亡负责。

---

[1] Petters and Parfit's case [1995] Crim LR501. Cf. Mohan [1967] 2AC 187. PC.
[2] R v. Powell, R v. English, [1997] 4 All ER 545, House of Lords.

(3) 如果几个或所有人都用了能够杀人的武器,那么即使他们用的是不同的武器,也不妨碍他们对被害人的死亡负责。

(4) 如果陪审团认定其他人对被害人的死亡不负责,他们还是要负故意伤害的刑事责任。

(5) 如果该致命凶器为数人中一人所带(制造),他人皆知其携带该凶器,则若用该凶器杀人,他人皆负杀人之刑事责任。

(6) 如果被害人死于一处致命伤,但又无法查出数个行为人中到底是哪一个人干的,那么,如果所有人都预见到了该凶器的使用,他们都要对被害人的死亡负责(see R v. Powell)。但是,如果没有人预见到该凶器的使用,那么他们就不负谋杀罪的刑事责任,而是按他们在该案中各自所犯罪名进行处罚。

(7) 仅仅证明数人均以重伤的故意攻击被害人,不足以让他们均对被害人的死亡负责,如果数人中仅有一人以重伤故意并使用致命武器,其他人对于死亡结果不负责任。[1]

2. 武器规则

从犯(共犯)如果知道正犯有武器,哪怕是共犯在犯罪前几秒钟才知道,那么就假定从犯(共犯)预见到正犯要使用该武器。这就意味着在入室盗窃案中,如果从犯知道正犯有刀,那么就假定他预见到正犯在犯罪过程中可能会用刀伤害他人。在 Powell and English 案中,Hutton 法官解释道:"如果主犯用的武器与从犯想象的不同,但是具有同样的危险性,从犯就不能因为武器不同而免责。"例如,从犯知道主犯有根木棍,但是主犯拿出一把刀捅了被害人。这两种武器完全不同,刀子是致命武器而木棍不是,因此被告也不能为该伤害行为负刑事责任。如果主犯拿出的不是刀子而是一根铁棍,那么铁棍和木棍属于一种武器,所以被告就可能被定为伤害行为的共犯。英国上诉法院在 Greatrex 案[2]中认为,判断主犯使用的武器与从犯想象的是否基本相同,则取决于陪审团的判断。

但在 Roberts and George 案和 O'Flaherty 案中,上诉法院又认为该规则只不过是一种假设,被告可以举证推翻这一假设,例如,虽然从犯知道主犯有枪,但是只知道该枪没有装子弹,或者只是用来吓唬人的,或者认为主犯在犯罪过程中不会遇到什么人,这样就可以证明从犯缺少必要的犯意,而不必对造成的后果负责。

五、共犯的撤出

如果被告帮助了正犯或者刚刚加入了共同犯罪,但他决定不想干了,他能够

---

[1] Janet Dine, James Gobert, *Criminal Law*, Oxford University Press, 2003, p. 623.
[2] [1998]Crim LR 733.

免除刑事责任吗？让共同犯罪人负责的标准很明确。需要具有退出共同犯罪的动机，并且无论如何退出共同犯罪的人，总比全程参与的人罪责要轻。如果团伙成员确实有效地退出了共同犯罪，那么他对于在他退出之后，该犯罪团伙所犯罪行一概不负刑事责任。但他还是要对他退出前的团伙所犯罪行负责（Robinson案）。

法律对于共犯何时能够退出共同犯罪有严格规定。只是逃跑是不够的，行为人必须毫不含糊地与犯罪脱离关系。例如，被告对正犯说"别干这事"，"别干傻事"；这些词语被认为是含糊不清的和不足以与犯罪脱离联系的。在O'Flaherty一案[①]中，Mautell法官认为：在谋杀罪中，"行为人要从该案中脱身必须用行动证明自己要从共同犯罪中脱离。这是事实与程度的问题，应该由陪审团来解决。尤其应当考虑，帮助和鼓励的本质，施加致命伤的紧迫程度以及退出行为的本质。"

仅在计划行动的当天没有出现是不够的，但是在犯罪两周前声明自己与犯罪已经没有关系，也许可以构成退出[②]。Bryce案认为，需要撤回行为人以前的帮助行为。曾经有人认为，如果攻击是一群人的自发行为，那么任何人都可以仅仅通过离开来退出犯罪。但是Robinson案则认为，即使是自发行为，如果行为人想要退出，也要与他人交流以切断与犯罪的联系。

在一个案件中，判断共犯没有参加或者没有继续参加，而让其对新的攻击负责，并不是件容易的事情。在Mitchell案[③]中，三人（A、B、D）攻击一个被害人，他们扔下武器，离开犯罪现场以后，被害人还跪在地上，D过了一会又返回来殴打被害人。对于D的后一种殴打行为，A、B都不是继续伤害的共犯。D回来的行为是新的犯罪行为，A、B都没有参与。但是在O'Flaherty案中，一伙流氓攻击一个青年，该青年设法逃脱了，但是这伙流氓中的几个人继续追着打他，终于将其打死。英国上诉法院认为，没有参与第二轮攻击的人，不应对导致被害人死亡的后果负责。上诉法院虽然建议陪审团确定第二轮攻击到底是第一轮攻击的延续，还是单独的新攻击，但同时建议陪审团应该主要考虑被告是否在第二轮攻击发生时，通过有效的退出脱离了这个流氓团伙。

有些英国学者认为，刑法中对从犯（共犯）犯意的要求似乎太过严格，特别是在主犯（正犯）的犯意只能是故意的案件中。例如，在谋杀罪中，主犯的犯意只能是故意，但是在共同犯罪中对于帮助了主犯的从犯犯意的要求，则只是预见到了杀人和重伤的结果可能发生，就可以构成谋杀罪。Steyn法官在P & E案中，试

---

① O'Flaherty [2004] EWCA Crim 526，[2004] Crim LR 751；applied recently in Mitchell [2008] EWCA Crim 2552 and Campbell [2009] EWCA Crim 50.
② Grundy，[1977] Crim LR 543；Whitefield,(1984) 79 Cr App R 36.
③ [2008]EWCA Crim 2552.

图从三个方面来调整上述观点。第一,如果从犯(共犯)预见到主犯(正犯)要谋杀他人,仍决定加入该共同犯罪,则从犯应承担谋杀的罪名。但他认为的预见,是指预见到致被害人死亡的行为和共犯的犯意,这就是说,谋杀共犯的犯意与轻率的过失杀人的主犯的犯意不同。第二,刑事司法系统是为了控制犯罪,该系统的主要功能就是公正有效的处理那些共同犯罪者。经验显示,共谋正犯很可能升级为更严重的犯罪。为了处理这一严重的社会问题,共犯的原则不能废止或放松。第三,Steyn 法官从现实的角度提出,"事实上,在大多数共犯犯罪的案件中,要找证据证明谋杀的故意几乎不可能。"尽管上述观点已被法律界所接受,但有人评论说,如果将预见到主犯(正犯)会过失杀人的从犯(共犯)也加以处罚,也许会更加符合原则,并且更能实现 Steyn 法官所提到的刑法的社会威慑功能(deterrence function)。[1]

六、美国《模范刑法典》关于共犯的规定

根据《模范刑法典》§2.06 的规定,如果被告人是他人实施犯罪中的共犯,即使他并未亲自实施犯罪行为,也构成共同犯罪。构成共犯,有以下几种情况:

(1) 教唆他人实施犯罪活动;(2) 帮助他人实施犯罪活动,包括同意帮助或者帮助未遂;(3) 没有采取适当的行动以阻止犯罪的发生[参见《模范刑法典》§2.06(3)(a)(i)—(iii)]。

在《模范刑法典》中,同意帮助的刑事责任更为严格。如果被告人曾经答应正犯,在其犯罪时提供帮助,但在正犯实施犯罪时或犯罪以后,都未提供实际的帮助,也未出现在犯罪现场,该名共犯仍然可能构成犯罪。但是,根据英国普通法,就不会被追究刑事责任。

如果被告人帮助未遂,也会被视为该案的共犯。例如,被告人提供给正犯一把刀子,以便其将预期的受害人杀死,但正犯杀人时忘记了带刀子,被告人仍然构成共犯。或者被告人在墙上打了一个洞,方便正犯进去杀人,但正犯直接从大门进去将人杀死,虽然没有经过帮助犯在墙上打的洞,他仍然构成共犯。

根据《模范刑法典》的规定,被告人主观上一般必须具有鼓励或者促使犯罪发生的主观目的。因此,如果被告人主观上是蓄意的,毫无疑问构成共犯。但是,如果被告人主观上的轻率或者疏忽具有可罚性,也可能构成共犯。这一点,似乎和英国普通法没有区别[参见《模范刑法典》§2.06(4)]。

共犯的刑事责任从属于正犯(主犯),正犯没有实施犯罪行为,从犯也不构成犯罪;例如,A 被控强奸罪的主犯,B 是从犯,后经陪审团审理,证明 A 没有实施

---

[1] David Ormerod, *Smith and Hogan's Criminal Law*, Oxford University Press, 2011, pp. 236—240.

强奸行为,B 当然也不能认定为强奸罪的从犯。但是,假如正犯因抗辩事由被宣告无罪,犯罪的事实依然存在,正犯的抗辩事由仅对其本人有用,对从犯无用,仍可以成立共犯。例如,A 帮助 B 作伪证,B 以受他人胁迫进行抗辩,获判无罪,而提供帮助的 A,仍然有罪。因为伪证的犯罪事实已经发生,B 因受他人胁迫而不构成犯罪,但 A 仍然要对自己帮助作伪证的行为负责,除非 A 也受到了他人的胁迫。①

过去的英国普通法,从犯的刑事责任,一般都轻于主犯的刑事责任。但现在美国模范刑法典的规定和司法实践,从犯的刑事责任可能重于主犯的刑事责任。例如,A 图谋促使 B 杀害 F,A 知道 B 的妻子和 F 有婚外情,故意在两人(B 的妻子和 F)发生性行为时,引诱 B 到事发地点,B 在被激怒的情况下,将 F 杀死。B 由于是激怒杀人,构成非预谋杀人罪。但是 A 由于事先有预谋,可能构成谋杀罪,刑事责任重于 B。②

如果在犯罪行为发生以前,被告人声明退出犯罪,并且采取切实的措施,完全消除了和其他共犯的关系以及对犯罪施加的影响,或者向执法机关告发该犯罪行为,或者以其他方法阻止该罪的发生,则不以共犯论处。③

第二节 有组织犯罪

一、有组织犯罪的历史

有组织犯罪是一种危害性很大的特殊的共同犯罪。它已经成为世界各国经历的最严重的社会问题之一。从欧洲到美洲大陆,从日本的东京到我国的港澳台地区,有组织犯罪以其严密的组织结构和等级森严的内部制度,通过实施赌博、卖淫和毒品走私犯罪活动,对社会施加垄断性的控制和影响。其经济上之富有,政治势力之强大,几乎已渗透到西方主要发达国家的各个行业,令人触目惊心,以至于犯罪辛迪加的主要倡导者之一迈耶·兰斯基自我夸耀道:"我们的力量比美国钢铁行业还要强大。"

有组织犯罪的历史由来已久。在欧洲,有组织犯罪可以追溯到 19 世纪初叶,而始作俑者就是臭名昭著的意大利黑手党。20 世纪 20 年代,随着意大利移民大量涌入北美大陆,黑手党在美国后来居上,得到了空前的发展和壮大。1919年 1 月,美国国会批准了《宪法第 18 修正案》,规定在全国境内禁止一切酒类的制造、运输和贩卖。然而,黑手党知道美国人是不能没有酒的,酒对于千千万万

---

① 参见《模范刑法典》§2.06(6)(a)。
② People v. McCoy, 25 Cal. 4th 1111, 108 Cal. Rptr. 2d 188, 24 P. 3d 1210 (2001).
③ 参见《模范刑法典》§2.06(6)(c)。

美国人是生活中须臾不可缺少的一部分。于是,他们将禁酒令视为天赐良机,悉心经营非法酒类业务。从这种非法贸易中获取利润之巨大,使得犯罪的组织者不惜花大价钱买通警察和其他执法人员入伙,参与帮派活动,使用暴力威胁和谋杀手段,以巩固自己的势力范围,从而大大发展了犯罪组织。第二次世界大战后,美国有组织犯罪的非法行当和投资趋于多样化,他们不仅以合伙的形式从事卖淫、毒品交易、走私等传统的非法活动,而且成功地控制了正规的、合法的商业活动的重要部门,包括房屋和道路的建设、银行界、水果栽培和劳务市场的主要部分。到了 80 年代,有组织犯罪的活动扩展到了国际范围,影响到千千万万合法公民的日常生活。

杰伊·罗伯特·纳什编著的《有组织犯罪百科全书》,对黑手党的情况进行了翔实的描述。他指出,今日的犯罪辛迪加已不再受昔日的黑手党头目控制,并且成为一种使用多种语言的组织,任何民族或种族的人都可以加入(但是其统治集团仍然基本上是白人和有意大利——西西里背景的人)。以黑人犯罪分子为例,他们开始重操 20 世纪 20 年代发源于纽约哈莱姆区的敲诈旧业(如彩票赌博)。随着 20 世纪 60 年代以来从墨西哥和南美洲向美国走私毒品的发展,来自上述地区的犯罪头目的势力已大大增强。因此,美国犯罪辛迪加被迫同诸如哥伦比亚麦德林贩毒集团及法国、(黑手党的发源地)西西里、日本等国的犯罪组织分享毒品的供应和分配渠道以及贩卖毒品的巨额收入。日本的犯罪集团"野寇崽"已经打入该国政要的最高层。

从 20 世纪从事 20 年代成千上万的意大利可可西里移民被犯罪集团头目当做奴隶,到被迫从事非法制造烈性酒和啤酒的酒精容器,犯罪辛迪加几乎打入了世界的每一个行业——从投币式自动售货机到餐馆桌布的清洗行业和录像带生产行业——有组织犯罪的历史充满了大规模谋杀、公共机构官员的全面贪污腐败、拥有巨大权力,这种似乎无可挑战的权力使约翰·戈蒂和萨姆·安东尼·卡利西分别坐上了纽约和芝加哥两个城市的犯罪辛迪加的宝座。除了联邦政府以外,犯罪辛迪加是美国势力最强大的组织,在开展阴险的犯罪活动的同时,他引起了公众对非法犯罪活动的好奇心。它在世界各地的犯罪同伙与它的手法出奇的一致,在很大程度上控制着各自国有的经济和政治命运——它同把人类从伊甸园赶到黑暗之中的腐败势力一样腐败。①

纳什的结论听起来有点天方夜谭,但却是今日欧美一些国家有组织犯罪的真实写照。

---

① 杰伊·罗伯特·纳什:《有组织犯罪百科全书》,帕拉贡出版社 1992 年版,第 271 页。转引自《世界反贪大会论文集》。

二、有组织犯罪的概念和特征

有组织犯罪的英文名称是 Orgnized Crime,迄今为止,国际社会对"有组织犯罪"的概念远未取得一致。美国总统司法和司法管理委员会将有组织犯罪看做是"企图在美国人民和他们政府的控制之外从事活动的群体"。[①] 现在,有人认为这个概念已经过时。里根总统于 1983 年设置的以考夫曼为首的调查委员会于 1986 年提出了一个题为"边缘:有组织的犯罪、商业和工会"的报告。这个报告没有把有组织的犯罪说成是一个庞然大物,而是把它说成为若干不同的犯罪组织。[②]

原苏联给犯罪组织下的定义是:犯罪组织是稳定的、具有等级制度的组织,它有两个人以上,至少有两层组织管理机构,其创立的目的在于有计划地实施牟利性犯罪并通过贿赂腐蚀的手段拥有或试图拥有一个自我保护系统。[③]

墨西哥法律汇编的定义是:"三个或三个以上的人按纪律及等级规则组织起来,以一贯使用暴力的方式或主要以获利为目的犯下我国法律认为严重的某项罪行。"[④]

澳门《黑社会管制法》的定义是:"非法组织的组成具有稳定性,以犯罪为目的及经由协议或其他任何事实,即如从事下列所指的一项或多项而显示其存在着,视为黑社会。"例如,贩毒、非法禁锢、诱良为娼及经营娼妓活动、对人或财物借口保护或以暴力或恐怖而取得财物利益、非法贷出财物、教唆或协助非法出、入境、经营非法幸运博彩或互相博彩和使用、佩带及保存违禁武器等等。[⑤]

从上述众说纷纭的定义可以看出,各国政府和犯罪学家对此具有明显的分歧,至今尚未能在国际上形成一个公认的、有权威性的有组织犯罪的定义。正如联合国秘书长在 1993 年的一项报告中指出的那样:"为有组织犯罪确定一个明确而又普遍能够接受的定义的一切努力已经失效。实际上,有关的资料文件曾提出许多不同的定义,但是没有一项定义能够获得人们普遍的接受。"

事实上,有组织犯罪虽然复杂多变,有许多不确定因素,但由于它的国际性和普遍性,也就决定了有组织犯罪必然具有某些相通的共同特征。如果我们从分析这些特征入手,也许有助于问题的解决。

1. 有组织犯罪没有意识形态目标,只追求最大限度地获取经济利益。这一点同激进的、主张政治改革的恐怖组织不同,传统意义上的恐怖组织一般是凭借

[①] 储槐植:《美国刑法》,北京大学出版社 2006 年版,第 164 页。
[②] 《有组织的犯罪:美国和西欧的比较》,载《英国犯罪学杂志》,1990 年夏季号。
[③] Criminal Organizations, Published by long Island University, p. 3.
[④] 《墨西哥反有组织犯罪的立法改革方案》,载《世界反贪大会论文集》,第 1 页。
[⑤] 参见《澳门黑社会管制法》。

暴力或其他策略制造恐怖事件,借以威胁、恐吓政府和公众,以达到政治和社会目的的团体。20世纪60年代意大利的"红色旅",就是通过制造恐怖事件,迫使当局采取极端的镇压措施,以达到"暴露国家制度的真面目"的目的。北爱尔兰共和军,也是通过爆炸、暗杀等暴力手段,迫使英国当局屈服,进而达到南北爱尔兰统一的目标。

  有组织犯罪不是政治性组织,他们一般是政治上的保守派,希望维持社会现状,反对任何激进的政治改革。他们虽然也采取一些政治性行为,与政府和司法机构中的腐败官员相勾结,但主要的用意不在于操纵政治运作,而是寻求保护和逃避法律的制裁。他们通过提供商品或服务,例如,赌博、卖淫、毒品走私,最大限度地捞取利润。或者采用掠夺式的方法,如抢劫、盗窃、诈骗、合伙敲诈,来获取尽可能多的赃款赃物。然后采用"洗钱"的非法手段,将获取的巨额利润向具有潜在商业价值的领域渗透,通过操纵合法经营来维护自己的既得经济利益。

  然而,也出现了一些相反的情况。在过去,大多数恐怖组织都视自己为政治活动家而非犯罪分子,这样他们就能得到包括某些政府在内的资助,尽管这使得这些政府一定程度上能控制恐怖事件的蔓延。冷战结束之后,一些政府终止了对恐怖组织的资助,这就使得恐怖活动突然失去了控制。新一代的恐怖主义分子不像自己的前辈肩负崇高的"理想"或"主义",受某些政府暗中的资助、操纵。他们一般受过良好的教育,在政治上更加狂热地信仰神秘主义、追求标新立异,仅仅出于向世界证明自身的存在,就可以把民众作为攻击目标而大开杀戒。1993年2月,恐怖分子用自制的炸弹制造了震惊世界的"纽约世界贸易中心爆炸案"。当年6月,9名暴徒涉嫌阴谋爆炸联合国总部、纽约林肯隧道而被警方拘捕。1995年日本奥姆真理教制造了惨绝人寰的东京地铁毒气案。随后,美国俄克拉荷马市中心政府办公大厦发生强烈爆炸事件,死168人,伤500多人,其景惨不忍睹。这几起恐怖事件都没有任何政治企图。滥杀无辜的心理禁忌一旦消失,恐怖事件在全世界蔓延就只是时间问题了。没有明确背景,没有明确目标,这些均表明恐怖主义已经进入了一个新的发展阶段。

  与此同时,有组织犯罪则从与政府官员和司法人员相勾结的过程中咀嚼到了巨大的甜头。他们一反常态,正在努力形成一种政治力量,一方面通过建立院外活动集团,一方面设法使他们的人被任命到行政部门的关键位置以打入政界。所有这些,使得为有组织犯罪确定一个精确定义的前景,变得越来越暗淡了。

  2. 有组织犯罪是一个永久性组织,具有等级森严的内部结构和组织纪律性。这是区分有组织犯罪和一般共同犯罪的重要标志。一般性共同犯罪,例如,我国所说的结伙犯罪,一般都是为了一个临时性目的而短时间地纠合在一起,实施一次或数次犯罪后就即行解散。有组织犯罪则具有长远的计划和目的,其犯罪组织是永久性的,组织成员,特别是核心成员基本保持稳定,犯罪行为有连续性，即不间断地从事犯罪活动。它们具有等级森严的内部结构，至少有三级或三级以上的垂直权力结构，上级对下级拥有绝对的控制权。美国的黑手党至少有24个内部结构极为严密的"家庭"，每个"家庭"有一个老板，一个助理，一些"副官"和大量的一般成员。每个"家庭"都是独立的，但是从势力最强的"家庭"中挑出的9—12个老板组成的专门委员会，可以通过协议来调停各"家庭"之间的矛盾和纠纷。纽约的五大"家庭"似乎是有组织犯罪中的最强有力的代表。

港澳台地区的黑社会也同样具有严密的组织结构。澳门的14K、香港的三合会、台湾的竹联帮，其内部结构达到6个等级，和美国、意大利的黑手党、日本的"山口组"基本一致。

有组织犯罪的成员大都经过严格的挑选，多数是基于民族、血缘、种族关系而集合在一起。美国和意大利的黑手党，其成员的祖籍多为意大利大陆和西西里岛的人。他们自成体系，企图不受社会约束而独立运作。成百上千的犯罪分子在像任何公司企业一样复杂、有条理、有纪律的机构里工作，受制于极严格的规章制度。这些犯罪组织中的首领，经常以暴力对付任何可能给他们带来威胁的人，无论是他们内部的告密者，还是商业上的竞争者或者警察和司法人员。犯罪组织的成员稍有差错，就可能招致杀身之祸。

3. 有组织犯罪活动的基本手段是恫吓、暴力和贿赂腐蚀。在有组织犯罪的历史中充满了血雨腥风，恫吓和暴力曾经是最常采用和得到普遍认可的手段，也是保持犯罪组织活力和实现其目标的重要因素，而且有些犯罪行为也必须依赖于暴力才能实现，例如，谋杀、敲诈勒索和强收"保护费"等。

随着社会的发展和变化，犯罪分子变得越来越精明。他们发现通过腐蚀贿赂政府官员，导致政治腐败，不仅可以更好地达到获取巨额经济利益的目的，而且也不容易暴露自己，比公开使用暴力要更安全有效。

有组织犯罪现在把目标更多地转向议会、政府和执法机构，在议员、政府官员、法官、检察官和警察中寻找"代言人"和"合作伙伴"，用贿赂的手段谋取非法利益。美国的毒品犯罪之所以难以治愈，是因为犯罪分子以数十亿美元的利润用于瓦解执法的努力。政府官员、执法人员和贩毒集团相勾结，毒品犯罪当然屡禁不绝。20世纪90年代在意大利开展的"净手"运动中，意大利政界丑闻迭起，政府高官纷纷落马。前社会党领导人克拉克西因接受黑手党贿赂被判处7年有期徒刑。曾任七届意大利政府总理的安德列奥蒂被控与黑手党有染而受到法院的传讯。

所有这些都表明，政府腐败是有组织犯罪得以生存的重要条件。没有腐败的议员、腐败的政府官员、腐败的执法人员，有组织犯罪就失去了生存的土壤，难以存在下去。

4. 有组织犯罪成立的宗旨是消除帮派争斗，加强联络，控制竞争。垄断是有组织犯罪的一个重要特征。香港、澳门的黑社会组织,最早就是为了垄断鸦片走私而设立的,凡加入黑社会的人将受到"保障",但必须将收入的一部分缴纳会费,否则将被解雇。

规模较大的犯罪组织都有自己的地盘和经营范围,像开设赌场、组织卖淫、毒品走私都不是一般人可以从事的"职业"。美国的黑手党在建筑行业具有垄断地位。纽约市的开发商、承包商和供应商都已接受了这样一个事实,黑手党的"服务"成了提供稳定或可预见性的"不好,而又少不了的"角色。① 在毒品市场上,由犯罪集团控制毒品的制造、进口和批发价格似乎可以维持在一个低水平上,这个市场上竞争较少,犯罪的垄断受到鼓励。

有人认为,犯罪集团通过垄断降低了费用,获得了"社会效益"。甚至假定那些提供服务或商品的人是"通情达理"和"讲道德"的人,不会作出攫取在经济上、社会上或政治上不适宜的"昧良心的利润"的决定。事实上恰恰相反,垄断的目标是提高而不是降低价格,有组织犯罪不是慈善机构,人们不能寄希望于他们的"通情达理"和"讲道德"。如果鼓励这一政策,就会发生严重的后果,即有组织犯罪的合法化和政府官员、执法人员的全面腐败,这绝非危言耸听。

5. 有组织犯罪不仅仅从事明显的非法活动和非法服务,而且还越来越倾向于经营合法的赢利活动。到20世纪80年代为止,美国黑手党已把它从赌博、卖淫,特别是毒品走私活动中获得的成百亿美元非法收入投到能够产生更多利润的合法经营中去。美国的黑手党如今已非常富有,势力强大,其触角几乎已伸进美国的各个行业。

美国一些最富有的罪犯住在高雅的郊区,经营着合法企业,过着安宁而体面的生活。他们常常是模范的家庭成员和慈善家,按时去教堂做礼拜,抚爱孙儿孙女,使人们很难将他们与犯罪组织的头子联系在一起。美国参议院调查州际商务犯罪特别委员会说:"几乎所有在本委员会作证的人或有黑手党嫌疑的人,要么否认自己曾听说过黑手党,要么否认自己是黑手党成员。"② 更有人声称,"全国黑手党"只是一个神话。不仅它的存在从未得到肯定的证实,而且与关于犯罪辛迪加的经验性研究得出的结论完全相反。由于这些原因,没有迹象表明在最近的将来,对有组织犯罪实行控制的努力会有实质性进展。

尽管如此,通过对上述特征的分析,我们仍然试图为有组织犯罪提供一个可供参考的定义,即有组织犯罪是指三人或三人以上,按照纪律和等级永久性地集合在一起,为最大限度地获取经济利益,采用恫吓、暴力和贿赂腐蚀的方法而实施的犯罪行为。希望这个定义能反映出有组织犯罪的基本形态。

---

① 《黑手党主宰纽约的建筑业:研究发现》,载《洛杉矶时报》1988年5月20日。
② 《刑法的实施》,芝加哥大学出版社1984年版,第159页。

从上述分析中可以看出,有组织犯罪是世界各国普遍存在的大规模犯罪,它正像癌症一样吞噬着整个社会,影响着千千万万个人的正常生活。这绝非耸人听闻、哗众取宠。只有对这种犯罪的性质采取现实主义的态度,认识到有组织犯罪和腐败现象的普遍性和严重性,才能应付这种挑战。

马克思主义关于经济基础和上层建筑的理论,相当正确地说明了有组织犯罪和腐败现象的社会和经济根源。贫穷的生活状况,拥挤的居住环境,教育的不平等和种族歧视,是造成大规模有组织犯罪的温床。无人过问和毫无希望,使饥寒交迫的穷人自然而然地成为有组织犯罪的掠夺对象和毒品贩子的理想顾客。要想彻底铲除现代社会的犯罪,就应当认真地对待社会问题。发展中国家固然应当通过发展经济,提高本国人民的生活水平,而发达国家的政府也应尽其所能,为贫困群众提供一个可供生存的生活环境,这是不能回避的事实。

有组织犯罪和政治腐败是一对孪生子。"在纽约的贫民窟中,赌博盛行,在那里成长起来的年轻人,把法律当儿戏。他们一生所见的是,警官到赌博场所来来去去,并从赌徒手中收钱……尽管要说所有的警官,或者甚至大多数警官,靠赌博业和贪污毒品致富,肯定不是事实。但是,大量市民相信他们就是这样做的,这就对警察当局有着极为巨大的损害作用了。"[①]

毕竟,当水门事件、伊朗门事件和白水案件的政府高官滥用职权,当纽约市长进行着幕后的金融交易,当孤立无援的穷人被迫向警察交付"保护费"时,政府和法律的威信怎会不受到令人难以置信的损害呢?普通的公民有理由问:"如果国家官员有理由腐败,我为什么不能?"公众对政府支持率的下降,为有组织犯罪提供了蔑视法律的借口,使政府乃至整个社会都付出不可估量的代价。严肃的对待政治腐败,对政府官员和执法人员进行道德教育,使他们遵行操守,自觉地将自己的一举一动置于法律的监督之下,是一个健康社会的文明标志。

对付有组织犯罪,应当采取严格的法律程序和异乎寻常的法律措施。国际社会通常的做法是:增加犯罪组织成员被提起公诉前的拘留时间,在可能的条件下断绝其与外界的联系;对提供合作者予以报酬和奖励;对犯罪组织中的合作者予以赦免或者减刑;保护证人;打入犯罪集团内部;在特殊情况下,经司法当局批准,用电子技术调查隐私或者进行行政性搜查,采取间接起诉的方法,例如用逃税法规,将无法以"实质性"罪名而起诉的犯罪分子逮捕归案;没收经非法活动获得一切财产或用来开展犯罪活动的一切财产。加强国际合作,打击跨国性有组织犯罪,不应允许意识形态的因素或者丧失国家主权的想法而阻碍国际警方的行动。

总之,国家乃至现时世界作为一个整体,肩负着消灭有组织犯罪的责任。而

[①] 本森等:《美国的政治腐败》,转引自《世界反贪大会论文集》,第 90 页。

达到这一目标最可靠的手段就是持续不断的道德约束和法律威慑!

第三节 恐怖主义犯罪

一、概念和特征

据史料记载,最早的恐怖主义活动可以追溯到古希腊和罗马时代。当时的历史学家色诺芬(公元前 403 年—349 年),就曾经论述过恐怖活动对敌方居民造成的心理影响。在 1793 年爆发的法国大革命中,主张恢复封建旧秩序的人,用恐怖手段杀了一批革命家。雅各宾派执政以后,决定用红色恐怖对付封建贵族阶级。法国国民公会通过决议,决定"对一切阴谋分子采用恐怖手段",以捍卫大革命的胜利成果。雅各宾派下台以后,敌对势力将他们的措施称为"恐怖主义",并被广泛使用。实际上,这与我们今天所认为的"恐怖主义"完全不是一回事。

第二次世界大战以后,恐怖主义得到了很大的发展,主要是由于旧殖民体系的崩溃,遗留下来一系列的宗教、民族和疆界问题,为以后的冲突埋下了隐患,给恐怖主义活动提供了活动的土壤。到 1968 年前后,恐怖主义已经成为国际政治斗争的重要手段。尽管研究国际恐怖主义的著作和论文层出不穷,但很难形成一个统一的看法和能被普遍接受的定义。由于世界各国在意识形态、政治利益上的不同,对国际恐怖主义的内涵和外延存在着认识上的巨大差异,带有高度的主观性,一个人眼里的恐怖分子是另外一个人眼里的自由战士。[1] 这样,就很难就恐怖主义得出一个最后的结论。

英国《简明大不列颠百科全书》的解释是:"恐怖主义是对各国政府、公众和个人使用令人莫测的暴力讹诈或者威胁,以达到某种特定目的的政治手段。"英国学者马莎指出:"恐怖主义是突发的暴力行为,意在威吓而不是毁灭对手。恐怖主义旨在通过袭击和威胁具有象征性重要意义的目标而影响对手的政治行为。它的牺牲者往往是平民百姓。"本杰明认为,"恐怖主义是蓄意的、有组织的谋杀,用以威胁和残害无辜者,使人们感到恐惧,以此达到政治目的。"《美国联邦法典》第 22 篇第 256 节,将恐怖主义定义为"次国家机构或者其秘密代理人,基于政治动机对非战斗人员实施有预测的暴力,意图对周围的人施加影响。"美国国务院的定义是:"由次国家组织或隐藏人员对非战斗目标(包括平民和非武装或不执勤上岗的军事人员)发动的、常常是想影响受众的、有预谋的、有政治目的的暴力活动。"[2] 2005 年联合国《全球反恐怖战略》的报告,将恐怖主义定义为:

---

[1] Beau Gross Cup, *The New Explosions of Terrorism*, New Horizon Press, 1998, p. 6.
[2] United States Department of State, *Patterns of Global Terrorism*, 1997, p. 6.

"出于恐吓社会、政府或者国际组织等的,而故意制造平民和非战斗人员死亡或者严重受伤的行为。"①

上述定义虽然各有不同,但对恐怖主义的基本特征还是认同的,主要表现在以下几个方面:

1. 恐怖主义具有政治目的和意识形态目标,这与有组织犯罪和普通的刑事犯罪具有明显的区别。包括两种情况,一种是有些集团、团体或组织为达到自己的政治目的,采取的以暴力为恐怖手段为特征的行为方式;另一种是鼓吹以暴力恐怖手段改变社会的政治思潮。

恐怖主义希望制造轰动效应,以吸引社会大众的注意力。恐怖活动主要不是恐吓或威胁直接的受害者,而是试图影响政府和社会大众。他们为什么要千方百计的引起公众的注意呢?主要目的是企图改变公众的观点,让世人注意到他们的存在。他们认为,即使受到社会舆论的谴责,也比默默无闻好得多。一旦他们成为公众注意的焦点,就可以公开宣布自己的政治主张,并且对国家和政府施加影响。

因此,认定恐怖主义犯罪,重要的是行为,而不是目的或动机,关键是他们使用的手段和伤害的对象是不能令人接受的。进入 21 世纪以后,恐怖主义犯罪发生了新变化,新一代的恐怖分子往往不将自己视为政治或社会活动家,仅仅为了标新立异,就可以大开杀戒。因此,许多学者主张淡化政治目的,强调其社会危害性,这一观点似乎正被国际社会所接受。联合国的一份文件中曾经指出:"事业的合法性并不意味着使用暴力方式也是合法的,对无辜者使用暴力尤其如此。"

2. 恐怖主义最常采用的手段是以暴力或暴力相威胁。几乎每一种恐怖主义的定义都认为恐怖主义是一种暴力行为。恐怖主义的暴力是蓄意的、故意施加的。一些组织性较强,目标明确的恐怖分子通过策划暴力事件,将他们的政治主张和意图传达给特定的社会团体。因此,恐怖组织与一般的刑事犯罪不同,他们不仅注重暴力事件本身,而且注重这种暴力事件所形成的社会影响。

当然,对什么叫暴力可能有不同的理解。有人将恐怖与镇压作为一个对偶概念。恐怖是弱者对强者使用暴力,而镇压则是强者对弱者使用暴力。当弱者不能以合法方式改变社会现状时,就只能采取极端的暴力手段了。持续几十年的巴勒斯坦和以色列之间的冲突,使用人肉炸弹就是一个明显的例证。巴勒斯坦方面将以色列的镇压行为,视为国家恐怖主义,仅 2000 年一年,以色列就对巴勒斯坦哈马斯实施了 159 次定点清除,杀死 311 个巴勒斯坦人。这显然具有暴力袭击的性质。

---

① 《安南就振兴联合国提出具体计划》,中国新华通讯社,2005 年 3 月 20 日。

3. 恐怖主义具有极大的破坏性。恐怖分子具有一种心理，即认为他们所攻击的那个社会的所有成员都是有罪的，因此任何人都可以成为被攻击的对象，即使受害人是完全无辜的，为了神圣的目标也在所不惜。

在现实生活中，恐怖分子的活动也的确如此，为了实现自己的政治目的，他们可以袭击民航客机、酒店、公共设施和其他公共交通工具，杀害大量的平民百姓，造成的破坏难以估量。例如，2001年"9·11"事件，不到一小时就造成3000多人死亡，直接经济损失7000亿美元。这种大规模的破坏活动，是任何普通刑事犯罪都无法比拟的。

4. 恐怖主义暴力具有不可预测性。特别是有组织有计划的大规模恐怖活动，具有极强的隐蔽性，一般人很难发现或预料，有的准备活动可能长达数年。何时何地会发生恐怖活动？恐怖袭击的目标是谁？恐怖活动以何种形式进行？所有这些在恐怖事件发生之前，都是一个未知数。这种隐蔽性和不可预测性，大大加剧了恐怖主义的暴力效果，给对方人员精神上和心理上形成巨大压力，造成一种最有利于自己的、讨价还价的社会局面。

5. 恐怖主义的袭击目标均具有象征性意义，也就是说，这些受袭击的对象不是任意选择的，而是经过仔细筛选的。它们往往因为自己的身份、地位或者所处的位置和地点，具有某种政治上和经济上的象征意义。1981年埃及总统萨达特在阅兵式上被枪击身亡，极右派的伊斯兰极端分子之所以选择萨达特作为袭击目标，是由于在当时他主张阿拉伯世界和以色列实现政治上的和解。以色列工党领袖拉宾遇刺身亡，也是由于相同的原因，只不过他是被以色列右翼所暗杀。1984年当时的英国首相撒切尔夫人在出席保守党年会时，受到北爱尔兰共和军的袭击，差点丧命。这是因为撒切尔夫人代表了英国对爱尔兰共和军的强硬路线，主张镇压爱尔兰共和军。2001年9月11日美国纽约世界贸易中心受到攻击，是由于这个双子座大楼身处纽约华尔街，是美国经济的象征。摧毁它，就可以使美国经济雪上加霜，极大的打击人们的信心，引起社会的大恐慌。

一般认为，应将恐怖主义同战争行为加以区别。二者虽然都是通过暴力手段迫使敌方屈从于自己的意志。战争的主要打击对象是战斗人员和军事设施，而恐怖主义打击的对象则是平民和非武装人员。但是，自"9·11"事件以来，这两者之间的界限也日趋模糊，美国布什政府就公开宣称，美国现处于战争状态，其战争对象就是恐怖主义犯罪分子。的确，在现代武装冲突中，往往伴随着大规模的种族清洗和大屠杀。例如，在波黑和卢旺达发生的那些情况。成千上万的人被杀害，数百万人流离失所，无家可归。战争和恐怖主义交织在一起，两者之间的界限也确实难以区分了。

二、立法状况

1. 美国。2001年10月24日,美国国会制定了《使用适当手段阻止或避免恐怖主义以团结和加强美国法》(Uniting and Strengthening America by Providing Appropriate Tools Required to Intercept and Obstruct Terrorism Act of 2001)。该法案共10篇156节,将《移民与国籍法》《国家安全法》《外国情报监测法》《联邦犯罪与刑事诉讼法》《银行保密法》《犯罪鉴定技术法》《国民教育统计法》《对外援助法》《刑事调查法》《陪审法》进行修改和补充,形成了一部综合性的防治恐怖主义法典。

这个法案以防止恐怖主义的目的扩张了美国执法机关的权限。根据规定,执法机关有权搜索电话、电子邮件通讯、医疗、财物和其他种类的记录;减少对于美国本土外国情报机构持续监测的限制;扩大美国财政部长的权利以控制、管理金融方面的流通活动,特别是针对与外国人士或政治团体有关的金融活动;加强警察和移民局官员,对于居留、驱逐被怀疑与恐怖主义有关的外籍人士的权力。特别引人关注的是,法案要求公共和私营组织提供与国土安全相关的信息,而这种做法被认为践踏和侵犯了公民的隐私权。

这个法案重新定义了恐怖主义的含义,认为恐怖主义"主要是在美国领域内实施的、违反美国联邦或者任何一州的刑事法律的、危及人类生命的行为,意在威胁或者胁迫平民百姓、或者通过威胁或者胁迫影响政府的政策,或者通过严重破坏、暗杀或者绑架影响政府的行为"。① 当然,国际恐怖主义也包括在内。

此外,《爱国者法案》第215条规定:美国执法部门有权对任何恐怖主义活动有关的信息进行调查,这个条款是美国国家安全局实施大规模公民通话数据搜集的法律依据。但是,自美国情报人员斯诺登披露监听项目以后,社会各界对美国政府大肆侵犯公民隐私的行为提出了强烈批评。该法案第215条于2015年6月1日失效,为了在继续反恐的前提下,回应公民关于个人隐私权的诉求,美国又于2015年制定了《美国自由法案》(USA Freedom Act),旨在终结国家安全局大规模搜集公民通话数据的做法,要求将储存通话元数据的责任移交给通信公司。美国国会经过艰苦的辩论,于2015年6月3日以63票赞成,32票反对的结果,通过了该法案。《美国自由法案》规定:情报组织在进入运营商电话数据之前必须要获得一份(外国情报监控法案FISA)法院提供的许可文件。这个法案的目的是限制美国政府的大规模监控计划。但是必须指出,这个法案只是制定美国国家安全局(NSA)在美国国内的行为准则,而对其在全球范围内的各种监听行为则没有约束力,这直接导致了美国政府可以继续在世界范围内对各国

---

① 储槐植、江溯:《美国刑法》,北京大学出版社2012年版,第157页。

政府和政府要人进行放肆的、不受约束的大规模监听。

2. 英国。1976年针对北爱尔兰地区的情况,制定了《防止恐怖行为法》,该法第1条规定:任何人(1)参加或声称参加一个被禁止的组织;(2)为一个被禁止的组织寻求赞助、募集经费或者故意地给予或者接受任何对该组织的财物捐助;(3)明知会议是支持或鼓励被禁止组织的活动,或由一个参加或声称参加这个组织的人演讲,而安排、支持安排或召集这样的三人以上的会议或在会议上演讲;那么,这个人就构成了恐怖罪,可以被处以5年以下监禁或者单处罚金;也可以并处监禁和罚金。

该条法律还规定:假如一个人参加了一个被禁止的组织,但是他只要能够证明,他是在该组织被禁止以前参加的,而在该组织被禁止以后,他就没有参加该组织的任何活动了,就不构成恐怖罪。

1976年的法律还规定,明知或者相信某一情报,对于制止发生在联合王国和北爱尔兰有关的事务中的恐怖行为,或在保证对一个实施涉及这样的恐怖行为的犯罪的人逮捕、控告或定罪有着实际帮助,没有合理的原因而不报告这一情报;故意地违反或不遵守根据法律发布的关于不准进入大不列颠或北爱尔兰的命令,以及不遵守根据法律发布的关于不准离开大不列颠的命令等行为,也构成恐怖罪。①

2001年12月9日,英国又制定了《反恐怖犯罪及安全法案》,禁止从事恐怖活动的境外组织将英国作为基地,从事非法筹款、煽动民族宗教仇恨、制造暴力等犯罪活动。② 这个法案还赋予了执法部门不通过审判就可以无限期拘留外国恐怖犯罪嫌疑人的权利,并将审前羁押的期限从48小时提高到7天,这个权利一直受到欧洲人权法院的质疑。2005年又制定《预防恐怖主义法》,规定内政大臣享有发布"控制令"的权利,可以对恐怖主义犯罪嫌疑人的生活和行动加以限制。2006年和2009年的《反对恐怖主义法案》,延长了对恐怖主义犯罪嫌疑人审前羁押的期限,从原来的7天延长到28天。③

---

① 〔英〕鲁伯特·克罗斯:《英国刑法导论》,赵秉志等译,中国人民大学出版社1991年,第309页。
② 《各国及联合国反恐怖主义法规选编》,时事出版社2002年版,第96页。
③ Diane Webber, "Extreme Measures: Does the United States need Preventive Dention to Combat Domestic Terrorism?", *Touro International Law review* 14, No.1, 2010, pp.149—155.

第十二章 未完成罪

在英美刑法中,刑事犯罪中的从犯,可能会因自己在犯罪之前的帮助行为承担刑事责任。但是如果主犯没有犯罪或者犯罪未遂的话,他就不必承担责任。这样,法律就可能存在严重缺陷,因为只有主犯(实行犯)犯罪的时候,从犯才承担刑事责任。这就可能意味着警方对于 X 意图伤害 Y 的案件,他们就得在阻止犯罪和起诉 X 之间作出选择。很明显我们不能起诉一个只是在头脑中梦想着犯罪计划的人,但是一旦他开始将犯罪计划付诸实施时,法律是否要介入就值得讨论了。例如,在下列一组事件中:(1) X 头脑中有个计划,想要进入 b 银行盗窃;(2)他找到了 Y 并且告诉了 Y 他的计划;(3)他请 Y 帮他找一个开车帮他逃离现场的人;(4) Y 同意帮他并一起制订了一个计划,还找到 Z 做他们逃跑时的司机;(5)在案发当夜,他们破坏了外围的报警装置并开始强行打开一道门;(6)他们进入了银行。

很明显在阶段(1)并没有犯罪,因为任何法律都不惩罚思想犯;即使是在阶段(2),虽然 X 将自己的犯罪计划告诉了 Y,但是这还是离实施自己的犯罪计划相距甚远,依然不构成犯罪;但是在阶段(3),他过界了,他试图劝说 Y 加入他的犯罪计划,犯了教唆罪;在阶段(4),XYZ 三人构成了入室盗窃的共谋犯罪。在阶段(5),如果他们被发现,就应当承担盗窃未遂的刑事责任。而在阶段(6),当他们进入他们意图盗窃的银行时,他们就实施了完整的入室盗窃行为,达到了盗窃的既遂状态。①

有一点需要特别指出,这些犯罪并不是抽象的,刑事指控必然指向某个具体的、完整的犯罪。因此不能简单说指控"某人共谋""某人教唆"等,而应当指控"某人共谋谋杀、共谋盗窃",或者指控"某人教唆谋杀、某人谋杀未遂等"。

在英国,共谋和未遂的法律在过去的几年中经历了立法改革,但是教唆主要还是普通法的产物。

第一节 教 唆

教唆,是指引起他人犯罪意图的行为。在英国,第一个关于教唆的案例发生

---

① Theft Act §9(1)(a) and §9(1)(b). Alan Reed, Peter Seago, *Criminal Law*, Sweet & Maxwell, 1999, p.478.

在1801年,一个叫希金斯的人唆使一个佣人去盗窃其主人的财产,遭到佣人的拒绝。教唆罪的罪名由此产生。美国第一个教唆罪的判例是1843年的莱勒斯案。和英国刑法有些不同,美国的大多数州还是将教唆视为一种不完整的犯罪,而少数州却将教唆行为作为共犯处理。

我们说,如果某人大脑中形成一个杀人或盗窃的意图,即使他将该意图告诉其他人,也不会构成杀人罪或盗窃罪。但是当他极力劝说、引诱、鼓励他人从事某种犯罪行为时,他就可能构成犯罪。① 因此,教唆的基本构成就是劝说、引诱、鼓励他人犯罪。教唆的方式可以是明示的,也可以是暗示的。英国的 Kenyon 勋爵在希金斯一案中曾经正确地指出:"有人说仅有作奸犯科的意图而没有行为并不是犯罪,但是当被告唆使他人去犯重罪时,这难道还不是一个行为吗?"② 因此,即使被教唆者没有犯罪,教唆者也可能构成犯罪。在普通法中,教唆是一个轻罪,即便教唆他人犯重罪也是如此。教唆罪的构成要件是:

一、犯罪行为

公诉人必须证明被告从语言或行为上鼓励他人犯罪。若被教唆者犯罪,教唆他人犯罪者将成为共犯,反之,则不一定成为共犯。如果 X 给 Y 一把枪,让他去杀 Z,X 是杀人行为的共犯,但并不一定就是教唆犯,因为教唆需要行为人唆使他人犯罪。因此,如果 Y 找 X 要枪,并告诉他还在犹豫是否杀掉 Z,这时 X 试图让 Y 打消顾虑,鼓励他去实施杀 Z 的行为,X 将立即犯下教唆罪。如果 Y 听从 X 的教唆,实施了杀 Z 的行为,X 还将构成谋杀罪。③

劝说行为可以是言语上的劝说,也可以是行为上的劝说,可以是鼓励也可以是威胁。④ 这方面经常引用的一个定义,就是丹宁勋爵在 Race Relations Board v. Applin 案中所提出的"教唆意味着通过建议、鼓励、劝说、促使或激发他人犯罪。"⑤ 教唆者试图通过劝说或施压来影响他人,使他人犯罪。Marlow 案⑥,点出了教唆的本质问题。在这个案件中,被告写了3本如何种植和处理大麻的书。他的书共卖了500本,其中有些顾客按照书中写的方法种植了大麻。由于他写

---

① Law Commission, *Assisting and Encouraging Crime: A Consultation Paper*, No. 131, (1993) pp. 64—73.

② (1801) 2 East 5, p. 170.

③ Specific statutory forms of incitement include in citement to murder contrary to s. 4 of the Offences Aginst the Person Act 1861 or the Incitement to Muttiny Act 1797 or the Incitement to Disaffection Act 1934.

④ Hendrickson, (1977), Crim. L. R., p. 356.

⑤ [1973]Q. B. 815, at 825. Although the actual case itself focused on the statutory offence of incitement to racial hatred under s. 12 of the Race relations Act, Lord Denning's definition has been generally accepted as applicable to the inchoate common law offence.

⑥ [1997]Crim. L. R., p. 897.

作并出版该书,他被指控教唆他人犯罪,触犯了1971年《滥用药物法》第19条的规定。一审法院定罪后,被告人提出上诉,理由是没有证据显示被告教唆任何人去犯罪。但是上诉被驳回了,上诉法院认为,Marlow通过鼓励的方式唆使他人犯罪或者参与犯罪活动,他的行为已经构成教唆。

Marlow案的判决表明,教唆可以针对特定人,也可以针对不特定人,甚至可以针对全世界。例如,在Most案中,被告在伦敦一家报纸上发表文章,唆使读者效仿俄国起义中的领袖杀死国家元首。这样的行为被认为是教唆谋杀的法定犯,触犯了1861年《侵犯人身法》第4条的规定。

另一个认为教唆可以针对不特定人的案例是Invicta Plastics v. Clare案。[1]该案还认为教唆可以以暗示的方法实施。该案中,被告在一个摩托杂志上做广告,宣称他们制造的设备"雷达探测器",可以探测到半英里内的无线电信号,并高声发出警报。它探测的信号频率范围覆盖了业余无线电台,机场,警方的超速雷达探测器。而实际上它的作用就是为了反警方的超速雷达探测器。该公司被认定教唆该杂志的读者使用没有执照的无线电仪器,违反了1949年的无线电法的有关规定。Invicta Plastics被指控以暗示的方法鼓励全世界从事犯罪活动。[2]相似的案件还有James and Ashford案,被告人提供给房东一个"黑匣子",而其设计用途就是从事电子仪器的偷拍活动,促成了电子仪器的滥用,这样的行为也可以构成教唆。[3]

教唆的前提并不是教唆者成功地说服被教唆者去犯罪,而在于如果被教唆者实施了该行为,就会构成犯罪。例如,A教唆B去盗窃,B如果接受了教唆去盗窃他人财物,就构成盗窃罪。但在有些情况下,被教唆的人虽然实施了某种行为,但不一定构成犯罪。例如,在Whitehouse案中,被告教唆自己15岁的女儿与其乱伦。但是根据1956年《性犯罪法》的规定,16岁以下的女孩同意与其乱伦不构成犯罪,结果教唆者的有罪判决也被撤销了。[4] 1977年的《刑法法案》弥补了这个法律上的缺陷,规定教唆自己16岁以下的孙女、女儿和妹妹与自己乱伦的,是乱伦罪的既遂行为。这个案件涉及被害人是共犯的问题。如果立法者的意图是保护某一特殊群体,那么该群体中的个体就不应当成为共犯,即使她同意成为该犯罪案件中的受害人,她同样也不能构成教唆罪。[5]

---

[1] Invicta Plastics v. Clare,[1976]Crim. L. R.,p.131.
[2] 该广告上是一幅画,画上是通过车的挡风玻璃看到的一条公路,挡风玻璃连着探测器,而路的前方就是限速标志。
[3] Alan Reed,Peter Seago,*Criminal Law*,Sweet & Maxwell,1999,p.276.
[4] The age of 16 is crucial since §11(1) of the Sexual Act 1956 provides:"It is an offence for a man of a woman of the age of 16 or over to permit a man whom she knows to be her...father...or son to have sexual intercourse with her by her consent."
[5] Alan Reed,Peter Seago,op. cit.,p.155.

Whitehouse 案①中所持的观点,是教唆者教唆的行为必须是犯罪行为,否则就不构成教唆。例如,一个被告教唆其养子与被告的妻子,即孩子的母亲乱伦。在当时,即 1993 年性犯罪法没有修改之前,14 岁以下的男孩不能犯任何与性交相关的罪。② 因此,对于教唆 14 岁以下男孩乱伦的行为,存在着法律上的空白,该男子不能因为教唆他的儿子乱伦而构成犯罪,因为男孩的行为并不是犯罪。但是,该名男子最终没有逃脱法律的制裁,法官认为根据 1968 年的性犯罪法,他教唆妻子乱伦是构成犯罪的,这个法律的目的是保护孩子不受母亲的性侵犯。

二、犯罪意图

与共谋和未遂一样,教唆要求被告有犯罪意图。公诉人必须证明被告有如下故意,即作为他劝说的结果,被教唆者实施的行为将可能是犯罪行为,被告需要知道所有构成犯罪行为的情节,包括正犯(实行犯)的必要犯意。教唆者有意造成犯罪结果,这一点非常重要。另外就是需要教唆者劝说,或者对被教唆者施加压力。

关于教唆的犯意与 Curr 案③和 Shaw 案④有关。在该案中,被告以低价从家庭津贴证的持有人那里将证买入,作为他给各持证人借款的担保,然后又派了不同的女人以他的名义将证套现。Curr 被指控教唆他人实施了违反 1945 年家庭津贴法有关规定的行为。该罪的特征是禁止个人在明知不该被偿付的情况下,以家庭津贴的方式接受偿付。这就是说,这些女人必须对自己做的事是犯罪,在主观上有明确的认识,否则就不构成犯罪。Curr 的有罪判决被上诉法院撤销,因为无法证明这些女代理人知道自己不该去收这些钱。这意味着 Curr 并不知道该罪的所有情节,也就无法证明他完全符合教唆罪的所有构成要件。上诉法院在这里给教唆的犯意增加了一条要求,这完全是画蛇添足。前面已经说过,教唆并不要求被教唆者实施了被教唆的犯罪行为或者具有实施犯罪的意图。因此被教唆者的主观心理态度并不重要。问题本来应该很简单,那就是被告是否知道,犯罪行为一旦实施,被教唆者是否具有实体犯罪所要求的犯意。应该是只要教唆者自己认为被教唆者有相关犯意,就可以给教唆者定罪了,而被教唆者实际上有没有犯意并不影响教唆者的刑事责任。

Shaw 案中的判决更显示了英国上诉法院分析上的混乱。该案中,被告 S 唆使同事 K 以通过诈骗他们老板的形式来获取财物。S 故意促使 K 接收伪造的发票,以显示公司发票系统的漏洞,他希望通过揭穿该阴谋来获得尊重和提

---

① [1995]Q. B. 203.
② §1 of the Sexual Offences Act 1993.
③ [1968]2 Q. B. 944.
④ [1994]Crim. L. R. 365.

拔。他没有告诉 K 自己的计划,但他确实准备这么做。上诉法院撤销了对他的有罪判决。理由是教唆者必须有犯罪既遂的故意,陪审团应当考虑被告是否以牟利为目的,想要永久剥夺他人的财产。上诉法院的分析有问题,它混淆了教唆的犯意和实体犯罪既遂状态下的犯意要求。实际上 S 被指控的是教唆的罪名,而不是诈骗的罪名。这就意味着,"需要证明 S 想要 K 实施犯罪行为,但不需要证明 S 有实施该犯罪行为的故意。"①

英国法律委员会起草的《刑法典草案》澄清了在上述问题上的混乱。与 Curr 案相反,该草案不要求教唆者有实施犯罪行为的犯意。Shaw 案中犯罪既遂和未完成罪之间相混淆的问题也将得到解决。该《草案》第 47 条规定:"行为人若实施如下行为将犯教唆罪:(1) 教唆他人实施某种行为,一旦该行为被实施即构成犯罪;(2) 行为人相信或者意图使他人在实施其教唆的行为时,就具有该罪要求的主观罪过。"②

根据英国法律,在教唆罪的问题上还要注意以下几点:

(1) 自 1977 年《刑法法案》以后,教唆共谋被废除,教唆帮助犯罪似乎也不可以,该法案对此没有明确说明。

(2) 教唆教唆,这是犯罪行为。例如,在 Evans 案③中,X 要求 Y 劝说 Z 杀了 X 的丈夫。

(3) 教唆犯罪未遂。这只有在特殊情况下才构成犯罪,通常是教唆者知道各种情节,但被教唆者却并不了解。例如,X 给 Y 一包毒药,并且告诉他里边含有氰化物,要毒死 Z,但是实际上 X 知道并没有毒药。为了覆盖这类可能的案件,刑法草案规定了教唆犯罪未遂的罪责。④

三、教唆不能犯

教唆的犯罪意图和不能犯的关系可以用假想的案例来描述,在下列案例中假设 X 试图劝说 Y 去收购手表并且贩卖:

(1) 如果我们假设,当 X 教唆 Y 去收购手表时,这个手表实际上是赃物,而 X 并不知情,他就不可能构成教唆销赃罪。同样,如果 X 没有告诉 Y 表是偷来的,那么 Y 也不知道,Y 的行为不构成犯罪,X 自然而不构成教唆,即教唆行为不是犯罪。

(2) 如果我们假设表不是偷来的,而如果 X 以为表是偷来的,并且告诉 Y 表是偷来的,让 Y 去销赃,那 X 就是在教唆 Y 做一件实际上不是犯罪的事情,

---

① Alan Reed, Peter Seago, *Criminal Law*, Sweet & Maxwell, 1999, p.279.
② Law Com. No. 131, at p.71.
③ [1986]Crim. L. R. 470.
④ Law Com. No. 177. Cl. 47(5)(b).

因为表不是赃物,因此构成不能犯。这样,教唆行为仍然受英国普通法的管辖。

由于教唆不能犯一直由普通法管辖,那么英国上议院在 Haughton v. Smith 案①和 DPP v. Nock 案②中采用的原则就仍然有效。那就是如果犯罪是不可能的,被告就不承担刑事责任。例如,X 教唆 Y 去偷一个空保险箱,他就不承担刑事责任。但是,如果 X 教唆 Y 去偷保险箱时,保险柜里恰巧没有钱,那么 X 也要承担教唆的刑事责任。另外,英国上诉法院在 Fitzmaurice 案中还确认,如果未遂是方法不能,若换一种方法就可达到既遂状态,则教唆者依然要承担刑事责任。例如教唆者教唆他人用牙刷撬开保险柜,尽管教唆者真的没有认识到牙刷是撬不开保险柜的,他依然要负刑事责任。③

总之,法律不能和事实不能都能够确保教唆人不负刑事责任。但是方法不能却不行。由于教唆还受普通法的管辖,就与制定法所修改过的不能犯未遂和共谋不能犯不同。英国法律委员会认为,这种不同应当通过推翻 Fitzmaurice 案的判决来解决,使其与不能犯未遂和共谋不能犯的原则一致。④

四、美国《模范刑法典》的规定

英国普通法中,只有教唆他人犯重罪和妨碍公正、扰乱社会治安的轻罪,才构成教唆罪。但是,根据《模范刑法典》的规定,教唆他人犯重罪或者犯任何轻罪,都构成教唆罪,范围比普通法的规定要更加广泛(参见美国模范刑法典§5.02)。

如前所述,在英国普通法中,教唆罪是轻罪,即便教唆他人犯重罪,教唆者也仅构成一个轻罪。但是,在美国现在的司法实践中,教唆他人犯重罪,教唆者也构成重罪,这一点和英国普通法有区别。

司法实践中,如果 A 教唆 B 杀死 Z,B 拒绝去杀人,B 不构成犯罪,但 A 构成教唆罪;如果 B 接受了 A 的教唆,并且实施了杀人行为,A 就是抢劫罪的共犯,定抢劫罪而不是教唆罪,因为教唆行为被抢劫行为吸收了,仅定抢劫罪一个罪名。

1. 教唆行为

言词和身体动作,都可能构成教唆。例如 A 对 B 说:"请将 D 杀死,马上执行",就可以构成教唆犯罪。或者用眼神和手势,示意将某被害人杀死,都可以构成教唆罪。

根据《模范刑法典》的规定,即便教唆行为不成功,只要行为人与被教唆的人

---

① [1975]A.C. 476.
② [1978]A.C. 979.
③ [1983]Q.B. 1083; see also McDonough(1962) 47 Cr. App. R. 37.
④ Law Com. No 177. cl. 50.

有犯意联络和意思沟通,就可以成立教唆罪。例如,被告人教唆另外一个人去犯某罪,但被教唆者没有领会他的意思或者没有听懂他的话,教唆没有成功,教唆者仍然构成犯罪。因为他有教唆的意图和教唆的行为(参见美国《模范刑法典》§5.02(2))。

美国《模范刑法典》还有一个与众不同的规定,即正犯(实行犯)请求他人提供帮助(比如为他提供枪支),以便他自己去实施犯罪,这个被告人就构成教唆罪(教唆帮助);如果他在别人提供帮助以后,又去实施了具体的实质性犯罪,比如抢劫罪,被告人就会成立教唆罪和抢劫罪两个罪名。

2. 教唆意图

英国普通法对教唆意图的限制比较严格,被告人必须具有教唆他人实施具体犯罪的故意,笼统和含糊不清的语言和身体动作,都不构成教唆。例如被告人对一个饿着肚子的乞丐说:"你看,街上的行人,哪个人身上能没带几块钱?"这就不构成教唆罪。但是,美国《模范刑法典》没有区分"具体故意"和"概括故意",只要行为人以教唆的目的,鼓励、劝诱或者促使他人犯罪,就可以构成教唆罪。因为笼统的、概括的教唆也是教唆,目的都是引起他人的犯罪行为,以危害社会和个人。

五、刑事责任

教唆犯应当对他所教唆实施的犯罪行为负责。如果他劝说、引诱和鼓励他人实施了某种犯罪,他就应当对该种犯罪承担刑事责任。由于教唆罪在普通法中是轻罪,教唆罪既可以通过起诉程序审理,也可以通过简易审程序进行审理。如果是通过起诉程序审理,就有审判法官确定刑期,可以判处罚金或者监禁,但不能超过所教唆罪的最高刑期,因而在共犯中,教唆犯的刑期有可能高于正犯的刑期;如果是简易罪,就只能按照简易程序进行审理,最高刑期一般不能超过一年,因为治安法官没有权利判处更高的刑期。教唆犯在进行教唆以后,又自愿地和完全地声明撤销他的教唆行为,可以作为一个辩护的理由。美国的一些州采取了《模范刑法典》的规定,即一个教唆者在实行了教唆行为以后,只有在说服被教唆的人不去实施该项犯罪,或者以其他方式阻止了该项罪行的实施,才能免于教唆罪。

第二节 共　　谋

一、共谋概说

共谋罪不是起源于英国的普通法,而是起源于艾德华一世时的制定法。立法的最初目的,是避免无辜的人卷入他人通过共谋提起的虚构的、恶意的诉讼,只有当被起诉者实际上受到指控或无罪释放,共谋罪才算完成。到了 16 世纪下半叶以后,共谋罪的适用范围越来越广泛,原来被严格解释的共谋罪,通过法院的司法判决不断地扩张,达到了今天这样的极为模糊和不确定的状态。1611 年的 Poulterer 案件,首先将共谋的范围扩大到刑法的其他领域。这个案件涉及几名被告人对一名叫 Stone 的人,提起的虚假抢劫指控,陪审团认为 Stone 无罪,这几名虚假的控告者反而被指控构成共谋罪。17 世纪初,共谋罪的范围,又扩大到欺诈罪的领域,并为共谋罪的进一步发展提供了理论根据。以后,共谋实施非犯罪行为,也可能构成共谋罪,并且通过一个有关税收的案件,确定"结合是共谋罪的主旨"。1716 年 Hawkins 在他的著作里,对共谋罪做了更加宽泛的解释。他认为所有不正当地损害第三人的共谋,都是普通法中的犯罪。Hawkins 将所谓"不正当地行为"解释为"违法行为"而不是犯罪行为,这就使得共谋罪的范围更加广泛了。18 世纪以后,法院的判决已经表明,"共谋的主旨是结合"这一观点,已经被广泛接受。"结合"的表现形式也多种多样,指控别人犯罪、贿赂、腐蚀陪审员、欺诈垄断商品价格、敲诈勒索等等都包括在内。[①] 尽管存在霍金斯的共谋理论,但这个时期的法院的判决,还是认为只有当共谋的目标或实现目标的方式是犯罪的情况下,才构成共谋罪。

19 世纪以后,随着社会矛盾的发展,传统的法律越来越力不从心,共谋罪正好大行其道。一些违反社会道德、不诚实或欺诈性的损害他人的行为,都纳入了共谋罪的视野。特别是工业化加剧了工人生活的贫困化,劳资纠纷,罢工的事件此起彼伏,使政府疲于应付。这个时期的共谋罪法律,很多是针对工会的,以此打击工人的联合和团结。当时的英国法院,经常将工人罢工的案件视为共谋犯罪,他们认为参与罢工的人都是为了自己的私利而损坏他人的利益,这些都是法律不允许的。根据霍金斯的观点,为达到某种目的的联合就是犯罪。与此相反,法院对于雇主之间的联合,却采取了非常谨慎的态度。在 1821 年的一个案件中,法院认为,除非有不正当的动机,雇主联合起来应对工人的罢工,就不构成共谋罪。因为他们的目的是好的,采取的行动和实施的方法都是合法的。这种歧视性的规定和做法,使这个时期的共谋罪饱受争议。

19 世纪的美国刑法中的共谋罪,一开始针对的是一些欺诈银行的案件,后来也扩大到一些违反公共道德的案件。美国社会中的一些重要的共谋罪法律,都是由联邦政府制定的。比如破坏航行在公海上的美国船只,以及关于税收的法律等等。现在的共谋罪已经扩大到刑法中的许多重要犯罪当中,它的边界越来越模糊不清了。

[①] Percy Henry Winfield, *The History of Conspiracy and Abuse of Legal Procedure*, Fred B. Rothman & Co., 1982, p. 115.

无论怎样,共谋的未完成罪都是英美刑法中最复杂也最令人难以理解的领域。通常情况下,即使一个人的犯罪意图很明显,但只要没有付诸实施,就不认为是犯罪。但是英国法很久以前就认为,如果两个或两个以上的人达成准备犯罪的协议时就是犯罪,这可能是因为几个人之间达成的协议更有可能成为现实。英国的法官显然认为,共谋(秘密结社)是特别危险的,危险到刑事共谋实际上并不仅仅局限于达成犯罪的协议。例如,共谋对土地侵权,就可以作为一项刑事共谋的指控。

很多人都反对民事侵权的共谋在某些情况下也是犯罪。英国法律委员会起初也表示,只有刑事犯罪的协议才能被指控为共谋。但受到了批评,被认为范围太窄了。因为从英国普通法的角度看,共谋诈骗也是共谋,即使没有共谋犯罪。例如,在 Scott v. Metropolitan Police Commissioner 一案①中,A、B 等人以播放电影牟利为目的,未经版权人同意就拷贝了电影,而没有给版权人支付任何报酬。在这个案件中,要指控行为人构成了盗窃罪就比较困难,因为他们没有偷盗也没有骗取版权人任何财物,但是他们的行为侵害了他人的经济利益,就可以将之包括在普通法中共谋欺诈犯罪的范围之内。

因此,1977 年修改法律时,英国法律委员会建议刑事共谋应当包括:(1) 犯罪的协议;(2) 共谋欺诈;除此以外,英国普通法中的其他共谋都不是刑事犯罪。至于共谋败坏社会公共道德和共谋有伤风化是否作为刑事犯罪,则没有定论。这样,英国法的共谋罪就分为法定的共谋犯和普通法上的共谋犯。法定的共谋犯,是指犯罪的协议和共谋欺诈;普通法中的共谋,是指共谋刑事犯罪、共谋妨碍公正审判、共谋侵权、共谋欺诈和共谋败坏社会公道或共谋有伤风化。

自从 1977 年将法定共谋引入刑事法律领域之后,法定共谋和普通法共谋之间就经常发生冲突。例如,几个人商定了一个计划,通过留假名字假地址的方式,占有从当地一个公司租来的电视机,然后卖掉电视机获得赃款。一旦他们实施了计划,显然就触犯了盗窃法(通过合同诈骗财物罪)。但是,他们现在仅仅是协议这样做,并没有实际实行。那么,公诉人是以法定共谋,指控他们共谋诈骗财物,还是以普通法中的共谋诈骗起诉他们呢?他们可以选择吗?从立法者的意图看,被告人应当被指控为法定共谋欺诈。解决这个问题的办法,就是从实体法中填补这一漏洞,让普通法上的诈骗共谋消失。例如,某人在假日结束时,没有付款就离开了宾馆,在 1978 年盗窃罪法制定之前不算犯罪。但是如果他和另外一个人协议这么做的话,这就是普通法上的诈骗共谋。1978 年的盗窃罪法规定了一个新的犯罪,即消费不付款罪,这样,如果现在一个人不付款就离开宾馆,

---

① [1975]A.C. 819.

尽管是一个人,他也构成制定法上的犯罪。①

立法者心中都有自己的目的。但这并不代表他们的立法就会达到这个目的。英国《1977年的刑事法》不能被认为是最清晰的立法。自从该法通过以后,英国上诉法院作出了相互冲突的判决。这些判决都涉及是以法定共谋起诉被告人,还是普通法上的共谋起诉被告人。英国上议院试图解决这个问题,但没有成功。1987年的《刑事审判法》第12节规定,即使是事实上的法定共谋诈骗,也完全可以以普通法上的共谋欺诈起诉被告人,这样就解决了上述问题。

二、共谋中的犯罪行为

所谓共谋罪,是指两人或两人以上,通过表达或默许,以相互理解的合法或非法方式追求非法目标,或者以非法途径追求合法目标。

1. 理论根据

(1)一种理论观点认为,共谋犯罪承担刑事责任的根据,来源于阴谋应当归责的本质,这种本质的焦点是刑事犯罪的合伙关系。美国最高法院就是采用这种观点。②

在 U.S. v. Socony Vacuum Oil Co. 一案中,共谋就被认为是一种刑事合伙关系。它是有实质内容和意义的,与完成一件非法计划不同。"两个或两个以上的人,联合起来一起去犯罪或者导致刑法中的罪名被触犯,这就是有着最恶劣特点的犯罪。有的时候其中的一点很重要,那就是仅仅计划中的犯罪,就确实给社会大众带来非常大的伤害。这包括处心积虑的破坏法律,为以后的和日常的犯罪进行准备以及教唆共谋者。它的特点还有秘密性,不容易被发现,如果要发现它需要更多的时间,这就使发现它以后的处罚变得更加重要。"③

普通法共谋,不要求外化为行为,只以非法的目的结合在一起就可以了。④ 但是,现在大多数成文法共谋罪中都要求外化为行为。美国许多州的刑法典不仅要求证明协议的存在,而且还要证明至少其中一个共谋者实施了促进协议的行为。例如,加利福尼亚州《刑法典》第182条规定:控方必须证明至少一个外化行为,或者证明一名或多名共谋者实施了任何促进共谋目标的行为。美国《模范刑法典》区分了不同的情况,当共谋的目标是那些最严重的刑事犯罪时,例如谋杀罪,仅仅达成协议就构成了,不要求外化为杀人行为;但是,如果共谋犯较轻的罪行,则要求将协议外化为行为。美国《模范刑法典》之所以要区分严重犯罪和轻微犯罪,主要是从预防犯罪实际发生的角度加以考虑的,如果是共谋实

---

① Alan Reed, Peter Seago, *Criminal Law*, Sweet & Maxwell, 1999, p.470.
② Ian H. Dennis, "The Rationale of Conspiracy," *L.Q.R.* 93, p.51(1977).
③ U.S. v. Socony Vacuum Oil Co., 310 U.S.150, 253; U.S. v. Rabinowich, 238 U.S. 78.
④ Albert J Harno, *Intent in Criminal Conspiracy*, *U.Pa.L.Rev.*, 89, pp.624, 635(1941).

施严重的犯罪,表明了共谋者的主观危险性的严重程度和明确的犯罪意图,预防性的提前介入就很有必要,而对于轻微的犯罪,由于社会危险性不大,则没有提前预防性介入的必要性。[1]

美国的刑法理论对于外化行为的意义,从来没有作出明确清晰的解释。有的法院认为,规定外化行为没有任何实际意义,只是为了说明共谋的人故意达成了一项协议。美国最高法院现在认为,外化行为仅仅是构成犯罪的一个证据,但并不是一个普遍原则。[2] 有的法院则认为,规定必须将共谋外化为行为,可以促使共谋者改变自己的意志和想法,以至于最终停止或者打消共谋的机会。还有的法院认为,要求证明外化行为,表明立法者想限制公权力的提前介入,当目标犯罪发生的可能性不大时,就没有必要提前介入。但是,当共谋转化为外在行为时,就表明共谋的计划或者协议不仅仅是停留在共谋罪的头脑之中,而是在继续之中,外化行为本身反映了犯罪性质的严重程度。[3]

在不要求外化行为的情况下,对共谋罪予以处罚,是否违反美国的宪法原则呢?这也正是共谋犯罪容易引起争议的地方。许多人都认为,共谋罪的规定过于模糊,不符合明确性的原则,处罚共谋就是处罚思想或者人的意志,违反了美国宪法中的言论自由和正当程序的条款,对公民的个人自由构成了侵犯。实际上,共谋即使没有转化为外在行为,或者没有继续实施下去,也不能说就是一种单纯的思想或者意志,策划了某个计划或者达成了某些协议,这些也可以视为一种行为,而不仅仅是停留在大脑中的一种想法了,至少也是一种准备行为吧?所以,对共谋行为进行处罚,有利于将犯罪消灭在萌芽状态,还是有积极意义的。[4]

(2) 另一个理论根据就是将共谋看作类似未遂的情况,这种准备行为已经和实质性犯罪比较接近了。英国法律委员会就是采用这种理论。这样,共谋犯罪就被看做是预谋的完整犯罪的幕后阶段。无论刑事共谋的基础是什么,有一点是清楚的,那就是参与各方对于行为的协议,这也是共谋犯罪的实质所在。所需要的就是一个协议,这种协议有可能是书面的形式,也可能是以口头的形式表现出来。如果仅仅是协商,那么不管协商进行到了那一步,如果没有达成实施犯罪计划的协议,都是不够的。比如在 Walker 案中[5],被告与他人商量要去抢劫,但没有证据可以证明,这种商量已经超出对抢劫可能性的探讨,从而进入到了明

---

[1] *Comment to Model Penal Code*,§5.03, at 141 Tent. Draft No. 10, 1960.
[2] Yates v. United States, 225 U. S. 298, 77 S. Ct. 1064 1 L. Ed 2d 1356(1957). But Federal courts nonetheless sometimes speak of the ocret act requirement as one of the "elements of conspiracy"; see, e. g. , United States v. Reyes, 302 F. 3d 48(2d Cir. 2002).
[3] Hyde v. United States, 225 U. S. 347, 32 S. Ct. 793, 56 L. Ed. 1114(1912). See also Note, 37 *Harv. L. Rev.*, p.1121(1924).
[4] Wayne R. Lafave, *Criminal Law*, West A Thomson Reuters Business, 2010, p.662.
[5] [1962]Crim L. R. 485.

确要这么做的阶段。因此,共谋的指控被撤销。但是,共谋犯罪只要协议一经达成就是既遂,与协议达成后是否有一方或几方放弃协议没有关系。

根据1977年英国《刑事法》和1981年《刑事未遂法》的规定,共谋罪是指行为人与其他人达成实施某行为的协议,如果该协议实施,将相当于或包含由一个或数个当事人按其协议实施的犯罪,或者行为人愿意实施协议,但由于客观情况使犯罪变得不可能,他就是实施了协议中犯罪的共谋罪。

根据这一规定,对于法定共谋犯罪,要求A和B对于实施某行为有决议,而且如果按计划进行,必然等于犯罪。这样看来,共谋是一种持续的犯罪,而且没有要求共谋的计划被实施。例如,A和B达成协议明天入店行窃。那么从现在起到明天有许多事情都可能出问题从而使计划泡汤。他们可能会病倒,或者他们预计要抢劫的那家商店明天会由于游行或停电歇业。但是,他们原定计划泡汤的事实并不能影响到这一协议的达成。他们的共谋的罪责也不会因为他们没有到那家店去偷什么而减轻。同样的,即使他们因为彩票中奖而放弃了犯罪计划,他们还是要负共谋罪的刑事责任。①

共谋表明了参与者实施犯罪的决心和意志,如果法律要求将共谋外化为行为,这个行为要达到何种程度才符合规定的要件呢?美国华盛顿州和俄亥俄州的刑法典,都要求达到为促进共谋而采取了实质性的步骤,也就是说,这种行为对于完成目标犯罪具有实质性意义。但是,有时候美国的法院又将一些非常微小的行为,也视为一种实质性行为。例如,共谋投递邮包炸弹进行谋杀,共谋者为了邮寄炸药包而购买邮票的行为,也视为一种实质性行为。或者共谋走私毒品,在中途修理汽车等运输工具,也是一种实质性的外在行为。可见,对此没有一个统一的标准,法院可以按照共谋案件的具体情况予以确定。

当共谋者只有A、B两人时,就需要证明他们就拟议中的计划商量过,并已经达成一致。但是,如果共谋的人数是三人以上,就没有必要证明每一个共谋者都与其他的参与人有联络。例如,如果A与B达成协议去抢劫X,并让B去联络其他人负责运输,B在这件事上与C商定,那么如果C知道自己参与的行为的性质,并且知道自己有其他不知名的同伙,A、B与C就是共谋抢劫X,尽管他们不知道彼此的身份,甚至都没有见过对方。另一方面,A与C之间必须有关于被指控预谋的联系,如果A和B计划好抢劫并杀死X,但是只告诉了C抢劫的计划,那么,A和C是共谋抢劫而不是共谋杀人。②

2. 共谋协议的目标

在制定法中,共谋协议的目标是严重的犯罪行为,普通法中,共谋的目标是

---

① Alan Reed, Peter Seago, *Criminal Law*, Sweet & Maxwell, 1999, p. 284.
② *Practice direction*(Crime;Conspiracy), [1977]1 W. L. R. 537.

非法行为或以非法方式实施合法行为。在英国,刑事共谋的范围被限制在对于以下事项的协议:① 刑事犯罪;② 诈骗;③ 败坏公共道德;④ 严重有伤风化(公共体面);⑤ 协议在国外谋杀(但是协议在外国犯其他罪是不能被起诉的)。① 在美国的一些州,只有部分犯罪可以作为共谋的目标犯罪,但在另外一些州,一些犯罪之外的目标也可以作为共谋罪的一部分,后者可能引起宪法上的问题。

(1) 共谋败坏公共道德和严重的有伤风化(公共体面)。

这些犯罪的性质可以用英国上议院在 Shaw v. DPP 案②中的判决来解释。此案中被告出版了一本叫做《淑女指南》的小册子,其中的 28 页都被妓女的名字和地址占据了。这个出版物毫无疑问地证明了广告商可以用广告上打出的电话号码进行联系,并且提供性服务或者在一些案件中提供变态性服务。上议院的法官们,除 Reid 法官不同意以外,其他人都认为在普通法中有败坏公共道德的共谋犯罪。只要参与案件审理的陪审团认为,"让可以代表普通市民的他们感到恶心",严重有伤风化的共谋罪就将成立。在 Knuller 案中,Simon 法官认为,败坏公共道德,就是指陪审团认为其行为严重损害了社会的结构。

在 Knuller v. DPP 案③中,被告人是一个公司的董事,他们出版了一本双周刊。里边在一个名为"男人"的专栏里,插入了邀请读者和登广告者发生同性性行为的广告。他们被认定为共谋败坏公共道德和共谋有伤公共体面。这个判决最初被上议院所肯定,后因审判过程中,初审法官对陪审团有关问题的指导不够而被推翻,但是大部分法官还是肯定了普通法犯罪的存在。Reid 勋爵和 Diplock 勋爵不同意这一观点。④ Simon 勋爵认为这个问题应由陪审团来决定:"应该强调的是,'严重损害'一词是分量非常重的词汇。'严重有伤公共体面'远远超出了伤害了一般有理智的人的感情或者达到使他们感到震惊的程度。另外,这个犯罪在我看来关系到体面的最低标准,而这个标准是随着时间的变化而变化的。最后,尽管'公共'这个概念是地方性的,'公共体面'必须是整体的。而且我认为应当考虑陪审团的意见,因为要记住他们生活在多元社会里边,有着容忍的传统,这种容忍的传统本身也是公共体面的一部分。"

可见,一些有损公共道德和健康的行为,也可以成为共谋罪的协议目标。在 Commonwealth v. Donoghue 一案中⑤,被告人被指控发放高利贷,而被告人辩称,他行为时当地并没有关于高利贷的法律,所以这种共谋指控其实是针对了一

---

① Alan Reed, Peter Seago, *Criminal Law*, Sweet & Maxwell, 1999, p. 299, on territorial jurisdiction.
② [1962]A. C. 220.
③ [1973]A. C. 435.
④ J. C. Smith [1991] Crim. L. R. , 785.
⑤ Commonwealth v. Donoghue, 63 S. W. 2d 3, 8(ky. 1933.)

个不存在的犯罪。但美国的法院认为,如果行为违反了表现为法律或公共良心的公共政策,或者该共谋还连带违反了公共福祉,这种行为就是一种非法行为。《加利福尼亚州刑法典》第 182 条也规定,共谋实施任何有损公共健康、公共道德或妨碍司法的行为,都构成共谋罪。

1977 年的英国《刑事法》也认为,败坏社会公德或有伤风化,构成共谋罪。但是如果该行为是由单个人实施的而不是根据协议实施的,该行为就不是犯罪或者不涉及犯罪。

对这些犯罪下定义的难点在于,很难理解为什么这些行为如果是两人之间根据协议实施的,就算是严重有伤公共体面的共谋,而若单个人实施则不是实体法上的严重有伤公共体面的犯罪。何以实行者的人数就可以改变同一行为的法律性质?这种将有损公共道德和健康的行为,作为共谋罪的组成部分的做法,有可能违反了罪刑法定原则。当法律没有明确将某种行为规定为犯罪时,司法却将其认定为犯罪行为,这就剥夺了公众预测并选择行为的权利。而且,不同国家或者同一个国家的不同的历史发展时期,道德标准可能是不同的,特别是在现代社会,对道德的多元性采取越来越宽容的态度。例如,美国最高法院于 2016 年裁决同性恋婚姻合法,这在以前是不可想象的。"公共道德"本身就是一个非常模糊的规定,有很大的不确定性。在 Musser v. Utah 一案①中,被告人被指控共谋违反一夫一妻的婚姻制度。被告人辩解说,有关的法律规定太模糊,对于什么是有损公共道德的行为,没有给出明确的法律指引,使人们无所适从。在被告人上诉以后,上诉法院将该案发回重审,认为应当将这一案件放在犹他州普通法和制定法的整体框架当中去加以考虑。初审法院重审以后,宣布由于共谋罪的这个规定过于模糊,违反了美国宪法而不具有法律效力。美国《模范刑法典》吸取了本案的教训,将共谋罪的目标限制为犯罪行为。

尽管存在着争议,英国法院仍然认为有伤公共体面的实体犯罪一直存在着。Gibson 案②就是个例子,此案被告人在艺术展中展出了一项名为"人类耳环"的作品,此作品是将两个冷冻的胎儿做成耳环挂在模特的头上。在 Lunderbech 案中③,被告作品中的两个小孩用一件大衣盖在大腿上,他们的动作分明是在手淫。这两个被告双双被判严重有伤公共体面罪,因为这两个案件各自的陪审团都认为他们的行为已经达到了令人恶心和令人不悦的程度。④

实际上,除了少数情况下,公诉机关一般并不主动起诉那些不会导致严重犯罪的共谋行为,公诉人的这种态度,可以在很大程度上避免正当程序上的错误,

---

① Musser v. Utah, 333 U.S. 95, 68 S. Ct. 397, 92 L. Ed, 1948.
② [1991]1 All E. R. 439.
③ [1991]Crim. L. R. 784.
④ Alan Reed, Peter Seago, *Criminal Law*, Sweet & Maxwell, 1999, p. 287.

使得法院可以将精力用在对付严重的共谋犯罪方面。

(2) 诈骗共谋

英国法律委员会 1976 年的报告建议,从总体上说,共谋应当被限制在实质性犯罪协议的范围内。这个建议被 1977 年的《刑事法》采纳,根据这个法律的规定,只有共谋的目标是针对犯罪的情况下,共谋才是犯罪。唯一的例外就是诈骗共谋,保留它的理由是,如果没有相应的法定共谋来取代诈骗共谋,就会留下不可接受的法律漏洞。因此,普通法上的诈骗共谋在 1977 年的刑事法中没有被废除。而且,根据 1987 年的《刑事审判法》第 12 节的规定[①],当普通法共谋和法定共谋发生冲突时,只要情况符合共谋诈骗,公诉人可以任意选择以何种形式起诉共谋的行为人,但需要符合 1985 年《犯罪起诉法》的规定。

诈骗共谋包括实施诈骗的协议,它的存在对于填补现行盗窃法和欺诈犯罪的缺失和不足非常重要。当犯罪的界限难以确定的时候,包括在金融上和经济上给别人造成损失时,诈骗共谋确实发挥了重要作用。对于诈骗共谋的起诉可以包括下列行为:商业诈骗;获得机密信息;无经济损失的损害;赌博诈骗;通过电脑或其他机器诈骗;短期的剥夺他人财产;暂时逃避责任但无意永久违约。英国法律委员会 1994 年关于共谋诈骗的一个报告[②],提出了一个颇为有趣的假想案例,涉及一个赌博骗局,假如行为人的行为不符合盗窃罪和欺诈罪的规定,却可以在共谋诈骗中得到合理的解决。"如果 A 设赌局和 B 赌 C 的马会赢得比赛,为了让 C 的马获胜,就给其他人的马下了药,结果 C 的马赢得了比赛,A 也赢了 B 一大笔钱。"在这个案例中,行为人既没有盗窃,也没有产生法律效果的诈欺。但是,A 的行为明显是不诚实的,应当受到刑事处罚,如果 A 的行为与他人有协议,这个行为就落入了共谋诈骗的范围之内,即可以共谋诈骗起诉行为人。

关于"诈骗"(defraud)的含义,最有影响的判例是在 Scott v. Metropolitan Police Commissioner(斯考特诉警察局长)一案[③]中,Dilhorne 法官所下的定义:"所谓诈骗是指两人或两个以上的人达成骗走某人拥有或被授权持有的物品的协议;以及两人或两人以上达成以欺骗的方式,损害被害人的私有财产权的协议。"

构成共谋诈骗,大体上要达到这样一个程度,即受害人被骗使他们被动的卷入到了一场本来不应该遭遇的经济风险。英国上诉法院在 Allsop 案中就支持这个立场。该案中,上诉人是一位分期付款公司的下级代理人,他与别人共同在

---

① § 12 of the Criminal Justice Act 1987.
② Conspiracy to Defraud(1994), Law Com. No. 228.
③ Scott v. Metropolitan Police Commissioner, [1975]A.C. 819.

填写申请表格时录入虚假事项,意图使公司接受在真实情况下本会拒绝的申请。英国上诉法院支持共谋诈骗的判决。尽管如果借债者履行协议上的义务,公司将会赢利。但是这并不能阻碍诈骗的成立,因为借债者给公司制造了公司不能接受的风险。公司作为诈骗的受害人,承担了正常情况下不能承担的风险,这种尚处在危险中的利润,没有安全可靠的利润存在价值。

英国枢密院在 Wai Yu-Tsang v. R 一案①中也肯定了上述判决。诈骗的含义被扩大了。对于共谋诈骗这个罪,只要公司作为被诈骗的受害人,承受了正常情况下不会承受的风险就足够了。案件的基本情况是,被告人是香港一家银行的总会计师,他串通他人在账面上隐藏了银行取得的拒绝承兑的支票数额达到一亿两千四百万美元。被告的目的在于停止挤兑银行资产。他的动机是善意的,而且并不想造成银行任何损失。尽管如此,他的共谋诈骗的判决,还是得到枢密院的支持。共谋者是否具有损害公司利益的愿望并不重要。他们已经蓄意的损害了公司利益或者使公司利益处在风险之中。Goff 勋爵认为,只要"共谋者达成了协议,要以欺骗的手段,使被害人愿意处在某种作为或不作为的状态,而在这种状态下,被害人将遭受经济损失或者使他的经济利益处在风险之中",这就足够了。在 Adams v. R 一案②中就遵循了这一原则,在该案中公司的负责人滥用职权,使公司受损,自己盈利。很明显该案中的被害人的财产已经受到了损失。但是法院强调只要具有潜在的损害就足够了。这里的先决条件是受害人有什么权利或者利益可能会被损害,不管是遭受了实际的损失还是有损失的风险。

还有一种诈骗是上议院在 Welham 案③中确定的。那就是欺骗公务部门去做正常情况下不会做的事情。Moses 案④就是一个例子。被告人达成共谋诈骗的协议,去欺骗公务部门,使其行为违背自己的公共职责。上诉人共谋,企图使移民的工作申请能够更容易获得批准,而这些申请本来由于护照问题得不到批准。诈欺的手段就是向部门负责人隐瞒申请人的信息,提高将国民保险号码发放给申请人的可能性。

共谋诈骗的犯罪意图。有必要证明被告主观上是蓄意诈骗,而且他的行为是不诚实的。⑤ 只要被告人蓄意造成被害人的经济损失或者蓄意给被害人的经济财产带来损失的风险就足够了。被告人的动机、目的或者目标都是不相关的。

---

① Wai Yu-Tsang v. R,〔1992〕1 A. C. 269.
② 〔1995〕1 W. L. R. 52.
③ 〔1961〕A. C. 103.
④ 〔1991〕Crim. L. R. 617.
⑤ A. T. H. smith, "Conspiracy to Defraud: The Law Commission's Working Paper No. 104," *Crim. L. R.*, p. 508 (1988); J. C. Smith, "Conspiracy to Defraud: Some Comments On The Law Commission's Report," 195, Crim. L. R. 209; J. C. Smith, "More On Proving Conspiracy," *Crim. L. R.* 333. (1997).

即使从好的动机出发,对判决也没有影响。Goff 法官认为,"共谋者的动机可能是善意的,因为他可能并不希望受害者或潜在的受害者遭受损失;但是仅仅动机是善意的,并不能影响构成共谋诈骗的协议的达成。"但也有与此不协调的判例。例如在 Att. Gen's Reference 案①中,被告在英格兰共谋将威士忌瓶子上贴上某公司的标签,而瓶中的威士忌根本不是该公司生产的,这些威士忌远销黎巴嫩。英国上诉法院最终认为被告人没有共谋诈骗该公司,因为这不是他们共谋的目的,他们只是共谋诈骗了购买威士忌的顾客的钱。该公司只是受到了诈骗计划的间接影响。根据这个判决,共谋诈骗好像又必须具有真实的目标和确切的目的。

不诚实(dishonesty)也是一个有争议的词汇。② 有人认为应从主观上分析被告人的想法。但也有人认为应根据社会上一般人的认识作为标准,如果一种行为被普通的人认为是不诚实的,他也很清楚别人对他行为的看法,就可以认为是不诚实的,至于被告人是否认为行为诚实的,就没有什么关系了。

共谋诈骗的改革。英国法律委员会曾经考虑废除共谋诈骗。因为如果一个人实施了协议中的行为,他的行为不是犯罪,而此协议本身却被当做共谋诈骗犯罪,这就受到了许多批评。但最终的结论仍是继续保留共谋诈骗,至少在当前还应当保留。共谋诈骗填补了刑法中的空缺。这个指控的好处是,相对于法定共谋和实质性犯罪而言,可以更真实的体现被告行为的整体犯罪性。共谋诈骗有助于使诈骗的定义和种类更加完整。③

3. 协议各方

普通法共谋和法定共谋都需要两人或两人以上的协议(合意)。一个人不可能自己和自己共谋。因此在 McDonnell 案中④,作为 A. Ltd 经理和唯一负责任的 A,不能与 A 公司共谋。但是如果还有第三方 B,就可以判 A,A. Ltd 和 B 共谋;或者判 A 公司和 B 公司共谋。

(1) 夫妻之间

由于政策的原因,如果协议各方包括夫妻的话,不能判夫妻一方和另一方共谋。因此,如果夫妻双方协议谋杀 X,并不构成共谋。但是如果他们的儿子成为协议的一方,他们三个人都犯了共谋罪。这就是普通法共谋的规则。而且根据1977年《刑事法》的规定,法定共谋也采用同样的规则。但是如果妻子在知道丈

---

① [1983]Q. B. 751; see, generally, Law Com. No. 228, para. 2—9.
② [1982]Q. B. 1053; Alan Reed, Peter Seago, *Criminal Law*, Sweet & Maxwell, 1999, p. 429; see, e. g. Withers [1975]A. C. 842.
③ Alan Reed, Peter Seago, op. cit. , p. 290.
④ [1966]1 Q. B. 233.

夫还和其他人共谋的情况下,仍然与丈夫达成合意,就成立共谋罪。Chrastny案①的判决就认为,只要是妻子知道别人在和丈夫共谋的情况下,与丈夫达成共谋,就构成犯罪了。并不需要证明她和她丈夫之外的其他人有合意。但是,如果两个人在达成合意之后又结婚,则不能免责。这样做是基于政策上的考虑,和废除婚内强奸免责的规定的理由相同。随着婚姻概念的变化,这种婚内免责应当废除。让婚姻作为犯罪的挡箭牌现在看来是不合适的。

(2) 合意一方的责任

1977年《刑事法》第2节规定……(b) 合意双方的一方是刑事责任年龄以下,或者(c) 一方就是合意中的被害人时,合意的另一方不能被判共谋罪。② 10岁以下的儿童在法律上被推定为不能形成必要的犯罪意图。在无犯罪能力(doli incapax)的假定下,10到14岁的儿童历史上长期被认为不负刑事责任,除非能证明他们具有辨别能力。这一假定已经被1998年的犯罪和扰乱社会治安法所废除。现在在刑法上10到14岁者已经不再享有区别待遇。没有直接的普通法先例涉及(b)和(c)的情况。法律委员会认为在普通法理论上,这两种情况下都是可能判共谋罪的。他们进一步认为,如果合意双方其中一方免于承担共谋的责任,那么另一方也不应当承担责任。这个意见并未被1977年的《刑事法》采纳。英国法律仍然规定,即使免责一方不能以实质性罪名定罪,不免责一方仍然可以与免责一方构成共谋罪。例如,被告是孩子的父亲,他伙同一帮人闯进前妻家中抢自己的孩子。法庭认为,根据1861年的《侵犯人身罪法》第56节,被告免于实质性犯罪的刑事责任,但是他被判处了共谋罪。③

三、共谋中的主观因素

1. 轻率不构成共谋

共谋罪是一种要求特定故意的犯罪,即为了实施特定的非法行为,与他人达成一个协议。它的主观方面是故意,而且特别强调成员之间的故意。构成共谋罪,要求两个故意,即达成协议的故意和实施目标行为的故意,这就是共谋罪的"双重故意"要件。一般来说,实施目标行为的故意,要比达成协议的故意更重要。以共谋盗窃为例,首先必须查明各个成员之间是否有达成协议的故意,其次还要查明是否具有共谋盗窃的故意,以及他们是否准备为共谋盗窃的后果承担

---

① [1992]1 Alol E. R. 189.
② Tyrrell [1984]1 Q. B. 710, discussed at p. 155.
③ [1906]70 J. P. 294; See, Alan Reed, Peter Seago, *Criminal Law*, Sweet & Maxwell, 1999, p. 291.

责任。①

因此,对相关情况(情节)的轻率不构成共谋中的犯意,英国上议院认为,普通法中的共谋的犯罪意图包括完整的蓄意(故意),但是不包括严格责任,轻率或疏忽。1977年《刑事法》第1款体现了同样的原则,认为行为人不了解所犯之罪的特定事实或者与犯罪有关的情节,可以构成实体罪,但不会犯共谋罪,除非行为人和合意的一方,出于故意或知道所犯之罪的特定事实与相关情节。

例如,假设 Prince 与其他人共谋将一个女孩从她父母身边带走②,而且他们都认为这个女孩已经超过 16 岁了,他们的行为不成立拐骗女孩的法定共谋(本案中女孩小于 16 岁)。也就是说,Prince 等人只有在知道上述事实和情节时才能成立。事实上,只要行为人的犯罪行为中的某些情况不是计划之中的,或者他们不相信或不知道这些情况会存在,被告共谋任何实体犯罪都不会负刑事责任。

法定共谋要求对相关情节具有故意,而不能仅仅是轻率。对此我们来看看强奸罪,对于强奸未遂来说,行为人对于被害人是否同意持轻率态度,就足以构成强奸未遂的犯意,即使对于强奸既遂也足够了。③ 但是在法定共谋中情况就不同了,因为法律要求对相关情节必须是故意。例如,假设 A 和 B 共谋与 C 的妻子 V 性交。尽管 C 是挑起这个计划的人,但是 A、B 并不确定 V 是否真的同意和他们发生关系,还是 C 强迫 V 这么干的。如果性交真的发生了,而 V 不同意,那么 A、B 都犯下了强奸罪。但是共谋强奸却不成立,因为 A、B 只有知道或者相信某种情况的存在,或者他们计划之中的情况,也就是说是在故意的情况下,才能成立,仅有轻率是不够的。④

对于严重刑事伤害罪的未遂也是一样,轻率就足够了,但是对于共谋来说,行为人对于人的生命面临明显的严重危险这一情况持轻率态度,不足以构成此罪的共谋。公诉人有义务证明被告人故意的危害他人生命,对于犯罪相关情节也必须是蓄意。

2. 行为过程中的合意

共谋的重要特点就是各方对于某行为的过程达成合意(协议),而此行为必将等同于犯罪或者和犯罪有关。考察共谋,不仅要考察共谋者想要实施的行为,还要考虑行为造成的后果。根据英国 1977 年《刑事法》第 1 条第 1 款的规定,对于法定共谋的指控,如谋杀或造成刑事损害,必须要证明共谋者对于某种行为达

---

① Dierdre A. Burgman, "Unilateral Conspiracy: Three Critical Perspectives," *DePaul L. Rev.* 29, p. 91, (1979).
② (1875) L. R. 2 C. C. R. 154. See, Alan Reed, Peter Seago, *Criminal Law*, Sweet & Maxwell, 1999, p. 80.
③ See Khan, [1990]2 All E. R. 783.
④ Alan Reed, Peter Seago, op. cit. , p. 293.

成了合意(协议),而一旦协议被实施,这种行为必然带来谋杀或者刑事损害的后果。假如 A、B 合意杀掉 X,或者协议打破 Y 家的窗户,对于确定他们的罪名都不困难。但是假如 A、B 协议击碎 X 的膝盖骨,他们的行为就构成了严重人身伤害的共谋,而且如果 X 因此死亡,他们的行为就构成了谋杀罪,因为故意造成他人重伤是谋杀犯意的一部分。那么是否 A、B 因此会构成谋杀的共谋呢?答案是否定的。他们协议的行为过程并不一定带来 X 的死亡,事实上击碎膝盖骨的行为也很少会造成被害人的死亡。另一个例子就是在街头斗殴中,A、B 合意用石块袭击 X 和 Y,A、B 都知道他们有可能击不中 X、Y,反而会击中其身后的玻璃窗。A、B 的行为构成了袭击 X、Y 的共谋,但他们并不构成刑事损害的共谋。因为损害玻璃不在他们的计划之中,对此不存在故意。这就表明,共谋和未遂一样,都是故意犯罪。共谋者的刑事责任被限制在对其行为预期的结果之内。O'Connor L. J. 法官在 Siracusa 一案中重新强调了这一点:"足以支持实体犯罪的犯意未必足够支持对该罪的共谋犯罪的指控。故意严重人身伤害足够支持对谋杀罪的指控,但却不足够支持一个共谋谋杀的指控或者谋杀未遂的指控。"①

  Siracusa 案中的被告被指控违反 1979 年《关税及国内货物税管理法》第 170 条的规定,共谋从泰国进口海洛因。英国上诉法院认为,公诉人的责任是证明被告协议的行为过程是进口海洛因。公诉人如果证明被告相信他进口的一些相关物品,如大麻等就可以构成实体犯罪。但是要构成共谋罪,就要求行为人对于行为后果(进口海洛因而不是大麻等其他物品)的主观心理态度是故意。

  美国刑法中的共谋罪,也要求共谋者协议实施非法行为,以及意识到协议的结果会发生。如果参与协议的人只知道协议的存在,但没有促进犯罪结果发生的意图,就不能构成共谋罪。例如,在 People v. McChristian 一案②中,被告人被指控共谋杀害 5 个黑帮分子,并在大街上向 5 个人射击。但证据显示被告人只想要杀害其中的一个黑帮头目,对于另外 4 个人的生死他们并不关心。法院认为,没有证据显示他们就杀死所有的 5 个人达成了协议。如果行为人只是相信死亡结果可能发生,但却不是自觉的执行协议并积极促进结果的发生,就不能满足共谋罪的构成要件,也就是说,在这个案件中,被告人必须就杀害所有 5 个人达成了协议,而不是仅就杀害其中的一个人达成协议,否则就不能说他们构成共谋杀人罪。

  但是,在另外一个案件中,美国联邦最高法院又扩大了共谋罪的适用范围。③ 认为凡是根据协议实施的犯罪行为,都可以恰当地归责于共谋者,即便有

---

  ① [1990]90 Cr. App. R. 340, at 350. Note also the recent decision of the Court of Appeal in Broad [1997]Crim. L. R. 666.
  ② People v. McChristian, 309 N. E. 2d 388(lll. App. Ct. 1974)2—88.1.
  ③ Pinkerton v. United States, 328 U. S. 640, 66 S. Ct. 1180, 90 L. Ed. 1489(1946).

的共谋者没有参与具体讨论,也没有意图要去实施这些犯罪。他们认为共谋罪中的故意并不一定是特定的故意,只要对目标犯罪的心理态度是可以预测的就足够了。共谋者同意并且加入了这一计划,尽管在执行协议的过程中发生了一些计划外的非法行为,只要这些行为类似于计划内的非法行为,并且促进了协议的实施和结果的发生,就应当成立共谋罪。但是,这样的判决,似乎又将轻率包括在内,和传统的只有故意才能构成共谋罪的观点不同。

尽管有美国联邦最高法院的判决,但大多数的法官还是要求对共谋者的特定故意作出详细和具体的说明,控方必须证明被告人之间存在协议,并且意图实施协议并促进结果的发生。如果某个人的行为和犯罪之间有一定的联系,但他对协议的具体内容并不清楚,也没有促进结果发生的故意,就不能成立共谋罪。例如,A、B、C 等 3 个人共谋盗窃,在他们接近预期盗窃的目标时,他们的一个熟人 F 恰巧路过那里,他们就指使 F 先进入房间里看看,然后将里面的情况告诉他们。后来的 F 按照 ABC 的要求做了,将在屋里观察到的情况告诉了他们,然后就离开了现场。尽管这个人的行为和共谋罪所要实施的目标犯罪具有一定的联系,但是,既没有参与盗窃的协议,也没有促进结果发生的故意,就不能认定为共谋盗窃罪。

3. 共谋者各方的意图

在英国普通法中,公诉人不仅要证明共谋各方有实施违法计划的合意,而且要证明每一个共谋者都有实施违法计划的共谋意图。英国法律委员会也认为,要证明共谋成立,法律应当要求完整的故意或明知:"与他人达成犯罪合意者,应负共谋罪刑事责任。合意双方必须意识到其计划的犯罪结果将会发生,而且双方必须知道某些情况(情节)的存在,如果他很清楚地知道其共谋的行为过程要构成犯罪,他们就必须知道这些相关的情况(情节)。"

但是,1977 年《刑事法》颁布以后审理的第一个案件(Anderson 案)①中,Bridge 勋爵断言对于共谋罪而言,只要被告与他人达成犯罪的合意就足够了,不必非要证明共谋者意图完整地实现行为过程。毫无疑问,他是想要通过降低对犯意的要求来帮助公诉人,但是这也颠覆了对于共谋的立法原意。在 Anderson 案中,被告还处在拘押中,他被指控共谋帮助一个犯人越狱,因为他同意接受别人 2000 英镑的定金,提供用来切割监狱铁栏杆的钻石工具,以便使另一个罪犯越狱。Anderson 声称自己从未想过越狱计划能够付诸实施,也不相信这个计划能够成功,因此他缺少定罪所必需的主观因素。尽管上议院本可以支持他的有罪判决,因为被告帮助了本次共谋,而且其他共谋者确实意图使此计划付诸实施,但是上议院并未这么做。Bridge 勋爵的意见得到了上议院其他成员的认

---

① [1965]50 Cr. App. R. 1.

可。他认为:"我很清楚地考虑到由于共谋各方在刑事共谋中所扮演的角色不同,任何法律规定都不能要求公诉人证明每一个共谋者都有以下意图——即如果他们的合意行为过程被完整实施,共谋者中的一方或多方的行为必将构成刑事犯罪,而且他们认为该合意行为过程一定会被完全实施。"

Bridge 的意见在上议院以后类似的案件中没有被采纳。例如,在 Edwards 一案[①]中,共谋者合意提供安非他命,但是不能确定行为人是具有提供安非他命,或者是提供麻黄碱来代替安非他命的故意。法官认为,只有故意提供安非他命的情况下才能定罪,仅仅是合意提供安非他命还不足以构成共谋,只有确定他故意的内容,即具有故意提供安非他命的行为,才构成共谋。[②]

美国刑法中,协议各方"相互之间的心照不宣"就可以成立共谋,甚至可以通过情形证据来推断出犯罪协议的存在。例如,一家合法生产麻醉剂的厂商,向一名医生提供了大量的麻醉剂,但双方并没有签订任何销售这些麻醉剂的协议。美国最高法院认为,尽管没有双方非法销售麻醉剂的直接证据,但厂商肯定知道这名医生会非法销售这些麻醉剂,认识到这些情形而仍然将麻醉剂出售给对方,就证明双方已经达成了某种"默契",而这种"默契"本身也是一种协议,可以成立共谋。单纯的帮助和教唆行为,不能推导出共谋行为。

4. 行为过程的积极参与

另外,有些关于共谋的犯罪意图的新问题被进一步提出来,在 Anderson 案中,Bridge 勋爵认为应当免除基本守法公民的刑事责任。例如,有些公诉执法官员为了阻止犯罪,而"参与"到刑事共谋之中的情况下。他认为需要扩大共谋的犯罪意图,以免除"值得尊敬的"公民的刑事责任。为了达到这一目的,他另外提出了共谋的犯意标准,这个新标准的主要内容是判断行为人在共谋中扮演的角色是积极的还是消极的:"共谋罪的必要犯意的证明,在我看来就是证明并只有证明被告达成合意之时有意在合意的犯罪行为过程中出力,而该合意行为过程正是为了促进犯罪行为过程要达到的目标。这个标准就足够了,不用证明更多也不能证明的更少。"[③]

这个标准实际上增加了被告人要在合意的行为过程中扮演某种积极的角色,即如果缺少这种犯意,那么共谋的指控将不成立。当然,在 Anderson 案中,被告人确实想要积极的提供切割工具,所以满足该标准不成问题。其中的问题是,该标准可能无法包括共谋计划中的"大脑"或"领袖"。例如,爱尔兰共和军的领袖。假如 A 仅与 B 同谋,并要求 B 谋杀 C,A 表示他从未准备在共谋中扮演

---

① [1991]Crim. L. R. 45.
② Alan Reed, Peter Seago, *Criminal Law*, Sweet & Maxwell, 1999, p. 295.
③ [1985]2 All E. R. 961, At 965.

积极角色来实施合意的谋杀行为,那么严格按照 Bridge 勋爵的观点,A 的共谋罪将不会成立。在 Siracusa 案中,英国上诉法院认为,Bridge 勋爵的意见,并不是认为犯罪的组织者不能被判共谋罪,而是要求证明犯罪的组织者也意图积极参与犯罪的实施。在该案中,O'Connor L. J. 法官重新界定"有所参与"的概念,即只要一直同意他人的行为或没能阻止违法行为的实施就可以定共谋罪。他说:"共谋的参与有多种形式,可以是积极的也可以消极的,如果公司的大股东和领导同意用公司名义走私毒品,并且由公司的小股东和下级人员以公司的名义来实施这一行为,他就确实犯有共谋罪。如果可以证明他知道发生了什么就可以推断出共谋者的同意,这种同意就是与其他人达成合意,或牵扯到合意之中。并且其参与实现共谋计划的意图,也可以由其未能阻止违法行为的实施而推断出来。Bridge 勋爵的意见实际上就是这样,他并没有提出更多的要求。"[①]

在 Yip Chiu_Cheung v. R 案[②]中,共谋者一方是卧底的探员,对其犯意的处理方法又与 Anderson 案不同。卧底探员是美国毒品执法行政官员,他同意代表被告。将毒品从香港运往澳洲,但是 Yip Chiu-dencung 在香港机场被捕。被告人辩称,既然执法官员缺乏足够的构成共谋的犯罪意图,共谋就根本不能成立,因为共谋需要两个或两个以上的人才能构成。尽管该执法人员确实想要犯运输毒品的实体罪,但是公诉人免除了对他的起诉。法庭认为,只有当 AB 都认为其合意将付诸实施之时,AB 的共谋才能够成立。Griffiths 勋爵认为:"共谋罪要求两人或两人以上达成违法行为的合意,并且有将合意付诸实施的意图。将犯罪行为付诸实施的意图是该犯罪的必要犯意。"[③]

美国的联邦法院系统按照《联邦法典》第 18 编第 371 条的规定,基本上也是采取类似的立场。一个人不能与自己本身共谋,必须至少有两个人以上参加了共谋,如果政府的卧底探员不具备共谋罪所要求的犯罪意图,另外一个人也不能单独构成共谋。按照这种观点,参与共谋的人,只能对自己理解、认可的协议负责,如果其他共谋者改变了协议的内涵,并且没有就新协议重新进行讨论,就不能对这个改变过的共谋承当责任。

美国的《模范刑法典》和一些州的刑法典,采取了相反的观点。这些法律只关注被告人的可责性和心理状态,而不看重被告人对自己与其他共谋者关系的理解。按照这种观点,被告人如果具有实施犯罪的意图,也同意他人关于实施犯罪的意见,而任何一个参与共谋的人又实施了促进了协议的行为,那么,所有参与协议的人都构成共谋罪。即使与被告人合谋的人没有被定罪或者缺乏犯罪能

---

① [1990]90 Cr. App. R. 340, at 349.
② Yip Chiu_Cheung v. R, [1994]3 W. L. R. 514.
③ Alan Reed, Peter Seago, *Criminal Law*, Sweet & Maxwell, 1999, p.297.

力等等,都不能作为被告人免责的理由,即便两名共谋者中间有一人是警察的卧底,被告人仍然构成共谋罪。例如,在 State v. Christopher 一案①中,被告人将杀害自己母亲的计划,告诉了他的一位表弟,并请求后者帮助自己实施该计划。他的表弟虽然表面同意帮助他,但实际上什么也没有做,并且很快告诉了警方。警方让告密者继续扮演帮助者的角色,在被告人实施杀人行为之前将其逮捕归案。被告人仍然单独构成共谋罪。《模范刑法典》的用意很明显,共谋罪体现了对团体犯罪危险性的重视,处罚的是参与共谋者的犯罪意图,即使其他参与共谋的人,没有与其一起实施协议中的故意和行为,被告人也不能免责。但是这种做法,违反了传统的共谋罪的基本原理,如果一个人仅仅表达了一种意图就构成共谋罪,这样的处罚也太危险了,特别是在警察卧底的情况下,有政府"积极制造犯罪"的嫌疑,会引起社会大众的不安情绪。因此,尽管《模范刑法典》和一些州的刑法典做了这样的规定,但在实践当中,真正照此办理的案件并不多,没有对共谋罪的诉讼产生显著的影响。

5. 对协议条件的意图

共谋各方可能会达成有条件的合意。例如,他们合意,如果 V 独自一人,并且傍晚街上没有人的话就去抢劫 V。如果共谋人的合意中还存在替代的行为计划,只是要视情况而定的话,A、B 的合意还必然导致犯罪吗?

在 Jackson 案②中,A、B 与 C 合意,如果 C 在审判过程中被判入室盗窃罪,AB 就枪击他的腿,以这个极端的举动来减轻对他的判决和处罚。英国上诉法院认为,这是共谋妨碍司法。事实上,如果该项共谋按其计划实施,就必然会发生共谋中提到的犯罪(枪击 C 的腿)。计划是按照可能性制定的,如果计划中描述的情况发生了,那么共谋就必然包含了犯罪行为的实施。相似的例子发生在 Reed 案中③,共谋者计划接近想要自杀的人,然后按照自己的喜好去帮助或者阻止他们自杀。上诉法院认为 AB 共谋帮助或教唆他人自杀。

在 O'Hadhmaill 案④中,上诉人是位大学的社会学讲师。公诉人认为,他本来要在 1994 年爱尔兰共和军计划发动的一次炸弹袭击中,扮演一个掌控者的角色。在他的住所里发现了 17 枚赛姆汀塑胶炸药做的爆炸装置和两枚手雷。被告人辩称不能证明其合意已经确定,也不能证明其意图实施炸弹袭击;另外在和平进程的谈判过程当中,也绝对不可能发动这样的袭击。但是,上诉法院还是作出了他与北爱尔兰共和军共谋袭击的判决。因为根据 Jackson 案的判决,如果其计划如期实施,他们的行为必将构成实体犯罪。

---

① State v. Christopher, 232 N. W. 2d 798(minn. 1975).
② [1985]Crim. L. R. 442.
③ [1982]Crim. L. R. 819.
④ [1996]Crim. L. R. 509.

相反,假如 A、B 两人合意从伦敦开车前往爱丁堡;按他们的计划,如果交通状况非常理想他们就不会超速。因此即使是他们的行为按计划进行,他们也不会涉及任何犯罪,而且他们确实没有超速,并且按时从伦敦开到了爱丁堡。那么这个合意就不能构成法定共谋犯罪或者其他犯罪。

预期的先决条件必须足以作为追究刑事责任的根据。例如,A、B 准备入室盗窃,他们商量只是在必要时或逃跑时 B 才可以开枪杀人。① 这个意图是受到前提条件限制的,而此条件也不足以构成一个清楚的行为过程的合意计划。如果这就是案件的全部事实,谋杀共谋的指控将不能成立(因为他们实际上也没有开枪杀人)。②

四、共谋不能犯

就像未遂一样,共谋中也存在不能犯。可能人们合意去盗窃后来证明是空的保险箱,或者接受赃物的人接受的物品不是赃物。根据 1977 年的刑事法第 1 条第 1 款(b)项的规定,共谋和未遂在不能犯问题上的处理是一样的。因此在上述案件中被告都可以被判共谋成立。英国普通法在这方面还是保留着 Haughton v. Smith 案③和 DPP v. Nock 案④中的作法,即法律不能和事实不能依然是辩护理由,但是如果是使用的方法不能,则不能成为辩护理由。

五、地域管辖

英美刑法中的共谋罪采用地域管辖。因为普通法认为,协议一旦达成,共谋罪就完成了,所以协议的达成地有管辖权;同时,共谋罪要求外化行为的要件时,外化行为发生地的法院也有管辖权,这种广泛的管辖权选择范围,使得控方可以经常以变换陪审团的方式,选择更倾向于支持控方观点或者对被告人不利的法院,以便增加获胜的几率。地域管辖有利于控告一方,这也是共谋罪管辖当中经常引起争议的地方。

不管共谋在哪里形成,在英格兰和威尔士诈骗共谋是可以起诉的。根据 1998 年 9 月 4 日生效的《刑事审判法》第 5 条的规定,英格兰的法院对联合王国外的犯罪共谋有管辖权。⑤ 英国公民与他人合谋准备在国外实施谋杀的行为,根据 1977 年《刑事法》第 1 条第 4 款也是可诉的。在英国国外共谋,在英国实施

---

① [1996]Crim. L. R. 511.
② Alan Reed, Peter Seago, *Criminal Law*, Sweet & Maxwell, 1999, p.298.
③ [1975]A. C. 476.
④ [1978]A. C. 979.
⑤ The Act inserts a new section into §1 of the Criminal Law Act 1997. The new provisions are not retrospective; see also Board of Trade v. Owen [1957] A. C. 602; and Attorney-General's Reference(No. 1 of 1982) [1983] Q. B. 751 in relation to conspiracy to defraud.

犯罪也是可诉的,只要证明其行为可以完成就足够了。至于该行为是否确实已在英格兰实施,则无需加以证明。

最近地域管辖的发展,是关于雏妓交易和"性观光游"的特殊文化。1996年的《性犯罪法》,将共谋犯罪的责任范围,从共谋实施或教唆实施对幼童的性犯罪的行为,扩大到共谋或教唆在管辖范围外实施的行为。因为现在越来越多的贫困国家的孩子正在被富裕国家的游客折磨。新的立法的目的,就是为了减少恋童癖的行为,增加对此类犯罪的管辖权和有罪判决。①

在英国普通法和美国的有些州的制定法中,共谋行为与目标行为是两种不同的犯罪行为,彼此之间不存在吸收关系,也就是说,目标行为不能吸收共谋协议的行为,应当以两个罪定罪处罚。但是,美国《模范刑法典》1.07(1)(b)规定,对于同一被告人,共谋罪和目标犯罪不能同时成立和科处。这就表明《模范刑法典》采用的吸收原则,但也有例外,当控方证明共谋协议的目标中还有其他犯罪时,虽然行为人可能还没有实施这些犯罪,共谋的危险依然存在,这种共谋行为就应当被处罚,而不能被其他行为吸收。

第三节 未 遂

一、未遂的原则

在英国,未遂犯罪的刑事责任,基本上由1981年的《刑事未遂法》规定,该法规定:"如果故意触犯本节规定的罪名,并且其行为已经超过了犯罪预备,那么行为人就构成该罪的未遂。"根据此条规定,行为人能够构成任何一种犯罪未遂,不管是可以起诉的犯罪,还是可以审判的犯罪。② 因此,一旦英国国会制定了某个可以基于指控而被审判的犯罪,那么该罪的未遂犯的责任就会自动的产生,而不需要任何特别规定。但是根据该条规定,简易审犯罪不可能构成未遂。例如,根据1988年刑事审判法,没有经过车主同意盗开车辆和普通伤害行为,只能按简易程序审理,因此该罪就没有未遂问题。这种情况下,英国国会也许会采用特别法定未遂来填补这一漏洞。例如,超速驾驶是简易审犯罪,但是1988年《道路交通法》第5条(在酒精浓度超标的情况下驾驶或者掌握机动车交通工具)的规定中写有"驾驶或试图驾驶"的罪名,这也许意味着"超速驾驶"虽然是一种简易审犯罪,但也可能构成特别未遂犯罪。

---

① P. Alldridge, The Sexual Offences(Conspiracy and Incitement) Act 1996 [1997] Crim. L. R. 30.
② Note in Velasquez [1996]1 Cr. App. R.155.

犯罪未遂受到以下原则的限制：

（1）可能教唆他人实施实体犯罪未遂，但是不可能教唆共谋未遂。[①]

（2）可能构成未遂犯罪中的帮助犯，但是不可能构成帮助、教唆未遂。这些观点被英国上诉法院在 Dunnington（邓宁顿）案中重申[②]，上诉法院在该案中维持了被告的抢劫未遂的有罪判决。他在该案中扮演了司机（帮助犯）这一角色。根据英国普通法，帮助、唆使、劝诱和促使本身并不构成犯罪，但为犯罪提供帮助、唆使、劝诱和促使他人犯罪就不同了。在某些犯罪中，行为人就是一个帮助者或者教唆者，这实际上可能构成帮助或教唆未遂。例如，被告是一个贪财的女儿，她劝自己的母亲吃下了戊巴比妥药片以加速她的死亡，好让自己继承一笔信托基金。她的母亲没有死，而是幸存下来了，被告就被判教唆和劝诱他人自杀未遂，其行为触犯了英国1961年的《自杀法》的第2条第1款的规定。

（3）有些罪的性质决定它们没有未遂形态。例如，一般认为，过失杀人不可能未遂。因为要指控被告犯罪未遂，就需要证明被告是故意犯罪。[③]

总的来说，对于行为人的判决都是基于犯罪的完整形态，但是犯罪未遂的有罪判决也是陪审团的选择之一。在实际审判过程中，公诉人没有必要专门指控被告构成犯罪未遂，而是直接指控某人构成那一个具体罪名，例如盗窃或者强奸，陪审团判决时可以认定为盗窃未遂或者强奸未遂。英国的法律规定，一些法定犯罪是没有未遂的，但这一点并未体现在1981年的刑事未遂法之中。

我们现在看一下未遂的构成。简单地说，未遂就是被告试图实施某种完整形态的犯罪行为，但是未能完成该行为。就犯罪行为而言，到底被告的行为离既遂有多近才能构成犯罪未遂？未遂的犯意和既遂一样吗？谋杀罪中如果被告人只是故意伤害致人死亡，我们可以判他谋杀罪成立，但是如果被害人没有死，我们能判被告谋杀未遂吗？最后我们必须考虑不能犯的场合，如扒窃一个人的空衣兜。行为人根本不可能得手，他能被判盗窃未遂吗？[④]

二、未遂的构成要件

1. 犯罪行为

假设 X 意图杀害 Y。他购买一把枪并装上子弹，他拿着枪来到 Y 的房前，按响门铃后，瞄准 Y 扣动扳机。如果子弹射出杀死了 Y，则 X 将被判谋杀罪。

[①] See, e.g. Rowley [1991] 1 W. L. R. 1020 involving the offence of attempting to incite a child under the age of 14 to commit gross indecency.

[②] [1984] Q. B. 472.

[③] See, e.g. Bruzas [1972] Crim L. R. 367; for involuntary manslaughter see Alan Reed, Peter Seago, op. cit., p. 336—350.

[④] Alan Reed, Peter Seago, *Criminal Law*, Sweet & Maxwell, 1999, p. 256.

但是如果 Y 没有死于枪击或者 X 在射击前被人阻止了,那么在之前的哪个阶段,我们可以认为 X 谋杀未遂呢?① 1981 年的法律认为行为人必须具有超越单纯的犯罪预备的行为,至于是否达到了这个阶段,由陪审团决定而不是由法官决定。法官不能对陪审团说:"如果你们认为以下事实可以被证明,那么你们就可以认为被告的行为超出了犯罪预备阶段。"这就篡夺了陪审团的功能。但是,法官可以告诉陪审团一些行为仅仅是预备行为,并不足以完成完整的犯罪。在 O'Brien v. Anderson 一案中,Kerr 法官认为:

"'超出了单纯的预备行为'的说法,已经取代了早期先例中的各种对未遂的定义。我认为某行为是否超出单纯的犯罪预备,在性质上是属于陪审团决定的问题。很明显,如果该行为仅仅是为犯罪做准备,如对预期的犯罪场所的侦查行为肯定不是犯罪未遂。这些行为必须是超出单纯的预备行为。如果这些行为接近实际的犯罪行为,它们还是处在实施完整犯罪的必要预备阶段,因此依然是预备。但是如果它们被认为不仅仅是预备行为,那么这些行为就构成了犯罪未遂。"②

这就是说,陪审团应该问自己"行为人是犯罪预备还是犯罪未遂?"上诉法院如果认为初审法官在被告的行为是否超出了单纯的预备行为的问题上,错误的指示了陪审团,它就会干涉诉讼。在许多案例中,如果法官指导得当,陪审团会明辨有罪还是无罪,上诉法院也不会干涉诉讼。基本上法官的任务就是决定是否有足够的证据,让陪审团可以合理地得出被告的行为超出了单纯的预备领域,进入到了犯罪的实行阶段。如果法官认为相关情节不能构成未遂,他就应当撤销对未遂的诉讼。如果他得出结论,认为尽管相关情节并不具有决定性,但是如果将证据展示给陪审团,还是不能保证陪审团作出正确的判断,他就应当指示陪审团作出无罪的判决。只有当法官认为有证据可以让陪审团适当并准确的考虑行为人的行为是否构成未遂,他才能够让该案的审判继续下去。

在英国 1981 年《刑事未遂法》通过以前,英国法院还采用其他标准来决定行为是否进入犯罪未遂阶段。其中一个方法叫做"最终行为"标准,该标准出自 Eagleton(伊格尔森案)③,该标准是考察被告人是否以完整犯罪的意图,实施了他能力范围内的,朝犯罪实行行为发展的最后行为,或者像 Diplock(迪普洛克)法官在 DPP v. Stonehouse 案④中所持的观点,即行为人是否已经"破釜沉舟"。另

---

① See, generally. G. Williams, "Wrong Turnings On the Law of Attempt," *Crim. L. R.*, p.416, (1991); K. J. M. Smith, "Proximity In Attempt:Lord Lane's Midway Course," *Crim. L. R.*, p.576. (1991).
② [1984]Crim. L. R. 483.
③ [1985]6 Cox C. C. 559.
④ [1978]A.C.55, at 68. Lord Diplock's test is not necessary the last act test but is in similar vein. It concentrates on examining whether D Has gone too far to pull back when caught. It is however a dreadful mixture of sayings.

一个标准来自《史蒂芬的刑法概要》(Stephen's Digest of the Criminal Law)一书,该标准考察的是行为人以完整犯罪的意图实施的行为,是不是某一系列行为的一部分,这一系列行为如果没有被中断的话就会构成犯罪。

Lane(莱恩)法官认为,英国1981年《刑事未遂法》的规定是在试图折中几种标准。它并没有提出是应当遵循 Eagleton 标准,即被告的行为必须已经使其在未遂的犯罪行为被证明之前无法后退,还是应当参照 Stephen 的"一系列行为"开始的时间点。这个时间点开始于单纯的预备行为结束,被告开始犯罪实行行为之时。它特别强调在具体案件中将因具体情况而有所不同。①

问题现在只在于被告是否开始了犯罪。在大多数案件中法官都只是问陪审团,他们认为被告仅仅是预备犯罪还是已经进入犯罪未遂阶段,而陪审团得到的可能只是一个感性的结论。但是如果法官感觉没有证据可以让陪审团得到被告超出了预备行为的结论,他就可以指导陪审团认定对被告犯罪未遂的起诉不成立。

行为是否进入未遂是一个程度和事实问题。在1981年《刑事未遂法》颁布后,英国上诉法院的七个判决,证实了要在预备和未遂之间划一条清晰的分界线是多么的困难。这些判决也表明了这个领域的案件是多么的难以协调,因为他们都有不同的结论和结果。在 Gullefer 古利弗尔案②中被告押注赛狗,当他意识到他的狗不可能获胜时,就跑到赛道上企图把狗驱散。他的意图是要阻碍比赛,让庄家宣布比赛无果而终,这样玩家可以取回自己的赌注。他的驱散行为并没有成功,而他的狗却获得了冠军,庄家事实上也没有宣布赛狗的结果无效,但是被告却被起诉盗窃未遂。英国上诉法院认为,没有证据能够让陪审团认为被告盗窃未遂,而要达到未遂的标准还需要有其他行为。根据当时的情况,他只是处在预备阶段而已。如果在该案中赛狗结果宣告无效,那么被告的行为该如何定性又是一件很有趣的事情。被告的行为是什么时候超越了预备阶段呢?是在去往收赌注人的摊位时?还是在开始排队等候返款时?还是将自己的赌票展示给收受赌注的人时?他请求返还他18英镑的赌金的行为,显然是他能做的"最后行为"。G试图阻止赛狗的行为和1981年未遂法颁布前的 Robinson 案以及 Comer v. Bloomfield 案中的被告的行为非常相似。在这两个判例中,被告为了将来某个时间进行保险诈骗而编造了一些事件。③ 这两个被告都没有被判未遂成立,因为相关的理赔请求还未向保险公司提出。④

---

① [1990] 1 W. L. R. 1057, at 1061 per Taylor L. J.
② [1990] 1 W. L. R. 1063.
③ [1970] 55 Cr. App R. 305. D crashed his own van then pretended it had been stolen. Preliminary inquiries only were made to the insurance company about a future claim.
④ Widdowson [1985] 82 Cr. App. R. 314.

在 Jones 案①中,被告的情妇 F 由于喜欢上了别人而离开了他。Jones 买了几只枪,并且锯短了其中一只的枪管。他找到了 F,进到车里掏出锯短了枪管的枪,在近距离之内将枪对准 F。F 设法将枪抢了过来扔出车外。Jones 辩称其行为还未进入到未遂的阶段,因为他还没有打开枪的保险,还没有触摸扳机更没有扣动扳机。初审法官拒绝了他的辩解,上诉法院也同意有足够的证据可以让陪审团认定 Jones 谋杀未遂。② 很明显,该案法官采取了 Lane 莱恩法官在 Gullefer 案中的折中标准,遵循了未遂法规定的字面上的一般意思,上诉法院认为:

"显然上诉人买枪,锯枪管,装子弹,伪装枪,等候 F 的行为都是预备行为。但是以我们的判断,一旦他进入车内,掏出已经上膛的枪,以杀害故意将枪对准被害人,就已经有足够的证据让陪审团来考虑其谋杀未遂的起诉。判断被告的行为是否超过了单纯的预备行为是陪审团的事。因此我们认为法官将案件交给陪审团是正确的选择。"③

在 Campbell 坎贝尔案④中,警方收到线报说一家邮局将被抢劫。警方监视了该邮局并注意到 C 形迹可疑。当 C 最终走向邮局入口处并将手伸入口袋时,警察认为口袋里有武器。于是在 C 距离邮局门口一英尺处将 C 逮捕并指控其抢劫未遂。搜身时发现 C 身上有一把仿真枪,墨镜和一个用来恐吓的小条子。英国上诉法院认为被告的行为还是处在抢劫的预备阶段,因为其并没有进入邮局,还没有实施抢劫行为。⑤ 被告没有进入其意图抢劫的邮局被认为是非常重要的。因此邮局门内一英尺或其门外一英尺使行为人的行为性质迥然不同。不管这个判断多么的有逻辑性,它却给警察和差点成为抢劫被害人的银行工作人员带来了忧虑和麻烦。警方过早的行动让他们失去了指控被告抢劫未遂的机会。这是否意味着应当允许劫匪进入到下一个行为阶段,即使这样会使银行工作人员的生命安全受到威胁? 这些都是值得思考的。⑥

对于由陪审团来决定被告的行为是否已经超越了单纯的预备阶段,也存在一些问题。一旦法官认为有足够的证据证明被告的行为超过了预备阶段,那么就应由陪审团来决定被告的行为是否构成犯罪未遂。但是,不同的陪审团可能会就同一事实作出完全相反的判断,而法官在此问题上则无能为力。如在 Jones 案中,陪审团当然可以认为,既然被告没有打开保险,那么他就不认为其

---

① [1990]1 W. L. R. 1057.
② It seems that in the old western duaols of John Wayne there would presumably be evidence of an attempt once the cowboy moved his hand towards the holster containing the gun.
③ [1990]1 W. L. R. 1057 at 1062 per Taylor L. J.
④ [1990]93 Cr. App. R. 350.
⑤ A phrase used by Rowlatt J. in Osborne(1919) 84 J. P. 63.
⑥ Could Campbell have been convicted of attempted burglary. Was he attempting to enter under s. 9(1)(a) of the Theft Act 1968? See Tosti and White, considered below at p. 262.

行为超越了预备阶段。所以就 Jones 案而言,一家法院的陪审团会判被告未遂成立,而另一家法院的陪审团可能会判被告无罪。这看起来是 1981 年《刑事未遂法》的一个不可避免的问题。另外,任何陪审团在处理 Campbell 案时,如果决定被告不是抢劫未遂都是相对安全的。但是银行工作人员的安全则明显受到了忽视。1981 年《刑事未遂法》要求警方等到武装劫匪进入银行才可采取行为,这是非常不合理的,它在客观上有利于犯罪分子。相反,英国 1971 年的刑事损害法(Criminal Damage Act 1971)规定[①],被告持有预备用于刑事损害的铁锤,就是有罪的,虽然他还远远没有达到刑事未遂的标准和要求。但是如果他的铁锤是为了伤人而携带,就要等到他的行为超出预备阶段。因此,有英国学者认为,应当修改 1981 年的《刑事未遂法》,将未遂犯罪的行为阶段提前,或者制定更多的像 1971 年《刑事损害法》规定的那样的犯罪。[②]

Griffin 案[③]与 Campbell 案则截然相反,在该案中英国上诉法院采取了宽松的未遂标准。该案被告是两个孩子的母亲,她被指控拐骗自己的孩子离开英国。她给自己和孩子买了去爱尔兰的单程票,并做了旅行准备,而且她还骗孩子的老师说她要带孩子们去看牙医。但是她并没有控制自己的孩子,也没有从港口登上出走的旅程。尽管如此,法官认为,当她向孩子老师撒谎的时候,她就进入犯罪实行阶段了。这看起来是一个令人惊讶的结论,因为与 Campbell 案相比,她的行为无论从时间上地点上还是行为的程度上,都离完整的实体犯罪的距离相差很多。由此不难看出,不同的上诉法院的意见在这个领域很难协调。针对这种情况,有英国学者提出下列行为可以被认为是"单纯的预备行为"[④]:

(1) 枪手或者持有可远程爆破的炸弹者,等候预期被害人的出现;

(2) 潜在的入室盗窃者,在进入建筑物前放置好自己的梯子;

(3) 保险诈骗者已经假造了骗保事件,写信给自己的保险人,表示想要在近期提出赔偿的要求。

但是这种观点没有提出在强奸犯罪中,如何区分未遂与预备。在 Att. v. Gen's Reference(No.1 of 1992)案[⑤]中,被告人和受害人都喝了酒,深夜走在回家的路上。被告将她拖到路边的灌木丛后强行将她压在地上,威胁说如果她还不停止喊叫就杀了她。路边一位住户看到路上有人将一个妇女拖到路边,就报告了警察。当警察赶到的时候,被害人躺在地上,胸部裸露,警方在附近找到了

---

① By § 3 of the Criminal Damage Act 1971. 也可参看 Alan Reed, Peter Seago, Criminal Law, Sweet & Maxwell, 1999, p.517.
② Alan Reed, Peter Seago, op. cit., pp.263—264.
③ [1993]Crim. L. R. 515.
④ K. J. M. Smith, op. cit., p.580.
⑤ [1993]2 All E. R. 190; see, generally, A. Reed, "Attempted Rape," J.C.L. 57, p.364(1993).

她的靴子。被告跪在稍远些的地方,当他站起来的时候,可以看到他的裤子已经脱到脚踝处,但他的阴茎并没有勃起。经检查,被害人私处有少许擦伤,被告相应的阴茎也有少许擦伤,但这并不能说明这些擦伤就是被告试图插入被害人阴道内造成的。被告人说自己知道被害人不同意,也没有问她同意不同意,但是因为喝了酒无法性交。初审法官起初认为,已经有足够的证据让陪审团来决定被告是否已经超越了单纯的犯罪预备阶段。但是稍后他又改变了主意,告诉陪审团强奸未遂的构成,必须要有证据证明被告试图将其阴茎插入被害人的阴道。因此,他指示陪审团作出了无罪的决定。这个判决引起了争议,上诉法院被问道"是否在指控强奸未遂时,公诉人有责任证明被告物理上试图将阴茎插入被害人阴道?"强奸罪的犯罪行为是非法的性交,根据1976年《性犯罪法》的规定,行为人一经插入即完成犯罪。如果陪审团认为事实上有插入行为,不管是什么程度的插入行为,也不管被告是否射精,都可以认为有性交行为,已经达到既遂状态。由此看出,一经插入就不存在所谓未遂问题了。

英国上诉法院后来又认为,公诉人起诉强奸未遂,无需证明有强奸意图的被告的行为在物理意义上已经走到了试图插入阴道的地步,只要证据证明被告有强奸意图,并且公诉人能够让陪审团认为被告的行为已经超越了预备阶段就可以了。这个观点显然和之前的判断是不同的。Smith教授认为,既然强奸在物理上就是男性的阴茎插入女性阴道,那么说他没有试图插入,但是试图强奸,这是否前后矛盾呢?① 他的建议是法律上应当将强奸未遂的范围扩大。例如,如果被告被捕时,已经从枪套中拔出枪,意图射击P,那么我们不需要未遂法告诉我们被告谋杀未遂,即使他还需要将枪对准P并且扣动扳机。这和被告掏出阴茎准备插入受害人的阴道是一样的。本案中,他已经是在试图插入她的身体,即使他可能还有些动作没有完成,也足以构成强奸未遂了。

当然,这只代表了对一个判例的改进,并且它很不适合Campbell案,在该案中,被告仅需多迈一步踏入该建筑就将构成犯罪既遂,而他却被判无罪,因为他没有进入该犯罪场所。但是一个没有将阴茎接近女性阴道的被告却被判有罪。对于公共政策而言,将强奸扼杀在早期阶段是值得称赞的,但是将抢劫扼杀在早期阶段也是必要的。②

未遂的犯罪行为问题在Geddes案③,Tosti和White案④中被重新审视。在这些案件中,未遂的犯罪行为被认为是事实和程度的问题。需要对被告完成的行为与犯罪既遂接近的程度划定一个界限。在Geddes案中,被告人对非法

---

① [1993]Crim. L. R. 274, p.275.
② A. Reed, loc. cit., p.365.
③ [1996]Crim. L. R. 894.
④ [1997]Crim. L. R. 746.

拘禁的未遂判决提出上诉，被告由于试图非法的拘禁一个还未出现的人，被判四年有期徒刑。被告进入学校后，被一个教员在男生厕所里发现，被告逃跑中丢下一个帆布背包，里边有绳索、胶带、刀子和其他东西。上诉法院认为没有任何区别犯罪预备和犯罪未遂的基本法则。应当根据具体案件的具体情况分析，Geddes是否已经超越了预备阶段进入到了犯罪的实行阶段。法官们认为，他虽然进入了学校，但是并未接触任何的学生，没有足够证据表明被告实施了超出犯罪预备的行为。这表明"等待"并不构成超出犯罪预备的行为，即使是怀着犯罪的意图，等待被害人的出现。① 这个论断无疑是对法律实施的效率原则的反驳，因为这对于警察办案无疑是一种阻碍，他们不得不等到犯罪实施的时候才能实施有效的逮捕。

如果从政策角度出发，比较令人满意的应当是 Tosti 和 White 案的判决，尽管其在结果上和 Campbell 案不同。被告们被判处入室盗窃未遂罪。他们被农场主看到在午夜前向谷仓走去，并查看挂锁。当意识到有人发现他们的时候，就惊慌失措，狼狈逃窜。后来，一些被用来破门而入的氧乙炔的工具在谷仓附近被发现。长期以来，法院都认为只要实施了超出预备的行为，所有基于中止的辩护都是不被接受的。② 那么，这些被告的行为足以构成入室盗窃未遂吗？法官的答案是肯定的。证据上足够法官将此案件交给陪审团。该结论和 Griffin 案的结论是一致的。它们都是对未遂采取了更为宽泛的有利于刑事法庭的解释。但是，这实际上是代表了另一种情况，法院在未遂的事实判断中作出了艰难的选择，事实上未遂的程度问题对于被告是否犯罪而言仍未解决。

如上所述，未遂的标准之一就是"最后行为"标准。这个标准要求陪审团决定被告是否已经实施了导致犯罪发生所要求的最后行为。如果是，他就是未遂罪成立。但是这个标准受到了批评，由于其过于严格，有些行为人即使没有实施最后行为，也构成了犯罪未遂。例如一个人给自己的妻子服用砒霜，当他让妻子服用多副砒霜中的第一副时，他就已经犯罪。Jones 案的决定是另一个例证，在该案中被告还有许多行为需要实施，但是其被正确的判处未遂成立。但是在共同犯罪的案件中，主犯(实行犯)实施了最后行为，就会有足够的证据让陪审团认为其行为超越了犯罪预备阶段，而当案件中有从犯时，这个原则却未必行得通。举例来说，妻子雇佣杀手谋杀她的丈夫。她已经实施了最后行为，但是只有杀手(主犯)实施了杀人的实行行为，而又没有将其丈夫杀死时，才能认为她谋杀丈夫未遂。③

总之，考虑未遂的犯罪行为如何改革非常有趣。英国的先例很难协调，问题就在于什么样的行为是超出了预备的行为。一些评论家认为需要立法来解决未

---

① J. C. Smith [1996] Crim. L. R. 895.
② For example, consider the nineteenth century authority of Talor(1895) 1 F. 511.
③ Alan Reed, Peter Seago, *Criminal Law*, Sweet & Maxwell, 1999, p.263.

遂实行行为的定义问题。这个尝试已经在美国《模范刑法典》中有所体现,并且《模范刑法典》在美国各州的立法中已经被广泛采用。该《刑法典》5.01节规定,下列行为均视为实行行为:

(1) 等候、寻找或者跟踪预期的被害人①;

(2) 引诱或者计划引诱预期的被害人前往预期的实施实质犯罪的场所;

(3) 勘察预期实施实质犯罪的场所;

(4) 非法进入预期实施实质犯罪的建筑物、车辆或者他人用地;

(5) 持有为实施实质犯罪所用的物品,并且该物品专为非法目的的使用而设计,或者在具体的情况下,不可能用于合法的目的;

(6) 如果在具体情况下物品不可能用于合法的目的,而在预期实施犯罪的场所或者附近持有或者制作为实施实质犯罪所用的物品;

(7) 教唆不知情的人实施属于实质犯罪要件的行为。②

《模范刑法典》列举的一系列行为的好处,在于它提供了具体的构成犯罪未遂的行为列表。它有确定性的优点并且可以在司法实践中被迅速实施。英国法律委员会的一个工作小组曾经支持将实行行为法定化的方法。③ 但是法律委员会1980年第102号的报告却拒绝了这一提议,而这一报告正是1981年《刑事未遂法》的基础。"超越预备阶段"的标准被采纳,但是我们看到这引起了预备与未遂之间的界限之争。尽管在过去这么多年当中,英国上诉法院作出了许多相互冲突的关于未遂犯罪行为的判决,但英国国会却未对1981年的《刑事未遂法》进行任何重要的改革。

2. 犯罪意图

在许多时候为了方便考虑,认为未遂犯罪的犯意和犯罪的完整形态应当是一致的,但是这样有时会带来奇怪的结论。如一名恐怖分子折磨一名人质,枪击他的膝盖,他显然意图严重伤害对方,如果被害人死亡,根据法律他犯有谋杀罪,这在英国应当是没有什么问题的,但是如果被害人没有死,起诉恐怖分子谋杀未遂就有些奇怪了,因为这表明行为人意图要杀死被害人,而实际上他并没有这么做。换句话说,如果认为某人试图造成某种结果(如伤害的结果),那么他在主观上就是企图达到那种结果。你不能说,他枪击被害人膝盖,企图伤害被害人,却又以谋杀未遂起诉他,这好像有点说不过去。④

英国1981年《刑事未遂法》第1(1)节规定,公诉人必须证明被告行为时具有犯本节所列罪名的故意。这就是说,对于谋杀未遂的指控,公诉人必须证明被

---

① This is clearly in conflict with the decision of our Court of Appeal in Geddes.
② A Ashworth [1988]19 Rutgers L. J. 752, at 752; and G. Williams, loc. cit., 420—421.
③ See L. C. Working Paper No. 50.
④ 在中国刑法中,这种情况以故意伤害致死论处。

告人具有杀害被害人的故意,仅仅证明被告意图严重伤害被害人是不够的。英国上诉法院在 Whybrow 案①中,阐述了这个原则。在该案中被告给浴室连接电线,希望电死妻子。当指控是谋杀未遂的罪名时,主观故意就成为了该罪的主要问题,因为公诉人必须证明被告意图杀害妻子,而不是重伤妻子。同样的,构成刑事损坏罪的未遂,也必须证明行为人主观上具有损坏他人财物的故意,过失损坏不构成本罪。②

未遂犯罪的定义常常和初审法官原来引用的故意的定义相冲突。在最简单的例子中,法官只要问陪审团是否认为被告试图造成被禁止的结果就可以了。上诉法院在 Mohan(莫汉)案中曾经指出:"不管被告是否希望结果发生,我们决定判被告未遂,因为该犯罪在被告能力范围内。"③但是在这里法官遇到了问题,那就是对于谋杀未遂,法官如何采用合适的指导。英国刑法的犯罪意图分为直接故意和间接故意,直接故意,是指被告人有目的的导致被害人死亡。在这些案件中,有一条布里奇勋爵在 Moloney 案中提出的一个"黄金法则",那就是"避免任何对于(必要)故意的繁琐的解释,将它留给陪审团,让他们跟着感觉来决定被告是否具有必要故意(necessary intent)。"只有在一些例外的间接故意的案子里,由于被告的最终目的并不是造成法律禁止的后果,因此需要向陪审团进行解释,这涉及对结果预见是否构成故意的问题。但是在 Walker 案和 Hayles 案④中,初审法官(trial judge)和上诉法院对这一区别感到困惑,这两个案件都涉及谋杀未遂。几个被告人卷入一场与被害人之间的纠纷当中,被害人和 Walker(沃克)的妹妹发生了性关系。在争斗中被告将被害人的头撞到墙上,并且威胁要杀了他,最后将他从三楼的阳台上丢了下去。被告没有摔死,而是幸存下来了,被告人被指控谋杀未遂。法官告诉陪审团,假如认为被害人有死亡的高度可能性,就可以推定被告人具有杀人故意。

但是这个案件在上诉法院引起了争议,有人认为初审法官在谋杀未遂的主观因素的问题上误导了陪审团。因为:(1) 将死亡的可能性和故意杀人中对死亡的预见等同为一回事;(2) 法官应当用 Nedrick 案⑤中的"实际上的必然性"(virtual certainty)来代替"高度可能性"(high degree of probability)。但是,法官们最后还是驳回了上诉,因为他们认为初审法官正确的指导了陪审团,"预见",确实从某种角度上来说,可以推断其主观上是故意的。然而,法官们同时认

---

① [1951]35 Cr. App. R. 141.
② [1987]Crim. L. R. 397; and see also O'Toole [1987] Crim. L. R. 759.
③ 故意的定义:"决意实施某种行为,又在其能力范围之内,就认为是企图犯这种罪,无论被告人是否追求行为的结果。"
④ [1990]90 Cr. App. R. 226.
⑤ [1986]83 Cr. App. R. 267; see also Woollin, at p. 64.

为,应当使用"实际上的必然性"一词,初审法官没有注意到主观认识程度上的差别,如果"实际上的必然性"和"高度可能性"(很可能)确实有差别的话,就可能给被告带来不利的影响。但是,假如让陪审团来决定被告是否故意杀人的话,那么"高度可能性"一词并不是误导。

法官们确实在 Walker 案和 Hayles 案中遇到了困惑,因为这两案中行为人的犯意明显是直接故意,即被告的目的就是要杀死被害人。对于谋杀未遂来说,行为人必须显示出杀人的意图,重伤他人的故意显然对于完整的犯罪既遂(谋杀)来说,这个犯意已经足够,但是对于谋杀未遂来说还是不足的。因此,在被告试图杀人的直接故意的案件中,要求死亡作为"实际上的必然性"或"高度可能性"以及"可能性"都是不必要的,因为从证据上来说,只需证明被告是否真得试图杀害被害人。

法官应当采用纳布里奇勋爵的建议,避免任何复杂的对故意的解释,将案件留给陪审团,让他们凭感觉决定被告的行为是否具有必要的故意。只有在更复杂的案件中,有时犯罪未遂是为了达到别的目的时,初审法官需要给陪审团解释 Nedrick 案中所提到的指导的意义①,即对于死亡结果是从"实际必然性"的预见中,可以推断出被告是故意。举例来说,如果被指控谋杀未遂的被告,试图在中途炸毁客机以获取客机上货物的保险金,法官就可以指导陪审团,如果他们发现被告已经知道客机上的所有乘客将"实际上必然的"被炸死,那么他们就可以得出被告故意杀人的结论。

以上的分析集中在未遂的犯意和结果之间的关系上。但是大多数犯罪行为综合了许多因素(行为、结果和情节),而这些因素都要求有犯意存在。另外,各种因素要求的罪过的程度也不尽相同。拿强奸罪来说,不法行为应当包括非法强迫与妇女性交,强奸罪既遂的犯意是公诉人必须证明被告意图与妇女性交,并且明知妇女不同意,或者至少对妇女是否同意持轻率态度。被害人是否同意是强奸罪行为的一个条件。② 假如被告人被指控强奸未遂,显然必须证明被告故意与妇女性交,但是轻率可以吗?1981 年《刑事未遂法》第 1(1)节要求被告是故意犯罪,而在强奸罪中就意味着被告必须故意与妇女性交,但是对于妇女是否同意则只需证明他有轻率就可以。Russel L. J 论述道:"按照故意的自然和普通意思,强奸者是要发生性交行为。当他表现出他的犯意时即已犯罪,或者妇女不同意,或者他也不知道或者不管妇女是否同意。"③但这些对构成强奸罪没有影响。

---

① Fallon [1994] Crim. L. R. 519. Where the Trial judge confused the jury by giving three directions on the intent necessary for attempted murder.

② G. Williams, "The Problem of Reckless Attempts," Crim. L. R., p.365, (1983); R. Buxton, "Circumstances, Consequence and Attempted Rape," Crim. L. R., 25. (1984).

③ Ibid., at 788.

英国上诉法院在 Khan 案①中的意见表明,似乎每一种犯罪都有一个主要的被禁止的行为,而要起诉行为人犯罪未遂,只要证明行为人故意实施该主要被禁止的行为就可以了。因此,根据 Millard and Vernon 案,损坏他人财物罪就是要证明被告人故意损坏他人财物,只证明被告人对于财物的所有权归谁持轻率态度是不够的。在强奸案中,禁止行为是与妇女非法性交,而缺少妇女同意则不是该罪的核心部分。由于妇女是否同意不是强奸罪的核心禁止因素,那么该罪的既遂的主观构成要件是故意还是轻率,都不影响未遂的成立。

这个决定很可能带来严重的混乱。这个决定是仅限于强奸罪吗?看来并不是这样的。那么,我们该如何确定什么是禁止行为——犯罪的核心呢?在 Morgan 案中,上议院并没有说强奸的禁止行为是强制性交。那么假如我发现一本书,但是我不知道它是属于我的还是属于你的,我决定不管是谁的,先烧了它再说。如果我在将书本投入火炉之前,又放弃烧毁它的计划,那么我是不是会因为烧书未遂而被判决有罪呢?似乎不是这样的,因为在 Millard and Vernon 案中,要求公诉人必须证明被告故意毁坏他人物品,即必须知道物品是归他人所有的,奇怪的是强奸未遂则只要证明行为人轻率就可以定罪,而毁坏他人物品罪中,行为人主观上持轻率态度则不构成未遂。

关于强奸未遂,Khan 案中认为,其犯罪意图与犯罪行为应该与《总检察长参考》中的意见一致。现在可以明确的是,强奸案的犯罪行为和强奸未遂的犯罪行为是不一致的,强奸案中性交行为必须发生,但在强奸未遂中,只需要一些准备插入的行为,而没有真的插入,两种犯罪的犯意都是独立的。在 Khan 案中,这意味着故意是指明知妇女不同意的情况下和妇女性交,或若对妇女是否同意持轻率态度。轻率在强奸和强奸未遂案中和被告的行为没有关系,只与被告从事强奸行为和试图发生性行为时的主观心理态度有关。

上诉法院在《总检察长参考》1992 年第 3 卷②中,曾经有机会修正未遂的犯罪意图,似乎也找到了另一条判断未遂犯意的途径。这个案子还是刑事损坏案。这次牵涉到 1971 年《刑事损坏法》第 1(2) 和 (3) 节的规定。一家工厂遭到袭击,它的厂主为了躲开巡逻车安排了一次夜间检查,被告乘坐一辆货车到达现场,车上装满了汽油弹,火柴,汽油罐和一些布条。被告将汽油弹扔向夜间巡逻车,车上有 4 位乘客,车附近的人行道上还有两个人正和车上的人谈话。所幸炸弹并未击中汽车,而是击中了后面公园的墙壁。没有人受伤。除其他罪名之外,被告被指控触犯了 1971 年刑事损坏法第 1(2) 和 (3) 节的规定,犯有重放火罪。为了

---

① [1990]2 All E. R. 783.
② [1994]2 All E. R. 121; see, generally, P. Seago, *Criminal Law*, [1994] All E. R. Annual Review 130.

判被告有罪,公诉人不仅必须证明被告故意或者轻率损毁财物,而且要证明其主观上故意危害他人生命,或对危害他人生命持 Caldwell 轻率。该法规定,如果毁损是由火引起的,指控的罪名应该是放火罪。法官指导陪审团,如果公诉人要指控其犯罪未遂,那么不仅要证明其故意损毁财物,而且要证明其故意危害生命。换句话说,不管起诉什么未遂,轻率都是不够的。此案被告最后被判无罪。

　　检察总长对于法官是否正确的指导了陪审团以及此案和 Khan 案有什么不同征求法庭的意见,法庭认为没有理由认为该案与 Khan 案有所区别,未遂的犯意就是要求缺少构成既遂罪的那种行为。例如强奸罪就是因为没有实施性交行为,因此,强奸罪的犯意就应当是实施强奸的犯罪意图。严重的刑事损坏罪的未遂就是没有损坏物品的行为,因此需要损坏他人物品的犯意。至于犯罪行为中其他因素的犯意,公诉人证明与犯罪完整形态的犯意已经足够。因此涉及强奸未遂中的妇女是否同意的问题时,只需证明被告人有 Cunningham 轻率就可以了。而在严重刑事损坏案中,除了证明被告故意损坏财物之外,对于被告是否故意危害生命这一点,只要能够证明 Caldwell 轻率就足够了。这个观点似乎是这样的,如果被告实施了危害生命的行为,但没有损害财物的故意,也不能定放火罪,相反,如果一般正常的有理智的人都会意识到,行为人的行为明显严重的危害生命,而被告还是实施了损害财物的行为,即使他没有损害财物的故意也应当定罪。①

　　似乎讨论到这里就可以使问题在表面上看来易于理解了,但是我们还可以挖掘更深层次的问题。回想 Khan 案,该案的判决提出了犯罪的核心部分理论,那么我们该如何在某具体罪名中确定这个所谓的犯罪核心呢?为什么在基本的刑事损坏的未遂中,要证明被告意图损害他人的财物,而在强奸未遂中则不需要证明发生性交是在妇女"不同意"的情况下进行呢?毕竟,在 DPP v. Morgan 案中,上议院认为强奸的禁止行为不是性交而是强迫性交。那又是什么东西让"他人财物"变得比"妇女的同意"更加核心了呢?Schiemann 勋爵在 1992 年第 3 期的总检察长参考上发表了意见,他认为行为和结果以及情节是有区别的,在犯罪未遂中,必须证明行为人故意实施某种行为,而对于结果和情节的心理态度就变得不是非常重要了。如果是这样的话,为什么他不这样说呢?但是即使这样也不行,因为财物归他人所有,在刑事损坏罪中是一个相关情节,就像强奸犯罪中的被害人不同意一样。

　　假如可以将各罪的构成要件区分为主要或次要的条件,那么对于次要条件来说它们需要什么样的犯意呢?在 Khan 案中法院认为对于妇女是否同意,主观上的轻率就可以了,而这与强奸罪既遂并无区别。假设 X 相信自己的妻子已

---

① Alan Reed, Peter Seago, *Criminal Law*, Sweet & Maxwell, p. 268.

经死了,准备再结婚。当他完成婚礼他就构成了重婚罪,因为只要合理的误认妻子死亡就已经构成了该罪所要求的犯意,但是如果他在完成婚礼之前停止了婚礼,那么如果按照 Khan 案中的逻辑他是否构成重婚未遂呢?① 从《总检察长参考》1992 年第 3 期中得到的答案似乎是肯定的。因为在该案中法官认为,对于危害他人生命的犯罪,只要是 Caldwell 轻率就够了。到这里可以认为我们跨出了一小步,那就是对于次要条件而言,轻率和严格责任就足够了。如果 Prince 普林斯②在拐骗 Annie Phillips 之前就被逮捕,并被起诉拐骗 16 岁以下女孩,就可以认为她故意拐骗该女孩,而且该女孩事实上也不满 16 岁。但是我们真的可以这样认为吗?

因为在 Khan 案中,与强奸既遂犯罪不同的地方,就是没有性交行为,而这是被告必然想要完成的行为。相似的,在严重损坏财物的未遂罪中,缺少物理上财物的损坏是不能构成既遂的原因,因此必须证明被告意图造成物理上的损坏。这在 Khan 案和总检察长参考中是可以行得通的。但是假设被告故意与 C 性交,他认为 C 不同意,而实际上 C 是同意的。可是按照 Shivpuri 案③,他就犯了强奸未遂。这里与强奸罪既遂不同的不是性交行为而是被害人的主观意愿。这能够说被告必须知道妇女不同意,才构成未遂吗? 对于妇女是否同意持轻率态度,能不能构成未遂的犯罪呢? 假如普林斯认为 Annie 才 15 岁,而实际上她已经 17 岁了,那么他是否还要被指控拐骗未遂呢? 该罪缺少的条件是女孩的实际年龄。是不是说,对拐骗未遂的指控,都必须证明被告明知被害人 16 岁呢? 这些问题都还没有明确的答案。

我同意应将犯罪未遂的故意贯穿于犯罪行为的各个方面(行为、情节、结果),对于犯罪未遂,公诉人必须证明行为人与犯罪既遂相同的犯罪意图。如果他没打算盗窃那他就是无罪的。这些考虑让我得到如下结论,那就是 Anderton v. Ryan 案中,考虑有罪和无罪行为的区别是从客观角度来考虑的,而将主观问题不予考虑的做法没办法再合理的保持下去了。④

已经对此有许多的争议,可以说 Shivpuri 似乎解决了这些争端。但是在类似案件中,英国的上诉法院还是作出了无罪的判决。在 Calvin 案中,被告认为自己非法接受政府文件,但是事实上他没有,因为这些文件任何人都可以随意使用。Shivpuri 案似乎还犹在耳边,上诉法院又认为这种行为是不构成犯罪的。

相似的情况还出现在 DPP v. Huskinson 案⑤中,该案中被告被指控盗取住房服务部 279 英镑。H 申请了住房补贴,并且收到了一张 479 英镑的支票,但他

---

① 在英国,重婚是严格责任。
② Prince [1875]L. R. 2, C. C. R. 154, considered Alan Reed, Peter Seago, op. cit., p. 80.
③ [1987]A. C. 1.
④ Ibid., at 21—22.
⑤ [1988]Crim. L. R. 620.

只交给房东 200 英镑,剩下的钱他自己花掉了,虽然他知道自己有法律责任将此笔款项专款专用,而不能用于其他方面。检方指控的罪名是盗窃罪,即意图永久的剥夺他人对该财物的所有权。可是当他收到支票时钱就已经是他的,他怎么能非法窃取自己的财产呢? 根据 1968 年《盗窃法》的第 5(3)节,如果可以证明他有法律义务将此笔款项用于特定开支的话(支付租金),就可以判他盗窃他人财物。上诉法院认为被告人没有此项义务,即使他自己认为有,也不能判定有罪。可以说两案之间有一点重大区别,那就是 S 案和 Anderton 案中的被告都有事实错误,在 S 案中被告认为自己带的是毒品,在 A 案中被告认为录音机是赃物。本案被告的错误是法律上的认识错误。他对住房部给自己钱的事实很清楚,只是对此的法律后果认识错误。上诉法院也许可以说,1981 年《刑事未遂法》第 1(2)节的规定,不应当适用于所有情况,它只适用于事实认识错误的情况。但是这个观点并不是完全没有问题。我们想说的是,法院作出的判决,很可能表明他们根本就不想给被告定罪,而不是 1981 年的《刑事未遂法》有什么问题。

这个领域的问题还可以通过假设的方法来描述。假设英国议会将在饭店内抽烟犯罪化。该法案于 4 月 1 日生效。被告为了抗议这一规定,故意于 3 月 1 日在饭店内抽烟,因为他认为法案的生效日就是 3 月 1 日。这种情况下,行为人就和 DDP v. Huskinson 案中的被告一样,犯了法律上的认识错误,他就不承担刑事责任。但是如果被告 3 月 31 日在饭店抽烟,由于他的表坏了,他认为当天就是 4 月 1 日,那他就像 Shivpuri 案中的被告一样,犯了事实上的认识错误,他就是有罪的,因为如果事实就如他认为的那样,他就应当被认罪。但是难点在于他的行为发生在 3 月 31 日,还没有任何罪名可用于指控被告。看来公诉机关要指控被告犯罪未遂,还要下很多功夫。[①]

三、不能犯未遂

上述问题实际上涉及不能犯未遂的问题。从表面上看,"不能犯未遂"和"能犯未遂"(例如 A 向 B 射击,由于行为人枪法不好没有击中 B)很相似,在这两种情况下,犯罪行为均已完成,但由于行为人意志以外的因素,预期的危害结果没有出现。

但是实际上两者还是有区别的,主要是"能犯未遂"事实上可能会发生危害结果,而"不能犯未遂"实际上是不可能产生任何结果的。

德国的费尔巴哈就认为,"不能犯未遂"不能视为未遂犯,因为它未给社会造成任何实际的危害,而且"不能犯"不可能"着手实行",因为实行是不可能的。例

[①] Alan Reed, Peter Seago, *Criminal Law*, Sweet & Maxwell, 1999, pp. 273—274.

如，A 想杀死 B，B 实际上在此之前已经死亡。

但是也有许多人认为，"不能犯未遂"也是犯罪未遂的一种表现形式，这涉及对未遂罪的处罚原则。根据"客观主义"的观点，对犯罪进行处罚，主要是由于这种行为给社会造成了实际危害，而未遂犯没有对社会造成实际上的危害，就不应处罚单纯的未遂犯。而根据"主观主义"的观点，对未遂犯进行处罚，不是以客观上的危害结果为条件的，而是以行为人的"主观意图"为条件的。从"主观主义"的观点看，"不能犯未遂"的行为人，也表现了行为人的犯罪意图和社会危险性，这种主观心理态度和犯罪既遂是一样的。而且从客观上看，"不能犯未遂"和"能犯未遂"一样，都有实际上的实行行为，例如偷他人钱包，结果钱包是空的，但盗窃行为还是发生了。况且在犯罪未遂中，"能犯未遂"在有些情况下仅仅是刚刚开始"着手实行犯罪行为"就被阻止了，而在"不能犯未遂"中，"实行行为"都已经完成。

鉴于上述分歧，有些学者将"不能犯未遂"分为"法律上的不能犯"（绝对不能）和"事实上的不能犯"（相对不能），"法律上的不能犯"不承担刑事责任，"事实上的不能犯"则要承担刑事责任。

但是，这样的划分方法能解决问题吗？在"不能犯未遂"中，存在这样一条界线清楚的标准吗？如果不考虑人的意志，是否会让一些具有严重主观危险性的人逃脱法律的制裁呢？

笔者倾向于取消这样的划分方法。因为这种区分往往是语义上为达到特定的目的，随着人们的需要而不断变化。如果法院想要判被告人无罪，就称某种行为是"法律上的不能犯"，如果法院想认定被告人有罪，就可能称某种行为是"事实上的不能犯"，而实际上这两者之间的界限在绝大多数情况下确实非常模糊。

举例来说，美国一家法院曾经判一个猎人枪杀梅花鹿无罪，因为他在禁止打猎的国家森林公园向一只梅花鹿开枪，但后来发现这只梅花鹿是森林警察用死去的梅花鹿的骨头架子制作的假梅花鹿，以便让偷猎者上钩并将其捕获。法官认为，"企图做一件法律意义上不可能做到的事不能构成犯罪"，就像企图谋杀一具尸体不构成犯罪一样，因为预期的受害人已死，尸体是不可能被谋杀的。

但是，假如 A 与 B 有仇，A 侦察到 B 住在某宾馆的一个房间中，深夜 12 点以后，A 突然闯进 B 住的房间，向 B 睡觉的床上开枪，但床是空的，B 这天晚上恰巧没有回到房间睡觉。根据法官的理解，这个案件是"事实上的不能犯"，他因为"事实上的不可能"而被判有罪。但是射击一个假人或者假的梅花鹿，和以为他是一个活人和狂扫一只空床，认为里边睡着一个活人之间有什么明显的区别呢？如果空荡荡的床上放着一个假人，就像福尔摩斯为了诱使暗中追踪他的人上钩，授意一个雕塑家为自己做了一个惟妙惟肖的头像，并将其放在窗口，诱使杀手开枪一样，能认为和杀害尸体有明显的区别吗？而法官往往会将该案从事实上的不能犯,转化为法律上的不能犯,以便将被告人由谋杀未遂改为射击假人和假的梅花鹿无罪。

如果承认这种划分方法有效,就可能使案件当事人的命运发生戏剧性的改变。例如,在 People v. Mar 一案中,马尔和麦克·盖斯以及乔·布仁一起饮酒作乐,麦克和乔住在一起,乔曾经答应和麦克一起分担房租和其他费用。当天晚上,麦克几次向乔提起这笔费用,乔每次都是勃然大怒,说他什么也不欠麦克的,如果再提这事,我就跟你玩命。晚上3点左右,当麦克再次向乔索要那笔100美元的房租时,乔突然从口袋里掏出一把自动手枪,对准麦克的心脏连击三枪。麦克倒在地上,血从胸口汩汩流出。乔又转向马尔,将枪口对准他,说:"如果你不向他开枪,我就干掉你。"乔这样是为了拖马尔下水,这样就不会有人向警方告发了。马尔吓坏了,他一番犹豫之后,走到麦克的身体旁边,拔出随身携带的左轮手枪,向麦克的头部连击五枪。

检方指控马尔和乔·布仁共同枪击麦克并导致其死亡。根据这一理论,检方必须证明马尔和乔共同策划杀害麦克。如果他们能够证明这两人之间有预谋,至于谁发射的子弹实际上杀死了麦克就不重要了。检方只需证明任何一把手枪里发射的任何一颗子弹,或者这些子弹共同导致了麦克的死亡就可以了。这是因为在共同犯罪中,每个行为人都必须对自己的行为负责。就像两个人抢劫银行,其中一个人抢钱,一个人开枪打死了银行的警卫人员,两个人都共同犯有谋杀罪,至于谁开的枪已不重要,因为两个人都有抢劫杀人的故意,都应当为死亡结果承担刑事责任。

但是,假如检方不能证明乔和马尔共同策划杀害麦克,即如果有证据表明,乔杀害马尔的决定是其单独作出的,并未与马尔商量并取得他的同意,那么要认定马尔犯有谋杀罪就比较困难了。检方必须至少要证明以下两点:第一,从乔朝麦克心脏开枪,到马尔也朝麦克头上开枪,虽然间隔了五分钟左右,但麦克仍然没有死;第二,马尔当时以为麦克还活着,并且故意开枪杀死了他。

那么麦克被乔击中心脏以后,是死了还是活着呢?法庭上作证的心脏外科专家认为有两种可能性,第一种是心脏中枪后,麦克立即死亡;另一种是要过几分钟,等血流完了以后人才会死亡。显然,麦克当时是一个活人还是一个尸体,现代的医学技术尚不能完全确定。但是,假如我们假定麦克还活着,马尔就要负谋杀罪的责任;假如我们假定麦克已经死了,该如何确定马尔的刑事责任呢?他是谋杀未遂吗?如前所述,杀害尸体是法律上的不能犯,所以马尔可以不负刑事责任。不幸的是,审理此案的法官却并不这么认为,他指示陪审团:"虽说事实上或法律上受害者不可能被杀,因为他在这之前已经死亡了。如果你们可以确凿的证明……被告实际上故意杀害受害者,被告心里认为受害者当时仍然活着,即使他当时实际上已经死了,你们依然可以认定被告犯有谋杀未遂罪。"

在这个案件中,法官虽然承认"法律上的不能犯"和"事实上的不能犯"的区别,但仍然认为马尔应当负刑事责任。美国有些州(例如纽约州)已经修改了未遂的法律,取消了"法律上的不能犯"和"事实上的不能犯"的差别。根据修改过的法律,只要企图实施未遂的"犯罪",但是事实如果以他主观想象的那样发生就可能既遂的话,"法律上的不能犯"和"事实上的不能犯"都不能成为合法或有效的辩护理由。按照这样的新规定,所有枪击尸体的人都会被判谋杀未遂,因为子弹会杀害有生命的物体,如果情况真像开枪的人"心里认为的那样"。

立法者修改未遂方面的法律,其主要用意是惩罚那些有主观故意,并且用实际行动表达这样意图的行为人。这反映了一种新的趋势,即判断一个人是否应当承担刑事责任,主要是看行为人的主观危险性,即被告人行为时心里究竟想了些什么,也就是说,他对未遂犯罪应当付出多大的代价。这样,即使是枪击一具尸体或者一只死去的梅花鹿,都应当承担刑事责任。因为行为人主观上有犯罪故意,客观上实施了犯罪行为,只是由于其意志以外的原因未得逞,这在本质上和普通未遂没有什么区别。

法国的法院也将"法律上的不能犯"视为未遂进行处罚。因为未遂罪的所有构成要件在不能犯未遂中都已经具备,所有的"实行行为"在"不能犯"中都已经完成,只不过由于客观原因而未能达到预期的结果。正因为如此,行为人钻进汽车进行盗窃,汽车里一无所有,或者用香水、醋进行堕胎都构成犯罪未遂。当然,儿童玩具枪和巫术除外。[①]

修改未遂罪的另一原因,可能是觉得"法律上的不能犯"和"事实上的不能犯"的界限实在模糊,甚至并不存在这样一种区别。以英国的"花边案"为例:埃尔顿夫人到法国旅行期间,购买了她认为是质量最好的法国花边,为避免过关时交纳进口税,她将花边藏在马车里的一个袋子里,进入英国时被海关官员发现。埃尔顿夫人坦白了自己的所谓"罪行"。可是,当海关官员进一步检查时,发现这位夫人被骗了,这些花边根本不是昂贵的法国货,而是廉价的英国冒牌货,入关时不必交纳关税。有人认为这是法律上的不能犯,因为她企图达到的目的,在法律意义上来说是不可能实行的,一个人不可能从一件不须纳税的物品上逃税。但另一些人则认为是事实上的不能犯,因为她企图逃税,如果事实正像她所希望的那样,确实是地道的法国花边,她就会被认定为走私未遂罪。[②] 可是,行为人只有犯罪的意图,行为并未违反法律,也能构成犯罪吗?在现实生活中,常常有一些这样的人,他们利用很少一点钱买了自称是"偷来的"昂贵的名牌手表,后来

---

① 〔法〕卡斯东·斯特法尼:《法国刑法总论精义》,罗结珍译,中国政法大学出版社1998年版,第242页。

② 前述梅花鹿案也可认定为"事实上的不能犯"。

才发现是假货,是专门骗人的。这个上当受骗的人是否构成收购赃物未遂罪?因为他确定想要达到这个目的。

但是我们也可以说,处罚未遂,实际上就是为了惩罚犯罪意图,因为主观上的意图,可以使某种本来无罪的行为成为犯罪,购买花边并不是犯罪,但她企图偷逃关税,就使本来无罪的行为变为有罪的行为了。同样,明知是偷来的手表而购买,尽管是假货也可能构成收购赃物未遂罪。

可见,这样的问题也许是永远纠缠不清的。英国法院的一些判例也说明了这一点。

案例 1

B 是个扒手。他尾随着 V 并将手伸进 V 的口袋,但却发现口袋是空的,这种案件被称之为事实上的不能犯。在 Anderton v. Ryan 案中,英国上议院认为这是盗窃未遂。因为如果被告得逞他就将犯下盗窃罪,他失败了是因为口袋里什么都没有。1981 年《刑事未遂法》第 1(2) 和 (3) 小节,对于未遂犯的规定就聚焦在被告的主观故意上,如果他故意犯罪,并且相信事实存在,他的行为就会带来犯罪。事实上的不能,不影响被告的刑事责任。就像一个职业杀手向一张床射击,想要杀死预期的受害人,但是实际上床是空的。在这种情况下,被告人应定为谋杀未遂。

案例 2

被告和他的女朋友发生了性行为,他的女朋友一直告诉他自己才 15 岁,实际上她已经 16 岁了。这类案件被称为法律上的不能犯。类似的案件,还有将非赃物当做赃物加以收购,1981 年《刑事未遂法》将其作为犯罪行为处理。但是在 Anderton v. Ryan 案中,英国上议院作出了相反的结论,在该案中,Ryan 夫人收到了一台她认为是赃物的录音机,但实际上这个录音机并不是赃物。根据 1968 年《盗窃法》的规定,她不能被指控犯有销赃罪,因为该罪名要求行为人处理的是事实上的赃物。一审法院判定他犯有销赃未遂罪。但她上诉到上议院后,上议院撤销了对她的判决,认为处理非赃物并不是犯罪,即使相信是赃物也不能使被告人有罪,除非 1981 年《刑事未遂法》对此有相应的规定,而他们没有找到任何足够清晰的规定。

在 Schivpuri 案①中,英国上议院又改变了自己的观点。S 运输了自认为是毒品的物品,经过调查发现那些物品并非毒品。上议院认为他们在 Anderton v. Ryan 案中作出了错误的决定,他们要推翻上议院以前的判决。布里奇勋爵认为,解决这类问题的方法,首先要查明被告人是否故意触犯其认为所犯下的罪名,其次是看行为人是否作出了超出预备的行为。他显然已经超出了预备行为。布里奇认为,他和上议院其他成员在 Anderton v. Ryan 案中,错误的将 Ryan 夫人的购买行为描述为"客观上的无罪",但是并没有考虑到她认为购买的物品是赃物的心理状态。布里奇勋爵认为:

"客观无罪"的概念并不能合理的应用于刑事未遂的相关法律。从刑法角度来说,将无罪转变成有罪的就是行为人的犯罪意图。A 掏 B 的包,不管包里有没有可以被偷的东西,如果 A 故意盗窃,那么他的行为就应该是盗窃未遂。

案例 3

被告人和他 17 岁的女朋友发生了性行为,他认为与 18 岁以下的女孩发生性行为是犯罪。尽管从道德层面上这个案例与案例 2 无法区分,答案却是肯定的,他没有犯英国法上的任何犯罪。案例 2 中指控的是非法性交罪,是 1956 年《性犯罪法》中第六节的内容。在这个例子中没有什么可用于指控被告的罪名。这是抽象的法律不能。如果行为人认为在星期四戴红色领结是犯罪,而且毅然决然的准备触犯这个罪名,那么他也不是犯罪。假想犯罪,在任何英国法上都不认为是犯罪,行为人也就不必承担任何刑事责任。

---

① [1987]AC 1,House of Lords; see,Janet Dine, James Gobert, *Criminal Law*, Oxfort University Press, 2003, p.580.

第十三章 杀 人 罪

第一节 杀人罪——谋杀罪

一、一般概述

美国刑法中的杀人罪分为两种类型:谋杀罪和非预谋杀人罪。行为人主观上有恶意预谋的杀人,毫无疑问构成谋杀罪,但是恶意预谋不是所有谋杀罪的构成要件。每个州的规定并不完全一致。

在加利福尼亚州,将谋杀罪分为一级谋杀罪和二级谋杀罪。[①] 这两种类型的谋杀的区别主要体现在刑罚处罚上。一级谋杀罪可以判处 25 年以上有期徒刑到无期徒刑,假如案件存在一些其他情况,比如为了实施其他重罪而杀人或者为了经济利益而杀人,有可能判处不得假释的无期徒刑或者死刑。二级谋杀罪通常被判处 15 年以下有期徒刑。[②]

一级谋杀罪分为三种情况:(1) 被告人有预谋的和蓄意的实施杀人行为;(2) 制定法明文列举的杀人行为;(3) 罪犯在实施特定重罪的过程中将人杀死。[③]

当被告人实施了没有恶意的杀人行为时,仅仅构成非预谋杀人罪。非预谋杀人罪也有三种情况:非预谋的故意杀人;过失杀人;在交通事故中(车祸中)致人死亡。[④]

当被告人故意杀人,但具有减轻处罚的因素时,可以构成非预谋故意杀人罪。例如,被告人受到他人挑衅而杀人,或者被告人真诚的但不合理的认为需要以致命武力进行自我防卫,而这些故意杀人都不包括有意识的忽视他人生命;过失杀人是指被告人的犯罪性疏忽,导致了死亡结果的发生;交通肇事致人死亡是一个特定的类型,指驾驶运输工具致人死亡,包括机动车和船只。

1. 杀人罪的定义

杀人罪是指非法地杀害他人,包括谋杀罪和非预谋杀人罪。至于判处的刑

[①] Penal Code § 189.
[②] Penal Code § 190.2.
[③] Penal Code § 189.
[④] See Penal Code § 192(a); People v. Blakeley, 23 Cal. 4th 82, 91—93, 96 Cal. Rptr. 2d 451, 999 P. 2d 675(2000).

罚，主要取决于行为人最初的心理状态，如果出于谋杀的心理状态，就要承担谋杀罪的刑事责任，如果事先没有预谋，则是非预谋杀人罪。一般的人对自己不作为引起的死亡后果不承担刑事责任，除非他负有法律上的义务。如果有正当理由的杀人，就不构成杀人罪；主观上没有过失而导致被害人死亡的，也不是非法杀人。假如证据表明，由于他人的暴力行为而引起的杀人行为，被告人必须提出一个合理的怀疑，即存在一些正当理由的证据。假如被告人提出了这样的证据，起诉方必须加以驳斥，证明这个辩护已经超出合理怀疑的范围。假如被告人不能提出正当理由的证据，就可以判定为非法杀人。

2. 因果关系

被告人的犯罪行为或者不作为行为，必须是导致被害人死亡的原因。刑事案件中的原因，取决于因果关系的一般原则。被告人的作为还是不作为引起了被害人的死亡，这是一个事实问题。一个曾经通行的因果关系的原则是一年零一天规则，这个规则在有些州已经被废除，比如加利福尼亚州。根据这个规则，要求被害人在受到被告人的打击或者伤害的一年零一天内死亡。这个规则是1850年制定的成文法，反映了当时的医疗技术水平。根据这个规则，可以合理地假设，如果被害人是在受到打击的一年零一天以后死亡的，就可能是打击行为以外的其他原因引起了死亡，而不是打击或者伤害行为引起的死亡后果。[①]

1969年，为了反映当时的医疗技术水平，美国加利福尼亚州修改了法律，将打击行为和死亡结果之间的相关期，扩大到三年零一天。1996年，再次对法律进行修改，最终废除了这个规则，即三年零一天规则不再是谋杀罪和非预谋杀人罪的必要条件。假如死亡时间超出三年零一天，被告人以此为理由，提出不构成刑事犯罪，这仅是一个可以反驳的假定。如果检察机关提出了排除这种假定的证据，即虽然从时间上说，超出了三年零一天，但证据表明，被告人的行为仍然和死亡结果之间具有因果关系，就可以认定被告人有罪。[②]

当被告人具有缩短他人生命的意图时，他的作为或者不作为，就可能是引起死亡的一个原因，即使被害人已经患有致命的疾病或者已经受到另外一个人的致命的伤害，也不能免除被告人的刑事责任。也就是说，被告人对于受害人死亡的刑事责任，不会因为被害人生前已经存在某种身体上的不利条件而减轻，即使被告人的行为在通常情况下并不是致命的，也不会影响被告人的刑事责任。[③]例如受害人由于头部受到被告人的几次打击，心脏病发作而死亡，虽然这些打击不足以导致一个普通人死亡，但被告人仍然要对死亡后果负责。但是也有例外

---

① States. 1850, c. 99, p. 232, § 27.
② Laurie L. Levenson, *California Criminal Law*, Thomson West, 2007, p. 192.
③ People v. Morgan, 275 Cal. App. 2d 603, 609, 79 Cal. Rptr. 911(1969)

的情况,假如医生应病人或者病人的法定代理人的请求,撤除维持生命的系统,可以不负刑事责任。相反,假如被告人重伤他人身体,使被害人处于脑死亡的状态,医生撤除了呼吸机和其他的维持生命系统,就不能否定被告人和受害人死亡之间的因果关系,因为医生关闭维持生命系统时,病人已经死了。也就是说,被害人的死亡仍然是被告人的行为引起的,医生的事后介入行为,对于确定刑事责任已经没有任何意义了。

一种观点认为,如果被害人的死亡是被告人行为的直接结果,或者被告人的行为引起受害人的死亡,即使不是唯一原因,也是最接近的原因,因果关系也可以成立。当被告人和另外一个人同时向受害人射击,但是不能确定他们中的那一枪是致命的,两个人都构成谋杀罪。这就意味着,每一个人的行为都是引起被害人死亡的共同原因(substantial concurrent),即使仅有一个导致死亡的实际或者直接的原因,也可能是杀人罪中的多重的近因。在被告人的行为和另外一个人的行为的共同作用下,引起被害人的死亡,不考虑每一个人的作用力的大小。① 例如,被告人对被害人射出致命的一枪,即使被害人立即切开了自己的喉咙,被告人的行为仍然是受害人死亡的原因。在这种情况下,被害人可能死于一个外部的原因,但这也是被告人行为的一个可以预期的自然结果,被告人的行为仍然是受害人死亡的原因,不管他的行为是致命的还是不致命的。②

这个规则不合理的地方在于,假如一个人实施了一种伤害行为并且造成了伤害的后果,但行为人没有马上死亡。这时又介入了一个和前行为没有任何联系的、独立的行为,直接导致了被害人的死亡。在这种情况下,后一种行为是导致被害人死亡的"近因"或者"直接原因",但仍然要先在行为人对死亡后果负责,就有点过于严苛了。毕竟,没有后一种行为,受害人就不会死亡,至少不会马上死亡。根据一般人的生活经验,要使一个被告人承担死亡的后果,后一个介入行为,必须和前一个行为有某种程度的联系或者就是前一个行为的反应性行为,假如后一个行为和前一个行为没有任何联系,完全是独立出现的,就很难归罪于先在行为人。例如,A 在大街上骑自行车行走,和 B 发生了碰撞,B 倒在地上。这时恰巧有一辆公交车驶过,车的后轮将 B 压死。这就很难使 A 对死亡后果承担刑事责任,因为这就是一种概率很小的巧合,完全出乎行为人的预料,几乎是不可能发生的情况。美国有类似的案例,被告人以杀人的故意,朝受害人打了一拳,受害人站立不稳,向后方退了几步。这时,恰巧有一条狗跑过,将受害人绊倒在地,头骨摔裂后死亡。在这个案件中,就很难认定被告人构成谋杀罪,因为被害人的死亡不是打人行为的自然结果,两者之间没有因果关系。因此,当两个行

---

① People v. Lewis, 124, Cal. 551, 554—559, 57(1899), p. 470.
② Laurie L. Levenson, *California Criminal Law*, Thomson West, 2007, p. 193

为共同引起一个死亡结果时,还应当考察作用力大小的问题,如果先在行为发生后,又介入了另外一个行为,而介入行为明显大于先在行为,以至于没有介入行为,死亡就不会发生,这时,就不能让先在行为人对死亡后果承担刑事责任。

另外,如果伤势不是致命的,死亡主要是医生和护士严重疏忽造成的,被告人也不应当对死亡后果承担刑事责任。那么,一个案件发生后,根据什么标准,即如何判断应当由被告人承担死亡责任,还是由医生和护士承担死亡责任呢?笔者认为,如果被告人对受害人造成了身体的伤害,被害人到医院接受治疗,医生采取了常规的治疗方法,甚至技术非常高明的医生,亦未能挽回伤者的生命,被告人就应当对死亡后果承担刑事责任。但是,如果医生没有采用常规的治疗方法,或者采用了不正确的治疗方法,导致被害人伤势加重死亡,被告人就不应当对死亡后果承担刑事责任。当然,这样说也可能产生疑问,即什么是不正确的治疗呢?一个人受到伤害而住进医院,医生采用了通常的治疗方法,但由于医院的环境较差,病房里的通风条件不好,病人感染败血病死亡。这是被告人的责任还是医生的责任?被告人用尖刀刺入被害人的腹部,治疗过程中病人发高烧,需要注射青霉素才能降低体温,医生明知病人对青霉素过敏,但情急之下还是使用了青霉素,结果病人因过敏而死亡。被告人还要对死亡后果负责吗?解决此类案件可能需要一个规则,即医生和护士的轻微疏忽,不足以免除被告人的责任,但如果医生出于故意或者有重大过失,被告人就不应当对死亡后果负责。这样,前一个案件中,即便医院有一定过错,但比较轻微,对于死亡的结果不起决定性左右,病人还是因伤势过重而死亡,被告人仍然构成杀人罪;后一个案件中,实际上介入了一个新的因素——青霉素过敏,由于医生存在重大过失,被告人不足以对死亡后果承担责任。

解决此类案件,可能还要考虑先在行为人造成伤势的程度,即是致命的伤害还是非致命的伤害。如果造成的伤害是非致命的,但医生使用药物过量,病人肠子受损而死亡,被告人就不对死亡后果负责;如果造成的伤害是致命的,病人无论如何都会死亡,根本没有生还的可能性,即便医生有重大过失,恐怕也不能完全免除被告人的责任。这就是说,如果伤害是致命的,任何后来的介入因素,包括医生和护士的重大过失,都不足以中断被告人的行为和死亡结果之间的联系,被告人都要对死亡后果负责。法官在审理案件时,只需查明伤势本身足以致命就可以了,即便实际上死亡是由于医生的重大过失造成的,也不能改变被告人的行为性质,他仍然要对死亡后果负责。

如果被害人本身有过错,是否可以免除被告人的责任呢?这类案件,通常发生在受到伤害以后,在治疗过程中出现的情况。如果被害人遵从医生的吩咐,对自己的伤势保持足够的警惕和谨慎,死亡本来不会发生。但受害人没有对伤势给予足够的重视,没有采取健康的生活方式,甚至放纵自己,比如大量的饮用烈性的酒精饮料,结果死亡发生了。在这种情况下,也不足以割断先在行为和死亡结果之间的联系,被告人仍然要对死亡后果负责。尽管被害人的行为在一定程度上起到了积极的作用,但死亡主要还是由于伤势本身引起的。在加速死亡的情况下,被害人的一般过错同样不能免除被告人的责任。但是,假如被害人的过错过于重大,比如在伤口已经得到正确的处理后,因为行为人忍受痛苦的能力比较低,擅自将绷带解开,导致大出血死亡。这就很难归罪于被告人,因为死亡很显然是解开绷带所致,而不是伤势太重,被害人治疗无效死亡的。被害人一方的重大过错和医生的重大过错一样,都可能否定被告人的行为和死亡结果之间的因果关系。当然,这也可能会引起争议,因为它可能过于侧重保护被告人的利益了,被告人可能会常常以医生或者被害人的重大过失,逃避自己的法律责任,这种风险还是存在的。尽管如此,在轻微过失和重大过失之间还是应该有一个界限,这对于正确确定刑事责任,防止扩大化,还是很有帮助的。

  在有一类案件中,假如被告人的行为是被害人死亡的近因,尽管他没有实施致命的伤害,仍然可以构成谋杀罪。例如被告人故意地或者挑衅性地在大街上对着逃跑的受害人开枪,引起第三人的本能反应,开枪进行还击,结果杀死了被害人,被告人仍然构成二级谋杀罪。因为第三者的开枪行为是从属于被告人的开枪行为的,是人的一种本能的反应,他的反击行为是被告人开枪行为的一个自然和可能的结果。类似的例子,被告人武装抢劫受害人和他的女朋友,受害人向被告人开枪还击,试图以此保护自己的女朋友,但非常不幸的是,子弹没有击中劫匪,反而将自己的女朋友打死,被告人仍然构成一级谋杀罪。[①] 因为在那样紧急的情况下,任何人都来不及衡量轻重缓急以后,再决定是否自卫还击。可以说,根本不存在这种可能性,人都被杀死了,还有机会进行反击吗?在当时的情况下,被告人开枪射击——受害人本能地开枪还击——导致女朋友死亡,这是相当正常的。不仅如此,在类似案件中,即使反击的人打死的是一名完全无辜的路人,处理原则应该是一样的,死亡结果都在先在行为人的预见范围之内。自卫行为从属于先在行为,这是一个连续发展的过程,而不是一个新的、独立的介入原因,也就没有理由免除先在行为人的刑事责任。

  在车祸致人死亡的案件中,警察在高速公路上追击被告人,警察的车撞上了第三方的车辆,导致车内的人死亡。[②] 陪审团在审理这类案件时,要考虑被告人的逃跑行为,对于第三方死亡的结果是否可以合理的预见。对于结果的可预见性,是考虑被告人的行为是否有严重过失的一个事实因素。假如有严重的过失,被告人的行为就是引起死亡的近因和法律原因,因为警察的行为是对被告人行

[①] See People v. Kainzrants, 45 Cal. App. 4th 1068, 1076—1079, 53 Cal. Rptr. 2d 207(1996).
[②] See people v. Schmies, 44 Cal. App. 4th 38, 51 Cal. Rptr. 2d 185(1996).

为的直接和特定的反映。在另外一个车祸致人死亡的案件中,受害人在撞车当时没有系安全带。被告律师认为,由于存在这样一个条件,被害人也有一定的过错,应当减轻被告人的刑事责任。但法官最终认为,受害人是否使用安全带,与被告人的刑事责任无关。① 可见,被害人的轻微过错,不足以割断先在行为和危害后果之间的因果联系。但是在有些情况下就可能另当别论了,例如,被告人驾车在道路上行驶,受害人喝得醉醺醺的,骑着自行车突然转向被告的线路上,自行车和汽车迎头相撞。在这个案件中,即便汽车司机有过失,也不足以使其承担杀人罪的责任。死者的行为太异常了,这与其说是交通事故致人死亡,不如说是一个偶然的巧合或者意外事件。此外,当被告人以暴力或者暴力相威胁,导致受害人迫不得已采取某种行动,以避免受到被告人伤害时,如果造成了更为严重的后果,被告人仍然要对发生的后果承担责任。例如,一名妇女在一个偏僻的地方搭便车,汽车司机企图对她实施强奸行为,她打开车门从车上往下跳,在下落过程中头部触地身亡。尽管存在受害人跳车的介入行为,被告人仍然要对死亡后果负责,因为在那样特定的危险环境中,受害人自然而然的产生了极度的恐惧感,跳车的介入行为是受害人的一种正常的反应,而不是一个偶然的巧合或者过激的反应。②

3. 死亡的定义

美国刑法对死亡的定义采取了双重标准,包括两种情况:(1) 循环和呼吸功能不可逆的停止;或者(2) 全脑功能,包括脑干功能不可逆的停止。③ 具体的判断标准是:无感受性和无反应性;无自主动作和无自主呼吸;无生理反射作用;脑电图平坦,呈一条直线。检察官必须确定无疑地证明,脑死亡已经发生。美国刑法中的死亡是指全脑死亡,而英国刑法中的脑死亡,是指的脑干死亡,即中枢神经系统功能的丧失。英国之所以采取脑干死亡的定义,主要理由是脑干功能一旦永久性丧失,身体的其他器官,包括心脏也会在1到2周内丧失功能或者停止跳动。但在全脑死亡的基础上,进一步将死亡的时间提前,会引起法律上和伦理上的争论。脑干死亡的科学性并未得到世界上多数国家的承认,有些被宣告脑干死亡的病人,后来又恢复了。例如,我国香港凤凰电视台的女播音员刘海若,在英国旅行期间遭遇火车倾覆,她被英国医生诊断为脑干死亡,医生试图撤除她的生命维持系统。但后来在中国医生的坚持下,采取中西医联合治疗的方法,使刘海若转危为安,并最终完全康复。这个案例表明,现代医学还不能完全诊断出脑干死亡的精确标准,即便先进的仪器加上医生的临床经验,也不能保证不出现

---

① See People v. Wattier, 51 Cal. App. 4th 948, 953—954, 59 Cal. Rptr. 2d 483(1996).
② Laurie L. Levenson, *California Criminal Law*, Thomson West, 2007, p.195.
③ Health and Safety Code § 7180; People v. Mitchell, 132 Cal. App. 3d 389, 396, 183 Cal. Rptr. 166(1982.)

误诊,而一旦出现错误,就会造成不可挽回的严重后果。尽管司法实践中发生了一些问题,美国和英国还有一些人主张进一步扩大脑死亡的范围,甚至主张以大脑皮质死亡来代替全脑死亡或脑干死亡,如果这个定义被规定为法律,将会使那些丧失"高级"大脑功能,但尚有"低级"大脑功能的人失去治疗的机会,植物人和大脑畸形的新生儿也会成为手术刀的牺牲品。①

实际上,"高级"和"低级"大脑功能的区别是什么?它们之间有肯定的诊断标准吗?如果不存在确切的标准,将处于植物性状态下的人和大脑畸形的新生儿宣告为死亡,就是一种谋杀行为。即使以后随着医学的发展,可以区别"高级"大脑死亡和"低级"大脑死亡,也会产生法律和道德问题。他们毕竟还有心跳和呼吸,身体的其他器官也在发挥作用,我们不能简单地说,这些人完全没有康复的机会。所以,我们坚决反对大脑皮质死亡的概念,这是迈向更大危险的第一步,即便是为了挽救一个人的生命,也不应当牺牲另外一个完全无辜的生命。事情可能不会到此为止,今天是植物人和大脑畸形的新生儿,明天就会是早老性痴呆症患者和其他陷入深度昏迷的人。无论如何,无限制地扩大脑死亡的范围都是不可取的。

尽管脑死亡的观念被英美国家普遍接受,但争议一直不断。主要是一些概念还不能科学地加以解释,比如什么是"完全无意识",什么是"有微弱意识"?婴儿是无意识的,只有生物学意义上的脑,对于他们要不要另立规则?对于"完全无意识"的人宣告死亡也许不会有问题,但对于"有微弱意识"的人能不能宣告死亡呢?将脑死亡运用于刑事审判实践,是否会使法律界面临信任危机呢?过去,医生对照心跳停止、呼吸停止、瞳孔散大的标准来判断一个人是否死亡,再加上其他的临床辅助检查标准,如体温下降、昏迷症状检测,就足以构成判断死亡的充足标准,病人的家属也可以在场确认。而在脑死亡的情况下,病人的心脏还在跳动,体温也有,甚至有孕妇可以顺利分娩,能把处于这种状态下的人说成死人吗?而且与过去不同的是,脑死亡判断是由医生在一系列先进仪器的帮助下,在医院的密室里决定的,一般人包括病人的家属都不了解诊断标准,也无法发表意见。因此,"脑死"是一种"看不见的死",缺乏必要的透明度。从生物学的角度看,把具有有机的综合机能的丧失认定为脑死亡,很可能是一些欧美人从人生观中归纳出来的一种哲学观点,并且具有强烈的功利性。对抗和质疑不可避免,它促使我们重新思考什么是生命,什么是死亡,使科学的标准更加深入人心。在决定生与死的问题上,采取谨慎再谨慎的态度总是好的。②

---

① 〔美〕安德鲁·金柏利:《克隆——人的设计与销售》,新新闻编译中心译,内蒙古文化出版社1997年版,第54页。
② 郭自力:《生物医学的法律和伦理问题》,北京大学出版社2002年版,第11页。

4. "人"和"胎儿"的定义

美国刑法中,被告人引起另外一个人或者胎儿死亡,都可能构成谋杀罪。人的定义是明确的,足以贯彻落实,但对于杀死一个胎儿是否应当承担刑事责任,则是一个有争议的问题。

在美国,胎儿是否具有生命能力,道德上和宗教上存在争议。天主教认为,生命始于受孕,精子和卵子的染色体一结合,一个新的生命就诞生了,从受孕到出生是一个连续发展的过程。但是我们也可以说,一粒种子埋到地下到长成一棵大树,也是一个连续发展的过程,似乎并不能得出种子就是大树的结论。的确,要想在胎儿的成长过程中找出一个强制点,这个点以前的不是人,这个点以后的是个人,事实上是困难的。但是不管怎么说,胎儿是一个非常特殊的有机体,可以缓慢而确定地发育为人,他至少是一个潜在的、可能的人。

1973年,美国最高法院在审理罗诉韦德(Roe V. Wade)一案中,对于胎儿的生存能力进行了解释。最高法院在判决书中指出:"在普通法中,胎动之前的人工流产行为毫无疑问不是可以指控的侵害行为,胎动指的是胎儿在子宫中第一次可以识别的动作,胎动通常出现在怀孕的第16周到第18周。普通法未将胎动前的人工流产视为犯罪,主要是受早期哲学、神学,以及早期民法和教会法关于生命何时开始的概念的影响……在早期的英国法中,本来这个时间模糊不定,只是知道发生在受精后出生前的某个时间点……但是基督教神学和教会法将这个时间点定为:男性胎儿40天,女性胎儿80天。这个标准一直沿用到19世纪……由于生命的准确起点一直难以确定,由于40天、80天的观点并无可靠的理论依据,可能也由于考虑了阿奎那将'有动作'作为生命的两个重要特征之一的理论的影响,布莱克顿将胎动作为重要的标准。胎动的重要性也被后来的普通法学者所认可,并在美国普通法中找到了自己的一席之地。"①

美国最高法院将妇女的孕期分为三个相等的阶段,即前3个月,中间3个月和后3个月。并且认为,在妇女怀孕的后3个月胎儿就有了生存能力。最高法院之所以这样解释,主要是为了赋予女性的堕胎权利,但同时认为在怀孕的后3个月,胎儿已经有了生存能力,一般就不允许堕胎了。最初看来,美国最高法院好像倾向于将怀孕后3个月即第28周,作为胎儿生命的开始。但实际上,它并不想确定生命开始的起点,因为将生存能力和生命的起点联系在一起风险太大了,人们终究有一天,可以使受孕14天内的人类胚胎,脱离母体以后独立存活,并发展成为一个活生生的人。"我们无需解决生命由何时开始这样一个困难的问题。当那些在医学、哲学和神学方面训练有素的人们尚且难以达成一致意见

---

① Supreme Court of the united states, Roe v. Wade, https://www.Lexisnexis.com/ap/. P9.

时,在人类知识处于发展中的此刻,司法部门还未处在思考这个答案的地位上。"①

由于对生命从何开始存在着争议,美国刑法也没有对胎儿的生命权作出明确规定。1994年,美国加利福尼亚州根据州《刑法典》第187条的规定,认为生存能力和确定这种生存能力不是谋杀胎儿的构成要件。② 法院宣称,当怀孕母亲的个人利益没有处在危险之中时,立法机关也许要确定在那个点上,将要保护母亲子宫内的生命免受杀害。按照医学的定义,"在后胚胎期的未出生的胎儿,主要的结构已经形成轮廓"。加州最高法院认为,谋杀胎儿的法律包括后胚胎期的胎儿,即7—8周的胎儿。检察机关必须证明胎儿在7—8周时已经发育到后胚胎期这个阶段。③

如果被告人知道一位妇女受到攻击时已经怀孕,这个妇女的胎儿在攻击中死亡,被告人就犯有谋杀胎儿的罪责,因为他主观上具有杀害怀孕母亲和她的胎儿的恶意。一种理论认为,根据谋杀胎儿的恶意预谋的理论,被告人在发动攻击时不需要意识到妇女正在怀孕。在 People v. Taylor 一案中,加利福尼亚州最高法院就持这种观点,他们认为,在这类案件中,对于胎儿的恶意预谋无需加以证实。这个案件的大致情况是这样的,被告人开枪杀死了一名妇女,而这个妇女当时正怀着11—13周的胎儿。被告人不知道该名妇女是一个孕妇,从外观上也看不出来她是怀孕的妇女。但是加利福尼亚州最高法院认为,被告人可以认定为谋杀胎儿罪。其理由是:"当一个被告人行为的自然结果就是危及另外一个人的生命,而有意识地忽视他人的生命,他的行为就可以被视为具有恶意预谋。被告人是否明确知道每一个受害者的存在,不是谋杀罪的构成要件。④

与 Taylor 案相似,假如一个枪手进入一座大楼,瞄准一个房间关着的门开枪,这个枪手要对房间里所有死去的人承担刑事责任;另外,假如被告人向躺在床上的妇女开枪,杀死了她和一个躺在床上的未成年孩子,这个被告人犯有谋杀妇女和孩子的罪行。根据 Taylor 案确立的原则,被告人行为时有意识地忽视他人生命,所以要对在攻击中死去的任何人承担刑事责任。谋杀胎儿也是一样,尽管行为人可能不知道胎儿的存在。

胎儿生下来是否可以存活,也不是构成谋杀罪的要件。被告人杀死了一个怀孕16—17周的孕妇,她腹中的胎儿也一起死去。被告人被指控犯有谋杀妇女和胎儿两个罪名。审判时,被告人提出证据,试图证明由于致命的医疗条件,没

---

① 王金铭:《当代医学的七大争议问题》,天津科技翻译出版公司1992年版,第58页。
② Penal Code § 187(a); See CALJIC 8.10(7th ed. 2003 bound vol.)
③ People v. Davis, 7 Cal. 4th 797, 810, 30 Cal. Rptr. 2d 50, 872 P. 2d 591(1994)
④ People v. Taylor, 32 Cal. 4th 863, 868, 11 Cal. Rptr. 3d 510, 86 P. 3d 881(2004).

有他的射击行为,胎儿仍然活不过第4—6个月(trimester)。① 初审法院拒绝采纳这样的证据,被告人上诉后,上诉法院也维持了初审法院的判决意见。在people v. Valdez一案②中,法院同样认为,由于医疗条件,孩子生下来无法生存,不是谋杀罪的免责理由。法院解释说,立法机关作出的保护胎儿生命的政策决定,与保护人的生命是一样的,除非怀孕母亲的个人利益处在危险之中。③

胎儿作为人生的一个特殊过程,是生命最脆弱的时期。正因为如此,他受到两种近乎极端的对待。在一些国家里,胎儿是完全没有人格的物,可以任意加以处置;而在另外一些国家里,胎儿被视为最可珍贵的生命萌动,他是人类寻求生存的顽强意志和新生力量,因而即使是流产的胎儿,也是手术刀的禁区,而不管持刀人的动机是多么高尚。

美国前最高法院法官斯图尔特坚持认为,就《宪法修正案》第14条而言,胎儿并不是一个人。如果胎儿是人,那他就拥有宪法保护的权利,其中包括"生命、自由和财产"的权利。事实上,胎儿有着独特的道德地位,他是人类生命,可又是不具有人格的生命,即不是社会意义上的人。尽管如此,但他毕竟与成人之间有连续性,在逐渐发育成人。胎儿的权利应当受到尊重,即使是出于医学研究的目的,也要满足一定的条件,否则就可能构成刑法上的犯罪。

5. 恶意预谋的定义

美国法院对恶意预谋的定义存在分歧,谋杀罪中的"恶意预谋"和刑法典中的"恶意"不是同义词。恶意预谋包括明示的和默示的两种情况。"明示的恶意",是指蓄意的故意杀死另外一个人。假如他或她具有杀害一个个体或者一个特定组织的成员的故意,就是具有特定的杀人故意。"默示的恶意"存在于没有受到挑衅情况下的杀人行为或者杀人的具体情境显示了"任意和邪恶的心"。尽管"任意的和邪恶的心"这个概念不是一个好的定义,但在实践中被广泛采用。

按照美国的判例法,"恶意预谋"是指一个人行为时存在的心理状态,即当一个人蓄意地实施一种行为,而这个行为的自然结果就是危及人的生命,行为人也明知会危及另外一个人的生命,但却有意的忽视他人的生命。这个定义包括物质和精神(客观和主观)两个方面,物质(客观)方面是实施了一个行为,这个行为的自然结果就是危及他人的生命;精神(主观)方面,要求被告人明知他的行为会危及他人的生命,而有意识地忽视他人的生命。

"默示恶意"也可以在这种情况下构成,即被告人实施一种高度可能性的冒险行为,而这种行为将导致死亡结果的发生,或者行为人出于反社会的动机而轻

---

① 美国最高法院将妇女怀孕分为三个阶段,第一阶段是指1—3个月;第二阶段是指4—6个月;第三阶段是指7—9个月。
② People v. Valdez, 126 Cal. App. 4th 575, 581, 23 Cal. Rptr. 3d 909(2005)
③ Laurie L. Levenson, *California Criminal Law*, Thomson West, 2007, p.197.

率的忽视他人生命。加利福尼亚州最高法院在1988年的一个判决中,使用了"极度轻率"这个语词。为了证实被告人具有恶意预谋的行为,必须查明被告人实际了解到存在的风险,如果行为人主观上认识到自己的行为,会造成任何人死亡的高度可能性,即便实际上的受害人不是被告人企图或者预先想要杀死的人,也是"默示的恶意"。①

共谋犯谋杀罪,要求证实杀人的故意,不适用于"默示预谋"的理论。

有一个问题是,当一个人仅仅意识到他的行为会造成严重的身体伤害的危险,而没有意识到引起死亡的严重危险,是否就已经具备"默示的恶意"? 在 People v. Knoller 一案中,美国加州最高法院认为,行为人主观上仅仅明知会对他人造成严重的身体伤害,对于确定"恶意预谋"是不够的。在这个案件中,两只巨型狗的主人被认定为谋杀罪。他的狗从笼中逃脱,并抓伤和咬死一名邻居。初审法院审理后认为,狗的主人认识到狗会给他人的身体造成严重伤害,但并不知道这只狗具有杀害他人的高度可能性。州最高法院认为,初审法院要求行为人主观上具有造成死亡的高度可能性是错误的,只要有意识的忽视他人生命就足以构成恶意预谋了。②

实际上,美国刑法中,"默示的恶意"与"严重的疏忽"之间也经常发生混淆。"严重的疏忽",是指行为人对于行为造成的结果有意识的漠不关心,注意义务的等级非常轻微,而"默示的恶意"则要求行为人明知他的行为会危及另外一个人的生命,仍然有意识地忽视他人的生命。区分两者的另外一种方法是,"严重疏忽"采用客观的标准,即凡是一个有理性的人都可以认识到危险的存在;"默示的恶意"采用的是主观标准,即被告人是否实际上认识到死亡危险性的存在。

实践中,"明示的恶意"和"默示的恶意"有时需要情形证据加以认定。恶意的证实,不要求行为人主观上对受害人具有仇视和敌意。证明恶意也不需要被告人实施行为时,有意识的忽视社会要求其行为必须符合法律的规定,即故意的违反法律的规定。在 People v. Williams(1969)一案中,证据显示,被害人被行为人捆绑、塞住嘴巴,最终被活活闷死,这就足以推断行为人具有"明示的恶意"。

醉酒或者其他精神损害也许可以否定行为人的主观恶意,特别是"明示的恶意"。但是,"默示的恶意"有可能构成,例如,被告人在毒品或者酒精影响下驾驶汽车,并且有意识地忽视对人的生命造成的危险,就构成杀人罪。根据2005年1月1日生效的一项法律,被告人实施醉驾或者与此相关的行为后,假如不听法院的劝告,继续醉酒驾驶而导致某个人遇害,他们将被控以谋杀罪。③

---

① People v. Dellinger, 49 Cal. 3d 1212, 1219, 1221, 264 Cal. Rptr. 841, 783 P.2d 200(1989).
② People v. knoller, 41 Cal. 4th 139, 171, 160, 59Cal. Rptr. 3d 157, 158 P. 3d 731(2007).
③ Vehicle Code § 23593(a)

恶意的概念与预谋和蓄意的概念也有区别。恶意不要求行为人行为以前就存在某种心理状态。预谋和蓄意包含深思熟虑的要件，而恶意不包含这些要件。例如上例中，行为人勒死被害人的相关证据，足以表明行为人主观上具有明显的恶意，但是并不一定是预谋的或者蓄意的。[1]

"默示的恶意"也许还存在于以下情况中，即被告人从事了一个挑衅行为，引起另外一个人实施了杀人行为。在这类杀人案件中，引起死亡的工具不是被告人的子弹或者打击，而是另外一个人受到被告人挑衅行为的影响而实施的行为。所谓挑衅行为，要符合恶意预谋的标准，那就是，一个故意的行为，它的自然的结果是危及人的生命，行为人明知对人的生命有危险，而有意识地忽视这种危险，蓄意地实施这种行为。根据挑衅行为的定义，当一个人实施的犯罪行为引起了另外一个杀人行为，而杀人者又不是这个犯罪行为中的罪犯，这个行为被认为是合法的，那么，这个犯罪中活下来的罪犯则是非法杀人。因此，表明一个被告人实施了挑衅行为，就必须证明被告人具有恶意预谋的行为，这对于法院最终确定谋杀罪的判决是一个充分的根据。

这个定义发展了在某种情况下引起的刑事责任，引起责任的人不适用于正常情况下的谋杀罪的规则。例如，当一个共犯被犯罪受害人杀死，而不是被被告人杀死，重罪谋杀规则就不适用。根据重罪谋杀规则，恶意不能归罪于被告人，因为这个受害人的杀人行为不是发生在重罪行为当中。

挑衅行为的定义在有些传统案件中已经被援引，例如主要犯罪者挑起了一场枪战，警察或者其他持枪的受害者奋起反击，但却杀死了主要犯罪者的一个帮凶或者一个完全无辜的人。假如在这种犯重罪的过程中，受害者杀死罪犯中的某一个人，其他的罪犯也许构成一级谋杀罪。一个挑衅行为引起的谋杀案件，必须至少涉及三个人，即主要的犯罪人，从犯或者旁观者和一个犯罪的受害者。

当一个罪犯有意识的忽视他人的生命，蓄意地实施一种行为，这种行为又很可能导致死亡的发生，犯罪受害人在合理地反应下实施了一个杀人行为，这个挑起事端的罪犯就构成谋杀罪。受害人在自卫过程中的杀人行为不是一个独立的介入原因，因为这个杀人行为是从属于犯罪者的故意行为的，是犯罪者挑衅性行为的一种反应性行为。与其他的恶意预谋的案件一样，要使挑起事端的主要犯罪者承担谋杀的刑事责任，必须具备两个方面的构成条件，一是客观方面，被告人必须实施了向第三方开火的挑衅行为，二是主观方面，被告人必须明知他的挑衅行为，即向一个人开枪射击，具有危及他人生命和健康的高度可能性。

---

[1] Laurie L. Levenson, *California Criminal Law*, Thomson West, 2007, pp. 201—202.

二、一级谋杀罪

一级谋杀罪分为三个基本类型：(1) 蓄意的和有预谋的谋杀罪；(2) 法定一级谋杀罪；(3) 一级重罪谋杀。除了重罪谋杀罪以外，其他类型的一级谋杀都需要被告人具有明示的或默示的恶意支配下的行为。

1. 一级谋杀罪——蓄意的和有预谋的谋杀罪

蓄意的和有预谋的实施杀人行为，构成一级谋杀罪。蓄意的和有预谋的一级谋杀要有杀人的意图。蓄意是指行为实施过程中应当考虑的内容，而有预谋则是事先进行的策划。[①] 在复杂的谋杀案件中，被告人的杀人目标不需要指向具体的个人，被告人的预谋和蓄意杀人也可以指向一个群体。这就是所谓的"故意转移"的规则：故意杀人不必针对特定的个人或几个人，造成非预期受害人的死亡也可以构成一级谋杀罪。但是，一个被告人打算杀死一个特定的个人，却错误地杀死了另外一个人，他始终相信这个人就是他想要杀死的那个人，被告人需要具有一级谋杀罪的故意。

但是，"故意转移"不适用于未遂的谋杀。因此，假如被告人想要杀死一个人，但未击中目标，而是击伤了其他两个人，他并不自动构成对其他两个人的谋杀未遂罪。"故意转移"也不适用于堕胎的谋杀，假如被告人想要杀死一个妇女，在杀人的过程中杀死了她腹中的胎儿，"故意转移"不支持胎儿死亡的谋杀理论。[②]

"预谋的"意味着事先进行的策划，而"蓄意的"则意味着为追求一个结果而对行为的过程进行仔细地思考和衡量。预谋和蓄意的过程不要求一个特定的时间范围和长度，这个规则并不强调持续时间的长短，而是重点考虑行为人事先或者行为过程中进行了思考和策划，是一种深思熟虑的反映。有些杀人的想法也许是在冷静考虑之后迅速形成的。预谋不是谋杀罪的构成要素，仅是用来区别一级谋杀罪和二级谋杀罪的界限。

当被告人在杀害受害人之前进行了思考和衡量，杀人故意是这种思考在内心的反映，而不是在突然冲动的情况下产生的杀人故意，就构成有预谋的杀人。但是，杀人故意的形成和杀人行为之间在时间上的长短比例，对于确定这个犯罪是不是事先有预谋的，没有实际的影响和必要，因为一个冷静和准确的判断可以在很短的时间内迅速形成。一个被告人并不需要一开始就考虑犯谋杀罪。例

---

① People v. Koontz, 27 Cal. 4th 1041, 1080, 119 Cal. Rptr. 2d 859, 46 P. 3d 355(2002).

② People v. Bland, 28 Cal. 4th 313, 121 Cal. Rptr. 2d 546, 48 P. 3d 1107(2002). On the other handm under Bland if a defendant intends to kill only A, but kills A and B, transferred intent does permit two murder convictions, and this rule applies retroactives, even to cases where the killings occurred before Bland was issued. See People v. Gomez, 107 Cal. App. 4th 328, 131 Cal. Rptr. 2d 848(2003).

如，在 People v. Kelly 一案中，被告人最初只打算对受害人实施性侵害，陪审团依然得出被告人预谋和蓄意杀死被害人哥哥的结论。①

蓄意谋杀这个要件，意味着被告人必须在考虑杀人的理由和衡量后果后，决定是否杀人时，已经显示出杀人的特定故意。换句话说，被告人必须在考虑后果和仔细衡量以后，按照预定的目标，冷静和坚决地将杀人判断和计划贯彻落实。考虑的范围包括杀人的理由、计划、和后果，这是确定行为人是否构成有预谋的和蓄意杀人的可靠标准。

被告人对他或她的行为性质的了解，不是预谋的一个要件，立法机关在1981年废除了这个要件，缩小了精神病的辩护范围。要否认被告人的预谋，需要提供被告人精神异常和出现幻觉的证据，这些条件导致了被告人不能计划或者考虑他或她的行为后果。但是，在激情杀人中，预谋和蓄意都是被排除的。

加利福尼亚州最高法院已经确立了"安德森规则"，这个标准适用于上诉复查的案件，以确定是否具有预谋和蓄意的充分的情形证据。三种类型的证据证实预谋和蓄意的存在：① 先前活动计划的证据；② 杀人动机的证据；③ 特定的和准确的杀人的手段和方法的证据，以表明被告人已经具有一个预定的目标。②"安德森规则"是一个仅适用于上诉复查案件的标准。因此，这个规则中对"预谋"的描述不包括在对陪审团的指导意见中。③

尽管如此，"安德森规则"对于法官解释哪些是一级谋杀罪的构成要件，哪些不是一级谋杀罪的构成要件还是很有意义的。

"安德森规则"的指导方针是解释性的，而不是规范性的。它们中的有些证据不是任何案件中构成一级预谋杀人罪都必须具备的，也不是排他性的。例如杀人的方法，有时支持一个结论，即这个证据对于证实预谋谋杀是足够的。

活动计划是安德森规则中重要的组成部分，它包括以下几点：

① 携带武器到犯罪场所（被告人携带一把厨用刀具）。④

② 将受害人带到一个地方，使得犯罪不可能被发现（被告人将一个年轻的女孩引诱到自己的家里）。⑤

③ 使受伤的受害人得不到医学治疗。⑥

④ 接近一个受害人，在没有任何挑衅行为的情况下将其杀死。（例如被害人正在逃跑，没有做威胁的姿势，没有做任何引起被告人开枪的事情）。⑦

---

① People v. kelly, 51 Cal. 3d 931, 957, 275 Cal. Rptr. 160, 800 P. 2d 516(1990).
② People v. Anderson, 70 Cal. 2d 15, 26, 73 Cal. Rptr. 550, 447 P. 2d 942(1968).
③ 美国的一审案件由陪审团审理，上诉案件由法官审理。
④ People v. Miller, 50 Cal. 3d 954, 992—993,269 Cal. Rptr. 492, 790 P. 2d 1289(1990).
⑤ People v. Lucero, 44 Cal. 3d 1006, 1018, 1019, 245 Cal. Rptr. 185, 750 P. 2d 1342(1988).
⑥ People v. Ainsworth, 45 Cal. 3d 984, 1023, 248 Cal. Rptr. 568, 755 P. 2d 1017(1988).
⑦ People v. Lunafelix, 168 Cal. App. 3d 97, 101, 214 Cal. Rptr. 33(1985).

⑤ 事先获得与犯罪有关的受害人的情报(被告人使用假名给受害人的父亲打电话,获得受害人的工作地点和他驾驶的汽车的型号)。①

⑥ 事先威胁要杀死受害人(被告人警告被害人,他正打算杀死他)。②

被告人杀人以后的行为对于谋杀是否是预谋的和蓄意的没有意义,除非这些行为能表明被告人曾经策划了这个谋杀(杀人后的说谎行为仅是恐惧的证据,但杀人后的陈述也许与以前存在的心理状态有联系)。被告人和受害人以前的关系经常是构成杀人动机的证据(例如,被害人是被告人的女朋友,被告人曾经吃女朋友的醋)。

尽管犯罪动机不是一级谋杀罪的必要条件,但可能是构成蓄意的证据。动机不需要是理智的,它也许是不理智的愤怒和幻觉的产物。

当指控被告人按照事先预定的计划杀人时,杀人的方法也许是预谋的证据。考虑的因素包括使用武器的类型、谋杀的残忍程度、攻击的时间长度和受害人伤势的数量、类型、严重的程度。③ 另一方面,被告人随意的行动和处在愤怒状态下的杀人行为也许是否定预谋的证据(上诉法院谨慎的认为,用刀刺伤他人身体不是随意造成的伤势),而残忍的杀人行为则足以支持构成一个预谋和蓄意的杀人。

根据"安德森规则",一个一级谋杀的定罪必须证实:

① 当所有的三个要素的证据都存在;或者

② 有下列任何一种证据:(a) 与先前活动计划有关的极其强有力的证据;或者 (b) 与其中一个相关联的动机证据(i) 先前的活动计划的证据;(ii) 杀人方法的证据显示杀人者已经具有一个预定的杀人目标。

一个被告人处在醉酒状态下,陪审团也许要考虑他是否具备形成谋杀罪要求的特定故意的能力和一级谋杀罪所要求的附加的精神状态。在一个死罪杀人的起诉中,法官没有义务根据自己的意见指导陪审团,即告诉陪审团自愿醉酒也许可以否定预谋和蓄意的故意。④

2. 一级谋杀罪——法定一级谋杀罪

法定一级谋杀罪,是指行为人实施了以法律列举的某些方式(手段)的谋杀行为。例如:

(1) 以毁灭性的手段或者爆炸的手段;

(2) 以发射穿甲弹(armor-piercing ammunition)的方式;

---

① People v. Hyde, 166 Cal. App. 3d 463, 478, 212 Cal. Rptr. 440(1985).
② People v. Evans, 8 Cal. App. 3d 152, 157, 87 Cal. Rptr. 315(1970).
③ People v. Cruz, 26 Cal. 3d 233, 240, 162 Cal. Rptr. 1, 605 P. 2d 830(1980); People v. Stress, 205 Cal. App. 3d 1259, 1263—1265, 252 Cal. Rptr. 913(1988).
④ People v. Castillo, 16 Cal. 4th 1009, 1015—1018, 68 Cal. Rptr. 2d 648, 945 P. 2d 1197(1997).

(3) 以投毒的方式；

(4) 以酷刑的方式；

(5) 以伏击的方式；

(6) 以驾驶车辆的方式谋杀，例如，故意地从一个摩托车上向车外的另一个人射击，意图杀死他；

(7) 以大规模杀伤性武器进行破坏。①

除了重罪谋杀以外，一个杀人行为能被认定为一级谋杀，行为人必须具有明示的或者默示的恶意，以法律列举的方式实施的谋杀行为也是如此。事实上，以法律列举的方式杀人，仅能推定（presumption）行为人是在有预谋的或者蓄意的情况下杀人，而不能推定行为人是在具有恶意的情况下杀人。②

下面讨论一些与此相关的复杂问题。

以投毒方式实施的法定一级谋杀罪。行为人构成法定的一级谋杀罪，必须证明行为人是在明示的或者默示的恶意支配下实施了杀人行为，以及行为人是在特定故意的支配下实施了投毒行为。因此，疏忽情况下的投毒行为，不能构成法定的一级谋杀罪。"投毒"这个词的意思，是指以任何方法将毒物投入人的身体，它的化学作用能引起人的死亡。③

以酷刑方式实施的法定一级谋杀罪。加利福尼亚州最高法院认为，构成以酷刑方式实施的谋杀罪，要求具有的证据是：(1) 被告人实施了一个引起死亡的高度可能性的行为；(2) 被告人故意实施的行为，引起了残忍的和极度的疼痛以及以报复、敲诈、宗教信仰和性虐待为目的而实施的拷打行为。④

在任意的、蓄意的和有预谋的故意的支配下实施谋杀行为，对于构成以酷刑方式实施的谋杀罪还是不够的，因为这个定义漏掉了酷刑的目的，即以报复、敲诈、宗教信仰或者性虐待的目的，而这一点反映了定义的本质特征。

另外，酷刑行为必须已经造成了受害人的死亡，无论是一个酷刑行为还是所有情况综合作用下造成的死亡。这就意味着，一个单独的酷刑行为也许是和整个酷刑行为联系在一起的，与其确定是那一个独立的行为引起的死亡，不如将重点放在对构成酷刑的残忍暴力行为的连续性的考察上。⑤

为了个人利益和欲望而意图施加痛苦，还是实际施加了痛苦，这是一个区分

---

① Laurie L. levenson, *California Criminal Law*, Thomson West, 2007, pp. 210—215.

② People v. Laws, 12 Cal. App. 4th 786, 793, 794, 15 Cal. Rptr. 2d 668(1993); People v. Dillon, 34 Cal. 3d 441, 476, 194 Cal. Rptr. 390, 668 P. 2d 697(1983); see People v. Hyde, 166 Cal. App. 3d 463, 474—476, 212 Cal. Rptr. 440(1985).

③ CALJIC No. 8.23(7th ed. 2003 bound vol.).

④ People v. Pensinger, 52 Cal. 3d 1210, 1239, 278 Cal. Rptr. 640, 805 P. 2d 899(1991); see Penal Code § 189; CALJIC No. 8.24(7th ed. 2003 bound vol.).

⑤ People v. Proctor, 4 Cal. 4th 499, 531, 15 Cal. Rptr. 2d 340, 842 P. 2d 1100(1992).

酷刑者和其他谋杀者的一个界限。因此,不要求受害人实际上已经经历(遭受)了痛苦。但是,仅仅具有受害人遭受严厉痛苦的事实还不足以构成酷刑方式的谋杀罪,因为即使受害人没有遭受酷刑,当他被谋杀时也可能遭受痛苦。

施加极度痛苦的意图,可以从犯罪情节中推断出来。这些情节包括杀人的性质、受害人的身体状况、受害人伤势的严重性和行凶的时间。①

但是,酷刑的意图也许不仅仅能从受害人的身体状况、受害人伤势的严重性或者杀人的性质中推断出来,因为这些情节在激情杀人中也存在。另外,当被害人遭受致命地打击之后,被告人通过抛弃受害人的方式,使其得不到医学治疗,不构成以酷刑方式实施的谋杀罪,虽然受害人在这种情况下也遭受了极度的痛苦。因此,重点在于考察被告人是否具有引起痛苦的意图。

根据美国加利福尼亚州1990年制定的刑法典第206条的规定,即使没有造成受害人死亡的严重后果,也可以构成以酷刑方式实施的谋杀罪。这个法典,修改了英国普通法中关于以酷刑方式实施的谋杀罪的规定,而且制定了一个用来确定一个行为是否构成酷刑的具体标准。非致命性酷刑的法律发展,能够在以酷刑方式实施的谋杀案件中作为一个先例予以适用。②

3. 法定一级谋杀罪——以伏击方式实施的谋杀罪

以伏击方式实施的谋杀罪的要件是:(1)伏击的目的;(2)为实施伏击行为而寻找机会以及观察和等待的持续时间;(3)从预设地点攻击受害人,这种攻击必须在观察和等待期以后发起;

以伏击方式实施的谋杀罪,要求犯罪者的伏击意图和谋杀的预谋和蓄意相一致。观察和等待的目的是为了获得便利条件,趁被害人不注意而实施谋杀行为。过去的一些旧判例,在对陪审团的指导意见中,已经载明以伏击方式的谋杀罪要求具有"在伤害他人身体和杀害他人生命的意图的支配下,实施观察、等待和隐蔽行为。"③但是,现代的关于伏击的指导意见不要求伤害和杀害的意图。这就确立了一个新的原则,在实施观察、等待行为时,不要求具有杀人和伤害的意图。伏击中的隐蔽行为,是被告人将自己置于一个有利的位置,在现场勘查的人,能够推定伏击是被告人计划的一部分,以便在突然的情况下袭击受害人。伏

---

① People v. Lynn, 159 Cal. App. 3d715, 727, 206 Cal. Rptr. 181(1984); People v. Soltero, 81 Cal. App. 3d 423, 429, 146 Cal. Rptr. 457(1978)(wounds inflicted over 4—6 hours).

② People v. Barrera, 14 Cal. App. 4th 1555, 1562—1563, 18 Cal. Rptr. 2d 395(1999)(in case involving non-fatal torture, Penal Code § 206 definition of"torture" found not to be unconstitutionally vague or overbroad). See also People v. Aguilar, 58 Cal. App. 4th 1196, 1200—1209, 68 Cal. Rptr. 2d 619 (1997)(upholding constitutionality of Penal Code § 209).

③ Wayne R. Lafave, *Criminal Law*, West A Thomson Reuters Business, 2010, p.814 仍然采用了这样的概念。See United States v. Shaw, 701 F. 2d 367(5th Cir. 1983); People v. Ward, 27 Cal. App. 3d 218, 103 Cal. Rptr. 671(1972).

击持续的时间必须显示与预谋和蓄意相一致的心理状态。

被告人的真实意图和目的是隐藏他或她的行动和行为,这就足够了。被告人在攻击受害人之前是否已经隐藏完毕,不是一个构成要件。所以,即使受害人在被杀害之前发现了被告人,也可以满足隐藏的要件。尽管伏击通常表现为埋伏和隐藏的形式,但有时也可以表现为伪装的形式,或者作虚假的陈述。被告人在过去已经告诉受害人,他将要杀死受害人,由于受害人不知道杀害行为何时何地发生,仍然可以构成伏击行为。①

4. 一级重罪谋杀罪——包括的重罪

根据加州《刑法典》第189条的规定,一级重罪谋杀,是指重罪罪犯、他或她的同谋者、帮凶杀害或者故意地、疏忽地或者意外地实施或企图实施《刑法典》第189条规定的重罪。②

第189条列举的这些谋杀类型,自动构成一级谋杀罪。而且,根据重罪谋杀的定义,被告人通常会被判处死刑,因为重罪谋杀构成一个"特别情节"。这些重罪是:放火罪;强奸罪;劫持机动车辆罪;抢劫罪;夜盗罪;重伤罪;绑架罪;毁坏列车罪;鸡奸罪;猥亵未成年人罪;口交罪;以异物或者不明物体侵入肛门或者生殖器罪。

根据重罪谋杀的规则,实施上述一种重罪行为就构成一级谋杀罪,而不是过失杀人罪,即使被告人是在不合理的自卫中实施的行为也是如此。为了确保一个重罪谋杀,先前重罪(underlying felony)中的每一个特定要件,都必须排除合理的怀疑。③

(1) 一级重罪谋杀——包括的受害人

这个规则适用于上列罪行中发生死亡的任何行凶行为,包括导致重罪中的预期受害人、旁观者或者一个试图制止重罪的警察的死亡。重罪谋杀定义甚至包括从犯或者同谋者的死亡,除非这个从犯或者同谋是由于挑衅受害人、路人,引起致命的反击,而造成自己的死亡。④

重罪谋杀的指控与有预谋的谋杀指控是联系在一起的,陪审团在确定一级谋杀罪时,并不一定全体一致的适用某一特定的(具体的)理论。州法律和联邦法律也没有要求适用哪一种谋杀理论来确定案件的性质,每一个陪审团成员只需依据法律和指控中的具体情况排除合理怀疑,就可以认定一级谋杀的具体罪

---

① People v. Webster, 54 Cal. 3d 411, 448, 285 Cal. Rptr. 31, 814 P. 2d 1273(1991); People v. Tuthill, 31 Cal. 2d 92, 99, 187 P 2d 16(1947). See CALJIC No. 8.25(7th ed. 2003 bound vol.)

② Penal Code § 189; People v. Washington, 62 Cal. 2d777, 781, 44 Cal. Rptr. 442, 402 P. 2d 130 (1965); see CALJICNo. 8.21(7th ed. 2003 bound vol.).

③ Laurie L. Levenson, *California Criminal Law*, Thomson West, 2007, p. 223.

④ People v. Welch, 8 Cal 3d 106, 118—119, 104 Cal. Rptr. 217, 501 P. 2d 225(1972)(defendant killed one victim while attempting to rape another.

行了。

事实上,即使陪审团依据的一级谋杀的理论可能是错误的,法院也不会推翻原来的定罪。因为陪审团是在排除合理怀疑的基础上,根据可靠证据支持的重罪谋杀理论作出的判断。①

(2) 重罪谋杀规则的目的和重罪谋杀的要件

重罪谋杀规则的目的是将疏忽和偶然情况下的杀人行为排除出去。与其他一级谋杀罪不同,重罪谋杀不要求预谋和恶意,无论是主犯还是从犯(实行者还是帮助者),唯一的要件是实行者对于犯法典所列的先前重罪具有特定的故意,或者帮助和教唆实施这些行为。②

实行者必须对刑法典 189 条所列的重罪具有特定故意,无论是在实行这些重罪行为之前还是在此期间,并且导致了受害人死亡。如果这种故意形成于攻击行为之后,就不足以构成重罪谋杀。例如,确定被告人在抢劫的过程中犯有一级谋杀罪,相关证据必须显示,实行者在实行致命攻击之前或者在此过程中,已经形成了盗窃受害人财产的意图。

对于犯夜盗罪过程中的重罪谋杀的确定,需要实行者在犯重罪或者盗窃罪的故意支配下,进入受害人住处。只要能够确定犯重罪的特定故意就可以了,不需要杀人行为本身的心理状态。

构成一级谋杀罪,实行者必须具有犯先前重罪的特定故意,即使先前重罪没有规定特定故意的要件。检察机关必须证实这种故意排除了合理怀疑。

(3) 重罪谋杀——责任范围

根据重罪谋杀的定义,因果关系的要件比其他一级谋杀罪的要件要宽松一些。法院认为,法律用语"犯先前重罪的犯罪者",他的杀人行为与先前重罪是一个连续的事件,因此,不考虑先前重罪直接导致了死亡这一要件。

加利福尼亚州最高法院反复强调,重罪谋杀的规则,不要求某个重罪行为和某个谋杀行为之间具有严格的因果关系。不要求专门探究杀人行为完成之前,重罪是否已经完成或者放弃,假如这两个行为是一个连续的事件的一部分,重罪的实行者就被认为已经构成杀人罪。③

陪审团必须确定,这个杀人行为是否是重罪罪犯所实施,或者被告人是否曾经实施了一项重罪行为。在一个重罪谋杀的案件中,先前重罪是夜盗罪,如果法官指导陪审团,被告人在盗窃故意的支配下进入被害人的住处就构成夜盗罪,杀

---

① People v. Atkins, 128 Cal. App. 3d 564, 568, 180 40(1982).
② People v. Powell, 40 Cal. App. 3d 107, 165, 115 Cal. Rptr. 109(1974)(specific intent must be shown beyond reasonable doubt); see CALJIC No. 8.21(7th ed. 2003 bound vol).
③ People v. Whitehorn, 60 Cal. 2d 256, 264, 32 Cal. Rptr. 199, 383 P. 2d 783(1963)(continuous transaction when killing follows rape; death does not have to be "consequence" of rape).

人罪和夜盗罪是一个连续事件的一部分,法官的指导意见就是错误的(夜盗罪,是指夜间破门而入企图犯重罪,而不是犯盗窃罪)。

法院已经根据重罪谋杀罪的定义,扩大了"连续事件"的范围,杀人行为实施时,重罪行为已经完成,仍然视为一个连续的事件。例如,重罪罪犯从先在犯罪现场逃离后,又实施杀人行为,仍然构成重罪谋杀,除非犯罪者在实施这个杀人行为以前,已经抵达某些暂时安全的地点。①

这就是所谓"逃离规则":当被告人从一个犯罪地点逃离后,又实施杀人行为,将转变为重罪谋杀。这个逃离规则通常适用于抢劫和夜盗之后的杀人,但是现在已经扩大到性犯罪,像强奸和暴力鸡奸之后从犯罪地点逃离后又杀人,也要承担谋杀罪的刑事责任。②

根据重罪谋杀规则,犯罪者和帮助者对于造成的死亡后果属于严格责任。杀人者不需要为了犯重罪而杀人,也不要求他们对死亡结果有预见。一个受害人易于患病的身体条件,不妨碍重罪谋杀罪的成立,即便这个身体条件事实上是引起受害人死亡的一个实际因素,只要它不是唯一的实际因素。死亡仅需要是重罪的直接结果,不需要是这个重罪的自然或者可能的结果。

根据其他谋杀理论,某些抗辩理由可以成立,但却不适用于针对重罪谋杀的事项。例如,被告人提出一个抗辩理由,这个理由仅和被告人的预谋和具有恶意的能力有联系,被告人将不能免于重罪谋杀的指控,因为预谋和恶意预谋不是重罪谋杀罪的要件。同样的理论适用于任何不符合重罪谋杀要件的抗辩理由,比如杀人故意就不是重罪谋杀具体情节的要件,以缺乏杀人故意的辩解,就不能成为否认重罪谋杀的一个抗辩理由。③

但是,假如被告人针对先在重罪提出一个有效的抗辩理由,这将可以否定重罪谋杀罪的重罪成分,致使被告人不负谋杀的责任。例如最高法院在 People v. Anderson 一案中认为:"实际上,根据重罪谋杀理论,以受胁迫来否认先在重罪,就成立一个谋杀罪的抗辩理由。"④依照安德森案件,"假如一个人由于受到胁迫而不构成先在重罪(基础重罪),这个人就不能基于重罪谋杀理论构成重罪谋杀犯罪。例如,法院指导陪审团,胁迫对于绑架指控是一个抗辩理由。法院也可以指导陪审团,绑架作为一个和谋杀联系在一起的先在重罪,也可以对谋杀成立抗辩理由。假如陪审团认为被告人由于受胁迫而不构成绑架罪,那么,对于他在绑架过程中的杀人行为也可以提出抗辩。被告人对于实施的绑架行为是无罪的,也就不对杀人行为负责。"

---

① People v. Medina, 41 Cal. App. 3d 438, 451, 116 Cal. Rptr. 133(1974).
② See People v. Portillo, 107 Cal. App. 4th 843, 132 Cal. Rptr. 2d 435(2003).
③ Laurie L. Levenson, *California Criminal Law*, Thomson West, 2007, pp. 224—226.
④ People v. Anderson, 28 Cal. 4th 767, 784, 122 Cal. Rptr. 2d 587, 50 P. 3d 368(2002).

(4) 一级重罪谋杀——同谋犯和帮助犯的责任

先在(基础)重罪中的每一个同谋者、帮助者和教唆者,与杀人者一样,对于在犯重罪过程中的杀人行为,负有相等的责任。这些人不需要从先在(基础)重罪中获得利益,甚至不需要企图获得利益。重罪谋杀定义的唯一要件就是鼓励、促进或者协助具有犯罪目的的主犯实施先在重罪。① 这种杀人行为必须在犯先在(基础)重罪时已经实施,或者重罪犯们在共同从事先在犯罪时,杀人行为已经实施。杀害行为不需要进一步(另外的)的先在重罪,但是在重罪和行为导致死亡结果之间具有一些合乎逻辑的联系和因果关系。

在犯抢劫罪中实施杀害行为,承担一级谋杀罪的刑事责任的规定,扩大到共同实施抢劫行为或者企图共同抢劫的所有人,当他们中的一个人为了促进共同的目的而杀人时,所有的人都要对此杀人行为负责。但是,假如一个人单独行动,在犯抢劫罪的过程中杀人,另外一个人事后帮助和唆使这个抢劫犯将财物带走或者转移到一个安全的地方,根据刑法的规定,这第二个人不构成一级谋杀罪。这第二个人是抢劫罪中的帮助犯,但这个参与抢劫的人不承担谋杀罪中从犯的责任,因为杀人者和帮助者在杀人时没有共同实施抢劫行为。②

因此,重罪谋杀罪的共谋,不能扩大到杀人行为已经完成后,才加入重罪计划中的那个人。重罪谋杀罪中非杀人者的共谋,至少要求这个从犯(帮助者)在杀人时就是重罪中的一个同谋者、帮助者和教唆者。虽然重罪谋杀规则的共谋范围扩大了,但主要是规制重罪犯罪人在实施犯罪的过程中因疏忽或者意外而导致被害人死亡的情况。

为了使帮助者和教唆者承担责任,先在重罪必须是帮助者和教唆者行为的自然、合理或者可能的结果。根据重罪谋杀的概念,对于任何发生在重罪期间的杀人行为,甚至这个杀人行为不是先在重罪的自然、合理或者可能的结果,帮助者和教唆者都要承担相应的责任。③ 当从犯故意犯先在重罪仅是引起主犯行动的一个次要诱因时,从犯也要承担责任。他们要对协助犯先在重罪中的任何谋杀行为承担责任,即使从犯已经尽可能地阻止行凶者杀人。④

重罪谋杀的理论也适用共谋罪的案件。总的来说,假如一个杀人行为由共谋罪中的任何成员,为了达到共谋的目标而犯法典所列重罪或者企图犯重罪时,共谋罪中的所有成员都构成一级谋杀罪。同样的情况,先在重罪的主犯对于合

---

① People v. Terry, 2 Cal. 3d 362, 401, 85 Cal. Rptr. 409, 466 P. 2d 961(1970)(stating that, "one who aids and abets does not necessarily have the intention of enjoying yhe fruits of the crime").

② People v. Pulido, 15 Cal. 4th 713, 716, 63 Cal. Rptr. 2d 625, 936 P. 2d 1235(1997).

③ People v. Anderson, 233 Cal. App. 3d 1646, 1650, 285 Cal. Rptr. 523(1991).

④ People v. Asher, 273 Cal. App. 2d 876, 886—891, 78 Cal. Rptr. 885(1969)(that defendant killed victim in state of intoxication did not preclude holding his accomplices responsible when jury found shooting was also motivated by intent to further robbery).

作共谋的人偶然情况下造成的死亡后果也有承担责任。

然而,共谋犯罪人仅仅具有谋杀意图还是不够充分的。共谋犯罪人的犯罪意图只能是实施法定重罪的意图,因为共谋罪并不是一级重罪谋杀下的重罪。[①]

(5) 一级重罪谋杀——适用一级重罪谋杀的限制

总的原则有一些例外,一个重罪犯对于犯重罪期间发生的杀人行为和杀人行为造成的结果,负严格责任。这一原则对于那些在"先在重罪"的预备阶段或"先在重罪"实施完毕以后发生的杀害行为并不适用。重罪谋杀原则上仅适用于那些具有实施"先在重罪"的犯罪意图的人,而且要有导致被害人死亡的犯罪情节,它不能适用于仅具有谋杀罪主观意图而没有犯其他重罪意图的犯罪人。

总体上,这就意味着当所犯重罪是针对受害人的杀人行为,而这个重罪是杀人罪的主要组成部分,就不适用重罪谋杀规则。因为这个重罪事实上已经包括在所控告的杀人罪之中。例如,当侵入他人住宅的目的就是杀人或者伤害时,重罪谋杀也许不能成立。在 People v. Garrison 一案中,被告人进入妻子的房间是要攻击他的妻子,但却杀死了继女。由于丈夫进入妻子房间的目的很明确,就是攻击自己的妻子,所以不构成重罪谋杀。[②]

被告人严重过失下开枪的先在重罪[③],对于谋杀重罪规则来说是固有的危险重罪。加利福尼亚州最高法院认为,过失开枪不能与杀人罪合并,因此能够构成重罪谋杀。在一个案件中,被告人声称他朝空中开枪的目的是吓唬受害人,结果不小心击中了受害人。法院认为构成重罪谋杀。[④] 但也有相反的意见,加利福尼亚州最高法院在另一个案件中认为,过失开枪可以与杀人罪合并,不单独构成谋杀罪,因为被告对于过失开枪没有附随的目的。[⑤]

法院在谋杀重罪的指导意见中说,杀人罪的因素存在于先在(基础)重罪之中,从而避开了其他因素。但是,当为了实施先在重罪而出现一个独立的重罪目的,仍然适用重罪谋杀,即使这个重罪被包括在在杀人罪之中,或者是杀人罪的主要组成部分。[⑥]

三、二级谋杀罪

正如以上所述,典型的制定法罪,将谋杀罪分为一级谋杀罪和二级谋杀罪,

---

① Laurie L. Levenson, *California Criminal Law*, Thomson West, 2007, p. 230.
② People v. Garrison, 47 Cal. 3d 746, 778, 254 Cal. Rptr. 257, 765 P. 2d 419(1989).
③ Penal Code § 246.3.
④ People v. Robertson, 34 Cal. 4th 156, 171, 17 Cal. Rptr. 3d 604, 95 P. 3d 872(2004).
⑤ People v. Randle, 35 Cal. 4th 987, 1005, 28 Cal. Rptr. 3d 725, 111 P. 3d 987(2005); accord, People v. Bejarano, 149 Cal. App. 4th 975, 57 Cal. Rptr. 3d 486(2007).
⑥ Laurie L. Levenson, op. cit., p. 232.

除了有预谋的、蓄意的、有目的的杀人行为为一级谋杀罪以外,其余的谋杀行为都是二级谋杀。二级谋杀罪主要包括几种情况:(1) 没有预谋和蓄意要件的故意谋杀罪;(2) 故意重伤谋杀罪(intent-to do-serious-bodily-injury murder);(3) 极端轻率谋杀罪(depraved-heart murder);(4) 二级重罪谋杀罪(second degree felony murder)。

假如某人怀有恶意的实施杀人行为,但没有预谋和蓄意就不构成一级谋杀罪,而是二级谋杀罪。因此,二级谋杀罪是指怀有恶意的、非法剥夺他人生命的行为。当一个故意的杀人行为发生以后,无法证实行为人主观上是有预谋的和蓄意的,就以二级谋杀罪论处。

二级谋杀罪的要件包括:(1) 客观上的杀人行为;(2) 这种行为的自然结果就是危及人的生命;(3) 明知会危及他人生命或者有意识的忽视他人生命。

1. 行为人在实施某种危及人的生命和安全的重罪时,导致人的死亡,是二级重罪谋杀,例如堕胎罪、盗窃罪中发生的杀人行为。① 但一级谋杀罪中所列举的重罪除外,例如抢劫,强奸,放火等严重犯罪,造成死亡结果的,则构成一级重罪谋杀。在一个案件中,被告人故意毁坏和移动导航标志(警钟和浮标),导致轮船触礁和船员受伤死亡,被告人就构成谋杀重罪,因为船员的死亡,是行为人可以预见的后果。但是,由于这种毁坏和移动浮标的行为,不是一级谋杀罪中所列举的几种重罪,就只能定为二级谋杀重罪。②

加利福尼亚州的法院认为,实施下列行为,危害人的生命和安全的,构成二级重罪谋杀:

(1) 提供毒药;

(2) 普通绑架;

(3) 为赎金、勒索或者奖赏而绑架;

(4) 向有人居住的建筑物开枪射击;

(5) 通过使用武力和暴力逃跑或者逃跑未遂;

(6) 向有人的车辆开枪射击;

(7) 焚烧机动车;

(8) 出售、提供或者保管麻醉药品和限制性危险药品;

(9) 制造冰毒。

醉酒和服用药物以后驾驶车辆的,如果行为人事先知道自己稍后会驾驶汽车,意识到酒后驾车的风险,实际上也造成了致命的交通事故,就可能构成二级谋杀罪。但是,大多数酒后或者受药物影响的驾车行为,构成的仅仅是轻罪,就

---

① People v. Poindexter, 51 Cal. 2d 142, 330 P. 2d 763(1958).
② Wayne R. LaFave, *Criminal Law*, West A Thomson Reuters business, 2010, p. 816.

不能以二级谋杀罪论处。二级重罪谋杀中的帮助犯和教唆犯，如果主观上明知他人从事的是非法的重罪行为，仍然为其提供帮助或者鼓励、促进犯罪的发生，也以二级谋杀罪论处。①

2. 故意重伤谋杀罪(intent-to-do-serious-bodily-injury murder)

行为人以重伤的故意，直接造成他人死亡的，构成二级重罪谋杀，但有免责和减轻处罚情节的除外。

将故意重伤致人死亡的情况定为二级谋杀罪，而不是定为故意重伤罪，主要源于英国普通法的传统。在现在的英国刑法中，仍有所谓的推定故意，将故意重伤致人死亡的，推定为故意杀人罪。那么，为什么会发生这种情况呢？主要是由于在司法实践中，如何区分杀人故意和重伤故意比较困难，尤其是在突发事件中，双方发生了冲突，其中一方拔出随身携带的刀子，刺中对方腹部，导致死亡结果的发生。在这个案件当中，被告人主观上是杀人故意还是伤害故意，陪审团一时也难以分辨和查清楚，不好轻易下结论。再加上受到医疗条件的限制，死亡和存活往往是一线之隔，如果送医及时，医院的技术和医疗设备都很先进，受害人就有生还的希望。反之，受害人就可能得不到及时和有效的医疗救治，发生死亡的后果。为了解决这些疑难案件，节约司法资源，防止当事人纠缠诉讼，就将这种情况推定为故意杀人罪，但罪责较轻，以二级谋杀罪论处。这样处理既相对公平也简便易行，便于操作，反映了英美刑法简单实用的特点。

3. 极端轻率谋杀罪(depraved-heart-murder)

这个罪包括几点内容：(1) 极端地疏忽行为；(2) 任何有理性的人，都能认识到这种行为不仅是无可辩解的，而且有造成死亡或者严重人身伤害的极其高度的危险性；(3) 没有杀人的故意或者重伤的故意；(4) 实际上造成了他人死亡的后果。

(1) 冒险程度。行为引起损害他人人身或者他们财产的不合理风险的，通常称之为"普通过失"，是承担民事责任或者偶然情况下承担刑事责任的基础；行为不仅引起不合理的风险，而且是一种高度的风险时，可以称之为"严重过失"。如果行为人认识到他所制造的这种风险，他的行为就可以称之为"轻率"；严重地过失行为，或者轻率行为，导致死亡的后果，行为人要承担非预谋杀人的刑事责任，但还不是谋杀罪。因为谋杀罪的死亡和重伤的风险等级，要高于不合理的风险，甚至超过高度风险的等级。这种法律所要求的危险程度，可以称之为"非常(极端)高度的风险"，在非常高度风险的情况下，行为人对他人的死活漠不关心，听之任之，应当承担极端轻率谋杀罪的刑事责任。

不合理风险、高度风险和非常(极端)高度风险，这三种风险的危险等级显然

---

① Laurie L. Levenson, *California Criminal Law*, Thomson West, 2007, p. 249.

不同,但在司法实践中要准确的区分三者之间的界限,并不是一件容易的事情,可能需要结合案件发生时的具体环境和条件,才能搞清楚风险的危险程度。例如,同样是一种射击行为,如果向一个废弃的小屋的窗户射击,危险性就小,如果向城市里有人居住的窗户开枪,危险性就大。因此,被告人在开枪时,是否认识到周围的环境和条件,对确定危险的等级有重要意义。另外,英美刑法中往往会强调行为的社会意义。例如,同样是在闹市区超速驾驶,如果行为人是为了寻求刺激,开所谓的英雄车,逞强斗勇,造成了死亡的后果,可能构成极端轻率谋杀罪;反之,如果行为人超速驾驶,是为了送危重病人到医院进行抢救,尽管也造成了他人的死亡,可能不构成犯罪,或者最多承担过失杀人罪的刑事责任。有些行为,看起来危险很小,发生死亡后果的概率极低,但由于行为没有任何社会意义,一旦造成了死亡后果,可能要承担谋杀罪的刑事责任。例如,桌子上堆着1000只手枪,999只是空枪,仅有一只左轮手枪中装有一发子弹。A和B两人打赌,A对B说,"你敢不敢从中取出一支枪向我射击?"B说"我敢",随手拔出一支枪向A射击,造成A当场死亡。在这个案件当中,A被B杀死的可能性极低,但由于该行为没有任何社会意义,B仍然可能构成极端轻率谋杀罪。

下列行为,在一定的环境和条件下,被认为具有非常高度的危险性,行为人可能构成极端轻率谋杀罪。例如,向有人居住的房间开枪射击,向有人乘坐的火车包厢开枪;向行进中的机动车开枪;向街上的行人投掷燃烧瓶;驾驶汽车在城市的主干道上超速行驶;长时间的摇晃婴儿,导致其窒息死亡等等,这些行为都有真实的判例。有些类型的行为,在日常生活中可能并未发生过,例如,从一个100米高楼的顶层,向人来人往的街道上仍石块;驾驶快艇从一群游泳的人中间穿过;驾驶飞机向公路上行驶的汽车俯冲,将汽车驾驶员击毙等等。这些行为实际上是以一种可以预见的方式,导致极端危险的发生,被告人也可以构成极端轻率谋杀罪。

(2)认识到危险性。假如被告人实施了一种行为,而这种行为在正常人看来,有致人死亡和重伤的严重危险性,但被告人却没有认识到这种严重的危险性,或者由于精神上的问题,智商底下的问题或者醉酒的问题等等而没有预见。这些人要承担谋杀罪的刑事责任吗?

在美国的大多数判例中都没有对此作出明确的解释,只是笼统地说这种行为表明或者显示了一种极端轻率的心理,但既没有说明行为人是否在主观上具有这种极端轻率的心理状态,也没有说明采取客观主义的标准,即理性人的标准,以社会大众的标准来衡量被告人是否具有极端轻率的心理状态。这就在某种程度上呈现了模糊和混乱的状态。

有的英美判例主张,行为人主观上应当意识到产生的较大危险。① 英国的法官和刑法史学者斯蒂芬也认为,除非行为人主观上认识到危险性,否则就不能以谋杀罪论处。这显然采取的是主观标准。但美国大法官霍姆斯则认为,如果一个有理性的人能够认识到这种危险性,无论行为人是否认识到了,都应当构成谋杀罪。这显然是采取的客观标准。多年来,这两种观点争论不休,在理论上没有统一的认识,在实践中的判例也是各行其是,有的采用主观标准,有的采用客观标准,也有的判例采取折中的标准。最近一些英国的判例,似乎倾向于客观主义的标准,法官在对陪审团进行指导时经常说,如果一个理性的人能够认识到危险性,有可能造成死亡和重伤的严重后果,被告人就构成谋杀罪。有的案例则认为,应当考虑案发时的具体情况,假如一个人驾驶汽车,制造了一起交通事故,将路边的一个行人撞成重伤,但他马上停车并将受伤的人送往医院抢救。这种救助行为,可以否定行为人的主观恶意和极端轻率的心理态度。

毫无疑问,大多数极端轻率谋杀罪的判例并不要求被告人实际上认识到他的行为的危险性,只要他实施了一种极端危险的行为,他有理由认识到这一点,就足以构成谋杀罪了。有一些特殊的案例,会涉及弱智的人和醉酒的人的抗辩问题,弱智的人有可能减为非预谋杀人,但醉酒的人通常还会负谋杀罪的刑事责任。因为醉酒的人虽然在某种程度上也降低了认识能力,但行为人是主动醉酒,在道德上有过错,醉酒不能否定被告人极端轻率的心理态度,仍应以谋杀罪论处。②

二级谋杀罪一般处15年以下监禁,如果谋杀涉及治安官员,有可能判处25年监禁或者终身监禁,并且不得假释。驾驶机动车开枪射击的,可能判处20年监禁。假如被告人在犯二级谋杀罪之前,曾经犯过一级谋杀罪或者另外一次二级谋杀罪,就必须判处不得假释的终身监禁。

第二节 非预谋杀人罪和过失杀人罪

一、非预谋杀人罪

在英美刑法中的非法杀人罪中,非预谋杀人罪(manslaughter)是一个口袋罪,凡因种种原因不能定谋杀罪时,就定为非预谋杀人罪。主要原因有两点,一是对于有些杀人罪来说,检察官本来能够证实犯罪人的主观心理要件和客观的

---

① State v. Oimen, 184 Wis. 2d 423, 516 N. W. 2d 399(1994)(rejecting defendant's claim that state must prove at least recklessness with respect to defendant's causing of death.) See LaFave, Criminal Law, West, A Thomson Reuters business, 2010, p.797.

② Wayne R. LaFave, *Criminal Law*, West A Thomson Reuters business, 2010, p.796.

杀人要件,但由于存在挑衅和相约自杀等减轻处罚的情节,可以减轻刑事责任,就定为非预谋的故意杀人罪;二是有一些非法杀人行为,检察官无法证明构成谋杀罪所需要的心理要件,但是可以证明相对较轻的心理要件,法院也将这类行为定为非预谋故意杀人罪,以便区分和谋杀罪的界限。

非预谋杀人罪有很多具体表现形式,例如,挑衅杀人。实践中,在受到他人挑衅时杀人,可以作为一个抗辩的理由。挑衅杀人也是一种暴力行为,对于确定杀人罪的性质没有影响,仅是量刑时考虑的一个情节。但是由于存在挑衅这种行为,可以从谋杀罪的终身监禁减为非预谋杀人罪的有期徒刑。在英国普通法的历史上,对于自卫行为有严格的限制。所谓挑衅,一定是受害人先实施挑衅行为,这是构成挑衅的一个重要方面。例如,丈夫发现自己的妻子正在和他人通奸,父亲发现一个成年男子正在鸡奸自己的儿子等。但是应该注意,在过去,仅仅是人的言词,还不构成法律上的挑衅行为。自 20 世纪以来,符合自卫的条件,必须是他人的明显的不法侵害,被告人自身行为引起的挑衅,不足以成为一种自卫的抗辩理由。实践中,判断是否构成挑衅,多数人意见是采用客观的理性人标准。

1. 挑衅的概念

典型的定义是 Devlin. J 在 Duffy 一案①中给出的定义,即所谓挑衅,是指受害人对被告人实施的一种行为或者一系列行为,这种行为会激怒任何一个有理性的人,实际上也的确引起了被告人突然和瞬间失去自我控制能力,引起了危害结果的发生。② 这个定义随后经过了立法机关的修改,尽管如此,还是给了我们一个考虑问题的出发点。那么,在实践中应该如何判断挑衅行为呢?比如,D 嘲笑 E 的鼻子难看,E 又对自己鼻子的这一缺点非常在意,于是引起他的强烈的反感情绪。E 瞬间失去自我控制能力,用手中的啤酒瓶砸向 D 的头部,致 D 死亡。假如 E 被控以谋杀罪,D 的挑衅行为就可以作为一种抗辩的理由。陪审团在审理这一案件时,必须证明被告人受到了死者的挑衅,而这一挑衅,无论是行为还是言词或者两者兼而有之,都足以使一个有理智的人失去了自我控制能力。至于被告人是否失去了控制能力,有陪审团根据案件的具体情况来确定。在这个案件中,陪审团没有认可被告人以挑衅提出的抗辩理由,裁定谋杀罪成立。

在 1957 年以前,如果英国的法官发现挑衅行为不足以激怒一个正常人时,有权撤销陪审团对挑衅问题的认定。例如,任何一个有理性的人,在看到自己的妻子和别人通奸时,也许会被激怒,而仅仅嘲笑一个人鼻子难看,正常人是不会

---

① cf Duffy [1949]1 All ER 932.
② [1992]1 All ER, 360, [1992]CrimL. R54. For a further appeal, see [1996]2 Cr App R 108, [1996]Crim LR 597.

失去自我控制能力的,更不会因此去杀人。这就像一个人受到他人拳头的攻击时,不会用刀子去报复,而是也用拳头去反击一样。在确定被告人是否因挑衅而被激怒时,陪审团应当考虑和案件有关联的情节,尤其是要考虑在挑衅行为和杀人行为之间,是否有一个冷却期。根据早期的英国普通法,如果从受到挑衅开始,到实施杀人行为之间,有一个充裕的时间足以使被告人恢复冷静和理智,但他还是将挑衅者杀死,就不能以受到挑衅而提出合法辩护。当然这种观点是很值得怀疑的,在受到他人严重挑衅时,是否会有这样一个冷却期呢? 冷却期的期限如何确定? 这些可能都是问题,无法用统一的标准加以衡量。因此,从1957年的《杀人罪法》颁布以后,所谓冷却期就不是一个必要条件了,仅仅是确定挑衅的一个证据因素。尽管如此,陪审团在考虑被告人是否因挑衅而失去自我控制能力时,还是会考虑冷却期这一重要因素的。

1957年英国新的《杀人罪法》通过以后,法官就无权撤销陪审团对挑衅问题的认定了,也就是说,对于挑衅问题的判断,必须交给陪审团来确定,法官不能撤销陪审团的意见。例如,在 Doughty 一案[1]中,被告人声称被自己刚刚生下17天的孩子的哭泣声激怒,用力摇晃孩子的身体和头部,导致孩子窒息死亡。初审法官认为被告人以受到激怒而杀死孩子的理由不能成立,应以谋杀罪论处。英国上诉法院则认为,有证据表明,被告人被孩子的哭泣声激怒了。因此,初审法院有义务将挑衅抗辩是否成立的问题留给陪审团来确定。上诉法院的判决表明,他们已经接受了1957年《杀人罪法》第3节的规定,即"通过做或者说或者两者兼而有之的方式",都可以构成挑衅。也就是说,挑衅的概念是广义的,孩子的哭声,甚至一种纯粹的自然行为,例如,雷鸣电闪引起的损害,也可能使得被告人失去控制。这个判决确立了几个原则:(1) 假如单独的言词,可以使一个有理性的人失去控制,这个言词也可以构成充分的挑衅[2];(2) 将"激怒模式"或者"比例规则"仅仅视为一个可以考虑的因素,而不是一个先决条件,主要依据一个有理性的人在当时的情况下,是否会像被告人那样被激怒或者行事,以此作为判断的标准;(3) 剥夺了法官从陪审团那里撤销抗辩理由的权利;(4) 假如挑衅者不是受害人,而是一个第三者,也可以使用挑衅的抗辩权;(5) 撤销法官指导陪审团,根据一个理性人的特征,作为判断挑衅是否成立的权力。[3]

在挑衅问题上,由被告人承担举证责任。这就意味着,被告人应该向法院提交相关的证据,证明自己确实受到被害人的挑衅,从而失去了自我控制能力。但是,这也不是绝对的,有时候挑衅的证据也可以从检察官那里获取。人们也许会

---

[1] [1986] 83 Cr. App. R. 319 CA.

[2] Phillips v. R.[1969] 2 A. C. 130,137(P. C. 1968)(appeal taken from Sup. Ct Judicature of Jam.)

[3] J. C. Smith, B. Hogan, Criminal Law(13th ed), Oxford University Press, 2011, p.517.

奇怪，为什么被告人都希望由陪审团而不是由法官来决定是否构成挑衅呢？主要原因是用来证明挑衅的证据往往是和正当防卫的抗辩理由相矛盾的。挑衅抗辩的理由成功的话，被告人仅仅可以从谋杀罪减为非预谋杀人罪；而正当防卫的抗辩理由成功的话，被告人就会被无罪释放。为了获得正当防卫的抗辩效果，被告人就不希望传达给陪审团一些相互冲突的信息。例如，在 Wellington 一案[①]中，被告人承认他在自卫中将被害人刺伤，但没有使用过度的武力，是合理的防卫行为。初审法院裁定被告人构成谋杀罪，被告人提出上诉，理由就是初审法院应将挑衅问题留给陪审团决定，即便他没有特别提到挑衅的问题。他认为有证据表明，自己受到挑衅后被激怒，从而失去了自我控制能力。上诉法院认为，没有这方面的证据，证明他的自卫的辩护理由是在合理使用武力的基础上作出的，法医的鉴定虽然显示，被害人身上仅有的一个伤口，并非使用过度的武力而形成。但并没有证据表明，他是在受到他人的狂乱攻击的情况下而失去自我控制能力。类似地情况在 Cocker 一案[②]中也存在，上诉法院认为，被告人已经从根本上接受了临终妻子的请求，将其杀死，没有受到挑衅。事实上，受到挑衅是相对的，他没有失去自我控制控制能力，他只是做了他妻子希望他做的事情。

2. 冷却期和受虐妇女综合症

挑衅的基础是被告人失去自我控制能力，Devlin J. 的描述是"突然和暂时的失去自我控制"。[③] 因此，在案件当中，必须首先确定被告人在杀人时实际上因受到激怒而失去自我控制能力，这种挑衅不论是行为还是言词。在挑衅和反应之间，如果有一个较长的冷却期，就会削弱抗辩的说服力。例如，B 在某年的 5 月 1 日受到了 A 的严重挑衅。B 被激怒，打算报复 A，计划在 5 月 3 日将 A 杀死，但实际上 5 月 10 日才开始实施杀害 A 的行为。在长达 10 天的时间内，从受到对方挑衅，到制订报复计划，再到实施杀人行为，整个过程长达 10 天时间。这个漫长的冷却期，使得被告人因为受到挑衅而突然和暂时失去自我控制的辩护理由，显得苍白无力了。的确，在这个例子中，挑衅行为和被告人的复仇欲望之间显得那样漫长和不协调，被告人有时间制订报复计划，就表明他有时间去思考和反应，这就否定了构成挑衅的基础，即突然和暂时的失去自我控制能力。

实践中，大多数挑衅案件中的被告人都是男性，而不是女性。这是由男性的生理特征决定的，男性通常是身强力壮的一方，而女性体质较弱，从心理上对挑衅的反应是渐进式的，面对挑衅或者嘲笑，她们的反应没有男性那么明显和激烈，比男性的反应要慢，她们的愤怒程度或多或少的持续不断，然后释放出突然

---

① [1993]Crim. L. R. 616
② [1989]Crim. L. R. 740
③ Alan Reed, Peter Seago, *Criminal Law*, Sweet & Maxwell 1999, p.316.

爆发的情绪。当女性对挑衅作出反应时,危险往往已经逐渐消退,对施暴人的恐惧也减弱了。如果这时杀死了受害人,证据可能对被告人不利,陪审团也好法官也好,往往会觉得是受到挑衅的女性有步骤地武装自己,然后再杀死受害人。这样就会被认定为预谋杀人,而不是挑衅杀人。这类引人注目的案件,往往与受虐妇女综合症有关系。在 Thornton 一案①中,丈夫长期地、残酷地虐待自己的妻子,在案发的那天晚上,妻子发现丈夫睡在沙发上,就请他回到床上去。丈夫非但不听,反而扬言要杀死她。妻子为了保护自己,就从厨房中拿起一把刀子,并且将其磨得更加锋利。这时,她的丈夫又说,待会睡着时会杀死她。在这种情况下,愤怒的妻子捅了丈夫的腹部一刀,导致丈夫死亡。初审时,妻子以受到挑衅为理由,要求减轻刑事责任。尽管法官认为本案没有太多的辩护理由,但还是将问题留给陪审团解决。有人认为,在这个案件中,被告人为了获得抗辩成功,必须证明受害人的挑衅行为或者言词使得被告人突然和暂时的失去自我控制。在 Ahluwahlia 一案②中,也涉及被告人丈夫对妻子的长期虐待之后,将一个装满汽油的垃圾桶扔到了洗澡间,当丈夫洗澡时,点燃了火柴,将丈夫烧死。在这两个案件中,两个被告人都有事先预谋的证据,都曾经离开现场去拿一件武器,然后将被害人杀死。但是她们争辩说,要求突然的和暂时性的失去自我控制能力,这样的要求在今天显然是不合理的,特别是在案件中,被告人已经遭受长期的虐待和挑衅,杀人是在忍无可忍的情况下发生的。但是。英国上诉法院认为,挑衅杀人的这一要件,作为一个抗辩的理由,已经通行了一个很长的时期,如果要改变现状,也只能通过国会修改法律。尽管如此,上诉法院还是作出了部分的让步,同意在杀人和挑衅之间确定一个冷静期,一个慢热的反应,不构成申请抗辩的绝对性禁止。

这个判决表明,英国的法官将挑衅辩护的主观要件作为法律的一部分,而不是对此加以简单的否定,虽然要求挑衅引起突然和暂时的失去控制能力,但实际上也允许在受到挑衅和杀人之间有一个冷静期,被告人延迟作出反应也可以作为一个抗辩的理由。但是,延迟反应的尺度和强度如何衡量也许是个困难的问题。可无论如何,有一点应该肯定,那就是被告人拖延反应的时间越长,故意杀人的证据越充分,对被告人的挑衅抗辩越不利,公诉机关更可能否定挑衅抗辩的理由。

在 Ahluwahlia 一案中确立的这个原则,在以后的 Humphreys 案③中得到进一步的确认,英国上诉法院认为,在一个时间段内持续存在,累积起来的挑衅

---

① [1992]1 All E. R. 306
② [1992]4 All E. R. 889.
③ [1995]4 All E. R. 1010.

行为,可能激起被告人的激烈反应。例如,Emma Humphreys 16 岁时离家出走,成为一个妓女,并与 V.V 同居。V.V 是一个妒忌心和占有欲很强的人,以前曾经实施过暴力犯罪。同居不久,他就开始残酷殴打 Emma,对她实施精神和性的虐待。一天傍晚,Emma 在一家俱乐部里,遇到了 V.V 和他的两个朋友以及他的儿子。V.V 对 Emma 说,他们晚上有男女集体性交的权利,然后两人返回 V.V 的房子。随后,Emma 用刀子割伤了自己的手腕,以获得男方的注意,她以前也有过割腕的经历。这时,V.V 试图强奸 Emma,并嘲笑说,"你应该找一个割腕的好工作。"V.V 的话,激怒了 Emma,她失去控制,用刀刺死了 V.V。初审时,尽管她提交了死者虐待的证据和精神病医生提供的证据,证明她在心理上异常,具有一个试图吸引他人注意的性格特征,被告人仍然被定罪。但是,她的上诉获得成功。根据是在确定她受到挑衅以后,陪审团仅仅考虑了被告人对她割腕行为的嘲弄,而没有考虑她的反应是否合理。英国上诉法院认为,被告人遭受被害人长期暴力虐待的历史,这种累积起来的挑衅,是被告人采取极端行为的原因,被告人事实上在杀人时,已经失去了自我控制能力。但法官没有解释为什么这个挑衅是累积的,因为传统的观点认为,被告人失去自我控制能力必须是突然的和即时的,否则就不是挑衅。在这个案例中,被告人 Emma 已经被虐待了一段时间,在这一过程中,一个看起来不明显的事变,也可能引起被告人失去自我控制能力。暴力的历史已经解释了被告人为什么在面临看起来并不是特别强烈的挑衅时,会突然失去自我控制。英国上诉法院的这个判决,在以后的其他案件中被反复引用,累积的挑衅也可以成为一个抗辩的理由,这一观点已经被法院所接受。受虐妇女综合症,丈夫对妻子的虐待周期,对于妇女精神状态的影响,已经成为谋杀罪审判中一个被考虑的因素。如果陪审团能够确定受虐妇女已经遭受长期和残酷的虐待,并因此而失去自我控制能力,就可以以受到挑衅而获得成功的抗辩。①

受虐妇女综合症要求突然和即时的失去自我控制这一要件,这就使得一些被告人,在面对表面上并不激烈的挑衅时所作出的激烈反应,很难获得成功的辩护。因此,有一些学者和法官建议在这样一种情况下,可以将受虐妇女看做一种精神上的疾病或者一种自卫行为。家庭暴力不仅仅是对一个人身体上的伤害,也是一种心理上和感情上的伤害,这样就可以将其作为一种心理上和精神上的自卫行为。英美的立法机关已经开始关注这方面的问题,因此,当我们对挑衅的客观标准加以审视的时候,可以考虑受虐妇女综合症的发展。

美国刑法中的非预谋杀人罪,是指没有恶意预谋的非法剥夺他人生命的行为。大体上有三种类型:(1)非预谋故意杀人罪(voluntary manslaughter);

---

① Alan Reed, Peter Seago, *Criminal Law*, Sweet & Maxwell, 1999, p.318.

(2)过失杀人罪(involuntary manslaughter);(3)机动车杀人罪(vehicular manslaughter)。有些州还规定了应被害人请求而杀人的类型,但有的州,比如加利福尼亚州就没有在州刑法典中单独规定这种类型的杀人罪,而是将其看做帮助他人自杀的行为。①

非预谋故意杀人罪中人的定义,与谋杀罪中人的定义的含义有区别,因为胎儿(fetus)不是非预谋杀人罪中的人。因此,杀死胎儿也许不会作为非预谋杀人罪而受到处罚。

假如胎儿已经顺利出生,杀死胎儿的行为就构成谋杀罪,而不是非预谋杀人罪。当一个人怀有恶意而杀害胎儿时,也许会受到处罚。谋杀罪和非预谋杀人罪的一个主要区别,就是谋杀罪要求恶意预谋,而非预谋杀人罪不要求恶意预谋这一主观要件。②

在非预谋杀人罪中,如果行为人的行为能力减弱,可以从谋杀罪减为非预谋杀人罪。但美国的有些州在这方面走得比较远,例如加利福尼亚州就废除了行为能力减弱的抗辩理由。因此,行为人醉酒的证据,精神疾病,精神缺陷甚至精神错乱都不能否定一个人的行为能力和精神状态。但即使这样,在法律要求某种罪具有特定故意的情况下,醉酒和精神疾病就成为可以接受的证据,即被告人是否"实际上形成"法律所要求的特定故意、恶意预谋或者蓄意,就成为能否从谋杀罪减为非预谋杀人罪的关键。例如,在一个案件中,被告人起初被控以二级谋杀罪,但被告人辩解说,谋杀罪要求恶意预谋的特定故意,而他因为喝醉酒不可能形成这种特定的杀人故意。法庭最终接受了这种观点,将二级谋杀罪减为非预谋杀人罪。类似的案件,被告人在一个一级谋杀罪的起诉中,提交了被告人醉酒的证据,证明醉酒状态下不可能形成特定的预谋和故意。由这些判例可以看出,如果被告人能够提出实质性证据,证明自己杀人时处在醉酒状态,不能形成特定的谋杀故意,就可能从谋杀罪减为非预谋杀人罪。③

但是,如果某种罪仅要求一般故意,不要求特定故意,被告人就不能以行为能力减弱而要求减轻刑事责任。例如,在一起故意伤害致人死亡的案件中,刑法仅要求一般的犯罪意图,被告人就不能以醉酒或者其他的行为能力减弱作为抗辩的理由,法院不接受这方面的证据。④

与英国刑法一样,美国刑法中的非预谋杀人罪和谋杀罪的区别,就是前者是

---

① Penal Code §664(a)
② Penal Code §187,192; People v. Apodaca, 76 Cal. App. 3d 478, 483, 142 Cal. Rptr. 830 (1978); People v. Carlson, 37 Cal. App. 3d 349, 354—355, 112 Cal. rptr. 321(1974); CALJIC Nos. 8. 40,8.45, 8.90(7th ed. 2003 bound vol). See people v. Dennis,17 Cal. 4th 468, 505—506, 71 Cal. Rptr. 2d 680,950 P. 2d 1035(1998).
③ People v. Williams, 16 Cal. 4th 635, 677, 66 Cal. Rptr. 2d 573, 941 P. 2d 752(1997).
④ Laurie L. Levenson, California Criminal Law, Thomson West, 2007, p.260.

没有预谋的非法杀人行为。蓄意杀害不是非预谋杀人罪的构成要件,当被告人被控以非预谋杀人罪时,检察官不需要证明被告人有杀害他人的主观预谋,因为预谋不是该罪的构成要件。

一般认为,非预谋杀人,是行为人在突然的争吵和一时冲动下,无预谋的剥夺他人生命。"突然争吵或者一时冲动"(激情状态)被称之为挑衅,这一点和英国刑法一样。为了确定这种杀人行为是在受到充分挑衅的情况下所实施,被告人必须证明自己的理智由于冲动而受到困扰或蒙蔽,以至于达到了这样一种程度,即根据任何一个普通人的智力水平,在这样一种情况下,都会在冲动下去实施杀人行为或者没有正当的思考或者作出正确的反应。①

这个定义包括了主观要件和客观要件,主观要件是要求行为人在行为时,受到强烈冲动的影响而实施杀人行为;客观要件要求这种挑衅的性质,使得任何一个有理性的人,在当时的情况下,都会引起强烈的冲动和反应。

审理这类案件时,被告人特殊的情感和智力特征,一般不会被法院所考虑。正如英国的法院一样,美国的有些法院在这个问题上也已经走得很远。被告人由于精神疾病引起的幻觉,不能用来证明被告人受到了挑衅,假如一个有理智的人不会被挑衅而激怒时,被告人的心理缺陷也不能作为一个抗辩的理由。另外,被告人的精神怪癖也不能作为抗辩的理由。美国加州的一家上诉法院,认为抑郁症也不能成为一种抗辩理由。这家上诉法院在审理一起未成年人的谋杀案时,案件证据表明,行为人是在一时冲动下杀人的,而这个未成年人已经被诊断为临床抑郁症(clinically),患有这种疾病的人容易冲动,暴力的门槛比较低。当他的姐姐请求他开枪时,他杀死了自己的姐姐。② 上诉法院发现在这种情况下,这个未成年人符合挑衅概念中"一时冲动"的主观要件,证据表明他是在受到强烈刺激的情况下而实施的杀人行为。但是,上诉法院又发现,它不符合理性人的客观要素,法院给出了两点理由:(1) 这个未成年人的抑郁状态不能成为挑衅的来源,挑衅行为必须是来源于受害者;(2) 根据以前的判例,加州最高法院已经表示,被告人一时冲动的原因,必须是受到如此的困扰,以至于任何普通的人在当时的情况下,都会失去自我控制或者未能作出正确的思考和反应。他们的结论是,这个未成年人的抑郁症并未影响他达到普通人应该达到的平均认识标准。

挑衅在客观上是否适当,是一个对事实的检验问题。被告人也许要提交有关挑衅的证据材料,包括被告人受到受害人言词上的挑衅。但是,被告人引入的专家证言,证明他的精神状态有问题,一般都会被法庭排除在证据之外。因为衡

---

① People v. Van Ronk, 171 Cal. App. 3d 818, 823, 217 Cal. Rptr. 581(1985)
② In re Thomas. , 183 Cal. App. 3d 786, 790, 228 Cal. Rptr. 430(1986)

量他的精神状态或者犯罪时的一时冲动（激情状态）的标准，是一个大众的理性人的标准，陪审团不需要听取专家的证言来解决激情状态的问题。①

美国刑法并没有规定特别类型的挑衅，但挑衅行为一定要来源于受害人，他的挑衅导致被告人在激情状态下实施杀人行为，或者被告人有合理的理由相信受害人正在从事这种挑衅行为。由受害人引起的挑衅行为必须是身体动作或言词，它还必须是充分地挑衅，以至于引起一个普通人在同样条件下也会采取冲动行为，或者没有作出应有的思考或者反应。这就是说，对于挑衅的判断，一般采用客观标准，挑衅必须达到社会上普通人的平均标准，足以引起一个头脑冷静的人的异常愤怒，以至于失去理智和辨别力。关键是挑衅的影响（效果），必然导致被告人因此而实施了冲动的行为而不是理性的行为。这种冲动行为也许是以愤怒、渴望和恼火的情绪表现出来，也可能是以更加激烈的方式或者暴力的形式表现出来。总之，将谋杀罪减为非预谋杀人罪，正是由于被告人的杀人行为，是在这种持续的、挥之不去的、郁闷的复杂情绪的影响下而突然实施的行为，这和有预谋的杀人行为是有区别的。②

受害人对于强奸行为的抵抗，受害人对于被告人首先实施的攻击行为的反抗，对于治安官员的非法逮捕的反抗，都不构成一个充分的挑衅，不足以将谋杀罪减为非预谋杀人罪。沿着这些相同的思路，假如被告人与受害人展开搏斗，受害人通过激怒被告人与其斗殴，导致被告人杀死受害人，被告人也不允许适用激情状态下的辩护理由，从而将谋杀罪减为非预谋故意杀人罪。尽管单独的一句话不会构成充分的挑衅，但在有些情况下，口头上的挑衅也足以构成挑衅。③

由于挑衅而将谋杀罪减为非预谋杀人，并不要求被告人在受到挑衅后立即杀人，杀人行为也可能发生在一个时间段内，但这种激怒和激情状态下实施的杀人行为，必须是在一个充分的冷静期过去之前实施。冷静期过去之后，被告人就会重新控制自己理智和行为，这时候再实施杀人行为，有可能构成谋杀罪。挑衅行为引起的激情状态和杀人行为之间有一个适当的冷静期，冷静周期的充分性应当以一个普通人的理解标准加以衡量，而且是以案例为基础加以评估的。

当一个人真诚的但不合理的相信自己是在紧急避险和自卫情况下杀人时，

---

① People v. Brooks, 185 Cal. App. 3d 687, 693, 694, 695, 230 Cal. Rptr. 86(1986); People v. Czahara, 203 Cal. App. 3d 1468, 1476—1477, 250 Cal. Rptr. 836(1988).

② Laurie L. Levenson, *California Criminal Law*, Thomson West, 2007, p. 265.

③ People v. Jackson, 28 Cal. 3d 264, 305, 168 Cal. Rptr. 603, 618 P. 2d 149(1980)(victim's response to discovery that defendant is burglarizing her home is not sufficient provocation to reduce killing to manslaughter.).

也可能定为非预谋杀人罪,而不是谋杀罪。① 将这种"不完美的"和"不合理的"自卫行为,定为非预谋杀人罪,是在实践中形成的,而不是由制定法规定的。被告人的相信是否合理,根据客观的理性人的标准加以确定。根据重罪谋杀规则,被告人在实施特定重罪的情况下的杀人行为,是一级谋杀罪,而不是非预谋故意杀人罪。②

当一个人试图杀害某一个人,但没有成功,也许是一个减轻处罚的情节。正如激情状态、自愿醉酒或者自卫一样,谋杀罪的未完成形态也是一个减轻的情节,当被告人的主观恶意,由于减轻的情节而被否定以后,可以构成未遂的非预谋故意杀人罪。例如,由于未遂谋杀罪是一个要求特定故意的犯罪,被告人以自愿醉酒的证据来否定谋杀的恶意,就可以由未遂谋杀罪减为未遂的非预谋故意杀人罪,因为醉酒不能形成特定的谋杀故意。③

二、过失杀人罪

过失杀人罪(involuntary manslaughter),是指非法地、非故意地剥夺他人生命的行为。在美国的有些州,当过失导致受害人死亡,是由于驾驶机动车造成的,不包括在过失杀人罪中,而是定为驾驶机动车杀人罪。在另外一些州,则一律定为过失杀人罪。非预谋故意杀人罪和过失杀人的基本区别,就是非预谋杀人罪要求杀人的故意,而过失杀人罪没有主观心理状态的要求。

在三种情况下可以构成过失杀人罪:

(1) 行为人实施了一个轻罪,导致死亡结果的发生,可以定为过失杀人罪。例如,实施企图伤害罪或者殴击罪,导致死亡结果的发生。相反,如果实施的是一个重罪,比如抢劫罪,导致死亡结果的发生,至少也是二级谋杀罪,不能定为过失杀人罪。这就是所谓的轻罪—非预谋杀人规则。使用这个规则,有三点限制:第一,死亡必须是非法行为的自然结果;第二,轻罪必须是在犯罪意图的支配下进行的;第三,行为人的行为可能危及人的生命或者安全,但并不意味着所有导致死亡的行为都会危及人的生命和安全。企图伤害和殴击罪就其本质而言,不会危及人的生命和安全,但如果有证据表明,行为人在实施这种行为时,采用了危及人的生命安全的方法,也可以支持一个非预谋故意杀人罪的罪名,而不是定为过失杀人罪。

(2) 行为人实施合法行为时,采用了非法的方法,疏忽大意,不够小心和谨慎。这种疏忽,要求达到犯罪性疏忽或者严重疏忽的程度。换句话说,这个疏忽

---

① People v. Wickersham, 32 Cal. 3d 307, 309, 185 Cal. Rptr. 436, 650 P. 2d 311(1982); See people v. Blakeley, 23 Cal. 4th 82, 87—89, 96 Cal. Rptr. 2d 451, 999 P. 2d 675(2000).
② People v. Coad, 181Cal. App. 3d 1094, 1106, 226 Cal. Rptr. 386(1986).
③ people v. Morales, 5 Cal. App. 4th 917, 927, 7 Cal. Rptr. 2d 358(1992).

行为必须脱离了一个正常的小心谨慎的人的注意义务。

(3) 医生和护士有犯罪性疏忽,导致有人在其监护和控制下死亡,可以构成过失杀人罪。有的法院已经建议,在这类案件中,甚至可以采用民事案件的审理标准,即当确定一个人有责任提供帮助或者协助时,作为民事疏忽的要件也可以适应于刑事案件。不过,在犯罪性疏忽和死亡之间必须具有因果关系。①

三、机动车杀人罪

英国刑法中没有机动车杀人这个罪名,英国上议院认为,驾驶机动车致人死亡的案件,应当适用疏忽杀人罪的一般原则。美国各司法管辖区的规定不同,有的司法管辖区有机动车杀人罪的规定,有的司法管辖区则将其归入疏忽杀人犯罪当中。

机动车杀人罪(vehicular manslaughter),大致上有五种类型:

(1) 行为人有严重疏忽,在实施非法行为中驾驶机动车,但这种非法行为不构成一个重罪。或者行为人有严重疏忽,在实施合法行为中驾驶机动车,但采用了非法的方法,造成死亡结果的发生②;

(2) 行为人在实施非法行为中驾驶机动车,而且有严重疏忽,但这种非法行为不构成一个重罪;或者在实施合法行为中驾驶机动车,没有严重疏忽,但采用非法的方法致人死亡③;

(3) 行为人驾驶机动车违反交通法规并且实施了一个非法行为,但既没有严重疏忽也不构成一个重罪;或者驾驶机动车违反交通法规,实施合法行为,没有严重疏忽,但采用非法的方法致人死亡④;

(4) 为了获得财物收益或者经济利益,明知地引起汽车碰撞和事故,直接导致任何人的死亡⑤;

(5) 行为人驾驶机动车时违反交通法规,没有恶意预谋的非法剥夺他人生命,行为人有严重疏忽并且直接导致一个非法行为,但不构成一个重罪;或者有严重疏忽,虽然实施的是一个合法的行为,但采用了非法的方法,引起了死亡的结果,这个结果要么是非法方法直接引起,要么是合法行为直接引起。⑥

五种类型的机动车杀人行为有三个共同的要件:

(1) 没有恶意预谋的非法剥夺他人生命;(2) 驾驶机动车杀人;(3) 实施的

---

① Laurie L. Levenson, *California Criminal Law*, Thomson West, 2007, p. 273.
② Penal Code § 192(c)(1).
③ Penal Code § 192(c)(2).
④ Penal Code § 192(c)(3).
⑤ Penal Code § 192(c)(4).
⑥ Penal Code § 191.5(a).

非法行为不构成重罪或者是以非法的方法实施的合法行为而导致他人死亡。在海上航行的船舶包括在机动车的概念之内。①

除了上面列举的三个共同要件之外,驾车杀人的每种类型中还可能有一些独特的附加要件,比如有的类型要求严重疏忽是在酒精或者药物的影响之下,有的则要求不是在酒精或者药物的影响之下。

美国加州刑法典第 192 条规定:行为人在驾车过程中的普通疏忽,如果导致他人的死亡,就足以构成驾车杀人罪,不需要"严重疏忽"。

醉酒驾车引起交通事故,致人死亡,可以构成二级谋杀罪或者严重的驾车杀人罪。

当行为人用合法的方法实施合法的行为,引起交通事故,或者受到挑衅后在激情状态下实施的杀人行为,是可以宽恕的杀人罪。

基于正当理由的杀人不构成杀人罪,假如一个人有合理地理由相信需要使用致命的武器进行防卫,就是一种抗辩的理由。但是,这种实际的合理相信,必须是面对即刻的死亡威胁和严重伤害。假如一个人杀死或者试图杀死另外一个人,虽然不合理但善意的真诚相信自己实施的是一种自卫行为,这种相信就可以否定行为人的主观恶意,可以构成非预谋杀人罪或者未遂的非预谋杀人罪,但不构成谋杀罪或者未遂的谋杀罪。②

四、《模范刑法典》关于杀人罪的规定

根据《模范刑法典》的规定,行为人以故意、明知、轻率和疏忽而剥夺他人生命的行为,构成刑事杀人罪。《模范刑法典》中的杀人罪,是指谋杀罪、非预谋杀人罪和疏忽杀人等三种情况(参见《美国模范刑法典》§ 210.1(1))。

1. 谋杀罪,主要是指以故意和明知而实施的杀人行为。《模范刑法典》没有将谋杀罪分为一级谋杀罪和二级谋杀罪,也不要求证明有没有预谋,主要是根据行为人的危险性来确定责任的大小和轻罪,这一点和有些州的制定法的规定不同。

在故意重伤导致死亡结果时,由于行为人以极度轻率的心理态度对待他人的生命,也可以构成谋杀罪。但是,要求行为人注意到风险的存在,而且是实质性的不正当的风险。

《模范刑法典》也没有采用重罪谋杀的规则,而是采取了一种折中的规定,即行为人在实施抢劫、放火、夜盗、绑架、强奸和重罪脱逃的过程中,致人死亡的,可能被推定为以极端轻率的态度漠视他人生命。但是,这并不是一个真正的推论,

---

① Harber and Navigation Code § 655; Penal Code § 192.5.
② Laurie L. Levenson, *California Criminal Law*, Thomson West, 2007, p. 275.

公诉方需要对此加以证明,举证责任仍然在控告一方。如果被告人提交了相反的证据,证明自己没有以极度轻率的态度漠视他人生命,陪审团对此也产生了合理怀疑,就不能认定被告人以极度轻率的态度实施杀人行为。

2. 非预谋杀人罪,包括以轻率心态实施的杀人行为和受到他人挑衅而实施的杀人行为等两种情况。前一种情况,是指行为人意识到存在伤害他人生命的实质性风险,仍然以轻率的态度剥夺他人生命;后一种情况是指受到了被害一方的挑衅,在激怒状态下将人杀死,由于对自己的行为可以作出合理的解释,存在抗辩事由,应当定为非预谋杀人罪(参见美国《模范刑法典》§210.3)。

英国普通法对充分挑衅进行了严格的分类,而《模范刑法典》允许陪审团自行决定是否将罪名由谋杀降为非预谋杀人。言词也可以构成一个充分的挑衅,只要陪审团认为行为人存在"极端心理和情绪障碍",并且能对此作出合理解释,即使没有挑衅行为,也可以降为非预谋杀人罪。对于普通法和有些司法管辖权规定的"合理的冷静期",《模范刑法典》中也没有体现。至于行为人是否存在心理和情绪障碍,应从行为人的角度去理解,即采用主观的标准加以衡量。但是,由于《模范刑法典》采用了"处于行为人情形下"这样的用语,就显得模糊不清,似乎将客观标准也包括在内,以强调主观性和客观性的结合。对此问题,还可以进一步研究。

3. 疏忽杀人,是指行为人由于主观上的疏忽,导致了死亡结果的发生(参见美国《模范刑法典》§210.4)。疏忽杀人罪,是一个相对较轻的杀人罪名,例如一对受教育程度低的父母,没有将他们发高烧的孩子及时送到医院接受治疗,导致孩子死亡,就可能构成疏忽杀人罪。但是,如果父母认识到孩子有死亡的严重性,而没有将其送到医院接受治疗,就可能被认为具有"邪恶的心",被认定为轻率杀人。由此可以看出,在英美司法实践中,疏忽杀人和轻率杀人的界限很模糊,从而出现了某种程度的混乱,这是杀人罪中难以解决的问题。

第三节 堕 胎 罪

一、美国刑法中的堕胎罪

美国的第一部《堕胎罪法》是1821年康涅狄格州制定的。这部法律规定,如果用毒药方法堕胎,处以终身监禁。但是,这个法律只处罚为别人堕胎的人,而不处罚接受堕胎的妇女。1830年康涅狄格州修改了这一法律,减轻了对堕胎行为的处罚。1845年,美国纽约州《堕胎罪法》规定,给他人堕胎致使妇女死亡的,以故意非预谋杀人罪论处;而接受堕胎的妇女构成轻罪,处3个月至1年的监禁,或者处1000美元以下的罚金,也可以并处监禁和罚金。这是美国历史上第一个规定堕胎妇女构成共同犯罪的法律。①

美国的刑法理论一直认为,胎儿虽然不是法律上的"人",但是胎儿如果能够正常发育的话,一定时期以后就可以发展成为一个人。所以美国纽约州的刑法典把堕胎和杀人规定在同一个章节里。纽约州的《刑法典》将堕胎罪分为两种:一种是对孕妇实行堕胎手术的人,属于重罪;另外一种是孕妇本人,属于轻罪。这两种罪各自又都分为两个等级,一级堕胎罪是加重情节的堕胎罪,即当事人给超过 6 个月的胎儿堕胎;二级堕胎罪是普通情节的堕胎罪,即当事人给不满 6 个月的胎儿堕胎。

1960 年以前,美国法律甚至对堕胎未遂的行为都要加以处罚。1955 年,加利福尼亚州的孕妇 S 请医生 P 为其实施堕胎手术,P 当即让她带回家一个内装堕胎器械的小工具箱,并说第二天 B 夫人会去为她堕胎。第二天 B 夫人到了 S 家,进门后放下窗帘,并开始将手术用具放在厨房用沸水消毒,药棉和酒精也已经放到了桌子上,S 付给 B 夫人 525 美元。乘堕胎用具还在消毒之际,S 去楼上脱衣服。正在这时,警察闯进房间,逮捕了 B 夫人。一审法院判处医生 P 和 B 夫人堕胎未遂罪。医生 P 上诉,但二审法院仍然维持原判,认为器械消毒是现代外科手术必须经过的第一步,器械消毒行为就是堕胎手术的开始,因而堕胎未遂罪成立。②

1973 年美国最高法院在罗诉韦德一案中,赋予女性堕胎的权利。最高法院在判决书中说:"一项制裁流产的州刑事法律规定,除了为挽救母亲的生命外,对人为流产都应给予制裁。不管怀孕者是不是处于妊娠初期,也不论有利害关系的人是否同意。最高法院认为,这项法律违反了第 14 修正案所规定的正当程序的条款。"

流产的正当程序应当是:

(1) 在妊娠前 3 个月(妊娠初期),决定和实施流产必须持有孕妇护理医生的医疗诊断;

(2) 在妊娠 3 个月以后的某一个阶段(妊娠中期),为了维护母亲的健康,应按照有关州法律规定的程序,以有益于母亲健康的恰当方式施行流产;

(3) 在胎儿已经成熟即将分娩阶段,(妊娠后期)为了保护人(胎儿)的生命能力,法律应限制甚至禁止流产。为了保护母亲的生命和健康而必须流产的情况可以例外,但此种情况下,流产者必须有适当的医务诊断。③

这项判决表明,妇女在孕期的前 3 个月可以要求人工流产,不受任何限制。

---

① 储槐植、江溯:《美国刑法》(第四版),北京大学出版社 2012 年版,第 191 页。
② 储槐植、江溯:《美国刑法》(第四版),北京大学出版社 2012 年版,第 89 页。
③ 〔美〕威廉·杰欧·康奈:《美国婚姻与婚姻法》,顾培东、杨遂全译,重庆出版社 1986 年版,第 100 页。

第 4—6 个月接受流产手术,要服从各州为保障母亲健康而可能通过的法律条文。从孕期的第 7 个月,妇女一般就不能接受流产手术了,但为了挽救她的生命和健康时可以例外。

尽管联邦最高法院将堕胎合法化,但实际上进行得并不顺利,保守派试图卷土重来。1974 年美国密苏里州通过一项限制堕胎的法律,其中要求:不满 18 岁的未婚妇女在堕胎前需征得父母同意;已婚妇女堕胎需得到丈夫的书面同意;怀孕 12 周后不得使用盐水羊膜穿刺术这种最普通的堕胎方法。幸而最高法院以 5∶4 的票数,否决了密苏里州这个法令的每一条有争议的规定。

1979 年,美国国会通过了《海德反堕胎修正案》(此项修正案由众议员亨利海德提出),规定联邦政府不得以公款为孕妇支付堕胎费用,除非孕妇有生命危险,或者有证据表明是因强奸和乱伦而导致怀孕。随后,美国最高法院宣布支持这一修正案。

20 世纪 80 年代以来,反堕胎者在州法院和联邦法院中保守势力的支持下,取得了一系列的胜利,使堕胎自由者的处境越来越艰难。1989 年 7 月,联邦最高法院在"韦伯斯特诉生育保健所"一案中宣称,最高法院支持密苏里州的法律规定,即严格控制使用公费堕胎的可能性;由医院对怀孕 20 周处在第二个 3 个月内的胎儿的存活性作出说明,即对妊娠期、胎儿体重、胎儿肺的成熟程度作出鉴定。这样一来,1973 年的判决虽然仍然有效,但适用范围却缩小了,而且胎儿的存活期也由过去的 24 周改成了 20 周。

1990 年 7 月,联邦最高法院又采取了一个重大的步骤,决定支持明尼苏达州关于未婚妇女堕胎前必须告知父母的法律。同时维护俄亥俄州有关堕胎的立法,即医生在给妇女堕胎前,必须通知其父母中的任何一方。

截止到 20 世纪 90 年代初,美国共有 29 个州禁止用公费为妇女堕胎;有 10 个州的法律允许为遭强奸、乱伦而怀孕的妇女支付费用;仅有华盛顿州、纽约州、加利福尼亚州等 11 个州,由政府支付所有人的堕胎费用。2016 年特朗普当选美国总统以后,任命保守派法官尼尔·戈萨奇担任联邦最高法院法官(2016 年 4 月美国参议院修改议事规则,使戈萨奇以 51 对 45 的简单多数票当选为联邦最高法院法官),使联邦最高法院的保守派法官占据了多数。这种力量对比的变化,使很多自由派人士和女权主义者都担心,美国妇女会再一次丧失堕胎的权利。其实,这种担心也许是多余的。毕竟,时代不同了,谁又能逆历史潮流而动呢?

二、英国刑法中的堕胎罪

查阅关于堕胎问题的普通法以及英国的法律史。我们发现,几千年来堕胎通常是被接受的,而只是到 19 世纪才在英美确定为犯罪行为。那时堕胎一直是一种很危险的手术，常常有生命危险，禁止堕胎主要是为了保护怀孕的妇女，而不是胎儿。

当时的英国普通法规定，在怀孕初期，即在感到胎动之前，堕胎是轻罪；而在感到胎动之后，堕胎则被视为重罪。当然，对堕胎罪的处罚并不像对待杀人犯那样严厉。英国 1929 年的《婴儿生命法》，禁止杀死可能活着出生的胎儿。该法第 1 条规定，除非为了保护母亲的生命，任何毁坏有可能活着出生的胎儿，或者在胎儿独立于母体之前，故意造成胎儿死亡的，均构成毁坏儿童罪，最高可以判处终身监禁。

对于什么是活着出生的胎儿，英国医学专家的意见是有分歧的，特别是对处在 18 周至 21 周的胎儿，分歧尤其激烈。1991 年，在 Rance v. Mid-Downs Health Authority 一案中，布鲁克法官认为："一个活着的孩子，是指出生之后，能用自身的肺自由地呼吸和活着，而没有从其母体或者与母体的任何联系中借用任何生命和生命力。"按照布鲁克法官的意见，只有在怀孕 26 周之后出生的，才是能够活着的孩子。[①]

1967 年的英国《堕胎法》，采用了"保护可能成活胎儿的生命"的说法，但是布鲁克法官认为，这一表述只是被用做"能够活着出生的"一种方便的说法，两种说法没有太大的区别或者更严格的意义。

1967 年的英国《堕胎法》本来对堕胎有严格的限制，但是经过 1990 年的《人类受精和胚胎法》的修正后，一个注册医生按照 1967 年的英国《堕胎法》规定终止怀孕，将不被认为构成 1929 年《婴儿生命法》规定的任何罪。但是，如果医生没有按照 1967 年法案的规定，并且造成了胎儿的死亡，仍可能构成毁坏胎儿罪[②]不过，行为人只是出于保护母亲生命的目的而堕胎，则是一个可以辩护的理由。

那么，"保护母亲生命的目的"的含义是什么呢？麦克诺顿法官认为，表述"为了保护母亲生命的目的"，应该在一种合理的意义上加以解释，"如果医生在合理的基础上和根据充分的知识，认为继续怀孕有造成母亲的身体上的或者精神上的不幸的可能后果，那么陪审团就应该认为，在具有这些情节和怀有诚实的信念下实施手术的医生，就是为了保护母亲生命的目的而实施的手术"。

1948 年，在 Bergmann and Ferguson 一案中，莫里斯法官对此作出了更广泛意义的解释，认为保护母亲的生命，也包括保护母亲的身体和精神健康。[③] 这里实际上还有一个保护医生从事合法堕胎权利的问题。有献身精神和职业道德

---

① ［1991］1 QB 587 QBD.
② 根据《1967 年堕胎法》的规定，只有继续妊娠会造成母亲生命危险，或者孩子出生之后有严重残疾的重大危险，才可以实行堕胎。
③ ［1948］unreported. Williams, Sanctity of Life, 154；1 BMJ 1008.

的医生应当受到社会各界的广泛尊重。在堕胎问题上,医生有权作出职业的判断,并为病人提供详尽的意见和指导。如果有关当局发给了医生行医执照,让他从事医疗工作,那就是授权他作出医疗诊断,否则就是干扰医生的正常工作。堕胎通常并不比小手术更危险,对之完全限制,或者是只有在一个医务委员会同意或者别的医生同意的情况下才允许堕胎,实际上是对医疗专业处置权不必要的侵犯。

英国《堕胎法》所要求的"保护母亲生命之必需",实际上是一个主观的标准,即手术的医生主观上是否认为堕胎是必须进行的。在回答这个问题时,法官必须将堕胎手术的费用和医生的行业医学习惯等一系列问题,联系起来综合考虑。这在实际中是很难认定的,如果手术是必需的,但被告人只是为了接受一笔高额费用或者为妇女提供方便,是否应该定罪呢?可见,对于医生施加过多的限制是不恰当的。经1990年《人类受精和胚胎法》修正的《堕胎法》,扩大了可以堕胎的范围。该法第1条规定:

(1) 根据本条规定,由两名注册医生同意并真诚相信下列事实,即可中止妊娠;A. 怀孕没有超过24周,继续妊娠的危险大于中止妊娠给怀孕妇女或者家庭中的其他孩子造成的身心伤害;B. 中止妊娠必须是为了防止给孕妇的身心健康造成长久的严重伤害;C. 继续妊娠有生命危险;D. 存在着孩子出生后造成身体或者精神非正常残疾的危险。

(2) 在决定继续妊娠是否存在上述的健康损害的危险时,应当考虑妊娠妇女实际的合理的预见环境。

(3) 中止妊娠按法律规定必须在医院进行或者在被证明与法律的目的相一致的临时地点进行。

(4) 关于两名注册医师的规定,不适用于注册医生为了挽救病人生命和避免对孕妇的身心健康造成长久严重损害的情况,如果医生认为手术是必需的,就可以中止妊娠。

怀孕24周是个临界点,在24周以前,医生必须权衡堕胎存在的危险与继续妊娠给予孕妇和孩子带来的危险,只有在后者的危险大于前者时才能实现堕胎。① 在24周以后,对孩子的危险不再是堕胎的根据。这时只有孕妇死亡或者严重永久性损伤的危险,或者一个严重残疾的孩子出生的危险才能成为堕胎的正当理由。当孕妇的生命出现危险时,医生必须进行权衡,如果医生认为堕胎将给予病人更好的生存机会,哪怕只有51:49的可能性,也可以中止妊娠。但是,如果危险不是母亲的生命,而是"严重的永久性伤害",则只有在"必须的"情况下

---

① 2009年英国共有189100人实施人工流产手术,其中97%是在13周以内,75%是在10周以内,www. Dh. Gov. uk/en/Publicationsandstatistics/Publications/Publications Statistics/DH-116039。

才能中止妊娠。由于法律对"严重的永久性伤害"有更严格的证据要求,医生在权衡两种利益时,51∶49 的比例显然是不够的。如何确定后一种情况的"必要性"呢？英国的法律对此并没有作出明确的解释。欧洲法院已经认识到,如果胎儿具有生命权,就等于含蓄地限制了母亲的权利和利益。[①]

一个类似的问题是,如何确定因"严重"障碍而导致畸形的"基本"危险。尽管这些不确定性一直困扰着社会大众和医院的医生,但却没有使法院感到困难。显然,某些远小于确定性的东西可以被认为构成了"基本"危险,大多数人在这种情况下会将某种远低于 50% 可能性的东西看做是基本危险。毕竟,人们对待堕胎的观点已经和以前不一样了。值得注意的是,1967 年法案第一次允许将孕妇家庭的子女利益作为考虑的因素。尽管法律没有对此作出进一步的说明,但许多人争辩说,"家庭"指的是社会学上的单位而不是法律上的单位,非婚生子女和其他被接受为家庭成员的子女也应包括在内。

1990 年法案修正的《堕胎法》,还注意到现代生物医学技术对堕胎的影响。该法第 5 条第 2 款规定,一个妇女怀有一个以上的胎儿的案例中,任何以造成其中一个胎儿流产故意的作为将是合法的,条件是：A. 中止妊娠避免孩子出生后残疾,或者避免堕胎胎儿残疾；B. 该条所适用的其他的堕胎理由。因此,如果堕胎中的一个或者多个胎儿被认为是有基本危险的,即在精神上或者身体上是异常的,而这种异常很可能导致孩子出生后有严重残疾,那么这一胎儿或者多个胎儿可以被堕胎。在没有残疾的情况下,如果继续怀孕会出现上述法律规定的危险时,医生可以减少多孕胎儿的数量,以消除或者减少危险。在这种情况下,医生必须选择对哪一个健康胎儿实施堕胎。

根据英国法律,堕胎手术只能由注册医生实行,但是假设一个合格而不是注册医师的人,为了挽救一个住在遥远的地方和不能得到任何注册医生帮助的孕妇的生命时,可以援引刑法中紧急避险的条款,立即中止妊娠。

麦克纳顿法官坚持认为,在一个妇女的生命只有通过医生堕胎才能挽救的情况下,实施手术不仅是一项权利,而且也是一种责任。[②] 如果一个孕妇只有通过手术才能得到挽救,而医生出于宗教观点拒绝手术,造成孕妇死亡的,医生应负疏忽杀人的罪责。值得注意的是,英国的法官认为只有在造成孕妇死亡的情况下,医生才可能承担相应的刑事责任,但对于造成孕妇永久性精神和身体健康损害的情况,却没有明确提及,这是疏忽了还是故意没有提及呢？主要原因可能是医生的刑事责任的基础,来源于严重的疏忽而不是一般的疏忽,而只有造成病

[①] Vo v. France [2004] 2 FCR 577, para 80.
[②] David Ormerod, *Smith and Hogans Criminal Law*, 13th Edition, Oxford University Press 2011, p. 609—611.

人的死亡才能够得上严重的疏忽。因此,造成孕妇精神上和身体上的严重损害,可能还不足以使拒绝手术的医生承担刑事责任。当然,这只是一种观点,如果医生因为宗教等方面的原因,一概拒绝给病人做手术,造成了病人永久性的精神和身体伤害,这就违反了刑法上的作为义务,也有理由使其承担相应的刑事责任。

第十四章 侵犯人身罪

第一节 企图伤害罪、殴击罪和相关犯罪

一、企图伤害罪

企图伤害罪(assault)和殴击罪是具有密切联系的两个罪名。殴击罪是指行为人故意地和非法地对他人使用暴力;企图伤害罪实际上就是一个未遂的殴击罪。

无论犯企图伤害罪还是殴击罪,被告人都必须有一般故意。这就是说,行为人必须故意实施伤害他人身体的行为,即被告人故意实施一种行为,这种行为的直接的、自然的和可能的后果,就是一经实施完毕,就会对他人的身体造成伤害。

企图伤害罪不要求引起伤害或者在伤害发生时,主观上意识到风险存在的特定故意。这个罪仅要求一个故意的行为和一个足以确定这个行为的事实上的明知。它的本质,就是行为将可能和直接地导致对他人身体上的物理上的暴力,被告人主观上必须意识到这个事实。

实践中,一个被告人不能基于一个他不知道的事实,但他应该知道的事实而被认定为企图伤害罪,这一点和过失犯罪不同。一个人不能非故意地实施一个企图伤害罪,对于企图伤害罪来说,被告人必须基于殴击故意,击打或者违法地接触一个受害人的身体,或者必须具有一般的犯罪故意,即实施这种行为肯定会危及人的身体健康。

因为企图伤害罪是一个具有一般故意的犯罪,陪审团在确定被告人是否构成企图伤害罪时,可以不考虑他的醉酒证据,醉酒不能成为一个抗辩的理由。

纯粹的轻率行为不构成企图伤害或者殴击罪指控的充分根据,即便这个行为导致他人身体的伤害后果。轻率行为一般包括在其他的立法中,例如,轻率驾驶罪是规定在车辆管理法规中而不是规定在刑法典中,以殴击罪和企图伤害罪论处。

但是,假如被告人有意识地忽视人类生命而实施一种确定的危险行为,就可以从其行为中推断出企图伤害的故意。

除了一般的企图伤害罪以外,还有一些特定类型的企图伤害罪。这些类型包括以特定方法实施的企图伤害罪,例如,携带致命的武器、火器、短枪、电棍和可能造成严重人身伤的暴力,或者在特定区域内实施的企图伤害,例如,学校的建筑物内、公园等,或者通过特定的人实施企图伤害行为,例如,罪犯、具有

官方背景的官员。

构成企图伤害罪不需要造成任何实际上的伤害后果。但是,行为人施加的伤害如果与企图伤害的其他证据结合在一起,即使没有造成伤害的后果,也是定罪时要考虑的。

根据加州《刑法典》第 240 条的规定,企图伤害是(轻)微罪,处 6 个月监禁或者罚金 1000 元,或两者并处。①

1. 针对公务人员的企图伤害

针对正在履行职责的治安官员、消防队员、急救医务人员、护理人员、救生员、传票送达员、交通警察或者动物控制官员、或者针对保健设施以外提供救援的医生、护士的企图伤害,处 2000 元以下罚金或者监禁 1 年,或者两者并罚。

2. 以强奸或者某些重罪为目的的企图伤害

以实施强奸、重伤害、鸡奸、口交、以外部物体肛交等特定故意,企图伤害他人的,是重罪,处以 2 年、4 年、或者 6 年监禁。《刑法典》规定的强奸罪这个词,包括婚内强奸。

但是,假如被告人有合理的理由相信,被害人同意他或她的求爱,就不构成以强奸为目的而实施的企图伤害罪。假如在实施企图伤害的过程中,被告人打算强奸受害人,即便这种故意在稍后的时间里放弃了,被告人也能构成以强奸故意而实施的企图伤害罪。因为强奸故意是企图伤害行为的一个组成部分。

3. 致命武器

致命武器是指任何物体、工具和有可能导致死亡或者严重人身伤害的武器。法院在认定时,会考虑武器的性质和如何使用武器,也要考虑伤害的性质,以便确定这个武器是否是致命的。由于这个原因,携带致命武器的企图伤害,不需要特定故意。

致命武器可以是刀子、隐藏在苹果中的一枚别针、一个栅栏柱子、轮箍铁条、一个啤酒瓶、一条狗、一辆汽车、胡椒粉喷雾剂和一支铅笔。赤手空拳不是致命武器,但是如果手或者拳头的攻击力量巨大,达到产生人身伤害的水平,也可以视为致命武器。

在一个案件中,上诉法院认为,证据不足以支持一个判决。案件的大致情况是,一个学生以可能引起身体暴力伤害的方式,将一个吃剩下的半个苹果扔向老师,被初审法院认定为使用了致命的武器。上诉法院认为,半个苹果既不是致命武器,也不会肯定的危及人的生命。② 在另外的一个案件中,上诉法院认为,使

---

① Penal Code §241.
② In re Gavin T., 66 Cal. App. 4th 238, 241, 77 Cal. Rptr. 2d 701(1998).

用扫帚和真空吸尘器的零件是致命武器的企图伤害。① 火器(fiears),尤指手枪或者步枪。没有装子弹的枪支也可能被视为致命武器,假如将其用来攻击(威胁)受害人。但是,假如将一支未装子弹的枪作为一根棍棒使用,就不是一个致命的武器。一个装子弹的枪如果卡壳了,或者子弹都存在弹药库,而不是在射击现场,都不能视为致命武器。使用机关枪进行企图伤害,可以判处4年、8年、12年监禁,使用半自动步枪企图伤害,可以处3年、6年,或者9年监禁。

在学校的设施内和向公众开放的公园内,实施企图伤害的行为,可以处1年以下监禁,罚金2000元。任何人使用致命武器,无论是手枪还是能够导致严重人身伤害的暴力。对正在履行职责的学校职员进行企图伤害,可以处3年、4年或者5年监禁;假如使用泰瑟枪、电棍、高压电枪,被告人可以判处2、3、4年监禁。

根据加州法律,假如一个在监狱里服刑的罪犯,恶意地使用致命武器或者以导致人身严重伤害的方式,企图伤害他人,最高可以判处不准假释的终身监禁甚至死刑。但是,这项法律,就像美国联邦最高法院针对强奸未成年人可以判处死刑的规则一样,有可能被认为是非常的、残忍的和不相称的刑罚,违反了美国《宪法第八修正案》,特别是在没有导致受害人死亡的情况下。②

二、殴击罪

殴击罪是指行为人蓄意地和非法地对他人使用武力或者暴力。但是,被告人仅仅需要接触到受害人身体,就可以满足"武力"和"暴力"的条件,即使轻微的身体接触也可以构成殴击罪。殴击行为只要存在针对受害人的暴力就足够了,不需要造成实际的伤害,或者引起严重的身体上的疼痛,或者在身体表面留下任何伤痕。殴击罪中的暴力伤害,与通常意义上的"身体伤害"不是同义词。它包括任何以武力的方式实施的不法行为,甚至仅仅是受害人感觉到会受到这种行为的伤害。例如,未经他人允许,对其进行亲吻和拥抱。

这种武力和暴力可以是直接的,例如,打击、绊倒、掌击他人;也可以是间接的,例如,用武力迫使受害人从楼上的窗户跳下,用化学品喷洒受害人,将尿瓶扔在受害人脸上,将烟灰缸扔到他人身上等等,只要接触到受害人身体,殴击罪就可以成立。甚至接触到受害人衣服,或者与受害人有密切关系的物品,或者依附于受害人的物品,都可能构成殴击罪。

攻击性的触摸,尽管没有造成身体上的伤害,但在当时的情况下,受害人进行合理的抗拒,也仍然可以构成殴击罪。

---

① People v. Beasley, 105 Cal. App. 4th 1078, 130 Cal. Rptr. 2d 717(2003).
② Laurie L. Levenson, *California Criminal Law*, Thomson West 2007, p.308.

没有身体接触就不构成殴击罪。与企图伤害类似,很多法律中包括了一些特殊类型的殴击行为。例如,在学校、公园和医院里实施殴击行为,或者对学校和医院里的工作人员实施殴击行为,还有针对公共官员、未成年人的殴击行为。殴击是轻罪,可以处不超过 2000 元的罚金,或者 6 个月拘留所监禁,或者并处罚金和监禁。① 一个人不可能同时构成殴击罪和企图伤害罪,因为企图伤害是构成殴击罪的一个必要条件。严重人身伤害的殴击罪,必须具备三个条件:

(1) 一个人对另外一个人使用暴力;

(2) 使用暴力是不法的或者是不合法的;

(3) 使用武力或者暴力对他人实施严重的人身伤害。"严重人身伤害"的意思,是指物理状态下的严重损伤,包括但不仅限于下述情况:失去知觉、脑震荡、骨折,或者任何身体组织、器官的损伤、需要缝合的伤口或者严重的面容损毁(外部损伤)。②

对于严重人身伤害的殴击罪,可以处以 1 年以下的县监狱监禁,或者在州监狱监禁 2 年、3 年、4 年。

三、性殴打、性暴力罪

当行为人接触他人的身体和私密部位,或者当受害人被行为人和他的同谋犯非法限制,如果这种接触违反了受害人的意愿,并且为了达到性兴奋、性满足或者性滥交(侵犯)的目的,就可以构成性殴打或者性暴力罪(sexual battery)。可以处以 1 年以下县监狱监禁和 2000 元以下罚金,或者处以州监狱监禁 2、3、4 年和 10000 元以下罚金。所谓"私密部位",是指性器官、肛门、腹股沟或者任何人的臀部或者女性的乳房。所谓"通过被害人的衣服接触",是指透过衣服对受害人皮肤的物理接触,无论是直接实施还是借助被告人自己的衣物间接实施。③

假如被告人是雇主,而受害人是他的雇员,这种轻罪性质的性攻击罪可以判处 3000 美元以下罚金或者在州监狱监禁 6 个月以下。④

轻罪性暴力可以构成重罪性暴力的未遂,犯重罪性暴力的未遂罪要求被告人企图接触受害人私密部位的皮肤,实施了一个直接但无效的行为。行为人透过被害人的衣服抓住或者接触受害人的私密部位,符合直接但无效的条件,构成性暴力。困难的问题是构成未遂的第一个条件,就是如何认定行为人接触被害人私密部位皮肤的特定故意。⑤

---

① See 1 Witkin & Epstein, California Criminal Law, Battery, §404, p.466(2d ed. 1988).

② Penal Code §243(d0; CALJIC No. 9.12(7th ed. 2003. bound vol.)

③ Penal Code §243.4(g)(1).

④ Penal Code 243.4(e)(1).

⑤ People v. Duke, 174 Cal. App. 3d 296, 301, 219 Cal. Rptr. 873(1985.)

被告人必须企图接触受害人的皮肤,而且必须证实这个故意,如果仅仅凭借被告人试图脱去受害人衣服这一事实来证实,法院就不能推断被告人犯有轻罪性暴力。

在学校的校园内犯殴击罪,可以处以1年以下县拘留所监禁和2000美元的罚金。"学校"是指小学、初中、普通高中、4年制高中、特种补习学校、技术中学、夜间高中和社区学院。

未成年人在学校内犯殴击罪,法院也许另外判处罚金、监禁,或者作为一个缓刑的条件,命令这个未成年人参加由法律顾问提供的专业咨询,但是法院应当考虑未成年人父母的支付能力,咨询费应当在其父母能够承担的范围之内。

任何人对在校园内工作的雇员实施殴击行为,知道或者应该知道受害人是一个学校的雇员,可以处以1年以下县监狱监禁,2000美元以下罚金,或者两者并罚。假如受害人被打伤,被告人可以处以1年以下县监狱监禁,2000美元以下罚金,或者6个月到3年州监狱监禁[Penal Code $ 243(f)(2).]。

对公务人员,如治安官员、消防队员、医疗急诊技术人员、警卫人员、交通警察和动物控制官员等犯殴击罪,可以判处2000美元罚金或者1年以下县监狱监禁,或者16个月、2年和3年州监狱监禁。[1]

第二节 绑 架 罪

在早期的英国普通法中,绑架是轻罪。后来的制定法取消了重罪和轻罪之分。尽管如此,一般都将绑架罪看做一种严重的刑事犯罪。在英国刑法中,要构成绑架罪,至少要具备以下条件:(1)一个人将另外一个人带走;(2)使用暴力或者欺骗的手段;(3)未经被害人同意;(4)没有合理的理由。过去的法律中,不仅要求将受害人带走的要件,而且要求将受害人藏匿起来,限制的条件比较严格,但现在的法律中,已经不要求藏匿的条件了。实际上,当一个人剥夺了另外一个人的自由,并将其带离了原来的地方或居住地,绑架犯罪的行为就已经完成。这是绑架罪和非法拘禁罪的一个重要区别,也就是说,如果行为人既没有使用暴力和欺骗的手段,也没有将受害人带离原来的地方,只是限制了被害人的人身自由,只能构成非法拘禁罪。例如,将被害人锁在原来居住的房间内,除此之外没有任何其他的动作,就只能以非法拘禁罪定罪处罚。因此,一个人在睡梦中,在喝醉酒的情况下,或者在失去知觉的情况下都可能遭到非法拘禁。

如果一个人虽然受到了某种限制,但并没有完全失去行动自由,就很难说构成了非法拘禁罪。例如,A阻止B从一个地方到另外一个地方,B并未听从,而

---

[1] Laurie L. Levenson, *California Criminal Law*, Thomson West 2007, p.312.

是坚持向另外一个地方走去,就不能说 A 构成了非法拘禁。但是,这种不服从如果不是自由的,而是要冒很大的风险,就会构成非法拘禁。例如,某人被关在一列火车的车厢里,他乘人不备,从车窗上逃出去,就不能说是一种自由的身体移动,被害人可能要为这种逃跑行为,承担巨大的风险,甚至会失去性命。但是无论如何,有一点可以肯定,就是非法拘禁没有使用暴力或者欺骗的手段。从某种意义上讲,绑架罪就是非法拘禁罪的一种加重的表现形式,它不仅限制了他人的人身自由,而且使用了暴力和欺骗的手段,具有更大的危险性,应当从重处罚。

在美国刑法中,明确区分了一般绑架罪和加重绑架罪的两种情况:

一、普通绑架罪

1. 暴力和身体伤害

总的来说,法院在确定行为人是否构成绑架罪时,所要求的基本构成要件是暴力或者暴力相威胁。每个州的情况也许有所不同,加利福尼亚州 1990 年《刑法修正案》就清楚地表明,实际上的暴力在一般的绑架罪中已经不是必要的条件,尽管仍然有一定的关联性。

实践中,多数法院还是要求暴力或者暴力相威胁的,但是有些案件已经表明,确定绑架罪,不需要行为人直接使用暴力,有些被告人仅仅是限制受害人的人身自由,没有实施实际上的其他暴力行为,只要使得受害人产生了合理的恐惧,就可以认定为绑架罪。例如,被告人将父母的孩子带走,就会使孩子的父母产生失去孩子的恐惧感,这种恐惧感是合理的和正常的。但是,假如被告人有合理的理由相信,是孩子的父母自愿的同意其将孩子带走的,这就可以否定被告人主观上的绑架故意。[①] 在英国普通法中,父母不能绑架自己的孩子,也没有这方面的先例可以遵循。而在现在的制定法中,在特定的情况下,例如,父母处在分居的状态,其中一方未经另外一方允许,就将孩子带离原来的地方,又不能作出合理的解释,也可能构成绑架罪。但是,由于存在事实上的父母子女的关系,对于什么叫合理的解释,很难有一个统一的标准,英国的法官对此也没有作出明确的解释。这就需要法官根据案件的具体情节加以确定,很可能取决于带走孩子的方式,比如超越了管教孩子的权限等。

秘密不是绑架法律中的一个组成部分,例如,被告人假扮成一个警官,命令一名妇女进入他的汽车中,行驶一段距离以后,向被害人提出了猥亵的要求,就可以构成绑架罪。类似的情况,当被害人受到逮捕威胁的暗示后,进入了被告人的汽车内,这就满足了普通绑架罪中武力和恫吓的构成要件。[②] 在绑架未成年

---

① People v. Felix, 92 Cal. App. 4th 905, 910, 112 Cal. Rptr. 2d 311(2001).
② People v. Brazil, 53 Cal. App. 2d 596, 598, 128 P. 2d 204(1942).

人的案件中,暴力也不是构成要件之一。因为被害人年纪太小,没有能力表示法律上的同意;另外,要求未成年人必须理解针对他或她的武力性质,也不是普通绑架罪的构成要件之一。而且,当受害人是一个未成年人时,也不要求制服受害人的反抗这一要件,因为他们根本就没有反抗的意识和能力。

普通绑架罪中,行为人使用武力的要件,只要犯罪者通过实施足够的物理上的暴力,以完成非法行为,就足以构成绑架罪了。至于武力的程度,在每一个案件中都可能有不同的理解。它包括将被害人带着时的相关环境、相对的年龄、被告人和受害人的身高比例(身材的大小)等等。绑架一个未反抗的未成年人或者孩子,仅仅要求将他们从一个地方带到另外一个地方,就可以构成绑架罪了,不需要其他暴力行为。例如行为人欺骗一个 9 岁的孩子,使其自愿的跟随被告人到一个不远的地方,然后对他进行物质上的勒索,就可以视为绑架行为。①

2. 绑架的故意

普通绑架罪和加重绑架罪的一个区别,就是普通绑架罪仅仅要求绑架的一般故意,而加重绑架罪则要求特定的故意。但是有一个例外的规则,即当被害人是一个未成年人时,或者精神状态有问题以及其他法律上的原因,不能作出法律上的同意时,普通绑架罪也要求具有特定故意的证据。

加重绑架罪要求行为人具有特定的故意。为抢劫或者为了敲诈勒索而进行绑架,要求具有特定的故意。另外,劫持车辆时的绑架行为,也要求特定故意。因此,加重绑架罪要求实施抢劫、敲诈勒索、强奸等先在(基础)犯罪的特定故意。

为敲诈勒索而实施绑架的特定故意的性质,要求这种犯罪的完成,是出于敲诈勒索钱财的特定目的而进行绑架,尽管行为人实际上什么钱财也没有得到,也是加重的绑架罪。

一般情况下,为抢劫而实施的绑架罪,是在抢劫故意形成以后将受害人掳走。抢劫故意形成的时间,可以通过情形证据加以推定,不需要通过直接证据加以证明。

普通绑架罪可以处 3 年、5 年、或者 8 年州监狱监禁。但是,假如受害人在被绑架时不满 14 周岁,可以判处 5 年、8 年或者 11 年州监狱监禁。

对于为了敲诈勒索而实施的绑架行为,使受害人遭受身体上的伤害,或者故意采用禁锢的方式,有导致受害人死亡的可能性,可以判处州监狱终身监禁,并且不准假释,假如受害人没有遭受身体上的伤害或者死亡,可以判处州监狱终身监禁,但可以假释。这些量刑幅度适用于绑架罪中的主犯,也适用于帮助犯和教唆犯。这样的判决不违反美国宪法中关于残酷和非常刑罚的原则。

对于为了抢劫、强奸、口交、鸡奸、劫持车辆等犯罪而进行绑架的,处州监狱

---

① People v. Dalerio, 144 Cal. App. 4th 775, 50 Cal. Rptr. 3d 724(2006).

终身监禁,但可以假释。

二、绑架儿童

诱拐儿童(child abduction)是一种犯罪行为,无论诱拐的人有监护权还是没有监护权。从本质上讲,诱拐孩子是针对其父母的犯罪,而不是针对孩子的犯罪。立法的目的是防止将孩子诱拐之后,引起父母的焦虑和忧伤。儿童本人的同意对于是否构成犯罪没有影响。[①] 拘禁和藏匿都不是诱拐儿童罪的要件之一,使用暴力也不是构成该罪的要件。

一个具有监护权的人,可能出于善意而将一个孩子拘禁或者藏匿。对于这样的目的,"正当理由"(善意)的意思,是行为人真诚地或者合理地相信其带走、拘禁、藏匿的行为,是为了保护孩子免受即刻的身体伤害和精神伤害所必需,被告人仅仅需要提供一个适用合理怀疑的正当理由的条款就可以了。

正当理由条款不违反美国宪法精神,尽管在法律条款中缺少关于什么是正当理由的指引,即在什么样的情况下构成正当理由。[②] 任何没有监护权的人,出于恶意而带走、引诱、扣留或者以拘禁和藏匿的故意将孩子从一个合法的监护人那里带走,构成轻罪的,可以处 1 年以下监禁,1000 美元以下罚金,或者并处监禁和罚金。如果构成重罪的,可以处 2、3、4 年监禁,10000 美元以下罚金,或者并处监禁和罚金(Penal Code $ 278.5.)。

为了保护监护权人的权利,任何人带走、诱拐、扣留、或者藏匿一个孩子,都是恶意剥夺合法监护人的监护权的行为。诱拐儿童的加重处罚的情形有以下几种:

(1) 孩子有受到身体伤害或者生命威胁的风险;
(2) 被告人在诱拐期间伤害或者遗弃了孩子;
(3) 孩子被带到美国以外的地方;
(4) 孩子最终没有被交还到合法监护人的手中;
(5) 孩子被改变了姓名和容貌;
(6) 在诱拐期间,被告人未让孩子受到适当的教育;
(7) 诱拐的时间长;
(8) 孩子的年龄太小。[③]

[①] People v. Moore, 67 Cal. App. 2d 789, 792, 155 P. 2d 403(1945); People v. Torres, 48 Cal. App. 606, 608, 192 p. 175(1920).
[②] People v. McGirr, 198 Cal. App. 3d 629, 637, 243 Cal. Rptr. 793(1988).
[③] Laurie L. Levenson, *California Criminal Law*, Thomson West 2007, p. 370.

三、加重绑架罪

加重绑架罪有两个标准：一是掳走受害人的距离有多远（安全距离）；二是这种掳走受害人的行为是否实际上增加了受害人受到身体伤害的风险。这种风险必须是掳走行为本身固有的，而不是实施先在（基础）犯罪时伴随而来的风险。[①]根据在丹尼尔一案中确立的原则，在抢劫的过程中，被告人没有实施将受害人从事发现场掳走的行为，当发现被告人时，他（或她）无论是在住宅内，或者在一个商业区内，或者在其他封闭的场所，其行为一般不认为构成加重抢劫罪。被告人将他人从一个房间带到另外一个房间，也不能认为是一种掳走行为。

对于实施强奸行为时的绑架罪，包括两个判断标准：第一，被告人必须掳走受害人，这种行为不仅仅是强奸行为伴随而来的；第二，这种掳走行为必须增加了受害人受到损伤的风险。对于第一个判断标准，陪审团会考虑被告人被掳走的距离，以及掳走的范围和掳走的性质。对于第二个判断标准，陪审团会考虑掳走行为是否降低了被告人被发现的可能性，以及提高了被告人犯另外一个罪的机会。加重绑架罪没有最低距离的要求，但被告人必须将受害人掳走到第一个判断标准中所说的安全距离。对于第二个判断标准，行为人的掳走行为，使得受害人的风险增加了，尽管受害人可能仅仅是被掳到了一个非常短的距离，但被告人是将受害人从一个公共场所掳到一个公共视野以外的地方。[②]

但是，也不能仅仅单独根据距离来判断是否构成加重绑架罪。有时候，被告人仅仅将受害人移动了 9 英尺的距离，也被认定为实际上的掳走。在这个案件中，被告人将受害人从音频商店的前台，带到商店后台的一个密室，这就增加了实施强奸罪和伤害受害人的机会。在另外一个案件中，被告人将受害人从公路上的一边，带到路堤下的台阶上，也足以构成掳走，因为这种行为使得公路上来往的车辆看不到犯罪人实施的犯罪行为。但有的时候，即使 50 英尺或者更远的移动距离，也不能认定为掳走行为。在一个案件中，被告人使用武力抢劫了一个珠宝商店，将商店中的两个店员带到该商店后面的 50 英尺处的一个办公室，并将两人拘禁在办公室内。在这个案件中，被告人将被害人拘禁在办公室，是为了方便其更自由、更容易地接近珠宝，并使得其他进出商店的客人无法觉察他的抢劫行为。上诉法院认为，"被告人移动两个店员的行为，仅仅是便于他实施抢劫行为，而没有其他明显的目的，考虑到这个犯罪的特定环境，我们得出的结论是，这种移动仅仅是伴随抢劫行为本身而来的，行为人没有单独实施其他行为，所以

[①] See People v. Daniels, 71 Cal. 2d 1119, 80 Cal. Rptr. 897, 459 P. 2d 225(1969).
[②] People v. Shadden, 93 Cal. App. 4th 164, 168, 112 Cal. Rptr. 2d 826(2001).

不支持一个加重绑架罪的判决。"① 掳走这个要件,在普通绑架罪(单纯绑架)和加重绑架罪之间有显著的区别。加重绑架罪只有在伴随其他先在(基础)犯罪行为的情况下才会发生,而普通绑架罪则不需要存在另外一个犯罪行为。因此,普通绑架罪的案件中,受害人的转移不能参照伴随的犯罪行为加以衡量,因为根据定义,普通绑架罪不需要有其他的伴随行为。

四、拐卖人口罪

2006年加利福尼亚州制定了贩卖人口罪(human trafficking)。该罪是指,行为人以犯重罪的故意,剥夺或者妨碍其他人的人身自由。例如,拉皮条、让未成年人从事卖淫活动,或者强迫劳动和服务。拐卖人口罪可以判处3年、4年、5年监禁;假如受害人是未成年人,可以处4年、6年、8年监禁。② 根据《罗马规约》的有关规定,贩卖人口是作为奴役罪的一种表现形式,规定在国际刑法当中。奴役罪更为强调贩卖人口,特别是在贩卖妇女和儿童的过程中行使这种权力,如买卖、出租和互易这些妇女和儿童,或者以类似方法剥夺他们的自由。传统意义上的奴隶制和贩卖奴隶现在已经不经常见到,但其他形式的奴役,如贩卖人口、强迫劳动却依然存在。强迫劳动,是指不经司法程序,不征得本人同意,而采取威胁或者强迫的手段使其从事劳动和服务。例如,在一个案件中,被告人将一名妇女关押在家里几个月,强迫其从事家务劳动,以后又将其转卖给他人。这种贩卖人口,使用童工,强迫劳动的行为,使受害人不仅仅在经济上受到剥削,而且失去人身自由,完全依赖于他人。被告人限制或控制个人的自主权、自由选择权、自由迁移权,并从中获得巨大的利益。受害人被强迫转移和强迫劳动,没有任何报酬,肉体上受到折磨和摧残,甚至遭受性虐待。因此,拐卖人口是一种严重的刑事犯罪行为。

五、劫持人质罪(扣留人质罪)

劫持人质罪,是一种特殊类型的绑架罪。从20世纪70年代起,劫持飞机并扣留机上乘客的事件不断发生,引起了国际社会的强烈关注。在第31届联合国大会上,决定成立一个人质委员会起草相关的国际公约。在起草过程中,争论最激烈的是引渡与政治庇护权之间的关系。

与会代表一致认为,通行的战争法规禁止扣留人质,平时法也应当禁止扣留人质的行为。1949年《关于战时保护平民的日内瓦公约》和1977年《关于日内

---

① People v. Dominguez, 39 Cal. 4th 1141, 1153, 47 Cal. Rptr. 3d 575, 140 P. 3d 866(2006), cert. denied,127 S. Ct. 1491, 167 L. Ed. 2d 236(U. S. 2007); People v. Hoard, 103 Cal. App. 4th 599, 606, 126 Cal. Rptr. 2d 855(2002).

② Penal Code § 236.1(a); Penal Code § 236.1(b),(c). See Laurie L. Levenson, *California Criminal Law*, Thomson West 2010, p. 371.

瓦公约的附加议定书》都禁止扣留人质。有些国家认为,劫持人质的嫌疑犯不应当享有政治庇护的权利;有的国家则相反,认为反对劫持人质的国际公约,不能损害各国所享有的政治庇护的权利;第三世界的国家则担心该国际公约,成为反对民族解放运动的法律和政治工具。经过艰苦的讨论,最终达成一致,公约不能损害缔约国政治庇护的权利,但缔约国也有义务将案件提交司法当局起诉。

根据1979年12月17日联合国大会通过的《反对劫持人质国际公约》的规定,所谓劫持人质罪,是指任何人以劫持、扣押并以杀死、伤害或继续扣押另一个人相威胁,以强迫第三方,即某个国家、某个政府间国际组织、某个自然人、法人或某一群人,实施或不实施某种行为,作为释放人质的明示或暗示条件的行为。劫持人质未遂的,同样构成劫持人质罪。从这个定义可以看出,下列行为均构成劫持人质罪:

(1) 为了从自然人、法人、国家和政府间国际组织获取情报和财产;

(2) 为了威胁、诋毁和羞辱某个自然人、法人、国家和政府间国际组织;

(3) 为了强迫某个自然人、法人、国家和政府间国际组织实施或不实施某种行为;

(4) 预备、计划或实施扣留人质的行为,包括劫持一个以上国家的公民,或者该行为全部或局部地发生在一个以上的国家;

另外,故意给人质造成肉体上或精神上的极大痛苦和折磨,构成对人质施加酷刑罪。扣留人质的目的具有多样性,既可能是为了获取情报和财产,也可能是为了威胁、羞辱或者迫使受害人实施或不实施某种行为。

根据《反对劫持人质国际公约》的规定,每一个缔约国都应将劫持人质的行为,作为一种严重的刑事犯罪加以处罚;任何缔约国都必须采取切实的措施,对劫持人质的犯罪行为行使刑事管辖权。具体的管辖范围包括:

(1) 发生在该国领土内或在该国登记的船只或飞机上的犯罪;

(2) 本国公民或者经常居住在其领土内的无国籍人所实施的犯罪;

(3) 为了强迫该国实施或不实施某种行为;

(4) 以该国公民为人质,或该国认为应当管辖的情境。

这实际上等于说,犯罪发生地国家、罪犯的国籍所属国、受害国和人质的国籍所属国,都可以对上述行为行使管辖权。

《反对劫持人质国际公约》第5条第2款还规定:"每一缔约国以嫌疑犯在本国领域内,而不将该嫌疑犯引渡至本条第1款所指的任何国家时,也应当采取必要措施,对其罪行行使管辖权。"这实际上是对劫持人质的罪行,采取或引渡或起诉的原则,不能上犯罪分子逃脱法律的制裁。《公约》第8条第1款规定,对于在其领土内发现嫌疑犯的缔约国,如不将其引渡,应毫无例外的且不论罪行是否发生在其领土内,都应通过该国的法律程序,将案件送交该国的主管机关,以便提起公诉后,按本国法律中的严重犯罪予以处罚。

英国1982年《劫持人质法》,将劫持人质规定为一种非常宽泛的犯罪,任何国家的人,在世界上任何地方或者外层空间实施劫持人质的行为,都构成犯罪。以杀害、伤害或者继续扣留人质相威胁的,最高可以判处终身监禁。

第三节 抢 劫 罪

抢劫罪不仅是针对财产的犯罪,而且是针对人身安全的犯罪。美国的一些州,例如加利福尼亚州特别强调抢劫罪对人身的威胁,所以将抢劫罪归类于针对人身的犯罪。当然,也有一些州将抢劫罪看做是侵犯财产的犯罪。之所以会出现这样的分歧,主要是各个州的立法机构考虑问题的重点不同,这也是可以理解的。中国刑法也将抢劫罪看作双重客体,但却将抢劫罪放在侵犯财产罪一章中,理由是抢劫罪的主要客体是侵犯公私财物的所有权。次要客体是人身权利。

抢劫罪,是指行为人以暴力或者恐吓的方式,从被害人身上强行劫取财物。美国法院一般将抢劫罪视为一种混合型犯罪,包括盗窃和人身攻击两个要素。总之,违反他人意志,将处在他人占有下的个人财产夺走,具有永久性的剥夺他人财产的特定故意,就构成抢劫罪。

一、一级抢劫罪和二级抢劫罪

刑法对一级抢劫罪和二级抢劫罪规定了不同的法定刑。在大多数案例中,一级抢劫罪和二级抢劫罪的区别是,一级抢劫罪是指行为人在居民区实施的抢劫行为;二级抢劫罪是指行为人在居民区以外的地区实施的抢劫的行为。但是,有些州的刑法典,例如,加利福尼亚州刑法典还详细地列举了一级抢劫罪和二级抢劫罪的具体表现方式,一级抢劫罪是指:

(1) 抢劫在公共汽车、出租车、电缆车、有轨电车上履行职责的任何人,包括在铁路站台上、赛道上、轨道悬浮列车上,在用于运输人的出租车等交通工具上抢劫[1];

(2) 抢劫在以上列举的任何交通工具上的乘客;

(3) 抢劫居民区房屋中的任何人,在有人居住并且为居住而设计的船上,有人居住的拖车里,有人居住的漂浮的房屋内或者任何其他大楼里,用于居住的部分进行抢劫[2];

---

[1] Penal Code § 212.5(a).
[2] Harbor and Navigation Code § 21(defining types of vessels.); Health and Safety Code § 18075. 55(d).

(4)抢劫正在使用的自动柜员机或者已经使用过的柜员机,在该自动柜员机的附近进行抢劫的任何人。

其他种类的抢劫是二级抢劫罪。ATM条款是一级抢劫罪新增加的内容,1995年开始生效。① 对于这一条款,实践中有争论,但一般认为,ATM条款没有违反美国宪法的明确性原则,这个法律的用语给出了充分的警示,即抢劫一个正在使用ATM机的人是一级抢劫罪。② 并且,这个罪不要求被告人明知受害人正在使用ATM机,被告人缺乏明知不能否定其犯罪意图。③

二、抢劫罪的构成要件

为了证实抢劫罪,必须具备下列条件:

(1)抢劫的对象——拥有某些有价值财产的人,无论这些财物的价值的大小和轻重;

(2)这些财物是从被害人身上拿走,或者当着受害人的面将财物拿走;

(3)这种拿走,是以武力、暴力、威胁或者恫吓的方式实施的;

(4)这些财物被人拿走,违反了受害人的意愿;

(5)行为人拿走他人财物的特定故意,是意图永久性的剥夺他人的财产。④

抢劫罪中的"恶意拿走",要求三个条件(1)拿走;(2)窃取故意;(3)窃取他人动产。

"拿走"这个要件通常与"抢走"联系在一起,而窃取故意则有它自己的独立意思。

对于抢劫罪,恶意拿走,要求"拿"和"窃取",如果拿走或窃取是通过暴力或者恐吓的方式,就足以构成抢劫罪。⑤

在一个案件中,被告人进入一个工作场所,以暴力手段拿走公司的财物和金钱,以及一部分公司员工的身份证明。法院认为,被告人的行为,侵犯了公司所有员工的利益,因为当所有的公司员工作为一个团队时,他们当中的每一个人都有权使用这些被窃取的钱财,他们当中的每一个人都是抢劫罪的受害人,尽管这些钱是从公司抢走的,而不是从公司员工个人手中抢走的,被告人仍然要对抢劫的多重数额负责。但是,抢劫发生时,碰巧到公司办事的其他人,不是抢劫罪的受害者,因为这些访问者不是公司财产的实际拥有人或者推定的拥有人。⑥

一般来说,被告人试图从公司雇员手中拿走属于公司的钱物,这个雇员就是

---

① S. B. 2098(Hayden), 1993 to 1994 Leg. Sess.
② People v. Ervin, 53 Cal. App. 4th 1323, 1327—1329, 62 Cal. Rptr. 2d 231(1997).
③ People v. Ervin, 53 Cal. App. 4th 1323, 1331, 62 Cal. Rptr. 2d 231(1997).
④ Penal Code § 211; CALJIC No. 9.40(7th ed. 2003 bound vol.).
⑤ People v. Hill, 17 Cal. 4th 800, 852, 72 Cal. Rptr. 2d 656, 952 P. 2d 673(1998); People v. Alvarado, 76 Cal. App. 4th 156, 161, 90 Cal. rptr. 2d 129(1999).
⑥ People v. Nguyen, 24 Cal. 4th 756, 761—765, 102 Cal. Rptr. 2d 548, 14 P. 3d 221(2000).

抢劫罪的受害者。但是，抢劫发生时，公司雇员仅仅处在公司营业的地方，不能自动成为抢劫罪的受害者。对于一个受害者来说，这个雇员必须有责任保护雇主的财产，或者必须对钱物行使支配权，或者实际控制这些钱物或者代理雇主的利益。①

窃取，要求行为人剥夺了受害人的财产，使之处于自己的控制之下。在大多数案件中，当财物被窃取时，受害人被枪等凶器指着，人身受到攻击或者受到身体伤害的威胁，窃取就已经发生。

事实上，拿走财物的人不需要直接从被害人身上拿走财物。在一个案件中，被告人用枪威胁被害人，如果被害人不护送他到银行取走2万美元，受害人的妻子就会遭受严重的身体伤害。当警察到达现场时，受害人尚占有着自己的这些钱。法院认为，尽管被告人从未实际拥有这些钱，但受害人的这些钱也已经是处在被告人的控制和支配之下，足以支持一个抢劫罪的判决。在抢劫罪中，只要财物被稍微移动一下，犯罪者就获得了这些财物的支配权，而不需要将这些财产带离抢劫现场之外的地方。如果抢劫犯将抢来的钱装入一个纸袋当中，还没有来得及离开现场，就已经构成抢劫罪，犯罪者不需要实际上拥有这些钱物。②

受害人是否已经认识到抢劫行为已经发生，也不是抢劫罪的构成要件之一。通过暴力窃取财产构成抢劫罪，假如受害人在当时没有意识到这一点，或者不知道他的财产已经被窃取，对于构成抢劫罪没有影响。

1. 抢走（asportation）

抢劫罪中的抢走，是指行为人将财物从一个地方移动到另外一个地方。至于这些财物是有形的还是无形的，移动距离的远和近都不重要。抢走的重点是要求将物品脱离受害人的控制，被告人不需要实际拥有这些物品。在一个案件中，犯罪人用枪指着受害人，命令受害人将钱包仍在地上。被害人扔钱包的行为就构成该罪所要求的抢走，尽管被告人从未实际上自己移动这个钱包。③

抢劫罪中抢走这个阶段不等于完成抢劫，直到被告人到达一个相对安全的区域，才算完成抢劫行为。例如，假如这个犯罪者从受害人房间拿走财物时，没有使用暴力和恫吓，当他试图离开时，使用了武力和恫吓，仍然是在抢劫过程中使用武力和恫吓。因此，行为人在这时使用武力和恫吓，构成抢劫罪而不是入室盗窃罪。

---

① People v. Williams, 92 Cal. App. 4th 239, 255—260, 111 Cal. Rptr. 2d 732(2001).
② People v. Price, 25 Cal. App. 3d 576, 579, 102 Cal. Rptr. 71(1972)(money never left victims hands); People v. Burnett, 176 Cal. App. 2d 787, 1 Cal. Rptr. 765(1959)(loot need not touch defendants hands).
③ People v. Quinn, 77 Cal. App. 2d 734, 735, 176 P. 2d 404(1947); See People v. Green, 95 Cal. App. 3d 991, 1000, 157 Cai. Rptr. 520(1979)(extended asportation not necessary).

在另外一个案件中,法院发现,当被告人从受害者的汽车里拿走某个物品时,抢劫就已经发生。由于受害人追赶并抓住了被告人,被告人将抢来的物品放在地上,和受害人进行搏斗,试图阻止受害人的抓捕行动和重新获得自己的财物。法院认为,在这个阶段,抢劫行为仍被视为在进行当中,一个抢劫罪名的成立,不要求抢劫犯在使用暴力后将赃物带离现场。

这就是说,直到犯罪人到达一个相对安全的区域之前,抢劫行为都是在继续当中,没有完成抢劫。犯抢劫罪也不要求行为人一定将赃物带离现场,到达一个相对安全的地方。例如,一个罪犯拿走财物时并不是试图抢劫,但带着财物跑了一段距离以后,遇到了受害人,两个人搏斗以后,被告人又失去对财物的占有,仍然构成抢劫罪。

假如这个罪犯从被害人的房屋内夺走财物,稍后认识到这个财物没有价值,又将这个财物抛弃在房屋内,犯罪者仍然满足抢走这个要件,尽管被告人从未将财物带到安全区域。①

加重抢劫罪的故意要件,和盗窃罪所要求的故意是一样的。因此,抢劫罪需要同时具有行为和意图,暴力行为必须与盗窃故意同时存在。至于行为人的犯罪动机、共谋、预谋和蓄意等证据,不影响这种故意的确定。另外,被告人不需要具有个人获益的故意,但必须具有永久性剥夺受害人财物的故意。②

盗窃故意是所有以盗窃为目的而犯罪的类型都必须具有的要件,包括偷盗罪(larceny)和夜盗罪法律中的盗窃故意。传统上的定义,都是指的永久性地剥夺他人的财物,抢劫罪和其他类型的盗窃罪一样,也要求剥夺他人财物的特定故意。③

但是,对犯夜盗罪中的盗窃故意,已经被认为,尽管被告人以暂时剥夺他人财产的故意而拿走财物,但是在一个不合理的时间段内,为了剥夺受害人财产价值的主要部分,也足以证明盗窃故意。这种观点,已经扩大到抢劫罪的案例当中。因此,在有些州,如加州犯抢劫罪,被告人剥夺他人财产的故意,既包括永久性地剥夺他人财物的故意,也包括在一个不合理的时间段内,以抢劫的方式或者以受害人永久性的丧失财物风险的方式,故意盗窃他人财物。④ 假如被告人在使用暴力以后,又形成盗窃故意,不构成抢劫罪。例如,美国的一家法院认为,一个被告人捅伤了受害人,然后又形成了盗窃受害人财产的故意,作为一个事后的

---

① People v. Fournier, 191 Cal. App. 3d 1428, 1431, 237 Cal. Rptr. 105(1987)(defendant cannot "unring the bell.")

② People v. Green, 27 Cal. 3d 1, 43, 164 Cal. Rptr. 1 609 P. 2 468(1980)(overruled on other grounds in People v. Hall, 41 Cal. 3d 826, 834 n. 3, 226 Cal. Rptr. 112, 718 P. 2d 99(1986). See people v. Marshall, 15 Cal. 4th 1, 34, 61 Cal. Rptr. 2d 84, 931 P. 2d 262(1997).

③ Penal Code § 459.

④ People v. Guerra, 40 Cal. 3d 377, 385, 220 Cal. Rptr. 374, 708 P. 2d 1252(1985).

故意,应定为盗窃罪而不是抢劫罪。① 盗窃故意的要件,必须形成于暴力行为实施以前或者实施的过程当中。当盗窃故意仅形成于受害人受到攻击以后,拿走财物或者带着财物逃离现场时没有使用暴力,也没有进行恫吓,就应定为盗窃罪而不是抢劫罪。

但是,抢劫者不需要具有盗窃特定财产的故意。在一个案件中,被告人走近坐在汽车里的受害人,想要夺取美元和黄金首饰。受害人下车逃避,被告人就驾驶着受害人的汽车逃离现场。律师的辩护意见是,被告人盗窃汽车的行为和故意不是同时存在。法院回答说,没有看到限制抢劫罪范围的任何理由。以被告人在最初使用暴力时针对的特定物品为由,限制抢劫罪的范围没有任何道理。从根本上讲,确定事实的标准,是看被告人存在抢劫的主观故意,盗窃故意也许是通过抢劫时的周围环境推断出来的。② 在另外一个案件中,被告人声称直到杀死受害人之前,他都没有形成盗窃的故意。但是,法院判定,案件的情形证据已经确立了一个可能的推断,即被告人在杀人之前就已经形成了盗窃故意。这些情形证据包括被告人拿走属于受害人的财产,被告人携带匕首的事实,被告人在事发之前割断电话线以及进入现场的暴力证据等等。③ 还有另外一个案件,上诉法院发现了支持被告人抢劫罪名的充分证据,从这些证据可以合理地推断出,被告人打算从受害人那里盗窃财物并且以暴力的方式将其抢走。他攻击了受害人,使其失去反抗能力,以便他进行盗窃。在这一过程中,他虽然还对受害人进行了性攻击,但不能得出这种暴力行为仅仅是用来完成人身伤害的结论,它同样也包括为抢劫财物而使用暴力。④ 被告人具有盗窃故意的推断必须是合理的。一家法院认为,仅仅拥有受害人的财物,不能支持被告人在杀人时就具有盗窃的故意。例如,当受害人的信用卡被被告人拥有时,受害人正裸露身体躺在浴室内,人已经死亡。法院认为,有充分证据显示,信用卡是从被害人身上取走的,但不能证明是以暴力和恫吓的方式取得的。一个合理的推断不是基于一种单独的怀疑或者想象的基础之上。事实的发现必须从证据中加以推断,而不仅仅是没有事实根据的胡乱猜测。⑤ 假如一个合理的怀疑存在,即被告人的心理状态与盗窃行为相互矛盾,行为人就不构成抢劫罪。因此,假如被告人真诚的相信,受害人本人愿意将自己的钱赔偿给被告人,被告人因此而进入受害人的房间,即便这种相信是错误的,也不存在盗窃的故意。

但是,假如在未明确赔偿的情况下,被告人就不能假定自己可以以自助的方

---

① People v. Ramkeesoon, 39 Cal. 3d 346, 351, 216 Cal. Rptr. 455, 702 P. 2d 613(1985).
② People v. Brito, 232 Cal. App. 3d 316, 325—326, 283 Cal. Rptr. 441(1991).
③ People v. Turner, 50 Cal. 3d 668, 687—689, 268 Cal. Rptr. 706, 789 P. 2d 887(1990).
④ People v. Holt, 15 Cal. 4th 619, 671, 63 Cal. Rptr. 2d 782, 937 P. 2d 213(1997).
⑤ People v. Morris, 46 Cal. 3d 1, 19, 21, 249 Cal. Rptr. 119, 756 P. 2d 843(1988).

式,从被害人那里合法的获得财物。

尽管盗窃故意也许在通常情况下可以推断,但是如果无法证明行为人是以暴力的形式拿走他人财物的,行为人的抢劫行为和故意不一致时,就排除盗窃或者抢劫的事实。但是,一个真诚的相信,尽管是错误地认为自己有权主张财产权,也可以否定重罪意图。当这个主张是建立在非法交易的基础之上时,这样一个权力主张的抗辩理由就不能成立。

抢劫罪的一个基本要件,就是抢劫者直接从他人身上劫取财物,或者当着他人的面劫取财物。直接从被害人身上劫去财物不难理解,不需要进一步讨论。但是,法院要确定被告人是否当着被害人的面劫取财物,就会有很多困难。在此类情况下,法院往往纠结于"当面的"和"当场的"这两个字的精确含义。一般认为,"当面的",是指近在咫尺,和被害人的距离非常近;"当场的",要根据案件的具体情况加以确定,范围比"当面的"要大一些,但不能超过公认的范围。例如,抢劫犯试图抢劫一名妇女停在家门外的汽车,被告人在受害人的屋内使用暴力而获得汽车钥匙,然后到外面将汽车开走。根据上面的定义,就足以认定是当着被害人的面进行抢劫了。[①] 加利福尼亚州最高法院在一系列案件中,推翻了一些初审法院确定的"当场的"定义。在 People 诉 Hayes 一案中,法院非常明确的驳回了一审的判决,认为只要被害人能够感觉到被告人对自己实施了任何公然的行为,"当面的"这个要件就已经成立了。"当场的"至少必须意味着一个区域内,在这个区域内,受害人能够合理的认为,她的财物会受到某种程度的物理控制。因此,遭到抢劫的财产,必须在受害人"能够达到、检查、观察或控制"的范围之内,假如受害人当时不能克服对暴力的恐惧,就会失去对自己财产的占有。(被迫交出自己的财物)

法院在 Hayes 一案中提出了一个假设的情况,一个人能够通过武力或者恐吓方式进行盗窃。但是,这个罪犯不会从盗窃升格为抢劫罪,因为缺少"当面的"这个要件。在这个假设的案件中,被告人迫使受害人提供了一个可以保障几英里范围内安全的继电器和保险箱密码,这个窃贼在这个安全的区域内给他的同伙(共犯)打电话,传递这个密码,以便他的同伙打开保险箱,然后带着保险箱里贵重物品逃跑。在这个戏剧性的场景里,被告人可能触犯了好几个罪名,但没有一个行为可以构成抢劫罪。因为加州刑法将抢劫罪作为一个针对人的犯罪,对被害人使用暴力或者恫吓,是构成抢劫罪的一个确定性因素。检察官必须确定无疑地证明被告人使用了暴力或者其他形式的武力,但不要求同时证实存在暴力或者恫吓两个要件。陪审团必须作出一个事实判断,即被告人是否使用

[①] People v. Bauer, 241 Cal. App. 2d 632, 642, 50 Cal. Rptr. 687(1966).

了暴力或者恫吓的方式实施了抢劫行为。① 在最初的抢劫罪判决中,英美的法院并没有对于使用暴力或者恫吓给出明确的意见。例如,针对严重谋杀罪、强奸罪(涉及被害人财产)和盗窃罪的起诉,都有足够的证据支持一个抢劫罪的定罪。支持这样一个定罪,公诉机关提出的证据必须证明法律所要求的盗窃故意,是在使用暴力之前或者在使用暴力的过程中形成的。当提出被告人杀死他人并且在杀人时从被害人身上拿走了财物的证据时,陪审团可以合理地推断,这个人是基于抢劫的目的而杀死被害人。当证据表明,被告人实施强奸或者试图实施强奸行为时杀死了被害人,也允许采纳这样的合理推断,陪审团同样可以推定被告人是基于强奸的目的而杀人。

此外,直到被告人已经抵达一个安全的地区为止,抢劫罪一直处在继续状态,从现场拿走财物时使用暴力,也满足暴力和恫吓的要素。因此,犯罪者不需要在抢劫财产之前使用暴力或者威胁。由于抢劫罪这个核心要素是暴力或者恫吓,假如受害人是被抢走财产的共同拥有者,被告人也许同时构成几个抢劫罪,即对其中的每一个人使用暴力或者恫吓,都构成一个独立的抢劫罪。②

2. 暴力的含义

即使由陪审团来确定被告人是否使用了所需要的暴力,有一点是可以确定的,即暴力的程度,一定要足以使被害人因恐惧而放弃自己的财产。例如,仅仅从受害人手中夺走一个钱包,没有使用其他的暴力行为,就不会构成抢劫罪。

另一方面,陪审团不需要确定被告人使用了致命的武器,或者拥有一个致命的武器,只要发现被告人使用了所需要的武力,公诉机关提出的情形证据表明受害人不是自愿与自己的财产分离的,就足以认定抢劫罪了。

行为人使用暴力不仅仅是针对他人身体上的攻击。罪犯也不需要使用武器,对被害人身体上造成一个表面上的伤害。因此,使用毒药、酒类饮料,尽管作用于身体内部,但作为一种有效的方法,可以达到同样的目的。这种情况也属于违反他人意志,恶意抢劫他人财产的行为,同样构成抢劫罪。例如,在一个案件中,被告人引诱受害人到他的家里后,给被害人倒了一杯咖啡并且在咖啡里放了镇静剂,被害人饮用后失去知觉,然后将受害人的财物拿走,也构成抢劫罪。③假如受害人自愿喝醉,被告人没有使用抢劫罪所要求的武力,或者趁受害人睡觉而将其财物拿走,都不能以抢劫罪处理。例如,在一个案件中,犯罪者碰巧走到受害人家里,与他一起玩喝酒的游戏,一直到受害人失去知觉,然后将其财物拿走。尽管陪审团认定被告人构成抢劫罪,但上诉法院却认为被害人是自愿醉酒,

---

① People v. hayes, 52 Cal. 3d 577, 276 Cal. Rptr. 874, 802 P. 2d 376(1990), cert. den. sub nom. Hayes v. California, 502 U. S. 958, 112 S. Ct. 420, 116 L. Ed. 2d 440(1991).
② Laurie L. Levenson, *California Criminal Law*, Thomson West 2007, p. 382—385.
③ People v. Dreas, 153 Cal. App. 3d 623, 627—628, 629, 200 Cal. Rptr. 586(1984).

被告人并没有以武力压制受害人的反抗。①

3. 恫吓(威胁)

抢劫罪中恫吓(fear)这个要素是指:

(1) 以非法伤害他人身体或者抢劫他人财产相恫吓,或者恫吓其亲戚或者其他家庭成员;

(2) 在抢劫财产时,直接恫吓本人和非法伤害这个人的身体或者恫吓另外一个人(和被抢劫的人在一起)。②

被告人既可以通过对被害人进行暴力威胁而完成抢劫,也可以通过以损害其财产相威胁而完成抢劫,只要这种恫吓引起受害人被迫与其财物相分离。

因此,殴击不是抢劫罪的一个基本要素。抢劫罪的威胁不需要伴随着直接的身体伤害。例如,被告人威胁伤害受害人,但使用的是未上膛的枪、玩具枪或者口袋里的一枚别针,都可以构成以威胁的方法实施抢劫行为。③ 抢劫罪中涉及的一个复杂问题是,当一个被告人夺走财物时,他使用的恫吓的程度是否足以招致他人恐惧,这是非常值得怀疑的。另外,当财产被拿走时,是否一定要被害人感到恐惧?毫无疑问,回答这些问题要考虑被告人的主观故意,恫吓和抢劫罪中的胁迫是一回事,胁迫可以通过行为、言词、或者周围的环境表现出来,并且合理地计算出被害人产生恐惧的程度。这就意味着要确定胁迫,必须提供被告人的行为,导致了被害人心理上产生恐惧的相关证据。

在具体案件中,如何确定被害人在交出财产时,实际上产生了恐惧的心理呢?这个问题,可以参考强奸犯罪的情况。强奸就像抢劫一样,能够通过暴力或者威胁来实行犯罪,这种在强奸犯罪中使用的暴力和胁迫,与抢劫犯罪是一样的。通过一系列案例,刑法已经对以强奸为目的而进行恫吓的行为作出了规定:当面的恫吓和非法的人身伤害,有两个要素,一个是主观要素,一个是客观要素。主观要素是指受害人是否感觉到了当面进行的恫吓或者人身伤害,足以使其违反自己的意志,与被告人发生性关系。客观要素是指受害人的恐惧,在当时的情况下是否合理,或者假如不合理,行为人是否了解受害人主观上的恐惧并且利用了这一恐惧心理。④ 因此,认定行为人构成抢劫罪,必须具有被害人实际上产生恐惧和在当时的环境下合理地感到恐惧的两种证据。

---

① people v. Kelley, 220 Cal. App. 3d 1358, 1369—1370, 269 Cal. Rptr. 900(1990).
② Penal Code 212; CALJIC NO. 9.41(7th ed. 2003 bound vol.).
③ People v. Raner, 86 Cal. App. 2d 107, 108, 194 P. 2d 37(1948); People v. Gutkowsky, 100 Cal. App. 2d 635, 637, 224 P. 2d 95(1950).
④ People v. Iniguez, 7 Cal. 4th 847, 857—858, 30 Cal. Rptr. 2d 258, 872 P. 2d 1183(1994).

三、抢劫罪的处罚

一级抢劫罪,可以被分别判处 3—6 年监禁。假如被告人有减轻处罚的情节,法院可以判处较轻的刑罚。相反,如果被告人有从重处罚的情节,也可以判处较长刑期的刑罚。否则,法院会根据情况,判处一个适中的量刑幅度。

假如陪审团没有明确的判断被告人犯有一级抢劫罪,这就意味着陪审团根据案件的具体情况,认定被告人犯有二级抢劫罪。

一个被告人自愿的和其他几个人协调一致的共同行动,在居民小区、有人生活的轮船上或专为居住的轮船上、浮动房屋和拖车上犯抢劫罪。根据有关交通法典的规定,在建筑物内有人生活的区域或者有人居住的部分,犯抢劫罪,都可以判处 3—9 年监禁。

二级抢劫罪可以判处 2—5 年监禁。当被告人使用手枪进行抢劫时,有可能构成多重罪行的二级抢劫罪。根据加州刑法典对未完成罪的条款,处在犯罪未遂状态下,处该罪 1/2 的刑罚。对于一级抢劫未遂,处 1 年或 1 年 6 个月,2 年或 3 年监禁。假如是协调一致的共同犯罪,处 1 年或 1 年 6 个月、3 年、4 年和 4 年 6 个月监禁。

考虑到抢劫罪的严重性,立法机关特别规定,未遂的二级抢劫罪将会判处较重的刑法,即处 16 个月、2 年和 3 年监禁。

美国刑法中曾经有一个这样的问题,即抢劫车辆是否一定要求是开动着的车辆?有些法院认为,即使车辆从未在使用(运输)中,被告人也可以构成抢劫车辆罪,因为抢劫车辆,比起针对他人财产的盗窃罪来说,是针对人身安全的犯罪,行为性质更严重。但是,加州最高法院认为,当被告人不能开动汽车时,可以按照抢劫车辆未遂罪中最严重的罪行看待,因为该州《刑法典》第 215 条规定,对于抢劫车辆要求恶意抢走行为的发生,"抢走"至少要求涉及一些轻微的运动(移动),否则就不能认定"抢走"已经发生。①

第四节 放 火 罪

一、一般放火罪的概念

放火罪既可以是对财产的犯罪,也可以是对人的犯罪。本书选择将这一犯罪视为针对人的犯罪,因为在这种犯罪中,行为人点燃的虽然是财物,例如房子,森林等,但在每一例放火案中,都对人的生命安全构成了巨大的、潜在的危险。

---

① Laurie L. Levenson, *California Criminal Law*, Thomson West, 2007, p. 391.

这种危险比刑法中规定的偷盗汽车、破坏文化艺术品和恶意伤害他人身体还要严重得多。

在早期的英国普通法中,放火罪被视为故意地或者恶意地烧毁另外一个人的住宅(dwelling),但到20世纪20年代,美国的一些州已经扩大了放火罪的范围,包括烧毁其他种类的财产和特定个人的财产。

美国加利福尼亚州1979年《刑法典》第450条和451条补充规定:放火罪涉及对人的所有财产的保护,包括所有不动产和个人财产、建筑物和森林。《刑法典》第451条甚至规定,点燃他人的衣物也可以适用放火罪,无论受害人在起火时,是将衣服穿在身上还是放在衣柜里,也无论衣服是新的还是旧的。

所谓放火罪,是指行为人故意地或者恶意地点燃火种,烧毁或者引起燃烧,或者帮助、劝诱、促使任何人烧毁建筑物、林地和财产。放火是重罪,放火引起严重的人身伤害、烧毁有人居住的建筑物或者财产,要比烧毁无人居住的建筑物或者林地,处以更重的法定刑。[①]

构成放火罪,要求行为人故意地或者恶意地点燃火种。但是,假如一个人轻率地点燃火种,也可以构成非法引起火灾罪,但这个罪不是典型意义上的放火罪。

另外,行为人点燃自己的个人财产,试图欺骗或者导致他人财产的损失,也可以构成放火罪。

二、加重放火罪的概念

假如行为人故意地或者恶意地点燃火种,烧毁或者引起然烧,帮助、促使、劝诱烧毁任何居民住宅、建筑物、林地或者财产,就可能构成加重放火罪。另外,加重放火罪必须是在故意、蓄意和恶意的主观意图支配下进行的。加重放火罪的构成因素还包括:(1)在过去十年中曾经被处以放火罪;(2)造成的财产损失在500万元以上;(3)放火烧毁或者摧毁5个以上或者更多地用于生活的建筑物。这些建筑物都是独立的,而不是一个建筑物里的几个不同的单元。[②]

三、放火罪的构成要件

构成放火罪,必须具备两个条件:

1. 行为人必须实施了点燃火种,引起燃烧,烧毁财物或者帮助、劝诱、促使烧毁他人财物的行为。建筑物是否完全被烧毁不是必要条件,假如一个人试图

---

① Ex parte Bramble, 31 Cal. 2d 43, 48, 187 P. 2d 411, 414,(1947), cert. den. 337 U.S. 960, 69 S. Ct. 1522, 93 L. ED, 1759(1949); People v. De winton, 113 Cal. 403, 405, 45 p. 798, 709(1896).

② Penal Code § 451.5(a).

放火烧毁一座房子,房子的木头在一定的范围内被烧焦,木头的质地被烧毁,放火行为就已经完成,即使大火最终被扑灭。例如,放火行为在房间的地板上留下了燃烧的痕迹,门上的木头被烧焦,证明放火罪的证据就足够了。①

在一个案件中,被告人被认定为企图毁坏陵墓罪。被告人引用一个19世纪的判决,声称所谓烧毁,是指被大火毁灭,而建筑陵墓的大理石、石膏和混凝土则不可能被毁灭。但是,法院驳回了它的辩护意见,认为一个物品如果被大火全部或者部分毁坏、摧毁,就是毁灭了。假如这个物品被大火蹂躏过,尽管没有达到化为灰烬的程度,也可以被认为是毁灭了。②

放火罪的对象包括建筑物和财产。尽管烧毁一座无人居住的建筑物或者里面的财产可以构成放火罪,但出于政策的考虑,立法机关往往会对非法烧毁有人居住的建筑物和财产的放火行为,处以更重的刑罚。因为烧毁有人居住的建筑物和财产,可能危及人的生命和安全。"居住"这个词的含义,是指出于生活目的而居住的建筑物,包括与不动产相关的各项权益,例如权利、利益和好处。③

放火罪和非法引起火灾,不包括放火烧毁自己的个人财产,除非企图通过放火进行诈骗或者伤害他人和他人的建筑物、林地或者财产。假如一个第三方在被告人的财产中有财产性利益,烧毁这些财物也许可以构成烧毁另外一个人的财物。在一个案件当中,被告人购买了一辆旅宿两用的汽车,交了定金(首付款),获得了银行的贷款。车辆注册登记已经送达被告人,车辆检查证(验车纸)送到银行作为一个法律上的拥有者。上诉法院认为,被告人放火烧毁旅宿两用汽车的罪名成立,因为银行已经具有相关的安全利益,对于放火的法律目的而言,汽车已经是另外一个人(银行)的财产。④

2. 放火罪的主观目的。放火罪要求行为人的放火行为是蓄意地、恶意地或者鲁莽地。

按照刑法的一般定义,如果一个人有目的地实施某种作为或者不作为,这个人的行为就是蓄意的。对主观目的的追求、渴望和欺骗,既可以通过客观证据加以确定,也可以通过法律上的推定加以确定。

主观恶意是由放火罪的法律所规定的,是指一个人渴望、激怒、欺骗、挑衅或者伤害他人,或者故意实施任何错误行为。

非法引起火灾的犯罪,不需要蓄意和恶意,仅仅要求被告人的行为是鲁莽的,即有意识地忽视实质性的(实际存在的)和不合理的风险。"鲁莽地",是指一个人明知地或者有意识地忽视实际存在的和不合理的风险,点燃、烧毁或者引起

---

① In re Jesse L., 221 Cal. App. 3d 161, 166—167, 270 Cal. Rptr. 389(1990).
② People v. Haggerty, 46 Cal. 354, 355(1873).
③ Laurie L. Levenson, *California Criminal Law*, Thomson West 2007, p.399.
④ People v. Foster, 114 Cal. App. 3d 421, 429, 170 Cal. Rptr, 597(1981).

建筑物、林地和财物的损害。这种风险应该是这样的性质和程度,就是这种忽视严重的偏离了有理性的人的行为标准。

放火罪传统上认为是一般故意的犯罪,美国有几个上诉法院认为放火罪要求特定的故意。但是,加利福尼亚州最高法院坚持认为,放火罪是一般故意,而不是特定的故意犯罪。

区分一般故意和特定故意,在刑事抗辩中具有重要意义。因为放火罪不需要考虑特定故意,被告人以行为能力减弱的辩护理由就不能成立,而且,自愿醉酒也不是放火罪的一个辩护理由。传统上,放火罪不要求特定故意,但是在放火的案件中,被告人往往认为法律上规定恶意这个词表明,构成放火罪要求具有超出一般故意以外的主观因素。但是法院驳回了这种抗辩理由,认为恶意这个词与放火罪有联系时,就不要求超出比一般故意更多的主观因素。

在stonewall一案①中,美国的一家上诉法院拒绝接受放火罪不要求特定故意的传统观点。在这个案件中,几个未成年人点燃了一堆树叶,导致火势蔓延到附近学校的一栋大楼,初审法院认定为放火罪,而上诉法院改变了放火罪的罪名,认定为非法引起火灾罪。上诉法院改判的理由就是这几个未成年人没有放火烧毁大楼的特定故意,而仅有烧毁树叶的特定故意。法院认为,放火罪中的"蓄意地"和"恶意地",很明确是指故意点燃、烧毁以及引起任何建筑物的燃烧。但也有人认为,这家上诉法院的判决,没有正确的解释法律,放火罪仍然是一个一般故意的犯罪,不要求特定故意。被告人在蓄意地和恶意地支配下,点燃火种,引起燃烧或者烧毁建筑物、林地和财物,就是放火罪,并不是特指烧毁建筑物。因此,在Carport一案中,被告人以点燃汽车的恶意,烧毁了车库,也可以认定为放火罪,缺乏烧毁车库的特定故意,对于是否构成放火罪,不是法律重点考虑的犯罪问题。

Carport一案中形成的观点更加具有代表性和权威性,美国的法院普遍认为,放火烧毁一个建筑物,不需要特定的故意。例如,一名男子企图自杀,在小区内点燃了几堆火。由于是蓄意地点燃火种,尽管他声称是为了自杀,没有烧毁建筑物的特定故意,仍然被判定为放火罪。加利福尼亚州最高法院在People v. Atkins一案②中解决了这个问题,认为放火罪仅仅要求一般的犯罪故意,点燃、烧毁或者引起火灾的特定故意不是放火罪的一个构成要件。传统上表示特定故意的语言,在加州《刑法典》第451条中是不存在的。例如,"故意的完成或者达到某些进一步行为的目的"等。这条法律不要求一个附加的烧毁建筑物的特定故意。加州放火罪的立法史进一步表明,立法机关在放火罪中不考虑一个特定

---

① In re Stonewall F., 208 Cal. App. 3d 1054, 256 Cal. Rptr. 578(1989).
② People v. Atkins, 25 Cal, 4th 76, 84, 104 Cal. Rptr. 2d 738, 18 P. 3d 660(2001).

的故意,放火罪虽然要求比轻率更严重的心理状态,但并不意味着这个心理状态就是一个特定故意的犯罪。另外,由于立法机关的关系,自愿醉酒曾经被作为一个抗辩的理由而使用(在轻微的违法行为引起的火灾中),但立法机关现在强调,加州《刑法典》第 450 条规定的轻率的定义,是指一个人如果制造了一种风险,仅仅由于醉酒的原因而没有意识到这种风险,也是一种鲁莽的行为。

动机不是放火罪的构成要件。但是,缺少犯罪动机也许使得某些证据缺乏说服力。例如,在一个案件中,法院允许检察官在法庭上盘问被告人的财政状况,以便查明其烧毁财物的动机,因为他被控告意图欺诈他的承保人——保险公司。在另外一个案件中,被告人是商店老板的侄子和雇员,被控告放火罪。案件证据显示这个商店财政状况不好,老板自己从柜台的收银机中取走 9000 美元,并且以他自己的名义上了一个保险,最终成为一个 610,000 美元的火灾保险金的获益者。被告人为自己辩护说,老板烧毁商店的动机与他无关,他是受老板指使而烧毁店。法院不同意这种观点,认为这个证据对于支持陪审团的结论是充分的,老板雇佣被告人放火烧毁商店,其动机是骗取保险金,老板的动机就是被告人的动机。①

四、与放火罪有关联的犯罪

1. 非法引起火灾罪

行为人轻率地点燃或者烧毁以及引起任何建筑物、林地或者财物的损坏,构成非法引起火灾罪。如果非法引起火灾造成他人严重的身体伤害,造成建筑物或者财物被烧毁,以及引起建筑物、林地、财物燃烧,就是一个重罪。这就是说,在非法引起火灾,造成个人财物烧毁的情况下,一般属于轻罪。除非有另外一个人受伤或者另外一个人的建筑物、林地或者财产被烧毁。

2. 拥有、生产、处置燃烧弹罪

任何人拥有、生产、处置燃烧弹都构成一个重罪。在一个案件中,被告人被控将一枚燃烧弹装在有 150 度酒精溶液的玻璃瓶子里,里面有一个类似灯芯或者类似能够燃烧的装置,并将其放置在一个危险的地方。法院最后查明,这种设计主要是出于商业照明的用途,不能被视为一个真正意义上的燃烧弹。这个罪中,拥有、生产的含义比较明确,所谓处置,是指放弃、出借、让售或者转移。② 刑法对放火罪和其他相关罪名规定了严厉的刑罚,主要基于两点考虑:(1) 大火造成的损害程度和对人身伤害的程度;(2) 被告人的罪责程度。例如立法机关规定:对于放火造成严重身体伤害的,分别处以 5 年、7 年或者 9 年监禁。立法机

---

① People v. Beagle, 6 Cal. 3d 441, 449—450, 99 Cal. Rptr. 313, 492 P. 2d 1(1972).
② Penal Code 453(b); CALJIC No. 14.87(7th ed. 2003 bound vol.).

关对于放火烧毁用于居住的建筑物和非居住性建筑物分别规定了不同的刑罚。对于放火烧毁居民住宅的,分别处以 3 年、5 年或者 8 年监禁;对于放火烧毁非居住性建筑物的,分别处以 2 年、4 年或者 6 年监禁。放火烧毁他人财物的,处以 16 个月监禁、2 年或者 3 年监禁。烧毁林地和烧毁非生活用财产的,分别处以 2 年、4 年、6 年监禁。

根据加利福尼亚州《刑法典》第 451 条的规定,具有下列情形之一的,属于加重放火罪,在原有基础上分别提高 3 年、4 年、5 年刑期:(1) 被告人以前因放火罪被判刑;(2) 消防队员、治安官员或者其他紧急情况、突发事件的应急救援人员,因犯罪导致严重人身伤害的;(3) 被告人造成 2 人以上严重人身伤害或者引起多个建筑物被烧毁的;(4) 被告人使用预先设计好的方法,加速点火或者延迟点火。

加重放火罪,指特定情形下的放火罪,如果造成 500 万美元以上的财产损失,或者造成 5 个以上建筑物或者更多的居民楼被烧毁,处 10 年以上监禁。

放火未遂的,处 16 个月监禁或者 2 年、3 年监禁。

非法引起火灾,如果构成重罪,处 2 年、4 年、6 年监禁;如果构成轻罪,处 1 年以下拘留所监禁,或者 9 个月监禁和罚金。

非法引起火灾,烧毁非居民楼和林地,处 16 个月、2 年监禁或者 6 个月以下拘留所监禁或者罚金。非法引起火灾,造成个人财物损失,构成轻罪的,处 6 个月以下拘留所监禁。故意使用易燃、易爆或者可燃物品,构成重放火罪的,处 16 个月、2 年、3 年监禁;构成轻放火罪的,处 1 年以下拘留所监禁。①

---

① Laurie L. Levenson, *California Criminal Law*, Thomson West 2007, p. 405—407.

第十五章 性 犯 罪

第一节 强 奸 罪

强奸是一种古老的犯罪。在大约 4000 年以前,《汉谟拉比法典》(the Code of Hammurabi)就规定,如果某男强奸了已经订婚的处女,将被处以死刑,但受害少女无罪。早期英国法律中有关强奸及其处罚的概念是模糊不清的,特别是一直没能解决男性长期以来的困惑,例如,强奸是对女性身体的犯罪,还是对他的不动产的犯罪?但总体而言,早期英国法律体现出法律的逐渐人性化过程。

1066 年诺曼人征服英国之前,强奸罪是死罪,要被肢解,尽管这一酷刑仅限于强奸出身高贵、有权势家庭的处女。在 12 世纪,西欧人的法律思想被引入英国,此时的法律规定,如果某一个被强奸的少女申请民事诉讼,审判就不再采用决斗的方式,而是在国王的立法会议上有陪审团裁决,但对强奸处女的刑罚是宫刑和剥夺视觉权。在 19 世纪即将结束的时候,爱德华一世推出内容全面的《威斯敏斯特法》(the First Statute of Westminster),这部法律扩大了国王的司法权,使国王不仅有权处理强奸处女案,还有权处理强奸已婚的妇女案,并对所有的强奸犯予以处罚。这个法律取消了强奸处女和强奸已婚妇女的区别。在当时看来,强奸案中受害一方是丈夫,而妻子只是被剥夺了贞操。在婚姻关系中,过去现在都有这样一种理论,即妻子"同意"丈夫,就意味着对婚姻做了永远不可撤销的承诺,既然如此,那么就不存在被丈夫强奸之类的犯罪。

根据 1275 年第一版的《威斯敏斯特法》,对强奸罪处以 2 年以下监禁和罚金,数额多少,由国王决定。12 年以后,颁布了第 2 版的《威斯敏斯特法》,规定任何男性只要不经同意奸淫"已婚妇女、贵族妇女或处女",就是犯下滔天大罪,会被判处死刑。从 13 世纪到 20 世纪,英国的强奸罪立法基本没有变化,但现代英国法律取消了死刑,强奸罪最重将被判处终身监禁。

一、强奸罪的类型

根据英美两国的相关法律,强奸罪大致可以分为四种类型:暴力强奸、约会强奸、婚内强奸和法定强奸(强奸 18 周岁以下少女)。

任何性侵入,哪怕是轻微的侵入,也足以构成强奸罪。性侵入也许可以仅仅凭借受害人的证词就加以确定。被告人对受害人的每一次性侵入,都是一个独立的强奸罪,需要数罪并罚。

假如性侵入发生在受害人死后,就不构成强奸罪。性侵入发生在受害人死了以后,被告人可以"认识错误"提出抗辩的理由。被告人可以被认定为强奸未遂,因为被告人以为非自愿地与一个活人性交,而实际上人已经死亡了。

1. 暴力强奸

(1) 暴力强奸非配偶

暴力强奸是一个非法的性交行为,或者是对一个不是行为人配偶的人进行性侵入。实施这种行为时,对被害人进行了武力威胁、胁迫、直接恐吓和非法人身伤害。以将来对被害人进行报复相威胁,也违反了被害人的意志,构成暴力强奸。违反受害人意志,是暴力强奸的本质特征。所谓违反妇女意志,就是受害人内心不同意性行为,即使有些情况下,被害人表面上顺从了罪犯的要求,也不等于内心是同意的。采用欺骗的手段和被害人发生性行为,由于不是建立在受害人正确认识的基础之上的,从本质上也是违反妇女意志的行为,也应以强奸罪处罚。

(2) 共同强奸

共同强奸是指被告人与另外一个人共同实施的暴力强奸行为。和一般的暴力强奸不同,这种暴力强奸的法律包括了暴力婚内强奸和其他的共同暴力强奸。在共同强奸犯罪中,有的被告人没有实施身体上的动作,甚至强奸时没有在现场,仍然构成共同强奸罪。一个人仅仅是帮助或者教唆行为人就构成共同强奸罪。

对于实际上实施强奸行为的人(实行犯),在共同强奸犯罪中是一般故意犯罪,对于帮助犯和教唆犯,在共同强奸犯罪中是特定故意犯罪。由于女性可以构成共同强奸犯罪中的帮助犯和教唆犯,据此推断,女性在共同强奸犯罪中也可以以强奸罪定罪处罚。

共同暴力强奸行为,是针对10岁以下或者14岁以下的儿童,或者年龄更小的孩子的,被告人可以被认定为加重的性侵犯(对儿童的),可以处15年以上监禁或者终身监禁。

2. 约会强奸

在过去,如果有人使用约会强奸这个词可能没有多少人能懂它的意思。但是在今天,这是大部分人都意识到的社会现象。通俗的说,所谓约会强奸,是指受害人认识实施强奸行为的人,而且两人出去约会过。约会强奸这个词最早是在美国出现的。美国的一项调查表明,这个现象普遍存在,前些年在美国发生的肯尼迪强奸案,就属于约会强奸。有人曾经认为,这是美国才有的社会现象,其实不然,在英国这种现象也比较普遍。一项类似的调查表明,每5个妇女当中,就有1人曾经是或者差一点是约会强奸的受害者。可以举几个例子看看,海伦

18岁时参加一个晚会,晚会后被一个认识的朋友强奸,那个朋友对她使用了暴力,使得她事后不得不到医院接受治疗。海伦说,"当时我们俩都认识到被对方所吸引,他吻我时我也就没有反对,但是我并没有料到后来发生的事。他将我推倒在地,我没有大声喊叫,只是对他说我不愿意。可是我发现自己已经躺倒在地,只剩下上身的衣服了,还流了很多血。我认为这是强奸,因为他使用了暴力。但是最让我痛心的是对友谊的践踏,有人会利用我的友情对我伤害到如此地步,而我却不能把他怎么样,我永远也不会相信其他任何人了。"如果海伦到法院控告,她的案子也许可以成立,因为她有被暴虐的证据。但是在很多其他的约会强奸的案件中,就只有受害人的一句话,没有其他实际的证据,空口无凭,而且许多约会强奸犯都会说,那不是强奸,女方是自愿的。但是,怎么才能认定女方是自愿的还是真正的受害者呢?在轰动美国的肯尼迪强奸案中,肯尼迪被判无罪,而继肯尼迪之后的黑人拳王泰森却被宣告有罪。他的受害者也认识他,而且也情愿到他下榻的房间中。美国的女权运动者认为,对泰森的判决具有里程碑意义。但是,在引诱、强迫或使用暴力性交之间怎样才能划清界限呢?在约会中是不是有的妇女引诱了男友,使他误解了女友的意图呢?对于这些问题,甚至有些受害人自己都不好解答。迪娜是帮助受害者的顾问,她这样说,"有的给我打电话的妇女,开始时说她没有被强奸,但是看起来很明显她们被强奸了。但是她们都感到很内疚,认为是自己不好,是自己引诱了对方。因此,她们认为这不是强奸。"

这就是为什么很少有约会强奸的受害者会到警察那报警,根据英国的一项调查显示,每50个妇女中只有一个会去报警。如果受害者自己都不肯承认被强奸了,那么这种意识就更不容易被其他人所接受。美国亚利桑那大学的考斯解释了约会强奸这个概念为什么在社会上受到如此强烈的抵制。约会强奸这个概念遭到反对的主要原因之一,就是它离我们每一个人太近了。换句话说,它不是什么陌生人在大街上干的事情,它也不是什么与我们不相干的监狱里的囚犯干的事。约会强奸有可能发生在我们认识的人中间,可能会有自己家里的人,一些男人在报纸上看到约会强奸的消息,他们会联想到自己年轻时干过的事,他们可能会意识到他们当年干过的事,在今天可能被看做一种犯罪行为。但是,反对约会强奸这个词的人却说,如果一个女人在酒吧里遇到一个男人,在凌晨3点跟他回家,如果这个女人任凭男人去亲她摸她,那她就应该为接下来发生的事情负责。还有人说,女权主义者应当承认,在刀子逼迫之下被陌生人强奸与情愿的先去挑逗,然后又有了身体接触之间是有区别的。但是,考斯说,这两种强奸对妇女产生的影响都是没有区别的。在许多人看来,约会强奸不如被从黑暗中跳出来的陌生人强奸那么严重,因此对妇女的影响也就不那么严重。但是我们在调查中对比发现,被自己认识的人强奸和被陌生人强奸,给妇女带来的心理伤害是完全一样的。考斯说,之所以会发生约会强奸,是因为女人和男人对某种行为举止有着不同的理解,一个男人认为在两性关系上,如果女方说"不",那实际上是口是心非。考斯说,有的女人遇到这种情况会不知所措而没有反抗,这也会被男人理解为默许。近些年来,西方国家对强奸有了不同的认识,比如1991年英国的法院就第一次判决了婚内强奸罪,也就是说丈夫无权强迫妻子与之发生性关系。在加拿大强奸罪是分等级轻重的。因此,判的刑也是不一样的。也有很多人认为,约会强奸这个概念是现代社会性自由的产物,为了防止被人指控为强奸犯,那就要放弃性自由,要对两性的行为举止作出硬性的规定。但是,女权主义者则说,妇女应该有选择是否发生性关系的自由,他们认为中心问题是女方是否情愿。然而,是否情愿则是个在法院很难证明的问题。[①]

美国约会强奸的一个著名案例是1991年的威廉·肯尼迪·史密斯案。受害人V女士指控史密斯3月30日凌晨在其家中的别墅内强奸了她。她说,30日凌晨,两人在"金色酒吧"相遇,并在一起跳舞喝酒,大约在凌晨3点离开酒吧,由V女士开车送史密斯回家。到达别墅后,史密斯邀请V女士到别墅海滩散步,并提出与V女士一起游泳。V说,时间太晚,她想回家,于是转身告辞。这时,史密斯突然从后面追了上来,把V按倒在地。V一边反抗,一边高呼:"不!我不!"但最后还是被史密斯强奸了。

被告人史密斯在法庭上承认他与V女士发生过两性关系,但强调是双方自愿的。他说,V女士与他曾经两次做爱,第一次是在海滩边,她主动与他亲吻,并抚摸他的胸膛。后来,史密斯游泳上岸以后,V女士又向他走过来,并紧紧地拥抱他,于是两人又发生了性关系。在这个过程中,史密斯曾经轻轻呼唤他前女友的名字,引起了V女士的不满,两人发生了争执,V女士于是告他强奸。

根据佛罗里达州刑法的规定,必须符合以下三点才能构成强奸罪:(1)必须真正发生过两性关系;(2)必须使用过暴力;(3)女方不同意。对于第(1)点,史密斯是承认的,两人确实发生了性行为。但对于第(2)点和第(3)点,双方说法不一。检察官认为史密斯曾经将女方压倒在地,并压住她的双腿,足以证明史密斯使用了暴力。另外,女方还大声呼叫,表示不同意发生性行为。但是,史密斯的律师指出,事发后,女方身上没有伤痕,衣服也完整无损,证明是双方自愿发生性行为。而且,现场的几名证人,都一口否认听到过V女士的呼喊声。这样,就使得V女士的叙述失去了存在的根据。法庭经过10天审理和辩论,宣告指控方的证据不足,史密斯无罪释放。由此可以看出,在这个约会强奸案中,男女双方相互认识,性行为又发生在被告人的家中,受害人要证明被告人实施了暴力强奸行为是非常困难的,除非有强有力的证据能说服陪审团。女权主义者强烈批评这个判决,她们认为,"如果同样的事情发生在其他妇女身上,她们若去报案,会

[①] 英国BBC,1992年3月18日报道。

在法庭上得到同样的下场,她们的内衣在法庭上被传来传去的查看,她们的私生活被揭开剖析,还要受到律师的粗俗语言的质问,而正义最终还得不到伸张。"①

1992年的泰森强奸案却有截然相反的结论。拳王泰森被控在酒店的房间中强奸了一位18岁的黑人选美小姐露茜·华盛顿。在法庭辩论过程中,泰森的辩护律师认为,一个18岁的少女在凌晨1点和一个刚认识不久的人约会,两人进入房间以后迫不及待地拥抱在一起,发生了性行为,这是"自愿、顺从,而绝非暴力"。控告方则抓住泰森辩护中的一些关键性词语,穷追猛打,环环相扣,使泰森的自我辩护出现矛盾。检察官反复盘问泰森为什么不早一点提供原告事先就同意与他发生性关系的重要证据,泰森也没有作出令人信服的解释。最后,陪审团裁定泰森构成强奸罪,判处6年监禁。②尽管存在这样的有罪判决,但女权主义者仍然不满意,她们认为,长期以来,相关法律一直存在对妇女的歧视和偏见,从黑尔、布莱克斯通和威格莫尔到近代的一些法学家,总是对强奸罪立法疑虑重重。布莱克斯通就说过"如果她受到伤害,却等了相当长时间才去报案;如果强奸地点附近有人可以听到她的叫声,她没有呼救,那么人们明显会觉得她的证词掺有水分,或者根本就是无中生有。"③可见,不要说约会强奸,即使在普通的强奸案件中,要消除人们对受害妇女的偏见都是一个长期和艰苦的过程。

2003年英国刑法改革时,有人主张区分不同类型的强奸罪,即根据被告人和受害人之前的关系,将发生在陌生人和熟人之间的强奸罪加以区别。但是,这种激进的改革建议最终被否决。尽管如此,英国上诉法院在量刑时还是考虑这方面的因素。④据有关数据显示,45%的强奸案发生在同伴之间,16%的强奸案是由熟人实施的。⑤

3. 婚内强奸

过去的法律都将丈夫排除在强奸罪之外,《圣经》上说,任何婚姻合同之外的

---

① 白水:《南方周末》1992年12月15日。
② 陆风:《泰森被判6年徒刑》,载《参考消息》1992年3月26日。
③ 〔美〕苏珊·布朗米勒:《违反我们的意愿》,祝吉芳译,江苏人民出版社2006年版,第25页。
④ The Sentenceing Advisory Panel's advice to the Court of Appeal, Foreword by the Chairman, 1 May 2002, pp. 32—35. On the court's controversial qualification of this see P Rumny, "Progress at a Price:The Construction of Non-Stranger Rape in the Millbery Sentencing Guidelines" (2003) 66 ML. R 870.
⑤ See Home Office Research Study No 237, Rape and Sexual Assault of women:The Extent anNatureoftheProblem(Mar2002). See http://webarchive. nationaiarchives. gov. uk/20110220105210/rds. homeoffice. gov. uk/rds/pdfs2/hors237. pdf. See also the report by Kelly, LovettandRegan. See http://webarchive. nationalarchives. gov. uk/20110220105210/rds. Homeoffice. gov. uk/pdfs2/hors237. pdf-report in 2005 at 39 for analysis of the relation between victim and offender for the full date-set(1987—2002) which reveals that the larest category of assailants are acquaintances(33 per cent), followed by strangers(28 per cent), current and ex-partners(19 per cent), known less than 24 hours(11 per cent) and family members(10 per cent).

性交都是"非法的",但这也意味着任何婚姻合同之内的性交都是"合法的"。因此,丈夫强奸妻子的指控是不可想象的,因为社会普遍认为法律应该保护他的利益,而不是妻子的利益。17世纪马修·黑尔爵士向自己的同事解释道:"丈夫不可能对妻子犯有强奸罪,因为根据双方同意的婚姻合同,妻子在这方面已经完全把自己交给了丈夫,她不能反悔。"① 换言之,婚姻意味着妻子随时同意性交。根据合同条款,丈夫拥有违背妻子意愿强迫与之性交的法律权利。

按照一个头脑正常的人的理智判断,强制性性交并非丈夫婚姻内的权利,因为这违反了人人平等和人身尊严的观点。如果承认夫妻双方是平等的,每一次性行为都应获得夫妻双方的同意,性行为应该理解为夫妻双方的一种生理上的需求,而不是用暴力强制对方来履行所谓的"婚姻职责"。

自从有文字记录以来,强奸就一直与婚姻双方同意的习惯法联系在一起。现在是作出彻底改变的时候了。无论在何种情况下,无论是否有婚姻作为基础,强奸都是对人身安全的侵犯,是对自由和自我意志的侵犯。虽然法庭在认定妻子控告丈夫强奸时会遇到许多困难,但这不能成为反对制定婚内强奸法律的理由。

英国1976年的一个成文法律,仍然认为强奸是非法的性交,按照一般的理解,它指的是婚外的性交,而不包括婚内性交。但在1991年的一个案件中,法院认为,1976年法律中"非法的"一词是多余的,没有任何规则说丈夫不能成为强奸妻子的主体。② 这个判决被认为第一次承认了婚内强奸的概念。1992年英国上议院在审理一个上诉案件③时,明确指出丈夫强行与妻子发生性行为,可能构成强奸罪。1994年英国《性犯罪(修订)条例》(Sexual Offences (Amendment) Act),删除了"非法性交"一词,实际上废除了丈夫婚内强奸的豁免权。但是,考虑到夫妻关系的特殊性,构成婚内强奸有一些限制性条件,比如法院发出了分居令,双方自愿达成了分居协议,或者丈夫向法院等司法机关承诺在婚姻存续期间不骚扰妻子等等,如果违反规定和承诺,与妻子强行发生性行为,就会构成强奸罪。④

美国关于婚内强奸的第一个判例,是1981年新泽西州最高法院审理的史密斯案。该案中,史密斯与妻子已经分居半年之久,没有正式离婚,但强行与妻子发生性行为,被法院认定为强奸罪。新泽西州《刑法典》规定:"任何人都不得因年老或者性无能或者同被害人有婚姻关系而被推定为不能犯强奸罪。"这一规

---

① 〔美〕苏珊·布朗米勒:《违反我们的意愿》,祝吉芳译,江苏人民出版社2006年版,第418页。
② J.C.史密斯,B.霍根:《英国刑法》,法律出版社2000年版,第513页。
③ R [1992] 1 AC 599.
④ David Ormerod: *Smith and Hogan Criminal Law*, Oxford University Press, 13th edn 2011, p. 747.

定,是对传统普通法的修改,意味着丈夫也可能对妻子构成强奸罪。1984年,纽约的一家上诉法院也作出了类似的判决,凡是用暴力手段强行与妻子发生性行为的,都可能构成强奸罪。今天,这一立法模式有继续扩大的趋势。

加利福尼亚州《刑法典》第262条规定,在下列情况下与自己的配偶性交,构成强奸罪:

(1) 违反受害人意志,以武力、暴力、胁迫、恐吓或者非法人身伤害的方法,与自己的配偶发生性行为。这里所说的威胁,是指口头威胁或者表示企图实施伤害他人的行为①。

(2) 当被害人由于醉酒,服用麻醉剂或者管制药品,处在无法反抗的境地时,被告人迫使受害人与其发生性行为。②

(3) 当受害人没有理解行为的性质,而行为人对此明知时,也构成强奸罪。所谓"不能理解行为的性质",是指行为发生时,受害人无意识、或者在睡梦中缺乏理解、知觉和认识,或者这种理解力、知觉和认识是事实上受到行为人的欺骗。③

(4) 当受害人违反自己的意志而发生性交行为时,是出于害怕将来受到报复或者他人遭到报复时,也构成婚内强奸罪。受害人有合理的理由相信这种威胁将来会实现。所谓"威胁报复",是指以绑架、监禁、施加极度的痛苦、严重的人身伤害或者死亡相威胁。④

(5) 当受害人违反自己的意志与其发生性行为,是由于害怕行为人利用公共权力对被害人进行逮捕、监禁或者驱逐出境,而受害人有合理的理由相信这个人就是一个公共官员,也构成强奸罪。所谓"公共官员",是指政府机构的工作人员,而且处在这样一个位置上,即具有监禁、逮捕、或者驱逐出境的权利。⑤

婚内强奸应由医务人员、牧师、律师、庇护代表、顾问、司法官员、强奸危机处理机构、起诉机关、官方执法机构或者消防队员,在事发后一年内提出关于暴力行为的报告。

婚内强奸的行为人可以获得假释,假释的条件包括:支付受虐妇女避难的费用,或者偿还受害人用于咨询的费用以及其他费用。对于任何支付罚金、支付受虐妇女费用、赔偿受害人等费用,法院必须确定行为人的支付能力。⑥

---

① Penal Code §262(a)(1); Penal Code §262(d).
② Penal Code §262(a)(2).
③ Penal Code §262(a)(3).
④ Penal Code §262(a)(4).
⑤ Penal Code §262(a)(5).
⑥ Laurie L. Levenson, *California Criminal Law*, Thomson West 2007, p.414.

4. 法定强奸

从 13 世纪开始,英国的法律就一直在尝试规定一个最低年龄。无论行为人是否采用了暴力手段,只要与低于这个年龄的女性发生性行为,都会构成强奸罪而受到处罚。因为在这种情况下,受害人的年龄还不足以使她理解自己行为的意愿和性质。

这样做的目的是为了保护儿童的人身安全,但年龄的增长并不能自动带来性和心理上的成熟和健全,所以这种最低年龄的限制也只能是个相对的概念。有人主张,凡是小于 12 岁的儿童都应无条件地受到强奸法律中法定年龄条款的保护,因为这个年龄与青春期的萌动、性意识的觉醒、生理功能和反应有关。按照现在通行的强奸幼女的法律,对 12 岁以下儿童实施的犯罪,应当判处 20 年以下监禁。考虑到介于 12 岁和 16 岁之间的少女也极易受到成年人的性攻击,对这个年龄段的孩子实施强奸行为,也是法定强奸罪,不过处罚相应的轻一些。

根据加利福尼亚州刑法典的规定,行为人与不是自己配偶的 18 周岁以下的少女发生性行为,构成法定强奸罪。① 如果这个受害人的年龄比行为人的年龄未大于 3 岁,或者比行为人小 3 岁,行为人构成一个轻罪。因此,两个未成年人彼此之间进行性交,根据法律都可以被处罚。假如行为人比未成年人大 3 岁,他或她将会构成一个轻罪或者重罪,将会被处以 1 年以下县监狱监禁或者州监狱监禁 3 年。如果行为人是 21 岁或者 21 岁以上,而受害人是 16 岁以下,行为人将会构成一个轻罪或者重罪,将会被处以 1 年以下县监狱监禁或者州监狱监禁 2、3、4 年。另外,行为人还会受到民事处罚或者罚金。②

随着时代的发展,法定强奸罪的范围由幼女扩大到幼男。德克萨斯州刑法规定,"任何男人同 18 岁以下不是其妻子的女孩性交的,以及任何妇女同 18 岁以下不是其丈夫的男孩性交的,分别不同情况处以:(1) 如果孩子年龄在 10 岁以下,处终身监禁;(2) 如果孩子年龄在 10 岁以上 15 岁以下,处 20 年监禁;(3) 如果孩子年龄在 15 岁以上 18 岁以下,处 15 年以下监禁。③ 实践中也有类似的判例,例如,美国一所中学的 36 岁的女教师,和她班上的一个 13 岁的男孩子发生性行为,并且导致自己怀了孕。事发后,该名女教师以性侵害罪被判处几年监禁。

受害人以前结过婚,对构成法定强奸罪没有影响。行为人相信受害人已经满 18 周岁,但这种相信是不合理的,行为人仍然构成法定强奸罪。被告人仅仅鼓励另外一个人与 18 岁以下的人性交,也可以构成法定强奸罪。携带艾滋病毒

---

① Penal Code § 261.5(a), CALJIC No. 10.40(7th ed. 2003 bound vol.)
② Penal Code § 261.5(e),(f).
③ 储槐植、江溯:《美国刑法》,北京大学出版社 2012 年版,第 194 页。

的人与未成年人性交,可以加重处罚。法院支持一个反对平等保护、隐私权和明确性原则的法定强奸罪法律的合宪性。①

二、强奸罪的故意要件

强奸罪和其他性攻击犯罪一样,都是故意犯罪。但是,强奸罪对进行性交的主观故意有更多的要求。② 这种必备的故意已经被描述为"不法意图"或者"意图实施非法行为"。实践中,对于故意的认定要结合案件的实际情况,例如,仅仅根据被害人身上没有穿衣服,还不足以认定一个特别的强奸意图,但结合案件的其他情形证据,就足以认定,比如捆绑受害人等。③ 虽然在每一个案件中,都要求行为和故意同时存在,在非法行为完成之前放弃了必要故意,不能消除企图伤害的重罪故意。当被告人对于受害人来说,完全是一个陌生人时,被告人的必要故意更容易推定。

对于法定强奸罪而言,当行为人知道对方是 18 岁以下的未成年人或者不合理地相信对方已经年满 18 岁,犯罪的故意都可以认定。④ 当证据表明,缺少受害人主观上的明示或者默示的同意,就可以构成强奸罪。无论被告人如何说,检察官必须确认受害人的同意超出了合理怀疑的范围。⑤ 所谓同意,必须是一个人基于自由意志的自愿行为,即了解行为的性质或者参与交易。当前或以前的约会或婚姻关系不足以构成同意,在强奸罪起诉当中讨论的"同意",不包括这些内容。

对未成年人进行的性行为,或者双方是监狱里的犯人,或者关押在当地的拘留所,或者其中一方被关押在当地的拘留所,由于这些人所处的环境,他们的意志可能受到了某种限制,所以他们的"同意",不能作为真正意义上的同意。

受害人在性交的任何时间里都可以撤销同意,如果受害人最初表示同意性行为,但随后撤销了同意,这种撤销同意事实上使以前任何时间表示的同意归于无效,如果被告人在受害人撤销同意以后,仍然要和其发生性行为,就可以提出

---

① Michael M. v. Superior Court of Sonoma County, 450 U. S. 464, 472, 101 S. Ct. 1200, 67 L. Ed. 2d 437 to 473, 450 U. S. 464, 101 S. Ct. 1200, 67 L. Ed. 2d 437(1981). Ferris v. Santa Clara County, 891 F. 2d 715, 718(9th Cri. 1989), cert. den. 498 U. S. 850, 111 S. Ct. 141, 112 L. Ed. 2d 107 (1990); People v. Mackey, 46 Cal. App. 3d 755, 761, 120 Cal. Rptr. 157, cert. den. 423 U. S. 951, 96 S. Ct. 372, 46 L. Ed. 2d 287(1975).

② Penal Code § 220. See People v. Espinoza, 95 Cal. App. 4th 1287, 1319, 116 Cal. App. 3d 18, 27—28, 128 Cal. Rptr. 2d 700(2002).

③ See People v. Johnson, 6 Cal. 4th 1, 41, 23 Cal. Rptr. 2d 593, 859 P. 2d 673(1993). See People v. Holloway, 33 Cal. 4th 96, 14 Cal. Rptr. 3d 212, 91 P. 3d 164(2004).

④ People v. Hernandez, 61 Cal. 2d 529535—536, 39App. 3d Cal. Rptr. 361, 393 P. 2d 673 (1964).

⑤ People v. Key, 153 Cal. App. 3d 888, 895, 203 Cal. Rptr. 144(1984).

强奸罪的指控。①

三、使用武力或者威胁使用武力

使用武力和暴力、胁迫、恐吓等手段,是强奸罪的客观要件。对鸡奸罪、口交罪和以外部物体插入肛门等,都属于这类情况。②

武力的程度,必须达到足以制止被害人反抗的程度。使用武力或者威胁的形式和类型并不重要。因为武力这个词仅仅意味着对某个人实施了一定形式的物理强制,即使这个行为是一个正常的性交动作。但是,由于从事武力足以抑制被害人的意志和反抗,就可以支持一个暴力强奸罪的判决。这种武力不要求造成实际上的身体伤害,但是仅仅具有被害人遭受身体疼痛的相关证据,就不足以认定强奸罪。这种武力对被告人造成的伤害,超过了性行为本身,这是强奸罪中的武力和其他相关行为的本质区别。③ 在过去,由于传统习惯对强奸法律的影响,特别是担心男性受到所谓的"诬告",就要求受害女性拒绝性交行为时,必须表现出一定程度的合理反抗,否则就不能认定为强奸。但在实际案件中,就会使得受害人首先要决定反抗到何种程度才是安全的,受害人必须针对被告人表现出来的武力程度去加以衡量,这对于受害人来说,是非常荒谬的和非常不公平的。

按照法律,抢劫和其他暴力伤害的受害者不需要证明自己反抗过,自己没有同意,或者自己的意志被暴力或暴力威胁摧毁从而使犯罪得以实现,因为法律认定没有人会平白无故的自愿交出自己的金钱,或者自愿忍受残忍的殴打和伤害。但是,强奸罪的受害者就必须证明她们反抗过,她们没有同意,她们的意志是被不可抗拒的暴力和恐惧击败的——因为过去的法律从来没能令人满意地将双方需求的性行为和强迫性侵犯区别开来。

因此,实践中,如果罪犯使用了致命的武器,即便受害人没有反抗,陪审团也很容易相信被害人的诉说。但大部分强奸都不是通过刀枪棍棒或者什么其他武器实现的。更多的时候,罪犯使用的暴力包括原始的掐脖子、殴打、推挤、撕扯衣服或者语言威胁等等。毫无疑问,上述任何一种情况都足以使受害者吓得动弹不得,无法抵抗,或自信没有抵抗能力。

面对罪犯的暴力或暴力威胁时,受害人感到恐惧是很自然的,恐惧是一种心理上的本能的反应,不是陪审团拿起一把所谓的行为测量仪就可以读出来的客

---

① In re John Z., 29 Cal. 4th 756, 128 Cal. Rptr. 2d 783, 60 P. 3d 183(2003).
② See People v. Valentine, 93 Cal. App. 4th 1241, 1247—1252, 113 Cal. Rptr. 2d 748(2001). Penal Code § 289(a); CALJC No. 10.30(7th ed. 2003 bound vol.).
③ In re Jose P., 131 Cal. App. 4th 110, 116, 31 Cal. Rptr. 3d 430, 433(2005), quoting People v. Griffin, 33 Cal. 4th 1015, 1027, 16 Cal. Rptr. 3d 891, 94 P. 3d 1089(2004).

观标准。因此,要求受害人提供反抗的证据,证明她们曾经"理智的"反抗过,她最终的顺从并不意味着她心里是同意的,这明显是不公平的,因为对其他暴力犯罪的受害者就没有采用这种做法和标准,为什么要对强奸犯罪中的受害人如此苛刻呢?因此,自从1980年以来,美国的法院已经不会指示陪审团查明受害人在案发时,对被告人的武力或者武力威胁是否进行过反抗的这一事实,即使被害人对武力或者武力威胁没有进行任何形式的反抗,被告人仍然可以构成强奸罪。① 例如,在凌晨1点,被害人和被告人同乘一部电梯,被告人仅示意被害人脱掉衣服,没有做其他威胁的举动,被害人就顺从了。② 但是,在那样一种特定的、孤立的环境下,被害人受到突然的惊吓,心理上受到了强制,根本没有反抗意识和反抗能力。尽管被告人似乎没有使用什么武力或武力威胁,被害人也没有反抗,仍然构成强奸罪。

不仅如此,受害人心理上感到恐惧和害怕身体上受到被告人伤害,也是缺乏同意的表现之一。伤害的危险不需要用语言表达出来,但可以通过攻击者的行为推断出来。这种威胁必须是针对受害者或者第三方。采用其他特殊手段进行恐吓,不是强奸罪的一个要件。

感到恐惧和害怕受到身体上的伤害这一要件,包括主观要素和客观要素。主观要素是指受害人主观上是否真诚地感到恐惧和害怕身体伤害,以至于违反自己的意志,同意进行性交,至于恐惧受到伤害的程度,对于是否构成强奸罪并不重要。

客观要素是指受害人在当时的情况下所感到的恐惧是合理的,或者假如不合理,行为人是否知道受害人主观上感到恐惧,并且对此加以利用。也就是说,即使受害人对被告人的行为的理解是不合理的,但是被告人却明知地利用了这种不合理的恐惧,与受害人发生了性行为,完成了一个非法的结果,也可以构成强奸罪。反之,假如这种恐惧是毫无根据的,被告人就不能被定罪。③

四、其他手段

1. 欺骗的手段

在1985年以前,强奸罪中有所谓"事实欺骗"和"动机欺骗"之分。当被害人同意和被告人发生性行为,是由于受到"事实欺骗",这种同意就是无效的,强奸罪的定罪不能撤销;假如受害人受到"动机欺骗",由于被告人的误导,明明知道是在与被告人发生性行为(了解行为的性质),还是同意了,这种同意就不是无效

---

① People v. Iniguez, 7 Cal. 4th 847, 851, 30 Cal. Rptr. 2d 258, 872 P. 2d 1183(1994); People v. Barnes, 42 Cal. 3d 284, 296, 228 Cal. Rptr. 228, 721 P. 2d 110(1986).
② Sanford H. Kadish, Criminal Law and Its Processes, Little, Brown and Company, 1983, p. 377.
③ Laurie L. Levenson, *California Criminal Law*, Thomson West, 2007, p. 423—425.

的,除非受害人提出受到欺骗的情况下,相信被告人就是自己的配偶,只有这样,被告人才能被定罪。1985年以后,已经取消了这种划分,凡是用欺骗手段骗取受害人同意的,都构成强奸罪。① 如果一个男人以允诺结婚为手段,诱使一个贞洁女子同他发生性行为,会单独构成诱奸罪。美国有的州的法律,不要求"以结婚为目的",只要采取了欺骗的手段都可以构成诱奸罪。何谓"贞洁的未婚女子"有不同看法,一种观点认为,婚前贞洁就是指童贞(处女)。因此,一个女子只可以被诱奸一次;有的法院认为,"有淫荡行为就是不贞洁";另外的观点则认为,寡妇和离婚的女子也可以被认为是"未婚的贞洁女子"。美国的一些州的法律规定,如果双方事后宣布结婚,则可以免于追究刑事责任。

2. 使用药物和酒精

当一个人由于醉酒、服用麻醉剂和管制药品而无法抗拒时,缺乏同意就可以成立,条件是被告人知道或者应该知道受害人存在上述情况。被告人使用酒精致使被害人失去知觉和意识,确少同意就可以成立,因为无意识的人是没有反抗性行为的能力的。类似的,当一个人被他人故意下药,处在没有能力抗拒的状态下,也是缺乏同意。②

3. 无意识

当一个人在发生性行为期间,处在无意识状态时,就被默示为缺乏同意。在性行为期间,受害人必须有机会撤销同意。因此,强奸睡梦中的人,或者无意识的人,同意都不是一个抗辩的理由,即使受害人在睡觉前或者陷入昏迷之前曾经同意发生性行为。

受害人如果受到被告人事实上的欺骗,不要求实际上陷入昏迷状态。法院重点考察受害人对行为性质的了解。例如一个接受妇产科检查的女病人,很明显既不理解也没有认识到被告人并非在进行医学检查,而是在从事性交行为,在这种情况下,就缺乏受害人的同意。

被告人以使用公共权力相威胁,比如监禁、逮捕、驱逐出境等等,也是违反妇女意志的强奸行为。条件是受害人有合理的理由相信行为人是一个政府官员,并且具有将受害人逮捕、监禁或者驱逐出境的权力。但是,这个人并不一定实际上就是一个政府官员。③

---

① Penal Code § 261(a)(5), 286(j), 288a(j), 289; CALJC Nos. 10.03(rape), 10.15(oral copulation), 10.25(sodomy), 10.34(penetration by foreign object)(7th ed. 2003 bound vol.).

② See Penal Code § 261(a)(3), 286(i), 288a(i); 289(e); CALJC Nos. 10.02(rape), 10.13(oral copulation), 10.23(sodomy), 10.33(penetration by foreign object)(7th ed 2003 bound vol.). See People v. Linwood, 105 Cal. App. 4th 59, 129 Cal. Rptr. 2d 73(2003)(accused guilty only if he knew or reasonably should have known victim was incapacitated; statute is not unconstitutionally vague).

③ Penal Code § 261(a)(7)(rape), 286(k)(sodomy), 288a(k)(oral copulation), 289(g)(penetration by foreign object).

4. 无同意能力

一个人患有精神疾病、无行为能力或者严重残疾，就是缺乏法律上的同意能力。被告人在与受害人发生性行为时，必须知道或者应当知道受害人患有精神疾病或有严重的残疾。起诉机关必须证明，作为一个构成犯罪的条件，由于精神疾病、无行为能力或者严重残疾，受害人不能表示法律上的同意。假如被告人能够表明自己真诚的或者有合理的理由，相信受害人具有表示同意的能力，就不能适用无行为能力的法律规定。① 所谓的受害人，不需要对其特殊类型的残疾作出一个客观的诊断。相反，只要受害人在当时的情况下，不能准确地理解行为的性质，就可以认为是缺乏同意。

法律上的同意，意味着理解行为性质的智力水平，包括对行为性质，可能发生的结果的理解能力。智力水平也许与受害人受损的或者减弱的智力有关系，也可能没有关系。但是，一个有严重残疾的人也许会反对性接触，因为他或她会感觉这种性接触不愉快，但这并不意味着这个人具有法律上的同意能力。一个受害人理解性交的性质和结果的一般能力，并不意味着这个人有能力理解发生在特定时间和特定情况下的行为和结果的性质。②

5. 强奸罪的抗辩理由——同意和善意的相信

在认定强奸罪时，行为人也许可以争辩，他或她有一个合理的和善意的理由，相信受害人同意性活动。根据 People v. Mayberry 一案中确立的原则，假如被告人有合理的理由，相信受害人同意性交，被告人就可以被宣告无罪。无论专家们对于当时环境下，受害人的反抗的意见有多么合理，由于被告人的善意是主观的，他的相信的合理性必须通过客观的标准加以衡量和检验。因此，当处在非自愿醉酒状态下的被告人，也许可以考虑相信的合理性，被告人具有精神疾病或者轻度的智力障碍，也许不能确定相信的合理性。③ Mayberry 抗辩和同意抗辩一致，两者在相同案件中都可以提出。但是，法院对被告人的诉讼请求是否进行分割呢？有一种观点认为，被告人依据合理的善意，相信受害人同意，必须提出由于受害人模棱两可的行为导致被告人错误的相信受害人同意的证据。

在法定强奸罪中，被告人受到欺骗性误导而发生性行为，不构成强奸罪，除非被告人误导他或她是受害人的配偶。

6. 猥亵儿童

行为人蓄意地和下流地猥亵 14 岁以下儿童，故意激起、吸引或者满足行为人的性欲或者这些孩子的性欲望，是一种重罪。14 岁以下儿童也可能因猥亵另

---

① People v. Dolly, 239 Cal. App. 2d 143, 146, 48 Cal. Rptr. 478(1966)(dicta).
② Laurie L. Levenson, *California Criminal Law*, Thomson West 2007, p. 429.
③ People v. Mayberry, 15 Cal. 3d 143, 155, 125 Cal. Rptr. 745, 542 P. 2d 1337(1975); CALJC Nos. 10.65, 10.66. 7th ed. 2003 bound vol.

外一个儿童的行为遭到起诉,但是一个 14 岁以下儿童不能因和成年人进行下流的猥亵行为而受到指控,因为制定这样的法律,目的是为了保护儿童。① 对被害人年龄的真诚合理的事实错误,不是一个抗辩的理由。因为缺乏被害人同意不是本罪的构成要件之一,同意也不是一个抗辩的理由。

被告人所谓的合理的、真诚的错误(关于被害人年龄的错误,例如受害人告诉被告人自己 16 岁,但她实际上只有 14 岁),对于猥亵儿童的指控不是一个抗辩的理由,但是对于年龄的错误,如果有情有可原的情况,在量刑时可以减轻处罚。父母处罚孩子的权利也不是一个抗辩理由,以性交的意图接触孩子从不构成一个正当的处罚。法定强奸罪包括了法律禁止的与 14 岁以下儿童猥亵的行为,一个单一行为触犯了两个罪名,不能定法定强奸和猥亵两个罪。但是,被告人也可以同时构成强奸罪和猥亵罪。② 骚扰和折磨一个 18 岁以下的孩子也构成犯罪。在过去的法律中,构成本罪,要求被告人和孩子身体上有接触,或者推定有接触,而且这种接触是淫荡的或者下流的行为。现在的法律对于骚扰和折磨赋予了一些新的含义,针对这些孩子的行为,应该具有异常性行为的动机。法律还要求一个客观上的骚扰和折磨行为,引起了被告人对孩子的异常性兴趣。一个实际的或者推定的身体接触,已经不是本罪的构成要件之一。只要这种行为达到了使一个正常人感到痛苦或者不安的程度,就构成骚扰和折磨了。例如,被告人带着孩子在大街上行走,尽管他可能有折磨孩子的意图,但由于这种行为不会使一个正常的人感到不安和痛苦,就不构成犯罪。类似的情况,被告人对在公园水池中洗澡的孩子拍照片,没有专注于他们身体的任何一部分,正常的孩子不会因此而迅速地感到不安或者不舒服,这种拍照行为也不构成犯罪。③ 假如孩子的父母当时在场,意识到自己的孩子正在遭受折磨,但没有采取任何防止措施,就会构成本罪的帮助犯或者教唆犯。④ 给未成年人寄送信件,指导他们从事性行为,被告人也构成犯罪。而且,假如被告人超出预备行为,和未成年人到某个地点见面,被告人也可以被控企图攻击罪。被告人安排与一个假扮成未成年人的成年人会面,因为事实上的不可能,也不是未遂罪的一个抗辩理由。⑤ 对儿童进行猥亵,有多种加重量刑的情况。例如,被告人进入一座房屋,在实施性犯罪时,严重损害了未成年人的身体,可以加重 5 年刑期。但是,陪审团也许会要求说明是否有事实支持这些量刑。

---

① People v. Herman, 97 Cal. App. 4th 1369, 1379, 119 Cal. Rptr. 2d 199(2002).
② In re Donald R., 14 Cal. App. 4th 1627, 18 Cal. Rptr. 2d 442(1993); People v. Paz, 80 Cal. App. 4th 293, 295—298, 95 Cal. Rptr. 2d 166(2000).
③ Parrish v. Superior Court, 97 Cal. App. 4th 266, 274—275, 118 Cal. Rptr. 2d 279(2002).
④ See People v. Swanson-Birabent, 114 Cal. App. 4th 733, 7 Cal. Rptr. 3d 744(2003).
⑤ People v. Richardson, 151 Cal. App. 4th 790, 805 60 Cal. Rptr. 3d 458(2007).

被告人实施了这些性犯罪,一般来说,没有缓刑的资格。例如,被告人与一个 14 岁以下的儿童有实质上的性行为,就没有资格适用缓刑。"实质上的性行为",意味着通过阴茎、外部物体进入受害人或者监狱里的犯人的阴道或者直肠或者与受害人进行持续的性滥交,都没有资格获得缓刑。对被告人也可以适用一些特别的假释条件,例如限制被告人使用互联网的权利,假如这种限制影响了假释犯的生存能力,绝对的禁止使用赛博空间(信息空间、通信)也许是不合理的。①

第二节 重 婚 罪

1603 年以前,英国普通法中没有重婚罪这个罪名,重婚是作为一种不端行为,由教会法庭处理的。1603 年,英国议会制定了重婚犯罪,并将重婚视为一种重罪。根据英国 1861 年《侵犯人身罪法》第 57 条的规定,任何已经结婚的人与其他人举行第二次婚礼,就构成重婚罪。重婚罪的基本要件,一是存在有效的婚姻关系,二是举行第二次结婚仪式。但是,假如第一次婚姻没有法律效力,即便再与第三方举行结婚仪式,也不构成重婚罪。

在英国,控告某人构成重婚罪,首先必须证明被告人和其第一个配偶举行了法律意义上的、有效的结婚仪式。当事人一般是通过展示结婚证书,邀请亲朋好友出席结婚仪式和宴会,来证明自己已经结婚,而且结婚是自愿的,不是被迫的。双方当事人一旦举行了结婚仪式,就可以以此推定出该婚姻是有法律效力的。但是,如果当事人一方,能够提出证据,证明第一次婚姻已经不具有法律效力,也可以成为一种抗辩的理由。比如某女士和自己的第一个丈夫结婚不久,丈夫在一次出海旅游时遇到暴风雪,轮船沉入海底。据当时的报纸报道,船上的乘客无一人幸免。该女士以为自己的丈夫已经死亡,就与其他人举行了第二次婚礼。10 年以后,她的第一任丈夫又突然出现在她的面前,尽管她又与其他人结婚,也不构成重婚罪。根据法律规定,双方结婚以后,一方失去踪影和信息,必须达到 7 年以上,才可以与其他人举行第二次婚礼,否则就不是一个抗辩的理由。不过,这种不在身边达 7 年以上,仅是一个辩护的理由,而不能解除第一次婚姻。因此,如果第一个配偶还活着,第二次婚姻就是无效的。

如果被告人不是英国公民,而第二次结婚仪式是在英国以外举行的,也是一种抗辩的理由。因为根据 1861 年《侵犯人身罪》第 57 条的规定,重婚罪的定义不应当扩大到非英国公民身上。除此之外,英联邦国家的公民,比如加拿大、澳

---

① See In re Stevens, 119 Cal. App. 4th 228, 15 Cal. Rptr. 3d 168(2004); See Laurie L. Levenson, California Criminal Law, Thomson West, 2007, p. 443—447.

大利亚等国的公民,即便也拥有英国国籍,在英国以外举行第二次婚礼,同样不受英国刑法的管辖。

在美国,所谓重婚,一般是指有配偶而又与别人结婚的行为。但是,如果原先的婚姻已经宣告无效;被告人合理地相信其配偶已经死亡;原配偶已经失踪5年以上(有的州和英国一样,要求7年以上),被告人不知其还活在世上;或者被告人合理地相信他或她在法律上有重新结婚的资格,都是一种合法辩护的理由。美国模范刑法典将重婚规定为轻罪,某些影响犯罪心理的事实错误,可以作为免罪辩护的理由。

美国加利福尼亚州《刑法典》规定:"任何有丈夫或妻子的人与另外一个人结婚,构成重婚罪(Penal Code §281.),除非以前婚姻的配偶失踪5年,或者以前的婚姻被主管法院宣告无效或者解除。"[1]重婚罪可以判处10000美元以下的罚金,或者县监狱监禁1年,直至在州监狱监禁3年(Penal Code §283.)。这个法律没有将违法故意作为重婚罪的构成要件之一,但是缺乏违法的故意可以成为一个确定的抗辩理由。检察官不仅需要证实被告人以前确立的婚姻状态,还需要证实在以前婚姻存续状态下又与另外一个人结婚。被告人的责任则是证实以前的婚姻是无效的。[2] 在过去的英国,重婚则是一种重罪,因为重婚行为玷污了婚姻的神圣性,现在的处罚一般比较轻。当然,对于为了诱奸他人或为了获取财物而实施重婚的人,应当从严惩处。另外,根据《伪证罪法》第3条的规定,为了骗取结婚或骗取结婚证书,故意做虚假陈述的,也构成犯罪,处7年以下监禁。根据1949年《英国婚姻法》,对那些明知是不正常的结婚仪式而去充当司仪的人,也要分别情况予以处罚。

第三节 猥 亵 罪

在英美刑法中,男性和女性都可以成为猥亵罪的犯罪主体,在英国,可以判处2年以下监禁,如果猥亵14岁以下的男女儿童,可以判处5年以上10年以下监禁。对猥亵行为,既可以由陪审团审理,也可以通过简易程序审理。

一、猥亵行为

猥亵行为是指带有猥亵性质的攻击和伤害行为。在司法实践中,只要未经本人同意,猥亵性的攻击或者接触他人身体或者使他人感到恐慌,都构成猥亵行为。值得注意的是,什么是"带有猥亵性质"的行为?法律对此没有作出明文的

---

[1] Penal Code §282; People v. Priestley, 17 Cal. App. 171, 177, 118 p. 965(1911).
[2] People v. O'Neal, 85 Cal. App. 2d 226, 229, 192 P. 2d 833(1948).

规定,需要法官在具体案件中加以认定。有些情况是比较明确地,比如以发生性行为为目的,去接触女性的身体或者器官,甚至强制亲吻或者拥抱一个少女,就可以认为是带有猥亵性质的行为。在考特(Court)一案①中,英国上诉法院认为,没有身体接触的精神攻击也构成猥亵行为,但被害人需要说明自己曾经意识到对方的攻击或者猥亵的情境。如果有身体上的接触,就不需要对此加以证明。② 无论是攻击还是伤害,只要引起被害人心中的恐惧性认识,就是猥亵行为,这是构成猥亵罪的实质。如果没有达到这种程度,或者被害人没有感到自己遭受了猥亵,就不构成犯罪。例如,给儿童照相的摄影师,用手触摸该儿童的身体,为的是让其摆出某种姿势,就不构成猥亵攻击行为,因为那样做不带有猥亵的性质。但是,接触一个睡梦中的人或者一个没有意识的人,尽管受害人没有认识到猥亵行为,也构成猥亵性攻击。在 Fairclough v. Whipp 一案中,被告人引诱一个9岁的女童,去接触被告人裸露的性器官。被告人认为自己不构成犯罪,因为引诱某人不等于攻击某人。对于成年人来说,这也许有一定的道理,他可以通过顺从来表达同意,除非他是被暴力强迫的。但对于一个9岁的儿童,她不能表示同意还是不同意,尽管被告人可能没有暴力攻击的意识,甚至是带点"爱意"的引诱(这样说也许极为不适当),他也是有罪的。③

二、猥亵的故意

公诉方以猥亵罪起诉被告人时,必须证明被告人是有意的攻击受害人,而且这种攻击能够被正常人认为是带有猥亵意图的。这就说明,猥亵性攻击和普通攻击不同,仅仅有攻击行为是不够的,而且必须同时具备猥亵的意图。如果一个人喝醉了酒,打击了一下别人的身体,这只是普通的攻击行为或者伤害行为,而带有猥亵意图的攻击就不同了。因此,要想正确的认定猥亵性攻击者的主观意图就具有一定的复杂性,以下因素是需要考虑的:

1. 攻击者的心态和实施攻击行为时的外部情境,不包括猥亵的因素,就不是具有猥亵目的的攻击行为。例如,被告人试图脱去一个女孩子的鞋子,以为这样可以给自己带来某种性的快感。在这个案子中,被告人虽然有猥亵的动机,但没有猥亵的外部情境,就不构成猥亵行为。相反,如果一个人虽然进行猥亵,但他的猥亵意图没有显露出来,受害人对此也没有感知,也不构成猥亵行为。④

---

① [1987]1 All E. R. 120.
② Alan Reed and Peter Seago, *Criminal Law*, Sweet & Maxwell, 1999, p. 392.
③ See B. v. Dpp [1998] 4 All E. R. 265; liability as as to the age of 14 is strict. [1998] All E. R. Annual Review of Criminal Law.
④ [1956]Crim. L. R. 52.

2. 攻击者的心态和实施攻击行为时的外部情境,带有明显的猥亵因素,无论被告人是否具有猥亵的目的,都是猥亵性攻击行为。例如,在大庭广众之下,脱掉一个女人的衣服。无论被告人是想满足自己的性欲,还是想羞辱受害人,或者想要表达对受害人的憎恶心情,他的猥亵意图是明显的,就构成猥亵罪。

3. 攻击者的心态和实施攻击时的外部情境是模糊不清的,只有带着猥亵目的的攻击才是猥亵性攻击。例如,一个商店的雇员,将一个女孩子摁在自己膝下,拍打其穿着短裤的臀部。他说这样做是"臀部崇拜"(buttock fettish)。英国上议院的多数法官认为,被告人的行为性质模糊不清,公诉方需要证明行为人主观上有猥亵的动机,但如果他脱掉了女孩的短裤,那就同脱掉妇女衣服的案子一样了,因为猥亵的意图已经很明显了。当然,也有不同的意见,认为在这个案件中不需要证明猥亵的意图,被告人说拍打女孩的臀部是一种纯粹的崇拜仪式,这种辩解是不可信的。① 如果被害人的同意是在受到欺骗的情况下作出的,就不是一种有效的同意。例如被告人谎称自己正在为被害人进行一个外科手术,从而骗取了对方的同意,这种同意不是真正意义上的同意,不能成为一种辩护的理由。根据英国1956年《性犯罪法》和2003年新制定的《性犯罪法》,有精神缺陷的女性或者不满16岁的人,不能作出有效的同意。② 因此,和15岁的男孩性接触或者拥抱一个14岁的女孩,就构成猥亵性攻击。即便是受害人自愿的,甚至是他们促使被告人这样做的,也不是一个辩护的理由。被告人有认识上的错误,比如,认为对方是16岁或16岁以上,即便这种错误是合乎情理的,也不能成为辩护的理由。在这个问题上体现了严格责任的精神,不考虑被告人的主观罪过。因为一个成年人对一个未成年的少女实施猥亵行为,而他竟然以认识错误作为辩护的理由,这是不合逻辑的,也是不可接受的。另外,如果被告人认为一个女性是自己的妻子,因为他们已经举行了结婚仪式。倘若被告人知道该女人有精神上的缺陷或者有理由怀疑她是有缺陷的,也可以构成猥亵性攻击,因为该妇女没有同意的能力。

在猥亵儿童的案件中,即使被告人对受害人没有敌意,甚至得到了受害人的同意,仍然构成猥亵罪。英国上诉法院曾经在麦考克一案中指出,这种猥亵不需要是敌意的、粗鲁的或者攻击性的。根据1960年《猥亵儿童法》的规定,"任何对或者同不满14岁的儿童进行猥亵,或者引诱一个不满14岁的儿童同他或者其他人进行猥亵,处2年以下监禁,或者并处罚金。"如果被告人当着一个孩子的面实施猥亵行为,以该儿童观看自己的猥亵行为而获得快感,即使并没有任何身体

---

① Alan Reed and Peter Seago, *Criminal Law*, Sweet & Maxwell, 1999, p.395.
② Setting the Boundaries, recommended that age of consent remain at 16—para 3.5.7. (recommendation no 17); the age of consentis lower in most other European countries-para 3.9.9.

上的接触和动作，仍然构成猥亵。如果被告人向两个孩子建议进行此种行为，其中有一个儿童小于 14 岁，被告人就和另外一个超过 14 岁的人，共同构成猥亵。

猥亵性攻击的主体，既包括男性，也包括女性，女性也可能攻击男性和儿童。例如一名妇女引诱一个不满 12 岁的儿童，同其发生性行为并导致该男孩染上性病，就构成猥亵罪。但是，如果一个妇女引诱一个不满 16 岁的儿童与其性交，在这一过程中，她除了实施消极的躺下行为以外，没有其他的身体动作，就不构成犯罪。但是，如果在性交之前、之中或者之后，她对这个男孩实施了任何未经同意的猥亵性攻击，例如，触摸他的生殖器，就会构成猥亵性攻击罪。如果这种猥亵行为得到了这名男孩的同意甚至鼓励，能否构成猥亵罪，则可能产生争议和疑问。因为在进行性交的高潮中，双方一定会有身体的接触，但这不可能称之为攻击，而如果在性交之前或者之后，即使经过对方同意接触其身体，也构成猥亵性攻击，这就有点令人奇怪了。[1]

一个妇女对另外一个妇女，也可能构成猥亵性攻击。猥亵罪的犯罪主体除男性以外，也包括女性。

猥亵性暴露也是一种犯罪行为，在英国普通法中被视为一种违反公共道德的非法行为。构成猥亵性暴露，要具备两个条件，一是公共场所，二是当众。所谓当众，是指两人以上的观众，即在两个以上的人的面前公开暴露身体。对于公共场所的概念，可能会出现争议。如果在大庭广众面前公开裸露性器官，毫无疑问会构成犯罪。但如果在一个公共空间的客厅内裸露性器官，是否构成犯罪呢？根据过去的英国判例，也是不允许的。即便是在一个私人房间的客厅内裸露性器官，只要他人通过房间内的窗户可以观察到，也可以被定罪。至于当众的概念，虽然要求两人以上，但这并不意味着，必须是两人以上实际看到被告人裸露性器官，即便只有一个人看到，但被告人裸露器官的场所，实际上是两个以上的人可以看到的，都视为当众裸露。如果被告人裸露性器官的场所，只能被一人看到，就不是猥亵性暴露。

被告人应当具有猥亵性暴露性器官的故意，至于他的犯罪动机是基于性冲动，还是侮辱他人，或者是出于某种高尚的动机，都不需要去加以证实。如果行为人裸露身体是为了健康或者享受的目的，没有玷污公共道德的故意，就不是犯罪。例如，几个男人在一个不希望他人看到的地方进行裸泳，就不认为是犯罪行为，因为这并没有违反公众的道德观念。即便是几个男人和几个女人聚在一起混合裸泳，除非其他人可以看到，也不构成犯罪。

最后，根据 1824 年《流浪罪法》的规定，一个男人以侮辱女性为目的，故意淫

---

[1] David Ormerod, *Smith and Hogan's Criminal Law*, Oxfort University Press, 2011, p. 757—760.

荡性地或猥亵性地暴露其阴茎,不论在公共场所还是在私下的场合,都构成犯罪,可以判处3个月以下的监禁。这种无赖和流氓行为,不同于普通法犯罪,仅限于男性通过裸露阴茎来侮辱妇女的情景。①

第四节 违反自然的性交罪

违反自然的性交行为,包括兽交(bestiality)和鸡奸(buggery)两种行为。犹太——基督教反对这些"违反自然"的犯罪行为,认为性行为只应当在家庭关系中发生,而且是为了生儿育女的目的。

一、兽奸罪

兽奸罪,是指同其他动物发生性交行为,男女都可以实施这种行为。在《圣经·旧约》中,严格禁止兽奸和鸡奸行为。直到现代社会的早期,基督教神学家同《圣经》中的保罗一样,都谴责这种"违反自然"的性行为。这种观念的影响是如此深远,以至于现在的英国和美国各州的刑法典中,仍然保留了这样的罪名。

尽管法律规定,男女都可以构成兽奸罪,但由于要求"插入"这一要件,女性几乎不会因同性恋或兽奸而被定罪,一般都是男性才构成犯罪。在美国殖民地时期,仅有两例牵涉女性的案件,但最后都以淫乱行为处理,而没有认定为违反自然的犯罪。

1642年到1662年之间,新英格兰因兽奸处死了6名男子。1674年以后,新英格兰没有一个人因兽奸判处死刑,新泽西州只有两名男子被处死。这个时期,人们普遍认为兽奸是一种令人厌恶的罪行。

1799年8月,美国康涅狄格州最高法院,因兽奸罪判处吉迪恩·沃什伯恩死刑。此人在5年内奸淫了两头母牛、两匹母马和一头小母牛。他声称自己是清白的,抱怨陪审团违反了清教徒要有两人作证的教规。4个对他不利的证人中,3人各证实了一个事实,另外那个人证实了3个不同的事实,结果没有两个人证实任何同一事实。虽然《圣经》上强调两个见证人的规定,但是根据当时已经很盛行的英国普通法,如果陪审团认为证据可信的话,一个证人就足够了,即使是对罪犯判处死刑也是如此。最终,被告人吉迪恩·沃什伯恩还是被执行了死刑。②

二、鸡奸罪

鸡奸罪,是指一个男人和另外一个男人或者女人之间,通过肛门进行性交的

---

① Alan Reed and Peter Seago, *Criminal Law*, Sweet & Maxwell, 1999, p. 396.
② 〔美〕伊丽莎白·赖斯:《美国性史》,杨德译,东方出版社2004年版,第36页。

行为,也包括男人或女人与其他动物通过肛门或阴道进行的性行为。在过去,得到对方同意就不是一个辩护的理由;在今天,鸡奸主要是指双方自愿进行的行为,因为未经同意的鸡奸行为,以强奸罪论处。但双方同意的鸡奸行为,也仍然是犯罪行为,两个人都是正犯,实施性行为的人是主动的一方,接受性行为的人是被动的一方。

考虑到社会的变化和现实的情况,英国1967年《性犯罪法》对鸡奸罪进行了修改,在下列三种情况不构成犯罪:

1. 鸡奸行为是在私下实施的。如果有两个以上的人在场,或者行为是在公共盥洗室里面实施的,就不属于私下实施的行为。所谓"私下实施",是一个事实问题,由陪审团根据时间、地点、场所以及周围的环境加以认定。

2. 当事人双方都同意。由于严重的精神病人不能表示有效的同意,同精神病人进行的鸡奸行为构成犯罪。但是,不知道或没有理由怀疑对方正处于严重精神异常的状态,就可以成为一个抗辩的理由。

3. 当事人双方都达到18岁。如果一方的年龄低于18岁,即便是夫妻关系或者是在私下进行的,也是共同的犯罪行为。行为人真诚的、合乎情理的但错误地认为对方已满18岁,也许可以成为一个辩护的理由。

英国1993年《性犯罪法》虽然废除了14岁以下儿童没有能力进行非自然性行为的假定,但这并不意味着14岁以下的儿童可以构成鸡奸罪。因为在1993年以前,就有法律明确规定,14岁以下的儿童,无论男女,都不能作为主动者或被动者而被宣告犯有鸡奸罪。有这样一个判例,一个成年人对3个14岁以下的男孩实施了鸡奸行为,该名成年人构成犯罪,而3个男孩并不是同案犯,因为他们在法律上没有实施那种犯罪的能力。令人吃惊的是,有个英国判例曾经认为,一个未满14岁的儿童,可以唆使他人实施鸡奸行为。即便是为了保护受害者的利益,这样做也是不恰当的。因为一个未满14岁的儿童如果没有实施鸡奸犯罪的能力,也意味着他没有教唆他人实施这种犯罪的能力。

根据英国法律的规定,未经同意的鸡奸行为,可以判处终身监禁;与一个16岁以下的人或者动物进行鸡奸行为,可以判处终身监禁;如果行为人年满21岁,而另外一个人是18岁以下,可以判处5年以下监禁;其他情形下,可以判处2年以下监禁。根据1967年《性犯罪法》,介绍他人与第三者进行鸡奸行为的,也是犯罪,可以处2年以下监禁。①

根据美国《模范刑法典》的规定,下列行为构成犯罪:(1)强迫他人实施鸡奸行为的;(2)对未成年人实施鸡奸行为的;(3)在公共场所实施鸡奸行为的。在

---

① David Ormerod, *Smith and Hogan's Criminal Law*, Oxford University Press, 1999. (2011年第13版删除了有关内容)

过去，鸡奸行为被认为是一种十分令人厌恶的、违反自然的犯罪行为，是一种严重的犯罪。现在人们的道德观念已经发生变化，加上很难控制这种行为，美国的一些州，甚至已经废除了这个罪名。

第五节 乱 伦 罪

乱伦罪是由于在具有某种血亲关系的人之间进行性交而构成犯罪。在英国普通法中，直到1908年才规定为犯罪，一直由教会法院处理。

根据英国1956年《性犯罪法》第10条的规定，明知是自己的孙女、女儿、姐妹和母亲而与之性交的男子，构成乱论罪。所谓姐妹，包括半血亲关系的姐妹。16岁以上（包括16岁）的女性，允许其祖父、父亲、兄弟、儿子和她性交的，也构成乱伦罪。所谓兄弟，包括半血亲关系的兄弟。乱伦的犯罪意图必须得到证明。

被告人与13岁以下的女子乱伦，最高可以判处终身监禁，犯罪未遂可以判7年以下监禁；在其他情况下，最高可以判处监禁7年，犯罪未遂可以判处2年以下监禁。

在美国，近亲之间的结婚，也可能被视为乱伦行为。所谓近亲，一般是指3代或5代以内血亲，但有些州规定，公公、婆婆、媳妇、女婿、继父母、继子女等非血亲关系，也属于近亲。

当一个男性受到乱伦罪的指控时，女方的同意不能成为辩护的理由。如果女方不同意，男方就构成强奸罪，受害人无罪。有些州规定被告人同时构成乱伦罪和强奸罪两个罪；有的州则构成一个加重强奸罪或一级强奸罪。性交者之间的血缘关系，不仅可以是同父母的，而且可以是同父异母或同母异父的，不仅可以是合法出生的，而且也可以是非法出生的。除了性交的行为和血缘关系的事实以外，主要的是要证明被告明知这种血缘关系。仅仅是因为收养人与被收养人之间的关系而发生的性交行为，不能构成乱伦罪。

根据1977年《刑事审判法》的规定，一个男子诱使一个不满16岁的少女和他性交，而且知道该少女是他的孙女、女儿或姐妹时就构成犯罪。

乱伦罪之所以能够保留下来，除了它能激起人的邪恶的欲念以外，遗传学上的原因也很重要。乱伦可能造成较高的遗传危害，风险很高，从长远看，对人类的健康发展有一定影响。但是，有人主张废除乱伦罪，认为法律并没有禁止那些带有遗传性疾病和遗传风险的人发生性行为，也就没有必要保留乱伦罪，因为它剥夺了人们自由性交的权利。假如要取消乱伦罪，就有必要为未成年人提供特别的保护，以免他们受到其他家庭成员的性侵害。

一个值得注意的问题是，性犯罪，尤其是针对女性和未成年人的性侵害案件（强奸罪除外），对被告人的处罚都比较轻。一项研究表明，在173个起诉的案件当中,44%(76个案件)被驳回,22%(38个案件)被作为较小的诉讼,11%(6个案子)经多次控告才被定罪,2%(4个案子)作为控诉的案件。其中仍然有35个案件要么悬而未决(15个案件),要么案犯潜逃(7个案件),要么音信全无(8个案件)。其中有53个被确定有罪,30个被判监禁以下刑罚,21个案子被判监禁,其他的罚金了事。接受监禁刑罚的,其刑期也在6个月和3年之间。曾经有一个案件,丈夫5次开枪打伤妻子的脸,仅被判社区服务两年。①

这种不正常的情况,是社会生活在法律当中的真实反映。长期以来,对女性和未成年人的性侵害,并没有得到认真的对待和严厉的处罚。许多乱伦的案件和侵害未成年人的案件,甚至都没有得到起诉,为的是保留家庭的体面和完整性。研究材料显示,大多数被判罪的男性,都在其供述里表明了对女性的真实态度。女权主义者认为,现在的社会还是由男性统治,并由此去判断男性对女性的暴力,而且相信他们的暴力几乎不会受到任何处罚。在一项关于乱伦的研究报告里,许多男性相信他们是在自己应有的权限中去规劝"他们的女性"。比如殴打妻子的人,常常认为自己是正当地管教他们的妻子;乱伦的父亲也认为他们是在用性的方式来管教自己的女儿们。这些男性用自己的观念指导行动,把女性当做男性拥有的财产。因此,转变公共态度,提高妇女的社会地位,改革司法,加强对未成年人的保护,是一个社会的当务之急。

---

① 〔美〕詹尼特·A·克莱妮:《女权主义哲学:问题,理论和应用》,李燕译,东方出版社2006年版,第74页。

第十六章 侵犯财产罪

第一节 偷 盗 罪

一、一般概述

偷盗罪,是指非法盗窃并且以永久性剥夺他人财产为目的拿走他人动产的行为。

偷盗罪的构成要件:(1) 非法;(2) 获取;(3) 拿走;(4) 动产;(5) 他人的;(6) 偷盗意图。

过去一些年,美国的法院已经限制了这些要件中的第一个要件"非法"的意义,并且规定了"推定占有"的几种情况:① 雇主提供财产给他的雇员;② 拥有财产者为了当面完成一个交易而将财产转给他人;③ 受托分拆财物;④ 通过撒谎获取他人财产;⑤ 违法的发现他人丢失或者错放的财产;⑥ 由于自身的错误而将财产转给犯罪者。

在盗窃罪的早期的历史中,偷盗罪要求"非法获取"的要件,例如小偷从财产拥有者那里获取财物。但是,假如行为人准备以欺骗的方式,将已经处在其占有状态下的财产变为己有,由于不是从他人那里获取财物,就不构成偷盗罪。①

行为人将自己拥有的财产转给他人,由于他没有从任何人那里非法获取财产,就不可能构成偷盗罪。例如,一个人将财产出售给另外一个人,然而却未将财产交付给对方,就不构成偷盗罪②;一个负责修理物品的人,在正当地接受了该物品以后,又以偷盗的故意将其带走,也不构成偷盗罪;发现他人丢失或者错放的财物,或者接收到他人错误投递的财物,行为人捡拾或者接受了这些财物,由于没有偷盗故意,也不构成非法获取,即使稍后他们受到财物的诱惑,将财物归为己有,也不构成偷盗罪。③

假如财物的拥有者实际上同意被告人将他或她的财物拿走,由于没有非法获取,当然也不构成偷盗罪。

---

① As we have seen, the crime of embezzlement was created to punish many instances of such wrongdoing. §19.1(b).
② Commonwealth v. Tluchak, 166 Pa. Super. 16, 70 A. 2d 657(1950).
③ E.g. Calhoun v. State, 191 Miss. 82, 2 So. 2d 802(1941).

有一个问题,就是财产的拥有者事先获悉一个小偷打算偷他的财产,他就故意等在一个地方,甚至故意将门打开或者将钥匙留在门锁上,以引诱小偷盗窃,这种情况下能免除小偷的刑事责任吗?

如果两个人共同拥有财产,在偷盗罪中会遇到一些问题。例如,其中一个合伙人侵吞另外一个合伙人的财产,是否构成偷盗罪?这种侵吞可能不构成偷盗罪,根据是没有非法获取的行为。类似的情况还有,配偶拿走对方的财产,在普通法中就不认为是偷盗罪,通常的解释是共同体规则(丈夫和妻子是一个生活共同体)。以后在一些案件中也允许定偷盗罪,一般是夫妻正在离婚期间或者双方已经分居。现代法律允许已婚妇女有自己的独立财产,不受丈夫的控制,共同体规则已经被放弃,丈夫和妻子都有可能被定偷盗罪。美国《模范刑法典》就是这样规定的。[1]

随着英国贸易和商业交往的日益增长,从15世纪开始,受托人将他人的货物打开并且盗用其中的一部分或全部货物,作为偷盗罪处理。但是,如果他盗用(挪用)了整个包装物,没有打开它,就不是偷盗罪。尽管这个规则最初针对的是以交易为目的的受托人案件,后来却扩大适用到其他类型的受托人案件。在这个早期的规则下,从打开整个包装物的情况下才可以构成偷盗罪,扩大到挪用散装发运货物中的一部分货物,也可以构成偷盗罪,即便是包装的货物,仅拿走其中的一部分,没有打开它,也可以构成偷盗罪。[2] 在今天的美国,如果受托人挪用的情况下,是否打开包装物会有不同的处理方式。在有些州,行为人只要打开包装物,尽管没有占有它,也是偷盗罪;在另外一些州,则构成侵占罪或者其他新的罪名。例如,受托人偷盗罪,或者一个新的大盗窃罪的罪名(包括偷盗和占有),而不考虑是否有打开这个行为。[3]

由于对财物的性质和数量发生了错误的认识,将一个人的财产交付给了另外一个人。例如将黄金当做普通硬币,将装有美元和衣服的箱子误认为是空的箱子[4],或者对财物的数量发生了错误认识,应该支付36美元,但却支付了4328美元[5],或者对接受者的身份发生了错误认识,例如,邮局的投递员,将本来应该投递给J的财产,错误的投递给了另外一个叫T的人。如果错误接受财物的人,将财物据为己有,就是非法获取他人财物,假如他在接受财物时发现了错误,没有归还,就形成了偷盗财物的故意,构成偷盗罪。另一方面,假如他接受货物

---

[1] Whitson v. State, 65 Ariz. 395, 181 P. 2d 822(1947).
[2] Commonwealth v. Brown, 4 Mass(1808).
[3] Wayne R. LaFave, *Principles of Criminal Law*, West-Thomson Reuters, 2010, p. 976.
[4] Cooper v. Commonwealth, 110 Ky. 123, 60 S. W. 938(1901); Regina v. Ashwell, 16 Cox Crim. Cas. 1(Cr. Cas. Res. 1885).
[5] Sapp v. State, 157 Fla. 605, 26 So. 2d 646(1946).

时:(1)没有认识到这种错误,就没有偷盗故意;(2)他认识到这种错误,但打算归还财物,他就不能构成偷盗罪,即便稍后他又决定偷盗。① 因为① 最初接受货物时,他没有非法获取的行为,而是怀着无辜的意图接受货物的;② 对于以后形成的偷盗故意,与他接受货物时的行为不一致。适用这个规则的难点在于,接受的货物和金钱是封装在箱子或者信封里的,被告人最初接受这个箱子时,不知道里边的东西是什么,因此,没有任何不诚实的盗窃物品的故意;以后(也许是一分钟,也许是几天以后)他打开这个包装物,发现了错误的物品并且立即决定盗窃。一种观点认为,行为人构成偷盗罪,因为当他拿到这个财物时就打算盗窃,而且直到他发现货物存在以前,他都没有"接受""拿"这个财物。② 另外一种观点认为,他不构成偷盗罪,因为他"接受"这个财物时,财物是装在封好的箱子里,他稍后打算盗窃时,又与他接受货物时的行为不一致(当时没有盗窃故意)。③ 笔者认为,作为发现财物的人,当他发现错误接受财物以后,没有马上归还,至少是不道德的,以后他又产生了不可遏制的盗窃故意,并且在此故意的支配下将财物据为己有,应以偷盗罪定罪处罚。在这类案件中,过分强调被告人形成盗窃意图的时间,没有太大的意义。

与错误投递类似的情况还有,由于认识错误,一个人拿起并且带走了另外一个人的财物。例如,A的一只羊混进B的羊群中,B没有注意到自己的羊群中增加了一只羊,就带着这只羊一块离开了;或者B错误地认为是A授权他将羊带走的,他是出于合法的目的而带走了A的财产,或者B拿走A的财物,虽然没有犯罪的目的,但主观意图并不单纯,例如他打算使用一段时间再归还该财物。在上述任何一种情况下,可能发生的与偷盗罪有关的问题是:B以后决定偷盗并且这样做了。认定被告人的偷盗罪的困难之处,不在于有没有非法获取行为,因为很明显,他没有法律上的权利而非法的拿走了他人的财产,尽管拿走当时他是无辜的(没有盗窃故意)。案件的困难之处,在于发现盗窃故意与非法获取财物的一致性。④

构成偷盗罪,要求行为人非法获取他人财物,并且支配该财物。具体地说,行为人要具有获取和带走他人财物的行为,当被告人实际控制了他人财物,"获取"就成立了(发生了),"带走"要求具有将他人财物移动的行为,这种移动可能是微小的、短距离的移动。⑤

---

① § 19.5(f). See Annot., 14 A. L. R. 894(1921).
② Robinson v. State, 11 Tex. Ct. App. R. 403(1882).
③ Cooper v. Commonwealth, 110 Ky. 123, 60 S. W. 938(1901).
④ § 19.5(f), for a discussion of "continuing trespass," which if applicable enables one to find the coincidence.
⑤ A modern theft statute, of course, may require neither. See, e. g., State v. genova, 77 Wis. 2d141, 252 N. W. 2380(1977).

二、盗窃行为

1. "获取"(taking, caption)

行为人只有事实上控制了他人的物品,获取才能成立,否则就不构成偷盗罪。假如被告人试图偷盗某人的财物,乘其不备突然击打他的手臂,致使其手中的财物掉落在地上,但由于天色较暗,被告人没有找到该物品,"获取"就不能成立。或者很多财物捆绑在一起,被告人试图将这些物品带走,由于物品的体积太大、太重,尽管他可以"移动"这些物品,但却不能将这些物品从现场带走,也不能认定为"获取"。另一方面,某个人获取他人财产,尽管他本人并没有获得财物的支配权,却将该财物当做自己的财物出售给一个毫不知情的第三者,可以被认为"获取"了他人财物。①

正如我们已经看到的,当不了解真相的被告人获取他人财产时,该财物已经处在其控制之下。或者,当某人获取他人财物时,没有经过本人允许而当着他的面移动该财物,也是一个获取行为。②

2. "带走"(carrying away, asportation)

英国普通法中"带走"的要件,今天在英美两国的法律中依然存在,美国由少数州不要求这个要件。一般地说,仅仅将财物拿在手中,还不足以构成偷盗罪,行为人必须将财物"带走",例如,将一匹马骑走、将一群牛赶走、将一辆汽车开走,或者将一个沉重的物体从地上拖走等等。"带走"的距离并不一定离现场太远,只要有"移动"的行为,仅仅"移动"一个比较短的距离,就可能构成"移动",但是财物的每一个部分都必须被"移动"。例如,转动一只桶,将其竖立起来并站在桶的旁边,以便更好地抓住它,这还不足以构成"移动"。这种"移动"必须是带走式的"移动",比如滚动该桶,使其脱离原来的位置等等。行为人为了偷猎而向一只动物射击,当该动物被击中后,从其站立的方向倒下去,也不构成偷盗罪中的"移动"。正如已经指出的那样,只要被告人移动了物品的整个部分,就可以构成"移动",不一定要求从主人的住处或者当着他的面"移动"财物。③

偷盗罪中有一个问题比较难以解决。假如 A 假扮成 B 的财产的拥有者,将该财产出售给 C,一个完全不知情的购买者,售出以后获取并带走了该财产。因为 A 从未实际接触到该财产,A 能被认为是"获取"和"带走"了该财产吗?大多数人的观点是,对于"获取"和"带走"该财产,C 仅仅是 A 的一个无辜的代理人。因此,C"获取"和"带走"财产的行为,应当归罪于 A,C 不承担偷盗罪的刑事责

---

① a discussion of this larceny situation, and cases cited, in §19.3(b).
② §19.2(i).
③ §19.2(i); also Adams v. Commonwealth, and Harrison v. People, supra note 10.

任。另外一种相反的解释是,不能将C"获取"和"带走"的行为归罪于A,理由是根据普通法的代理人原则,这个购买财产的人,不是出售者的代理人。通过代理人拿走财产的案件还有一些其他困难的问题要解决。例如,A将自己行李上的标签与B行李上的标签进行了交换,然后让承运人C按照标签上的指引,将B的行李运送给了A,而不是交给了B。在这里,A本人并没有"移动"B的行李,是C带走了这个行李,C是A的无辜的代理人,C的行为应当归罪于A交换行李的行为。①

美国有的司法管辖区(州),将偷盗罪分为从人的身上窃取财物(小偷扒窃)和从住户的房屋内窃取财物两种情况(比如独立的房屋和公寓大楼)。对于构成偷盗罪,如果从人的身上进行盗窃,当财物还在人的口袋中时,尚不足以构成移动,必须是将财物从被害人口袋中取出,才构成"移动";如果是在受害人的房屋内行窃,仅仅在屋内拿着财物,也不足以构成"移动",被告人必须将财物从房屋内带到房屋的外边,才构成偷盗罪。②

3. 他人财产(personal property of another)

英国普通法中的偷盗罪,将财产限制在有形的动产的范围内,现代法律则包括了其他种类的财产。大多数司法管辖区根据财产的价值,将偷盗罪分为大偷盗罪和小偷盗罪,财产必须是他人的,这就将遗弃的财产和自然界的野生动物排除在偷盗罪之外。

4. 财产的性质

英国普通法将偷盗罪财产的性质,限制在有形的动产的范围,带走不动产不构成偷盗罪。③ 所谓不动产,包括树林、农作物、矿物和房屋内的固定装置等等。根据普通法的观点,从不动产中分离以后变成动产,是在一个连续的行为当中,因此,分割财物并将其带走,不构成偷盗罪。例如,被告人将一棵树砍倒,然后切割成一块一块的木料,在将这些切割后的木料装入卡车运走,就不构成偷盗罪。因此,一审法院如果作出有罪判决就会被上诉法院推翻。但是,假如这种分割和带走是两个独立的行为,就构成偷盗罪。在普通法中,一个人不能盗窃无形的动产,包括股票、公债、支票或者期票(本票)。盗窃这些书面文件的目的是和这些文件所代表的不动产联系在一起的,比如契约代表着不动产,一个合同代表着某

---

① Aldrich v. People, 224 I11. 622, 79 N.E. 964(1906); State v. Rozeboom, 145 Iowa 620, 124 N.W. 783(1910); Commonwealth v. Barry, 125 Mass, 390(1878).

② Rex v. Talor, [1911]1 K.B. 674(1901)(conviction of larceny from the person reduced to common law larceny.)

③ It follows that if there is merely use of property without paying the fees therefore, the money owed does not constitute "property" within the law of larceny. Commonwealth v. Rivers, 31 Mass. App. Ct. 669, 583 N.E. 2d 867(1991). (use of town's landfill without paying dumping fee).

种不确定权利的履行,所以都不构成盗窃罪。①

现在,所有的司法管辖区的法律都扩大了偷盗罪的范围,包括这些以书面文件体现出来的无形的动产(股票、债券),或者其他无形的权利。另外,有些州已经通过制定法律,规定偷盗矿物、树林、庄稼和房屋内的固定装置,一律构成偷盗罪,而不再要求分割和带走两个独立的行为。现代刑法典的倾向是,偷盗罪包括任何种类的、有价值的、能被移动的物品。②

煤气、和电力也可以成为被偷盗的财产,通常的偷盗方法是在仪表周围接上一个管子或者一条电话线。非法买卖走私财物从来都不以偷盗罪定罪处罚。另一方面,对于以盗窃为目的,使用他人的工厂,劳动或者他人的服务,现在还没有特别的规定,有些州的法律中,对于盗窃他人劳动、服务或者使用他人财产,也以偷盗罪定罪处罚。

5. 财产价值(value of the property):大偷盗罪和小偷盗罪

按照英国的先例,美国司法管辖区的实践是,将偷盗罪分为大偷盗罪和小偷盗罪两种类型(少数几个州分为三种类型)。根据偷盗的数额,50 美元以上的是重罪,最高可以处 10 年以下监禁;盗窃 50 美元或以下的是轻罪,最高可以处 6 个月以下监禁。现在偷盗的数额已经有所提高,比如有的州将重偷盗罪的价值,设定在 3000 美元。大多数州是 500 美元以上为重罪。

涉及财产价值的法律问题是,所谓财产价值不一定是它的成本价,而是它的市场价值(在他盗窃财产当时的时间和地点),假如说有一个这样的市场价。财产价值是指从整体条件上和当时所在地方、所在时间确定的价值,而不是财产转移以后,处在他人控制时的市场价值。

一个小偷也许可以从不同的受害人,在不同的时间和地点,盗窃不同的物品,但不能将几个小数额的偷盗行为叠加在一起,成为一个大偷盗罪。相反的,在同一个时间和地点盗窃了同一个人的不同物品,例如先盗窃了他皮包里的 32 美元钞票,然后又盗窃了他身上携带的一点零用钱,最后又盗窃了他的手表。这样一个案件中,可以将盗窃的所有钱和物相加,如果加起来是 60 美元,就应以 60 美元的大偷盗罪定罪处罚,而不是按 32 美元的数额加以处罚。处在这两个极端的案例之间的一些情况,处理起来更加困难。如果是从同一个人那里盗窃一些数额较小的钱物的案件中,在行为人被发现之前,假如连续几次的收入都是根据一个单一的计划实施的,这几次小数额的钱就可以相加在一起,成为一个大的偷盗罪。另外,从不同的受害人那里,在同一个时间和地点盗窃了几次数额

---

① Regina v. Powell, 169 Eng. Rep. 557(1852)(deed); Regina v. Watts, 169 Eng. Rep. 747(1854)(contract).
② E. g. Sheffield v. State, 708 So. 2d 899(Ala. Crim. App. 1997); See note 7 supra; and see, e. g., People v. Perry, 224 Ill. 2d 312, 309 Ill. Dec. 330, 864 N. E. 2d 196(2007).

较小的钱物(例如,几个女士在楼下喝茶,被告人趁机翻查了这几位女士的卧室,发现了几个女士的钱包,然后分别从几个钱包中各取走了十美元),这些数额也可以相加在一起。这种情况可以被理解为,这数次的获利行为,都是这个计划所必需的一个组成部分。

当然,在有些加重偷盗罪中,对被告人是有利的而不是有害的。例如,被告人先后几次拿走的财物每一次的价值都足以构成大偷盗罪,偷盗十次,每次偷盗100美元,10次相加是1000美元,定一个1000美元的大偷盗罪,比定10个100美元的大偷盗罪,从总体上讲对被告人更为有利,所获刑期要短一些(几个有联系的获取行为,是构成一个大偷盗罪还是构成几个小偷盗罪,是有争论的,在刑法的设置上,不考虑大小偷盗罪的区别)。

一般来说,行为人被定为大盗窃罪还是小盗窃罪,完全取决于财产的客观价值,与被告人对价值的认识没有关系。但是《模范刑法典》则采取了相反的规定,该法典规定,财产价值少于500美元是小盗窃罪,但是如果行为人认为其价值更大,则可以定为大盗窃罪[参见《模范刑法典》§223.2(2)]。

在司法实践中,有些州已经开始制定法律,对某些种类的偷盗罪作为重罪处理时,不考虑获取财产的价值。大多数州规定从人的身体上盗窃财产,构成重盗窃罪,也有少数州将从建筑物内盗窃,规定为重盗窃罪。有些州的法律规定,盗窃某种类型的财产,不用考虑财产的价值。例如,汽车、马匹、各种农作物和枪支等等。当然,加重偷盗罪又可以称为抢劫罪,属于重罪的范围,刑罚非常严厉,可以不考虑财产的价值。①

6. 他人的含义(of another)

偷盗罪中的财产必须是他人的财产,由于这个原因,野生动物,甚至他人的土地,都不能成为偷盗罪的对象。曾经是自己的,已经被以前的拥有者遗弃,也不能成为偷盗罪的对象。

按照普通法关于偷盗罪的观点,一个合伙人不能盗窃另外一个合伙人的财物。现代的观点是,立法机关已经通过制定成文法加以规定,小偷获取的财产利益,只要和其他合伙人的财产有利害关系,就不能成为偷盗罪的一个抗辩的理由。②

有时,A拥有的财产是B合法占有的,对财产有抵押权或者留置权,以便B能从A处得到A欠自己的债务。这时对A来说,B合法占有的财产就是他人的财产,如果A从B的占有下获取财产,就是故意剥夺了他人的抵押权和留置权的利益。因此,A就构成偷盗罪。类似的情况,假如A将他的财产委托给B,

---

① Wayne R. LaFave, *Principles of Criminal Law*, West-Thomson Reuters, 2010, p.986.
② Model Penal Code §223.0(7).

然后又暗地里取回了该财物,打算以该财产的价值去控告 B,A 就构成偷盗自己财产的犯罪。①

对于偷盗罪,窃贼不需要直接从财产拥有者那里获取财产。一个二手窃贼也构成偷盗罪,即便他是从第一个窃贼那里窃取的这个财物。

三、盗窃意图

偷盗罪要求偷盗的意图,也就是意图永久性地剥夺他人拥有的财产或者在一个不合理的时间段内,使用他人的财物,使得实际上的拥有者有可能丧失自己的财产。偷盗意图必须与偷盗行为同时存在或发生。

1. 主张权利

一个人可以诚实地但却是基于错误的认识而获取他人的财产。(1)认为是自己的财产;(2)认为是无主物;(3)(尽管他知道该财产是他人的财产)拥有者有承诺他可以获取该财物。在上述任何一种情况下,他都缺乏偷盗罪所要求的偷盗故意,尽管他错误的但诚实的相信是不合理的。②

在具体案件中,被告人如何证明他实际上具有这样一种诚实的相信呢?被告人可以通过指出自己是公开而不是秘密获取财物的,以及自己的相信具有合理性等等,作为辩护的理由。尽管这种辩解也许不起决定性作用,但有助于证明被告人善意的主张。

2. 返还获取财物的意图

一个人如果临时起意,拿走另外一个人的财产,但打算在一个合理的时间内返还给财产的主人,其本人也具有返还的能力,就缺乏偷盗罪所要求的偷盗意图。应该注意的是,行为人具有返还的意图,但实际上并未返还,构成偷盗罪的抗辩理由。

也就是说,尽管一些无法预料的障碍阻止了实际的返还行为,返还意图本身仍然是一个抗辩的理由。返还意图作为一个抗辩理由,不一定要求将财物放回最初获取财物的确切地点,只要将财物放在拥有者足以发现的附近,能够发现并且找到它就可以了。但是,返还意图必须是无条件的,如果被告人返还他人财产是为了获取某种奖励或者提出一些他无权获得的条件,就不能成为一个抗辩的理由。③

正如上面已经指出的那样,仅仅一个返还意图还不构成一个抗辩理由,行为人必须在获取财物时,有返还财物的实际能力(即便随着事件的发展,以后实际

---

① See Macdaniel's Case, 168 Eng. Rep. 60(1755).
② Model Penal Code § 223.1(3)(a). See People v. Rosen, 11 Cal. 2d 147, 78 P. 2d 727(1938); Rex v. Nundah, 16 N. S. W. 482(1916).
③ People v. Davis, 19 Cal. 4th 301, 79 Cal. Rptr. 2d 295, 965 P. 2d 1165(1998).

上变得没有返还能力了)。假如某人获取了他人的财物,打算任意的、随心所欲的尽情使用后再加以遗弃,阻止将财物安全返还给原来的拥有者,这个获取他人财物的人,就具有法律所要求的偷盗罪故意。另外,某个人怀着典当他人财物的故意,以后打算赎回该财产,并将其返还给财产的拥有者,也可以成为一个抗辩的理由,但条件是行为人的财政状况表明他有实际上的返还能力。①

意图返还获取的他人财产作为一个抗辩的理由,必须是在一个合理的时间段内。实践中,确定什么是一个合理的时间段,更多的是取决于财产的性质和财产的预期使用寿命,剥夺拥有者财产的时间越长,返还就越困难,因为时间久远会使得该财物丧失它的主要功能和经济价值,返还财产就没有实际意义了。举例来说,某人怀着获取他人新鲜草莓的故意,打算两个星期以后再归还该草莓,和以同样的故意,获取他人的钻石项链,这两种情况显然是不一样的。

根据连续侵犯行为的概念,获取他人财产仅仅打算临时使用后,马上无条件地返还给该财产的主人,假如他以后改变了主意,决定不再将该财产返还给主人了,就仍然可以构成偷盗罪。②

许多州的法律指出,驾驶偷来的机动摩托车兜风,然后再将其归还车主,比起一般的偷盗罪,社会危害性要小一些。美国联邦法律规定,转移偷来的机动车是重罪,即行为人主观上明知是偷来的,仍然转移和穿越州界。

3. 返还等值物的意图

被告人获取了他人的财产,打算而且有经济上的能力支付给受害人,这种支付金钱或者返还相等财物的行为(非获取的财物本身),对于偷盗罪的指控可能成为一个抗辩的理由。毫无疑问,如果获取的财产是拥有者已经出售的财产,具有这样的能力和意图,构成一个抗辩的理由。假如这个财产不是为了出售,有支付意图和能力也不能成为一个抗辩的理由。如果打算支付相等的财产,甚至返还更多的财产,可以被认为行为人缺乏偷盗故意。假如这个财产具有唯一性,没有货币上的等值物或者拥有者已经出了一个价,被告人拒绝了,这就表明其没有支付意图。正如上面所说,具有返还同等价值的意图、具有支付能力等,都不是一个充分的抗辩理由。③

4. 偷盗行为和偷盗意图同时发生

和其他许多犯罪一样,偷盗罪也要求特定的实行行为和特定的主观故意相一致,被告人的行为和他的主观心理状态必须同时发生。因此,这种获取和带走的行为必须和偷盗意图同时存在。如果某人发现别人丢失的物品,捡起后打算

---

① Regina v. Medland, 5 Cox Crim. Cas. 292(1851).
② Wayne R. LaFave, *Principles of Criminal Law*, West-Thomson Reuters, 2010, p.991.
③ Rex v. Williams [1953] 1 All E. R. 1068; Neal v. State, 335 P. 2d 1071(Okl. Crim. App. 1960).

将其归还财物的主人,但后来又改变了决定,没有将捡拾的财物归还失主,不构成偷盗罪。因为行为人拿和带走该财物,只是事物的一个方面,而行为人的主观意图则是事物的另外一个方面,行为和意图并不一致。出于同样的理由,一个人由于错误的接受了一个误投的财物(包括支付了钱款),就不构成偷盗罪。因为当时他主观上是完全无辜的,尽管后来知道财物被误投了,这时产生了偷盗意图,也不应以偷盗罪定罪处罚。但是也有一些相反的权威性解释,对于这种情况,在交付错误财产或者超额支付装入密封在容器内的钱款(例如,信封里装的支票、卡车里的服装,以及装在纸袋里的硬币),接受包装物内财物的人,当他从投递者的手中接过财物,获得包装物里的东西后才决定偷盗,根据偷盗罪的目的,他获取财物的行为和偷盗故意是一致的。[1]

获取—带走和偷盗意图的一致,在有些情况下,可以使用连续侵犯行为的概念,虽然非法获取的行为与偷盗罪的意图不一致,但直到获取者产生偷盗故意时,是一个连续的发展过程,在那个瞬间,获取行为和偷盗意图是一致的,就构成偷盗罪。那么,在什么样的情况下,才可以提出连续侵犯行为的概念呢?

首先,最初的获取必须是非法的占有,正如我们已经看到的,他人遗失或者遗忘财物的发现者,或者被错误投递他人财产的接受财物的人是无辜的,不构成非法行为。但是,有一个困难的问题是,无辜捡拾他人财物的人,错误的相信这个财物归自己所有,或者错误地认为其他的人已经授权自己拥有该财物,他是一个非法的行为吗?但是,有一点很清楚,获取他人财物的人,明知该物不是他自己的,其他人也没有授权他获取这个财物,就构成一个非法行为(例如获取财物打算使用后很快归还)。在另外一些案例中,他又不构成偷盗罪,因为他那时还没有形成一个偷盗故意。假如他随后决定偷盗该财物,根据连续侵犯行为的概念,他非法获取的行为和偷盗意图从而出现了必要的一致吗?

其次,连续侵犯行为的第二个要件是(至少在美国),最初的非法行为或侵占行为具有不良意图,而不是主观上完全无辜。例如,捡拾他人财物,错误的相信它归自己所有或者这种获取得到了他人授权,尽管是一个非法侵占(不法行为),但不构成一个连续的非法侵占,当获取者稍后想要偷盗该物品时,他也不构成一个偷盗罪。[2] 反之,如果错误的获取后,打算使用后再归还,就被认为获取物品时具有不良意图,是一个连续的侵犯行为。[3]

---

[1] Robinson v. State, 11 Tex. Ct. App. 403(1882).
[2] Wilson v. State, 96 Ark. 148, 131 S. W. 336(1910).
[3] State v. Coombs, 55 Me. 477(1868), see Wayne R. LaFave, *Principles of Criminal Law*, West-Thomson Reuters, 2010, p. 995.

第二节 侵 占 罪

侵占罪是一个制定法罪,各州的定义会有所不同,至今没有一个被广泛接受的权威定义,但一般具有以下几点:(1)欺骗性的;(2)转换行为;(3)财产;(4)他人;(5)已经合法占有该财物的人。

正如我们已经看到的,从盗窃罪的发展历史看,偷盗罪中非法获取的要件,使得该罪有一个巨大的缺口。例如,一个已经合法拥有他人财物的人,意图剥夺该财物的实际拥有者对财物的所有权,企图将该财物变为己有,由于他没有实施非法的获取行为,因而不构成偷盗罪。因此,英国的立法机关制定了一个新的侵占罪罪名,填补了这个空白。这个法律通过列举已经合法拥有他人财产的各类人员名单,例如,商店职员、银行雇员、代理人、律师、经纪人、经销商、受信托人、银行经理、批发商、合伙人、公司管理人员或者受托人,规定这些人当中的任何人,将被委托的他人财产,欺骗性的转变为自己的财产,构成侵占罪。英国的立法模式在美国得到了普遍遵循,尽管有少数几个州的法律中,没有详细列举以上人员,但当这些人利用欺骗手段转换他人的合法财产时,就构成侵占犯罪。[①]

一、侵占罪的行为

1. 欺骗性的。由于侵占罪和欺诈罪都是立法机关为了填补空白的目的而制定的新的犯罪类型,二者之间在欺骗性这一点上来说,有相似的地方。话虽如此,法院实际上已经认为或者假设这些犯罪之间没有相互重叠,而是相互排斥的。但在一些小的地方,由于侵占罪的法律用语,侵占罪和偷盗罪似有重叠之处。

2. 转变行为。普通偷盗罪仅仅要求获取和带走的要件,而侵占罪要求的条件更多,即除了获取、带走以外,还要求转变的行为。为侵占他人财物的目的而转变,与为了侵权而转变是不同的。财产转变要求一个严重的妨碍拥有者权利的行为,因此,仅仅将财物移动一个很短的距离,或者偶然地使用它或者轻微的损坏它,都不构成侵占罪。另一方面,使用、典当、出售该财物,将该财物交给一个无权拥有它的人,严重损坏该财物,所有这些行为都严重侵犯了合法拥有者的权利,构成一个转变行为。转变他人财物,行为人在主观上是故意的,疏忽不构成转变。但是,收购偷来的赃物,行为人主观上尽管是无辜的,没有犯罪意图,但也可能构成一个转变。无辜的转变他人财物,不构成侵占罪,对于该罪来说,除

---

① Wayne R. LaFave, ibid., p.996.

了转变行为以外,还需要具有欺骗的故意。①

侵占罪中将他人财产变为己有,主要是指在这个过程中,行为人从转变他人财产中获取了个人利益。一个官员或者股票经纪人为了自己的合作伙伴,或者他的妻子、儿子的利益,转变他人财产,也构成侵占罪。

藏匿他人财产,以便在以后或者更方便的时间里侵吞该财产,是否构成转变他人财产呢？美国大多数州的法律对这种情况作了特别规定,以侵占财产的意图,隐藏他人财产的,构成侵占罪。

3. 财产。在偷盗罪中,所谓财产,最初是指有形的财产,后来扩大到一些特定的无形财产。例如,可转让流通的文件,如支票、本票、股票、债券和一些书面文件,如合同、契约等,这些东西可以代表无形的权利。另外,还包括具有不动产特征的矿物、树林、庄稼和固定装置。事实上,在偷盗罪中,现在的发展趋势是,所谓财产,包括所有具有价值和可以移动的财产。另一方面,使用他人财产,使用他人的劳动或者服务,由于不是财产,不构成偷盗罪。但在有些州,侵占罪中财产的定义,比偷盗罪的定义范围更广。这些法律规定,不动产也是侵占罪中的财产,可以以侵占罪处罚,比如加利福尼亚州。总的原则很清楚,尽管图谋他人房地产不构成偷盗罪（因为它不能被移动）,但是有权出售、抵押他人不动产的人(如受托人、代理人、监护人等),通过欺骗手段转移另外一个人的财产(抵押权人),将该财产转移给一个善意的购房者或者承受抵押人,可以构成侵占罪。②

代理人的情况,有权在他的委托人的银行账户上支取支票的代理人,未经委托人的授权使用他的银行账户,获取个人利益,是否能构成侵占罪,是一个有争议的问题。例如公司财物主管,或者秘书有权支取他的委托人的银行账户里的支票,以便代理委托人的商务。他们也许填写了一张支票:(1) 支付给自己,然后在支票上背书和兑现;(2) 支付给一个无辜的第三者,伪造一个后者的背书(担保),并且兑现它,或者(3) 支付给一个合伙的第三人,然后背书和兑现支票,和代理人分享所得款项;(4) 支付给自己私人的债权人,用支票支付他的债务。③在前三种的情况下,根据侵占罪中代理人的责任,他将其委托人的金钱转移到自己手中,然后又欺骗性的转归自己使用,构成侵占罪。在第四种情况下,比较难以认定。因为该人未将自己控制和占有的特定钱款实际支付给他的代理人,可能无法构成侵占罪。比较具有代表性的观点是,只要代理人已经控制钱本身,就

---

① United States v. Williams, 478 F. 2d 369(4th Cir. 1973); Cf. Morissette v. United States, 342 U. S. 246, 72 S. Ct. 240, 96 L. Ed. 288(1952).

② Model Penal Code § 223.2(2) therefore provide:"A person is guilty of theft if he unlawfully transfers immovable property of another or any interest therein with purpose to benefit himself or another not entitled thereto." As for the treatment of this issue in the modern code, see § 19.4(a).

③ In each case, instead of cashing it, he may deposit it and then withdraw from his deposit.

构成侵占罪。①

4. 他人财产。转变自己的财产不构成侵占罪,转变的财产必须是他人的财产。由于这个原因,借钱的人将借来的钱归自己使用,即使到了还款期,他没能如期还款,也不构成侵占罪。同样的原则,一个雇主通过与自己的雇员签订的协议,扣除他的雇员工资的一部分,然后打算将这些钱支付给一个第三人,即使他没有将这笔钱支付给第三人,也不构成侵占罪。因为扣除雇员的这些钱,没有和他的其他的资金分离,这些钱也不是雇员的钱。所以,一个建筑承包商,根据合同,收到土地所有者的预付款,后来为了自己的目的,用了这笔预付款并且不履行合同,也不构成侵占罪,除非这笔钱有指定的用途,比如仅能被用作建筑的目的,不能挪作他用。②

侵占罪的另外一个问题,涉及共有财产,比如共同承租人、共同产权人、合伙人等,如果共同拥有财产者中的其中一人,为了自己的不良目的,挪用了整个财产,可以构成侵占罪;当他正在挪用的财产不是他人的财产,而是和其他人共有的财产,这些财产可以算作他的财产吗? 一些法律缺少这方面的规定,或者明确的表述这些财产也包括共同拥有人。总的来说,不构成侵占行为。另外一种情况,也缺乏法律的特别规定,就是关于代理人的问题。授权将收取的款项放到他的本金中,保持收取的金额的一定比例作为他的佣金,是挪用了全部款项吗? 例如一个案件的当事人,将收来的钱的5%作为自己的佣金,就不构成侵占罪。动产抵押人和购买人,根据一个有条件的销售合同,以欺诈动产抵押权人或者有条件的买家,挪用自己占有的财产,也许不构成挪用(侵吞)他人的财产。但是,有的州法律规定,将这种挪用行为作为侵占的一种形式。根据原则,一个共同拥有人,一个代理工作人员,在佣金制下,挪用(侵吞)他占有的那部分财产,属于他的共同拥有人或者委托人的财产,应该可以构成侵占他人利益的犯罪。

我们已经看到,尽管普通法规定,配偶一方不能偷盗另一方的独立财产,而现代法律则允许已婚妇女将属于自己的独立财产,脱离丈夫的控制。这样,无论是丈夫还是妻子都有可能被认定为偷盗罪。侵占罪已经经历了同样的演变。③

5. 合法占有人。这个要件主要用来区分偷盗罪和侵占罪的界限。偷盗罪必须具有非法的获取行为:小偷必须获得受害人拥有的财产,这意味着他不能在已经拥有财产的情况下再去获取该财产。而构成侵占罪,当被告人侵占他人财产时,这个财产必须是已经处于侵占者的合法占有状态下,否则不可能构成侵占罪。

---

① E. g. People v. Keller, 79 Cal. App. 612, 250 p. 585(1926).
② People v. Christenson, 412 Mich. 81,312 N. W. 2d 618(1981).
③ See Comment, 61 Colum. L. Rev 73,81(1961).

然而，通过特别的侵占法律，也可能不是所有欺骗性转变他人财产的案件，都要求处在某人的合法占有状态下。按照早先的英国法律，美国大多数州列举了各类可以合法占有他人财产的人：雇员、代理人、受托人、律师、监护人、遗嘱执行人、遗产管理人和银行经理之类的人员。有些州的法律限制了侵占罪的范围，规定只有在受托和收到投递的财物以后据为己有，才构成侵占罪。下面几种情况在认定时会发生一些困难的问题：

(1) 雇员。上面已经指出，主人（雇主）将他的财产交给仆人，但保留对财产的占有，仆人仅有监管（护）权，因此，仆人侵吞财产就构成偷盗罪；但是，假如涉及仆人的这个财产来自于他主人以外的第三人，这个仆人就对财物获得了占有权，如果他在将财物移交给主人之前，就侵吞了该财产，就不构成偷盗罪。侵占罪的制定，弥补了偷盗罪中的这个漏洞。一个典型的关于侵占罪的法律，可以处罚一个仆人、职员、代理人、合伙人等，将处在他占有下的主人的财产据为己有的行为。① 根据这个法律，已经占有雇主财产的雇员，侵吞雇主的财产构成侵占罪，侵吞这些处在仆人监管下的财产不是偷盗罪。有时候认定雇员是否从雇主和第三人手中收到了财产，并不是那么容易。例如，一个雇主将一个大账单子交给他的雇员，让其到银行变现。但在变现以后，这个雇员带着钱逃跑了。美国的一家上诉法院推翻了一审法院偷盗罪的判决，认为将账单变现以后，这个雇员已经占有了这笔变现的钱，而不是雇主占有着笔钱，因此不构成偷盗罪。而另外一个案件，商店职员把从顾客手中收取的钱，放到收银机里面几分钟，然后又将这些钱拿出来转走，行为人就成立偷盗罪。因为它将钱放入收银机里，并不能认为他已经合法占有了这笔钱，而仅仅是为他侵吞这笔钱提供了方便，因此构成偷盗罪。在有些案例中，一些小职员（看门人、更夫）仅仅被看做财产的监管者，并未拥有财产的占有权，他们如果侵吞这些财物，就被认为构成偷盗罪。而那些已经被赋予更大责任（权力）的职员，已经拥有了对财产的占有权，因此当他们将财产欺骗性的变为己有时，就构成侵占罪。例如，商店经理将店里的财物取出，交给一个被告人，因为商店经理已经占有这些财物，他的罪名不是偷盗罪而是侵占罪，因为被告人接受的不是偷来的财物。在由仆人犯侵占罪的法律中，处罚欺骗性地转移雇主财产的雇员，是因为这些财产置于仆人的占有和管理之下。根据这个法律，在监管和占有之间并没有一个精确的界限，这就使得在偷盗罪和侵占罪之间有重叠之处。②

(2) 发现者。我们已经注意到，遗失物和遗忘物的发现者，当他以盗窃故意拿起这个有特定物主的财产时，就构成偷盗罪。但是，当他以归还物主的意图捡

---

① See Note, 39 Colum. L. Rev. 1004, 1004—5(1939).
② Wayne R. LaFave, *Principles of Criminal Law*, West-Thomson Reuters, 2010, p.1002.

起这个财物时,尽管他事后改变了主意,又决定偷盗这个物品,也不构成偷盗罪。在后一种情况下,行为人构成侵占罪吗?无可否认(诚然),他是合法占有他人财产的,但是有的州的侵占罪法律没有特别地规定包括发现者,法律将这个罪的主体限制在受委托或者接受投递财物的人,不包括发现财物的人,这种情况下,也许可以考虑将发现者视为受托人,假如侵占罪包括受托人,发现者也可以涵盖其中。①

(3) 财产受让方的错误。我们已经注意到,被错误传递财产的人,假如他立刻认识到这个错误,但仍然打算偷盗,就构成偷盗罪。但是,假如他最初打算归还这个财物,或者他在提取货物时没有意识到错误,仅仅是在以后又决定偷盗,他就不构成偷盗罪。但是,在后一种情况下,他构成侵占罪吗?也许有一些侵占罪的法律,包括这种侵吞财产的形式。

二、侵占罪的意图

侵占罪的心理要件表现在法律当中,是以"欺骗地"副词形式限定动词"转变"。与盗窃罪一样,主要的心理要件涉及在善意主张权利的情况下,转变他人的财产,或者以归还的意图获取财产,或者以偿还同等价值财产的意图归还财产。

1. 权利主张

在合法占有的情况下转变他人财产,不是侵占罪,因为这个转变不存在欺骗。假如当他转变财产时,他诚实地相信这个财产是自己的,而不是别人的,或者他诚实地相信自己被授权转换这个财产。这个善良的权利主张是事实错误还是法律错误的结果?或者这个错误是合理的还是不合理的,只要它是真实的,就缺乏欺骗的要件。

2. 意图归还获取的特定财产

合法占有他人财产的人,将财产转变,但是打算归还这个特定的财产,本人也有实际能力归还,在其原有的条件下,经过一段时间归还了,就不构成侵占罪。因为缺少侵占罪所要求的欺骗意图。所以,行为人转变他人财产时的意图特别重要。以欺骗意图转变他人财产的,很少有不构成侵占罪的,尽管他随后决定归还该财产并且实际上也归还了。

3. 意图偿还同等价值的财产

合法拥有他人财产的人,将他占有的财产转变后,他不能返还这个特定的财产,但是他打算以转变财产的同等价值的财产返还原主,而且他也有能力这样做,这样的行为构成侵占罪吗?通常情况下涉及的财产主要是钱款。行为人因

---

① Neal v. State, 55 Fla. 140, 46 So. 845(1908).

经济困难花掉了,打算在以后用另外一笔钱归还,有时候有足够的私人资源可以这样做,甚至在他的侵吞行为被发现以前就成功的这样做了。一致的意见是,意图归还同等价值的财产,在这种情况下,对于侵占罪不是一个抗辩理由。① 在偷盗罪中,意图归还同等价值的财产也许可以作为一个抗辩的理由,特别是当获取的财产是用来销售时。侵占罪中,大多数侵吞他人财产的人,实际上都没有偿还能力,这也是归还同等价值的财产不能作为一个抗辩理由的原因。这些转变钱财的人,通常都将钱用于赌博、买卖股票或者将钱用于情妇的挥霍。

侵占罪要求欺骗的特定故意。和其他的犯罪一样,醉酒可以否定人的欺骗意图,事实错误和法律错误也否定欺骗意图,这些对于侵占罪都是一个抗辩的理由。另外,实体法上未成年人、精神病人和受胁迫的抗辩理由也适用于侵占罪,就像其他犯罪一样。

对于公职人员的侵占行为,许多州都作为特别侵占罪来对待,有时候会减少犯罪的心理要件,不要求欺骗性的转变财产的意图,有时候还会加重对这一行为的处罚。侵占罪有重侵占罪和轻侵占罪之分,主要划分标准是看侵占财产的数额和价值。②

收债行为是一个抗辩的理由。如果收债人真诚地认为自己转变他人财产时,是收取对方欠自己的债务,就是一个抗辩的理由。例如,一个代理人从他占有的账户里取出 500 美元归自己所有,被发现以后拒绝归还,一审判决认定为侵占罪,但二审判决推翻了一审的判决,因为他认为对方欠自己 500 美元,自己就有权收回。

第三节 欺 诈 罪

欺诈罪是一个制定法罪。尽管在各州的定义中有一些小的区别,但一般都要求具备 6 个条件:(1) 对过去或者现在重要事实的虚假陈述;(2) 原因和结果;(3) 所有权转移;(4) 将自己的财产交给犯罪者;(5) 明知他的陈述是虚假的,意图欺骗受害人。(6) 行为和意图同时发生。

以欺骗手段获取他人财产,是英国议会 1757 年制定的一项成文法犯罪,目的是弥补偷盗罪的漏洞,大多数美国的州已经制定了类似的法律。

1. 对过去和现在重要事实的虚假陈述

(1) 欺骗

行为人的陈述首先必须是虚假的,才构成欺诈罪。假如他陈述一个事实时,

---

① United States v. Young, 955 F. 2d 99(1st Gir. 1992). (that defendant "intended to return the money" no defense)

② Wayne R. LaFave, *Principles of Criminal Law*, West-Thomson Reuters, 2010, p. 1005.

他以为是不真实的,但实际上是真实的,就不构成犯罪。假如他陈述的某物实际上是一块金砖,他认为是一块黄铜,但他随后又惊讶的获知的确是一块金砖,这也不是欺诈罪所要求的虚假陈述。甚至当他进行陈述时是欺骗,假如因为环境(情况)的改变,在他将财物移交给其他人时,已经变成真的财产了,他也不构成欺诈罪。欺诈罪要求虚假陈述和获取财产同时发生和存在。①

(2) 陈述

欺诈罪中的陈述既可以是口头的,也可以是书面形式的。他甚至可能是不成文的和不言而喻行为的后果。例如,一个穿着牛津大学学生校服、戴着学生帽子的人,故意给人以他是牛津大学学生的印象,并根据这种假的印象,从一个商人那里获取了信用卡上的财产。一个事实的陈述可以从言词中予以暗示,陈述的事情可能完全不同:引诱购买者购买土地,谎称那片土地上即将建立一个医院,联邦政府还打算建立一条运河,暗示州政府和联邦政府已经批准按照计划建立运河和医院。② 有些州,但不是全部,填写和支付没有过期的支票和没有显示资金不足的支票,也是一种虚假的陈述。例如,致 X 银行:支付约翰 500 美元。这被认为是一个默示的陈述,即表示出票人(开票人)在 X 银行有 500 美元包括在该支票内。③

(3) 隐瞒真相

欺诈罪的虚假陈述,一般要求一些积极的行为——普通地说和写的言词,尽管有时这些积极的行为(像带牛津大学的帽子和校服)不涉及言词。毫无疑问,肯定性陈述增强了被告人没能制造出来的虚假印象,或者肯定性行为隐瞒了事实真相——例如,被告人实际上隐瞒了信息,防止受害人知道事实真相,被告人做得很好。但是,仅仅保持沉默,一般来说是不够的,即使沉默的人认识到其他人在这种错误的印象下正在行动。不过,在特定环境下,被告人以前制造了一些通过他的讲话和行动使人们对事情产生误解,尽管可能是无辜的,也有责任讲出真相。或者他与其他人建立了一种信托关系,也不应当对假的事实保持沉默。④

(4) 根本性的事实(material)

构成欺诈罪中的虚假陈述,必须是对根本事实的虚假陈述。例如,一个将自己公寓转租给他人并从中获取租金的人,合同本来只有 3 个月,但他谎称租约还有两年时间,尽管有欺骗行为,但根据有关法律(application rent law),这种谎言对合同本身不具有根本性意义,即使不是根据租约本身,他也有权占有该房屋,

---

① State v. Hendon, 170 La. 488, 128 So. 286(1930).

② People v. Sloane, 254 App. Div. 780, 4 N. Y. S. 2d 784(1938), affirmed men. 279 N. Y. 724), 18 N. E. 2d 679(1939).

③ § 20.1(a).

④ § 6.29a0(5); Model Penal Code § 223.3.

即便超过 3 个月也是如此。①

(5) 现在和过去的事实

构成欺诈罪,虚假陈述必须与现在或者过去的事实有联系;对于将来事实的虚假陈述不构成欺诈罪。但是必须记住,这种情况是可能的,即所陈述的有关事实是发生在未来的,隐含的表述某些事情已经在过去发生。例如,陈述政府过去准备在某个地方建设一个医院和一条运河,就被认为是一种暗示性陈述,足以构成欺诈罪。或者政府已经采取积极的措施,制订和执行一个已经存在的计划,建设一个医院和一条运河。②

判断一个故意的虚假陈述是完全可能的。例如,一个虚假的承诺(承诺人在承诺当时就不打算信守承诺),作为对一个现存事实的曲解,由于他欺骗性地陈述,可以使受害人受骗上当。不过,大多数权威性的观点是,虚假承诺和虚假陈述不同,一个人永远不能确定借款人是否具有一个虚假的承诺,或者他后来是否改变了使用借来的钱的主意。因此,一个很大的危险性就是一个诚实的商人由于没有支付他们的债务而被送进监狱。与此相反的观点是,涉及虚假承诺的心理状态是很容易被发现的,就像刑法和民法中许多其他的心理状态一样。通过研究表明,在大多数司法管辖区承认能够识别作为诈骗罪中的虚假承诺,监狱不会随便关押不幸的和诚实的商人。因此,现在的倾向是通过案例法和成文法,承认虚假承诺,也可以视为诈骗罪中的虚假陈述。③

有一个问题有理论分歧,即法律上的虚假陈述是否构成诈骗罪?例如,某人通过这种虚假陈述,引诱他人购买股票,他明知是欺骗,这只股票并不符合实际的价值。毫无疑问,一个狡猾的罪犯能够通过曲解法律来曲解事实,完成他的欺骗行为。因此,一般的观点是,以欺骗的意图,故意曲解法律的,构成欺诈罪。

有的时候,文字上的声明是真实的,仍然可能对他人构成误导,因为这个声明可能忽略了一些必要条件(资格)。一个半真半假的欺骗和一个完全的谎言,对于其他人来说,可能是一样有效的,完全可以达到欺骗的效果。当他进行欺骗时,就构成诈骗罪。有时一个狡猾的罪犯,制造口头误导,欺骗受害人,使后者签订了一个书面合同,但对合同某些条款的内容没有作出具体的规定和解释。这样一个合同条款已经被认为是一个无效保护,行骗者应以诈骗罪论处。例如被告人是一个推销商品的推销员,他口头上对 4 个人讲,代理商是专用的,写了一个书面合同,但没有提到代理商的排他性,结果被法院判定为欺诈罪。④

---

① People v. Noblett, 224 N. Y. 355, 155 N. E. 670 (1927) ("the false representation, even if made, was not material").
② See People v. Sloane, 254 App. Div. 780, 4 N. Y. S. 2d 784(1938).
③ Wayne R. LaFave, *Principles of Criminal Law*, West-Thomson Reuters, 2010, p. 1009.
④ State v. Cook, 59 Wash. 2d 804, 371 P. 2d 39(1962).

2. 欺诈罪的原因和结果

对于诈骗罪来说，骗子的误导使得受害人将他或她的财产所有权或者钱款交付这个骗子。从受害人的角度看问题，同样的意思也可以表达出来：对于诈骗罪，要求受害人基于信赖骗子的虚假陈述，将自己的财产和财产所有权交付给行骗的人。[①]

因此，假如受害人尽管交出了财产所有权，但不相信这种误导，诈骗罪就不能成立。例如，尽管他明知被告人在撒谎，还是交出了自己的财物或者财产的所有权，其目的是为了能够取得骗子行骗的证据，并且最终起诉这个骗子。但是，要对犯罪分子提起诉讼，必须满足信赖的要件，即在信任对方的情况下，自愿将自己的财物交给被告人。在这个案件中，情况显然不是这样。还有一种情况，被害人也明知对方在撒谎，但为了从被告人那里获取一些其他的情况或者得到一些其他的东西，就将自己的财物交出。甚至一些案件的受害人，在被告人已经告诉了他事实真相的情况下，仍然将自己的财物交出。所有这些情况都不符合诈骗罪的构成要件。

被告人为了引诱受害人交出他的金钱和财物，可能会提出好几种说辞和借口，其中一些是真的，但有些说辞是假的。这些说辞都进入了被害人的脑海中，致使被害人受到误导，从而交出自己的钱或物。假如这其中的一个谎言起了"控制性"的作用，诱导他人交出自己的财物，或者对骗取财物作出了实质上的贡献，尽管这个谎言不是唯一的诱因，由于受害人已经相信这种诱导，就符合诈骗罪的信赖要件。由于这个理由，可以认为，假如受害人对于被告人的误导有一点相信，他开始对真相进行调查，但没有发现他的欺骗行为，他仍然是基于信赖这个误导而交出自己的财物，符合诈骗罪的目的。[②]

3. 所有权转移

典型的诈骗罪法律，要求行为人通过诈骗手段获取财产，这是一个相当模糊的概念。行为人必须获得这个财产，并且占有这个财产，即同时获得财产的所有权和占有权两个方面。但是，正如我们已经看到的，诈骗犯罪要求被告人通过说谎获得被害人财产的所有权，假如通过说谎的方法获得占有权，而没有获得所有权，他的行为就不构成诈骗罪，而可能构成偷盗罪（欺骗性盗窃 larceny by trick）。

受害人打算转移财物的所有权，但实际上并没有这样做。例如受害人将通过邮件订购的货物发给了被告人，因为被告人欺骗性的使用了另外一个人的名字，从而实际占用了这个财物，但他并没有获得所有权，是盗窃而不是诈骗。

[①] Compare People v. Sanders, 67 Cal. App. 4th 1403, 79 Cal. Rptr. 2d 806(1998).
[②] Commonwealth v. Williams, 63 Mass. App. 615, 827 N.E. 2d 1281(2005).

被告人犯诈骗罪,在获得受害人财产所有权的同时,也获得了财产的占有权。的确,交付占有,一般是(虽然不总是)所有权转移的条件。在实践中,哪一部分案件中,被告人获得了所有权而没有获得占有权呢?假如他没有直接从被害人那里获得占有,而是通过其他方式获得占有的,只要实际上处于占有状态,就构成诈骗罪。例如,一个银行工作人员,已经收集和占有顾客的钱,然后通过说谎引诱她相信银行的偿还能力,将钱借给银行,就构成诈骗罪。但是假如获得所有权时,他从来没有获得占有权或者占有财产,例如,所有权转移是通过一个转让合同交付的,没有实际交付财产,财产仍然保留在受害人手中,也符合诈骗罪的定罪标准。还有一些案件,被告人获得占有,而没有获得所有权,一般来说,交付财产的占有权就完成了所有权的转移。但是,假如这样的交付是不必要的,获得占有对于诈骗犯罪就没有意义了。总的原则是,被告人获得了财物的所有权,即使没有获得占有,也足以构成诈骗罪。

通常,诈骗犯罪中的受害人已经完成所有权转移,但在少数情况下,被害人并没有将财物的所有权移交给被告人,而是将财物的所有权移交给受害人的其他家庭成员、合作伙伴或者大股东等,也构成诈骗罪。[①]

4. 财产的含义

最初,英国的诈骗罪法律中仅仅包括钱、货物、商品或者有形的个人财产。所以,财产被限制在有形的动产和金银等物品。现代法律,尽管用语不统一,总的来说扩大了财产的范围,任何有价值的物品都包括在诈骗罪财产的范围之中。这样的规定可以解释为:在诉讼中代表财产的书面文件,包括股票、债券、支票、活期的存款支票、保险单、本票等,以及其他代表无形权利的文件,例如,契约、票据和邮票等,都属于财产的范围。偷盗罪中的拿走,要求将财产限制在能够移动的财产的范围之内,诈骗罪(和侵占罪一样)不需要受到上述限制,例如,某人骗取另外一个人的不动产的所有权,也可以构成诈骗罪。但是,法律获得"财产"的说法或者"一个有价值的东西"的表述有些含糊不清。至少在早期的诈骗罪中,将财产限定在动产中,因此,和这些不动产的案件是相冲突的。在有关膳食、寄宿、劳动和服务的案件中也有类似的冲突。一般认为,诈骗罪也好,偷盗罪也好,都要求获取他人的财产,但这并不意味着非法获取某些利益或者法律上的权利就不构成犯罪,对于这些财产性利益,任何人也无权剥夺,否则就构成犯罪。[②]

5. 诈骗罪的心理要件

典型的、现代的诈骗罪法律,像早期的英国法一样,包括犯罪的心理要件(1)明知地或者故意地;(2)具有欺骗的意图(目的)。

[①] Wayne R. LaFave, *Principles of Criminal Law*, West-Thomson Reuters, 2010, p.1015.
[②] See Queen v. Martin, 8 Ad. & E. 481, 112 Eng. Rep. 921(1838).

(1) 明知地。构成诈骗罪,行为人必须明知地通过欺骗手段从他人手中获取财产。明知地这个词,是对诈骗罪的一个限制,即被告人构成犯罪,必须明知他的陈述是虚假的。我们已经注意到,某人所说的事情实际上是真实的,但他认为是假的,不构成诈骗罪。因此,对于诈骗罪,被告人的陈述必须是虚假的,这一点应当明确。诈骗罪中行为人的心理状态,具体有几种表现形式:

① 行为人知道这个事实是不真实的;
② 行为人知道他不清楚这个事实是真的还是假的;
③ 行为人不合理地相信这个事实是真实的;
④ 行为人合理地相信这个事实是真实的。

非常清楚,行为人相信一个假的事情是真的,不知道它是假的,假如他的相信是真诚的,不管这种相信是否合理,他都不构成犯罪。在另外一个极端,知道或者相信一个虚假事实是假的,"明知地"制造一个虚假陈述,假如其他要件都存在,就构成诈骗罪。在上面列举的几种心理要件中,第二种情况比较有争议,即他知道自己不清楚某种事情是真还是假,对于这种心理要件,主流的观点是构成诈骗罪。①

(2) 欺骗意图(目的)

对于典型的诈骗罪而言,行为人说他知道或者相信是假的,或者他知道他不清楚是真还是假,这些对于构成诈骗罪还是不够的。此外,他还必须具有欺骗的目的。缺少欺骗的目的,即使行为人故意说谎,也不构成诈骗罪。假如① 他诚实地但错误地相信获取的财产是他自己的,或者是他合法拥有的其他财产;② 他打算无条件的或者在一个合理的时间内归还自己取得的特定财产,而且有归还财产的实际能力;③ 他所获取的财产,实际上是他人对欠其债务的补偿,或者他真诚地但错误地相信是他人对所欠自己债务的补偿。②

行为人曲解一个事实,是为了达到欺骗的目的,而这需要依赖于受害人相信他的虚假陈述。有时候,行为人的诈骗意图,可以从被告人获取受害人财产或者钱款的事实中加以推定。

6. 行为和意图同时发生(存在)

根据刑法的基本原则,行为要件和心理要件必须同时存在。因此,对虚假陈述的明知和欺骗的目的必须与获取他人财产所有权的行为同时发生。某人说他一开始相信是真的,但随后当受害人依赖这种陈述将所有权转交给他时,被告人

---

① People v. Marsh, 58 Cal. 2d 732, 26 Cal. Rptr. 300, 376 P. 2d 300(1962); See Commonwealth v. Green, 326 Mass. 334, 94 N. E. 2d 260(1950); See W. Prosser & W. Keeton, Torts § 105(5th ed. 1984).
② As to larceny, see § 19.5(a); Cf. Regina v. Boulton, 169 Eng. Rep. 349(Cr. Cas. Res. 1849); State v. Hurst, 11 W. Va. 54(1877).

已经知道是假的。这时,他有责任澄清事实真相,说明自己是在无知的情况下作出的陈述。如果他没有说出真相而获得所有权,没有纠正他基于误解而形成的虚假陈述,他就构成诈骗罪。①

7. 与诈骗罪有关的几种犯罪

假支票。利用假支票进行诈骗是一种现代商业社会常见的表现形式,最主要的就是利用空头支票(insufficient-fund or no-account check),比如支票里资金不足或者根本没有资金,进行诈骗违法犯罪活动。各州都制定了惩处假支票行为的刑法条款,尽管内容并不统一。②

设立骗局(信心游戏 confidence games)。设立骗局,即所谓"信心游戏",是指行为人以各种方法、手段或者仪器和设备,设立一个骗局,引诱受害人参与其中,从而骗取受害人财产的行为。对于设立骗局,是要求被害人一定受到有形的欺骗,还是说仅靠虚假言词就足够了?对于这个问题有争论。总之,行骗人一定是利用自己所处的优势地位,使被害人相信他的欺骗行为,这种所谓的优势地位也很容易和普通诈骗罪中的表现形式相巧合。因此,现代刑法倾向于取消这种单独处罚设立骗局的犯罪行为,将其纳入诈骗罪之中。

邮件诈骗。一个很重要的美国联邦法律,就是惩处利用邮件诈骗受害人钱财的犯罪行为。与普通的诈骗罪不一样,这种犯罪不需要在整个欺骗受害人的过程中,他策划的方案能够成功,即被告人设计了该方案,并且通过寄出邮件的方式加以贯彻落实,就足以构成犯罪了。法律惩处的仅仅是一个虚假的承诺,并将承诺付诸行动,至于受害人是否上当受骗,法律并不关心。但是,根据多数人的观点,仅仅一个虚假承诺不足以构成普通的诈骗罪。③

伪造。伪造罪主要是针对商业活动中伪造文件的行为。尽管伪造罪像诈骗罪一样,需要一个谎言,但它必须是针对文件本身的谎言:即这个谎言必须与文件的真实性有关联。④ 伪造者像诈骗罪一样,要求欺骗的主观目的。但是,和诈骗罪不一样的是,它不要求行为人事实上通过欺骗来获取财物。即使行为人从未有机会通过伪造文件获得财产或者试图得到它,仍然构成伪造罪。假如行为人成功地通过伪造文件而获得金钱和财产,毫无疑问构成诈骗罪。

滥用信用卡。行为人在滥用信用卡,获取他人财物或者服务时,有两种情况可以构成诈骗罪。例如,信用卡的使用人也是一个销售者(或者是服务的执行人),被告人通过使用伪造的、盗窃的、或者注销的、作废的或者未经他人授权的

---

① § 198.7(b)(3).
② E.g. Williams v. United States, 458 U.S. 279, 102 S. Ct. 3088, 73 L. Ed. 2d 767(1982); United States v. Medeles, 916 F. 2d 195(5th Cir. 1990).
③ § 19.7(b)(5).
④ State v. Nguyen, 123 N.M. 290, 939 P. 2d 1098(App. 1997).

信用卡,进行诈骗活动。当行为人出示这个信用卡时,毫无疑问是在暗示对方,他就是信用卡名字上的那个人,或者他已经获准使用这个信用卡。

今天,使用特定信用卡的情况更多的涉及第三方:颁发信用卡的人、信用卡的使用者(购买者、服务人员)或者债权人(卖方或者收到信用卡提供服务的人)。债权人从信用卡发行人手中收集信用卡,发行人承担滥用信用卡的风险,以鼓励债权人及时兑现信用卡。在这种情况下,确定诈骗罪中的信用卡滥用是困难的,因为被骗的人什么都不会失去,而失去某物的人(发行人),不是欺骗的人。[①]

因此,特别的信用卡法律最近在许多州被制定,其他州也会跟随制定这类法律。创造一个新的犯罪,这个罪一般是轻罪。通过使用盗窃、伪造、挂失、作废或者未经授权的信用卡,获取他人财物或者服务的人,构成滥用信用卡罪。这个特别的立法暗示废除了与信用卡有关的诈骗和伪造罪的立法。这些行为原来适用于诈骗罪,现在不完全一样了。(有几个州的刑法典是将信用卡诈骗放在盗窃罪的法律中)[②]

第四节 夜 盗 罪

在普通法中,夜盗罪的构成要件是:(1) 打破;(2) 进入;(3) 他人住宅;(4) 晚上;(5) 犯重罪的意图。制定法罪中,夜盗罪的定义限制条件比较少。例如,一般不要求"打破"这个要件,包括在任何时候进入任何建筑物。根据这个扩大的犯罪定义,可能的问题是,夜盗罪是继续作为一个独立的犯罪存在,还是和所有在建筑物内或者试图进入建筑物内犯罪的其他的相关犯罪规定在一起。

在普通法中,夜盗罪是指行为人在夜间打破或者进入他人住宅,企图犯重罪。[③] 夜盗罪的构成条件是:

1. 打破(breaking)

在普通法中构成一个"打破",必须有一个破坏或者打开的行动,仅仅一个非法侵入(trespass)是不够的。[④] 如果住宅内的居住人已经打开门或者窗户,就不构成一个打破。类似地,假如一个门或者窗处在半打开的状态,行为人将其进一步打开,也不是一个打破行为。这种规定的合理性已经被证明,除了通过烟囱进入房间被认为是一个打破以外,其他形式的进入都不构成打破。因为烟囱尽管

[①] Wayne R. LaFave, *Principles of Criminal Law*, West-Thomson Reuters, 2010, p.1024.

[②] Model penal Code § 224.6, Comment(1980); Annot., 24 A.L.R.3d 986(1969).

[③] W. Blackstone, Commentaries on the Laws of England 4, 224; E. Coke, Institutes of the Laws of England 3, 63(1644); E. East, Pleas of the Crown 2, 484(1803); M. Hale, Pleas of the Crown 1, 549(1736).

[④] E. Coke, ibid., p.63.

是一个打开的通道,但因为居住者已经尽可能的关闭了这个建筑物,而烟囱是不能封闭的,这种打开不能视为邀请一个犯罪者进入建筑物。①

法律要求打破行为,不是让居住者将自己的家建成一个堡垒,仅仅要求他们不要打开房门或者窗户,"邀请"别人进来。由于这个原因,打破不需要使用武力或者暴力,因为房子已经被关闭,法律就要保护它。因此,如果用任何方法打开关闭的门和窗,即便门窗没有上锁,也足以构成一个打破行为。②

法律不会处罚以各种方式受邀进入住宅内的人,法律仅仅寻求阻止非法的入侵者,任何人经获准进入他人住宅都不构成一个打破行为。但是,当获得批准进入房间的人,被限制在建筑物的某个部分或者某个时间段内时,如果违反了这个限制,打开建筑物的某个未经获准进入的部分,就构成一个打破行为。例如,当一个仆人未经允许进入住宅的一个部分,就是一个打破行为。因为住宅的主人已经关闭了这一部分,不允许他进去,当这个仆人对一个同谋者打开住宅的这一部分,就是一个打破行为,因为房间的主人没有更好、更多的办法阻止这个入侵者。但是,当这个地方是对公众开放的,就意味着拥有者已经邀请任何人进入,这就不会构成普通法上的打破行为。当以欺骗或者暴力威胁的方式获得进入时,一个推定性的打破行为就已经发生。尽管对于基本的普通法规则似乎是一个例外,也仅仅是对于合理性的一种扩大解释。在这种情况下,住宅的主人已经不打算邀请这个犯罪者进入家中,无论是通过一个授权还是由于疏忽。这个入侵者实际上已经将这个建筑物打开。假如拥有者有一个合理的机会关闭这个已经被打开的门或窗,但他没有这样做,这个打破就没有发生,因为这意味着主人允许打开房门,邀请入侵者进入建筑物。③

行为人一开始没有打破行为,但在获准进入房间后,为了离开而实施了一个打破行为,可以构成夜盗罪吗?④ 正确的观点是,这种为了离开而猛拉房门的动作,和夜盗罪中所要求的打开和进入不同,它是拉开和离开的动作,不是打破和进入,因此不构成夜盗罪。这与夜盗罪中所要求的合理性原则是一致的。另外,假如从进入建筑物到离开建筑物,打破行为始终没有发生,任何人的进入行为,则都归咎于主人的疏忽和允许。在英国,打破和进入是构成夜盗罪的一个充分条件,如果最初进入建筑物是被允许的,但假如进入了建筑物内未经允许的房间或者某个部分,就会视为一种打破行为。房间内的物品被打开,由于不是建筑物

---

① Rex v. Brice, [1821]R. & R. 450; W. Blackstone, Commentaries on the Laws of England 4, 226; W. Hawkins, Pleas of the Crown 1, 160—61(1787).

② Rex v. Callen, [1809]Russ. & R. 157; Rex v. Hall, [1818]Russ. & R. 355; Rex v. Haines, [1821]Russ. & R. 451; State v. Boon, N. C. (13 Ired.) 35, 244(1852).

③ State v. Stephens, 150 La. 944, 91 So. 349(1922); Love v. State, 52 Tex. Crim. 84, 105 S. W. 791(1907); State v. Newbegin, 25 Me. 500(1846).

④ W. Blackstone, Commentaries on the Laws of England 4, 554.

的一部分，不构成夜盗罪中的"打破"。①

在20世纪80年代的美国，有少数几个州表示所有等级的夜盗罪都要求一个打破行为，17个州对有些等级的夜盗罪有这样的要求，另外22个州已经完全抛弃了这个要件。打破是怀有非法意图的进入，和一个人采用什么方式打破没有关系。在3个州，犯罪后建筑物破裂，也符合夜盗罪的积极地打破行为。现在，仅有少数几个州的刑法典中仍然规定"打破"这个要件。②

普通法对于步行进入一个打开的房门，不认为是一个夜盗罪，美国的大多数州也遵循了这样一个原则。

2. 进入（entry）

行为人打破门窗以后，必须有一个进入行为。假如某人的身体的任何部分进入了房间，哪怕是非常短的时间，也足以构成进入了。③ 例如，行为人的一只手打开窗户，或者一只脚踢开窗户，都构成法律所要求的进入。④

假如参与人只是使用一些工具伸进建筑物，没有进入发生，就不构成夜盗罪，除非行为人为了犯重罪的目的，或者为了取得房间内的财产，才构成一个进入行为。

当某个人派一个没有犯罪能力的人或者一个处在他控制之下的人进入建筑物，达到犯罪的目的，一个推定的进入行为就发生了。例如，派一个未成年人打开建筑物，或者丈夫命令他的妻子进入建筑物，就构成进入了。这个被命令的人只是行为人的一个工具。⑤

打破和进入之间必须具有因果联系。如果某人没有打破而是获准进入，但在房间里实施了一个打破行为，除非他是通过打破进入房间，否则就不构成夜盗罪。但是，这个进入行为也许是和打破行为分开进行的，假如一个人在前一天晚上进行了一个打破行为，在第二天晚上通过他前一天晚上打破的缺口进入房间，仍然符合打破和进入的构成要件。⑥

在现代的制定法中，夜盗罪的构成要件基本上是一致的。在有些州的刑法典中，进入和非法停留在房间里就构成夜盗罪。有一个州已经废除了这个要件。有几个州使用"打破"或者"进入"这样的表述方式，但在法院方面，都要求打破和

---

① Wayne R. LaFave, *Principles of Criminal Law*, West-Thomson Reuters, 2010, p. 1071.
② E. g., Jones v. State, 395 Md. 97, 909 A. 2d 650(2006).
③ E. East, Pleas of the Crown 2, 490(1803). See Davis v. United States, 712 A. 2d 482(D. C. App. 1998).
④ Rex v. Bailey, [1818]Russ. & R. 341; People v. Roldan, 100 Ill. App. 2d 81, 241 N. E. 2d 591(1968).
⑤ M. Hale, Pleas of the Crown 1, 555—556(1736).
⑥ Rex v. Smith, Rusws. & R. 417, 168 Eng. Rep. 874(1820). See also Commonwealth v. Lafayette, 40 Mass. App. Ct. 534, 665 N. E. 2d(1996).

进入这两个条件。

3. 他人住宅(dwelling of another)

首先,侵入的建筑物必须是住宅,这是构成夜盗罪的基本条件。因为,普通夜盗罪的理论基础,是保护住宅内的居民的权利。布莱克斯通写到:夜盗罪是一个极其凶恶的犯罪,因为它侵犯了人的居住权,每一个人都可以判处死刑。在现代法律中,也有类似的处罚。的确,夜盗罪这个特定的词汇表明,它是打破建筑物的最初的结构,在住户内进行盗窃。在普通法下,首先重要的就是什么建筑物才符合住宅的条件?

住宅这个词在夜盗罪中是府邸的意思。① 但从这个词的内容就可以看出,它包括所有的居住场所,而无论他的面积和价值有多大。因为这个罪的基础是对居住权的侵犯,这个建筑物只需要是一个居住的地方,是一个人类居住的地方,居住而不是所有权的拥有,这一点是确定的。

如果这个地方是一处住宅,犯罪时里面是否有人居住,对构成犯罪没有影响。假如居民离开,是一个短暂的离开还是离开了一年之久,作为一个住宅,都满足了相关的条件。但是,未完成的住宅不符合这个条件,尽管一个工人为了保护房子而经常睡在里边。一个商业场所也是夜盗罪的目标和对象,假如商场的雇员经常睡在里边。或者这个商场仅在白天营业,本来不符合住宅的条件,但是假如它与一所住宅相连接,就符合住宅的条件。②

几个人同住在一个建筑物内、旅馆的房间或者公寓内,都可以视为住所。有些建筑物不是为了居住,例如车库、马厩、厕所等等,也许仍然可以成为夜盗罪的对象,假如它们是府邸庭院和住宅的一部分。因为住宅通常被这些建筑所包围,也就被包括在住宅内。问题在于,它们是否足够接近住宅而被视为住宅的一部分。庭院最初象征着一个围起来的区域,这就要求上述建筑物应该足够靠近住所,被包括在一个合理的围墙内,但是打破庭院的围墙本身并不是一个犯罪行为。在普通法中,建筑物与住宅相连接,并不是夜盗罪的一个要件。但是,英国的制定法已经改变了这一规定。③

其次,必须是他人的住宅。因为必须确定谁的住宅被犯罪分子入侵,因为一个人不能因为侵入自己的住宅而被认定为夜盗罪。法律保护的是居住权而不是

---

① The offense had to be charged as having occurred in a mansion house, W. Hawkins, Pleas of the Crown 1, 162(1787).

② W. Hawkins, Pleas of the Crown 1, 164(1787); See Minneman v. State, 466 N.E. 2d 438(Ind. 1984).

③ W. Blackstone, Commentaries on the Laws of England 4,225; E. Coke, Institutes of the Laws of England 3,65(1644); 7 & 8 Geo. IV c. 29, §13(1827).

对财产所有权的保护,住宅一定是他人的。①

假如几个人占有(居住)同一个住宅,其中任何人都不可能构成夜盗罪。在这里,这个住宅不是他人的住宅。但是,一个建筑物的一部分已经被隔开,供另外一个居民使用(住宿者),作为一个专属他的房间,其他的任何人,包括房子的主人都不能进入这个房间,否则就构成夜盗罪。有些评论说,这个区域仅仅是指有单独入口的房间,否则也不构成夜盗罪。但是普通法的观点是,这几个房间已经被隔开,就不去考虑进和出的问题,无论有无单独出口都一样。②

根据现代制定法,一个临时的客人或者寄宿者、政府的代理人和公司,尽管不是个人居住,也可能成为夜盗罪的对象。这一点和普通法有区别,普通法强调府邸的拥有者。现代法律特别强调他人的住宅,是保护居住权而不是所有权。因此,某人进入他自己的家里意图殴打他的妻子,或者填写虚假的纳税申报表,也可能构成夜盗罪。但是,美国法院没有作出这样的指导,因为制定法没有特别地规定,所谓住宅包括自己的家,普通法的原则还将继续得到遵从。③

4. 晚上(nighttime)

在最初的普通法中,夜盗罪的要件要求行为必须发生在晚上,直到科克时代(lord Coke),它都是夜盗罪的一个基本要件。的确,这个要件已经成为夜盗罪的理论基础之一,之所以考虑晚上这个时间,也许是因为诚实的人们在这个时间更容易受到犯罪的伤害,从而成为犯罪者的猎物。

白天和黑夜的区别是指一个人的容貌在自然光线下能够辨认(出),即便太阳已经落山。人工灯光和月光,无论它们的强度大小,都不能满足这个条件。另外一些区别是指太阳落山以后,太阳升起以前这段作息时间,但是这种观点很明显是错误的。早在科克时代,都是以人的容貌的能见度来加以确定的,在此之前,至少撒克逊的古代犯罪不需要在晚上实施夜盗罪。④

行为必须发生在晚上,但并不要求发生在同一个晚上,假如打破在前一个晚上发生,进入住宅在第二天,也足以构成夜盗罪。

现在没有一个州的法律还要求所有等级的夜盗罪都在晚上,在 23 个州对高等级的夜盗罪还保留了这样一个要件,在其余的州已经完全抛弃了这个要件,对于一些等级的夜盗罪还保留这个条件的州中,7 个州规定是在太阳落山和太阳升起之间,仅有其他的 2 个州的立法规定,从太阳落山的 30 分钟以后到太阳升起以前的 30 分钟之间。所有的州都未采用英国成文法的观点,将夜盗罪的时间

---

① White v. State, 49 Ala. 344(1873); Commonwealth v. Marrero, 546 Pa. 596,687 A. 2d 1102 (1996).
② E. g., State v. Contreras-Cruz, 765 A. 2d 849(R. I. 2001).
③ Wayne R. LaFave, *Principles of Criminal Law*, West-Thomson Reuters, 2010, p.1077.
④ E. Holdsworth, History of the Common Law 3, 369(1923).

设定在晚间。①

5. 意图犯重罪

在普通法中,构成夜盗罪,当符合其他条件时,必须具有犯重罪的意图。假如一个行为人打破和进入他人住宅时,只是为了实施轻微的违法行为,就不构成夜盗罪。尽管他实际上在进入住宅后犯了一个重罪。假如他在晚上打破和进入他人住宅,仅仅是为了殴打里边的某个人,尽管受害人死于殴打,也不构成夜盗罪。但是,假如他在进入他人住宅的时候已经存在犯重罪的意图,就和夜盗罪没有什么区别了。

有一种观点认为,犯重罪的意图,是指犯制定法重罪的意图,而不是犯普通法重罪的意图。接受普通法观点的认为,犯重罪的意图,必须是在他人住宅内犯重罪的意图。如果行为人为了到达某个犯罪地点,选择了一条穿过某住宅的路线,而这条路线又是他到达预定犯罪地点所必须经过的路线,他就不具有在住宅内犯重罪的意图。

通过现代制定法的设计,这个最重要的条件已经得到修改,并不是所有的州都要求具有犯重罪的意图。6个州要求最高等级的犯罪具有犯重罪的意图,1个州的法律则要求,假如被侵入的这个建筑物不是住宅就要求具有犯重罪的意图,2个州对于最高等级的犯罪具有特定的故意,比如谋杀罪、强奸罪、绑架罪、抢劫罪和重伤罪等,10个州仅要求行为人具有犯任何罪的意图,6个州要求犯较轻罪行的意图,南卡罗来纳州不要求任何犯罪意图,只要以特定的方式打破门窗就可以了。其余的州一致规定,行为人必须具有犯重罪的意图,或者在建筑物内犯其他形式的盗窃罪的意图。(相关的数据有变化,但基本意思都一样。②

夜盗罪的本质是一种未完成罪,它所要求的犯重罪的要件,是指企图犯一些其他形式的重罪,即使没有实施重罪,只要行为人有这种重罪意图就构成夜盗罪。这样的规定实际上加重了被告人的刑事责任。例如,在伊利诺伊州,如果一个人偷了一辆汽车,仅会被判几年监禁,但是假如他透过打开的车窗,拿走了里边的一些东西,他可能会因此被判处终身监禁;在弗吉尼亚州,一个人盗窃了不到50美元的物品(在建筑物以外),他仅构成一个轻微偷盗罪,是一个轻罪,判处很轻的刑罚。但是,他从距离住宅几尺远的地方拿走了同样价值的物品,他可能会被以夜盗罪判处死刑。

这样处罚一个未完成罪是不合适的,当未遂的目标是在一些建筑物内时,比起距离他在几尺远的住宅外犯同样的罪,处罚要重得多。避免这种不合理现象,

---

① 6 & 7 Geo. V, c.50 §46(9 p.m. to 6 a.m. On the sufficiency of the showing that the burglary was at night, see Annot., A. L. R. 2d 82, 643(1962).)

② Wayne R. LaFave, *Principles of Criminal Law*, West-Thomson Reuters, 2010, p.1079.

最好的办法就是废除夜盗罪这个罪名,现代的未遂法律完全可以处罚这类行为。废除夜盗罪后,一个未遂的轻微的偷盗罪,就不会再受到与未遂谋杀罪一样重的刑法。

第二种观点是《模范刑法典》的规定,起草者也渴望废除夜盗罪,但是认识到这个罪已经根植在法律当中,在立法者的心目当中是不可以废除的。模范刑法典的观点是,缩小夜盗罪的范围和规模,使之更接近普通法的规定,而不是像现在一样,一味的扩大它的范围。取消了"打破"这个要件,保留了"未经允许进入"的要件,建筑物或使用中(营业中)的建筑物,方向是最终废除夜盗罪。这样,从没有人占据的电话亭、汽车、墓穴中偷东西,就被排除在夜盗罪之外。普通法中"他人住宅""晚上"的要件,有助于划分犯罪的等级,夜盗罪也许可以被规定为:以实施实质性犯罪为目的,未经允许进入或者试图进入建筑物、有人占据的建筑物或者车辆。[1]

---

[1] 6 & 7 Geo. V, c.50 § 46(9 p.m. to 6 a.m. On the sufficiency of the showing that the burglary was at night, see Annot., A.L.R. 2d 82, 643(1962).) "night" is defined as the period between thirty minutes past sunset and thirty minutes before sunrise. Model Penal Code § 221.0(2).

第十七章 妨碍公共秩序罪

妨碍公共秩序罪,主要是指妨碍社会治安与社区安宁的犯罪。在英国普通法中,包括暴乱(riot)、骚动(rout)、互殴罪(affray)、非法集会(unlawful assembly)等罪名。英国1986年《公共秩序法》(The Public Order Act 1986)用暴乱、暴力骚动和寻衅滋事代替了以上罪名。① 尽管从罪名上看,这些行为只能发生在公共场所,实际上许多案件是在私人场合下发生的,只要在暴乱现场的人感到了恐慌和担心,都可以成立暴乱罪。②

这些犯罪都可能是一个连续的过程,有时候可能持续一个相当长的时间,发生在一个广大的地区。一场暴乱和骚动,甚至一个寻衅滋事,都可以从深夜持续到清晨,在一个范围内游荡和打斗,或者点燃汽车或其他物品。

第一节 暴 乱 罪

所谓暴乱罪,是指众多人聚集在一起,为了一个共同的目的使用或威胁使用武力,或者以可能引起公众恐慌的方式,妨碍公共秩序和社区安宁的犯罪。

按照英国普通法的定义,暴乱罪的人数是3人或者3人以上。英国现在的制定法要求12人或12人以上。犯罪的严重程度,取决于参加的人数,12人仅是法律规定的一个最低要求,人数越多,危害越大,性质越严重。如果不是一大群聚集在一起,是不可能实施这种犯罪的。

参加暴乱的12个人或者更多的人,如果实际上都实施了非法武力,毫无疑问构成暴乱罪。如果他们威胁使用武力,而实际上没有任何人使用武力,也构成暴乱罪。但是,他们当中原则上将只有一个人构成暴乱罪的主犯,其他人都是从犯。当然也不必然如此,也可能有2个主犯。如果这些人事先商定只能"威胁使用武力",但不能"实际上使用武力",而其中的一个人却在现场使用了武力,这个使用武力的人肯定构成暴乱罪,而其他人并不必然构成犯罪。③ 如果其中的一

---

① For the law before the 1986 Act, see the 5th edition of this book, Ch 20; for the background to the 1986 Act, see the Home Office, Review of the Public Order Act and Related Legislation(1980) Cmnd 7891 and LCWP 82(1982) and Report, Offences ReLating to Public Disorder(Law Com No 123,1983).

② David Ormerod, *Smith and Hogan's Criminal Law*, Oxrord University Press, 2011, p.1088.

③ Jefferson, "The ordinary law of secondary participation applies to riot",1 All ER 1,270(1994); Crim LR 880(1993).

名被告人显然超过了事先商定的行动范围,比如突然拔出一支枪或者一把刀,将受害人杀死,其他人并不知道他身上带枪和刀,就不应对他的行为负责。

根据法律规定,暴力行为既可以针对人身,也可以针对财产。有些暴力很明显是意图给他人造成伤害,或者给他人财产造成破坏的行为。但有些行为暴力行为,伤害和破坏的意图并不明确,例如站在一个地方,向远处投掷能够造成伤害或破坏的物体,但没有击中或达到目标,这种情况也同样构成暴力行为。即使是向对方挥挥拳头,没有和他人进行身体的接触,也可能是一种暴力威胁的行为,但不能说已经使用了暴力。

暴乱罪的主观意图是故意,而且具有共同的目的。所谓共同目的,并不一定是非法的目的。例如,为了反对公司或者雇主错误的解雇工人,纠集一些人举行抗议活动,就很难说行为人的目的是非法的。只不过在活动中,使用了非法的暴力或暴力相威胁,才构成暴乱罪。如果行为人的目的合法,也没有使用非法的暴力行为,就不会构成犯罪。例如为了正当防卫或者制止犯罪的发生,即便使用了武力,也不构成刑法上的犯罪。

行为人必须意图使用暴力或者意识到他的行为可能是暴力的。英国1986年《妨碍社会秩序法》没有使用"轻率"一词,估计是觉得"轻率"一词的含义太模糊了,不容易理解。但是"意识到"这个词,本身就带有轻率的意思,而且由于这个罪和人身安全有一定联系,很难说行为人采取某种行动时,对造成的危害后果有明确的认识,也可能他并没有意识到自己的行为会给他人人身造成伤害的后果或者造成财产的损坏,但如果实际上造成了上述后果,仍然要承担刑事责任。这就不能彻底摆脱"轻率"的痕迹。①

关于醉酒引起暴乱的刑事责任,如果行为人能够证明醉酒是不自愿的,或者是在接受医学治疗的过程中,由于服用药物引起的,可以成为一个辩护的理由。证明的责任在被告人一方。所谓醉酒,既指普通的醉酒,也包括药物、毒品或者其他形式的醉酒。如果是自愿的醉酒,被告人因醉酒而引起的无意识就不能成为一个辩护的理由,因为陪审团通常情况下都认为被告人是有意识的,这就会成为指控被告人意图使用暴力的证据。②

英国普通法中,暴乱是一个轻罪,按照起诉程序进行审理,可以判处罚金和监禁。在制定法中,可以判处10年以下监禁。美国刑法中将暴乱视为一种重罪,对参加的人数也没有明确的要求,即使两个人也可能构成暴乱罪。如果几个人聚集在公众场合下抢劫,可能同时构成抢劫罪和暴乱罪。因为被告人既侵犯

---

① David Ormerod, *Smith and Hogan's Criminal Law*, Oxford University Press, 2011, p.118.
② See on the post-Human Rights Act 1998 approach to reverse burdens and the greater likelihood that this is merely an evidential burden.

了他人的财产所有权,也引起了公众恐慌,扰乱了社会秩序和安宁。①

第二节 骚 动 罪

所谓骚动罪,是指3人或3人以上聚集在一起,使用非法武力或威胁使用非法武力,导致在场的人为其个人人身安全感到恐慌的行为。这个罪是普通法上的轻罪,按照起诉程序进行审理。在制定法中,如果通过起诉程序进行审理,可以判处5年以下监禁和无限额罚金,或两者并罚;如果按照简易程序进行审理,可以判处6个月以下监禁或处以法定最高罚金,或者两者并罚。

参与骚动的人,不需要具有共同的目的,每个人的目的可以各不相同,甚至没有任何明确的目的,这一点和暴乱罪不同。但是,必须证明被告人意图使用武力或威胁使用武力,或者意识到他的行为具有暴力性或者暴力威胁性。

参与的人数,必须是3人或者3人以上。而且至少必须有3个人实际使用了暴力或威胁使用暴力,如果只有3个人参加骚动,其中2个人使用了非法武力,另外一个人出于防卫或制止犯罪而使用武力,就不构成骚动罪。根据在Mahroof一案中确立的原则,受到骚动罪指控的3个人,如果其中一个人被宣告无罪,其他两名被告人也必须被宣告无罪。② 通常情况下可能是按这一原则处理的,但也有不同的案例。如果一名被告人被宣告无罪,不是因为他没有使用武力或以武力相威胁,而是由于其他的原因,例如,精神障碍、受胁迫、强迫醉酒、未达到刑事责任年龄等,其他的两名被告人仍然可以被认定为有罪。

相对于暴乱罪,骚动罪的规模和人数都要小或少一些,但有些小规模的骚扰事件,也可以以骚动罪处罚。③

在美国,一个人以武力相威胁,可以构成一般的公共骚扰罪。例如多人在公共场所吵闹,其中一个人对他人进行武力威胁,即便是以言辞相威胁,也可能构成公共骚扰罪。但这和上面所说的骚动罪是不同的,骚扰罪的行为性质要轻一些。

第三节 互 殴 罪

所谓互殴罪,是指一个人或者多人非法地相互斗殴,或者对其他没有参与斗殴的人使用暴力,引起在场的公众恐慌或害怕的行为。

---

① David Ormerod, op. cit., p.1091.
② Cr App R 88,317(1988); Crim LR, 721(1989); cf Fleming and Robinson, Crim LR, 658(1989);McGuigan [1991].
③ David Ormerod, Smith and Hogan's Criminal Law, Oxrord University Press,2011, p.1092.

构成斗殴罪和参与的人数无关,即使一个人对他人使用武力或威胁使用武力,也可以构成斗殴罪。关键是看被告人的行为性质,是否会导致在现场以外的其他人感到恐慌和害怕,是否会因此担心自己的人身安全受到威胁。因此,这个罪至少涉及3个人:(1)使用或威胁使用非法暴力的人[①];(2)在现场直接面对暴力或威胁的人;(3)现场以外的其他人(a person of reasonable Firmness)。[②] 例如,A举起一根木棍,威胁现场的B,主要不是看B是否感到恐惧和害怕,而是看现场以外的C,在看到A对B的举动以后,是否感到恐惧和害怕。互殴罪的目的,不是保护参与斗殴的人,而是为了保护现场以外的旁观者或其他公众的人身安全(不包括财产)。如果被告人的斗殴行为,引起其他旁观者的恐慌和不安,就构成斗殴罪。至于斗殴罪中暴力行为的对象,则有其他刑法条款予以保护。[③]

如果参与斗殴的人是2个以上的人,就要看是不是两个人的共同行为引起了公众的恐慌和不安,主要强调两个人共同一致的行动,这也符合共同犯罪的要求。

携带汽油弹,并且意图使用汽油弹的公然行为,可以构成暴力威胁,但单纯的言词,无论多么具有威吓性和侵略性,都不构成互殴罪。[④]

斗殴行为必须发生在公共场所,因为只有在公共场所打架斗殴,才能引起公众恐慌和害怕,破坏社会治安。

被告人主观上必须具有使用武力或以武力相威胁的故意,或者意识到自己的行为具有暴力或暴力相威胁的性质。

暴力行为必须是非法的,如果一个人对另外一个人使用非法暴力行为,被殴打的一方真诚的相信自己正在受到暴力侵害,被迫进行反抗时,可以以正当防卫提出合法辩护。[⑤]

互殴罪可以处以3年以下监禁或者无限额罚金,或两者并罚;通过简易审理的案件,可以处6个月以下监禁或者法定最高额的罚金,或两者并罚。[⑥]

---

① Where the only evidence is that D, having been beaten by X, returns shortly afterwards to the scene to look for X, there is no evidence of unlawful conduct for the purposes of affray; Portela, EWCA Crim, 529(2007).

② Thind, Crim LR, 842(1999). Hence the possibility of a conviction in a prison cell as in Beaument and Correlli(1999) 12 Feb, unreported, CACD.

③ Davison, Crim LR, 31(1992); Sanchez, CRim LR 572(1996).

④ Robinson, Crim LR, 581(1993).

⑤ Talland, EWCA Crim, 2884(2003). The defences of self-defence, etc will be available see Rothwell, Crim LR,626(1993); Pulham, Crim, 296(1995); Dfffy v CC of Cleveland, EWCA Crim, 529(2007).

⑥ David Ormerod, *Smith and Hogan's Criminal Law*, Oxford University Press, 2011, p.1095.

第四节 非法集会罪

非法集会罪,是指3人或者3人以上,为了实施某项计划,或者为了达到某种目的而聚集在一起,如果这些计划或者目的得以实现,将导致暴乱的发生,从而扰乱和破坏社会治安。非法集会罪是普通法上的轻罪。在英国的制定法罪中,非法集会罪已经包括在暴乱罪、骚动罪和互殴罪之中(1986年《妨碍公共秩序法》废止了暴乱、骚动、非法集会和滋事等普通法犯罪,用暴乱、骚动和滋事取代了前面的4个罪名)。在美国的制定法里仍然有这个罪名,不过也是一个轻罪。在美国的多数州中,甚至2个人都可以构成非法集会罪。

非法集会罪从本质上说,是一种扰乱和破坏社会治安的行为。集会的地点,既可以在室外的露天广场,也可以在室内进行。至于参加人数的多少,并不是判断集会是非法还是合法的标准。有些集会虽然人数很多,甚至超过了几万人,也是合法的集会,有的集会虽然只有3到5个人,也有可能是一场非法的集会。关键是考察该项集会的目的、参与人的态度以及他们采用的集会方式。如果是以扰乱和破坏社会治安的方式进行集会,尽管集会者最初的目的是和平的,也构成非法集会罪。这种非法集会具有连续性,有时可能长达几个小时或者几天的时间。只要几个人聚集在某个场所,为追求共同的计划或目的而留在一起,就是连续的进行非法集会。

集会目的的非法性很重要,因为这将会导致公开的暴力行为,从而扰乱和破坏社会治安。因此,某个集会是否会导致社会治安的破坏,也是构成非法集会罪的重要条件。如果某几个人聚集在一起开会,研究如何进行诈骗犯罪,不可能导致社会治安的破坏,就不会构成非法集会罪。如果构成犯罪的,也应当由刑法的其他条款加以调整。但是,如果聚集在一起,就是为了实施某种暴力行为,扰乱或破坏社会治安,即使这个暴力行为最终没有付诸实施,也构成非法集会罪。

实践中,如果集会的目的合法,行为人并没有扰乱和破坏社会治安的故意,但在实际上却引起了一场骚乱,能否构成非法集会罪呢?例如,一群人聚集在一起开会,和平地纪念第二次世界大战中死难的犹太人和吉普赛人。但是却引起了新纳粹主义者的不满,他们试图用暴力手段破坏此次集会,结果引起集会双方的暴力冲突,影响了社会治安。由于组织和参与和平集会的人,没有非法集会的目的,即使在客观上造成了社会治安的破坏,也不构成非法集会罪。和平集会本身并不必然导致破坏社会治安的危害后果。

相反,如果某个群体聚集在一起,宣传自己的观点和主张,并且用语言和身体动作侮辱持反对观点的另一方,或者宣传纳粹的政治观点等,就会构成非法集会罪。因为这些集会,必然会引起骚乱和破坏社会治安的危害后果。

有些聚会不是非法集会,但可能会构成妨碍职务方面的犯罪。例如,一群人聚集在一起举行反战示威,维持秩序的警察认为有些人的行为可能导致社会治安的破坏,就会出来制止集会继续进行下去。如果参与集会的人不听从警察的劝阻或者警告,继续进行集会,就有可能构成妨碍警务罪。但是,由于涉及宪法上的言论自由和集会自由的问题,警察不能随意行使这些权利,只能在理由非常充分的情况下,认为破坏社会治安的事件即将发生时,才可以采取有关措施,否则就不能干涉集会的继续进行,因为可能会侵犯公民所拥有的宪法权利。

在美国,对于集会的地点和批准,都有详细的法律规定。在户外集会游行,应当事先申请,符合条件的,会发给集会游行的许可证。如果明知故犯,采取静坐、占领或者拒绝离开、长时间的在某一地点举行集会,比如几天或者几个月,警察也会以影响社会治安为由采取干涉的措施,要求集会在某一时间内结束。如果参与集会的人不服从警察的命令,也可能会遭到逮捕。例如,2009年美国加州大学因为财政预算紧张,计划增加学费,引发大规模的抗议活动,数千名师生采取静坐、妨碍交通、占领教学楼等方式和学校当局对抗,结果有近百名师生被逮捕。同一时期,英国的大学校园里也因为学费问题引起抗议活动,他们采用投掷鸡蛋和杂物的方式,表达自己的不满情绪,许多学生遭到警察当局的逮捕。2012年的占领华尔街运动也是如此。

美国《宪法第一修正案》规定,政府不得剥夺人民和平集会、向政府请愿救济的权利。所有关于游行集会的法律,都由地方政府制定,联邦各级法院对这些法律是否违法美国宪法,行使司法审查权。但是,公民游行集会的自由,也不是无限制的。在People v. Kerrick一案中,美国联邦最高法院认为,如果行使这权利,引起他人的恐慌、破坏社会治安,就属于非法集会。政府可以行使警察权,以维护公共安全、社会安宁和公共道德。

第五节 引起种族仇恨罪

引起种族仇恨罪,是指行为人使用威胁性、谩骂性、侮辱性的言词、行动或材料,意图引起或可能引起种族仇恨的行为。

1. 客观行为

(1)一般性的使用威胁性、谩骂性、侮辱性的言词、行动,或者展示相关的文字材料;

(2)出版或发行带有威胁性、谩骂性、侮辱性的文字材料;

(3)在公开演出的剧目中,导演、演出或者使用威胁性的、谩骂性的、侮辱性的言词和行为;

(4) 发行、展示或播放具有威胁性的、谩骂性的、侮辱性的录像带或录音带;

(5) 提供、制作或者导演某一电视节目,并在其中使用威胁性的、谩骂性的、侮辱性的声音或形象,或者使用了冒犯性的言词或举止;

(6) 为了出版或者展示等目的,拥有威胁性的、谩骂性的、侮辱性的文字材料、录像带或录音带。①

2. 主观故意

被告人犯罪意图的证明,各种情况有所不同。在(1)的情况下,控告方必须证明被告人引起种族仇恨的主观意图。如果有证据表明存在这样一种意图,那么,对于什么是"威胁性的、谩骂性的、侮辱性的言词、行为和材料",应当依据客观的标准加以检验;在(2)的情况下,控告方必须证明被告人没有意识到材料的内容和没有怀疑或没有理由怀疑材料的内容,具有威胁性、谩骂性、和侮辱性;在(3)的情况下,必须证明被告人不知道和没有理由怀疑那些冒犯性的言词和举止是威胁性的、谩骂性的、或侮辱性的;在(4)的情况下,必须证明被告人没有意识到记录的内容和没有怀疑并且没有理由怀疑其为威胁性的、谩骂性的或侮辱性的;在(5)的情况下,如果没有证据表明被告人故意煽动种族仇恨,那么,控告方就必须证明被告人知道或有理由怀疑材料是威胁性的、谩骂性的或者侮辱性的。如果有证据表明被告人具有煽动种族仇恨的故意,检验的标准也将是客观的;在(6)的情况下,必须证明被告人没有意识到文字材料或记录材料的内容和没有怀疑并且没有理由怀疑其为威胁性的、谩骂性的或侮辱性的。

引起种族仇恨罪②,最初规定在英国 1965 年《种族关系法》中,这项法律要求查明行为人引起种族仇恨的故意。但是,由于在实践中想要证明行为人的这种故意比较困难,英国 1976 年《种族关系法》对此进行了修改,只要被告人的行为有可能引起种族仇恨,就可以构成犯罪,而不管其主观上是否具有引起种族仇恨的故意。③ 在加拿大也有类似案件。被告人基格斯达向一所大学的学生宣扬大屠杀修正主义,亦即德国人所批判的"奥斯维辛谎言"。他遭到起诉,被指控违反了加拿大反仇恨宣传的法律,而他却认为该项法律违反了表达自由的条款。实际上,这种引起种族仇恨的宣传,恰恰加剧了弱势群体的不平等地位。正如白人至上主义加剧了基于种族、肤色、民族的不平等一样,反犹主义恶化了基于宗教和民族的犹太人的不平等境遇。

1986 年,在 Cosiek 一案中,一个人因参加了法西斯党并且写了两本种族主义的书籍,被解除了公职,法院并不认为这样做就违反了保护表达自由的《欧洲

---

① David Ormerod, *Smith and Hogan's Criminal Law*, Oxrord University Press, 2011, p.1115.
② Related offences include making racist chants at football games; Football (Offence) Act 1991, s3.
③ David Ormerod, *Smith and Hogan's Criminal Law*, Oxrord University Press, 2011, p.1110.

人权公约》第 10 条的规定。英国禁止出版可能在大不列颠煽动对某一种族群体仇恨的"胁迫、咒骂、侮辱性"的作品。在执行对仇恨言论的限制方面,在证明其主观故意方面确实存在困难,但无论如何,各国都已经认识到这种煽动性言论的危害并且采取措施予以制止。在 Beauharnais v. Illinois 一案中,美国道格拉斯大法官曾经指出,"希特勒及其纳粹分子表明了,旨在通过将某一种族置于轻蔑、嘲弄、诋毁境地而达到摧毁目的的阴谋是何其邪恶。我认为,在美国,针对某一种族或群体的此类行为构成可诉的冒犯行为。这一安排的意义不仅仅是对言论自由的践行。"①

由此可以看出,这种种族主义的宣传和煽动,已经不仅仅是一种言论表达行为,而是以其言论形式践行了对其他民族的仇恨和歧视,他们通过恐怖、不宽容、诽谤、污蔑等形式,使得其他种族和群体处于受压迫的地位,不仅给他们带来了即刻的精神伤害,还会造成后续性的身体上的攻击和伤害。因此,对于这种引起种族仇恨的行为,必须予以制止。

第六节 滥用毒品罪

根据英国 1973 年《滥用毒品法》的规定,所谓滥用毒品罪,是指非法制造、提供和持有毒品的行为。毒品包括三个等级:甲级包括可卡因、麦角酸二乙基酰胺、海洛因和鸦片;乙级包括安非他命、大麻、大麻树脂等;丙级包括苯非他明和匹吗啉。毒品等级的不同,受到的处罚也不同。毒品等级的排列,有时候也会视情况作出调整。

滥用毒品的表现形式:

(1)提供毒品。是指将自己已经占有的毒品,转移给另外一个人占有。

例如,A 将自己仓库里的毒品,提供给 B,就构成提供毒品罪。但是,如果仅仅是将自己手中带有大麻的香烟,递给他人吸食了一口,还不足以构成提供毒品罪。有的英国法官认为,只要转移了对毒品的控制就足够了,即便是将带有毒品的香烟给别人吸了一口,也可以构成犯罪。但是,这样的判例过于严厉了,可能使无辜的人受到刑事追究。

(2)占有毒品。一种是未经允许的占有。有权制造或提供受控毒品的人,执行职务的警察和从事运输事业的人,基于医学目的的医生、牙医和兽医或者根据医生、牙医和兽医的指示而占有受控毒品的,都属于合法占有毒品。如果未经合法允许,或者谎称医生提供给自己毒品,都是未经允许的毒品。如果占有的毒品数量非常少,以至于少到不能将其用于任何一种用途,就不能认定为未经允许

---

① Beauharnais v. Illinois, 343 U.S. p. 263.

的占有毒品;另外一种占有,是指行为人为了向另外一个人提供毒品而占有毒品。

占有毒品不一定是实际保管毒品,只要处于行为人的控制之下,就是占有毒品。但是,行为人应当意识到毒品已经处于自己的控制之下,才构成占有毒品。如果一个人到商店购物,另外一个人在其购物袋内放置了毒品,他并没有意识到毒品在购物袋内,就不能被认为占有了这些毒品。有人认为,这种情况下,很难区分一般商品和毒品的界限,被告人也很难证明自己不知道袋子里的东西就是毒品,即使被告人没有意识到是毒品,也应当承担占有毒品的责任。后一种观点虽然考虑到了毒品犯罪的特殊性,却没有照顾到被告人的实际情况,如果一个人根本没有意识到别人在自己的袋子里放置了毒品,也要为他人的行为付出代价,这就不是一种正确的解决办法,即便为了保护公共利益,也不应当以牺牲一个完全无辜者的利益为代价,这样的严格责任也太严格了。

作为一种例外,如果一个人要求他人为其提供毒品,这就证明他有占有毒品的意图,即使他没有意识到毒品已经被放置在他的住所,也构成对毒品的占有。一旦毒品处于某人的控制之下,即使他以后忘记了毒品的存在,或者错误地认为毒品已经被处理掉了,占有毒品的非法状态依然存在。

构成滥用毒品罪,不要求被告人主观上有明知,即使不知道他占有的东西是毒品,也可能构成占有毒品。不过,现在的法律对严格责任的解释已经和以前有所不同。如果被告人能够证明他占有的物品不是毒品,他也没有任何理由怀疑该物品是毒品,就是一种可以抗辩的理由。例如,一个被告人将自己的房子租给他人,而租房者在里面吸毒,房东并不知情,也没有理由怀疑租房者在里面吸毒,就不能让房东承担毒品犯罪的严格责任。

但是,被告人对毒品性质的错误认识,不能成为辩护的理由。例如他认为是大麻,而实际上是海洛因,就不是一种辩护的理由。如果被告人占有毒品,是为了防止其他人从事相关的毒品犯罪,并且希望采取适当的方式销毁该毒品,或者将该毒品交给司法机关或有关的合法部门,就可以成为一种辩护的理由。

由于毒品犯罪的社会危害性大,英国刑法对于滥用毒品罪的处罚是非常严厉的。根据1971年《滥用毒品法》的规定,如果制造或提供的毒品是甲级或者乙级,可以处14年以下监禁和罚金,或者两者并罚;如果是丙级毒品,可以处5年以下监禁和罚金,或者两者并罚。如果是未经允许的占有毒品,可以处7年以下监禁和罚金,或者两者并罚。另外,如果一个警察有充分理由怀疑某人非法占有毒品,就可以搜查并且拘留该人。

第七节 诽 谤 罪

在英国普通法中,所谓诽谤罪,主要包括亵渎神灵罪、名誉诽谤罪、淫秽诽谤罪和诽谤政府罪。现代的制定法,曾经将淫秽诽谤罪归入 1959 年《淫秽物出版法》,2008 年这个罪名被废除。在过去,诽谤是一种性质严重的犯罪,现在则是一项轻罪。美国的许多诽谤案件都是通过民事赔偿加以解决的。当事人主要想通过民事赔偿获得实际的经济利益,而不是将被告人送入监狱。

(1) 亵渎神灵罪(Blasphemy),是指以口头或者文字的形式,散布足以伤害基督教教徒宗教感情、辱骂神灵、基督和圣经的行为。从广义上讲,所有否认基督教,否认上帝存在的言行,都构成亵渎神灵罪。但实际上,从过去的一些判例看,亵渎神灵的犯罪,都带有猥亵和侮辱的性质,而不仅仅是简单的否认基督教。例如,在 1678 年的泰勒案中,被告人声称"耶稣是一个私生子,是个嫖客。"在 1921 年的戈特案中,被告人说"基督是一个骑着毛驴的小丑,溜进了耶路撒冷"等。

在早期,亵渎神灵的犯罪被认为有可能破坏和平,导致人们的道德堕落和社会动乱,以至于动摇国家的统治基础。在现代社会中,已经很难想象任何有关基督教的言论和行动,会造成如此剧烈的严重后果了。许多人都认为,以过去的标准去衡量现代社会,是不合时宜的,应从实质上废除这个罪名。

无论如何,由于基督教教义是英国的国教,是英国法律的一个组成部分,对基督教的整体性攻击,就构成亵渎神灵的犯罪。但是,如果攻击的宗教不是基督教,而是其他的宗教,能否构成亵渎神灵的犯罪呢? 例如,1989 年《撒旦的诗篇》的作者萨曼·拉什迪被指控侮辱先知穆罕默德和亵渎伊斯兰教义,伊朗宗教领袖霍梅尼还向全球发出了通缉令,追杀拉什迪。但是,英国的法院认为,亵渎神灵的犯罪,仅仅适用基督教,也可能适用于英国的国教,但不适用于其他宗教。[①] 因此,英国的法院拒绝以亵渎伊斯兰教的罪名来处罚拉什迪。

亵渎神灵罪,是普通法中的严格责任。公诉机关只需要证明被告人具有公开发表侮辱性言论和文字的意图就可以了,不需要证明被告人具有攻击基督教和基督教教徒的主观意图。被告人即使没有预见到自己的行为会产生侮辱的效果,也对构成犯罪没有影响。但是,也有少数法官认为,公诉机关应该证明被告人意识到这些侮辱性文字的存在,并且了解其含义,才可以被定罪。

将近一百多年来,几乎没有再出现有关亵渎神灵的判例。一方面是社会情况发生了不同于以前的变化,人们不再担心亵渎神灵的行为会危害到国家安全

---

① 英国的国教指基督教新教。

和稳定;另一方面,一些针对其他宗教的类似案件,在实践中从未被英国法院处罚过,而单单对亵渎基督教的案件加以处罚,这是不符合逻辑的,因为不只是基督教教义和基督会遭到侮辱和冒犯,其他的宗教和宗教领袖也会受到攻击和冒犯。英国的法律修改委员会倾向于取消这个罪名,以消除法院在处理宗教案件时的不公平现象。

在英国普通法中,亵渎神灵的犯罪是轻罪。经过多年的争论,英国 2008 年的《刑事审判和移民法》(The Criminal Justice and Immigration)第 79 节已经正式废除了这个罪名和淫秽诽谤罪(blasphemous libel)。[①]

(2) 诽谤名誉罪(defamatory libel),是指贬低、侮辱、损害他人的声誉,使其在社会上丧失威信,陷于遭人痛恨、藐视和嘲笑的境地。根据英国 2009 年《验尸和审判法》(The Coroners and Justice Act 2009)第 73 节的规定,普通法中的诽谤罪已经被废除。因此,在英格兰、威尔士的普通法和北爱尔兰的普通法中,煽动罪和煽动诽谤罪;诽谤名誉罪;淫秽诽谤罪均被废除。[②]

在过去的英国普通法中,诽谤他人名誉是一项轻罪,一般处 1 年以下监禁。对于诽谤名誉的行为,既可以提起民事诉讼,要求经济上的赔偿,也可以提起刑事诉讼。但是,一般法院都不鼓励提起刑事诉讼,只有在达到一定的严重程度,即破坏社会治安和和平的情况下才会被定罪。也就是说,诽谤行为的严重程度是确定罪与非罪的一个重要标准,英国的检察官只有在行为人的行为已经严重损害公共利益的情况下,才会起诉被告人。具体地说,要符合以下标准:① 诽谤行为的证据确凿;② 严重程度达到了刑法处罚的程度;③ 为了公共的利益。④ 诽谤行为持续了一段时间。

在美国的制定法中,诽谤罪也是一项轻罪,大多数是判处罚金。例如,1979 年某石油公司经理威廉·塔夫拉雷斯指控《华盛顿邮报》犯有诽谤罪,要求赔偿 1.5 亿美元。案件的起因是该报发表了一篇文章,说塔夫拉雷斯参与了不正当的商业活动。最后,陪审团裁定《华盛顿邮报》构成诽谤罪,赔偿塔夫拉雷斯 205 万美元。其实,在美国要指控一个人构成诽谤罪并不容易,至少要符合两个条件:① 检察官必须证明被告人清楚地知道公开发表的材料中存在谎言;② 被告人置真伪与不顾,故意发表虚假的材料或者完全无视事实的存在。美国前国家安全顾问布热津斯基曾经指控一家报纸诽谤,因为这家报纸说他在公共场所松皮带,有失体面。后因证据不足,案件不了了之。

英国的法律规定,构成诽谤罪,检察机关无需证明被告人的陈述是虚假的,

[①] See R Sandberg and N Doe, "The Strange Death of Balsphemy", 71 MLR, 971(2008).

[②] P Milmo and WVH Rogers(eds), *Gatley on Libel and Slander*, 11th ed, 2010, Ch 24. Quote from David Ormerod, *Smith and Hogan's Criminal Law*, Oxrord University Press, 2011, p.1087.

只要证明损害了公共利益就可以了。但是,如果对某一公共事件进行公正的评论,不构成诽谤罪。诽谤罪的对象,在英国一般是指对公民个人的诽谤,对于一群人的诽谤不构成诽谤罪,除非这个群体的人数非常少,就像是信托人或董事的集合体。对于这一小群的攻击,可以视为对个体的攻击。实践中,也有个别案件是针对一个比较大的群体,例如,针对治安法官和教士群体的诽谤,也可以定为诽谤罪。在美国,诽谤罪的对象,既可以是个人,也可以是一个家庭或者一家公司。对于已经去世的人的诽谤行为,一般难以认定为诽谤罪。但是在早期的判例中,如果这种对死人的诽谤,引起死者家属的愤怒,或者使死者的家属陷入被人痛恨和藐视的境地,这就意味着是对活着的人进行诽谤,是对其家属的侮辱和冒犯,就可以构成诽谤罪。

构成诽谤罪,被告人必须公布损害他人名誉的材料。所谓公布,就是公开发表诽谤材料,从而贬低、损害他人名誉的行为。公布的方式,既可以是文字、图画和照片等永久性材料,也可以是语言和一时的身体动作,例如,在他人的住所门前放置带有侮辱性的物品等等。

在美国,诽谤罪的主观方面是故意,而且具有诽谤他人的"恶意",即公开发表侮辱性材料的意图。恶意,是行为人的一种心理活动,目的在意损害他人的名誉。因此,其公布的材料的真实性和重复性,不能成为否定恶意的辩护理由。

一般来说,被告人公布的材料基本上是虚假的,但公布的材料是真实的也不能成为辩护的理由。因为"真实性越大,中伤也越大",在特定场所和背景下公布某些事实,可能造成更严重的破坏治安和和平的后果。但是,如果材料真实,被告人的动机又是良好的,就可以否定他的主观恶意,不构成诽谤罪。例如,某人被总统提名担任联邦上诉法院法官,有人在报纸上发表文章,说他在哈佛大学法学院读书期间曾经吸食大麻,不适合担任联邦上诉法院的法官。由于行为人的动机是防止一个品行不端的人担任法官,就不构成诽谤罪。至于重复性,被告人明知是诽谤他人的材料而故意重复发布的,就构成诽谤罪;如果是不明真相,误传诽谤性材料,由于没有恶意,就不构成诽谤罪。[①]

英国刑法对于诽谤名誉的行为,一般也要求主观故意,这一点和亵渎神灵罪所要求的严格责任不同。有的案例表明,被告人发表诽谤材料必须是出于故意,而且仅仅知道该材料具有诽谤他人的文字是不够的,至少要知道或可能知道存在损害他人名誉的事实,有诋毁他人名誉的意图。但是,一般来说,被告人发表的文字材料中有诽谤性的内容就可以了,并不需要证明被告人具有损害他人名誉的意图,因为要证明这一点还是很困难的。

[①] 储槐植、江溯:《美国刑法》,北京大学出版社2012年第4版,第224页。

(3) 煽动诽谤政府罪。在英国,煽动诽谤政府的言论是和叛国罪联系在一起的。但是如何确定煽动诽谤政府的意图是困难的。一般来说,被告人要具有煽动人们对政府的不满、仇恨或者藐视的情绪,或者煽动人们通过非法手段改变教会和国家的制度,或者在不同的阶级之间制造恶意和敌对情绪。如果是试图通过合法的方式修改政府和宪法中的不足之处,或者旨在消除英国臣民和阶级之间的对立倾向和仇恨情绪,就不构成煽动诽谤政府的行为。

英国法院在审理萨曼·拉什迪一案时,就遵循了上述原则。法官认为,拉什迪没有煽动诽谤政府的意图,也没有他抨击政府的证据,更没有扰乱国家权力机构的暴力行为或者其他的挑衅行为,所以不构成煽动诽谤政府罪。

因此,要构成煽动诽谤政府罪,仅有用语言表达出来的犯罪意图还是不够的,被告人必须具有客观上的犯罪行为,即必须有扰乱社会治安和破坏社会秩序的行为。例如在集会上,煽动参加集会的听众实施暴力行为或者对抗政府等等,即使参加集会的人没有被煽动起来,也没有按照他的煽动去实施暴力行为,煽动者也要对自己的煽动言论负责。

被告人不需要自己亲自书写煽动性的文字材料,只要怀着煽动的意图,发表煽动的言论,或者发表另外一个人写的东西(比如在集会上宣读别人写的文章),也可以构成犯罪。对于没有出版的文章或者书籍是否构成诽谤,有不同的观点,有的法官认为,只要书写了煽动性的诽谤文章,即使没有发表,也应该定罪。以前的英国判例好像就是这样做的。但是,这样的做法也受到了一些人的猛烈抨击,没有出版的文字材料,只是一个人内心的想法,也不可能对政府机构和国家制度造成实际上的损害,显然不应该受到刑罚处罚。

在英国一直有人质疑是否存在"煽动诽谤政府"这样一个罪名。[①] 美国刑法中,煽动诽谤政府的行为,也包括在叛国罪当中,司法实践中几乎没有出现过这样的判例。由于这个罪名可能涉及言论自由的问题,争议也就比较大。法院在处理这类案件时应当非常谨慎,不能作出任何削弱新闻自由的事情。公诉机关或者原告都有责任证明案件本身没有任何疑点,否则就不应定罪。

(4) 淫秽诽谤罪。淫秽诽谤罪原来是普通法中的一个罪名,是一个轻罪。根据 1959 年《淫秽物出版法》,如果某个人出版了一部作品,将不会以普通法中的淫秽诽谤罪提出诉讼,而以其构成的实质性犯罪的罪名提起诉讼。尽管如此,这并不意味着这个普通法罪名完全被废除了,因为在实践中,还是有一些案件以淫秽诽谤罪提起诉讼。

当然,现在有关淫秽出版物的案件,都规定在 1959 年和 1964 年《淫秽物出

[①] 如前所述,这个罪名在 2009 年已经被废除,见 David Ormerod, *Smith and Hogan's Criminal Law*, Oxford University Press, 2011, p. 1087.

版法》当中。根据这些法律的规定,判断淫秽物品的标准是,如果一个出版物,从总体上企图贬低或者腐蚀读者和听众,就是一个淫秽的作品。如果是以下情况,就会构成刑法上的犯罪:

① 出版淫秽文章,不论是否以营利为目的。下列情况都属于出版行为:

传播、扩散、出售、出租、传送或出借作品,或者提供出售和出租渠道;将包含淫秽内容的文章或磁带,展示、放映或投影给他人,或者以电子数据形式储存,或将数据转换出来示人;任何人将作品的任何内容收入某一电视节目,而该节目又是某一电视节目服务的一部分。

如果某项指控是针对一个具体的个人,就必须证明该作品有导致其腐化和堕落的倾向;如果不具有这种倾向,只有在两种情况下可以被视为淫秽出版物:考虑到各种情况,有人可能读到、看到或听到出版物中所含有或表现的事情(不论他们实际上是否已经这样做),而这将导致那些人表现出腐化和堕落的倾向;事实上已经对那些可能受到腐化和堕落影响的人,出版了淫秽作品,而出版这些作品,就可以合理地视为是被告人所预期的后果。①

如果符合以上情况,就可以构成出版淫秽物品罪。例如,被告人寄给了原告一本淫秽的照片,希望他予以发表。但是,被告人没有出版和发表,而是将照片锁在了抽屉里。即便如此,被告人仍然构成犯罪,因为将照片锁在抽屉里这个事实对于是否构成犯罪并不重要,被告人可以随时随地将照片取出发表,而这将导致其他人的腐化和堕落。但是,如果一部作品没有导致他人腐化或堕落的倾向,就不构成犯罪。例如,被告人将一本含有淫秽内容的书籍寄给一名警官,这名警官却在法庭上作证说,该书不会导致他的腐化和堕落,而且没有证据证明该名警官会向第三方传播,被告人就不构成出版淫秽物品罪。

② 拥有淫秽出版物,以便出版营利。

主要指被告人为了营利目的而拥有淫秽出版物。英国《1964年淫秽物出版法》的这项规定,用意在于解决克莱顿和哈斯利(Clayton and Halsey)一案中出现的问题,这两个人被指控向一名警官寄送淫秽物品,而如上所述,警官声称他没有表现出被腐化和堕落的倾向,因此不能认定两人构成出版淫秽物品罪。但是,两名被告人拥有淫秽出版物,而且具有出版营利的目的,就可以被认定为阴谋出版淫秽物品罪。在这个罪名下,警官是否会将该淫秽出版物转发他人就不重要了,只要被告人预期将该出版物发表,具有使他人腐化和堕落的倾向,而且有理由相信他们的出版物会面对更多的读者,就可以构成阴谋出版淫秽物品罪。

本罪的处罚范围比较广泛,拥有淫秽物品的书店老板,持有和控制淫秽物品

---

① 相关内容可以参考 David Ormerod, *Smith and Hogan's Criminal Law* (Oxford University Press, 2011)一书的早期版本。

的雇员,将淫秽物品从批发商运送到零售商那里的货车司机,都可能被认为是为了营利的目的而拥有淫秽物品。甚至在商店的橱窗里陈列淫秽书籍或文字,都会被认定为犯罪行为(在过去,曾有法律认为,在橱窗里陈列淫秽物品的人,不构成出版淫秽物品罪)。在任何地点进行淫秽影片展播都是非法行为。如果此电影违反社会公德,就触犯了普通法的规定。有权颁发放映执照的权利机关,如果允许放映这类有失体面的影片,可能会被判处此类犯罪的帮助犯或教唆犯。当地权力机关没有审查影片的责任,除非该影片与少年儿童有关系。如果它要扮演审查者的角色,就必须遵守法律规定,不能明显的赞成播放淫秽电影的违法行为。尽管有这样的法律规定,自20世纪70年末以来,还没有一例因播放淫秽电影而被以普通法定罪的案例。

构成出版淫秽物品罪,被告人的意图是导致他人的腐化和堕落。至于被告人的动机是高尚的还是卑鄙的,对定罪没有影响。例如在一个案件中,被告人声称出版淫秽物品的目的,是揭露教会存在的不道德现象。但是法官坚持认为,即使为了达到某个值得赞扬的目标,也不能触犯法律的规定。将揭露教会中存在的问题,作为自己出版淫秽物品的正当理由是不能成立的。因为他应当预见到许许多多的人都会看到这些作品,并且因此而腐化或者堕落。如果一个人预见到了这样严重的后果,或者不计后果的出版发行淫秽物品,就应该对此承当责任。这就像带着一个患有传染病的人上街,即使声称没有传染他人的故意,也可能视为一种犯罪行为。所以,只要被告人意图导致他人的腐化和堕落,即使出于良好的动机,也不能成为一种辩护的理由。

在有些判例中,法官甚至认为不需要说明被告人的犯罪意图,因为关于出版淫秽物品罪的法律中已经隐含了对犯罪意图的陈述。在一个案件中,被告人将自己的淫秽作品送到印刷厂,想印刷出版一百本左右,以便分赠一些文学同仁。印刷商随后将这些诗稿交给了警察,被告人一审被判有罪。他随即向上诉法院提出上诉,理由是陪审团没有考虑他的犯罪意图,但被法院驳回。法官认为,如果被告人想要出版发行这些淫秽作品,就表明他有导致他人腐化和堕落的意图,这样一种推断是不可辩驳和无可争议的。但是,英国1967年《刑事审判法》已经对第8条中关于推定故意的内容进行了修正,认为不能仅仅根据被告人的行为,就推断他希望或预见到危害后果的发生,而应当根据证据得出合乎事实的结论。这样,法官的判决就和法律规定的内容不一致了。但是,由于推定故意在实践中仍然存在,法官作出这样的判决也就不奇怪了。

在 Shaw v. DPP 一案中,法官也采取了类似的立场。被告人因出版《石女宝鉴》而被判出版淫秽作品罪。他向上诉法院提出上诉,声称法官没有指示陪审团查明被告人的"诚实意图"。但是审判法官认为,如果在1959年《淫秽物出版法》颁布以前,按照普通法程序审理淫秽诽谤罪,要求查明腐蚀他人的主观意图,这是毫无疑问的。但是，按照 1959 年的制定法，则没有这样的规定。根据该法第 1 条的规定，法院只需查明这篇文章是否可能对读者带来腐化和堕落的后果。也就是说，是否构成犯罪，主要看文章本身的内容，而不是作者或作者的意图。从这些判例似乎可以看出，英国的法官在确定是否构成出版淫秽物品罪时，还是倾向从作品本身推断出被告人的犯意，因为"你无法看到犯意，甚至最先进的现代技术也无法发现或者衡量犯意"[1]，美国刑法中的一些案例也是通过推定的方式解决的。

如果一个出版商没有审查过该出版物，或者没有合理的理由怀疑出版该作品会触犯 1959 年《淫秽物出版法》的有关规定，就是一个辩护的理由。如果认识到作品是淫秽的，但出于公共利益而加以出版和发表，也可以进行合法辩护。被告人应当证明自己的这部作品导致他人腐化堕落的概率不大，而且具有社会价值和科学价值，符合公众利益。如果没有达到这个标准，就不能成为一个辩护理由。例如有的被告人声称，阅读色情材料，可以缓解某些人的性紧张的情绪，转移他们的反社会视线，从而减少犯罪行为的发生。这种说法就很难得到社会的认同，也不是普通民众所关心的问题，更不符合公众利益。

根据英国 2009 年《验尸和审判法》第 73 节的规定，这个罪名在英国已经被废除。[2]

---

[1] Jerome Hal, *General Principles of Criminal Law*, Lexis Law Pub, 1960, p. 106.
[2] David Ormerod, *Smith and Hogan's Criminal Law*, Oxrord University Press, 2011, p. 1087.

第十八章　交通肇事罪

第一节　一般概述

在英国,交通肇事罪的主要法律根据是 1972 年、1988 年和 1991 年的《道路交通法》以及由这几个法律派生出来的一些规则和规章。2006 年《道路安全法》(the Roda Safety Act 2006)新增加了一些有争议的罪名。[①] 尽管 1977 年的《刑事审判法》对 1972 年的法律作出了一些修改,但在处理交通事故的案件时,1972 年的《道路交通法》仍然是主要的法律根据。一种观点认为,交通肇事罪是典型的法定犯,即由于法律的规定而成为犯罪,在道德上没有明显可以谴责的地方。但在美国,交通肇事罪不一定都是轻罪,有些人仅从造成的死亡后果出发,将交通肇事罪看成和杀人罪一样严重的犯罪。当然,这有点言过其实了,疏忽和危险驾驶而造成的死亡后果和以杀人的故意,实施的杀人行为造成的死亡后果,是绝对不能相提并论的。尽管超速驾驶,无证驾驶等行为通常是故意或者轻率的,但对于构成交通肇事罪来说,并不需要证明行为人主观上有故意和轻率。

普通法中的交通事故犯罪,主要是指驾驶马车等非机动车造成的交通事故,与机动车驾驶员无关。现代社会中有关机动车的一些规定,比如对驾驶员驾驶技术的测定、驾驶资格的获取以及强制保险等问题,在普通法中都找不到依据。所以,交通肇事罪的主要根据是制定法,而不是普通法。

根据《道路交通法》的规定,机动车造成交通事故,对别人的人身和车辆、动物和财产造成损害,肇事车辆和司机必须立即停止行驶,并有义务向询问他的人提供自己的姓名和地址,否则就可能构成犯罪。如果因为某种原因,肇事者无法当即提供姓名和地址的,应当在事故发生后 24 小时之内,向警察或者警察局报告发生的事故,并说明情况,否则就构成一个独立的犯罪。但是,如果驾驶员没有察觉到交通事故发生,可以作为一个辩护的理由。

根据 1972 年的《道路交通法》,所谓机动车,是指为在道路上使用而制造或

[①] See David Ormerod, *Smith and Hogan's Criminal Law*, Oxrord University Press, 2011, p. 1142; PW Ferguson, "Road traffic Law Reform", SLT 27(2007); S Cunningham, "Punishing Drivers Who Kill: Putting Road Safety First" LS 27, 288(2007); S Cunningham, "Vehicular Homicide A Need for a Special Offence", in S Cunningham and C Clarkson(eds), Criminal Liability for Non-Aggressive Death, Routledge, 2008; cf M Hirst, "Causing Death by Driving and Other Offence: A Question of Balance", Crim LR, 339(2008), Suggesting that the New Offences are not in themselves Objectionable.

改装的、用机械驱动的车辆。所谓驾驶,是指一个位于车内或车上的人,用手控制着该车的前后运动的状态。如果一个人在地面用手推一辆汽车,或者将手伸进汽车的车窗驾驶该车的人,都不是在"驾驶"汽车。

1991年《道路交通法》第2条规定:"任何人在公路和其他公共场所驾驶机动车辆,没有适当的注意和小心,或者对于使用该道路或公共场所的其他人,没有给予合理的注意,就构成疏忽驾驶罪。"这个法规扩大了疏忽驾驶的范围,将以"机械驱动的车辆"改为"机动车",并且在"道路"之外,增加了"其他公共场所"。但总体上讲,法律的基本规定没有大的改变。

由于危险驾驶和疏忽驾驶,不仅会给他人的财产造成损失,而且往往和致人死亡的问题联系在一起。因此,对于这些问题的讨论,有助于加深对刑法的基本原则的理解。

第二节 疏忽驾驶罪

根据1988年《道路交通法》第3节和1991年《道路交通法》第2节的规定,任何人在道路上驾驶机械推动的车辆,没有尽到注意义务,或对使用道路和公共场所的其他人没有给予足够的谨慎和小心,就构成疏忽驾驶罪。这些规定扩大了疏忽驾驶罪的范围,一是以"机械推动的车辆"取代了"机动车"的概念,二是在"道路"之外,增加了"或者其他公共场所"。① 疏忽驾驶罪,不要求对他人的人身和财产造成实际的损害,只要没有尽到注意义务,主观上有疏忽,就可以构成疏忽驾驶罪。当然,在起诉犯罪时,一般还是要考虑造成的实际的损害结果的,否则也难以认定行为人的疏忽。②

在疏忽犯罪当中,没有造成危害后果也处罚,这对于疏忽犯罪来说是极其罕见的。法律之所以这样规定,主要是考虑在现代社会中,机动车肇事的危害性太大,每年造成成千上万的人死亡,造成的财产损失更是不可估量。为了减少交通事故的发生,只有采取严格的法律规定和管制措施,以便将危险减少到最低限度。在这一点,交通事故犯罪,有点类似环境污染的犯罪和涉及劳动和建筑安全方面的犯罪,对于公共安全和健康具有重大意义。

有些人建议,疏忽驾驶不应犯罪化。因为司机出于对自身安全和他人安全

---

① The North Report recommended these extensions for the offence of dangerous driving(8.10,8.12) but not for careless driving. On defining public place, see May v. DPP [2005]EWHC 1280(Admin). See also Barrett v. DPP [2009] EWHC 423(Admin) for a useful review of the case law.

② It used to be that a prosecution was unlikely without such harm:"One widespread complaint was of the mechanical nature of the prosecution decision -a bad case of careless driving may not go to court because no personal injury was caused, and conversely a very trivial case of carelessness may lead to prosecution simply because injury was cause", North Report,5.27.

的担忧以及对事故产生的额外的保险费用的担忧,并不希望危害结果的发生,如果对司机的处罚过于严厉,动不动就给予刑法处罚,就会对机动车司机造成沉重的心理负担,更容易形成交通事故。但是,这种担心可能是不必要的,因为尽管根据法律的规定,没有造成实际的损害后果也会构成犯罪,但是在处理具体案件时,法院还是会考虑相关情况的。比如一个从来没有违章记录的人,偶然不小心疏忽驾驶,一般不会构成犯罪。反之,假如一个人劣迹斑斑,又很明显的恶意超速驾驶,即使没有造成实际的损害后果,也要承担刑事责任。疏忽驾驶是行为犯而不是结果犯。

合理的注意义务和谨慎小心,应当采取客观的标准,具有普遍的适用性,不受个人主观因素的影响。无论是初学者还是一个经验丰富的老司机,甚至执法人员,都应遵循这个标准,没有例外原则。当被告人被指控疏忽驾驶时,控方应当证明被告人是否按照法律对一个合格司机的要求,采取了足够小心和谨慎的态度,否则就不能认定为疏忽驾驶。一个新司机即使竭尽所能,还是没有达到合格司机应当达到的注意标准,仍然是疏忽驾驶。至于被告人在驾驶的过程中,为什么没有给予足够的小心和谨慎,是故意而为还是判断错误,对定罪都没有影响。[①]

但是,这也不意味着任何情况下都不考虑主观因素,例如被告人对周围环境的了解,有时候就会成为一个考虑的因素。如果一个人对行使的路线非常熟悉,知道其中有一处弯道需要减速行驶,但他却没有减速,就可能构成疏忽驾驶;如果是一个外地人,对当地的环境不了解,也不知道公路上有一处弯道,他没有减速行驶,也许就不会构成疏忽驾驶罪。

被告人是否达到了小心和谨慎的标准,是一个事实问题,由陪审团加以认定。没有遵守道路交通法的有关规定,并不一定表明行为人主观上有疏忽,如果他能够对此作出合理的解释,证明自己尽到了合理的注意义务,也可以不负刑事责任。否则,就可以从违反道路交通法的事实,推断出被告人主观上的疏忽大意。如果有几个以上的原因引起了交通事故,只要有一个原因是被告人的疏忽,就足以构成疏忽驾驶罪。

被告人是否达到了合理谨慎和小心的标准,还要结合案件的所有情况进行分析,例如,道路质量、天气情况和交通流量等等。司机是否饮酒,对判断的标准

[①] McCrone v. Riding, All ER 157 1, 158(1938), DC. The standard is the same as that applied in a civil action for negligence-'the obligation in the criminal law on the... driver cannot be the subject of a more stringent test than his liability in civil law'; Sctt v. Warren, RTR 104(1974), DC, per Lord Widgery CJ at 107. Reference in a criminal case to rules of civil law affecting the onus of proof(such as res ipsa loquitur) are probably best avoided though it is open to justices to infer negligence from facts affording no other reasonable explanation.

也会有影响。因为饮酒的人更可能以疏忽的方式驾驶车辆,一个清醒的人(sober person)以每小时45公路的速度行驶是正常的,而一个醉酒的人(intoxicated person)以每小时45公里的速度行驶,就会构成疏忽驾驶。①

对于使用公路和公共场所的其他人的安全,缺乏合理的注意和谨慎,甚至引起自己车内的其他乘客的恐慌,都可能构成疏忽驾驶罪。

在英国,这个罪只能通过简易审程序进行审,被告人可以被判处第5等级的罚金,而根据2006年的《道路安全法》(Road Safety Act 2006),法院也可以在驾驶执照上扣除3到9分,(除非有特除原因可以不罚),或者在一个固定的时期内剥夺驾驶资格,或者直到重新通过驾驶资格考试。②

第三节 危险驾驶罪

危险驾驶罪从犯罪性质上讲,要比疏忽驾驶罪严重。③ 疏忽驾驶是被告人没有尽到合理的注意义务,不够小心谨慎;而危险驾驶除了不够小心谨慎以外,还带有某种程度的轻率因素,是两种心理要素的混合物。按照1991年《道路交通法》第1节的规定,是指驾驶方式远未达到一个小心谨慎的司机应该达到的注意程度,并且对于一个小心谨慎的司机来说,以此种方式开车是危险的,就构成危险驾驶罪。可以从行为方式上加以说明,例如,以带有侵略性的方式或者使他人恐惧的方式驾驶机动车,具体的像开车过程中突然变道、强行进入机动车车道或者持续性地接近前方的车辆等,从行为的危险和恶劣程度上讲,要比疏忽驾驶严重一些。这个标准不是那么清晰,执行起来有一定困难,特别是量刑的时候往往取决于法官的判断。如果法官认为当事人是粗心大意,可能处罚就轻一些,如果法官认为当事人的轻率程度多一些,就可能处罚的重一些。

所谓"危险",是指对任何人造成伤害的危险和对任何财产造成的严重损害的程度。至于什么是"远未达到"一个令人满意和谨慎地司机应该达到的标准,也是一个事实判断的问题,由治安法官或者陪审团加以解决。但是,正是在这一点上,治安法官和陪审团往往会产生歧义,无法达成一致。在Krawec一案④中,法院认为,在导致死亡的疏忽驾驶罪中,主要考察行为人的驾驶行为是否达到理性人应该达到的标准,而不是考察行为人是否预见到和不希望结果发生;但是对

---

① Crim LR, 824(1995).
② David Ormerod, *Smith and Hogan's Criminal Law*, Oxrord University Press, 2011, p.1133—1137.
③ See generally, S Cunninggham, 'Dangerous Driving a Decade On'[2002]Crim LR 945, considering reiews of the legislation.
④ R v. Krawec(1984) 6 Cr. App R. (S). 367.

于危险驾驶罪,应直接、客观地考察驾驶行为的质量,看其驾驶行为是否的确恶劣,而无需考虑他对危害后果的心理态度。标准还是不太清晰,笔者的理解主要是两者的行为程度不同,疏忽驾驶的危险程度低一些,没有达到一般人的标准,而危险驾驶的行为程度严重一些,轻率一些,远远超出了一般人的正常驾驶的标准。

在实践中,英国的法官认为,只有那些"一眼就可以看出或被意识到的危险",才是远未达到正常标准的"明显的危险"。例如,一个低血糖的人,不听医生的医嘱,驾驶汽车在高速公路上行使,结果突然发病昏迷过去,造成严重的交通事故,就是"明显的危险"。相反,如果一辆新购买的汽车存在致命的缺陷,但这种缺陷只有经过专业的检查才会发现,这就不能说是"明显的危险"。在有些情况下,司机对某些事实存在某种程度的明知,但没有达到"明显危险"的程度,也可能被认定为有罪。例如,某司机明知自己的汽车在紧急刹车的情况下,会向右前方偏离,但没有给予足够的重视,虽然这种危险尚未达到"明显的危险",但也可能被认定为危险驾驶罪。

事实上,无论驾驶机动车的方式如何,司机本身的状态和车辆的状况,对造成的危险都有一定程度的影响。那么,什么是危险状态下的驾驶行为呢?主要看机动车是如何被驾驶的事实情况。如果当事人本身和汽车的状况都不是太好,行为人仍然驾驶机动车,以及行为人的状态虽然适合驾驶机动车,汽车也保养良好,但行为人以极其恶劣的方式开车,都可以构成危险驾驶罪。在饮酒状态下开车,可以构成危险驾驶罪。车辆的状态,主要是指车辆的机械状态,有时也和机动车上装载的货物以及承运的方式有关。[1]

危险驾驶所发生的危险,是对任何人造成伤害的危险或者对财产造成严重损害的危险。从字面意义来理解,对人的危险只要造成伤害就可以了,而对财产的危险则要达到"严重损害"的程度才可以。至于何谓"严重损害",是100英镑还是500英镑,法律对此没有作出明确的说明。这也许只是一个事实和程度的问题,由法院或者陪审团根据具体情况予以认定。[2]

另外,根据1991年的《道路交通法》第1条的规定,任何一个人在道路或者公共场所驾驶机动车,造成他人死亡的,构成危险或者轻率驾驶致人死亡罪。在普通法中,对过失驾驶致人死亡的案件,除非有特除的情况,陪审团一般不愿意按过失杀人来处理。因此在1956年的时候,法律将以轻率的方式或者危险的速度驾驶汽车,致人死亡的案件,规定为轻率驾驶致人死亡罪,从而形成了一个制

---

[1] EWCA Crim 415(2006). Evidence of any consumption of alcohol may be admissible even if D is not "over the limit";Mari, EWCA Crim 2677(2009).

[2] David Ormerod, *Smith and Hogan's Criminal Law*, Oxford University Press, 2011, p.1131.

定法罪。后来,轻率驾驶致人死亡的罪名被危险驾驶罪所替代,最高可以判处10年以下有期徒刑。

对于饮酒驾驶或者吸毒驾驶而致人死亡的案件,则规定为疏忽或者鲁莽驾驶罪。新的法律规定,任何人在道路或者公共场所驾驶机动车,对使用该道路或者公共场所的其他人,没有给予适当的关心和注意,致人死亡的,且具有下列情形的:(1) 因饮酒而不适合驾驶汽车;(2) 饮酒超过了规定的限制;(3) 案发18小时之内,没有正当的理由,未提供酒精或者毒品的检验标本,就构成疏忽驾驶罪或者鲁莽驾驶罪。①

值得指出的是,因危险驾驶或者疏忽驾驶,致人严重伤害(重伤)的情况下,至多判处2年以下有期徒刑或者无限额罚金;当上述(1)(2)和(3)三种情形,与疏忽驾驶或者鲁莽驾驶致人死亡没有联系时,则分别判处6个月监禁或者罚金,尽管可能造成了非致命的伤害后果。因此,一旦造成死亡的后果,犯罪的严重程度就会产生戏剧性的变化,可能判处10年以下监禁。②

---

① EWCA Crim 1452(2009).
② David Ormerod, *Smith and Hogan's Criminal Law*, Oxrord University Press, 2011, p.1141.

第十九章　危害国家安全的犯罪

在英国,早期的危害国家安全的犯罪,主要是指危害英国王室利益的犯罪,许多过去颁布的英国判例和制定法,今天仍然具有法律效力。但是,经过历代法官的解释,这些判例和制定法已经具有了新的含义。英国刑法中的危害国家安全的犯罪,主要包括叛国罪(high treason)、企图伤害或恐吓君主罪、(attempts to injure or alarm the sovereign)、海盗罪(piracy)恐怖主义犯罪(terrorism)、非法移民罪(immigration)、违反1870年海外征兵法罪(offences against the foreign enlistment act 1870)、伪造货币罪(coinage offences)、煽动罪(sedition)、激起哗变和不满罪(inciting to disaffection)、非法军事训练罪(illegal training and drilling)、禁止准军事组织罪(prohibition of quasi-military organizations)、非法泄露官方机密罪(disclosure,etc.,of government secrets)、非法泄露信息和虚假陈述罪(disclosure of information,making false statements)、与邮政和电信有关的犯罪(offences relating to posts and telecommunications)、司法和公共官员渎职罪(misconduct in judicial or public office)、关税犯罪(revenue and customs offences)等。①

第一节　英国刑法中的危害国家安全罪

一、叛国罪

叛国罪是最严重的刑事犯罪。英国早期的普通法判例就有不少是涉及叛国罪的,后来又规定在成文法中。1351年,当时的英国国王爱德华三世颁布了《叛国罪法令》,根据这部法令,叛国罪有三种表现形式:一是以公开的形式表达杀害国王的意图,包括策划或者图谋杀死国王、女王、王室长子或王储,或者侵犯国王的陪同人员、王室未嫁长女、王室长子或王位继承人的妻子;二是发动反对国王

---

① 本章第1节和第2节,英国刑法和美国刑法中的危害国家安全罪,主要由刘芹所写(2006级法学硕士,现为美国通用电气公司中国区合规经理),本书作者进行了一些修改。
J. C. Smith & Brian, Criminal Law, 6th Edition, English Language Book Society/Butterworths,1988,Chapter 21.值得注意的是,该书后来的版本对这类罪的名称和内容都有所调整,2011年的第13版没有将危害国家安全罪作为单独的一章,有些罪名在妨害社会秩序一章中有所体现。关于此问题,还可以参见:Richardson, P. J, Criminal Pleading, Evidence and Practice, London, Sweet & Maxwell,2008, Chapter 25:1—385.

的战争,也就是在国王的领土内发动反对国王的战争;三是依附于国王的敌人,包括在战争状态下,在国王的领土内依附国王的敌人,或者在国王的领地内或其他地方对国王的敌人提供支持和帮助。① 尽管这部法令的目的是为了保护国王和王室成员,但却成为英国叛国罪法律的主要组成部分,并很快地应用到具体的案件当中。以后,又颁布了1695年《叛国罪法令》,规定企图杀害或者杀害国王的行为,不受追诉时效的限制,但其他的叛国行为应当自行为时3年内提起诉讼。

由于时代的发展,1351年的《叛国罪法令》中的某些条款,已经显得有些不合时宜了。例如,国民的忠诚义务,已经不能理解为对国王个人的忠诚义务,而是变为对君主立宪的政府制度的忠诚义务。因此,英国的法官通过自己的司法实践,对叛国罪中的某些行为进行了重新解释,形成了所谓"推定的叛国罪"。以后,为了防止司法权的滥用,1795年《的叛国罪法令》,将这种"推定的叛国罪"明确规定为法定的叛国罪。这些法定的叛国罪,是指计划、构想、策划和图谋杀害或者毁灭国王或者其继承人、接班人,或者对其进行其他的身体伤害;剥夺或者罢免国王的称号、荣誉,联合王国的或者其他英帝国自治领或者地区的国王名号;在国王的领地中故意发动针对他的战争,图谋以武力或者胁迫的方式改变国王的施政措施或强迫国王更换顾问人员,对国会的一院或者两院动用武力;策动或者煽动一个外国人或者陌生人,袭击国王有主权的领地或者任何其他一个英帝国自治领或地区。在这部法令之后,英国的所有叛国罪都建立在制定法罪之上,"推定的叛国罪"即使没有完全绝迹,也不再受到鼓励。后来,1848年《重叛国罪法令》又规定了"重叛国罪",包括企图、图谋、策划废黜女王;剥夺女王称号;发动针对女王的战争;强迫女王改变其策略;胁迫议会两院;策动外国人入侵英国等。从总体上说,考察英国的叛国罪应当注意以下几个问题:

1. 叛国罪中的公然行为(overt act)。所谓公然行为,在不同的叛国罪中有不同的表现形式。在图谋杀害国王一类的叛国罪中,公然行为是指任何有意将女王陛下的生命置于危险之中的行为。此外,杀害、持械前往杀害、为杀害的目的提供武器弹药、毒药等、通谋商量杀害女方的方法等,也是图谋杀害女王的公然行为。在公开发表的信件中,或者在公开演讲中,有包括图谋杀害国王的内容,也是公然行为。② 但是,如果信中的语言并不涉及任何行为和计划,也不包括任何劝说或建议,而仅仅指责国王还不如一个羊倌适合做国王之类的话,就不能视为叛国罪中的公然行为。③ 根据判例,"图谋杀害国王"也包括图谋结束国

---

① James Fitzjames Stephen, *A History of the Criminal Law of England Volume II*, Routledge/Thoemmes Press, 1883, pp. 247—249.
② R. v. Wedderburn(1746) 18 St Tr 425.
③ R. v. Theving, 3 Harg. St. Tr 79—90.

王的政治生命。因此,一个人在殖民地发动叛乱或者煽动其他国家入侵英国的行为,尽管不完全符合叛国罪定义中的"发动反对国王的战争"和"战时帮助敌人",仍然可以构成叛国罪。在这类叛国罪中,图谋伤害或监禁国王最初仅仅是一种"推定的叛国罪",后来在1795年《叛国罪法令》中,才作为一种法定的叛国罪得以规定。

在发动反对国王的战争这一类叛国罪中,不仅要证明存在直接地或者"推定地"在女王的领地内发动针对女王的战争行为,而且要证明行为人参与了战争行为或者实施了帮助行为。在这类犯罪中,"推定的叛国罪"得到了最充分的发展。构成发动战争的行为,与参加人数的多少、是否有军事武装,甚至与战斗是否实际发生,都没有直接关系,只要在客观上有征兵和行军的动作,就足以构成发动战争的行为。但是,必须伴随着暴力行为和具有一个一般性目的。反对国王的战争有两种情况,一是直接针对国王和军队,想要推翻国王的统治;二是不反对国王本人,而是想要通过武力进行某种社会和政治改革。例如,废除某项法律、要求驱逐外国人或者提高工资等等。对于后一种行为,由于不具备推翻国王的一般性目的,就不构成叛国罪。单纯的骚乱,或者几个人的劫狱行为,虽然构成犯罪,但也不能以叛国罪定罪处罚。根据1848年《重叛国罪法令》,为了政治目的而发动反对国王的战争、恫吓议会的,构成重叛国罪。但没有政治目的一般性暴乱,或者没有暗杀国王和部长阴谋的,不构成叛国罪。

在帮助国王的敌人这一类叛国罪中,被告人依附、投奔国王的敌人、为敌人提供帮助或者其他便利,构成叛国罪中的公然行为。两国间发表的公报、宣布战争状态的声明,都可以作为依附敌国的充分证据。在为敌国提供帮助时,除非面临紧迫的死亡威胁,都构成叛国罪。因此,一个英国的臣民参加反对国王的敌对行为[1]、为敌人招募军队[2]、在战争状态存续期间劝说在敌国境内的英国战俘参加该国的武装部队[3]、将武器弹药空投到英国境内,以便供敌人使用的行为、或者将女王的堡垒、城堡、战船交付给敌人使用、为女王的敌人提供金钱、武器、情报等物资和信息,即便这些物资和情报被拦截而为到达敌人手中的[4],也全部都构成叛国罪。

2. 叛国罪的主观故意。构成叛国罪,行为人必须具有叛国的故意,而且是直接故意。在 R. v. Ahlers[5] 一案中,被告人作为一个英国臣民,在第一次世界大战期间担任德国领事馆的领事,他被控告帮助滞留英国的德国公民返回德国,

---

[1] R. v. Vaughan(1696) 13 St. Tr. 485.
[2] R. v. Haeding, Fost 197,(1690) 2 Vent. 315.
[3] R. v. Casement(1917) 1 K. B. 98.
[4] R. v. Gregg(1708) 14 St. Tr. 1371.
[5] R. v. Ahlers [1915]1. K. B. 616, 11 Cr. App. R. 63, CCA.

是一种投靠和帮助敌国的叛国行为。上诉以后,一审的有罪判决被推翻。理由是一审法官对陪审团的指导有错误,没有告诉陪审团在这类叛国罪的指控中,被告人必须具有依附和帮助敌国的"恶意"。被告人认为自己是根据国际法,履行自己的职责,是一种职务行为,不应构成叛国罪。上诉法院接受了被告人的意见,认为他作为领事,只是在履行自己的义务,没有叛国的故意,不构成犯罪。这个案件表明,这类形式的叛国罪,必须证明被告人主观上具有帮助或者依附敌国的故意,而且必须是直接故意。

在 R. v. Stone① 一案中,英国的法官对叛国罪故意的内容也进行了探讨。一种意见认为,被告人向敌人传递情报,是为了劝阻敌国入侵英国,也就是说,被告人是在劝阻敌人入侵英国的主观目的下来实施情报的提供行为的,没有叛国的故意;但是,英国大法官 Kenyon C.J 认为,被告人送情报是为了劝阻敌人还是邀请敌人都不重要,重要的是这份情报对敌人是有用的。只要情报有用,那么以希望这份情报送达敌人的心态向敌人传送情报的,就毫无疑问地构成叛国罪了。类似地,当一个英国臣民邀请外国人入侵自己的国家时,也构成叛国罪,不论这个外国是不是属于敌国。如果这个外国是敌人,那么,这种叛国罪就属于以"帮助敌人"的形式实施的叛国罪;如果这个外国不是敌人,那么,这种叛国罪就属于以"图谋杀害君主"的形式实施的叛国罪。但是,如果一个英国人在英国与外国爆发战争时就已经居住在这个外国,并且在战争爆发仍然继续居住在这个外国,或者,一个英国人在英国与外国发生战争后的休战期间前往这个外国,并在休战期间结束前就返还英国的,就不构成叛国罪。除非他在事实上与敌人进行了共谋,并且帮助敌人实施了反对英国的敌对行为。

3. 叛国罪的主体。主要涉及两个方面的问题,一是如何界定"女王的敌人";二是如何确定个人对英国的"忠诚义务"。

一般认为,凡是女王宣布与之开战的国家的国民,都是"女王的敌人"。有些国家虽然没有和英国正式宣战,但实际上已经处于敌对状态,这些国家的国民也是"女王的敌人";即使是与英国有着友好关系的国家,只要这个国家即将以敌意入侵英国或对英国采取其他的敌对措施,这个国家的国民也是英国制定法意义上的"女王的敌人"。但是,无论在什么情况下,女王的臣民都不能构成叛国罪意义上的"女王的敌人"。因此,对国内的反叛分子提供支持的,就不构成叛国罪。

根据 1351 年《叛国罪法令》的规定,谋杀英国的大臣、司法官、财政官、法官;强奸国王的伴侣、他的未婚的长女或者长子的妻子和国王的继承人;伪造国王的公私印章或者钱币;明知是假币而将其引入英国,通过这种方式使国王的贸易或者支付陷入困境等等,都是叛国罪。1842 年《叛国罪法令》还规定了企图伤害或

---

① R. v. Stone [1796] 25 St. Tr. 1155.

惊吓君主罪,凡是以伤害或惊吓女王或破坏公共和平的目的,故意用枪瞄准、指向女王或在女王面前或近旁出示或击发枪支等火器,或者用其他武器、爆炸物、破坏性物质等袭击、投掷女王,或者企图实施上述行为,都构成犯罪。

"忠诚义务"也是认定叛国罪的一个关键问题。英国法官对忠诚义务的来源进行分析后认为,自然出生的臣民对君主和王国政府具有天然的忠诚义务。天然的忠诚义务来自这名臣民作为英国社会的一名成员与作为社会元首的君主之间的关系,在这种关系中,臣民拥有一种非由于本人过错而不可剥夺的天然权利。天然的忠诚义务就是与这种权利相伴而生、紧密联系的。因此,所有英国国民、英国附属领地的公民、英国的海外侨民,都可以构成叛国罪主体。同时,由于这种忠诚义务不以当事人所处的时间、地点为转移,因此,这些具有天然忠诚义务的人,就不得以其在敌对军队中担任职务为由作为自己不构成叛国罪的抗辩理由。

根据英国法律,住在英国的外国人也对英国君主拥有忠诚义务。因此,住在英国的外国人、或者曾经在英国居住过,虽然已经离开英国,但仍然持有英国护照的外国人,也可以成为叛国罪的主体(曾经在英国居住过、但在英国留有家人和财产的,是英国的臣民)。例如,在乔伊斯 Joyce v. D. P. P. 一案①中,被告人是在美国出生的美国人,后来长期居住在英国并且申领了英国护照。1939 年在护照有效期间,他离开英国到德国去从事反对英国的广播。由于他故意用装腔作势的音调进行播音,千千万万的英国人对他的声音非常熟悉,被人们称为"哈哈勋爵"之音。虽然没有证据表明,他离开英国之后仍然在使用英国护照,但是,英国初审法院和上议院多数法官仍然认为,既然当事人持有能为其提供英国政府保护的护照,就相应地应该承担起对英国政府的忠诚义务。最终,被告人被认定犯有叛国罪并且被处以绞刑。这个案例争议的焦点是,该案被告人和其他任何持有英国护照的人,都不享有要求英国政府提供保护的法定权利,而且事实上,他们也没有接受英国政府保护的意识和意图。

叛国罪是英国刑法中最严重的犯罪,法定最高刑一直是死刑,直到 1998 年《犯罪和骚乱法令》(Crime and Disorder Act 1998)才将刑罚改为无期徒刑。被判处叛国罪的人,不得再加入陆海空军、不得担任任何政府职务及其他公职,不得选举、被选举为或担任国会上下两院的议员,不得行使任何投票权,不得再领取原本有权领取的由公共财政支付的养老金或其他津贴。1967 年《刑事法令》规定,对叛国罪的审理适用与审理谋杀罪相同的程序。1848 年《刑事法令》规定,重叛国罪的刑罚为"在监狱中度过其自然生命的全部",1842 年《刑事法令》规定,"企图伤害或惊吓君主罪"的刑期为 7 年监禁。

---

① (1946) A. C. 347.

在英国历史上也有滥用叛国罪,以镇压政治对手的黑暗时期。例如,沃尔特·雷利夫案,被告人沃尔特曾经是英国女王伊丽莎白一世的宠臣。女王去世以后,他强烈反对詹姆斯·斯图亚特继位,将他看做一个苏格兰的好事者。有人向国王告密,说他主张将政府掌握在自己手中,建立一个联邦,不要臣服于一个贫穷的国家(苏格兰)。詹姆斯继位以后,指控他犯有叛国罪,理由是1603年6月9日,沃尔特和科巴姆勋爵商议,要推阿拉贝拉为国王,赶走现在的国王,并勾结西班牙国王和奥地利大公,企图获得他们的支持。整个案件除了科巴姆的供词以外,没有任何其他的证据,而且科巴姆以后也推翻了以前的供词。审判中,被告人几次要求科巴姆亲自到法庭作证,以便当面对质,都被拒绝了。法庭以叛国罪判处其死刑,隔了15年以后(1618)这个死刑判决才被执行。

这个案子中的所有证据都是可疑的,或者说就是一些道听途说、谣言和推测。其中大多数证据都出自于一个自己招供的同案犯科巴姆,这些证据都未经证实,被告人要求对质的权利也被剥夺。人们认为,在这个案件中,英国的法律受到了前所未有的轻视和伤害。50年以后,在英国当时的著名法官马修·黑尔爵士的影响下,法律才得到改变,即所有的供词都必须经证明是由被告人自愿作出的,否则不予承认。1972年又进行了补充和修改,明确规定如果是按以下手段获得的证据,都不予以承认:(1)向作供的人施加压力;(2)由于某种情况,证人当时提供的证词是不可靠的;(3)非法手段获得的证据。例如,警察非法逼供,从中获得有价值的证据。这样,才可以有效地保护被告人的诉讼权利。自第二次世界大战以后,英国法院基本没有审理过叛国罪的案件,几乎没有人因所谓的叛国行为而被定罪,但间谍罪除外。

二、泄露官方机密罪

泄露官方机密罪,是指出于任何目的泄露官方机密,危害国家安全或利益的犯罪。泄露官方机密罪,是危害国家安全罪的重要组成部分,它的主要表现形式由三种,即间谍罪、错误传递信息罪和窝藏间谍罪。

1. 间谍罪。这个罪在1911年《官方机密法令》中是重罪,是指以危害国家安全或利益为目的,实施下列行为之一的犯罪:一是接近、观察、经过、在其近旁停留或进入法律禁止进入的区域;二是制定任何直接或间接对敌人有用或可能有用的计划、草图、模型、笔记等;三是获取、搜集、记录、发布或向他人传递任何官方密码文字、密码、直接或间接对敌人有用或可能有用的计划、草图、模型、笔记或其他文件、信息等。1920年《官方机密法令》还补充规定,在禁区或在其附近干扰警察或英王部队活动的,也属于泄露官方机密的行为。

所谓禁区,是指防御工事、武器库、码头和其他被国王或以国王名义占用的地方和任何其他被宣布为禁区的地方。在英国,对禁区的保护非常严格。在

Chandler v. D. P. P.①一案中,几名被告人试图进入一个运行中的机场(属于法律所规定的"禁地")设置障碍,以阻碍飞机在数小时之内的起飞和降落。他们的目的是抗议核武器,并将核战争的相关情况向公众披露。初审法院认为几名被告人违反了1920年《官方机密法令》的规定。被告人提出上诉,理由是不具有危害国家安全的目的。但英国上议院维持了初审法院的有罪判决,理由如下:第一,这部法令的规定不仅适用于间谍犯罪,也适用于阴谋破坏的犯罪;第二,只要陪审团确认被告人进入机场的直接目的是破坏机场的正常运作,陪审团就应该对被告人是否危害了国家安全和利益作出判断,而不必考虑被告人的长远目的和最终动机是什么;第三,被告人不得援引拥有核武器是否不利于国家安全和利益的证据进行抗辩,因为武器装备的控制处置是不属于司法管辖的国家事务。另外,在 R. v. M. 一案②中,被告人因为向敌人传送情报而被定罪。英国法院认为,传送的情报是真是假并不重要,只要被告人的目的是通知敌人,就足以构成犯罪了。

2. 错误传递信息罪。这是指任何人,由于女王的委任、授权,或因其担任或曾经担任的职务而掌握有法律规定的相关政府秘密,而实施下列行为的:一是将这些信息传递给自己无权传递的人;二是为了外国利益使用这些信息,或者以不利于本国安全和利益的方式使用这些信息;三是在自己无权保留这些信息时继续保留这些信息,或者拒绝执行有关交回或处理这些信息的命令;四是由于未尽适当注意的义务,或者由于自己的行为而置这些信息于危险之中。错误传递信息罪是一种轻罪,在追诉中,控方应当承担有关的信息传递行为是未经授权的证明责任。

3. 窝藏间谍罪。这个罪是指明知或者有充分理由相信他人是实施或将要实施本法规定的犯罪的人员而予以窝藏的,或者允许其在自己占有或控制下的任何场所聚会或者会面的,或者在实施上述行为后故意拒绝或不向警察主管人员报告受其窝藏人的相关信息的,都构成窝藏间谍罪。

根据经过宣誓的证人证言,如果治安法官认为有充分依据怀疑一个人已经或者将要实施窝藏间谍的犯罪,就可以签发搜查令,授权警察在任何时候进入(在必要时可以使用强力)相关场所,对该场所及其中人员实施搜查,并且可以扣押相关的草图、计划、模型、文章、笔记、文件及其他可以作为指控犯罪的证据物品。如果警察主管人员认为情势急迫,有必要为了保障国家利益而采取行动时,警察主管人员也可以用手写的命令授权警察实施相关的搜查行为。在这种情况下,手写的命令与正式签发的令状具有同等效力。

① (1964) A. C. 763 HL..
② 11 Cr. App. R. 207 CCA.

英国的《官方机密法令》,不仅适用于在英国境内发生的行为,而且也适用于英国官员或英国国民在英国境外实施的行为。违反该法的行为如果发生在英国境外,犯罪的发生地和英国的法院都可以对案件行使管辖权。

英国作为欧盟的一个成员国,也受到欧盟法律的影响。英国颁布的1972年《欧洲共同体法令》(European Communities Act 1972)第11条规定:欧洲原子能共同机构或委员会的成员,在上述机构中担任职务的人员和公务员,因其他便利条件而获取、知晓保密信息的人员,在明知或应该知道该信息为保密信息的情况下,将这些信息传递给未经授权知悉该信息的第三方或者向公众披露的,构成轻罪。在英国,不论这个人是不是英国国民,也不论这个行为是不是在英国国内发生,这个人是不是担任了有关职务,都可能因为违反上述法律而构成犯罪。1972年《欧洲共同体法令》被视为英国1911年《官方机密法令》的一部分。因此,欧盟法中关于成员国共同安全的条款和规定,也是英国危害国家安全罪法规的重要组成部分(注:2016年经全民公决,英国宣布脱欧,但脱欧程序尚未启动,脱欧后的法律会有相应变化)。

第二节 其他危害国家安全的犯罪

英国危害国家安全罪包括的范围非常广泛,除了上述几个罪以外,至少还有下列几个比较严重的罪。

一、违反1870年《海外征兵法》的犯罪

"违反1870年《海外征兵法》的犯罪"适用于女王管辖下的全部领土及领土所邻接的领海。这一类犯罪主要包括以下三种犯罪行为:

第一,加入外国军队罪。英国国民,未经女王特许,在英国国内或国外接受或同意在外国军队中担任职务,或者唆使、引诱他人接受或同意在外国军队中担任职务的,如果这个外国与英国有友好关系的另一个外国处于战争状态的,就违反本法而构成犯罪,可以处以罚金、监禁,或者并处罚金和监禁。

第二,以到国外服役为目的离开女王所辖领土罪。英国国民,未经女王特许,以在任何外国军队中担任职务为目的,离开女王所辖领土或以离开女王所辖领土为目的,登上任何船只,或者唆使、引诱他人以上述目的离开女王所辖领土或登上任何船只,就违反本法而构成犯罪,可以处以罚金、监禁,或者并处罚金和监禁。

第三,欺骗他人登船离境罪。任何人以唆使、引诱他人接受或同意在外国军队中担任职务为目的,通过虚假陈述使其离开女王所辖领土或以离开为目的登船,如果这个外国与英国有友好关系的另一个外国处于战争状态的,就违反本

法而构成犯罪,可以处以罚金、监禁,或者并处罚金和监禁。

二、煽动罪

在英国法中,煽动行为明显地与"在国王的领土内发动反对国王的战争"这种叛国罪紧密联系,并且可以认为是实施这种犯罪的准备行为。虽然在英国的制定法中并不存在一般的煽动罪,但是,以煽动的故意使用口头或者书面形式发表言论的,构成普通法上的轻罪。同时,同意实施行为来推进煽动故意的,构成共谋。① 虽然是普通法规定的罪行,但是这一类犯罪仍然有其制定法依据,规定煽动罪的法规至少包括在 1819 年《刑事诽谤法令》(Criminal Libel Act 1819)、1792 年《福克斯诽谤法令》(Fox Libel Act 1792)和 1843 年《诽谤法令》等法律当中。

对于煽动是否有罪,英国存在两种对立的思想。一种认为统治者高于臣民,臣民不应公开对其加以指责。即使统治者真有错误,臣民也应当以尊敬的方式指出其错误,并不得有损其权威,否则即为罪;另外一种针锋相对的思想认为统治者是公仆、是服务者,而臣民才是聪明良善的主人,他们只是把权力授予统治者而已,他们可以寻找并指出统治者的过错,甚至更换统治者。在这类煽动性犯罪中,涉及对煽动故意的理解。根据詹姆斯·史蒂芬的定义,所谓煽动性故意,是指故意引起对女王及其继承人的人身、依法建立的英国政府、英国议会上下两院、英国司法行政体系的仇恨、藐视或不满,激起英国国民以非法手段改变依法建立的宗教或国家事务,引起英国国民之间的不同意和不满意,或者鼓励英国国民的不同阶层之间的恶意和敌意。但是,意图展示女王陛下在所采取的措施中错误的领导或者错误,以实施改革为目的指出依法建立的政府的错误和瑕疵,激起女王陛下的臣民以合法手段改变依法建立的宗教和国家事务,为了改革的目的指出产生或者倾向于产生女王陛下的臣民的不同阶层之间的仇恨情绪和恶意的,不是煽动的故意。②

关于煽动故意在具体案件中的含义,在英国司法实践中仍然存在争论。例如一种观点认为,如果被告人的行为和语言导致了法律禁止的一种或多种煽动效果,就可以推定被告人具有煽动故意。反对的观点则认为,行为或语言的自然倾向只能作为行为人意图的证据。很显然,后一种观点是希望将所谓的煽动行为限制在较小的范围之内,以免侵犯公民的言论自由和新闻自由的权利。史蒂

---

① J. C. Smith & Brian Hogan, *Criminal Law 6th Edition*, English Language Book Society/Butterworths, 1988, p. 833.
② James Fitzames Stephen, *Digest of the Criminal Law*, 9th ed, 1950, London Macmillan, Art. 114.

芬的定义在许多判例中的到运用,例如,R. v. Fassell①,R. v. O'Brien② 等。

英国的法官认为,引起社会秩序混乱和暴力倾向也构成一种煽动。在 R. v. Caunt(1947)一案中,Birkett 法官就指出,煽动的潜在含义总是包括了公共秩序的混乱、骚动、反叛以及其他类似情况。当然,在决定一个行为和一种语言是否具有煽动倾向时,应当考虑包括被煽动者的性质在内的各种因素。值得注意的是,在语言构成煽动时,法院并不接受被告人关于自己语言陈述的内容的确是事实的抗辩,也不接受行为目的是出于公共利益的抗辩。③

事实上,随着社会的发展和公众对于政治批评的态度的转变,以诽谤和煽动行为定罪的案件越来越少了,大概仅仅局限于两种情况,一种是针对个人的不实的诋毁,另外一种是针对个人或公共事务的不光彩的行为。④

三、激起哗变和不满罪

根据 1797 年《煽动哗变法令》的规定,任何人恶意地和建议性地试图引诱在女王陛下的军队中服役的人员脱离其岗位和对女王陛下的忠诚,或者激起上述人员的哗变行为,就构成犯罪,可以判处终身监禁。但是,由于本罪受过审判之人,不得因同一事实再以叛国罪或包庇叛国罪受到审判。⑤

根据 1964 年《警察法令》的规定,在警察部队中引致、试图引致或其行为被认定为将引致警察队伍中部分成员的不满,诱使、试图诱使或其行为被认定为将诱使警察人员脱离职守或违反纪律的,都构成犯罪,可以判处 2 年以下监禁或者罚金,也可以两者并罚。在简易程序下,处以 6 个月以下监禁或者 2000 英镑的罚金。

根据 1919 年《外国人限制法令》的规定,外国人试图或其行为被认为将会或可能会在女王陛下或女王陛下的友好盟友的部队中或平民中引发不满的,构成犯罪。可以处 10 年以下监禁;在简易程序的情形下不应超过 3 个月监禁。如果外国人引起或试图引起一个工业领域内的动荡,同时,在此之前至少两年内,这名外国人并不是真诚地涉足于这个工业领域的,也构成犯罪。但是,在简易程序下,应当判处 3 个月以下的监禁。

---

① (1848) 6 St Tr. (N. S.) 723.
② (1848) 6 St Tr. (N. S.) 571.
③ R. v. Duffy(1846) 2 Cox 45.
④ James Fitzjames Stephen, *A History of the Criminal Law of England Volume II*, Routledge/Thoemmes Press, 1883, p. 301.
⑤ J. C. Smith & Brian Hogan, *Criminal Law*, *6th Edition*, English Language Book Society/Butterworths, 1988, pp. 837—838. 2011 第 13 版删除了有关内容。

四、非法军事训练罪

根据 1819 年《非法军事训练法令》的规定,未获得女王陛下、国务大臣及其委任的其他人的合法许可,禁止进行任何以军事训练为目的的聚会,以避免和平及女王陛下的臣民和政府的安全受到危害。任何以训练他人使用武器或进行军事活动为目的,出现在或者参加类似的聚会和集会现场的人,以及为这类人提供帮助或支持的人,都构成犯罪。可以处以 7 年以下监禁;被培训人和以接受培训为目的出现在现场的人,可以被处以 2 年以下监禁或罚金。这里所说的"外国人",不包括 1987 年《英国国籍法令》规定的"受英国保护的人"。

第三节 美国刑法中的危害国家安全罪和叛国罪

一、美国危害国家安全犯罪的概念

美国和英国一样,都是普通法系国家。由于历史和现实的原因,美国虽然各州都有综合性的刑法典,但却没有制定出一部完整的联邦刑法典。在美国的法律文件和一些法律词典中,都没有对危害国家安全罪作出明确的规定和解释。

在规定美国联邦犯罪的《美国法典》(United States Code)第 18 编"刑法与刑事诉讼法"中,也没有完整和直接的"危害国家安全罪"。在美国联邦法律中,除了美国宪法规定叛国罪(treason)之外,只有《美国法典》第 18 编 第 115 章规定了"叛国罪"、煽动罪以及颠覆行为罪(treason、sedition and subversive activities)。其中,除了叛国罪之外,还规定了包庇叛国罪(misprision of treason)、造反或叛乱罪(rebellion or insurrection)、煽动共谋罪(seditious conspiracy)、鼓吹颠覆政府罪(advocating overthrow of Government)、一般妨碍武装力量行动罪(activities affecting armed forces generally)、战时妨碍武装力量行动中(activities affecting armed forces during war)、招募人员反对美国罪(recruiting for service against United States)、应募反对美国罪(enlistment to serve against United States)。①

这些罪名当然不是美国危害国家安全犯罪的全部。在"美国联邦量刑委员会"(United States Sentencing Commission)制定的美国《量刑指南》(Federal Sentencing Guidelines Manuals)中,在第 2 章 M 部分项下,无论是原来的"关于国防的犯罪",还是修改后的"关于国防和大规模杀伤性武器的犯罪",都涉及了

---

① See US Code, Title 18, Chapter 115, https://www.law.cornell.edu/uscode/text, 2017-05-18.

一些《美国法典》第 18 编第 115 章中没有包含的犯罪。① 在 2008 年颁布的美国《量刑指南》第 2 章 M 部分"关于国防和大规模杀伤性武器的犯罪"项下,包含的犯罪有"叛国罪","破坏罪"(sabotage)(包括毁坏或者生产有缺陷的战争或者国防物质、建筑或者装备),"间谍罪和相关罪行"(espionage and related offenses)(包括收集或者传递国防情报以帮助外国政府,收集国防情报,传递国防情报,泄露密码信息,政府雇员未经许可向外国政府或者共产党组织泄露机密情报,未经许可接受机密情报,遗失国防情报,擅自修改涉及原子能的机密数据,泄露可以识别隐蔽人员的信息),"逃避服兵役罪"(evasion of military service)(包括未登记注册和逃避服兵役),"办理禁止性金融业务和出口,提供物质供应给已经指明的外国恐怖组织罪"(prohibited financial transactions and exports, and providing material support to designated foreign terrorist orgnizations)(包括逃避进口管制、与支持国际恐怖主义的国家办理金融业务,没有必要的合法出口许可证出口武器、弹药、军事装备或者提供军事服务,向已经指明的外国恐怖主义组织或者特别指明的全球性恐怖主义分子提供物资支持或资源,或者出于恐怖主义目的提供这种支持),"涉及核武器、生物武器和化学武器和材料以及其他具有大规模杀伤性功能的武器罪"(nuclear, biological, and chemical weapons and materials, and other weapons of mass destruction)(包括涉及核材料、武器或者设备,涉及生物的制剂、毒素或者交付系统,涉及化学武器或者其他大规模杀伤武器的非法活动,包括未遂或者共谋;违反其他联邦原子能署颁布的法令、规章和规定的行为)。其中,"间谍罪"不仅规定在《美国法典》第 18 编"刑法与刑事诉讼法"第 37 章"间谍与新闻审查"(espionage and censorship)之中,而且还涉及第 42 编"公共健康与福利"(the public health and welfare)第 23 章"原子能的发展与控制"(development and control of atomic energy)中的"传送限制性数据罪"(communication of restricted data)和"接受限制性数据罪"(receipt of restricted data);"恐怖主义犯罪"不仅规定在《美国法典》第 18 编第 113B 章"恐怖主义"之中,而且还规定在第 50 编"战争与国防"(war and national defense)第 41 章"国家核安全管理"(national nuclear security administration)之中;大规模杀伤性武器的犯罪在《美国法典》第 18 编第 10 章"生物武器"、第 39 章"爆炸物和其他危险物品"也有规定。

总之,美国的危害国家安全罪,是一个以叛国罪为基本内涵,外延较为宽泛的犯罪群,在认定犯罪时,必须根据具体定义的目的和需要作出判断。

---

① See 2008 Federal Sentencing Guidelines Manual, http://www.usse.gov/2008guid/tabcon08-1.html 2017-05-18.

二、美国叛国罪的法律根据和特征

美国叛国罪的法律根据非常特殊,是在美国宪法这一基本法中规定的,叛国罪是唯一在美国宪法中加以规定的犯罪。

美国《宪法》第3条第3款规定:"对合众国的叛国罪只限于对合众国发动战争,或依附其敌人,给予敌人以帮助和鼓励。无论何人,除非根据两名证人对同一公然行为的作证或本人在公开法庭上的供认,不得被认定为叛国罪。国会有权宣告对叛国罪的惩罚,但因叛国罪而被剥夺公权,不得造成血统玷污,除非在被剥夺者在世期间,否则不得没收其财产。"

根据美国《宪法》的规定,美国叛国罪的行为类型与英国叛国罪的行为类型不同,没有把对国家元首个人的杀害或伤害视为叛国行为。美国叛国罪的行为类型有两种:

第一,是对美国发动战争。这种战争包括在国内发动和在国外发动,不论规模大小,不一定要正式宣战,甚至不一定要战斗,但是攻击美国的意图必须得到证明。因此,占领一个要塞使其脱离应当忠于的政府的控制,即使未遇到抵抗,也是战争。为了实现武力叛乱的计划而纠集人员的,也是发动战争。但是,为了反对政府而计划征募人员,还没有实际纠集人员的,就不是发动战争,而是共谋发动战争。

第二,依附敌人,给予敌人帮助与慰问。任何一个应当忠于美国的人,以不忠的目的,给敌人以援助的,例如给敌人提供情报、卖给敌人运载工具,出售关键性物资供敌人制造军火,给敌人提供犯人和逃兵等等,都构成叛国罪。[①]

《美国法典》第18编也规定了叛国罪,使其成为一种联邦犯罪,而在各个州的宪法和法律中,也有叛国罪的规定,这就使得美国的叛国罪有三种情况,一是违反美国宪法和联邦法律的背叛合众国的犯罪;二是违反美国联邦法律和州法律的犯罪,不仅背叛了合众国,也背叛了州;三是违反了州法律,背叛了州的犯罪。[②]

美国《宪法》没有规定具体的处罚措施。《美国法典》第18编第115章第2381节规定,犯叛国罪,判处死刑,或者5年以上监禁,并处1万美元以上罚金。犯叛国罪的人,不得担任任何公职。美国《量刑指南》中规定,如果犯罪行为是对美国发动战争的,应当适用最高的第43量刑等级,即判处终身监禁以上刑罚;其他情况下,适用于最相类似犯罪的量刑等级。[③]

[①] 参见储槐植、江溯:《美国刑法》(第四版),北京大学出版社2012年版,第225页。
[②] 同上注,第225页。
[③] 〔美〕美国量刑委员会:《美国量刑指南》,王世洲等译,北京大学出版社1995年版,第233页。

美国《宪法》没有明确禁止对犯有叛国罪的人剥夺公权,这是值得关注的问题。所谓剥夺公权,是指对罪犯判处死刑以后的法律效果,一旦被剥夺公权,被告人就无权在法庭上充当证人、不能起诉、不能发挥法律上的任何作用,也就是在法律上被认为已经死亡。① 但是,美国《宪法》又强调,对叛国罪剥夺公权的人不能造成血统玷污。血统玷污是一种英国传统的做法,叛国者无权继承也无权让其家人和后代继承其财产②,这无异于法律上的株连。由于叛国罪是一种重罪,并且被滥用过,美国《宪法》在证据问题上有严格要求,即必须有两名证人对同一公然行为的证词或者本人在公开法庭上的供认,否则就不能认定为叛国罪。

叛国罪的法律特征是:犯罪主体必须是美国公民或者受到美国法律保护的人;犯罪主观方面,行为人必须具有背叛美国国家的故意。

犯罪的客观方面,行为人企图以公然行为发动对美国的战争,或者依附敌人、为敌人提供援助或慰问。

三、美国叛国罪的法律发展

美国的叛国罪经历了一个长期的发展过程。虽然美国和英国同属普通法国家,都讲究遵循先例的原则,但在叛国罪的法律中,两国的规定还是有很大不同的,特别是在成文法律方面,美国的法律规定的更为详细和具体,制定法的特征比较明显。当然,美国的判例法在这一过程中也得到了发展。

1. 叛国罪在制定法方面的发展

美国叛国罪在制定法中的发展,经历了殖民地时期、独立时期和制宪会议时期的几个重要的发展阶段。

(1) 殖民地时期的叛国罪

美国曾经是英国的殖民地。在殖民地时期,最初的法律遵循和沿用了英国的法律传统,尤其是普通法的传统。但是,由于起源方式、殖民动机以及殖民者的社会背景等方面的不同,各殖民地的立法权含有相当成分的自治权,叛国罪的立法也是如此。

作为一个整体,大多数殖民地的叛国罪立法都使用了英王爱德华三世第25部法令的用语。但是,早期殖民地在镇压叛国罪时,都或长或短的经历了一个戒严的过程。在戒严时期,执法者是根据英国皇家颁发的"殖民特许证"或者对殖民总督发布的指令,对叛国行为进行镇压的。

在最初的殖民地法律中,叛国罪作为一种法定犯罪,通常是被十分概括地规

---

① Bryan A. Garner (Editor in Chief), *Black's Law Dictionary*, 8th Edition, Thomson/West, 1999, p.137.
② Ibid., p.371.

定的,从而给检察官的起诉以及法官的判决留下了创造性的空间。在美国北部的殖民地,皇家颁布的特许证、所有权让渡书和对皇室总督的指令,没有使用传统的语言,而是仅仅允许使用戒严法来镇压"造反""煽动",或者"叛变"。例如,1665年的"北卡罗来纳特许状"尽管异乎寻常的明确,但也像其他特许状一样,在授权对任何叛变者或者煽动者实施戒严法时,也没有使用传统的语言,而是仅仅指出法律适用的对象是:拒绝服从政府、拒绝在战争中服役、投向敌人、变节或者抛弃自己的旗帜、游手好闲、流浪,或者其他违反法律、习惯或军事纪律的行为。

最早试图借鉴爱德华三世法令的是马里兰州的"叛国罪法案",该法案规定以下罪行是叛国罪:图谋或共谋杀死国王、王后或他的儿子、继承人;发动反对国王的战争、伪造国王的国玺或御玺、伪造货币;依附任何外国的国王或国家;在任何反对国王的行动或努力中,公开成为国王的敌人等。这部法律明显借鉴了英国的法律和概念,影响了马萨诸塞州、康涅狄格州、纽约州、新罕布什尔州、特拉华州、北卡罗来纳州、南卡罗来纳州、罗德岛州、宾夕法尼亚州和弗吉尼亚州的刑事立法。①

尽管一些州吸收了英国法中关于叛国罪的概念和定义,但并不是很详细和完整。殖民地早期的一些司法实践、地方性的政策和经验,对于叛国罪的立法起到了很大的作用,这与殖民地发展的总体历史相一致。例如,这个时期的殖民地叛国罪的立法特别强调的是州或政府的安全,对个人自由的保护只处于从属地位。在当时的美国,这样规定并不奇怪,因为美国的殖民者处于相对遥远和易受攻击的定居位置,有必要警觉敌国和印第安部落的靠近,自然会优先考虑积极防御外部的敌人。在叛国罪法律中包含的反对国内动乱的规定,也主要有利于官员以及拥有土地的阶层或者富裕的商人阶层,他们在殖民地的政治事务中占据着统治地位。

早期殖民地对叛国罪的处罚是十分严厉的,男性会被处以绞刑和分尸,女性会被处以火刑,罪犯的血统将会被玷污,所有的土地、房屋、物品以及贵族身份都被取消或没收。② 由于英国法的影响,这一时期的立法在证据规则方面,已经表现出对个人保护的关注。某些早期的法令要求死罪的证明至少需要两名证人。从17世纪后期开始,大多数殖民地立法明确规定,参考"英国威廉三世第7部法令"所规定的叛国罪的审判中,要求有两名证人和提供程序上的保障。但是,没

---

① James Willard Hurst, *The Law of Treason in the United States:Collected Essays*, Greenwood Publishing Corporation, Westport, Connecticut 1971, p. 71.

② Bacon, *Laws of Maryland at Large*(1637—1763)(1765), quote from James Willard Hurst, *The Law of Treason in the United States:Collected Essays*, Greenwood Publishing Corporation, Westport, Connecticut 1971, p. 70.

有特别说明要证明公然行为。①

（2）独立战争时期的叛国罪

美国的独立战争没有中断借鉴英国法认定叛国罪的连续性，在一些法律当中，仍然沿用了英国法的一些用语。例如，所有居住在各州、受到各州法律保护的人们负有对该州效忠的义务；所有经过、拜访或短暂停留于各州的人们，都有权在经过、拜访或短暂停留期间受到法律的保护，同时，负有对该法律忠诚的义务；各州的所有成员或对各州负有效忠义务的人们，在各州内发动反对各州的战争、依附大不列颠的国王或其他敌人并给予他们帮助与安慰，都犯有反对该州的叛国罪。②

在这个时期，一些人已经开始怀疑英国滥用叛国罪，对反对者进行审判的现象，希望对此采取更加谨慎的政策。例如，杰弗逊就主张限制叛国罪的范围，辩护律师詹姆斯·威尔逊在"费城叛国罪"一案中，也持相同的立场。在这一时期，与敌人进行接触的性质是引起众多关注的一个议题。传送情报或持有"泄露州或美国的秘密给任何外国敌对势力的"信件，在构成犯罪时，是否需要明确特定的背叛意图？③ 有些法律要求主观上的背叛故意，其他一些法律则不要求背叛的意图，仅仅根据未经许可地主动与敌人接触这一事实，就可以构成犯罪。当时的马里兰州规定，本州任何国民或居民，未经州长或美国军队总务委员会特定人员的许可，写信或传递任何信件、发送或传递任何消息给那些为英国服务、反对美国的任何人，或者从他们手中有意地接受或带来任何信件或消息，在可能与方便时没有及时将之递交或传达给本州的总督或治安官的，构成犯罪。马萨诸塞州的法律规定，本州任何居民，自愿从本州或合众国的任何州出发，前往敌人控制下的美洲大陆的任何营地或地区，如果没有事先获得本州立法机关或者在议会闭会期间没有获得最高行政长官的许可，那么，如果事后没有获得立法机关的许可的，就不许重新返回本州，并没收他所有的财产归联邦所有。在战争期间，与敌人的任何交往都是较为敏感的，因此，为保护刚刚建立的不稳定的政权，一些州的法律不要求具有特定的背叛意图。

（3）制宪会议时期的叛国罪

一个新政府产生时，通常都强调对新生政权的保护。但是，由于当时的美国受到自由主义思想的影响，却特别强调对新生政权权力的限制，而不是无限制地

---

① Bacon, *Laws of Maryland at Large* (1637—1763) (1765), quote from James Willard Hurst, *The Law of Treason in the United States: Collected Essays*, Greenwood Publishing Corporation, Westport, Connecticut 1971, p. 75.

② Journals of the Continental Congress 5, 475 (1906).

③ The Acts of Connecticut, Maryland, North Carolina, Pennsylvania (1777), South Carolina and Vermont, quote from James Willard Hurst, op. cit., pp. 90—92.

强调对新生政权的保护,以免滥用叛国罪的罪名。1786年通过的《联邦条例》,授予国会界定和处罚叛国罪单独的、排他的权力。① 在美国制宪时期,对叛国罪立法起到推动作用的事情,是发生在1786年秋天的谢思(Shays)起义。当时,由于反对马萨诸塞州的税收政策,该州的1000多名退伍军人,在谢思的带领下,武装冲击了法院和军火库,以抗议他们面临破产的困境。这个案件使当时的统治者认识到制度中存在的问题,并推动了叛国罪的立法。②

在制宪会议上,美国的宪法之父们,对叛国罪的条款进行了热烈的讨论。查尔斯·平克尼(Charles pinckney)和詹姆斯·威尔逊(James Wilson)都同意由国会"来宣布反对美国的叛国罪的成立"。汉密尔顿(Hamilton)主张由中央政府行使创设叛国罪的权力,提出行政部门只有经过参议院批准才可以赦免叛国罪。拉特里奇(Rutledge)提出对叛国罪的处罚进行限制,"禁止血统玷污,当事人的财产只能在其本人生存期间被没收"。伦道夫(Randolph)主张将叛国罪缩小到"宣告发动反对美国的战争或依附美国的敌人"。最后的法律草案是,"叛国罪应当仅仅存在于发动反对美国的或任意一州的战争之中,以及依附美国的或任意一州的敌人之中。美国的立法机关有权力宣告对叛国罪的处罚。未经两名证人的证明不能被认定为叛国罪。因叛国罪而被剥夺公权者,不得造成血统玷污,叛国者的财产亦只能在其本人生存期间被没收。"以后的会议又对叛国罪的问题进行了深入讨论,主要涉及以下问题:

第一,叛国罪的定义是宽一点还是窄一点? 麦迪逊(Madison)主张尽量少采用限制性用语,认为叛国罪的定义不能狭窄得还不如爱德华三世的规定,应该给议会更多的权力。有的人则主张增加一些限制性的用语,不能太宽泛,比如增加"帮助与安慰"一词,以便对"依附敌人"加以限制。最后产生了一个折中的草案:"如果在美国领土上发动反对美国的战争,或者在这块领土上依附于美国的敌人,在这块领土或者其他任何地方给予敌人帮助与安慰,因此能够被具有同样条件的人民运用证据剥夺公开的法律权利,那么,就应当被处以叛国罪。"

第二,"依附敌人"是否属于叛国罪? 依附敌人毫无疑问构成叛国罪,问题在于如何认定依附敌人的行为。有人主张增加"帮助与安慰"一词,以扩大依附敌人的范围,同时也便于认定依附敌人的行为。有的人则认为,"帮助与安慰"一词含义不清楚,外延太广,建议删除这个词。约翰逊认为,通过解释,增加的词语会限制条款中的基本术语,"给予帮助与安慰"一词,是用来解释"依附"的。会议经

---

① Journals of the Continental Congress 31,(1943),Burnett,The Continental Congress(1941) 664.

② James Willard Hurst, *The Law of Treason in the United States:Collected Essays*, Greenwood Publishing Corporation,Westport,Connecticut 1971,p.126.

过讨论,同意增加"给予帮助与安慰"的措辞,来限制"依附敌人"的含义。①

第三,成立叛国罪是否需要公然行为和两名证人的证明？尽管草案起初没有这两点内容,但后来增加了"某种公然行为"的内容。因此,后来的草案就成为:"反对美国的叛国罪应当只存在于发动反对美国的战争的某种公然行为之中……"随后,又在两名证人作证的要件之后增加了"证明相同的公然行为"。富兰克林(Franklin)希望采纳这项修改,因为对叛国罪的指控一般来说是致命的,很容易利用伪造陷害无辜的人。威尔逊认为:"这是个两难问题。叛国罪在有些情况下获取罪证是相当困难的,例如,在与敌人叛变通信的情况下。"但是,作为这个条款的主要作者,他对叛国罪条款还是持肯定态度的,因为他相信,叛国罪条款的价值在于它本质上具有限制性的特征:"这是著名的孟德斯鸠的观点,如果叛国罪是不确定的,仅凭此就足以使得任何政府退化为专断的力量。"最后,这两点都获得了会议的支持。②

制宪会议的特定就是限制叛国罪的范围,防止政府利用手中的权力肆意加害自己的人民,这对于保障公民的个人自由是非常重要的。

2. 叛国罪在判例法中的发展

美国的叛国罪立法,不仅限制立法机关通过制定法律来扩大叛国罪的范围,而且也限制法官通过司法解释的方式来创制新的叛国罪罪名。美国叛国罪中的判例法,大致可以划分为两个阶段:

(1) 第二次世界大战以前的判例法

在第二次世界大战之前直至美国独立之前,叛国罪在司法实践中很少发生。在殖民地时期虽然曾经有过叛国罪的案例,但是相关的记录很少,对美国叛国罪后来的发展影响甚微。第一起案件是根据美国《宪法》起诉的艾伦·伯尔(Aaron Burr)领导的共谋罪。③

伯尔是1801—1804年托马斯·杰弗逊(Thomas Jefferson)政府中的副总统,因为与总统意见不合,下台以后于1806年在肯塔基州的列克星敦成立了一个总部,招募人员,意图夺取部分墨西哥或者美国新获得的领土路易斯安那,使它们与美国分离。伯尔和他的两名同伙,博尔曼(Bollman)和斯沃特伍特(Swartwout)被指控犯有叛国罪。

美国最高法院首席大法官约翰·马歇尔(John Marshall)认为,《宪法》中的叛国罪条款并不阻止国会把其他具有颠覆性质的犯罪归入叛国罪并处罚,只要

---

① James Willard Hurst, *The Law of Treason in the United States: Collected Essays*, Greenwood Publishing Corporation, Westport, Connecticut 1971, p.133.

② "Lectures on Law, delivered in the College of Philadelphia 1790 and 1791", quoted from James Willard Hurst, op. cit., p.134.

③ United States v. Burr, 4 Cr. (8 U. S.) 469(1870).

国会不是仅仅试图规避这个叛国罪条款的限制。① 这样,一个行为除了叛国罪以外,还可以成为其他的犯罪。马歇尔还指出:"共谋使用暴力推翻我国政府的犯罪可以是罪大恶极的,但是,这种共谋不是叛国罪。共谋发动战争和事实上发动了战争是截然不同的犯罪。首先,必须通过召集人们为了本身就是叛国的目的而进入公开的行动之中,否则,发动战争的事实就不能是已经实施了。迄今为止,一直执行的原则是……实际招募人员用于反对政府的行为并不等于发动战争,这一点一直是确定的。"最高法院撤销了叛国罪的起诉,同时指出:"叛国罪不应当通过解释(construction)扩展到可疑的案件当中。"

在伯尔一案中,检察官认为,非法招募武装人员,意图谋反,已经构成叛国罪。但是,由于伯尔行动秘密,难以按照宪法规定由两人作证定罪。辩护人认为,伯尔本人并未公开对美国作战,仅有意图不构成犯罪。马歇尔认为:"对美国作战必须是公然的行为,而不仅仅是一种阴谋;这种公然的行为是通过一群人以武力和暴力实施的,其目的是为了故意推翻、分裂美国联邦,废除美国宪法。"② 同时,他还进一步界定了在宪法性限制下证明叛国罪的各项要求,认为,伯尔并没有出现在集会现场,只有在根据两名证人说他已经劝说进行召集的证词的基础上,才能认定他对建议或者劝说发动战争有罪,但是,这个行动是公然的,而这方面证词并没有获得。除了个人参加实际的敌对行动之外,马歇尔的意见使得对美国发动战争的人定罪变得极其困难了。马歇尔坚持对叛国罪作严格解释,最终导致伯尔被宣告无罪。

伯尔一案促使美国参议院对叛国罪条款的讨论,虽然讨论的议案后来被拒绝③,但却加深了对叛国罪立法原意的理解,即防止以叛国罪的名义,对非暴力的政治对手进行镇压,任何宪法性机关都不能通过创造新的罪名来规避这种限制。

由于美国《宪法》对叛国罪及其审判程序进行了严格解释,美国最高法院又采取严格解释的态度,美国叛国罪的案件一直不是很多。在1947年以前,对叛国罪进行起诉的案件,都是在各州进行的,其中最著名的是对托马斯·威尔逊·多尔(1844)和约翰·布劳恩(1859)的审判,指控他们分别发动了反对罗德岛州和弗吉尼亚州的战争。④

在1861—1865年美国南北战争之后,曾经有过审判南方分离分子叛国罪的

---

① Ex parte Bollman, 4 Cr. (8 U. S.)75(1807).
② 马玉娥:《世界法律大事典》,法律出版社1993年版,第402页。
③ Annals of Congress, Tenth Congress, First Session, Debate on Treason and other crimes, 1808, Feb 11, 24, Mar 1;Annals 17:108—27, 135—49, 150—50.
④ Whaeton's State Trials of the United States(Pliladephia,1849), and Lawson's American State Trials(Volumes, 17 St. Louis, 1914—1926), trials of Thomas Dorr(1844) and of Jhon Brown(1859).

尝试。前南部同盟的总统杰弗逊·戴维斯（Jefferson Davis）在美国诉杰弗逊·戴维斯一案中受到了叛国罪的指控。但是，根据美国《宪法》第3条第2款第3项的规定：除弹劾案外，一切犯罪皆有陪审团审判，此种审判应在犯罪发生的州内举行；但如犯罪不发生在任何一州之内，审判应在国会以法律规定的一个或几个地点举行。如果审判应当在犯罪发生的州内进行，这就意味着应当在弗吉尼亚州审判他。但是，在弗吉尼亚州是不可能给他定罪的，这个案件最终被撤销。虽然美国政府认为，南部同盟各州的行为是发动战争，但是，当时的美国总统安德鲁·约翰逊还是在1868年12月15日发布了《大赦文告》(the Amnesty Proclamation)，赦免了参加南北战争的南部一方人员的责任。

叛国罪的故意是成立叛国罪的必备的特定要件。"要构成叛国罪，被告人不仅必需意图实施一定的行为，而且必需意图以这样的行为背叛自己的国家。"[①] 也就是说，叛国罪的故意是特定的故意。但是，面对实践中各种抗辩和挑战，美国法院主要在以下三类案件中提出了重要的限制性意见。

一类是被告人出于商业利益和同情心，为敌方或叛乱者提供给养的行为。这种抗辩如果成立，他就可以否认自己行为的自然后果是资敌。美国法院主要通过查明被告人是否明知与其打交道的是敌军或叛乱者，或者适用最基本的规则，主张只要被告人具有会产生法律所禁止的结果的特定意图就不必考虑其动机，以便排除这种抗辩。但是，问题依然存在。例如，一个人划船靠近敌人舰艇出售食品，虽然只是为了赚点小钱，也会被认为具有叛国的意图。[②] 但是，一个军工厂的工人在战时加入了罢工，只是为了涨点儿工资，虽然罢工的自然后果必然会导致国家急需的军火生产受阻，但是，法庭是不会认为被告人具有叛国故意的。这样，法庭在不同的案件中就会采取不同的立场，造成不公平的判决。

第二类是针对特定法规或者特定政府行为进行暴力抵制时，在什么样的情况下构成叛国罪的问题。18世纪中叶以前的英国判例认为，任何非私下场合的无秩序集会都有可能构成"推定的发动战争"。如果有理由认为，暴民的目标是依靠暴力抵制法规的实施或是寻求某些法案的废止，那么，叛国的罪名就更是板上钉钉了。美国法院在18世纪的司法实践中［主要是对1794年的威士忌暴动（the Whiiskey Rebellion）和1799年宾夕法尼亚州的抵制联邦财产税等案件的处理］，提出了一个重要的标准：暴力的使用必须是为了广泛的和公共的目的，仅仅为了抵制特定的税务官或抵制向个人征税而使用的暴力，不能理解为具有广泛和公共的性质，因此，不能认定这些行为具有叛国的性质。这个在美国形成的

[①] Gramer v. United States, 325 U.S. 1, 31(1945).
[②] United States v. Lee, 26 Fed. Cas. 907, No. 15, 584(C. C. D. C. 1814).

原则后来得到了遵守。① 在1808年的 United States v. Hoxie 一案中，被告人将原木编成木筏，顺流运往加拿大，并且对缉私部队进行武装抵抗的行为，虽然违反了禁运令，但只是为了寻求商业上的利益，缺乏必要的特定故意，因此不构成叛国罪。美国法院强调的是对两种行为的区分：一是未经预谋的、短暂的、未武装的、非组织的抵抗活动，通常都仅仅是为了使个人的待遇或处境变得更好一些；二是在国内较大范围内，纠集众多人力，在军官有组织的指挥下进行集结和部署，通常有公开宣称的目的，或是以武力胁迫政府官员辞职以篡夺一个区域内的执法权，或者以暴力胁迫方式要求废止一个具体的法规。这两种行为显然具有不同的性质。美国法官强调的是，叛国故意本质上是一种蓄意的、深思熟虑的、概括的、针对公共秩序而非私人或者特定客体的、事先形成的意图。② 这就将行政机构为了获得司法部门支持其导致民怨沸腾的公共政策的案件，排除出叛国罪的范围。美国联邦最高法院的这个认识，经受住了19世纪末期大规模骚乱事件的考验。在这些案件中，著名的有1877年铁路工人大罢工事件、导致"国际劳动节"设立的1886年干草市场骚乱（haymarket riot）事件，以及1894年的科克西失业请愿军（coxey's army）和普尔曼工人大罢工（pullman strike）事件。在这些事件中都没有使用叛国罪的起诉。特别是1892年，在Homestead暴动之后，几名工会领导人被指控对宾夕法尼亚州发动战争。但是，州法院的首席大法官对陪审团指示说，仅仅一伙因为冲动而纠合在一起的暴民，缺乏明确的目标，只为了图一时之快，虽然造成了人身伤害和财产损失，也不构成叛国罪。这典型地说明主观方面的要件起到了重要的限制作用。由于美国法官对叛国罪中特定故意的审慎态度和坚持，在美国历史上，即使是最骇人听闻的、公然实施的抗法行为，也不会被指控为叛国罪。以泛泛地使用"发动战争"这样的罪名进行叛国罪指控的年代已经过去了。自1787年以来，在"美国文摘系统"中收录的大约250件有关暴动或非法集会的犯罪案件当中，被认定超越了私人事务性质而具有公共性质的，恐怕还不到十件。然而，如果在1787年以前的司法语境中，它们其中的绝大多数案件恐怕都可以被认定为"发动战争"的叛国罪了。

还有一类是在"依附敌人"的叛国罪类型中。最著名的是United States v. Pryor 一案。③ 这个案件的大致情况是，英国海军封锁了特拉华州的海岸，被告人被英国军队逮捕。为了赎回本人及其同伴的人身自由，被告人同一名英军代理人打着中立旗帜上岸，为英军采购了给养。法庭在给陪审团的指示中指出：打

---

① United States v. Vigol, 28 Fed. Cas. 376, No. 16, 621(C. C. D. C. Pa. 1795), and Fries, 9 Fed. Cas. No. 5, 126, 840, 909, 912, Chase, C. J., in the second trial of Fries, 9 Fed. Cas. No. 5, 127, p. 930.
② 26 Fed. Cas. 397, No. 15, 407(C. C. D. Vt. 1808).
③ United States v. Pryor, 27 Fed. Cas. 628, No. 16, 096(C.C.D. Pa. 1814).

着中立旗帜上岸并不足以构成"公然行为",同时,公然行为虽然在一定程度上可以证明某种故意的存在,但是并不足以证明行为人具有进一步行动以实现该故意的想法。法庭还指出,"背叛"的特定故意如果存在,在一定程度上也会影响到对何种程度的行为构成了"公然行为"的判断。因为某些特定故意,比如叛国的特定故意就具有非常大的危险性,法律有足够的正当理由对那种特定故意的雏形采取预防手段。但是在本案中,由于被告人打着中立的旗帜,并没有试图从事任何敌对行动,因此也就没有任何理由相信被告人或者打算与其交易的当事人曾经考虑过从事敌对行动。因此,在这种具体情况下,本案中涉及的所有因素都止步于思想,而没有发展成行为,而叛国罪是不能处罚思想犯罪的。

当然,对于带着资敌故意为敌人提供军需物品的,绝对应该予以提前预防和打击。但是,这完全不同于本案的情况。如果被告人的故意就是为敌人获取军需,并且将该意图与其针对美国及美国公民的敌意行为结合为一体,那就必须承认,即使事实上没有发生敌对行为,被告人靠岸的举动也足以构成"依附敌人"的公然行为了。① 在"依附敌人"的案件中,被告人的动机可能不仅仅是资敌,而是多方面的,但是,动机如何都不能否定其主观罪过。在这类案件中,要认定被告人具有故意,必须证明他主观上知道交易人背后那个集体的目的,或者应该知道与其进行交易的人是敌人的代理人。②

同样道理,如果大批武装人员聚集在一起,任命军官,进行军事部署,共同准备进行抵制法律的实施,抗拒政府执法官员、意图在任何程度上剥夺宪法和法律的保护下其他公民享有的权利,这样的举动就构成了对州进行战争的叛国行为。③ 然而,也有许多人批评这种观点和做法,认为这样的指控散发着中世纪的陈腐气味,是一种食古不化的行为。因为如果一群饥寒交迫的工人,采用非法手段强迫雇主满足他们的要求,并没有实现政治上改天换地的故意,就因此被认定为叛国罪,那就真是滑天下之大稽了。④

(2) 第二次世界大战后的判例法

第二次世界大战期间和刚刚结束时,美国最高法院受理了几起叛国罪的案件,这几个案件对于美国叛国罪的发展产生了重要影响。

---

① United States v. Pryor, 27 Fed. Cas. 628, No. 16, 096(C. C. D. Pa. 1814) at 630, 631.

② See, e. g. United States v. Stephan, 50 F. Supp. 738, 740, n. 1, at 744, charge approved, 133 F. (2d) 87, 99(C. C. A. 64, 1943), United States v. Fricke, 259 Fed. 673, 676, 682(S. D. N. Y. 1919), Douglas, J., dissenting in Cramer v. United States, 325 U. S. 1, 49, n. 2(1945).

③ Paxson, C. J., in Commonwealth v. O'Donnel, 12 Pa Co 97, 104—105(Oyer & Tr, Allegheny Cty 1892).

④ Am. L. rev. 26, 912, 914(1892), cf. Alb L. Jour 46, 345, (1892). Am L. Reg. (N. S.)31, 691, 699, (1893). Grim L. Mag 15, 191, 197.

第一个案件是克拉姆诉美国(Gramer v. U. S.)。① 在这个案件中,被告人安托尼·克拉姆(Anthony Gramer)原本出生于德国,1936 年加入美国籍。他和 Thiel 是多年的好朋友,并且同情纳粹,公开反对美国参战。克拉姆知道 Thiel 于 1941 年回德国效力。1942 年 6 月,Thiel 和 7 名德国士兵携带炸药,乘潜艇登陆,准备破坏美国的制铝工业。克拉姆没有参与潜入行动,但他应一封密电的请求,与 Thiel 在一家公共餐厅内见面。第二天晚上,两人又在同一地点见面,这次还有潜伏小队的其他成员在场。美国的两名特工人员监视了这两次会面,但没有听到具体的谈话内容,也没有观察到克拉姆有其他的活动。虽然根据证据,克拉姆在第一次会面之后就有理由知道并且在事实上也已经知道 Thiel 是到美国来执行德国政府交予的任务。但是,克拉姆一直否认自己知道这是一项破坏任务,仅承认自己认为 Thiel 是来美国散布谣言和制造骚乱的。克拉姆承认给 Thiel 的未婚妻写过信,并为 Thiel 保存过 3600 美元,后来还扣除了 Thiel 欠他的 200 美元。

在克拉姆案件中,关键的问题是,"公然行为"是否必须是"公开明白的叛国罪"(openly manifest treason),或者,是否在适当证据的支持下,一个行为显示出必要的叛国故意就足够了。美国最高法院以 5∶4 的多数票支持了肯定的意见,认为,"两名证人原则"禁止通过间接证据(circumstantial evidence)或者通过一名单独证人的证言对被告人进行有罪的认定,即使这名单独证人就是被告人自己。"被指控构成叛国罪的被告人所做的每一个行为、每一种运动、每一项活动和所说的每一句话,都必须得到两名证人的支持"。

在克拉姆案件中,美国最高法院明确指出,行为这个要件在叛国罪中的设计,是特别为了控制两个危险情况的:一是利用叛国罪的指控来压制和平的政治反对者;二是在伪证或者情绪冲动的情况下对无辜的人定罪。美国最高法院的意见,在于坚持"依附敌人"的行为必须是一种成功给予(confer)敌人可见的好处(tangible benefit)的行为,即事实上已经给予敌人以帮助和安慰。在美国,人们注意到最高法院使用了"已经给予了"(gave)这个词,很明显,这意味着叛国罪不存在未遂的问题。在克拉姆案件中,被告人没有为对方提供任何有价值的情报或者其他什么东西,也没有提供任何建议或者给养,甚至没有为对方付账单,这就不能认定为叛国罪中的"公然行为"。

除了克拉姆案件以外,美国联邦最高法院 1947 年审理的霍特诉美国(haupt v. United States),联邦第一巡回上诉法院审理的钱德勒诉美国(Chandler v. United States)以及联邦最高法院审理的川喜多诉美国(Kawakita v. United

---

① Cramer v. United States, 325 U. S. 1(1945).

States)等三个案件①,对美国叛国罪的发展也具有重要影响。

在霍特案中,被告人霍特是德裔美国人。他的儿子于1946年潜入美国搞破坏活动。被告人利用自己的住所为其儿子提供了几天庇护,并陪他去拜访了战备物资工厂的负责人,以便使自己的儿子完成使命。此外,他还为儿子购买了一辆汽车,用以破坏活动。霍特被捕以后,他也供述自己知道儿子的破坏性使命。

钱德勒案中,被告人在第二次世界大战中,自愿为一家德国政府的公司提供服务,参加了该公司的一个战时宣传项目,并且领取工资。他参加公司的会议,还制作了用以敌方宣传的录音。

川喜多案中,被告人的父母是日本人,但他则是美国公民。然而,根据日本法律,由于其父母是日本人,他也同时拥有日本国籍。太平洋战争爆发时,被告人在日本学习。为了更新护照,他又在美国领事面前宣誓效忠美国。在日本居住期间,他被一家生产战略物资的工厂雇用为平民翻译,并对这个工厂内的美国战俘进行残酷的肉体折磨。审理过程中发现,实施这些酷刑是为了提高战俘的生产力,并且减少战俘逃跑的可能性。作为战俘的证人也证实,被告人对美国国家怀有敌意,具有帮助日本取得战争胜利的企图。

在这些案件中,被告人由于具有"依附敌人"的故意,实施了帮助美国的敌人的"公然行为",都被法院认定构成叛国罪。

在主观故意方面,这三个案件都提出了双重目的、忠诚动机以及双重效忠是否能构成美国叛国罪中的免责事由的问题。

被告人是否具有双重目的,是影响叛国罪能否成立的一个重要问题。也就是说,如果被告人的目的不是为了帮助敌国,而仅仅是为了帮助儿子,没有损害美国的目的,就不构成叛国罪。但是,在霍特案中,被告人显然具有双重的目的,法院认为,如果被告人打算帮助敌人,并且带着非法的故意实施了一系列行为,尽管他同时也是为了表现自己作为父亲对儿子的关心,但是,这种混合的(双重的)目的中包含了背叛的故意。也就是说,美国最高法院认为,作为父亲关心儿子的那些事实,并不当然消除这些事实所具有的给予敌人帮助和安慰的叛国目的。

忠诚动机也是叛国罪中的一个重要问题。在钱德勒案中,被告人认为,自己的确打算通过宣传节目来帮助德国取得战争的胜利,从而使美国输掉这场战争。但是,他深信战争的失败有利于美国的长远利益,因为那样会阻止犹太人和共产党统治世界的进程,所以他不具有叛国的故意。美国第一巡回上诉法院认为,这

---

① Haupt v. United States, 330 U. S. 631(1947); Kawakita v. United States 343 U. S. 717 (1952); Chandler v. United States, 171 F(2d) 921(C. C. A. 1st. 1948), cert. den., 336 U. S. 918 (1949),案件来源于 Lexis 数据库。

种主张是把动机作为目的的托辞,如果存在帮助敌人的直接目的,动机就是无关重要的问题。

至于双重效忠的性质,也是影响叛国罪成立与否的一个重要问题。拥有双重国籍的人都会暂时性的宣誓效忠所在国的普通的国内法,因为只有这样,他们才能够在外国得到相应的保护。考虑到谋生的需要以及战时经济控制的普遍特征,对于战争爆发时仍然停留在敌国的人们,不能仅仅因为他们在敌国时被雇佣而认为他们有叛国的意图,尽管这种雇佣可以为敌国势力作出贡献。因此,战时在敌人军队中服务,从某种程度上说,是出于胁迫,而不是自愿改变了效忠义务。然而在川多喜一案中,被告人川多喜接受的仅仅是一份普通的雇佣工作,作为一名与战俘打交道的平民翻译,如果他在自己的职责范围内行事,本来无可非议。但是,他超越自己的职责范围,对战俘滥用肉体惩罚,这就是另外一回事了。美国最高法院认为,本案的关键问题是,根据记录,川多喜是否已经意图放弃了美国国籍?陪审团根据证据,认为他没有放弃美国国籍的意图。一名美国公民,无论他居住在哪里,都应当效忠美国,双重国籍也不改变这种情况。在这种情况下,美国最高法院认为:已经经过宣誓效忠的,或者双重国籍的人做过效忠宣誓的,并不会自动否定背叛美国的故意的存在。这个案件引人注目的一点还在于,把美国的刑事管辖权扩展到美国公民在国外的行动了,而这本来是违反美国宪法的。

在公然行为的认定标准上,美国最高法院在上述三个案件中的立场是,特定的行为,即使在表面上不具有认定帮助行为已经构成的效果,也可能是在法律上充分的公然行为,只要其他证据可以把这个行为放在一种表明已经给予敌人帮助的背景中。在霍特案中,被告人的行为,给从事破坏活动的儿子提供庇护、帮他买汽车、陪他在战时工厂找工作,虽然在表面上没有表明非法意图,但是陪审团可以合理地相信,这种行为是有助于完成破坏分子的任务的。并且,两名证人对这些行为的证词也能够令人满意地确定被告人实施了帮助敌人的公然行为。在这个标准下,美国最高法院认为,被告人帮助儿子完成了破坏任务、被告人为敌人的广播宣传节目制作录音、被告人对战俘实施暴行以便榨取更多的生产力和使他们不敢反抗命令,这些都是帮助敌人的公然行为。在这里,帮助并没有产生效果,或者这些行为不是实质性的帮助,都不是辩护的理由。甚至,在美国境内有多少人听到了被告人为敌人所做的广播节目以及他录制的节目是否得到使用,都成了无关紧要的事情,因为在录制节目的过程中,他已经完成了敌人分派的任务。

对于制作广播节目的被告人不可避免地会援引叛国罪的限制性政策中对言论和不同政见的保护而提出的辩护理由,法院是不难反驳的。的确,反对利用叛国罪指控来压制国内的政治论战,是一项睿智的政策。仅仅有言论,无论它的意图多么不忠诚,只要它在所处的环境中不对敌人有所帮助,就不能成为一种公然的行为。但是,表达作为一种行为,在它成为敌人有计划的宣传运动的一部分时,就会等于一种充分的公然行为。在当时美国法院面临的案件中,正如美国联邦第一巡回上诉法院指出的,不存在保护不同政见的发表自由这个问题,因为被告人的行为都已经超出了国内政治斗争的范围:"同敌人交往,不论采用那种形式,都不在第一修正案的保护范围内。"总之,这三个判例表明,客观的公然行为本身并不需要证明背叛的故意,也不需要产生实际的背叛效果。单纯的言论并不构成叛国的公然行为,但是,当它成为敌人所计划的宣传活动的一部分时,就是一种充分的公然行为。

在证据规则方面,通过这三个案例可以明确:美国宪法只要求两名证人证明同一公然行为。但是,叛国的故意并不需要两名证人的证明,也不需要由经过两名证人证明的公然行为本身所具有的性质来证明。叛国故意可以从公然行为中推断出来,因此,背叛的故意可以从一名美国监听人员录制的被告人为敌人所做的广播节目的内容中推断出来。美国法院在给陪审团作出的指示中谨慎地指明:用于叛国目的的证据不能替代证明公然行为所要求的两名证人的证词。

在审判中,法院为了证明被告人的主观故意,使用了被告人在法庭以外所做的供述,这种做法受到了广泛的质疑。辩护人的观点是,美国《宪法》禁止使用被告人在庭外的供述,因为《宪法》第3条第3款规定,除非根据两名证人对同一公然行为的作证或本人在公开法庭上的供认,不得作出有罪判决。其实,对于任何一种庭外供述都不能作为定罪依据的做法,美国最高法院是有怀疑的。采纳审判前的供述,固然应当小心谨慎,以免侵犯那些政治上的反对派的基本自由。但是,如果这些陈述详细表明了对敌人的同情和对美国的敌意,也当然可以作为证据来使用。

证明公然行为的核心,是要求两名证人直接证明相同的公然行为,而不能各自证明不同的行为,否则就不足以证明公诉机关指控的罪名。同时,两名证人必须直接证明被告人的客观行为,而不是证明被告人对自己行为所作出的供述,那样也无法满足行为本身需要两名证人来证明的要求。在证词方面,不要求两名证人的证词完全一致,或者精确到行为的所有方面,以及犯罪情节中的每一个要素。在霍特案中,美国最高法院认为,即使两名证人的证词没有说明破坏者进入了被告人的公寓房间,但确实证实他进入了同一座大楼,而被告人在这一楼内拥有一套公寓,只有经过被告人的同意才能进入这座大楼。根据这些,就可以确定,除了被告人以外,这座大楼内没有其他的租房者庇护破坏分子。同样,被告人购买汽车的行为,也可以通过汽车经销商和销售经理的证词加以证明,而不要求他们对汽车交易的整个过程加以证明,他们仅需对自己参与的几个环节加以证明就可以了。

上述情况表明,第二次世界大战结束以后,美国联邦法院才真正开始了对叛国罪的审判。但是,接下来的一系列审判,由于受到冷战思维和意识形态的影响,其公正性和可靠性都受到了质疑。例如,对 Robert H. Best 的审判、对米尔德里德·吉拉丝的审判、对户栗郁子的审判,以及对诗人埃兹拉·庞德的起诉,都只是针对一些为敌人提供少量帮助的行为,并且都不是在美国的属地管辖范围之内。这些审判被认为搞乱了美国叛国罪条文中的法学原理。[①]

在这之后,美国法院似乎没有对其他的叛国罪进行过审判。笔者认为,这只是表面现象,不能说明实际问题。因为在新的历史条件下,美国的法院往往是通过对间谍罪的起诉,来体现对叛国罪的审判的,而且对证据的要求比普通叛国罪更加宽松,减轻了公诉方的证明责任。例如,在美国诉罗森博格(U. S. v. Rosenberg)[②]一案中,美国法院认为,根据《间谍法》的规定,对一个非敌人的国家提供帮助的行为,与叛国罪不同,不需要适用两名证人加以证明的规则,也不要求公然行为。

在1951年的罗森堡夫妇间谍案中,美国联邦调查局指控被告人刺探美国的原子弹草图,并将其交给前苏联政府。根据1917的《间谍法》,被告人可以被判处死刑或者30年以上监禁。法庭请两名证人出庭作证,一名是格林·格拉斯,他是一名机械师,并不十分了解原子弹工程的性质。另一名证人是沃尔斯·科斯基,他是在洛斯拉莫斯研究内引爆装置的物理化学家。他看了法庭出示的几张引爆装置的模型草图,认为这几张草图画的"相当精确",足以表明原子弹内引爆装置的主要原理。尽管罗森堡夫妇否认所有指控,也没有请任何专家证人为他们证明那几张草图并没有涉及原子弹的核心秘密,仍然被判定构成间谍罪,并被执行死刑。此案疑云重重,缺乏直接证据,证人的证词缺乏说服力。因此,审理此案的法官考夫曼和美国联邦调查局都受到了广泛的抨击。据冷战结束后俄罗斯公布的档案,罗森堡是苏联间谍,而他的妻子对此一无所知。

在2001年的汉森间谍案中,美国联邦调查局资深官员汉森,在连续15年当中,为苏联窃取和传送了大量有价值的情报。根据这些情报,苏联政府破获了美国中央情报局在苏联的间谍网,3名已经被美国策反的克格勃成员被抓获,有两人被处死。美国一项花费数亿美元的监听工程,也因为汉森的情报而完全失去了作用。美国以间谍罪起诉了汉森,之后又将间谍罪的刑罚幅度提高到死刑。

2006年 Adam Gadahn(加利福尼亚居民)被缺席指控为叛国罪,他作为恐怖

---

① James Willard Hurst, The Law of Treason in the United States:Collected Essays, Greenwood Publishing Corporation, Westport, Connecticut 1971, Introduction by Jon Roland. 关于其中对"东京玫瑰"案件的审判错误,参见[美]柯特勒:《美国八大冤假错案》,刘末译,商务印书馆1997年版,第7—43页。

② United States v. Rosenberg, 195 F. 2d 583(2d. Cir.), cert den., 334 U. S. 889(1952).

主义的基地组织(Al Qaeda)的发言人,在 2004—2006 年,以 Azzam 的名字,多次在基地组织发行的录像带中出现,是美国联邦调查局最想抓获的恐怖分子之一。

值得注意的是,近些年来,美国联邦调查局起诉了几起针对美籍华裔的所谓间谍案。例如,李文和案。1999 年美国司法部指控在洛斯拉莫斯的华裔工程师李文和,窃取美国的核机密,将其中的一部分传递给中国政府。调查表明,李文和下载的都是一些非机密性的文件,更没有传递情报的故意。最终,美国司法部撤销了对李文和的间谍罪指控,美国纽约时报、华盛顿邮报等主流媒体也进行了赔偿。还有 2015 年 5 月的华裔科学家郗小星间谍案,美国司法部指控他向中国提供一种叫"袖珍加热器"设备的电路图,这种设备可以用于超导体的制作。但有关专家发现,这种电路图并非保密的"袖珍加热器",而是完全合法的设备。美国联邦检察官不得不撤销了案件。此前还有华裔水文学家陈霞芬,被指控涉嫌窃取政府的秘密数据并输送给中国。这些案件虽然最后都因没有证据而不了了之,但可以从中看出某种不良的倾向。美国虽然对国内政治上的反对派采取了宽容的政策,但出于意识形态的考虑或对外国移民的戒备和歧视心理,往往根据一些捕风捉影的、毫无事实根据的所谓证据,就以间谍罪对当事人进行起诉(而且是有选择性的),这些做法从某种程度上损害了美国的刑事司法制度。美国联邦最高法院曾经指出:"我们成功地将对叛国罪的起诉维持在如此之低的水平,这也许只有一个对国家的外部安全和内部稳定都极其自信的民族才有可能做到。"①

第四节 与叛国罪相关的其他犯罪

一、藐视法庭罪

藐视法庭罪是一种古老的犯罪,起源于英国的习惯法。在英美国家,法官的地位崇高,在法庭审判过程中,如果损害法官的权威,甚至不听法官劝告,辱骂法官,都可以被法官当场定罪。2016 年 11 月,凤凰新闻网曾经播放一段美国某法院审理一起案件的录像。被告人是一位女性,她听到法官判处她 500 美元罚金时,不满意法官的判决,向法官大声吼叫,被审判法官当场改判 1000 美元罚金,当事人更加不服,竖起中指侮辱法官。她本已离开法庭,却又被法官叫回,将刑罚改为监禁 30 天,罚金 5000 美元。当事人被法官罚得目瞪口呆,不知所措。由此可以看出,美国法官的自由裁量权还是很大的。

---

① Cramer v. United States, 325 U.S. 1(1945), p.26; Stephen, *A History of the Criminal Law of England*, Nabu Press, 2010 1883, 251, 283.

所谓藐视法庭罪,是指故意破坏法庭秩序,妨碍诉讼活动,影响法庭公正审判的行为。按照英国普通法的习惯,法官有权对任何藐视法庭的行为进行处罚,这种权利不是法律规定的,而是法院自身内在的权力。根据英美的司法实践,藐视法庭行为一般分为直接的藐视法庭与间接的藐视法庭。

直接的藐视法庭,是指在法院直接发生的、面对法官实施的藐视行为。它们包括:(1)扰乱法庭秩序,例如向法官投掷杂物、水果、在法庭上唱歌、拒绝宣誓。(2)侮辱、诽谤法官或其他诉讼参与人。原则上,对于法官和法庭可以提出批评,指责法庭的某一行动违反法律或公共利益,也不能作为藐视法庭罪看待。但是,如果以下流的语言辱骂法官,对法官的公正性进行攻击,就构成了藐视法庭罪。(3)拒不执行法庭命令或者拒不执行民事判决书。(4)拒绝回答法官的问题。(5)其他破坏法庭、妨碍诉讼的行为。

间接的藐视法庭,是指在整个诉讼阶段中发生的藐视法庭的行为,具体包括:(1)在案件审理之前、审理中或者审理以后,威胁、恐吓、报复证人、陪审员或对方当事人。英国上诉法院认为,对陪审员和证人的报复,虽然不会再影响到已经进行过的诉讼活动,但是毫无疑问,这种报复会影响审判管理,也就是说,证人会因为害怕报复而不敢举证。如果不对报复行为加以处罚,以后就没有证人愿意到法庭进行听证。(2)证人或有关知情人拒不出庭作证或不回答法庭的询问。(3)搅乱大陪审团的询问程序或影响被大陪审团传唤的证人。(4)对未判决的案件进行了披露,特别是新闻传播媒体未经法庭许可对正在审理的案件进行报道或评论,从而干扰诉讼,妨碍法庭的公平审判。

如果报纸、电视台等发布的材料,意在影响法庭的公正审判,所有的编辑、记者、发行人都会构成藐视法庭罪。至于这些人是否知道其中的内容,是否知道有关的诉讼活动,是否具有影响公正审判的意图,对定罪都没有影响。但是,如果对于发表的材料可以作出合理解释,证明自己尽到了充分的、合理的注意义务,仍然不知道或者没有理由知道报道的是未经判决的案子,就不构成藐视法庭罪。

在出版物中,对未判决的民事案件进行事先评判,也有可能构成藐视法庭罪。在过去,如果这个案件仅有一名法官审理案件,预先评判一般不会构成犯罪。但是,现在是否能构成犯罪,不是看审理案件的法官的人数,而是看这种评判对于某一诉讼活动是否产生了实际的影响和效果。因为"报纸和新闻媒体的审判"篡夺了法院的权力和职能。

此外,对于未成年人的监护、收养、看管的案件;对于涉及人的精神健康的案件;对于有关国家安全的案件;对于涉及某种专有技术、发明或发现的案件以及法院明确禁止的有关诉讼情况的报道,都会构成藐视法庭罪。

在英国,刑事法庭、高等法院和上诉法院的法官,可以对粗野干扰刑事审判活动的行为加以处罚;高等法院和上诉法院可以对民事审判活动中发生的违法行为进行处罚。对于藐视法庭的行为,法官可以当场判处罚金和监禁,情节较轻的,可以具结悔过后免于处罚。监禁的最长时间是6个月,至于罚金的数额则完全由法官自行裁决。对于不执行民事判决的人,还可以判处惩罚性赔偿金。但是,不能将支付不起抚养费的人关押起来,因为行为人并没有藐视法庭。早些时候,法官对藐视法庭行为的处罚权力是很大的,他可以无需审判就可以作出判决,而且当事人不得上诉,立即交付执行。法官既是起诉者,又是裁判者。20世纪60年代以来,情况有所变化。现在一般的做法是,除了必须立即制止的严重破坏法庭秩序、妨碍诉讼的直接藐视法庭的行为,法官可以即刻判决罚金和监禁以外,对其他被控犯有藐视法庭罪的人应予以拘押,由检察官提起控告,并允许被告人请律师辩护。近几十年的实践表明,对藐视法庭罪的判决,当事人可以提出上诉,而在以前是不可想象的。

藐视法庭罪,行为人一般应当具有影响审判活动的意图,实践中也是这样认定的。但是,英国的一个法律修改委员会曾经建议,对于出版、广播的内容,如果严重影响和阻碍审判活动的,应该适用严格责任。但是,如果行为人没有危害诉讼活动的意图,而是对有关公共利益的合法讨论,就不构成藐视法庭罪。

由于职业的原因,律师往往成为藐视法庭案中的被告人。在劳森一案中,法庭要求他放弃与委托人之间的保密协议,说出委托人的姓名和付费方式。但他争辩说,这种情况泄露出去,会牵连他的委托人。法官坚持让他交代这些内容,但他仍然不肯说,法庭就判他犯有藐视法庭罪。上诉法院推翻了一审法院的判决,认为劳森"有充足的理由提出律师与委托人之间的保密特权",因为劳森透露有关情况,将涉及该案另外一些参与者,将会使这些人在过去起的作用复杂化。

在美国,藐视行为还可以扩大到藐视美国参议院、众议院以及各州的立法机关。对各级立法机关的各种藐视行为,以及故意妨碍立法机关工作秩序的行为,拒绝出席立法机关听证会的等等,都可以构成藐视立法机关罪。

此外,干扰司法人员履行职务,阻挠检察官出席法庭审判,故意向司法部门报告虚假的案件,妨碍司法人员调查案件,强迫证人或诱使证人不到法院或检察机关作证,毁灭或者隐瞒证据等,可以构成妨碍审判罪。但一般的不礼貌行为不构成本罪。

二、伪证罪

伪证罪是一种妨碍司法活动的犯罪行为。根据英国1911年《伪证法》的规定,所谓伪证罪,是指经过宣誓的证人、翻译等,在诉讼过程中故意对案件的实质性问题做虚假陈述和不真实的陈述。它的构成要件为:

1. 经过合法宣誓。所谓"合法宣誓",是指当着法庭的面进行的宣誓。如果一个人在法庭以外说谎,不构成伪证罪。例如,在莱温斯基一案中,当时的美国总统克林顿在新闻媒体采访时,一直不承认和莱温斯基有婚外情,声称两人之间的关系是清白的。但是,当大陪审团预审时,克林顿当着法庭的面进行了宣誓,这个时候再说假话,就可能构成伪证罪。而伪证罪在美国是一种重罪,一旦成立就不能继续担任公职,包括美国总统。因此,克林顿才承认和莱温斯基之间有"不恰当的关系",由此开启了对他的弹劾程序。

在英国,构成虚假陈述,还必须是当着有关司法人员的面作出的虚假陈述,如果经过合法宣誓后,有关的司法人员离开了法庭,证人在司法人员不在场的情况下所做的虚假陈述,就不构成伪证罪。

2. 必须对实质问题的虚假陈述。证人所做的陈述是否对诉讼活动具有实质性意义,这是一个由法官进行判断的法律问题。例如,一个证人对以前是否曾经被定罪进行了虚假陈述,虽然说了谎话,但法官认为这个谎话对案件没有实质性意义,也不会对法官的决定有影响。相反,如果被告人的虚假陈述,会影响到法官的定罪和量刑,就会构成伪证罪。

3. 犯罪意图。行为人的虚假陈述,必须是故意的。如果是疏忽和错误造成的,就不构成伪证罪。如果行为人做了他自己认为是虚假的陈述或者他不认为是真实的陈述,即使这个陈述在事实上是真实的,也可能构成伪证罪。因为被告人有做伪证的故意,试图通过做伪证影响法官的最终决定。如果行为人对宣誓的程序和安排有误解,在没有经过适当考虑下进行的宣誓,即使做了虚假陈述,也不会被认定为伪证罪。

根据1972年《欧洲共同体法》第11条的规定,任何人在欧洲法院宣誓举证时,如果做了他认为为虚假的或者他不相信是真实的陈述,就构成伪证罪。

在早期的英国普通法中,伪证罪最高可以判处死刑,后来改为流放或者割舌头。现在伪证罪一般会被判处7年以下监禁,或者罚金。如果一个人在某一诉讼程序中,为另外一个诉讼程序作了虚假的陈述,也会被认定为伪证罪。英国1975年《伪证法》,对伪证罪的要件进行了更严格的修改,根据新的规定,如果行为人在某一诉讼过程中,为本诉讼以外的民事诉讼过程提供未经宣誓的证言和证词时,陈述了错误的,或者明知是错误的以及他不相信是真实的内容,就构成伪证罪,可以判处2年以下监禁。对有关出生、婚姻、死亡等登记事项作虚假陈述或登记的,可以判处5年以下监禁。

教唆他人作伪证,比作伪证本身性质更严重,负伪证罪主犯的责任。

三、劫持航空器罪

世界上发生的第一次劫持航空器的犯罪发生在1930年。当时的民用航空事业尚处于起步阶段,劫持飞机的事情鲜有发生,直到1947年才发生了第二次劫机事件。但是,这种情况在20世纪60年代发生了根本变化,1967和1968两年,各有85起劫持飞机的事件,震动了全世界。

在联合国和国际民航组织的努力下,先后制定了三个关于反对空中劫持的国际公约,即1963年的《东京公约》,1970年的《海牙公约》和1971年的《蒙特利尔公约》,显示了国际社会打击劫持航空器犯罪的决心和信心。

根据《海牙公约》,所谓劫持航空器罪,是指凡在飞行器中的任何人,以武力或武力威胁,或用任何其他恐吓方式,非法劫持或控制航空器的行为。被劫持的应当是正在飞行中的航空器。所谓"正在飞行中",是指航空器从装载结束,机舱外部各门均已关闭起,直到打开任一机门以便卸载时为止的任何时间。如果飞机是被迫降落的,则在主管当局接管该航空器及其所载人员和财产之前。

《海牙公约》的主要内容有:(1)将空中劫持视为一种可引渡的罪行;(2)任何缔约国应将劫机犯拘留,对其犯罪事实进行调查,并将有关情况立即通知航空器登记国和罪犯国籍所在国;(3)如果不将罪犯引渡,则应按照本国法律,将劫持航空器的犯罪作为一种严重的刑事犯罪加以起诉和审判。

《蒙特利尔公约》扩大了劫持航空器犯罪的管辖范围,不仅包括"正在飞行的航空器",也包括"正在使用中的航空器"。所谓"正在使用中",是指从地面人员或机组对某一特定飞行器开始进行飞行前准备起,直到降落后24小时止。同时,它不仅包括对航空器本身的犯罪,也包括对航空设备的犯罪。

根据《蒙特利尔公约》的规定,任何人故意实施下列行为,都是犯罪:(1)使用暴力或暴力威胁,或以任何其他恐吓方式,非法劫持或控制一架航空器;(2)对飞行中的航空器内的人从事暴力行为,危及该航空器的安全;(3)破坏使用中的航空器或对该航空器造成损坏,使其不能飞行或危及其飞行安全;(4)用任何方式在使用中的航空器内放置或指使他人放置一种将会破坏该航空器或对其造成破坏,使其不能飞行或对其造成损害,或将会危及其飞行安全的装置或物质;(5)传送他明知是虚假的情报,从而危及飞行中的航空器的安全。

劫持航空器的未遂行为,也构成犯罪。

各国法律对劫持航空器犯罪的刑事管辖权有不同的规定。美国在20世纪50年代以前,对航空器内的犯罪和劫持航空器的犯罪都没有规定。1950年,一架美国飞机从波多黎各飞往纽约,途经公海上空时,机上一名乘客打伤了机组人员和其他乘客。审理此案时,美国纽约的一家联邦法院认为,美国法律规定,只对航行在公海上的美国船舶享有管辖权,航空器不是船舶,美国法院没有管辖权。这个案件引起美国国会的注意,于1952年通过一项法律,规定对于飞行在公海上空的飞机,美国法院有管辖权。但是,由于没有劫持航空器这个罪名,在1958年美国国会通过《联邦航空法》(Federal Aviation Act)之前,主要是以绑架、妨碍贸易等罪名起诉劫机犯的。1961年,美国的一架飞机被劫持到古巴,促使美国国会对《联邦航空法》进行了修改,增设了"航空器海盗罪"这一罪名,规定"任何出自非法意图,通过暴力或者以暴力威胁,劫持或控制正在飞行中的商用航空器的行为",都是犯罪行为,法定最高刑为死刑。1974年美国国会又通过《反劫持航空器法案》,规定任何人通过暴力或以暴力相威胁,或者以其他恐吓方式,劫持或控制正在飞行中的商用航空器,都是犯罪行为。增加了"以其他恐吓方式"的表述,使法律的条文更加完善。

英国1971年制定了《反劫机法》(Hijacking Act of 1971),这个法律规定,无论行为人的国籍,无论航空器所注册的国家,也无论航空器是否在英国或其他地方,只要行为人在飞行中的航空器中使用暴力,或者以其他方式相威胁,非法劫持或控制航空器的,都构成犯罪。

劫持航空器针对的对象,在过去是指的飞行中的航空器,《蒙特利尔公约》将其扩大到使用中的航空器,2010年在北京通过的《北京议定书》也重申了这一修改。行为人使用的暴力,既可以针对航空器中的机组人员和乘客,也可以针对航空器本身。因为破坏航空器也可以达到同样的目的,而且危险性更大。关于这些问题,应该说没有什么争议。

1994年,美国第103届国会将1958年的《联邦航空法》并入美国联邦法典,内容基本上没有变化,但将《海牙公约》第3条和《蒙特利尔公约》第2条的相关内容,几乎一字不变的写进了美国《联邦法典》。根据美国《联邦法典》第18编第3559节(b)的规定,劫持正在飞行中的航空器和正在使用中的航空器,都是严重的犯罪行为。劫持航空器、企图劫持航空器或者共谋劫持航空器的人,应当被判处20年以上有期徒刑,导致他人死亡的,应当被判处死刑或者终身监禁。在航空器内打斗,危及飞行安全的,也应当判处20年以上有期徒刑,导致他人死亡的,应当判处死刑或者终身监禁。

第二十章 刑罚制度

第一节 英国的刑罚制度

英国的刑法制度有四个特点:第一,没有总则的规定,而是散见于单行刑事法规之中,比较常见的是 1948 年、1967 年和 2003 年的《刑事审判法》;第二,英国的刑罚以严酷著称,从封建社会就实行肉刑,甚至采取切掉手脚和割掉耳朵的刑罚;第三,累犯问题,从各种统计数字看,累犯的人数一直呈上升趋势,这表明监禁刑不能达到刑罚的目的,人们要求把监禁刑放在刑罚体系中次要的位置;第四,英国法官量刑时的自由裁量权很大,没有在总则中规定量刑原则,强调结合罪犯个人的情况进行定罪量刑。

一、监禁刑

1. 普通监禁(imprisonment)。

第一,监禁的条件。按普通法的原则,凡是通过起诉程序审理的可诉罪,即使法律上没有规定也可以判处监禁,但在法律上附加一些限制。(1) 不满 17 岁的人一律不判监禁;(2) 21 岁以下的犯人,如过去没有被判处过监禁,只有在法院认为没有更好的刑罚方法时,才能判处监禁;(3) 过去没有被判处过监禁,而且没有辩护人出庭辩护,这时除非他本人曾因申请律师帮助而被驳回,或者放弃申请律师的权力,才能判处监禁。

第二,量刑的幅度。现在英国适用最多的是相对不定期性,即只规定最高的量刑幅度,而不规定具体的期限,具体到每一个案子判几年,由法官根据情况来确定,但不能超过法律规定的最高刑期。治安法院通过简易审的案件,最高刑期不能超过半年,个别的可诉罪可以判处一年以下监禁。如果治安法院想要判更重的刑罚,要在定罪之后,移送刑事法院判决。

第三,刑期的计算。以前监禁刑的刑期从判刑之日起开始计算,1962 年规定判刑前先行羁押的,应从判处的刑期中扣除。当事人上诉期间受羁押的,原则上计算入服刑期间,但上诉法院有权作出相反的决定。因为羁押期间和监狱中的待遇不同。上诉法院这样做需要进行说明。

第四,数罪并罚问题。分为两种情况,一种是两个判决连续执行,也叫分别执行,例如,一个罪判处监禁 10 年,一个罪判处监禁 5 年,先执行 10 年监禁,然后再执行 5 年监禁,实际上是将两个判决加起来执行。这种情况不多见,实际执行的刑期也不太长;另外一种是同时执行,也就是两个判决合并执行,实际上是重刑吸收轻刑。例如,上面的例子,一个判处 10 年监禁,一个判处 5 年监禁,两个刑期同时执行,等于 10 年监禁吸收了 5 年监禁,实际只执行监禁 10 年。

2. 加重监禁(extended imprisonment)。

加重监禁主要适用于累犯。加重监禁的条件是:第一,本罪可以判处 2 年以上监禁;第二,前一次犯罪被判处 2 年以上监禁,在刑满或者提前释放以后,3 年内又犯本罪;第三,从 21 岁起,曾经被判过 3 次刑,而所犯的罪又可以判处 2 年以上监禁的罪,实际判处的监禁刑达到 5 年以上,这 3 次判决中,最少有 2 次被实际判处监禁或矫正训练,而其中有 1 次被判 3 年以上监禁或是两个罪被判处 2 年以上监禁。

3. 缓期监禁(suspended imprisonment)。

被告人被定罪以后,判处一定期限的监禁刑,但又延缓这个刑期的执行,如果在缓刑期以内,没有违反有关规定,原判的监禁刑就不再执行。反之,就要执行原判的监禁刑。

二、感化教养

实际上是对 17 岁至 20 岁的未成年人的监禁。主要有三个特点:第一,体力劳动;第二,技术和文化教育;第三,道德纪律要求严格。它分为几个等级。在进行感化教养以前,要对其家庭、心理、健康状况作出全面的调查和评估,而且有 6 个星期的预备期,看看被告人应当放到什么感化院或者放在哪一个等级之中。在英国,对感化教养这一处罚方法存在较大争议,有些人主张取消感化教养这一刑种。

三、罚金刑

罚金既是一种独立的刑种,也是一种附加刑。但对判处缓刑的人不能附加判处罚金,这是一个例外。根据《治安法院法》的规定,对于通过简易审判处罚金的,不得超过 400 英镑。但是近些年来,罚金的数额已经上升到 1000 英镑以上;对于可诉罪的罚金数额没有明文规定,但反对判处过重的罚金。同时,在判处罚金时,法官还要听取被告人家庭职业、收入以及各项开支的情况,然后再作出罚金的判决。一旦宣告罚金,犯罪分子可以请求法庭准予分期缴纳,法官也可以要求立即缴纳,如果不按期缴纳罚金,法官可以判处 1 年以下的监禁。

在英国,对被法院判决有罪的行为人而言,罚金刑(Fine)是最为常见的刑罚之一,它常与定罪免罚(discharges)、社区矫正(community sentences)以及监禁刑(custodial sentences)等刑罚一同适用或被单独适用。英国 2003 年《刑事审判法》(Criminal Justice Act 2003)162 条至 165 条集中规定了罚金刑及其适用规则。①其中第 162 条具体规定了判处罚金刑应考虑的因素,并赋予法院在判处罚金刑时有权要求被告人提供其财产状况证明(statement as to offender's financial circumstances)②;第 163 条规定了皇家刑事法院对罚金刑的判处③;第 164 条则详细规定了对罚金刑的金额的确定④,认为罚金刑的金额必须在考虑被告人财产状况的前提下,应当与其所犯罪行的严重性相符。与此同时,在决定罚金刑金额时,法院还应考虑行为人是否有犯罪记录及行为人自身的经济状况等因素,以保障今后罚金刑能被真正执行。⑤第 165 条规定了罚金刑的免除制度,当法院在行为人经济状况欠佳而所犯罪行不严重,需要罚款的金额较少时,可对行为人的罚金刑进行免除。⑥

英国罚金刑适用的普遍性在很大程度上体现于英国低级法院对其的适用,尤其是治安法院对其的广泛适用。根据英国 1980 年《治安法院法》(The Magistrates'Courts Act 1980)及 2004 年《家庭暴力、犯罪及被害人法》(The Domestic Violence, Crime and Victims Act 2004)的规定,英国的治安法院可判处的罚金金额因行为人被判处的罪名不同而不同,依照金额可将罚金的金额分为五个等级:200 磅以下;500 磅以下;1,000 磅以下;2,500 磅以下与 5,000 磅以下。一般情况下治安法院对行为人每一个被定罪的罪名,最多可判处 5,000 磅的罚金,但对于少数罪名(如某些危害工作场所中员工的安全及健康的罪名),这一金额可达 20,000 磅。⑦ 当然,在英国上级法院也可判决适用罚金刑,并且其可判处的金额较初审或低级法院而言要高得多。而作为上级法院的皇家刑事法院可对行为人判处的罚金刑甚至不存在金额上的限制。⑧

四、缓刑

缓刑(probation)和暂缓监禁不同,它并没有判处监禁,而是直接判处缓刑。缓刑的条件:第一,根据犯罪的性质,认为不需要判处监禁等更严厉的刑罚;第

---

① The Criminal Justice Act 2003, Section 162—165.
② The Criminal Justice Act 2003, Section 162:"Powers to order statement as to offender's financial circumstances". "Powers to order statement as to offender's financial circumstances".
③ The Criminal Justice Act 2003, Section 163:"General power of Crown Court to fine offender convicted on indictment".
④ The Criminal Justice Act 2003, Section 164:"Fixing of fines".
⑤ The Criminal Justice Act 2003, Section 164(1)&(2).
⑥ The Criminal Justice Act 2003, Section 164:"Remission of fines".
⑦ See: The Magistrates'Courts Act 1980, (c. 43), Section 11—12. Also see: The Domestic Violence, Crime and Victims Act 2004, (c. 28), ss. 14(2), 59, 60.
⑧ The Criminal Justice and Immigration Act 2008(c. 4), ss. 148, 153, Sch. 26 para. 68; S. I. 2008/1586, art. 2(1), Sch. 1 para. 48(a)

二,从维护社会的经济、道德利益出发,判处缓刑比剥夺自由更为有利;第三,判处缓刑的人,还要接受一定的监督,期限为 1 到 3 年;第四,犯罪分子在结束缓刑之后,也要遵守对他进行的监督。

五、没收财产

对于利用自己的财产从事犯罪活动的人,法院可以判处没收财产(forfeiture)。但是,被没收财产的人,也必须是被判处 2 年以上监禁的被告人。没收的财产如果是属于他人的,就交由警察保管。6 个月后无人认领,警察有权处理,如果有人领取,也必须出示证明,证明该项财产的所有权不属于犯罪分子,或者不知道该项财产曾经被用于犯罪活动。

六、社区服务

社区服务(community service)是法院依法判处犯罪人无偿地在一定时间内从事社区内的公益劳动,或者为社区人员提供特殊服务的一种刑罚。英国 1972 年的《刑事司法条例》规定了社区矫正这一刑罚措施。1976 年欧洲理事会发布《关于替代监禁刑的刑罚方法的决议》,要求欧共体各国迅速采取措施,探讨替代传统监禁刑的措施,而社区矫正就是其积极倡导的一种非监禁方法。社区矫正在英美两国事实上都作为恢复性司法(restorative justice)的重要内容被广泛适用。社区矫正制度经过 20 世纪 70 年代因防卫效果倒退而引发的反思,现已经形成了以风险防控理论为根基的重要制度之一。它与传统刑罚的重要分野在于所遵循的逻辑进路并不一致,在事实上是以特殊防卫而非一般防卫理论为逻辑起点的,因而具有特殊的价值和意义。[①]

社区矫正制度在英国被称作社区服务刑(community sentence),适用于那些已经被法院认定为犯罪人但却不需给予监狱内处遇的行为人,这种情况下法院会对被告人出具一份社区矫正命令(community order)。[②] 英国 2003 年《刑事审判法》(Criminal Justice Act 2003)建立了英国社区矫正的法律体系,后一部分相关内容又由英国 2008 年《刑事司法和移民法案》(Criminal Justice and Immigration Act 2008)修正。一般而言,被判处社区服务刑的行为人所犯罪名都比较轻,例如,损坏财物罪(damaging property)、诈骗罪(fraud)、企图伤害罪(assault)等。[③] 同时被法院判处社区服务刑的行为人往往被法院认为不具再犯可

---

① 李川:《从特殊防卫到风险防控:社区矫正之理论嬗变与进路选择》,载《法律科学》2012 年第 3 期。
② The Criminal Justice Act 2003, Section 150A.
③ Criminal Justice and Immigration Act 2008(c. 4), ss. 10, 153; S. I. 2008/1586, art. 2(1), Sch. 1 para. 1.

能,或者仅是初犯,又或是行为人实施犯罪行为不具完全刑事责任能力。

近年来,社区服务刑在很大程度上被社区偿还(community payback)代替,即要求行为人在其社区从事无报酬工作作为处罚,如清除涂鸦,处理垃圾及城市清洁等工作。被告人若无业,有可能被判处每周三至四天的社区偿还工作;多数情况下被告人有可能被要求从事 40 小时到 300 小时不等的社区偿还工作。[1]这一制度被认为较简单的矫正制度更高效。另外,在英国实施社区矫正常常伴随着针对药物成瘾或患有精神疾病的被告人进行治疗的项目(treatment)。同时在社区矫正的过程中也常常开展一些旨在帮助犯罪人恢复健康的项目,例如为行为人提供心理辅导的心理咨询项目(counselling sessions),以帮助行为人控制情绪、矫正其行为并帮助其就业和社交的相关认证项目(accredited programs)。此外,被判处社区服务刑的行为人有可能被要求仅在特定范围内(curfew)活动,并有可能被要求佩戴监视器(electronic tag)。[2] 这些项目和要求多具强制性,若行为人不去参加并完成相关项目或未遵循上述要求,则有可能面临重新被法院判处刑罚的可能性。

七、死刑

英国刑法中过去一直有死刑的规定,它的特点是适用范围广,有时可以判处死刑的罪名多达 400 多种,而且死刑的执行方法很残酷,叛国罪一般判处绞刑。英国在 1969 年宣布废除普通刑事犯罪的死刑,但对叛国罪和武装海盗罪保留死刑,现在已经全面废除死刑。

第二节 美国的刑罚制度

一、罚金刑

在美国刑法中,罚金刑同样是被广泛适用的一种刑罚,不仅在美国各州的刑法中都有所体现,并且被统一规定于《美国法典》第 18 篇第 C 分章(18 the United State Code Subchapter C)第 3571 条至 3574 条中,具体规定了罚金刑的判处(the sentence of fine);罚金刑的适用及相关影响因素(imposition of a sentence of fine and related matters);罚金刑的减免(petition of the government for modification or remission);以及罚金刑的执行(implementation of a sentence of fine)。

---

[1] http://www.communitypayback.com.
[2] 参见英国政府官方网站相关内容:https://www.gov.uk/community-sentences/treatment-and-programmes.html.

美国刑法中,罚金刑可适用于自然人,也可适用于组织。对自然人而言,罚金刑依照其可被判处的最高数额可被分为三等:若某一自然人所犯罪名为重罪(felony)或者轻罪致死(misdemeanor resulting in death),其被判处的金额最高不得超过 25 万美金;对于那些被判处的罪名为 A 等级轻罪且并未致人死亡的行为人而言,罚金刑的上限为 10 万美金;而那些被判处罪名为 BC 两个等级的轻罪,或是行政违法(infraction),罚金刑的上限为 5000 美金。对组织而言,对应的上述三个等级的罚金金额上限分别为 50 万美金、20 万美金及 1 万美金。[1]此外,根据法律的规定,对行为人判处的罚金刑金额,必须考虑其因实施犯罪行为所获利益及对被害人造成的损失,一般情况下被告人被判处的罚金金额不得超过其所获利益或造成损失的金额的两倍。[2]

根据《美国法典》的规定,不仅上述有关罚金刑金额的规定必须得到遵守,而且对行为人是否判处罚金刑、罚金刑的具体数额、罚金缴付的时间及方式等罚金刑的具体内容,都必须综合考虑一系列的相关因素,主要包括:行为人的收入、创收能力及收入来源;是否有第三人以行为人作为主要收入来源或有第三人可作为行为人的主要收入来源;行为人造成的财产上的损失之大小;对被害人赔偿的相关情况;剥夺行为人因其犯罪所获利益的相关情况;未来对被告人进行监禁或者矫正所需的花费等因素;同时,《美国法典》还明示了罚金刑的判处和执行不能影响行为人对被害人的赔偿。多数情况下,美国的罚金刑被要求行为人在最终判决作出后及时缴纳,但若有特殊情况出现也可分期缴纳。[3]但是若在应缴纳期限之日起 90 日后行为人仍未缴付,则被看做未履行而适用《美国法典》第 3613A 条。[4] 根据《美国法典》,若行为人为组织,还需考虑组织本身的规模及组织的控制人、直接责任人、雇员、代理人等是否采取了必要措施避免组织实施犯罪行为。[5]对组织判处的罚金,应当首先并且只能由组织本身的财产进行偿付。[6]除此之外,《美国法典》还规定了罚金刑的减免等内容[7],而罚金刑的具体执行则被规定在《美国法典》第 229 章第 B 分章中。[8]

---

[1] 18 U. S. Code § 3571-Sentence of fine.
[2] 18 U. S. Code § 3571-Sentence of fine,(e).
[3] 18 U. S. Code § 3572-Imposition of a sentence of fine and related matters,(a)Time, Method of Payment and Related Items.
[4] 18 U. S. Code § 3613A.
[5] 18 U. S. Code § 3572-Imposition of a sentence of fine and related matters,(a)Factors To Be Considered.
[6] 18 U. S. Code § 3572-Imposition of a sentence of fine and related matters,(f) Responsibility for Payment of Monetary Obligation Relating to Organization.
[7] 18 U. S. Code § 3573-Petition of the Government for modification or remission.
[8] 18 U. S. Code § 3574-Implementation of a sentence of fine; 18 U. S. Code, Chapter 299, sub-chapter B.

二、社区服务

1966年,美国加利福尼亚州的法律中出现了社区服务(community service)这一刑种,当时主要针对一些交不起交通违章罚款的人。从1972年以后,社区服务在许多州得以推广和应用,犯有轻微罪行的人,可以通过在社区内的公益劳动,挣得一些钱来赔偿受害人和社区,以免牢狱之灾。1984年美国的《综合犯罪控制法》规定了这一刑罚方法,社区服务的范围进一步扩大,逐步成为一种常见的监禁刑的替代措施。2002年美国的女演员维诺娜·瑞德因犯盗窃等罪,被美国洛杉矶一家法院判处3年缓刑和480小时的社区服务。有些人为自己的亲属实施安乐死,也被判处缓刑和社区服务。这主要是考虑这类杀人案件的特殊情况,法院也不愿判处当事人较重的刑罚,就作出这种象征性的判决。

在美国社区矫正(community correction)与英国的社区服务刑(community sentence)所秉持的逻辑并无二致,因此在制度设计上也与英国的社区服务刑十分类似。其对象也是非暴力轻罪的犯罪人、初犯、未成年犯等。目前美国数千家的社区矫正机构雇佣了约7万人的专业矫正人员,他们同大量的志愿者一起承担着对罪犯的监督工作,以降低罪犯对社区及社区内的民众的威胁;同时他们还承担着通过各种各样的项目以对犯罪人进行教育的职责,帮助其重返社会。自1973年美国明尼苏达州通过了第一个综合性社区矫正法规之后,1991年时美国超过1/3以上的州都通过了社区矫正立法。①

在美国,历史最为悠久及影响最大的社区矫正方式是缓刑(probation),同时缓刑也是社区矫正乃至社会处遇的根基。《美国法典》将缓刑与罚金(fine)和监禁(imprisonment)一并规定在其第18篇第227章"判决"中,由此可见缓刑与监禁之间是一种并列关系。②根据《美国法典》的规定,作为社会处遇和社区矫正的重要方式,对犯有A级和B级重罪的被告人及在并罚情况下被告人被判处监禁刑的情况下,缓刑是不可适用的。而对犯有重罪的犯罪人而言,缓刑的时间应为1年至5年;对犯有轻罪的犯罪人而言,缓刑的时间不得超过5年。③对于被判处缓刑的行为人而言,其在缓刑期间主要受到缓刑监管机构(probation division)监管,目前全美大约有2000多个缓刑监督机构,而各个州的缓刑监管机构并没有统一模式。

此外,与社区矫正密切相关的制度便是假释(parole)。现代意义上的假释制度发端于美国,时至今日,美国的假释制度在很大程度上仍是世界上最为先进

---

① 冯卫国:《行刑社会化论纲》,北京大学博士学位论文,2002年3月。
② 18 U. S. Code Chapter 227-Sentences.
③ 18 U. S. Code § 3561-Sentence of probation.

的。美国的假释决定权并不属于法院,而是属于假释委员会(the United States Parole Commission),其根据犯罪人的表现而决定是否对其决定假释。被准许假释的犯罪人自然地被置于社会处遇之中,并接受矫治。而美国无论是联邦还是各个州,几乎都有专门从事监督的假释监督机构以考察、监督和矫正被假释的罪犯。①

除缓刑和假释之外,美国的社区矫正制度往往还囊括和涉及家中监禁(home confinement)、中途之家(halfway house)等制度,已经形成了较为完备的社会矫正和处遇体系。

三、监禁刑

美国的监禁刑是很严厉的,据美国市场研究公司2016年4月发布的数据,美国是世界上监禁率第二高的国家,每10万居民中有693人被监禁,2014年美国在押人犯约为220万。② 监禁刑又分为定期监禁和不定期监禁。定期监禁一般适用于比较轻微的犯罪,经常是判处一年以下监禁。不定期监禁,一般是给出一个量刑的幅度,比如5年至20年之间,至于最终实际执行多少年,要看受刑人在监狱中的表现。美国《模范刑法典》第6.06条规定:(1)一级重罪的最低刑期是1年以上10年以下,最高刑期是终身监禁或者20年以下监禁;(2)二级重罪的最低刑期是1年以上3年以下,最高刑期是10年或者10年以下;(3)三级重罪的最低刑期是1—2年,最高刑期是5年或者5年以下。判处的不定期监禁的最低刑期不得超过最高刑期的1/2,如果是终身监禁,不得超过10年。这种不定期刑,主要是从刑事政策上考虑的,以利于犯人的教育和改造。美国的有些州对监禁刑规定了合理的上限,比如最高不能超过40年,但有些州没有规定上限,这就使得有些罪犯的刑期长达几百年。这种规定既不合理,也不人道,因为刑期远远超过了普通人的自然寿命,和终身监禁没有什么区别。

美国自20世纪60年代以后,刑事政策向严的方面调整,最突出的是对累犯的处罚,有所谓"三击出局法",即对于犯有重罪的人,对其第二次或者第三次所犯的重罪,判处25年以上监禁或者终身监禁,并且不得假释。③ 从1993年到1999年之间,美国24个州和联邦政府都制定了"三击出局法",几乎所有的州都通过某种形式提高了对累犯的刑罚(三击出局,Three strikes and you are out是一个棒球的比赛术语,指击球手如果3次未击中投球手所投的好球就被罚出局,没打或空挥都算一击)。

---

① 请参见美国假释委员会官方网站:https://www.justice.gov/uspc
② 美国市场研究公司网站,https://www.statista.com,2016-04-10。
③ John Clark, James Austin & D. Alan Henry, "Three Strikes and You are out: A Review of State Legislation", National Institute of Justice:Research in Brief, NJC 10, 165369(1977).

美国国会在一个报告中指出"相当多的犯罪都是由那些曾经犯过罪的人实施的",迄今为止,"刑事司法体系对暴力犯罪和累犯的反应都是不适当的","立法的目的应当是减少国家中最危险的累犯,将这些人终身监禁。"① 当时的参议院多数党领袖特伦特·罗特(Trent lott)认为,"毫无疑问,国家中的大部分暴力犯罪都是由很少的固定的犯罪人群实施的,并且这些犯罪中的很多人由于监狱体系的旋转门,被一次一次地释放",他以此来解释联邦立法的紧迫性和必要性。

美国加利福尼亚州议会于1994年3月通过的971号法案,被认为是"三击出局法"中最严厉的一部法律。这个法律规定:(1) 如果被告人曾经两次或两次以上犯严重或暴力重罪,当前又犯重罪,即使此次重罪不具有严重的暴力性质,也应判处较重的刑罚,即判处本应判处的刑期的3倍,或者判处25年以上监禁及终身监禁。此外,如果被告人曾经因严重或暴力犯罪被判过刑,当前又因第二次实施重罪被起诉,即使这个犯罪不是严重或者暴力重罪,也应当对当前所犯重罪判处本应判处刑期的两倍。(2) 不受一般累犯条件的限制,即上次犯重罪的时间和本次犯重罪的时间的间隔长度,对适用"三击出局法"没有影响。无论上次犯罪是在何时实施的,都应当作为一击。但是对于青少年犯罪必须年满16周岁,而且必须是严重的犯罪或者暴力重罪。这样规定,主要考虑到青少年犯罪的特殊性。(3) 对罪犯进行善行折减时,最多只能折减总刑期的20%,刑期的计算从犯人到州监狱服刑时开始起算,以前关押的时间不计算在刑期之内。一个受到"三击出局法"打击的重罪犯,至少要在州监狱中服刑20年以上。(4) 在涉及"三击出局法"的案件中,禁止检察官进行辩诉交易(根据加州《刑法典》的规定,所谓暴力重罪是指谋杀罪、非预谋故意杀人罪、重伤害罪、强奸罪、鸡奸罪、口交罪、猥亵儿童罪、抢劫罪和放火罪等等;严重重罪是指一级夜盗罪、重盗窃罪等)。

"三击出局法"过于严苛,引起了许多人的担忧。这项改革措施几乎影响每一个有犯罪记录的人,有些轻微的犯罪行为,也因此被判处长期的监禁刑。例如,在 Rummel v. Estelle② 一案中,被告人以安装空调为名,从酒吧拿走了129.75美元,却没有为该酒吧安装空调。这是他第3次被判处欺诈罪,根据"三击出局法",他被判处终身监禁并且不得假释。

根据"三击出局法",有犯罪记录的人受到的处罚通常是没有犯罪记录,但情节相同的犯罪人的4倍。25岁的犯罪人实施的重罪通常被判处10年左右的监禁,并且实际服刑的时间较短,一般都不到10年就被提前释放了。如果是被判处不得假释的终身监禁,他可能需要服刑45年以上。③ 根据《模范刑法典》的规

---

① H. R. Rep. 103—463, reprinted H. R. 3981, 103d Cong., 3—4 (codified 18 U. S. C. 3559 (1994)).
② 445 U.S. 263(1980).
③ Del. Code Ann. tit. 11,4214(1995).

定,对于惯犯可以"延长监禁刑",这就使得惯犯可能受到的最高刑罚增加了一倍;例如,对于三级重罪,最高刑期从5年增加到10年,二级重罪的最高刑期,从10年增加到20年,一级重罪的最高刑期,则从20年增加到终身监禁。①

　　这些判决的结果,往往超出了被告人实际上应当被判处的刑罚,加重了被告人的刑事责任,可能破坏了刑法公正性的原则。赞同"三击出局法"的人,往往从预防犯罪的角度来分析问题,认为犯罪人不仅应当为其过去的犯罪承担刑事责任,还应当为其将来可能实施的犯罪承担责任。这种预防性理论具有很大的危险性,刑事责任的根据应当是被告人过去的犯罪行为,而不是尚未发生的、可能的犯罪,这种对将来犯罪的预测,不能作为刑事惩罚的根据。这种不考虑刑罚的公正性,片面追求功利主义的做法,不利于实现刑法的最终目的。

　　美国刑法中对监禁刑的数罪并罚,有的司法区采取绝对相加的原则,对于一个行为触犯多个罪名,或者几个相同的行为触犯几个相同罪名的情况,都认定为数罪。例如,被告人卢某,在美国某大学连续开枪杀死6人,就构成6个谋杀罪,如果每个谋杀罪都被判处20年监禁,总刑期就是120年。有的司法区则采取吸收原则,例如,一个罪被判处10年监禁,另外一个罪被判处1年监禁,1年监禁被10年监禁吸收,仅执行10年监禁。我国的香港特别行政区,也采取吸收原则。在2017年判处的6个警察的伤害案件中,其中一名被告人一个罪名被判处2年监禁,一个罪名被判处6个月监禁,实际只执行2年监禁,6个月的监禁被2年监禁吸收。② 此外,有半数以上的司法区采取相加原则和吸收原则并行的方法,至于在具体案件中,是采取相加原则,还是采取吸收原则,由法官根据案件的情况自由裁量。有的司法区规定,如果采取相加原则,几个罪中实际执行的刑期不得超过一定的限度。例如,被告人犯有3个罪,分别被判处25年监禁,总和刑期是75年,但法律又同时规定实际执行的刑期不得超过40年。这样,虽然被告人被判处了75年监禁,但实际上仅需执行40年就可以了。西班牙的《刑法典》也是这样规定的,虽然马德里爆炸案的主犯被控犯有191个谋杀罪,总和刑期达到了1000多年,但受到最高刑期的限制,他最多执行40年就可以刑满释放了。③

四、死刑

1. 死刑的世界概况

　　死刑是剥夺犯罪分子生命的刑罚。目前,世界上有1/3的国家仍然保留着

---

① Model Penal Code 6.07,7.03(3)—(4),(1962)。
② 对于2014年"占中"案中6名香港警察的判决,在社会上引起极大的争议,目前6名被告人都已经提出上诉。
③ 西班牙分离主义组织埃塔在马德里制造的一起恐怖主义爆炸案,造成191人死亡。

死刑这一刑种。废除死刑的国家主要集中在欧洲、大洋洲、南美洲和北美洲的一些国家。我们可以将废除死刑的国家分为几类：

一是完全废除死刑的国家，即通过宪法和法律明确宣告废除死刑，或者在刑法中没有规定死刑这一刑种。这类国家包括英国、法国、德国、奥地利、荷兰、丹麦、挪威、瑞士、瑞典、西班牙、葡萄牙、意大利、比利时、波兰、罗马尼亚、捷克、斯洛伐克、匈牙利、希腊、塞浦路斯等欧洲国家和加拿大等美洲国家，土耳其为了加入欧盟，也于2004年废除了死刑。

二是对普通犯罪废除死刑，而对叛国罪、军事罪以及海盗罪保留死刑的国家。例如，以色列、巴西、智利、萨尔瓦多、斐济、哈萨克斯坦、秘鲁、阿根廷、拉脱维亚和玻利维亚等国家。

三是事实上废除死刑的国家，即这些国家虽然在法律上保留了死刑条款，但在过去10年以上没有判处过死刑或者没有执行过一例死刑。其中亚洲8个：文莱、老挝、马尔代夫、蒙古、缅甸、韩国、斯里兰卡、塔吉克斯坦。欧洲1个：俄罗斯。非洲21个：阿尔及利亚、贝宁、布基纳法索、喀麦隆、中非共和国、刚果（布）、厄立特里亚、加纳、肯尼亚、利比里亚、马达加斯加、马拉维、马里、毛里塔尼亚、摩洛哥、尼日尔、塞拉利昂、斯威士兰、坦桑尼亚、突尼斯、赞比亚。北美洲1个：格林纳达。南美洲1个：苏里南。大洋洲3个：瑙鲁、巴布亚新几内亚和汤加。①

有资料表明，有的国家虽然在法律上废除了死刑，但实际上还存在执行死刑的情况。据大赦国际统计，在20世纪70年代至80年代，南美洲的一些国家，比如巴西、尼加拉瓜、委内瑞拉、乌拉圭等，都有未经司法程序处死犯人，特别是政治犯的情况，有时多达上百人。但是，这些情况主要发生在军人执政时期，现在已经鲜有这方面的报道。

进入21世纪以来，出现了一个废除死刑的高潮，有2/3以上的国家都先后废除了死刑。但是世界上的大国和人口众多的国家都保留了死刑，如中国、美国、日本、印度、印度尼西亚和非洲的一些国家。如果从人口的绝对数字看，保留死刑国家的人口要大大高于废除死刑国家的人口。因此，死刑这一刑种还未达到完全废弃不用的程度。但是，在保留死刑的国家，一般都对死刑的适用采取了比较严格的限制措施。在日本，尽管有十多种犯罪可以判处死刑，但每年被判处死刑的人数不多，大多是2—3件。印度等国也是如此。

2. 死刑的存废之争

尽管死刑被长期和广泛适用，但对死刑的存废之争从来就没有停止过。

---

① 《世界各国和地区死刑存废盘点，保留死刑的亚洲最多》，载《南方都市报》，http://epaper.oeeee.com/epaper/A/html/2015-06/30/content_36460.htm，2015-06-30。

(1) 反对死刑的观点

死刑违反了生命价值的原则。他们认为,死刑是以社会的名义对其成员进行的凶杀。如果犯罪分子杀人是错误的,那么,社会和国家的杀人行为也是错误的。在一个文明社会,不应出于报复的动机而去剥夺他人的生命,即使国家剥夺犯罪分子的生命,也是不人道的,是对生命价值的漠视。

死刑没有威慑效果。反对死刑的人认为,没有任何证据显示死刑具有阻止犯罪的效果。他们引用历史来证明自己的观点,例如,当英国人用死刑对付盗窃犯时,扒手们就在观看绞死窃贼的人群中进行盗窃。他们还通过实证分析的方法,发现不少国家废除死刑以后,谋杀等严重的刑事犯罪的发案率并没有呈明显的上升趋势,而一些国家恢复死刑以后,也未见社会治安明显好转。

死刑是多余的刑罚,犯罪分子是可以改造的。对于杀人犯也可以判处监禁刑,使其接受教育和改造,即使对极少数顽固不化的人,也可以判处终身监禁,使其不能继续危害社会。如果能用较轻的刑罚防止犯罪的发生,就没有必须使用死刑这一最严厉的刑罚措施。

死刑不公正。由于富有的人能请得起好律师,所有被判处死刑的大都是穷人、黑人和土著美国人。这就意味着犯有同等罪行的人,可能受到不同的处罚。另外,死刑具有不可分割性。即使同样实施了杀人行为,但每个人的犯罪情节都不同,杀死一个人是判处死刑,杀死更多的人也只能是执行一次死刑,这样等于对所有的杀人犯都处以相同的刑罚,因而也是不公正的。

死刑不经济。死刑犯可以成为廉价的劳动力,国家可以强制其进行生产和劳动,以创造社会价值。如果执行死刑,就浪费了本来可以利用的廉价劳动力,罪犯也失去了改造成为新人的机会,因而是一种不经济的刑罚方法。据统计,美国在1988年用电椅处死一名死刑犯,成本是320万美元(包括诉讼成本),而判处终身监禁的费用是60万美元。

死刑误判难纠。死刑剥夺了他人的生命,一旦出现错误的判决,将造成不可挽回的严重后果。历史已经证明,在任何一个国家,即使采取了最严格的程序和最谨慎的态度,也不可能完全杜绝错误判决的发生。美国从1970年到2001年,就有95人被错误地判处死刑,有的已经被执行死刑。2015年,美国有149人的错案得到平反。这些冤案中,3/5是谋杀重罪,2/3涉案人员是少数族裔。[①]

(2) 赞成死刑的观点

死刑并不违反生命价值的原则。恰恰相反,对于严重的刑事犯罪都不能判处死刑,就贬低了受害人的生命价值和社会利益。例如,对于情节严重的杀人犯

---

① 《制造杀人犯? 美国去年平反149人错案创新高》,载新浪网,http://news.sina.com.cn/w/zg/2016-02-09/doc-ifxpfhzk9168381.shtml, 2016-02-09。

和一些极其残忍的连环杀手不处以死刑,就意味着受害者的生命不如犯罪分子重要,这显然是漠视被害人的生命。

死刑具有威慑效果。他们认为,死刑既然从肉体上消灭了杀人犯,就可以防止他再从事杀人行为。如果国家的刑罚能让人明白,杀了人就要偿命,就会防止杀人事件的发生。死刑之所以至今没有发挥有效的威慑效果,恰恰是因为死刑的运用还远远不够,要加大处罚的力度,甚至可以考虑让人们观看死刑的执行,这样会更有效的增加死刑的威慑效果。

死刑可以预防严重犯罪的发生。现在世界各国的累犯率居高不下,说明用自由刑改造犯罪分子是一种失败的做法,即使将其判处终身监禁,他们也有机会逃跑或者在监狱里犯罪。只有判处死刑,才是预防犯罪最有效的手段。根据实证分析,每执行一例死刑,就可以防止156起谋杀案的发生。

死刑是公正的刑罚。对严重的刑事犯罪判处死刑,是罪刑相适应的要求和具体体现。对于谋杀犯不判处死刑,就不能在刑罚的轻重上反映犯罪的严重程度,刑罚的公正性也就无从谈起。即使死刑具有不可分割的缺陷性,但这并不是死刑特有的缺陷,终身监禁也是如此。

死刑可以节约社会资源。没有任何证据表明死刑犯可以改造好,而且终身监禁也很少一辈子关在监狱里,许多杀人犯在监狱里待上几年就被释放回家。有的人被放出不久又再次杀人。考虑到这些事实,将杀人犯长期关在监狱里的社会代价太昂贵了。为什么要让无辜的人们长期供养那些已经证明自己不宜于在社会中生活的罪犯呢?他们所犯的罪是如此严重,没有任何理由让其生存下去,而让无辜的人们负担他们的生活费用。刑罚是否经济,不仅要看能否创造社会价值,也要看能否节约社会开支。死刑简便易行,不像自由刑需要监管人员和监管设施,也不需要一直供养犯罪分子,这些正是刑罚经济性的表现。

死刑误判难纠是司法错误。误判难纠的确是死刑的一个缺陷,毕竟人死不能复生。但是这一缺陷并非死刑所固有,而是司法错误的产物。应当通过严格的审判程序和极其慎重的态度来最大限度避免错误判决的发生。其实误判难纠也不是死刑特有的,其他刑种也存在同样的问题。被判处监禁的罪犯,在服刑一段时间以后发现是错案,被立即释放了,但是他们已经失去的几年自由却永远无法挽回了;被判处终身监禁的人,在监狱里关了一辈子,死后才发现是错案,虽然可以恢复名誉,但失去的一辈子的自由如何挽回呢?[①] 可见,误判难纠并非死刑

---

① 例如,1981年在纽约布鲁克林的一起放火案中,由一位母亲和她的5个孩子丧生,3名嫌疑人被判谋杀罪和放火罪。但根据2015年最新的技术检测,该案是个意外,消防队员提供的证据并不是放火的证据。而两名嫌疑人已经服刑33年,1名嫌疑人已在狱中死亡。近5年来,被平反的人平均服刑14年,有的已经超过30年。

所特有,其他刑罚方法同样存在类似问题,需要通过其他途径加以解决,而不是废除死刑。

还有一种观点认为,杀人犯由于违反了法律和道德,就失去了受到合乎道德的待遇的权利。正如要打死一只威胁人类生命的野兽一样,杀人者也应该受到惩罚。死刑只不过是另外一种自卫的形式,是适用于社会整体的自卫形式。正如个人有权自卫一样,社会也有权保护自己免受任何人的伤害,以确保杀人犯不得再度实施杀人行为。

杀人犯肯定应该失去某种权利。问题在于,他们丧失的权利当中是否应当包括生命?毫无疑问,杀人犯已经证明自己是极度危险的,从而失去了自由地生活于无辜者中间的权利,但这意味着必须处死他们吗?此外,也确有一些杀人犯出狱以后过着正常人的生活,甚至对社会作出了积极的贡献,这不是也可以说明某些问题吗?[①] 可见,关于死刑的存废问题还会持续下去,短时间内也不会有统一的意见,这一点才是肯定的。

3. 美国的死刑情况

现在世界上有 2/3 的国家或地区已经废除死刑。但是众所周知,美国是联邦制,各个州都有很大的自主权。美国各州对待死刑的态度不一样,造成了有的州有死刑,而有的州是没有死刑的。但目前为止,美国有 31 个州是有死刑的,19 个州和首都哥伦比亚特区是废除死刑的。死刑的方法有多种多样,从最早的绞刑,到现在最普遍的注射死亡和电椅死亡。

那么,美国联邦政府为什么不对死刑作出统一的规定呢?其实,在 20 世纪 70 年代,美国联邦最高法院做了两个看似很矛盾的判决。在 1972 年的 Furman v. Georgia 一案中,死刑被美国联邦最高法院禁止。按照美国联邦法比州法更有法律效力的原则,以前允许死刑的州也纷纷修改州宪法来禁止死刑。然而仅仅过了四年,在 1976 年的 Gregg v. Georgia 一案中,联邦最高法院又恢复了死刑。这样,各州又有选择允许或禁止死刑的权利了。

据统计,从 1800 年到 2013 年,美国境内一共依法处决了 14295 名罪犯。从 1976 年到 2016 年 5 月 12 日,美国处决了 1436 名死囚。在 2014 年,美国处死死刑犯 35 个。2015 年有 28 个死囚被处决。2016 年已有 14 个死囚被处决。现在美国仍然有 2943 名死囚正在等待被执行死刑。虽然判处死刑的程序很严格,但是仍然可能造成误判。从 1973 年到现在,已经有 150 名被误判的死囚被释放。

关于青少年罪犯的死刑问题,是从 2005 年开始以法律的形式规定下来的。2005 年,联邦最高法院规定死刑不能适用于少年犯。[②] 从 1976 年到 2005 年,美

---

① 〔美〕J. P. 蒂洛:《伦理学:理论与实践》,孟庆时译,北京大学出版社 1985 年版,第 190 页。
② 犯罪时处于青少年阶段,具体的年龄段要依据各州不同法律而定。

国一共处决了22名少年犯。

发达国家存在死刑的只有两个,除美国外就是日本。日本2014年处死死刑犯3人。美国保留死刑的州是:亚拉巴马(Alabama)、亚利桑那(Arizona)、阿肯色(Arkansas)、加利福尼亚(California)、科罗拉多(Colorado)、德拉威(Delaware)、佛罗里达(Florida)、佐治亚(Georgia)、爱达荷(Idaho)、印第安纳(Indiana)、堪萨斯(Kansas)、肯塔基(Kentucky)、路易斯安那(Louisiana)、密西西比(Mississippi)、密苏里(Missouri)、蒙大拿(Montana)、内华达(Nevada)、新罕布什尔(New Hampshire)、北卡罗来纳(North Carolina)、俄亥俄(Ohio)、俄克拉荷马(Oklahoma)、俄勒冈(Oregon)、宾夕法尼亚(Pennsylvania)、南卡罗来纳(South Carolina)、南达科他(South Dakota)、田纳西(Tennessee)、德克萨斯(Texas)、犹他(Utah)、弗吉尼亚(Virginia)、华盛顿(Washington)、怀俄明(Wyoming)。

废除死刑的州是:阿拉斯加(Alaska)、康涅狄格(Connecticut)、夏威夷(Hawaii)、伊利诺伊(Illinois)、艾奥瓦(Iowa)、缅因(Maine)、马里兰(Maryland)、马萨诸塞(Massachusetts)、密西根(Michigan)、明尼苏达(Minnesota)、内布拉斯加(Nebraska)、新泽西(New Jersey)、新墨西哥(New Mexico)、纽约(New York)、北达科他(North Dakota)、罗德岛(Rhode Island)、佛蒙特(Vermont)、西弗吉尼亚(West Virginia)、威斯康星(Wisconsin)、哥伦比亚特区(District of Columbia)。

美国的俄克拉荷马州是坚持保留死刑的一个州,它本来拥有全美最"繁忙"的处决室,但因为一连串的行刑失误,包括2014年使用药物注射处决一名死刑犯时,导致他挣扎了近1小时才死去,遭到广泛谴责,致使该州于3年前起暂停执行死刑。但是,该州官员2018年3月14日宣布,正计划恢复执行死刑。计划一旦实施,俄克拉荷马州将会是美国首个以氮气处决死囚的州。该州的官员表示,氮气易于获得,用它行刑是一个有效和易于施用的方法,还不涉及复杂的医学程序。由于当地的药厂不愿提供药物,作为处决罪犯的用途,令美国以注射毒针执行死刑的州出现取药困难,他们认为不能再一直等下去,而以氮气行刑就能提供解决办法。一般人在吸入氮气8至10秒后将会陷入昏迷,数分钟后就会死亡。支持者认为,这是一种较为人道、快速及无痛苦的死亡方式,目的是减少死刑犯的临终痛苦,但是,这种行刑方式未经测试,效果还有待观察。

第二十一章 假释和缓刑制度

英国根据 2009 年《法医和刑事审判法》(Coroners and Criminal Justice Act 2009),第 118 节新设了量刑委员会(the Sentencing Council)[1],提供量刑指南。

英国的刑罚根据罪行的严重程度分为监禁刑(Custodial Sentence)和非监禁刑(Non-Custodial Sentence)。[2] 从重到轻以此分别是:监禁刑——立即执行/缓刑;社区服务;罚金/赔偿法院令;有条件或者无条件释放。[3] 罪行的严重程度根据 2003 年《刑事审判法》第 143(1)规定,需要考虑犯罪行为人的可责性、罪行的危害性。[4]

对于监禁刑的量刑标准,2003 年《刑事审判法》第 152(2)节有规定,即综合考虑犯罪行为人的罪行是否足够严重到适用社区服务和罚金刑(注:这两种属于非监禁刑),否则不足以惩罚该罪行。[5] 具体案例法给出了一些衡量标准。[6]

对于非监禁刑的社区刑量刑标准,2003 年《刑事审判法》第 148(1)节有规定,即综合考虑犯罪行为人的罪行是否足够严重到实施该等刑罚。[7]

对于法院在量刑问题上的裁量权,按照惯例是考虑以下几点[8]:

第一,是否超过了监禁刑的起刑标准?

第二,如果是,是否必须判处监禁刑?

第三,与该犯罪的严重程度相适的最短刑期是什么?

第四,是否可以被判处缓刑?

---

[1] 取代了之前的 the Sentencing Guidelines Council(SGC)和 the Sentencing Advisory Panel(SAP),Robert McPeake(2016),*Criminal Litigation and Sentencing*(28th Edition),Oxford, p. 221.

[2] 非监禁刑包括:释放(absolute discharge)、有条件释放(conditional discharge)、罚金(fine)、社区服务(community sentences)。

[3] Martin Hannibal and Lisa Mountford(2016),*Criminal Litigation*(2016—2017),Oxford, p. 383.

[4] 具体因素和衡量标准请见 Robert McPeake(2016),*Criminal Litigation and Sentencing*(28th Edition),Oxford, p. 222.

[5] Robert McPeake, op. cit., p. 224.

[6] R v Cox [1993]1 WLR 188;在 R v Howells [1999]1 WLR 307 中法官 Bingham 表示需要考虑被告人的主观意图(比如预谋比没有预谋危害性大)、危害结果(比如人身伤害比财产损失危害大)、是否有前科等因素。另外,法官更鼓励考虑其他刑法而非监禁(见 R v Kefford [2002] EWCA Crim 519 等),并且会考虑监狱是不是过度饱和等。参见 Robert McPeake, op. cit., p. 241—242.

[7] Robert McPeake, op. cit., p. 224.

[8] Martin Hannibal and Lisa Mountford, op. cit., p. 404.

英国已经废除死刑,监禁刑的刑期因罪行而异。治安法院的法官有权判处最多 6 个月的监禁刑,多罪的情况下最高不超过 12 个月。①

第一节 假　　释

一、英国的假释制度

假释与刑期长短、罪行种类有关。2003 年《刑事审判法》对于监禁刑期在 12 个月及以上的,以及少于 12 个月的假释制度有所不同;且对于某些重罪的假释制度,法律也有特殊规定。主要有如下几点:

1. 2003 年《刑事审判法》第 243(2)节规定了短于 12 个月(<12 个月)监禁刑的假释(duty to release unconditionally)。

根据该条规定,如果犯罪人执行了必要刑期(注:即执行了一半的刑期),则国务大臣(Secretary of State)必须无条件假释(release unconditionally),即不附加任何的假释条件,且必须假释。②

根据 2003 年《刑事审判法》第 243(3)节规定,必要刑期是指:如果只有一罪的话,是指执行了一半的刑期;如果有数罪并罚(a. concurrent sentences 并罚罪行,笔者理解刑期是轻罪被重罪吸收;b. 或者 consecutive sentences 连续罪行,即罪行刑期累加③),则监禁刑期按照第 263(2)节、第 264(2)节规定计算。④

对于短于 12 个月的监禁刑,假释是无条件,在假释期间犯了新罪的,犯罪人将被重新监禁。⑤

2. 2003 年《刑事审判法》第 244 节规定了 12 个月及以上(≥12 个月)的监禁刑的假释(duty to release on licence)。

特别注意:该条不适用于第 243A(即 12 个月以下的监禁刑)、第 244A

---

① Robert McPeake Robert McPeake, op. cit., p.240.
② CJA 2003, s 243(2).
③ 关于这二者的区别和解释,Peter Hungerford-Welch(2014), *Criminal procedure and sentencing* (18th edition),Routledge, p.277.
④ 注:对于 263(2)、s 264(2) 的理解,文字上比较拗口,可参看立法机构对于这两条的解释(http://www.legislation.gov.uk/ukpga/2003/44/notes/division/4/12/6/27, http://www.legislation.gov.uk/ukpga/2003/44/notes/division/4/12/6/28),是区别这两种刑期如何计算刑期的,即分别执行最长的刑期,以及累加的刑期,并没有对假释期间的特殊规定。所以 s243(3)(b)的含义,我理解并没有"必要刑期"的特殊要求,而是指向 263(2)、264(2) 对这两种多罪的刑期进行解释,但至于多罪情况下被假释需要执行的"必要刑期",还是同 s 243(3) 的单罪一样,即执行了一半的刑期。关于这个问题,多数教科书上都是简单说执行一半的刑期,并未区分一罪还是多罪。
⑤ Martin Hannibal and Lisa Mountford (2016), *Criminal Litigation* (2016—2017), Oxford, p.402.

(236A 和 Schedule 18 规定的判处终身监禁的罪行），以及第 246A、第 226A、第 226B 规定的被判处加重刑期的危险犯罪人（暴力犯罪或者性犯罪），即正常刑期之外延长刑期，有点类似于加重处罚。因为不能超过该罪的最高刑①，此种假释不适用被判处终身监禁的犯罪人及被判处加重刑期的危险犯罪人。

此种情况的假释，也是在刑期执行过半之后由国务大臣予以假释，但与短于 12 个月刑期假释的不同在于，其假释是有条件许可(release on licence)，任何违反该许可要求的行为都可能导致犯罪人被重新监禁。2015 年《刑事审判规则》列出了相关条件，这些条件可作为许可的一部分，在另一半刑期执行过程中应当遵守，另外一半刑期是社区服务。②

2014 年《犯罪行为人改造法》(the Offender Rehabilitation Act 2014)引入了新变化，对于被判处短期监禁刑的假释犯罪行为人，增加了监管规定。③ 根据 2014 年《犯罪行为人改造法》的规定④，对于两年以下的刑期规定了考察期(supervision period)，犯罪人必须在考察期内遵守考察要求，考察期从原刑期的一半开始计算。⑤

根据 2003 年《刑事审判法》第 254(1) 节规定，国务大臣有权撤销其假释并责令收监。⑥

3. 关于被判处终身监禁犯罪人、及加重刑罚的危险犯罪人的假释。

(1) 终身监禁犯罪人

根据前面的内容，被判处终身监禁的犯罪人，不适用 2003 年《刑事审判法》第 244 节的规定，这类犯罪人的假释，需要由假释委员会决定，国务大臣无权决定假释。⑦ 同时，被判处终身监禁的，其假释许可将设定各种基本条件和附加条

---

① 注，这两条已经被废除，原来是暴力性犯罪。见 CJA 2003，s227 228.
② Robert McPeake(2016)，*Criminal Litigation and Sentencing*(*28th Edition*)，Oxford，p.243.
③ Martin Hannibal and Lisa Mountford (2016)，*Criminal Litigation*（*2016—2017*），Oxford，p.402—403 的表格。
④ CJA 2003，s 256AA.
⑤ 同上。
⑥ 注：没有说明理由，就是综合考虑要撤销，当然，犯罪人是需要被告知理由的，其可以就此发表意见。
⑦ Crime(Sentences) Act 1997(c. 43)，s31. 注：很多条款标注红色 R 的代表 repeal 废止（已经删除不会显示）；绿色的条款是目前有效的。S31 这条有效。

件,且随时都可能被重新收监。①

所以,终身监禁的犯罪人,假释不是自动的。虽然是无限期刑,法官也会决定一个监禁的最低刑期,只有在犯人履行了这个最低刑期、假释委员会收到国务大臣的请示之后,假释委员会才会考虑是否准许假释。只有在假释委员会经过考虑犯罪人的危险性等因素而作出准许后,国务大臣才有义务假释犯人。②

(2)加重刑罚的危险犯罪人的假释

如前面分析,根据2003年《刑事审判法》第244节的规定,假释也不适用于③被判处加重刑期(extended sentence)的危险犯罪人(暴力犯罪或者性犯罪)。

对于此类犯罪人的假释,同终身监禁的流程比较像,也是需要国务大臣向假释委员会请示,在犯人履行了必要刑期即宣告刑的2/3刑期以后,由假释委员会经过考虑犯罪人的危险性等因素以后,再决定是否准许。假释委员会许可后,国

---

① 见司法部网站介绍,https://www.justice.gov.uk/offenders/types-of-offender/life.

"The Parole Board has the power to direct the release of life sentence prisoners but release can only take place once the minimum period of imprisonment has been served, unless in exceptional compassionate circumstances, and the Parole Board is satisfied that the risk of harm the prisoner poses to the public is acceptable.

All indeterminate sentence prisoners are released on a licence and are supervised by the Probation Service. The release licence contains a number of standard conditions that the released prisoner must adhere to. On the recommendation of the Parole Board the licence may also contain additional conditions that are specific to the individual prisoner such as the requirement to undertake further offending behaviour work in the community or conditions to exclude the individual from certain places in order to protect the victim or victim's family."

Released lifers:

• are subject to a life licence which remains in force for the duration of their natural life;

• may be recalled to prison at any time to continue serving their life sentence if it is considered necessary to protect the public

② 见 Crime(Sentences) Act 1997, s 28(1A)。以及见皇家检察总署 CPS 官网:http://www.cps.gov.uk/legal/s_to_u/sentencing_and_dangerous_offenders/

"Offenders sentenced to an indeterminate sentence of imprisonment for public protection, or detention for public protection will be released only when the Parole Board says it is safe to do so. Release is never automatic. The Court will set a minimum term that will be served in full before the Parole Board can consider whether it is safe to release the offender. The minimum term should be the period that would have been served in custody if a determinate sentence had been imposed according to the seriousness of the offence.

After release, the offender remains on licence for at least 10 years(section 25(4) Criminal Justice Act 2003 and Part 2 Chapter 2, Crime(Sentences) Act 1997)".

③ PDF CJA 2003,第241页。

务大臣才有义务假释犯人(见 CJA 2003, s 246A①)。

二、美国的假释制度

1. 美国假释制度的历史发展

美国刑法中的假释,是指被判刑的罪犯在服刑一定时期以后,有条件提前释放的一种刑罚制度。但是,在假释以后的一段时间内,还要继续接受监督,如果违反了假释规定或者重新犯罪,就会被取消假释资格,重新回到监狱服刑。由于假释制度引起了广泛的争议,美国联邦司法机构已经废除了假释制度,但大多数州的司法机构仍然保留了有关假释的规定。

美国的假释制度起源于 19 世纪中叶,1870 年辛辛那提会议以后,美国建立了一些矫正院,标志着假释制度的开始。到 1942 年为止,美国联邦和各州都开始实行假释制度。假释委员会享有广泛的自由裁量权,可以任意决定囚犯提前释放的时间,仅受法院判决的最长刑期的限制。在 20 世纪 70 年代,假释人员占所有被释放人员的 70% 以上,达到了历史最高峰。假释决定书中的假释是强制性的,假释听证委员会对假释行使管辖权。这个委员会根据罪犯的犯罪历史、狱中表现以及再犯可能性等因素进行评估,然后作出是否允许假释的决定。

假释制度得到了监狱行刑人员的支持,认为有助于减少监狱里的犯人。但是公众普遍担心,提前释放犯人,可能会助长犯罪的发生,对社会秩序形成新的威胁。因此,要求延长罪犯的服刑期,统一判刑标准的呼声日益高涨。

---

① 对此,参见量刑委员会 Sentencing Council 官网,https://www.sentencingcouncil.org.uk/about-sentencing/types-of-sentence/extended-sentences/

These sentences were introduced to provide extra protection to the public in certain types of cases where the court has found that the offender is dangerous and an extended licence period is required to protect the public from risk of harm. The judge decides how long the offender should stay in prison and also fixes the extended licence period up to a maximum of eight years. The offender will either be entitled to automatic release at the two thirds point of the custodial sentence or be entitled to apply for parole at that point.

If parole is refused the offender will be released at the expiry of the prison term. Following release, the offender will be subject to the licence where he will remain under the supervision of the National Offender Management Service until the expiry of the extended period.

The combined total of the prison term and extension period cannot be more than the maximum sentence for the offence committed.

另外,CPS 皇家检察总署官网也有介绍,http://www.cps.gov.uk/legal/s_to_u/sentencing_and_dangerous_offenders/

For the new EDS(注:是指 from 3 December 2012 section 124 LASPO Act 2012 introduces a new Extended Determinate Sentence(EDS),之后 CJA 2003 新增加 s. 226A) release will normally be at the two thirds points of the custodial term, unless the custodial term of the extended sentence is 10 years or more, or the sentence is imposed for an offence listed in schedule 15B, when the case must be referred at the two thirds point to the Parole Board, who will consider whether it is no longer necessary for the protection of the public for the defendant to be detained.

20世纪70年代后期,美国的假释制度出现了一些重大的变化。新的量刑指南要求法官在判决时,不要再判处不定期刑,而是要确定一个固定的刑期,对大多数刑事犯罪都必须规定一个最低刑期,以统一量刑的标准。美国国会于1984年通过了《全面控制犯罪法》,在联邦一级废除了假释制度。根据这项法律,1987年11月1日之前被判刑的罪犯,在联邦监狱服满1/3刑期以后,仍然有资格获得假释。但是,在此之后的联邦监狱里的罪犯将不再享有这种待遇。如果这些犯人在监狱里表现良好,每年最多可以减刑54天,释放后仍然要在一定时期内接受监督。

美国大多数州仍然保留了假释制度,但是仅有14个州保留了假释委员会。在保留假释委员会的州,一般有10人左右组成假释委员会,其成员由州长任命,任职期限各州的规定不同,俄亥俄州的任期为6年。当一个罪犯具备申请假释的资格时,假释委员会会对他的情况进行评估,其中包括对犯罪的严重程度以及社会危险性的分析,如果认为该名罪犯符合假释的条件,就可以决定提前释放,使其重新回归社会。

在没有设立假释委员会的那些州,监狱里的犯人在服满法律规定的刑期以后,也可以获得假释。例如,一个人犯有抢劫罪,被判处5年刑期,他在州监狱服满85%的刑期以后,就可以获得假释。但是,由于没有假释委员会,就没有任何人对罪犯的情况和表现进行评估和审议,即使他没有参与过监狱里有关假释的任何计划,甚至不遵守监狱里的规定,都必须立即释放。这种做法,被称之为"法定释放"。

由此可见,美国各州的做法是不同的,有的州根据不定期刑,由假释委员会决定是否提前释放监狱里的犯人;有的州则根据法官判处的确定刑期,在罪犯服满判决中的确定刑期以后,就自动获得假释,不需要再进行评估和审议了。

2. 假释的程序和条件

当服刑人员提出假释的请求后,假释委员会应该详细的了解有关情况,然后再作出是否允许假释的决定。假释委员会会要求罪犯自己提出重返社会的计划,或者由某个社会机构帮助其拟定一个计划。在假释前,假释委员会还要委派假释官员到罪犯所在的社区,对他将来的住所和就业情况进行调查,在符合规定以后,才会将其提前释放。

监狱里的服刑人员都必须在服满一定刑期以后,才有资格提出假释申请。在美国,假释是一项特殊的权利,而不是当然的权利,监狱里的犯人有申请假释的自由,但并不一定都能得到假释。

假释的条件各州大同小异。根据加利福尼亚州的规定,负责矫正的部门必须在服刑人员释放前30日会见被假释的人,告诉其假释的条件和期限,假释的条件由假释委员会规定,这个委员会有权自行规定它认为合适的假释条件。根据州对被假释人员的监督权,有些条件是法定的和必须遵守的。例如,假释委员会发现被假释的人是在醉酒的状态下实施的性犯罪,它就必须对被假释的人附加禁止饮酒的条件,以及被假释人的居住地、与谁住在一起,到哪里去旅行以及生活的各个方面都作出规定。

适当的时候,被假释的人可以被要求接受大麻的测试,参加门诊精神卫生治疗,避免饮酒,不参与任何监狱黑帮、破坏性、分裂性组织、扰乱街头的犯罪团伙,定期报告个人情况或者通过邮件向假释官员报告哪些人员曾经到过他的家里或者工作的地方。

假释委员会也许会要求被假释的人,接受一个结核病的试验,作为一个假释的条件。委员会也可以要求因家庭暴力被定罪的假释犯,参加一个打人者项目,命令这个人遵守所有受害人要求保护的命令。假释委员会和矫正组织也可以要求囚犯支付受害人赔偿金、恢复原状、将物品归还原主等等,作为假释的条件。

矫正部门应该将被假释的人予以分类,如果是最高等级控制或者危险等级控制的人,必须在有关文件上注明,被假释的人应在释放后两天之内,向假释官员报告情况,除非假释部门已经明确规定了一个短暂的报告期。

假释之前,必须对定罪的囚犯进行心理评估,其中也包括过失的轻罪犯。这个评估决定囚犯参加心理辅导的期限的长短。囚犯也许被要求佩戴电子镣铐或者其他的监控设备,作为一个假释的条件。

假释条件必须是合情合理的,当基本的宪法权利处在危险中时,法院必须通过合法途径废除那些不必要的假释条件。

假释部门必须考虑任何犯人对他的假释条件的请求,囚犯有权对此提出上诉,并要求重新考虑假释的条件。[1]

3. 假释的撤销

违反假释条件可能导致撤销假释,重返监狱。假释官员可以搁置或者撤销假释。(1)假释对于囚犯本人构成一种危险,或者对另外一方的人身和财产构成危险;(2)可能潜逃;(3)患了精神疾病。当被假释的人由于新的刑事控罪已经被拘留时,假释官员可以搁置假释,也可以逮捕假释犯。搁置假释时被告人无权保释。假释委员会要求被告人参加和完成一个适当的药物(毒品)治疗项目,犯有严重罪行和暴力犯罪的被告人或者实施与毒品犯罪没有关系的被告人,不适合参加这个项目。[2]

4. 假释的争议

假释制度始终是美国社会中引起广泛争议的问题。反对假释的人认为,美

---

[1] Laurie L. Levenson, *On California Criminal Procedure*, Thomson West, 2006, p.1419.
[2] Ibid, p.1421.

国在过去几十年中采取了严厉的刑事政策,出发点是不能纵容罪犯,罪犯犯了法,就应该在监狱中接受惩罚,不能获得假释,因为假释以后重新犯罪的比例太高了。例如,一个男子打死了自己女友的女儿,蹲了 20 年监狱。服刑期间,他和监狱外的另外一位妇女结了婚,这名妇女有 4 个女儿。当该名男子得到假释以后,矫正人员告诉他在接受心理测试以前,不能和她们住在一起。但是他违反规定,偷偷和这名妇女和 4 个女儿住在了一起。假释委员会想要撤销他的假释,但经不起这名妇女的苦苦哀求,终于将其释放。然而几天之后,该名男子却割断了这个妇女的喉咙,将其杀死。一些人士还指出,有些矫正官员,打着假释和矫正的旗帜,却行使着不受约束的自由裁量权,这加大了行政官员的权力,是对司法程序的破坏。因此,假释应当被法院判处的确定性加以取代。

当然,也有一些假释成功的例子。比如,有的假释犯获得假释以后进入法学院学习,毕业以后成为一名律师。所以,支持假释的人认为,如果在监狱外的环境为罪犯提供一些服务,例如,提供教育和就业机会以及戒酒戒毒的治疗计划,会比把他们关在监狱更能节省开支。研究表明,把公共资金花在避免获得假释的犯罪人员走回头路上面是一项有利的投资。尽管存在着争议,但在美国的一些州似乎有加强假释制度的倾向。例如,加利福尼亚州过去几年中通过了一项直接针对吸毒犯的法律,根据这条法律,这些犯罪人员获得假释后,如果又开始吸毒,仅仅因为这一点不会被重新关入监狱,而是要接受戒毒治疗。许多人认为,把他们重新关进监狱有很多益处,但是实际情况是,减少服刑时间,让他们得到假释的好处似乎更多一些。由此可以看出,在假释问题上,美国联邦一级的司法机构和州一级的司法机构的认识和做法还是有很大不同的,这也反映了美国联邦制的特点。

第二节 缓 刑[①]

一、缓刑的历史发展

缓刑理念早在一个世纪以前就存在,其发展经过了数个不同阶段,每个阶段都有不同的哲学理论作为支撑。1876 年—1930 年,是用仁慈拯救罪犯的灵魂;1930 年—1970 年是生活环境调查(casework)、诊断(diagnosis)、矫正(rehabilitation)和实证主义(positivism);整个 20 世纪 70 年代,缓刑是监禁的替代措施;80 年代是社区刑,刑罚悲观主义盛行;1997 年至今又强调惩罚、矫正的复兴和基

---

① Robert McPeake(2016), *Criminal Litigation and Sentencing* (28th Edition), Oxford, pp. 243—244.

于证据的实践。

缓刑源于维多利亚时期的禁酒运动和19世纪70—80年代开始的治安法庭传教士制度(police court missionary)。尽管用其他措施替代监禁的做法在19世纪有所增多,但直到20世纪20年代,缓刑才正式列入成文法。在过去的90多年里,特别是在最近30年里,缓刑官的工作性质和工作规模变化显著。

英国1970年《缓刑法案》第2节规定,经过担保被有条件释放的罪犯应当"在命令规定的期限内,接受由命令指派的人员的监督"。规定监督期限和人员的命令被称之为缓刑令。所附条件可能是罪犯不得接触不当人员、不得进入不当场所、不得接触酒精类饮品等。地方政府有权指定缓刑官,缓刑官的职责是:

(1) 每隔一段时间探访被监督人或者接受被监督人的报告,具体时间由缓刑官自行决定;

(2) 审查被监督人的行为是否符合缓刑条件的要求;

(3) 向法庭汇报被监督人的表现;

(4) 向被监督人提供建议、协助和帮助,有可能的话,帮助其就业(该点被着重强调)。

到20世纪20年代中期,一个全国性的、官方的缓刑机制被建立起来。大致从那时起,缓刑的理念逐渐从"传教士思维"向"治疗性的"(therapeutic)、"诊断性"的理念的转变。传教士思维是希望能够改造恶人,而治疗性理念是希望能够"医治病人"。1919年获得缓刑的人数不超过10000人,1936年是25000人,1943年就达到了35000人。

缓刑制度在第二次世界大战以后继续得到发展。从1963年起,缓刑官就负责所有的社区后续照顾(after-care),照顾对象包括看守所被改造人员、少年感化院学员(borstal trainee)和少年犯以及被判无期徒刑的服刑人员。20世纪70年代,政府开始将缓刑服务作为管理长期服刑人员的管理方式,管理对象包括刑满释放人员和被假释的人员。被监督人数从20世纪50年代中期的55000人增长到20世纪80年代早期的150000人,其中社区服务成为了缓刑服务的核心。

英国政府也采取了主动措施,折中了传统的福利缓刑的理念。假释不仅是为了减轻监狱人员的压力,也是为了让罪犯回归社会。另外,通过缓刑官对被假释人员的监督还可以达到保护公众安全的目的。训练中心和保释场所也被投入实际的应用之中,传统的缓刑方式已经渐被摒弃。大量的实证研究也发现,缓刑并不能降低重新犯罪率。

此时,出现了以行为偏差的社会学理论为核心的新犯罪学,该理论质疑刑事司法系统的功能和缓刑的性质。质疑此时的社区服务并非人道措施而是政府的镇压手段,质疑中立的专业人士所扮演的角色,并质疑缓刑官的涉入对于行为人产生犯罪倾向有直接关系(因为缓刑官在工作中被认为更偏向于公众保护而非帮助被监督人)。之前的基础理论几乎全部被推翻,转而被刑罚悲观主义所替代。

当时的英国保守党政府关于缓刑的所有措施集中体现在1988年的绿皮书《处罚、监禁和社区》中,该绿皮书认为监禁适用于暴力犯罪,但是,95%的犯罪都不是暴力犯罪。因此,监禁就可能不适合这些较轻的犯罪,因为虽然监禁剥夺了服刑人员的自由,但是也减少了其通过劳动来补偿被害人或社区的机会。社区刑是二者可以兼得的选择,既可以限制服刑人自由,又可以补偿被害人,也节约了纳税人的钱。绿皮书设定了三个原则:一是限制自由;二是降低再犯风险;三是应当包括对社区和被害人的补偿。

绿皮书问世不到两年,英国内务部颁行了一份包含了政府立法建议的白皮书。该白皮书表明了政府对于量刑的立场,强调了比例原则和罪刑相适应原则。绿皮书和白皮书的相关立法成就就是1991年的《刑事司法法案》。该法案鼓励在罪刑相适应原则的基础上适用社区刑,缓刑令成为了法院的判决,强调其惩罚的性质。此时,社区刑的惩罚性质被着重强调。在1995年内务部发布的绿皮书《加强社区刑罚》中,政府认为缓刑太温和,要将判处社区刑的工作交给法院而不是由缓刑官和其他专业人员来处理。

后来,英国的工党政府提出缓刑现代化,将"有效"作为原则,具体包括有效风险评估、定位犯罪行为、管理与犯罪者的犯罪行为有关的具体因素、关注犯罪者的学习类型、保持项目的质量和完整性。2001年4月英格兰和威尔士的54个地方缓刑部门被全部取消,取而代之的是英格兰及威尔士的国民缓刑部,目标是更有效、更集中的控制和管理新实施的计划。该部门直接归内务部负责,其财政全部由内务部保证。该措施在2003年至2004年间受到了批评,最重要的就是一个名为"管理最烦,减少犯罪"的报告,该报告指出了现行制度的一些问题,并提出要将监狱与社区刑纳入同一体系,即国家犯罪管理部门(NOMS)。建立NOMS的工作从2005年6月正式展开,现在还在进行之中。NOMS的建立也将见证中央政府在刑事司法中的实质性参与的加强。

美国的缓刑制度源于1841年8月的一个普通的刑事案件。当时,一个年轻人因偶然在公共场所"酗酒闹事"而受到司法当局的指控。这种"酗酒闹事"的行为是一种轻微的罪行,被告人如果缴纳一笔保释金,就可以判决在"监外守行"一年,不必遭受牢狱之苦。但是,如果被告人交不起保释金,就只好被判处监禁刑,在监狱里待上一段时间。

修鞋匠约翰·奥古斯都在法庭旁听案件的审理时,了解到被告人无力负担保释金,他对这个青年人的遭遇非常同情,主动向法官表示,愿意充当他的担保人,保释他出去。约翰·奥古斯都的古道热肠,深深地打动了审判法官,他下令将案件延期3个月审理,到时候在视具体情况作出最终的判决。

3个星期以后,约翰·奥古斯都亲自陪同被告人返回法庭。这时,原来那个蓬头垢面的酒鬼,已经变成一个容光焕发的年轻人。约翰·奥古斯都递给法官一个书面报告,证明这个年轻人3个星期以来滴酒未沾,一直勤奋工作,空余时间还去照顾社区的孤寡老人。法官于是当场宣布判罚被告人1美分,并当场释放。

一个修鞋匠的爱心,不仅改变了一个年轻人的命运,而且深刻地影响了美国司法制度的文明进程。以后的17年中,约翰·奥古斯都共为2000多人作过"缓刑担保人"。当缓刑期满,他总是亲自陪同被告人出庭,向法官提交一份报告,描述被告人在缓刑期间的表现。法官也很相信他的报告,对表现良好的被告人也通常是判处1美分的罚金,并予以释放。不久,马萨诸塞州正式通过一项法律,在州司法部成立一个类似"缓刑司"的机构,以推广这种新的刑事司法制度。不出几年,全美国共有30多个州也纷纷成立了缓刑机构,而奥古斯都也无意间成为"缓刑之父"。

在今天的美国,全国535万名犯人(有的数据显示是525万人)当中,有近60%的人被判处缓刑,在社区接受教育和改造。

二、英国的缓刑制度

关于缓刑,如果和中国的缓刑制度相对的话,应该是指监禁刑。英国的非监禁刑中有个制度是 Conditional Charge[①],也有类似的含义,是指有条件释放,条件是指其在法院的指定期间内没有另行犯罪。如果在此期间犯了新罪,则需要考虑新罪和旧罪重新判刑[②];如果没有犯罪,则将不受刑罚处罚,但有犯罪记录。这种有条件释放不适用于重罪,主要是适用于初犯、及近年来没有犯过罪且此次犯罪尚未严重到需要判处社区处罚的地步。[③] 有条件释放与无条件释放(absolute discharge)相对,他们都属于非监禁刑的一种,只不过无条件释放是非常轻微的犯罪,完全不会被刑罚处罚,但犯罪记录会被记录在案。[④]

英国2003年《刑事审判法》第189—191节规定了缓刑制度(Suspended Sentences),主要针对被判处监禁刑在14天及以上,但不超过2年的犯人。[⑤]

---

① The Powers of Criminal Courts(Sentencing) Act 2000("PCC(S)A"), s 12(1)(b).
② Robert McPeake(2016), *Criminal Litigation and Sentencing* (*28th Edition*), Oxford, p. 227.
③ Martin Hannibal and Lisa Mountford (2016), *Criminal Litigation* (*2016—2017*), Oxford, p. 418.
④ Ibid.
⑤ 注:在 Magistrates' Court 审判可判的最高刑一罪的情况下不超过6个月,两个以上 either-way 罪行的不超过12个月,所以如果是6个月以上或者个别情况下12个月以上的肯定是在 Crown Court 审判的案件),可以处以缓刑。因此,对于监禁刑少于14天的,不适用缓刑。对于数罪并罚的,数罪最终处罚的总期限不得超过2年方可使用缓刑(见 s189(2))。

判处缓刑意味着监禁刑实际不再执行,除非:犯罪人(1)在考察期内(supervision period)未能遵守考察要求;或者(2)在缓刑期内(operational period)犯了其他罪行(无论该罪行是否是监禁刑)。①

如果处以缓刑,法院必须明确缓刑期,如果有考察要求的话,法院令还需要明确考察期。这两个期间都必须不少于6个月、不多于两年,且考察期不得超过缓刑期。②

考察期的考察要求与社区服务法令(community order)的要求相同③,最多可以有12项要求,如义务劳动、限制活动、精神健康治疗、宵禁要求、居住规定等。④ 法院在考察期内可以阶段性的评估犯罪人的遵守情况。

需要特别强调的是,缓刑属于监禁刑的一种,所以只有该罪行符合监禁刑的起刑要求、必须处以监禁刑的情况下,才有缓刑的可能。

1. 缓刑内违反规定或犯新罪的

在缓刑期违反考察要求或者再次犯罪的(2003年《刑事审判法》Schedule 12):

(1)如果是第一次无正当理由违反考察要求,则考察官必须给予警告或者启动相应的违规程序。如果在12个月内再次违反,则违规程序必须启动。

(2)如果发生下列情况,则被告人必须要被带至法庭:

如果犯罪人没有正当理由,未能遵守缓刑判决令的考察要求;或者在缓刑期间的缓刑期内犯了新罪。

由法庭决定:

- 宣告恢复被缓期执行的监禁刑(也叫激活宣告刑);或者
- 宣告恢复一个更短期的监禁刑(即部分激活宣告刑);或者
- 不超过£2,500的罚金;或者
- (如果缓刑判决令涉及一个或多个社区考察要求的)修改该判决令:

a. 规定更加严格的社区要求;

b. 延长考察期;或者

c. 延长缓刑期。

- 如果缓刑判决令令没有任何社区考察要求的,可以延长缓刑期。

根据缓刑判决令的规定,法院首先必须考虑该规定的激活或部分激活被缓期执行的刑期,除非法院综合各种情况考虑(考虑新罪行和犯罪人遵守要求的情况),认为这种做法有失公允。另外,法院在 R v Craine⑤案中也认定,仅仅在非

---

① Robert McPeake(2016), *Criminal Litigation and Sentencing (28th Edition)*, Oxford, p.243.
② Ibid, p.243.
③ Ibid.
④ CJA2003, s190.
⑤ (1981) 3 Cr App R(S) 198.

常特殊的情况下,犯了新罪不会导致被缓刑期的恢复。①

对于 2003 年《刑事审判法》Schedule 12 规定的激活监禁刑的适用,上诉法院在 R v Sheppard [2008] EWCA Crim 799 中提供了判例指导意见,需要考虑两个问题:(1) 要求整体的履行情况如何,比如如果社区服务要求的 95% 都遵守了,这种情况下如果恢复监禁刑可能就是有失公允的。(2) 在恢复监禁刑不有失公允的情况下,法院应当考虑是恢复原刑期还是缩短刑期。如果犯罪人是部分遵守了要求,那么全部激活或者部分激活均可,但如果是相当大程度上都积极遵守了要求,那么法官最好是只激活部分刑期。②

2. 对于犯罪人在缓刑期内犯了新罪,法院在处理时的考量因素:

- 如果新罪是在宣告刑快结束的情况下犯的,最好是修改缓刑判决令,而非激活监禁刑。③ 对此,法院的态度往往是从轻的原则,见 R v Carr(1979) 1 Cr App R(S) 53,R v Fitton(1989) 11 Cr App R(S) 350。④
- 如果新罪比宣告刑轻,则可能会激活一个更短期的监禁刑或者修改缓刑判决令。⑤
- 原则上任何被激活的监禁刑和新罪的刑期累加执行。⑥
- 如果新罪面临的刑罚是非监禁刑,则需要考虑是否有必要激活监禁刑(暗含的意思是,如果激活任何期限的监禁刑,原则上都不适当。⑦ 如,R v McElhorne⑧;另外,在 R v Stewart⑨ 案中,法院表示如果是这种情况,那么将很可能不会恢复监禁刑。⑩ 此外,甚至在新罪和旧罪同样性质的情况下,有时法院也是这种考虑⑪)。

如果法院决定修改缓刑判决令,而非激活监禁刑,法院应当更多地考虑延长考察期或者缓刑期(在法定范围内),而非制定更加严苛的社区服务要求。⑫

---

① Peter Hungerford-Welch(2009), *Criminal Procedure and Sentencing (17th Edition)*, Routledge-Cavendish, p. 825.
② Peter Hungerford-Welch(2009), op. cit., p. 824.
③ Robert McPeake(2016), *Criminal Litigation and Sentencing(28th Edition)*, Oxford, p. 244.
④ Peter Hungerford-Welch(2009), *Criminal Procedure and Sentencing (17th Edition)*, Routledge-Cavendish, p. 825—826. Carr 案件中,两年的缓刑期,犯罪人已经执行了 22 个月,之后犯了新罪(2 年刑期),法院决定缓刑与新罪的罪行按照并发犯罪处理(即被吸收)。
⑤ Robert McPeake(2016), Criminal Litigation and Sentencing(28th Edition), Oxford, p. 244.
⑥ Robert McPeake(2016), Criminal Litigation and Sentencing(28th Edition), Oxford, p. 244. Peter Hungerford-Welch(2009), Criminal Procedure and Sentencing(17th Edition), Routledge-Cavendish, p. 825 提及的案例 R v Ithell [1969]1 WLR 272.
⑦ Ibid.
⑧ Cr App R(S) 5, 53(1983); R v Dobson, Cr App R(S) 11, 332(1989).
⑨ Cr App R(S) 6, 166(1984).
⑩ Peter Hungerford-Welch(2009), op. cit., p. 825.
⑪ Ibid.
⑫ Robert McPeake(2016), op. cit., p. 245.

另外,犯罪人犯新罪是在缓刑期间犯的罪,即便是该新罪是在缓刑期届满之后才定罪,也不影响在缓刑期内犯新罪的认定和上述规定的适用。①

三、美国的缓刑制度

美国的缓刑,各州规定的不一样,一般都适用于较轻的犯罪,对于非常严重的犯罪一般不会适用缓刑(不是指重罪和轻罪)。

1. 缓刑的概念。加利福尼亚州《刑法典》第1203(a)节规定:缓刑是指暂缓执行判决,将被告人释放到社区进行服务和劳动,接受法官或者缓刑官的监督。缓刑的目的是有利于被告人的恢复,并将其对公共安全的风险降低到最低限度。缓刑也可以有条件的在县拘留所进行②,比如对酒后驾驶的被告人,可以禁止其在缓刑期内饮用酒精饮料,对于盗窃案件的被告人,可以令其将盗窃受害人的财物恢复原状等等。③ 审判法院为了促使被告人的恢复和保卫公共安全,对其所附加的缓刑条件,拥有广泛的自由裁量权。④

在重罪案件中,法院可以酌情给予被告人长达5年的缓刑,或者当刑期超过5年时,给予其不超过所判刑期的缓刑⑤;在轻罪案件中,法院一般处以3年缓刑,如果刑期超过3年,给予其不超过实际所判刑期的缓刑。⑥ 在酒后驾驶的轻罪案件中,缓刑可以延长到5年。⑦

在受到限制的情况下,缓刑可以超过最高刑期。

2. 缓刑报告。缓刑报告由缓刑官在答辩或者审判之后提出,以帮助法官作出量刑的决定。缓刑报告也可以在抗辩之前获得。法院经常会采纳缓刑官的推荐和建议。辩护律师将他认为重要的资料提交给缓刑官员也非常重要,比如被告人所接触的人的名字,精神病学和医疗报告或者部分证词的笔录。否则,缓刑官也许不能寻找到或者接触到这些人和资料。

在轻罪案件中,如果有人向缓刑官提出一个缓刑报告,法官可以延长20个审判日作出判决,在缓刑官和被告人的请求下,也可以延长90天再作出判决。缓刑报告应该在法院作出判决前两天提出,应被告人的请求,也可以在判决之前5日内提出。如果被告人的报告不是在律师的协助下完成,法院应当命令缓刑官在判决前与被告人以一起讨论报告的内容。

---

① Peter Hungerford-Welch(2009), *Criminal Procedure and Sentencing* (17th Edition), Routledge-Cavendish, p.825.
② Pen C 1203.1.
③ People v. Lent, 15 Cal. 3d 481.
④ People v. Carbajal, 10 CAL. 4TH 1114.
⑤ Pen C 1203.1.
⑥ People v. Powell 67 Cal. 2d 32.
⑦ Veh C 23600(b)(1).

在重罪案件中,缓刑报告应该在法院作出判决前的5日内提出,应被告人的请求,也可以在判决作出之前的9天内提交。但是,当事人为节省时间,也可以在法院公开审理时就以书面和口头的形式提出缓刑报告。此外,法院还应当给双方当事人时间,以便他们提出对被告人减轻处罚或者加重处罚的陈述,这个陈述报告应该至少在法院作出判决前4日内提出,如果律师需要更多的时间准备这个陈述,也可以延后在开庭前两天提出。

一般来说,判决必须在定罪后20个司法日内宣布。但是,当一个确定的罪是重罪时,为了提交缓刑的调查和报告,可以延长判决的时间,直到收到缓刑官的缓刑报告为止。[1]

缓刑报告的目的是帮助法官作出适当的判决。法院必须表明它在作出判决前,考虑了报告的内容。但是,在缺少相反的肯定记录时,就假定法院考虑了所有的因素。[2] 尽管法院必须考虑缓刑报告,但不需要一定接受报告的内容。法院具有部分拒绝和全部拒绝缓刑报告的自由裁量权。法院在判决方面必须行使自己的自由裁量权,如果它不这样做就是错误的。[3]

缓刑报告必须包括关于被告人的犯罪历史的各种情况。这些情况包括:

先前的定罪。被告人先前的定罪,作为一个成年犯人必须包括缓刑官的判决前的报告,供法院在作出判决时考虑。包括被告人适用缓刑和在量刑幅度以内选择一个刑期。[4] 未成年人的缓刑报告也必须包括以前的犯罪记录等资料,除非这些资料已经被封存。[5]

传闻证据。包括被害人的陈述和摘要;被告人的陈述和摘要;代表被告人利益的信件等等;辩护人应将这些材料直接提交给法院并抄送缓刑官员一份。[6]

3. 辩护律师(抗辩顾问)的角色。作为一个足够合格的代理人,就要求辩护律师应当意识到量刑方案的选择,康复中心的可用性,以及在类似的社区计划中,为当事人选择一个适合他的项目,或者提出替代的量刑方案等。[7] 当辩护律师一开始接手这个案件时,就应当针对判决作出计划,假如他的当事人能够从拘留所获得释放,辩护律师就应当向客户提供所需服务。比如精神病治疗办法、戒毒或者戒酒的项目、医疗协助、负责帮助当事人寻找工作,假如可能,使其成为一个全日制的学生。因为比起一个没有任何未来计划的人,法院更可能给予能够被单位雇用和被学校录取的当事人缓刑。

---

[1] Pen C 1191. See also chap 35 on pronouncing judgment.
[2] People v. Myers(1999) 69 CA4th 305,310, 81 CR2d 564.
[3] People v. Tang(1997) 54 CA4th 669.
[4] Cal Rules of Ct 4.411.5
[5] people v. Hubbell(1980) 108 CA3d 253,166 CR 466.
[6] people v. Slater(1989) 215 CA3d 872, 263 CR 867.
[7] People v. Cotton(1991) 230 CA3d 1072,284 CR 757.

如果被告人获得了缓刑,律师应当与被告人一起审查缓刑的条件,缓刑的后果,在缓刑结束时获得减轻处罚的可能性。有些律师还会将被每一个当事人的缓刑期的日程制作成一个表格,然后寄给当事人,提醒被告人提出减轻处罚的程序等事项。

检察官会调查缓刑官在每一个案件中的所有情况。检察官应当特别告知缓刑官没有觉察到的一些情况,比如被告人威胁受害人等。[①]

4. 缓刑资格(对象)

在所有的违法和轻微案件中,所有法院都有权暂缓执行判决和监禁,他们可以不考虑缓刑官员的意见,作出一个有条件的判决。被告人仅需向法院提交一个报告,除非法院有其他的要求。这通常称之为"法院缓刑""法官缓刑"或者"非正式缓刑"。

一般的非法行为、轻罪和大多数重罪,都有资格获得缓刑,作出判决的法院有决定缓刑的自由裁量权。

某些重罪,由于犯罪的性质(例如暴力性犯罪)、犯罪的情节(使用武器)或者被告人先前所犯罪行的性质不适合缓刑,其他的重罪都假定可以适用缓刑,但也许只是在例外(不同寻常)的情况下才可以适用缓刑。假如被告人的案件不包括在适用缓刑的法律当中,举证责任在被告一方,被告人必须与说明自己的案件为何是不同寻常的,这样才有可能作为例外而适用缓刑。被告人的律师、受害人和检察官在不同寻常的案件中有关减轻或加重情节的陈述,都可能影响到法院适用缓刑的相关标准。

法院在决定缓刑的资格时,也许会考虑其他的犯罪证据。另外,除非法院已经获得被告人精神状态的情况,否则不能判决被告人适用缓刑。

根据加利福尼亚州2001年7月1日的《药物滥用和犯罪预防法》第36条的规定,对被定罪的非暴力毒品犯罪的被告人可以适用缓刑和药物治疗。禁止将监禁作为缓刑的前提,但允许对违反缓刑的人进行监禁。这个法案也确定了非暴力毒品犯罪违反缓刑和假释的程序。

所谓"非暴力毒品犯罪",是指为个人使用而非法拥有和运输,加利福尼亚州《健康法》第11054条认定的管制药物。包括海洛因、麦角酸二乙胺、可卡因碱和大麻。第11055条包括的可卡因、甲基苯丙胺(脱氧麻黄碱)。在 people v. Dove 一案中,被告人被指控非法拥有和运输可卡因碱。[②] 陪审团宣判为出售而拥有可卡因碱无罪。非暴力毒品犯罪适用缓刑,不包括下列人员:(1) 任何以前

---

① Jeffrey G. Adachi, *California Criminal Law Procedure and Practice*, Continuing Education of the Bar-California, 2006, p.1175.
② People v. Dove(2004) 124 CA4th 1, 21 CR3d 52.

犯有暴力重罪的人不能适用缓刑,但从监狱释放5年以后再犯非暴力毒品犯罪的,可以适用缓刑;(2)任何在同一案件中,被告人被判处与毒品无关的轻罪或者任何非暴力毒品犯罪的重罪;(3)拥有毒品或者在毒品的影响下而使用武器;(4)任何拒绝将接受药物治疗作为缓刑条件的被告人;(5)参加过两个或两个以上毒品治疗课程,而又反复实施毒品犯罪的被告人。

根据有些州的法律规定,犯有轻罪和重罪的被告人必须支付一定数额的赔偿金。例如,在加州,除了交通违章不用支付赔偿金以外,其他的轻罪和重罪都需要交付赔偿金。轻罪被告人必须支付100—1000美元的赔偿金;重罪被告人必须支付200—10000美元的赔偿金。① 在家庭暴力的案件中,被告人至少要交付400美元的赔偿金。当然,法院在判处赔偿金时,也要考虑被告人的支付能力和经济收入等情况。假如缓刑被撤销或者被告人违反缓刑的规定,法院不得再次判处赔偿金。

5. 缓刑的条件

在美国大多数的州,缓刑的基本条件是被判处缓刑的人不得从事犯罪活动;被判处缓刑的人,在缓刑期间改变工作和住址时,要直接向缓刑官员报告。此外,法院有权根据案件的具体情况,确定一些适当的、附加的缓刑条件。② 这些缓刑条件必须与所犯罪行之间具有合理联系,目的是防止这些人将来再次犯罪。

在最近一些年中,立法机关已经制定了一些强制性的缓刑条件,这些条件往往是和特定的犯罪和犯罪的等级联系在一起的。例如,酒后驾车、管制物品犯罪、暴力攻击和武器犯罪、性犯罪、家庭暴力犯罪、经济犯罪、虐待儿童犯罪、计算机犯罪和公共交通犯罪。

还有一些是法院可以自由裁量的缓刑条件。例如,在涉及酒精和管制药品的案件中,法院如果确认被告人有酒精问题,就可以命令其缓刑期间戒酒。③ 在更多的案件中,使用管制药物和酒精问题是联系在一起的,当被告人被认定为管制药物犯罪,而没有确认酒精问题时,可以不限制其饮酒。④

对于艾滋病人可以让其参加教育培训⑤,有些法院还会要求被告人履行一定的社区服务。

当法院有理由相信缓刑人使用或者曾经使用大麻等管制药品,也可以附加一些缓刑的条件,例如,要求他们提交一个定期的检验报告,以便确定管制药品

---

① people v. Blackburn(1999) 72 CA4th 1520,1534,86 CR2d 134.
② people v. Birkett(1999) 21 C4th 226,235,87 CR2d 205.
③ people v. Lindsay(1992) 10 CA4th 1642,13 CR2d 676.
④ People v. Balestra(1999) 76 CA4th 57,68,90 CR2d 77;People v. Beal(1997) 60 CA4th 84,70 CR2d 80.
⑤ People v. Henson(1991) 231 CA3d 172,282 CR 222.

的上瘾程度。在青少年案件中,法院考虑到滥用药物和酒精之间的联系,为了预防将来的犯罪,也可以要求接受缓刑的人进行药物测试,尽管这些人所犯罪行和药品与酒精无关。①

  有些被缓刑的人要受到电子监控;有些危险性较低的囚犯,可以被判处家庭拘留。

---

① In re Kacy S. (1998) 68 CA4th 704, 708, 80 CR2d 432.

附录　保安处分

保安处分是现代西方国家刑法中的重要组成部分之一。19世纪末期,以至于20世纪所制定的刑法,基本上都有保安处分的规定。随着时间的推移,保安处分的种类及其法定条件,经历了由简单到复杂,由不完善到比较完善的发展过程,从而日趋精密,逐步发展起来,成为处罚违法行为的重要工具之一。许多知名的西方刑法学家,将保安处分制度,看做是现代刑法和刑事政策上最重要的问题。由此可见,保安处分在现代西方国家刑法中占有何等重要的位置。

一、保安处分的历史沿革

作为一种刑罚思想,保安处分在古罗马时期就已经萌芽,罗马法中就有对于无行为控制能力和意志自由的疯狂病人如何处置的规定,认为对这些缺乏责任能力的病人处以刑罚无法收到应有的效果,无法达到特殊预防的目的,故而采用监护等保安措施以维护社会安全。

在很长一段时间,惩罚和危险预防之间的关系都是刑法学家争论的焦点,在欧洲中世纪时期,常规惩罚和特别惩罚并存,特别惩罚针对的是不认罪的嫌疑人,尽管理论上在认罪之前行为人是不应当受到惩罚的,但实际上法庭会通过各种手段来逼迫其认罪,这就导致特别惩罚手段实际上起到预防犯罪的作用。中世纪出现了许多具体规定,比如神圣罗马帝国1532年《加洛林纳刑法典》第176条中有"对一定的人预想实施犯罪行为,而又缺乏使其不实施犯罪的保障的场合,科以不定期刑的保安监督"的规定和"不复仇宣誓"的规定,该法典第195条也有与第176条类似的处分条款,另外,这一时期也出现了为此制度服务的监狱。① 德国中部的古斯拉法律规定,如果犯罪者没有精神意识,就要科以保安监督。德国南部法律中也有"把精神病者用小舟投弃于河川"的明文规定。② 这些手段多以消极处罚和隔离为主,还没有形成近代保安监督积极预防和社会防卫的思想。

近代保安处分制度的产生,同其他任何一种刑罚制度一样,是有其深刻的历史和社会根源的。19世纪末叶,西欧各国相继完成了产业革命。由于资本集中化、产业大规模化,资本家对广大工人和劳动人民进行残酷的经济剥削和政治压

---

① 参见蒋明:《西方保安处分制度发展演变述略》,载《吉林公安高等专科学校学报》1999年第4期。
② 参见苗有水:《保安处分与中国刑法发展》,中国方正出版社2001年版,第50页。

迫,使广大人民经常面临失业、贫困和饥饿的威胁,资本主义社会的各种阶级矛盾进一步加深,犯罪现象出现了新的高峰。在这个时期,整个资本主义社会的犯罪现象呈现着一种病态的特征:第一,累犯的人数大量增加;第二,有关财产方面的案件持续上升;第三,青少年犯罪的人数也急剧增长,大有不可遏制之势。在这种犯罪浪潮的冲击之下,统治者逐渐认识到,刑事古典学派所主张的以报应刑为中心的刑罚制度,是很不完全的。在这种理论之下,常常把最危险的犯人,置于刑法领域以外,以致犯罪——尤其是累犯激增,少年犯罪现象也非常严重,加之行刑制度的缺陷,迫使刑事司法必须从根本上加以改变。保安处分理论,正是在这样的历史条件下应运而生的。

那么,曾经在资产阶级刑法学中占据统治地位的刑事古典学派,为什么已经不能适应资产阶级同犯罪现象作斗争的需要呢?是什么原因冲垮了刑事古典学派的坚固防线,使之陷于几乎破产的境地呢?众所周知,资产阶级刑事古典学派的理论,是在反封建的资产阶级革命中逐渐形成和发展起来的。这个学派提出的一些刑法思想和刑法原则,包含着许多资产阶级革命先驱的思想结晶,是资产阶级革命的经验总结和胜利成果。

他们提出的罪刑法定主义原则,主张对犯罪和刑罚都由法律明文规定,对于没有法律明文规定的行为不予处罚。这就埋葬了封建刑法中的罪刑擅断主义,使资产阶级走上了"法治国"的道路。

他们提出了刑罚人道主义的原则,反对残虐的和毁伤肢体的刑罚方法,主张减少死刑的适用。从而在一定程度上减轻了惩罚的性质,这也是人类文明的进步表现之一。

他们主张在适用法律上人人平等,相同的行为应当受到同等的处罚,反对依据身份和等级,减轻或免除刑罚,这是资产阶级反对封建刑法等级特权的重大步骤。

此外,他们还强调根据客观上的犯罪行为,以这种行为所造成的实际危害来定罪量刑,主张讲求犯罪构成,并给刑罚概念以明确的规定,这就破天荒地为资产阶级的刑法学,提出了比较完整的新体系,为巩固和发展新生的资产阶级政权立下了汗马功劳。

但是,正像其他一切国家的刑法理论一样,资产阶级刑事古典学派所提出的一些主张和原则,本身也存在着许多难以克服的致命弱点,还不能称为一门完备的科学理论。

第一,刑事古典学派在资产阶级启蒙主义思想的支配下,认为人是具有自由意思的,并具有明辨是非的能力。如果发生了犯罪事实,法院只须依法科刑,不必考虑其他因素。幼年人和精神病人,因缺乏自由意思,没有明辨是非的能力,即使实施了法律上认为犯罪的行为,也不应受到任何处罚。这样,反而促使此类人再三实施危害社会的行为。

第二，刑事古典学派认为，定罪量刑的标准是绝对客观的，不考虑犯罪人的主观因素和其他有关的因素，对于初犯和累犯都适用同样的刑罚。这样，就促使累犯的人数大大增加，使刑罚失去了作用。

第三，刑事古典学派的理论，单纯和片面地强调刑罚的报应性和惩罚性，不考虑教育和挽救失足者，企图以严刑峻法达到防止犯罪的目的，这在实践上是行不通的。压迫和恐怖，不能使人驯服顺从，俯首听命，更起不到教育和改造的作用，反而只能使人感到愤怒和痛恨，加紧激起新的犯罪活动。因此，许多人意识到，为了维护社会秩序，就必须改变传统的刑罚观念，采用新的方法同犯罪现象作斗争。

而且还应当看到，在资本主义进入帝国主义阶段以后，刑事古典学派的理论，显然已经不符合垄断资产阶级的口味了。资本高度垄断的结果，也势必要求资产阶级的法律制度，突破罪刑法定主义的框框和限制，使之具有更大的随意性。这也是导致刑事古典学派的理论日益趋向没落的重要原因之一。

进入 20 世纪以来，以德国的李斯特为代表的刑事社会学派，一反刑事古典学派的陈腐观点，旗帜鲜明地提出了应受惩罚的不是行为，而是行为者的口号，主张讲求刑事政策和社会政策，以犯罪人的社会危险性为标准，对其进行分类，根据不同的"素质"和"品格"，采取相应的教育和保护措施，实行刑罚的个别化，达到防卫社会的最终目的。刑事社会学派的这些观点，在资本主义社会引起了巨大的反响，使当时的刑法理论的面貌为之一新，成为近代刑法改革运动的导火线，也为保安处分的产生和发展，创造了有利的条件。

保安处分的发展，大致可以划分为两个时期。从保安处分的出现，到 1893 年的瑞士《刑法草案》，是保安处分的形成时期，从 1893 年的瑞士《刑法草案》，到 1930 年的意大利《刑法典》，是保安处分的全盛时期。

（一）早在 18 世纪末叶，德国刑法学家克莱茵（1847—1810）就提出了保安处分的理论。他认为，保安处分是以行为人的主观危险性为标准的，是不定期的处分。保安处分也应有法院管辖，犯罪人在刑罚执行完毕以后，如仍对社会具有危险性，就可以加处保安处分。尽管克莱茵在一百多年前就提出了保安处分的独立理论，但由于受刑事古典学派理论的影响，在当时并没有引起人们的重视，它在刑事司法领域里，也没有发生普遍的影响。只是在菲利和李斯特的社会保卫论出现以后，才为保安处分的全面发展奠定了理论基础。

在这个时期，保安处分还没有被系统的规定于刑法典之中，只有个别的、分散的规定。比如英国 1860 年《犯罪精神病人监置法》，又比如法国 1885 年《刑法修正案》中关于累犯、少年犯的规定。1810 年之后的法国刑法改革中将改造犯罪人作为了刑罚的主要目标，打破了原有只是阻止和惩罚犯罪行为的刑罚价值观,制定了惩戒性方法,在1850年8月5日关于教育与保护未成年犯、1875年6月5日关于改革分类监狱和1855年8月14日关于预防再犯的方法等法律中都可以看到相关的适用,在这个过程中,立法思路已经从简单地威慑进步为三个目标:剥夺无法矫正的犯罪人造成伤害的方法,改善能够回归社会的犯罪人以及威慑偶犯。① 这时,保安处分刚刚开始形成,还没有发展成为一个完整的制度。

(二) 从1893年起,保安处分进入全盛时期。最明显的标志就是,把保安处分系统地规定于刑法典或刑法草案中,将其视为代替或补充刑罚的一种制度。

1893年的瑞士《刑法草案》,是在著名刑法学家斯托斯主持下制定的。这个草案将保安处分与刑罚并列规定在第二章之中,具折中色彩,以调和刑法学派之间关于保安处分的争论。其中,将保安处分规定为以下几个种类:(1) 累犯者之监置处分;(2) 劳役场之强制劳动处分;(3) 酒癖治疗所之戒禁处分;(4) 善行保证;(5) 监置保护处分。此外,还有没收和赔偿等附加处分。

这个草案还规定了保安处分的适用对象,主要包括累犯、厌恶劳动者、酗酒者、无责任能力者和限制责任能力者以及其他对社会有危险性的人。1893年的瑞士《刑法草案》,开创了世界保安处分的新纪元,对以后的资本主义国家的刑事立法产生了重大影响。

继瑞士《刑法草案》之后,保安处分又有了新的发展,这主要是由以下两个原因促成的:

1. 国际刑法和刑务会议的影响。20世纪初,西欧各主要资本主义国家,在菲利、李斯特等人的刑法思想推动下,大力开展关于犯罪问题,特别是行刑改革的研究。先后多次召开了国际监狱会议、国际刑法会议,详细地讨论了保安处分问题。保安处分理论在19世纪末20世纪初得到了国际刑法学会的肯定。1895年在巴黎召开的第五届国际监狱会议(International Penitentiary Congress)专门研讨了保安处分的问题,规定了对乞丐和流浪者的保护和强制处分措施:"社会对于乞丐与放荡者,均有保护及强制处分的权利,欲实行此项权利,宜有合理的组织,无论何人,对于此种组织,宜援助之、保护之、视察之;对职业乞丐或放荡者,为防止其再犯,宜严格惩治之"②,当时的方法为遣送特别劳动殖民地。1926年布鲁塞尔召开的国际刑法协会会议指出刑罚作为对犯罪唯一的制裁手段是不够的,应当引入保安处分,保安处分的内容,应以犯人人格及其社会适应性如何为标准,刑罚和保安处分,均应由法院宣告。法官可依照犯罪情形和犯人的人

---

① 参见〔德〕卡尔·路德维格·冯·巴尔:《大陆刑法史:从古罗马到十九世纪》,周振杰译,法律出版社2016年版,第239—240页。
② 参见潘华仿主编:《外国监狱史》,社会科学文献出版社1994年版,第609页。

格，并科刑罚和保安处分，或选择其一。而1928年在罗马召开的国际刑法统一会议在讨论了保安处分的性质与结构、分类及方法和执行三方面的内容后，拟就了全文16条的《保安处分统一立法案》，第1条就规定保安处分的实施和内容必须由法律规定。1930年布拉格会议决议进一步明确指出："保安处分是补充刑罚的不足、保障社会安全的有效方法，对于犯人来说，能使其改善者，改善之；不能改善者，隔离之，使之不至危害社会"[①]，"不能适用刑罚的时候，或仅用刑罚不够的时候，建立保安处分的体系，以补充刑罚体系，实为不可避免的处置。保安处分，是以改善犯人、隔离犯人或使其不重新犯法为目的，由法院宣告之"[②]。司法机关可以根据具体情况采取下列方式：(1)限制自由处分：对于危害社会、患精神病及有危险变态行为的人应拘禁，注意治疗及释放后生活的适应；对于酗酒及吸毒者的拘禁应以治疗为目的；对于乞丐及无赖者的拘禁，应使其习惯于工作为目的；对于惯犯的拘禁以隔绝为目的，以上犯人应以特别处所安置之。(2)非限制自由处分，以保护监视为主要手段。(3)带有经济性质的处分，以没收危害公共安全的物品或排除其危害为目的。[③] 1950年最后一届（第12届）国际刑法及监狱会议也肯定了保安处分的措施，并为各国具体立法作出了许多提示。12月1日联合国大会第415(V)决议，将其改名为联合国防止犯罪暨罪犯处遇世界性会议，从1955年起每五年召开一次，继续原国际刑法及监狱会议的工作。毫无疑问，这些国际性的刑法和刑务会议，以及所作出的决议，对保安处分的发展，产生了巨大影响。

2. 与此同时，西欧各主要国家的统治集团，鉴于犯罪现象迅速增长，严重地危害了社会的统治秩序，也感觉到需要在刑罚以外，规定保安处分的制度，以适应社会同犯罪作斗争的需要。这也是促使保安处分发展的一个直接原因。

在这种形势下，英国于1908年制定了《犯罪预防法》；1913年制定了《精神病法》。瑞士1908年的《刑法》，又对保安处分做了新的补充规定。澳大利亚在1909年颁布的《刑法草案》，以及1927年的意大利《刑法草案》，也都规定了保安处分。上述各国，除英国以外，都是将刑罚和保安处分并列规定于刑法典之中。在这个时期，保安处分得到了空前的发展，成为风行一时的制度。

1930年，意大利公布实施了新的《刑法典》。这个《刑法典》在保安处分的发展史上具有特殊的重大意义。它首次将保安处分作为一种正规的、系统的制度，在正式的刑法典中确立下来，这是保安处分走向完善化的主要标志。

(1) 这个《刑法典》明确地将保安处分区分为对人的保安处分和对物的保安

[①] 参见潘华仿主编：《外国监狱史》，社会科学文献出版社1994年版，第609页。
[②] 同上。
[③] 同上书，第624页。

处分。其中,对人的保安处分,又分为拘禁处分和非拘禁处分;对物的保安处分又分为善行保证和没收二种。在这之前,各国对保安处分的种类只有笼统的规定,并没有进行如此细致的划分。意大利刑法典勇于创新,将保安处分规定为对人的和对物的两种方法,这就在保安处分种类的划分上,较其他各国前进了一步。

(2)意大利《刑法典》第199条规定:在法律有明文规定的情况下,才可以适用保安处分,任何人不能被判处法无明文规定的保安处分。把罪刑法定主义的原则,运用于保安处分之中。而且,根据意大利《刑法典》第203条第一项的规定,所谓社会危险性,是指由违法行为所表现的危险性而言,含义较狭。这就是说,在没有违法行为的情况下,即使认为其主观上具有危险性,也不能适用保安处分。意大利刑法典的这两项规定,把保安处分的适用,限制在一定的范围之内,这就在某种程度上缩小了法官自由裁量的权力,对于防止司法专横具有一定的积极意义。

(3)意大利《刑法典》对保安处分的期限作了规定,原则上采用相对的不定期刑,即只规定最短期限,不规定最长期限。例如,自由监视处分,最短不得少于一年,而最长期限却没有规定。但是,善行保证却规定了1年以上5年以下的期限,既有短期的规定,又有长期的规定,由法官在此范围内酌情适用。所确定的期限执行完毕,如果认为其人还有社会危险性,亦不得再延期适用。这个规定,可以说是一个例外。

(4)意大利《刑法典》还对保安处分的适用机关、保安处分的执行、保安处分的时间效力以及空间效力等问题,作了详细规定,使之更加完善和系统化。这在保安处分的立法史上也是空前的。

(三)1930年的意大利《刑法典》以后,保安处分继续稳步地向前发展,在理论上也出现了一些新的变化。1932年的波兰《刑法典》,1933年的德国《刑法典》,1937年的瑞士《刑法典》以及1948年的英国《刑事裁判法》,都对保安处分进行了详细和具体的规定。

以德国为例,保安处分在纳粹政权下成为了种族清洗和政治迫害的工具,无限扩大了保安处分的适用范围。1933年德国通过了《习惯犯罪人法》,首次规定了保安监禁(或称为保安监督)的措施,提出"习惯危险犯"概念,认为对多次故意犯罪的行为人,如果认为其犯罪倾向是来自于内在性格特质的,应当实施无限期的监禁。除此之外,纳粹时期的法令中对惯犯、政治犯和精神病犯罪人都规定了类似的保安监禁措施。

第二次世界大战后很多国家吸取纳粹滥用保安处分的教训,纷纷对本国的保安处分制度进行了大幅修改。1945年后德国刑法重新复苏,进入新的发展阶段。联邦德国政府废除了死刑和阉割刑,保留了保安监禁的相关规定,但是在司法实践中,法官并不愿意适用这种不定期的监禁刑,并提出了很多批评。1969年联邦德国政府将原《习惯犯罪人法》(law against habitual offenders and measure of security and improvement)中的后半部分修改为 measure of improvement and security,以突出保安监禁制度的防治功能。最初 1934 年德国《刑法》规定的保安措施有 7 项,在 1975 年的刑法改革中删除了强制劳动、阉割和驱除出境,加入吊销机动车驾驶执照的规定。同时为了更好地实现教育改善、预防再犯的初衷,在刑罚与保安处分执行的顺序上,规定保安处分可以先于刑罚而执行。保安处分执行完毕后如果达到教育改善的效果,则可以替代刑罚的执行。除此之外对保安监禁的适用情况也做了严格的规定,并将首次判处保安监禁的期间限定在 10 年。

1998 年德国的保安监禁制度进行了一个重大改革。随着新一届政府的上台,新的法律被制定来对抗性犯罪和其他严重犯罪,首次保安监禁的最长 10 年的期限被修改成了不定期,同时对适用保安监禁的条件也放宽了。在社会民主党和绿党的争议声中,2002 年对保安监禁的条文作出了修改(德国《刑法典》第 66 条 a 项),推迟了判处保安监禁的时间,即在有期徒刑执行到 2/3 的时候再决定是否判处保安监禁,以便于有足够的时间去收集证据来证明犯罪人不需要保安监禁。两年后,2004 年这项规定扩展到年轻人(18—21 岁),并将 2002 年保留的保安监禁改为事后的保安监禁,即法官无需在判决时保留判处保安处分,而是可以之后根据服刑情况来自由裁量(德国《刑法典》第 66 条 b 项)。这样犯罪人在服刑期间对之后是否会判处保安监禁就没有预期。德国联邦法院对此条文进行了限缩解释,对犯罪人危险性的判断不能基于在审判期间无法得知的事实和法官也不可能知道的事实,这就变相限制了新条文原本期待的广泛的适用性。①尽管 2004 和 2008 年的修正案中引入了对青少年及未成年人采取附条件和有追溯力的预防性拘留的措施,在 2012 年 12 月 5 日的修正案中再次限制了这种措施的适用,判定有追溯力的预防性拘留违反《欧洲人权公约》和《德国联邦基本法》,但附条件的预防性拘留措施则保留了下来,在德国《少年法院法》第 7 条中规定了剥夺自由的预防性措施适用于少年犯罪人的条件。

2009 年的 M v. Germany 案中,欧洲人权法院判定德国的保安监禁措施违反欧洲人权公约,要求德国议会进行修正。在此案之后,2010 年德国立法通过了《暴力犯罪人法》,将对危险犯罪人的事后科处保安监禁的权利从刑事法庭转移到了民事法庭,同时对德国《刑法典》第 66b 条进行了修正,新的第 66b 条已于 2011 年 1 月 1 日生效,立法者把事后科处保安监督做了进一步限制,其适用仅

---

① See, Grischa Merkel, *Incompatible Contrasts? -Preventive Detention in Germany and the European Convention on Human Rights*, German L. J. 210(11):1046.

仅限于几种例外情形,如累犯、精神障碍者、性犯罪人,并规定了详细的判定条件。但在 2011 年,德国最高法院再次宣布,所有的事后科处都是违宪的,因为在这种情况下没有充分的治疗条件和分别关押的条件,所以必须再次修订。2013 年 5 月,对此制度再次改革,2013 年 6 月 1 日生效的《刑法引导法案》规定了保安监禁的过渡性条款。规定为只有构成严重暴力和性犯罪的罪犯以及处于严重精神障碍状态的罪犯才有可能适用事后保安监禁,德国法院也将审核期从两年减少到了一年。这个修改后的保安监禁措施在 2016 年最新的欧洲人权法院判例[1]中得到了认可,人权法院经过对制度程序性规定的审查,认为保安监禁在严格的程序保证下符合人权保障的要求。

这些情况都表明,在 20 世纪以后,保安处分已经被德国等国家重新接受,成为维护社会秩序的重要工具之一。

与此同时,保安处分的理论又有了新的发展和变化。在 20 世纪的前半期,主张刑罚与保安处分二元论的理论处于优势地位。当时的德国、日本、意大利,都是采用二元论的立场。到了 20 世纪后半期,情况发生了很大变化,出现了新的趋向。原来主张和支持二元论理论的刑法学者,随着时代的发展,逐渐地认为保安处分可以作为刑罚的代替和补充来适用,这实际上也就是承认了刑罚和保安处分具有同样的性质。有些刑法学家甚至极力主张,应该用保安处分来代替刑罚,尽量回避和减少刑罚的适用,以致最后取消刑罚,这似乎已经成为一个新的理论趋向。但是,就刑事立法而言,多数国家还是将保安处分与刑罚并列,或是将保安处分作为单行法规加以规定,纯粹以保安处分代替刑罚的刑事立法,尚不多见。

二、刑法学派关于保安处分的论战

在现代西方刑法理论中,新旧刑法学派对于刑罚和保安处分的相互关系,存在严重分歧。旧派刑法学家,站在唯心主义的立场上,认为世界的本质是精神,而自然界这是这个精神的表现,是它活动的产物。人们的行动是受自由意志支配的,不受外界环境的影响。基于这种思想,他们认为犯罪是具有自由意思的人,在权衡利弊之后,自由选择的结果。因此,判处刑罚只需依据客观的犯罪事实,而不需要考虑犯罪人的主观因素。与此相反,新派刑法学家,则否认旧派的自由意思的说法,认为犯罪是由生理现象和社会环境所决定的,主张针对犯罪人的具体情况,分别予以不同的处罚,讲求刑事政策和社会政策。正是由于对上述基本理论存在着分歧,所以,新旧刑法学派关于刑罚与保安处分的关系问题,也存在着根本的对立。他们之间的争论,都是围绕着这一问题展开的。从现代西

---

[1] Bergmann v. Germany(2016/01/07 EGMR 23279/14).

方国家的刑事立法中,从一些学者的刑法著作中,以及有关刑法和刑罚制度的各种国际会议上,我们都可以了解到一些这方面的基本情况。

(一) 旧派刑法学家关于保安处分的理论

德国的毕尔克迈耶对保安处分的理论有着深刻和系统的研究。他曾经详细地阐述了刑罚与保安处分相互的关系,以及他们的性质和作用。他指出:刑罚是对事实及体现事实的责任的报应,以有责任的犯罪事实作为刑罚的基础。即刑罚的首要使命,是对不正的行为的报应,其报应的分量应视犯罪人的人格及事实而论定。所以,刑罚是对犯罪的反治,它应该对事实以及体现于事实的责任,保持着一定的比例。刑罚是对已经实施的犯罪行为的惩罚,它的目的在于镇压犯罪而不是预防犯罪。① 毕尔克迈耶站在报应刑的立场上,着重说明了罪刑均衡的思想。强调了刑罚的报应性和惩罚性。与此同时,他又指出:保安处分的目的是预防犯罪,它是针对有社会危险性的人,为了防止未来发生的侵害,而预先实施的。尽管有时也对已经实施犯罪行为的人施以保安处分,但并不是要惩罚已经实施了的犯罪行为,而是针对其社会危险性而实施的。保安处分与犯罪行为之间并不存在因果关系,如果认为有必要,在没有犯罪行为存在时,仍可适用保安处分。例如,对于精神病人的处置,虽其没有实施犯罪行为,但如果认为其对社会具有危险性,也同样可以处以保安处分,将其与社会隔离起来,使之不能危害社会。毕尔克迈耶详细地说明了保安处分与刑罚的区别,指出保安处分是为了预防犯罪,而不是镇压犯罪。他认为保安处分是对主观上具有社会危险性的人,为了防止将来可能发生的侵害,而实施的一种个别处置的措施。②

同时,毕尔克迈耶还认为,刑罚与保安处分不可以选择适用,互相代替,对于应受刑罚处罚的犯罪分子,不能用保安处分加以代替。但是,为了达到防止和镇压犯罪的双重效果,必须使刑罚与保安处分相辅而行。对于不能处以刑罚的人,比如未成年人、精神病人等,或者虽已执行完了刑罚,但仍然具有危险性的犯罪分子,都必须处以保安处分,以达到维持社会秩序的目的。③

由此可以看出,毕尔克迈耶主张刑罚与保安处分并列的二元论体制。其特点就是,一方面确认基于报应刑观念的刑罚,另一方面,又宣扬保安处分的制度。现代西方刑法"扫清了认为只有刑罚可以作为与犯罪现象作斗争的手段的见解,除了刑罚之外,还提出了保安处分的体制"④。刑罚与保安处分并列的规定于刑法典之中,这是现代西方刑事立法中流行最广泛的一种体制。欧洲大陆的一些主要国家,如德国、意大利、瑞士等国家,都是采用这种二元制的国家。

---

① 参见 1925 年《德国刑法草案理由书》,第 91—92 页。
② 同上,第 148 页。
③ 同上,第 361 页。
④ 参见黄得中:《刑法上之保安处分》,北平大学法商学院印刷部 1935 年版,第 22 页。

(二) 新派刑法学家关于保安处分的理论

在新旧刑法学派关于保安处分的论战中,日本刑法学家牧野英一发挥了重要作用。作为反对毕尔克迈耶理论的主要代表,他系统地阐述了新派的保安处分理论。他指出:刑罚与保安处分并无实质的区别,它们的目的都是为了维持社会秩序。同时,他还进一步指出,刑罚与保安处分都是以犯罪行为为要件的,如果没有一定的犯罪行为,也不能给予保安处分。牧野英一的观点和毕尔克迈耶是针锋相对的,他从教育刑的立场出发,论述了刑罚与保安处分都是为了预防犯罪,维持社会秩序的思想。①

同时,牧野英一还认为,毕尔克迈耶所谓的刑罚是对犯罪行为的镇压,而保安处分则是对犯罪的一种预防方法,在保安处分的情况下,应尽量避免给予犯罪人报复的观点,在实践上是根本行不通的。他指出,对可以矫正的犯罪人施以强制的矫正处分,在具有强制性这一点上,与自由刑的性质相同。此外,对习惯的犯罪人的监置,在日本和德国的刑法草案上,是作为刑罚执行,在澳大利亚和瑞士的刑法草案上则是作为保安处分来执行,它们之间在实际上并没有什么区别。本来,刑罚就不应该对受刑者划一处罚,执行刑罚必须适合犯人的人格,此即为刑罚个别主义。保安处分也是结合犯人的具体情况,灵活地加以运用,而且,保安处分只要是强制的限制自由的东西,在其实际执行当中,当然与刑罚没有什么实质性的区别。在这里,牧野英一从刑罚和保安处分都具有强制性这个角度,论证了二者在实质上不存在差别的问题。此外,他所提出的根据犯人的不同情况,实行分别处置的政策,对于完善保安处分的理论,也发挥了重要的作用。牧野英一关于保安处分的论述,集中反映了整个新派刑法学的思想,对当代的刑事立法有着巨大的影响。②

在日本的牧野英一之外,以法国的安塞尔为代表的新派刑法思想家,对于丰富和发展保安处分的理论,也作出了非常宝贵的贡献。

第一,研究了刑罚和保安处分的一元化问题,将刑罚和保安处分看做是刑事制裁的单一体系的综合。他们认为行刑的目的已由惩罚变为改造,而且保安处分也并未免除个人法益的限制,因此,刑罚和保安处分之间并没有实质性的差别。

第二,主张实行所谓事前的保安处分,即在某个人实施犯罪行为以前,就对之实行保安处分,以免危害社会的结果的发生。他们认为这种事前的保安处分,可以在现行立法上找出许多例子来。如关于对精神病人和流浪乞丐的保安处分,就是事前的保安处分。

---

① 参见《法学志林》第15卷,第9号。
② 同上注。

第三，认为在执行保安处分的时候，应当视犯人的具体情况，采取分别处置的方法。对于精神病人应给与治疗，对缺乏生活技能的人，应让其学习工艺，对没有文化知识的人，应让其学习文化知识，这就是所谓的改善主义的观点。

总而言之，以牧野英一为代表的新派刑法学者，站在教育刑的立场上，反对"刑罚与保安处分"的二元论体制，主张采用彼此结合起来的一元论体制。1953年在意大利罗马召开的第六届国际刑法和刑罚会议，根据意大利教授格里斯皮尼的报告，研究了统一刑罚和保安处分的问题。从此，这种理论，在欧洲许多国家、美洲以及南非的一些国家的刑法学界得到了进一步的传播，并且也反映在许多国家的刑法草案之中，成为一种具有世界性影响的理论。

(三) 新旧两派保安处分理论的比较

在前面的两个问题中，我们分别论述了新旧刑法学派关于保安处分的理论，将其归纳起来，主要有以下几点区别：

1. 以毕尔克迈耶为代表的旧派刑法学者认为，刑罚与保安处分的实质不同。刑罚是国家对于犯罪的一种制裁，是对侵害他人权益的犯罪者的惩罚。它的实质是报应，是对犯罪者的镇压，而不是预防犯罪。保安处分则相反，它不是镇压犯罪的，而是直接或间接地预防犯罪的，即保安处分是对于主观上具有危险性的人，实行的一种特别预防方法，它的实质是预防，而不是报应和镇压。

以牧野英一为代表的新派刑法学者，站在与旧派对立的立场上，认为刑罚和保安处分的目的都是为了维持社会秩序，并且都以一定的犯罪行为作为处罚的要件。因此，它们的实质都在于防卫社会，没有什么原则性的区别。

2. 以毕尔克迈耶为代表的旧派刑法学者认为，刑罚是司法处分，由法院依据法律进行判决，不得违反法律的规定；保安处分则是一种行政处分，一般应由行政机关处理，虽然有时也归法院判决，但只是一种例外，归根结底还是属于行政处分的性质。刑罚与保安处分不能够互相代替、选择适用。

以牧野英一为代表的新派刑法学者则恰恰相反，认为刑罚与保安处分都是属于司法处分的范围，在性质上没有什么区别。刑罚规定于刑法典之中，保安处分也规定与刑法典之中；刑罚由法院判决，保安处分也由法院判决，因此，刑罚与保安处分均系司法处分，可以互相代替，由法院视具体情况选择适用。

3. 以毕尔克迈耶为代表的旧派刑法学者认为，刑罚与保安处分的处罚标准不同。刑罚是以犯罪行为造成的客观上的危害大小为标准，它是对已经实施了的犯罪行为的处罚，没有犯罪行为，虽有犯罪的危险性，不能处以刑罚。保安处分则反之，它是以人的主观危险性作为处罚的标准，只要认为某人主观上具有社会危险性，即使他没有实施犯罪行为，也可以对之实行保安处分；相反，如果认为某人主观上不具有社会危险性，即使已经实施了犯罪行为，也不能对之实行保安处分。

以牧野英一为代表的新派刑法学者认为,刑罚与保安处分的处罚标准完全相同。其理由主要是,现在的刑法采用主观主义的原则,也是以犯人的主观危险性作为定罪量刑的标准,不是以客观的犯罪事实的大小作为处罚的标准;保安处分也是以行为人的主观危险性作为处罚的标准,因此,刑罚与保安处分的处罚标准没有什么区别。

4. 以毕尔克迈耶为代表的旧派刑法学者认为,刑罚与保安处分的执行方法不同。例如,刑罚中的自由刑与保安处分的收容于农业惩治场就不同,前者给犯人以痛苦,而后者则不含有痛苦的内容。

以牧野英一为代表的新派刑法学者认为,无论是自由刑,还是收容于农业惩治场,都具有一定的强制性,都会给犯人带来痛苦,从这个意义上讲,刑罚与保安处分在执行上也没什么不同。

5. 以毕尔克迈耶为代表的旧派刑法学者认为,刑罚一经判决,付诸执行以后,就必须执行完毕。即使犯罪人在执行刑罚前已经悔改,可是为了确保刑罚的权威,也必须继续执行。犯人在执行刑罚期间,虽然可以假释出狱,也并不等于刑罚执行完毕。保安处分何时废止,主要视犯人的具体表现而定,如果已不具有主观危险性,可以立即撤销保安处分的执行,反之,则不能撤销保安处分的执行。

以牧野英一为代表的新派刑法学者认为,一般来讲,刑罚应该以执行完毕而废止,可是在执行期间,犯人确有悔改表现,也可以假释出狱。这与撤销保安处分的方法实际上相同。

6. 以毕尔克迈耶为代表的旧派刑法学者认为,刑罚的期限和轻重,在刑法典中均有一定的规定。原则上讲,法官只能在法律规定的范围内进行判决,不得超出法律规定的范围。保安处分则应采用不定期刑,原则上不规定保安处分的期限,或者虽然规定了最长或最短期限,仍然可以由法官依据受处分者的主观危险状态,酌情予以延长或缩短保安处分的期限,直至主观危险性消灭时为止。

以牧野英一为代表的新派刑法学者认为,根据教育刑的思想,刑罚应该采用不定期刑,从犯人的具体情况出发,决定刑期的长短,不应强求一律。保安处分也是根据人的主观状态,来确定执行的期限,不能在法律上预先规定。因此,保安处分与刑罚都是采用不定期制,它们在实际上没有区别。

三、保安处分的特点

历史的经验表明,任何阶级在掌握了国家政权以后,都必然要制定出一套适合自己需要的镇压体系,以便同破坏社会秩序,危害统治阶级利益的行为作斗争,巩固自己的统治地位。但是由于国家和社会制度不同,社会的经济和政治条件的不同,它们又具有不同的特点。保安处分的特点,主要表现在以下三个方面：

(一) 剥夺和限制自由同感化和医疗措施相结合

保安处分首先是一种剥夺和限制自由的处分，它具有严厉的强制性。国家企图通过这种强制性的措施，使受保安处分的人与社会隔离起来，实行集中的统一管理，以便维护社会秩序。但是，值得注意的是，一些刑法学家认为，这种社会隔离的方法，与以往的报应刑思想具有根本不同的性质，它仅仅是预防犯罪的一种手段，而使犯罪分子适合社会生活，才是它的根本目的。1930 年，国际刑罚及监狱会议所作出的决议曾经指出："保安处分，是以改善犯人，隔离犯人，或使其不重新犯罪为目的……"这个决议说明了保安处分的性质，强调了感化和隔离的相互作用，它反映了现代刑法学界重视刑事政策的新倾向。

总体来说各国的保安处分都可以按照对人和对物分为两大类措施。对物的措施包括吊销驾照、没收、缴纳担保金等。对人的措施包括不剥夺自由的职业禁止、出入场所禁止、行为监视、限制居住等和剥夺自由的措施，比如针对未成年人的教育机构，比如意大利的司法感化院；针对惯犯、职业犯的劳动教育措施，比如劳动所；针对再犯的保安监督措施，比如奥地利有专门安置危险再犯的机构；针对病理性精神障碍者或酗酒者、吸毒者的治疗场所，法国还有对性病患者的强制医疗场所。有的国家还区分了处分措施和预防措施，比如波兰，在刑法典中规定了包括剥夺公权、禁止从事特定职业或活动等措施在内的 10 类处分措施，也规定了和其他国家保安处分措施类似的预防措施，比如对精神障碍、酗酒、吸毒、性犯罪等犯罪人的医疗措施。我国台湾地区现行"刑法"中有七类保安处分：感化教育、监护、禁戒、强制工作、强制治疗、保护管束、驱逐出境，前五种是拘束人身自由的措施。其中新规定涉及性侵害犯罪的强制治疗，新法规定，强制治疗于刑罚执行中进行，但若刑罚执行完毕后，评估犯罪人仍有再犯性侵害犯罪的危险，可以终生无限期拘束性侵害犯罪人的自由，以进行强制医疗的保安处分。

一些刑法学家，主张在强制剥夺和限制自由的同时，也要采用相应的感化教育措施。西方国家对未成年人适用的感化教育处分，就是所谓针对少年犯的特点，实行的一种特别措施。凡是受到感化教育处分的未成年人，在剥夺其自由的同时，也要接受适当的文化教育，从事一定的生产劳动。在西方社会里，少年犯罪的情况异常严重，引起了社会各界的深切关注，对于如何防止青少年犯罪的问题，已经成为刑法学界的重要任务之一。近年来，一些国家大力开展关于青少年犯罪问题的研究，设立了许多刑事感化院、少年院和教养院，采用多种形式的感化教育措施，以防止青少年走上违法犯罪活动的道路。

英国的少年感化院分为两类，第一类主要收容 14 岁以下的放纵游荡，或即将沦为乞丐的少年;第二类主要收容16岁以下的少年,由法院判决之后,送入感化院。在这种少年感化院中,除了限制人身自由,将其与社会隔离起来以外,也针对少年犯的特点,开设类似小学文化程度的课程,向他们灌输一定的科学文化知识。

在日本,对青少年适用的保护处分主要有两种:第一,将少年犯安置在儿童教养院或者其他教养设施里。这些机构是根据儿童福利法设立的,为数很多,现已遍布日本全国;第二,将少年犯安置在少年院。这是根据日本少年院法设立的,少年院的任务是对法院交来的少年犯给予改造和教育,包括讲授课程、职业训练、生活指导以及医疗。

在德国,旧版的《德国少年法院法》中排除了保安处分的适用,但在2004和2008年的修正案中却引入了对青少年及未成年人采取附条件和有追溯力的保安处分措施。2012年12月5日的修正案再次限制了这种措施的适用,判定有追溯力的预防性拘留违反《欧洲人权公约》和《德国联邦基本法》,但附条件的保安处分措施则保留了下来。

除此之外,欧洲很多国家,比如马其顿共和国、黑山共和国等,都有关于对少年犯的特别规定,包括在医疗机构接受强制性心理治疗与监护、对麻醉品成瘾的强制治疗、公共机构矫正措施等。

总之,对违法乱纪的青少年的处理方式是多种多样的,这是由青少年本身及其行为的不相同的特点决定的,目的只有一个——对症下药,以收到最佳的感化效果。

不仅如此,保安处分还是一种将剥夺自由和实行医疗方法结合起来的综合措施。这类保安处分,主要适用于精神病人。一般认为,精神病人没有责任能力,可以不受刑罚处罚。但是,如果任其自由行动,不给予适当的约束,又势必会给社会或其他人造成严重的危害,因此有必要在刑罚以外,对精神病人采取相应的措施。这种对精神病人实行的保安处分,是以治疗为主要目的,所谓强制地将其与社会隔离起来,只是达到治疗目的的一种手段。

欧美一些国家,普遍采用将精神病人收容于刑事精神病院的办法。在这种刑事精神病院里,一般都设有治疗机构,凡送入精神病院的人,都可以接受一定的治疗。这种精神病院的特点在于,一方面可以将精神病人与社会隔离起来,免其随意危害社会,另一方面又可以使精神病人得到及时的治疗,实行起来比较方便,为大多数国家所采用。但是,也有将精神病院和治疗机构分立的,这种国家为数较少。

许多国家的刑法学家,对保安处分寄予很大希望,认为这是预防犯罪,减少犯罪的有效方法。可是现实情况远不如他们想象的那么乐观。在当代的美国,尽管保安处分的制度也很发达,特别是对青少年犯罪作斗争的方法更是名目繁多,1964年美国第八十八届国会第二次会议,还通过了《美国青少年犯教养法》。但是,青少年犯罪的案件不仅没有减少,反而层出不穷,在美国,谋杀、抢劫、盗窃、强奸等重大犯罪案件中有一半以上是10岁到17岁的青少年作的案。从1960年以来,青少年犯罪的增长率为成年人的2倍,现在也有增无减。

日本自1978年以来,青少年犯罪出现了新的高峰。每1000人当中,就有13.6人违法犯罪,开创了日本战后的最高纪录。

此外,西方国家的精神病院,尽管名义上设有治疗机构,实际上教育和医疗设施并不健全,存在着许多弊端。被收容于刑事精神病院的人,经常受到残酷的虐待,得不到应有的健康检查。看守人员和医生冷漠无情,缺乏基本训练和人道主义精神。他们经常采用强制性的办法迫使病人就范,甚至用恶劣的医疗条件来损害病人的身心健康,使他们陷于几乎绝望的境地。实践表明,保安处分本身同样存在着许多缺陷,有待于进一步完善和提高。

(二)实行不定期拘禁的量刑原则

西方国家的新派刑法学家认为:不定期刑,是刑罚个别化必然的结果,是社会防卫犯罪最有效的方法之一。保安处分的主要作用,是预防犯罪事实的发生。决定处分的标准,是人的社会危险性。但是,社会危险性是主观上的因素,需要视具体情况灵活掌握,没有办法普遍规定,特别是保安处分的期限,更不好预先规定,应根据受处分者的具体情况,来决定期限的长短。因此,保安处分将不定期刑作为自己的一个主要特点,以区别于传统的定期刑制度。

就目前的状况来看,多数西方国家的保安处分,都实行不定期刑。意大利是采用相对的不定期制,即只规定了保安处分的最低期限,而没有规定最高期限。意大利《刑法典》第217条规定:送往农业或工业劳役所,最短之期限为1年。习惯性重罪犯,最短期限为2年。职业犯为3年。该法第228条规定:自由监视处分,不得少于1年以上。上述规定实际上仅仅是一种形式。根据意大利《刑法典》第20条、第236条和第307条的规定,法律上规定保安处分的最短期限执行过后,法官要重新调查受保安处分之人的现时状况,以确定其人是否还有社会危险性。如果受保安处分的人的社会危险性没有消除,保安处分就不能取消,可以继续执行下去。这就表明,意大利《刑法典》只是形式上规定了保安处分的最低期限,只要法官认为受保安处分之人的社会危险性依然存在,就可以继续延长保安处分的期限,这实质上等于没有时间上的限制。

日本《刑法》中的保安处分,既有相对不定期刑的规定,也有绝对不定期刑的规定。相对不定期刑的具体法例有:监护处分的最高期限为5年,预防处分的最高期限为2年。在执行完毕之后,裁判所认为受保安处分之人仍具有社会危险性,可以作出更新处分,继续执行保安处分。绝对不定期刑主要是指保护观察处分,这种处分没有期限规定,只要受处分之人具有社会危险性,就可以无限期的执行下去。

加拿大《刑法典》规定的特色之一就是注重预防犯罪的实际效果,当犯罪人被判处确定期限的刑罚可能出现"刑罚不足"和"刑罚过剩"的情况时,可以处以不定期的刑罚。《刑法典》第二十四章规定了对危险犯和长期罪犯的类似保安处分的措施。《刑法典》中也规定了对这两种裁定的上诉制度和相应的处理。

当前,主张保安处分应该实行不定期制的理论,已在西方各国处于优势地位。为了正确的运用不定期制,还成立了由法官、监狱人员、医生和心理学家共同参加的刑务委员会,运用医学、心理学和社会学的方法,对受保安处分的人,进行科学的考察,作出客观和公正的评定。这就为防止法官擅断和任意蹂躏犯人的基本权利,提供了一定的保障。

(三) 强调主观因素,以社会危险性作为处罚的标准

同传统的刑罚观念不同,保安处分不是将客观上的犯罪行为作为处罚的标准,而是以行为人的社会危险性的大小作为处罚的标准。但是,所谓社会危险性,是主观上的因素,情况极其复杂,何时存在,何时不存在,很难有一个统一的标准。因此,各国的刑法学家,对于社会危险性的成立问题也存在着严重的分歧。

德国著名的新派刑法学家李斯特认为,保安处分的作用是预防犯罪,而不是惩罚犯罪。无论任何人,只要认为其主观上具有社会危险性,即使在客观上并没有实施犯罪行为,也可以对其实行保安处分。他反对将一定的犯罪行为作为保安处分的要件,认为这是将"无犯罪则无刑罚"的原则,不适当的扩张于保安处分。因为保安处分是针对行为人的主观危险性,不是针对犯罪行为的,只要证明某人在主观上具有社会危险性就可以了,不必要以一定的犯罪行为作为决定保安处分的要件。

李斯特的这一理论在西方世界具有一定影响,许多国家规定的保安处分,都反映了这种观点。1948年颁布的日本《少年法》第3条第3款,就规定了关于对虞犯少年的保安处分。所谓虞犯少年是指,根据其性格与环境来看,将来有犯罪或触犯刑罚法令行为之虞的未成年人。瑞士《刑法草案》第46条规定的保证制度,也不以一定的犯罪行为为要件,只要证明某人主观上具有社会危险性,就可以对其实行保安处分。

日本的牧野英一反对李斯特的观点。他认为,在缺少客观的犯罪行为的条件下,由法官根据主观危险性,就可以决定保安处分,实际上是漫无限制,不利于

保障公民的人身自由,也不利于维护法制原则。因此,牧野英一主张,社会危险性的成立,应由法律规定。法律的规定,则应以客观上的犯罪行为以及严重程度为根据,主观危险性不能脱离客观的犯罪行为而独立存在。这就是说,保安处分也是以一定的犯罪行为为要件的,只有在实施了犯罪行为以后,法官才可以根据其主观上是否存在社会危险性,来决定对他的保安处分。如果在客观上根本没有实施犯罪行为,法官则不能以所谓具有主观危险性,而对其实行保安处分。

西方国家规定的保安处分,实际上已经反映了这种观点。意大利《刑法典》第 202 条规定:保安处分仅对于法律上有规定,而认为对社会有危险时适用之。从这个规定可以看出,保安处分的适用,原则上必须具有以下两个条件:第一,实施了法律上认为犯罪的行为;第二,主观上要具有社会危险性。第 216 条规定,送往农业或工业劳役所的人,主要是指被宣告为习惯犯、职业犯,而又有可能重新犯罪的人。

牧野英一的理论在西方国家中居于主导地位。第一,牧野英一主张保安处分必须以一定的犯罪行为为要件,在缺乏客观上的犯罪行为时,不能仅凭所谓主观危险性就适用保安处分。这在一定程度上限制了法官自由决定保安处分的权力,对于防止法官滥用职权,随便适用保安处分,具有一定的积极作用。同时,也缓和了某些批评保安处分制度的刑法学家的对立和怀疑情绪,给人以维护法制的印象,使之成为一种较容易被人们接受的观点。第二,牧野英一虽然主张以一定的犯罪行为作为保安处分的要件,可是并不意味着承认犯罪行为是决定保安处分的基础(标准),实质上仍然是将主观危险性作为决定保安处分的基础(标准)。按照这种理论,对于在客观上实施了犯罪行为的人,是否适用保安处分,仍然是由法官根据该人的主观危险性来决定。如果认为该人在主观上已不具有社会危险性,就可以不再对其适用保安处分;相反,才对其适用保安处分。由此可以看出,牧野英一实际上仍然是把主观上的社会危险性,作为适用保安处分的标准,而绝不是将客观上的犯罪行为,作为适用保安处分的标准。在这里,犯罪行为仅仅成为一种决定保安处分的条件,和保安处分之间并不存在必然的联系,而行为人的主观危险性,才是决定保安处分的真正原因。

但是现在保安处分的发展似乎在逐渐越过犯罪行为这个基本条件的限制,而是以社会危险性或人身危险性作为标准,强调保安处分预防犯罪保护社会的作用。有些国家规定了针对未实施犯罪或者曾实施过犯罪,但对公共安全有危险的人的预防性措施,意大利甚至还规定了专门针对黑手党分子的预防性措施,包括口头警告、安全监督、禁止令等手段,也有对财产的搜查和没收等。奥地利曾在其 1909 年《刑法准备草案》中规定过对危险犯的警察监视措施,可惜的是在之后的正式刑法典中没有被吸收进去。这种针对初犯或危险犯适用的预防措施,新加坡属于规定的比较早且完善的。第一,新加坡《刑法(临时规定)法》第五部分规定了拘留相关的制度,第 30 条规定:当部长认为任何人与一个犯罪行为相关,为了公共安全、和平和良好秩序有必要拘留此人的,可以发布命令将此人进行不超过 12 个月的拘留,最终由总统决定是否执行。第二,新加坡的《内部安全法》(Internal Security Act,ISA)①授予了行政部门实施预防性拘留的权利,其目的是抑制对人身和财产的有组织暴力行为,以及防止颠覆国家以及其他危害新加坡内部安全的行为,对于这类行为人,政府有权对其实施不经审判的无限期拘留。这个法案最初是从马来西亚 1960 年颁布的《内部安全法》扩展适用的。如果行政部门想拘禁一个人,必须证明这种拘留的必要性,即有利于国家安全或公共秩序。美国和加拿大也有针对危险犯和长期罪犯的预防性措施。比如,美国《爱国者法案》第 812 条规定了对恐怖主义犯罪分子释放后的监视措施,规定对可能再犯暴力犯罪,对他人造成死亡或严重伤害的行为人要在释放后继续监视。加拿大《刑法典》第二十四章规定了对危险犯和长期罪犯的预防性措施。《刑法典》中也规定了对这两种裁定的上诉制度和相应的处理。对危险犯要在教养院内服不定期刑,对长期罪犯,至少服刑两年之后才可以申请假释,并且要在社区接受 10 年左右的长期监督。在不定期刑期间,每年假释委员会都要进行审查以决定是否假释。

这种预防性的措施在打击恐怖犯罪活动中尤为常见。比如 2001 年"9·11"之后英国迅速于 12 月通过了《反恐怖主义犯罪及安全法》,其中赋予了执法部门不通过审判就可无限期拘留外国恐怖犯罪嫌疑人的权利,并将审前羁押的期限从 48 小时提高到 7 天,这个权利之后也一直受到欧洲人权法院的质疑。以后的 2005 年《预防恐怖主义法》又规定了内政大臣享有"控制令"权,可以对恐怖主义犯罪嫌疑人的生活和行动进行限制。2006 年的法案中延长了对恐怖嫌疑犯罪人审前羁押的期限,从 2000 年法案的 7 天延长到了 28 天。② 以色列的预防性拘留是行政性的,目标就是防止恐怖袭击而非惩罚犯罪,所以是一个纯粹的预防性措施。这是由于以色列自 1948 年建国以来就一直认为国家处于紧急状态,所以他们立法的重点是预防犯罪和保护公民。以色列 1979 年的《紧急权力(拘留)法》[Emergency Powers(Detention) Law]中规定,一旦被宣布处于紧急状态,如果国防大臣有合理理由相信,出于国家安全或公共安全的考虑需要拘留公民或非公民,就可以进行拘留,被拘留者可以获得律师帮助,这种拘留规定为每次 6

---

① 143,1985 Rev. Ed.
② See Diane Webber, "Extreme Measures:Does the United States need Preventive Dention to Combat Domestic Terrorism?", *Touro International law review*, vol. 14, No. 1, 2010, pp. 149—155.

个月,每3个月会审查一次,实际上可以无限延长次数。在巴勒斯坦地区的行政拘留和军事相关,如果军事指挥官认为出于安全考虑有必要拘留,就可以拘留,被拘留者在8天内不能会见律师,这个拘留每次是6个月,可以无限延长次数。①

---

① See Diane Webber, "Extreme Measures: Does the United States need Preventive Dention to Combat Domestic Terrorism?" *Touro International law review*, vol. 14, No. 1, 2010, pp. 143—146.

参考文献

一、中文著作

1. 中国现代国际关系研究所反恐怖研究中心:《各国及联合国反恐怖主义法规选编》,时事出版社 2002 年版。
2. 姜椿芳总编:《简明大不列颠百科全书》(第 4 卷),中国大百科全书出版社 1985 年版。
3. 《列宁全集》,中共中央马克思恩格斯列宁斯大林著作编译局译,人民出版社 1984 年版。
4. 《马克思恩格斯选集》(第 4 卷),中共中央马克思恩格斯列宁斯大林著作编译局译,人民出版社 1972 年版。
5. 〔美〕乔治·费希尔:《辩诉交易的胜利》,中国政法大学出版社 2012 年版。
6. 储槐植、江溯:《美国刑法》,北京大学出版社 2012 年版。
7. 储槐植:《美国刑法》,北京大学出版社 2006 年版。
8. 储槐植:《刑事一体化与关系刑法论》,北京大学出版社 1997 年版。
9. 储槐植主编:《美国、德国惩治经济犯罪和职务犯罪法律选编》,北京大学出版社 1993 年版。
10. 甘雨沛:《比较刑法学大全》,北京大学出版社 1997 年版。
11. 甘雨沛:《外国刑法》,北京大学出版社 1984 年版。
12. 郭自力:《生物医学的法律和伦理问题》,北京大学出版社 2002 年版。
13. 李秀林:《辩证唯物主义和历史唯物主义原理》,中国人民大学出版社 1995 年版。
14. 罗结珍译:《法国刑法典》,中国人民公安大学出版社 1995 年版。
15. 罗斯科·庞德:《普通法的精神》,夏登峻译,法律出版社 2001 年。
16. 吕国强:《生与死:法律探索》,上海社会科学出版社 1991 年版。
17. 马克昌、杨春洗:《刑法学全书》,上海科学技术文献出版社 1993 年版。
18. 马清槐:《阿奎那政治著作选》,商务印书馆,1982 年版。
19. 马玉娥:《世界法律大辞典》,法律出版社 1993 年版。
20. 美国量刑委员会:《美国量刑指南》,王世洲等译,北京大学出版社 1995 年版。
21. 沈宗灵:《比较法总论》,北京大学出版社 1987 年版。
22. 王金铭:《当代医学的七大争议问题》,天津科技翻译出版公司 1992 年版。
23. 郭自力主编:《中国刑法论》(第六版),北京大学出版社 2016 年版。
24. 英国文化委员会编:《英国法律周专辑》,博慧出版社 & 法律出版社 1999 年版。
25. 〔英〕丹宁:《法律的界碑》,刘庸安、张弘译,法律出版社 1999 年版。
26. 〔英〕丹宁:《法律的未来》,刘庸安、张文镇译,法律出版社 1999 年版。

27. 〔英〕J. C. 史密斯、B. 霍根:《英国刑法》,马清生、李贵方、陈兴良等译,法律出版社 2000 年版。

28. 〔加〕吕贝卡·库克,《生殖健康与人权》,高明静译,中国人口出版社 2005 版。

29. 〔美〕柯特勒:《美国八大冤假错案》,刘末译,商务印书馆 1997 年版。

30. 〔英〕大卫·休谟:《人性论》(上下),关文运译,商务印书馆 2013 年版。

31. 〔英〕大卫·休谟:《人类理智研究》,周晓亮译,中国法制出版社 2011 年版。

32. 〔英〕大卫·休谟:《道德原理研究》,周晓亮译,中国法制出版社 2011 年版。

33. 〔德〕克劳斯·罗克辛:《德国刑法学总论》,王世洲译,法律出版社 2005 年版。

34. 〔德〕耶赛克:《德国刑法教科书》,徐久生译,中国法制出版社 2001 年版。

35. 〔美〕威廉·杰欧·康奈:《美国婚姻与婚姻法》,顾培东、杨遂全译,重庆出版社 1986 年版。

36. 〔美〕H. L. A. 哈特、托尼·奥诺尔:《法律中的因果关系》,张绍谦、孙战国译,中国政法大学出版社 2005 年版。

37. 〔美〕J. P. 蒂洛:《伦理学:理论与实践》,孟庆时等译,北京大学出版社 1985 年版。

38. 〔美〕艾伦·德肖微茨:《最好的辩护》,唐交东译,法律出版社 1994 年。

39. 〔美〕安德鲁·金柏利:《克隆》,新新闻编译中心译,内蒙古文化出版社 1997 年版。

40. 〔美〕道格拉斯·N·胡萨克:《刑法哲学》,姜敏译,中国人民公安大学出版社 2004 年版。

41. 〔美〕弗·斯卡皮蒂:《美国社会问题》,刘泰星、张世灏译,中国社会科学院出版社 1985 年版。

42. 〔美〕乔治·P·弗莱彻:《刑法的基本概念》,王世洲主译,中国政法大学出版社 2004 年版。

43. 〔美〕苏珊·布朗米勒:《违反我们的意愿》,祝吉芳译,江苏人民出版社 2006 年版。

44. 〔美〕伊丽莎白·赖斯:《美国性史》,杨德译,东方出版社 2004 年版。

45. 〔美〕詹尼特·A·克莱妮:《女权主义哲学:问题,理论和应用》,李燕译,东方出版社 2006 年版。

46. 〔意〕加罗法洛:《犯罪学》,耿伟、王新译,中国大百科全书出版社 1996 年版。

47. 〔意〕切萨雷·贝卡利亚:《论犯罪与刑罚》,黄风译,中国方正出版社 2004 年版。

48. 〔意〕切萨雷·龙勃罗梭:《犯罪人论》,黄风译,中国法制出版社 2000 年版。

49. 〔英〕P. S. 阿蒂亚:《法律与现代社会》,范悦译,辽宁教育出版社 1998 年版。

50. 〔英〕霍布斯:《利维坦》,黎思复、黎廷弼译,商务印书馆 1985 年版。

51. 〔英〕鲁伯特·克罗斯:《英国刑法导论》,中国人民大学出版社 1991 年。

二、外文著作

1. Alan Reed and Peter Seago, *Criminal Law*, Sweet & Maxwell, 1999.

2. Alisdair Giliespie, *The English Legal System* (Fifth Edition), Oxford, 2015.

3. Beau Gross Cup, *The New Explosions of Terrorism*, Published by New Horizon

Press，1998.

4. Bryan A. Garner(Editor in Chief)，*Black's Law Dictionary*(8th Edition)，Thomson/West，1999.

5. *Criminal Organizations*，Published by long Island University.

6. Daniel J. Curran，Claire M. Renzetti，*Theories of Crime：A reader*，Pearson，2008.

7. David Ormerod，*Smith and Hogan's Criminal Law*，Oxford University Press，2011.

8. Frank · Schmalleger，*Criminal Law Today*，Prentice Hall 2001.

9. Fred E. Inbau，*Cases and Comments on Criminal Law*，Foundation Pr；3 Sub，1983.

10. G. Willams，*Criminal Law：The general Part*(2th ed.)，1 961.

11. J. C. Smith &. Brian Hogan，*Criminal Law*(6th Edition)，English Language Book Society/Butterworths，1988.

12. James Fitzjames Stephen，*A History of the Criminal Law of England*，Routledge/Thoemmes Press，1883.

13. James Willard Hurst，*The Law of Treason in the United States：Collected Essays*，Greenwood Publishing Corporation，Westport，Connecticut，1971.

14. Janet Dine &. James Gobert，*Criminal Law*，Oxford University Press，2003.

15. Janet Dine，James Gobert，*Cases and materials on criminal law*，Oxford University Press，2003.

16. Jerome Hal，*General Principles of Criminal Law*. Lexis Law Pub，1960.

17. Jo Ann Boylan-Kemp，*English Legal System*(Third edition)，Sweet &. Maxwell，2014.

18. Joseph F. Sheley，*Criminology：A Contemporary handbook*，Wadsworth Publishing Company，1999.

19. Laurie L. Levenson，*California Criminal Law*，Thomson West，2007.

20. Martin Hannibal and Lisa Mountford，*Criminal Litigation*（2016—2017），Oxford，2016.

21. P Milmo and WVH Rogers(eds)，*Gatley on Libel and Slander*，11th edn，2010.

22. Percy Henry Winfield，*The History of Conspiracy and Abuse of Legal Procedure*，Fred B. Rothman &. Co.，Littleton，Colorado，1982.

23. Peter Hungerford-Welch，*Criminal procedure and sentencing*(18th edition)，Routledge，2014.

24. Richard G. Singer，John Q. La Fond，*Criminal Law*，Wolters Kluwer Law &. Business，2010.

25. Robert McPeake，*Criminal Litigation and Sentencing*(28th Edition)，Oxford，2016.

26. S. A. Mednick，T. E. Moffitt，S. A. Stack，(eds)，*The Causes of Crime：New Biological Approaches*，Cambridge University Press，1987.

27. S Cunningham and C Clarkson（eds），*Criminal Liability for Non-Aggressive Death*，Routledge，2008.

28. Smith & Hogan, *Criminal Law(8th ed)*, Butterworths.

29. Stephen, *A History of the Criminal Law of England*, Nabu Press, 2010.

30. W. Wilson, *Criminal Law*, Longman, 1998.

31. Wayne R. LaFave, *Principles of Criminal Law*, West-Thomson Reuters, 2010.

32. Witkin & Epstein, *California Criminal Law*, Battery, 1988.

33. Ysabel Rennie, *The research for criminal man*, Lexington Books, 1987.

34. Laurie L. Levenson, *On California Criminal Procedure*, Thomson West, 2006.

35. Jeffrey G. Adachi, *California Criminal Law*, Coutiuuing Education of the Bar—California, 2006.

36. John C. Klotter, *Criminal Law*, Anderson Publishing Co., 1994.

37. Thomas J. Gardner, *Criminal Law Principles and Cases*, West Publishing Company, 1996.

38. Frank Schmalleger, *Criminal Law Today*, Pearson Education, Inc., 2002.

39. Stephen A. Saltzburg, *Criminal Law*, *Contemporary Legal Education Series*, The Michie Company, 1994.

40. Joshua Dressler, *Understanding Criminal Law*, Matthew Bender, 1987.

41. Konecni and Ebbesen, *The Criminal Justice System*, W. H. Freeman and Company, 1982.

42. Card Cross and Jones, *Criminal Law*, Oxford University Press, 1992.

43. Sanford H. Kadish, *Criminal Law and Its Processes*, Little Brown and Company, 1983.

44. Lloyd L. Weinreb, *Criminal Law*, The Foundation Press, Inc., 1993.

45. Paul H. Robinson, *Intuitions of Justice and the Utility of Desert*, Oxford University Press, 2013.

46. George E. Dix, *Criminal Law*, Thomson West, 2008.

47. Joshua Dressler, *Criminal Law West*, A Thomson Business, 2012.

48. Ronald Jay Allen, *Criminal Procedure*, Wolters Kluwer Law & Business, 2011.

49. G. Larry Mays, *Criminal Law*, Wolters Kluwer Law & Business, 2014.

50. Scott Mire and Cliff Roberson, *The study of Violent Crime*, CRC Press, 2011.

51. Matthew D. O'Deane, *Gang Injunctions and Abatement*, CRC Press, 2012.

52. FranKlin E. Zimring, *Puuishment and Democracy*, Oxford University Press, 2001.